상담기본기술 A to Z

8판

A to Z

Barbara F. Okun · Ricki E. Kantrowitz 공저
이윤희 · 김지연 · 전호정 · 박민지 공역

EFFECTIVE
HELPING
8th ed.
Interviewing and Counseling Techniques

CENGAGE 학지사

Andover • Melbourne • Mexico City • Stamford, CT • Toronto • Hong Kong • New Delhi • Seoul • Singapore • Tokyo

Effective Helping: Interviewing and Counseling Techniques,
8th Edition

Barbara F. Okun
Ricki E. Kantrowitz

ISBN-13: 978-89-997-1900-4

Cengage Learning Korea Ltd.
14F YTN Newsquare 76 Sangamsan-ro
Mapo-gu Seoul 03926 Korea
Tel: (82) 2 330 7000
Fax: (82) 2 330 7001

Cengage Learning is a leading provider of customized learning solutions with office
locations around the globe, including Singapore, the United Kingdom, Australia,
Mexico, Brazil, and Japan. Locate your local office at: **www.cengage.com**

Cengage Learning products are represented in Canada by Nelson Education, Ltd.

To learn more about Cengage Learning Solutions, visit **www.cengageasia.com**

Printed in Korea
Print Number: 01   Print Year: 2019

역자 서문

이 책은 바바라 F. 오쿤(Barbara F. Okun)과 리키 E. 칸트로위츠(Ricki E. Kantrowitz)가 쓴 『상담기본기술 A to Z(Effective Helping: Interviewing and Counseling Techniques)』의 8판을 우리말로 옮긴 것이다. 이 책은 상담심리치료의 전문가뿐 아니라 다양한 조력 분야에서 일하는 다양한 수준의 종사자들을 대상으로 집필되었다. 말하자면, 조력 분야의 기초에서 전문적 영역까지 아우르고 있으며, 전문가, 준전문가, 일반 종사자들이 실질적인 도움을 받을 수 있도록 구성되어 있다. 이 책은 분량이 많지 않고 간단해 보이지만 기존의 주요 조력 이론부터 현대의 이론까지 폭넓게 다루고 있으며, 관련 기법의 핵심 내용을 담고 있어 간편하면서도 깊이 있게 학습할 수 있다. 더구나 각 장마다 연습문제를 포함하고 있어 앞에서 소개된 이론과 기법을 적용해 볼 수 있다. 이 한 권의 책으로 조력에 필요한 이론과 실제를 습득할 수 있기를 기대한다.

1장에서는 조력 분야의 최근 동향을 개괄하고 있으며, 2장부터 4장까지는 기본적인 조력의 단계와 기법을 소개하고 있다. 5장과 6장은 조력 이론을, 7장과 8장은 조력 전략을 살펴보고 있다. 9장과 10장에서는 최근 조력 분야의 이슈와 위기상담에 대해 설명하고 있다. 1, 6, 10장은 이윤희, 2, 5, 9장은 김지연, 3, 7장은 박민지, 4, 8장은 전호정이 나누어서 번역하였다.

끝으로, 이 책의 출판을 허락해 주신 학지사 김진환 대표님과 꼼꼼히 원고를 검토해 주신 편집부에게 감사의 말씀을 드린다.

저자 서문

이 책은 인간관계 모델과 기법 기반 학습을 기본 바탕으로 하고 있는데, 이 두 가지는 여전히 중요시되고 있다. 이 책은 상담자 및 조력자가 직면하는 다양한 문제와 대상을 포함한 많은 실제 사례를 현 시대에 반영하여 예시로 제시하고 있다. 개정된 8판에서는 지난 8년 동안 발생한 중요한 변화로 세계화, 테러리즘의 확산, 자연재해의 증가를 언급한다. 미국 내에서는 경제가 하향세를 보이고, 모든 사회 계층의 구성원들 사이에서 실업이 장기화될 수 있는 중요한 변화가 나타나고 있다. 가령, 인구 구성의 변화를 초래할수 있는 이민의 증가, 비전통적 가족 체계와 생활양식의 출현, 세계화로 이끄는 컴퓨터 및 인터넷 사용의 가속화, 보건 의료 분야의 눈부신 발전과 의료 서비스 제공의 축소가 나타난다. 이러한 변화는 우리 모두에게 영향을 주는데, 생활양식의 선택, 개인 및 직장의 정체성, 가족의 구성과 의미, 결국은 건강상태에 영향을 주는 지역사회, 건강 서비스 및 자원의 이용과 접근 제한에 영향을 미친다.

우리 사회는 복잡한 다문화 사회로 확장되어 가고 있고, 가족의 부조화, 약물 남용, 불안, 우울, 심각한 정신질환 등의 문제는 모든 연령층에서 발생할 수 있다. 따라서 문화적으로 민감한 정신보건 및 휴먼 서비스 프로그램과 종사자가 필요하다. 그러나 현재 경제 및 정치 환경에서는 오바마 케어 논쟁을 통해 입증된 바와 같이 양질의 서비스 확대와 비용 절감의 필요성 사이에서 팽팽한 긴장이 존재하고 있다. 종종 의료보험을 제공하는 측에서는 조력 전문가들이 정서 및 정신건강 장애에 대해서 단기해결 중심의 행동지향 조력 사정 및 개입뿐만 아니라 정신약물학도 활용하기를 원한다. 많은 정신건강 전문가는 상담 단독의 효과 또는 약물과 결합했을 때의 효과를 신뢰하고 장기 개입을 지속한다. 정신보건 및 휴먼 서비스 종사자들은 치료 효과에 대한 자신의 주장을 뒷받침하는 증거를 제공하라는 요구를 점점 더 많이 받고 있다. 치료 효과와 관련하여 중요하고 일관되게 나타나는 것은 이론이나 전략에 상관없이 효과적인 조력 관계가 긍정적인 성과를 가져온다는 점이다. 따라서 조력자가 내담자와의 효과적인 관계를 어떻게 구축할지에 대해 알고 있어야만 한다는 점에서는 이견의 여지가 없다. 어떤 치료법 및 전략이 사용되든지 상관없이 조력자는 문화적으로 다양한 인간 행동과 발달, 변화 과정에 대한 지식뿐만 아니라 조력 및 의사소통의 기술을 가지고 있어야 한다.

이 책은 학부 및 대학원에서 공부하는 전공생뿐만 아니라 다양한 수준의 휴먼 서비스 분야에 있는 연수생, 지도자, 수퍼바이저, 훈련생, 관리자, 행정원을 대상으로 한다. 훈련생은 이 책을 활용하여 전략을 성공적으로 수행할 수 있는 기술과 지식을 발전시킬 수 있고, 이를 전문적 및 개인적 관계 모두에 적용할 수 있을 것이다.

8판에서 새롭게 바뀐 점

8판에서는 새로운 세대의 사회문화적 변화와 전문 영역에서의 변화를 반영하였고, 오늘날 강조되고 있는 서비스 전달에 있어서 상담과 치료의 본질에 가해지는 경제적 압력을 고려하였다. 내용과 형식에 있어서 이전 판과의 연속성을 유지하는 반면, 낡은 자료를 폐기하고 보다 현재적인 자료와 예시를 추가하고 정교화하였다.

1장에서는 이러한 변화들을 생태학적 관점에서 살펴보며, 조력 관계가 거시체계 내의 치료 환경에서 어떻게 구축되는지에 초점을 둔다. 또한 내담자 집단의 다양성과 조력 환경의 변화를 다루는데, 의료 서비스 전달의 변화 인식, 통합적 의료 관리, 통합적 지원 방법 그리고 신체 건강과의 동등성을 언급한다. 2장에서는 조력자 개인의 문화적 가치가 미치는 영향에 초점을 맞추고(10장에서 더 자세히 논의될 것이고, 본문의 전반에 걸쳐 기법 연습과 다양한 사례를 통해 학습자가 경험할 수 있도록 할 것이다.), 태도 및 가치가 시간이 지남에 따라 발전하고 변할 수 있음을 강조한다. 또한 조력 관계의 구성요소에 초점을 맞추면서 증거기반치료의 개념과 논쟁을 소개한다. 3장에서는 문화적 다양성에 대한 예시와 조력자의 자기 인식 개발을 위한 연습자료를 확장 및 업데이트하고, 자기 공개와 방향 재조정하기에 대해 논의한다. 4장에서는 자료 보관에 대한 논의를 확장하고, 전자 기록 보관을 위한 메디케어(Medicare)와 메디케이드(Medicaid)에서의 추가 요구사항에 대해서 논의한다. 또한 조력자들이 지역사회와 애도 및 지지 집단과 같은 온라인 자원에 대한 지식이 필요하다는 것을 강조한다. 5장에서는 핵심 조력 이론에 대하여 소개한다. 6장에서는 동기상담이론과 행동주의의 제3의 흐름을 현대의 주요 이론으로 소개하는데, 여기에는 변증법적 행동치료, 수용전념치료에 대한 새로운 자료가 포함된다. 7장에서는 전략 적용에 대한 논의에서 마음챙김, 영성, 문화적 반응에 대한 정보를 추가한다. 8장에서는 연습과 사례 예시를 업데이트하고 다양화하는데, 다양성을 강조하기 위해서 스튜어트 양의 사례를 지훈의 사례로 새로이 대체한다. 9장에서는 성숙/발달 위기와 외상성 스트레스를 추가하고 재해 부분을 업데이트하였으며, 국제 정신건강과 문화의 다양성에 대해 강조한다. 국제 재난구호 조력자를 위하여 미국에서 구축된 기구 간 상임위원회(Inter-agency Standing Committee: IASC)의 가이드라인에 대한 논의를 추가한다. 10장에서는 개인적 가치와 다른 가치의 존중에 대한 초기의 논의를 확장하며, 훈련 프로그램에서 직면하게 되는 여러 도전을 탐색한다. 우리는 성차별주의, 이성애주의, 계급주의, 직업차별, 노화의 다양한 경로에 대한 논의를 심화한다. 이 장에서는 문화 맥락 안에서 경계 이탈과 경계 위반의 차이를 구별하며 윤리적인 문제, 특히 관리 의료 기술 및 기록 보관과 관련된 문제로 확대한다. 부록과 용어 사전도 업데이트되고 확장된다.

추가사항

업데이트된 교수 자료 웹사이트에서는 교수자 매뉴얼이 제공되는데, 여기에는 인터넷 연습자료, 강의 과제 예시, 추가적인 온라인 활동자료, 심층 평가자료가 포함되어 있다. 또한 강의에 활용할 수 있도록 각 장마다 강의 슬라이드가 제공되며, 이미지, 숫자, 표를 교재에서 직접 가져올 수 있다. www.cengagebrain.com에서는 학생에게 용어집, 플래시 카드, 퀴즈와 같은 다양한 학습 도구와 유용한 자원을 제공한다.

인간관계 상담 모델

인간관계 상담 모델은 기술, 조력 단계, 조력 과정과 관련된 이슈들을 함께 가져온다. 의사소통 기술은 언어적 및 비언어적 메시지를 듣고 이해하는 능력은 물론 이 두 종류의 메시지를 공감적인 맥락 안에서 반응적으로 듣는 능력을 포함한다. 이러한 능력은 내담자가 말하는 의미에 주목하게 하고, 그가 가진 문화맥락의 틀에 맞게 조율할 수 있게 해 준다. 조력자는 이러한 기술을 조력의 두 단계인 관계 구축 단계(relationship stage)와 전략 단계(strategy stage)를 거쳐서 발전시킬 수 있다. 관계 구축 단계에서는 라포와 신뢰가 발전되고 문제가 명확하게 드러난다. 전략 단계에서는 적합한 조력 방법이 선택되고 적용된다. 상담 과정 동안에 맥락적 이슈로 가치 명확화, 윤리적인 문제, 압력과 차별 및 다른 사회적 · 전문적 주제들이 나타날 수 있으며, 이러한 이슈는 조력 관계에 긍정적 또는 부정적인 영향을 미칠 수 있다. 자기 인식의 개발과 인간관계 상담 모델의 주요한 측면에 대한 지식은 모든 종류의 조력 세팅과 조력 대상에 중요하다.

차례

●
●
●

1장
이 책을 읽기 전에 알아야 할 내용 • 15

5장

조력에 대한 이론 • 175

6장

최근의 이론적 관점 • 215

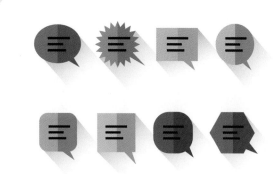

상 담 기 본 기 술
A ___ to ___ Z

1장

이 책을 읽기 전에
알아야 할 내용

2008년 이 책의 7판이 출판된 이래로 상담과 조력 분야에서의 환경은 지속적으로 변화해 왔다. 이러한 변화는 주로 다음의 세 가지 영역에서 나타나고 있다. ① 상담과 치료의 본질, 과정, 범위, ② 상담과 치료가 이루어지는 세팅과 환경, ③ 내담자의 다양성이다. 이 세 가지 영역은 서로 밀접하게 관련되어 있다. 상담자 및 치료자의 훈련 및 기능 방식은 맥락(세팅과 사회문화적 환경)의 변화와 내담자가 누구인지에 따라서 변화해야 한다(이 책에서는 상담자, 치료자, 조력자의 용어 그리고 상담, 심리치료, 조력의 용어가 서로 교차하여 사용될 것이다).

지난 수 세기에 걸쳐 상담과 치료 모델은 ① 전통적인 **정신역동**[1] 접근들, 즉 심리내적이고 개인적인 관점을 취하는 것에서, ② 1970년대와 1980년대에 발전한 개인적 문제 해결 관점을 취하는 통합적 인지행동적 치료접근으로, ③, ①과 ②를 통합하는 구성주의 접근으로, ④ 가족 상호작용과 더 광범위한 **체계**의 영향에 중점을 두는 체계주의 접근으로, ⑤ 다문화적/생태학적인 관점 안에서 결과 중심의 단기치료로 진화되어 오고 있다. [그림 1-1]은 **생태체계** 모델을 보여 주고 있는데, 여기서 개인은 핵가족의 구성 요소이면서 학교, 직장, 지역사회와 같은 더 큰 사회 체계에 속하는 구성 요소이다. 이러한 사회 체계 또한 문화 이데올로기, 성, 인종, 계급, 민족, 종교, 성적 지향성, 지리학적 위치(geographical region) 등의 요소로 구성된 거시체계(큰 문화 체계) 안에 자리잡게 된다. 모든 체계와 구성 요소는 상호작용을 하고 영향을 주고받는다. 각 체계는 서로 영향을 주고받는다. 따라서 개인을 완전히 이해하기 위해서는 개인을 둘러싸고 있는 더 큰 맥락 체계의 영향에 대한 이해가 필수적이다.

오늘날 전문 조력자에게는 그 이전 어떤 때보다 더 많은 기술과 지식이 요구된다. 숙련된 운전자처럼 완벽하게 지형에 익숙하지 못하면 지름길로 효과적으로 갈 수 없다. 현대의 다문화 구조들/생태학적 관점에서 비롯된 결과 중심 단기치료 모델을 지속하기 위해 조력자는 관계 수립과 전략 적용에 대한 지식이 많고 능숙해서 회기의 속도와 진행이 방해받지 않아야 한다. 조력자는 생리신경학적 기능에 대해서 잘 교육받아야 한다. 현대의 건강 관리 패러다임에서는 질병의 예방과 건강한 삶을 사는 데 초점

---

1) 이 책의 뒷부분에 고딕체로 표시된 용어들의 정의가 기술되어 있다.

을 두고 있으며, 정신건강과 신체건강이 **동등**하게 통합되고 있고, 점차 1차 진료 환경에서 제공되고 있다. 따라서 조력자는 상담 과정 중에 내담자에게 영양, 체력 향상, 다른 건강 활동들에 대해서 통합적으로 가르쳐야 할 필요가 있을지도 모른다. 또한 조력자들은 인종, 민족, 계층, 성, 종교, 지리적 위치, 세대, 성적 지향과 같은 문화적인 영향과 다양성이 내담자뿐 아니라 개인의 발달과 정체감에 미칠 영향에 대해서 잘 이해하고 있어야 한다(Comas-Diaz, 2011; Mirkin, Suyemoto, & Okun, 2005; Okun & Suyemoto, 2013).

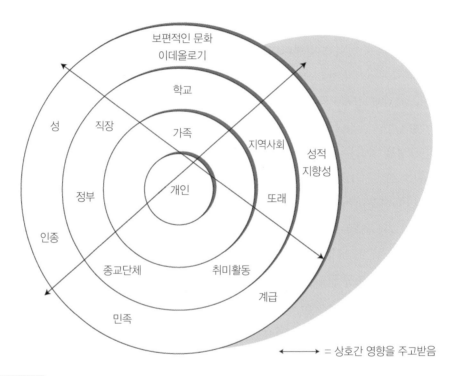

그림 1-1 개인 체계, 가족 체계, 사회문화적 체계, 보편적인 문화 이데올로기의 접점[Knoff(1996)에서 발췌]

최근의 동향

최근 21세기에 이르러 사회 변화로 인한 많은 변화가 확연히 나타나고 있다. 이러한 이슈들은 지역사회, 주류와 비주류, 가족, 개인에게 다르게 영향을 미친다. 가령, 정치, 경제, 사회 정책은 휴먼 서비스에 대한 접근과 가용성에 영향을 미친다. 주요한 변화에 대한 간단한 개요는 전문가(professional), 준전문 조력자(generalist), 비전문 조력자

(nonprofessional helpers)의 역할과 기능의 변화를 이해하는 데 도움을 줄 것이다.

21세기 초반 들어서 지난 20년 동안 경제는 쇠락하고 있다. 많은 중산층이 해고, 법인 합병, 첨단기술 요구, 타 국가로의 일자리 이동 등으로 인해 고용 불안정성의 어려움을 겪고 있다. 기술의 발전과 더불어 새로운 일자리가 더 이상 실업자의 요구에 맞게 창출되지 않고 있으며, 45세 이상의 노동자들의 경우 많은 사람이 경험과 경력을 존중받지 못하고 오히려 연령 차별에 직면하고 있다. 대학 졸업생들 또한 전례 없이 치열한 취업 경쟁에 직면하고 있다. 또한 직업을 가진 사람들조차 불안정성과 함께 의료보험, 교육, 연금이 제한됨으로써 취업 수당의 손실을 경험하고 있다. 경제적인 스트레스는 인간의 삶에서 많은 다른 불확실성과 함께 신체 및 정신건강에 손상을 줄 것이다. 오늘날 이러한 스트레스는 지난 시대보다 더 많은 사람에게 영향을 미친다. 확실히 중산층이 쇠퇴되고 있다.

전체 미국 인구 중 상당히 많은 사람이 빈곤층 또는 그 이하의 삶을 살고 있고, 불균형적으로 많은 수가 신체 및 정신 질환, 사회적 차별, 그리고 훈련과 교육의 부족을 겪고 있다. 이렇게 증가하고 있는 최하층 계급은 직장을 얻거나 유지할 수 없으며, 사회복지제도에 자주 의지하며, 아프거나, 거리를 배회하거나, 중독되었거나, 범죄에 연루되어 있다. 이들에게는 건강 및 다른 분야 조력 전문가들의 서비스가 충분하지 않을 뿐 아니라 종종 세대를 걸쳐 반복되는 빈곤의 사슬에 묶여 있다. 가정 폭력, 물질 남용, 범죄, 살 집이 없는 것, 그리고 심각한 정서적 고통이 반복되며 그 수준이 점점 증가하는 것은 사회적 가치와 구조의 붕괴를 의미한다. 직업, 교육, 건강, 정치 제도에 대한 신뢰와 확신이 심각하게 악화되어 있다. '가진 자들(haves)'과 '가지지 못한 자들(have-nots)', 직업이 있는 자와 직업이 없거나 불완전 취업자의 이분화는 북미 문화의 필수적인 구성 요소로 여겨지는 화합과 협력의 정신을 약화시키고 있다.

특히 주목되고 있는 대상은 노인들인데, 의학의 발전으로 인해 이들은 그 어느 시대보다 오래 살고 사회의 모든 측면에 영향을 미친다. 노인들은 이전보다 더 오래 노동 시장에 머물고 시간이 지남에 따라 혁신적인 주거, 의료 및 사회 서비스(의료보장과 사회보장)를 요구할 것이다. 자원이 줄어들고 있는 시대에 살고 있는 우리는 노인층보다 청년과 중년층의 요구를 우선시할지 모른다. 노령화 대책본부(Administration of Aging, 2010년 5월)에서는 2050년에 65세 이상의 미국인 수가 8,850만 명에 이를 것이고 이는 2000년의 4,020만 명의 2배에 해당한다고 보고했다.

중동의 미군 개입은 예비군들, 사병들, 돌아온 참전용사들, 그리고 그들 가족의 웰빙에 주요한 영향을 미쳐 왔다. 대부분은 이전 세대의 군인들에게 가능했던 유형의 지원과 도움을 받지 못하고 있다. 테러리즘(국외와 국내, 가장 최근에는 보스턴 마라톤 폭파 사건)과 홍수, 진압 불가능한 화재, 허리케인과 같은 자연재해는 다양한 수준에서 우리 사회에 영향을 미쳐 왔다. 최근의 미국 내 비극적인 사건 세 가지의 예시는 콜로라도 영화관, 코네티컷주 뉴타운 초등학교, 캘리포니아주 산타모니카의 비극적 총기 사건이다. 상담자들은 트라우마 사건 당시와 이후에 희생자, 그들의 가족, 최초 대처자들, 목격자들에게 조력을 제공하여야 한다.

미국 사회의 통계적 수치들은 변화하고 있다. 개발도상국가에서 오는 이민자들과 피난민들의 유입은 지속되고 있고 민족마다 출생률이 다양한데, 아마도 머지않아 주류 유럽계 미국인들은 다문화 국가의 소수민족이 될 것이다(Carter, 1995; Comas-Diaz & Greene, 1994; Sue, 2005; Sue & Sue, 2013; Suyemoto & Kim, 2005). 일부 이민자와 피난민은 주류 문화에 열심히 동화되고자 하지만 또 다른 일부 사람은 자기 민족 고유의 정체성과 지역사회를 유지하고자 하고 완전히 상이한 두 문화를 유지하고자 한다(American Psychological Association, Presidential Task Force on Immigration, 2012). 이중언어 교육과 차별 철폐 조처에 대한 많은 논쟁은 다양한 집단의 요구, 전제, 가치의 차이와 관련되어 있다.

또 다른 이분화는 일부 지역과 대상에서는 다양성에 대한 수용이 증가하고, 다른 일부에서는 다양성에 대한 저항이 증가하는 것으로 나타난다. 다양성은 국가/민족의 기원뿐 아니라 종교적인 믿음과 성적인 지향과도 관련된다. 저항은 이미 성취되고 보편화된 사회적 혜택과 프로그램들을 위협한다. '가족'을 구성하는 것이 누구이고 '수용할 만한 생활양식'이 무엇인가 그리고 이것은 어떻게 법적으로 정의되는가 하는 것은 논쟁의 여지가 많다. 이에 대한 답변은 세금, 복지, 실업, 육아휴직, 의료혜택에 대한 접근에 영향을 미친다(문화적 다양성에 대한 더 많은 논의를 살펴보려면 Okun, Fried, & Okun, 1999를 참조하라).

다른 변화는 정보 기술의 급격한 발전이다. 한편에서는 정보 기술의 발전이 우리의 접촉의 범위를 확장하고 더 빠르게 정보에 접근할 수 있도록 한다. 다른 한편으로는 이러한 도구들로 인해 침해를 당할 수 있는데, 사생활 침해와 원하지 않는 노출을 야기할 수 있다. 현대 기술 발전이 친밀한 관계와 가족생활에 미치는 영향이 연구되고 있는데, 관찰자들은 덜 연결되어 있고 가상의 관계 및 사회 네트워크에 더 의존하는 것에 주목하고 있다.

경제 및 사회문화적 변화에 동반하여 나타나는 심리적 스트레스로 인해 조력 서비스의 필요성이 강조된다. 하지만 의료지원 전달시스템의 민영화와 구조조정은 최소한의,

증상 감소 중심의, 단기치료 방향으로, 그리고 서비스 제공자보다는 비용을 부담하는 쪽에 의해 서비스가 통제될 것이 요구된다. 조력 서비스의 필요성과 가용한 서비스의 부족함 사이의 이분화는 조력 전문가들에게 딜레마를 가져온다.

조력자의 역할과 기능의 변화

30년 전 이 책의 초판이 나온 이래로 효과적인 조력의 특징 중 일부는 여전히 똑같이 존재하고 있고, 어떤 것은 변화하고 있고 또 어떤 것은 급격하게 변화했다. 하지만 효과적인 조력에 대한 핵심 개념은 변함없이 남아 있다. '작업 동맹(working alliance)'—도움을 주는 사람과 받는 사람 사이의 진솔하고, 따뜻하고, 공감적인 관계—은 어떤 종류의 심리적 변화를 위해서도 필수적인 틀이다. 관계 형성과 함께 정확한 사정, 개별 내담자에게 적합한 치료 공식화와 계획, 장단기 결과 평가는 전문적인 조력에 있어서 필수적인 요소이다. 오늘날 전문 조력자의 딜레마는 비밀보장을 유지하는 것, 다른 조력자나 기관 및 비용을 부담하는 쪽이 아닌 내담자의 요구에 초점을 맞추는 것을 포함한다.

현대의 비용—제한 관리 의료 서비스(cost-contained managed health care)의 영향으로 상담과 치료는 주로 단기간의 성과 중심을 향해 가고 있다. 실제로 '의료적 필요성(medical necessity)'에 돈을 지불하는 3자의 기준은 내담자가 치료에 적합한가를 점점 더 요구하고 있으며, 점차적으로 예방과 초기 개입에는 덜 주목하고 있다. 하지만 신뢰할 만한 조사 결과에 따르면 전체 미국 인구의 절반 정도가 일생의 어느 시점에는 진단 가능한 정신적 장애를 가지는 것으로 나타난다(Kessler, 2005). 이러한 장애들은 가족, 지역사회, 체계의 맥락 밖에서는 나타날 수 없다. 질병통제예방센터[Centers for Disease Control and Prevention(CDC), 2012]는 케슬러(Kessler)의 예측을 지지하며 현재 미국 성인의 25%가 진단 가능한 정신질환을 가지고 있고 일부는 심혈관계 질환, 당뇨병, 비만과 같은 만성적인 의학적 질병과 관련되어 있음을 지적하고 있다. 조력 전문가들은 예방을 위한 정책 및 프로그램 개발, 그리고 다양한 인종과 민족으로 확장된 내담자들을 대상으로 한 초기 식별과 치료를 개발해야 하는 도전에 직면하고 있다.

이러한 사회적 변화 흐름이 정신건강 종사자들에게 의미하는 시사점은 다양하다. 즉, 우리가 아주 다양한 세팅과 환경에서 전체 연령을 대상으로, 더 다양한 대상과 함께 작업을 할 것이라는 점이다. 우리는 핵심적인 기초 기술과 지식을 개발할 필요가 있을 것이며, 우리가 어느 영역과 세팅을 선호하는지 발견하고, 더 구체화된 지식과 기술을 발전시킬 필요가 있을 것이다. 임상가로 활동하는 동안 핵심 기초 기술과 지식은 남아 있을 것이지만 새롭게 배우고 경험을 발전시켜야 하며 이를 지속적으로 변화하는 우리의 역할에 통합시켜 나가야 할 것이다.

단기치료로의 이동은 적응과 발달적 어려움, 가령 많은 '건강염려증(worried well)'을 경험하는 사람들에게는 잘 작동할 것이다. 하지만 이것은 심각한 신체 및 정신건강의 어려움을 가지고 조력자를 찾아오는 수많은 사람에게는 유용하지 않을지 모른다. 오늘날 조력자들은 보험 규약 또는 기관의 정책에 의해서 통제를 받는데, 종종 '건강염려증' 환자에게 필요한 회기 수 및 치료 방식과 심각하게 불안한 대상에게 필요한 회기 수 및 치료 방식과 구분을 할 수 없다. 관리 의료(managed care) 서비스의 초점은 증상의 감소와 함께 내담자가 나타내는 문제의 직접적이고 행동 지향적인 해결책에 있다. 근본적인 어려움의 식별과 탐색은 1년에 내담자 한 명에게 일반적으로 허용되는 횟수인 8회기에서 12회기 안에 이루어지기 힘들 것이다. 동등성 요구 입법 통과 이래로 변화들이 있어 왔는데, 많은 보험 회사가 추가 회기에 대한 승인과 허용을 줄여 오고 있다. 동시에 많은 내담자가 보험 공제가 시작되기 전에 더 광범위한 공제조항 조건을 가지고 있지 못하면 회기 당 훨씬 더 많은 공동 부담액을 가진다. 단기간 치료의 강조는 일부 긍정적인 결과를 가져온다. 가령, 사람들은 성과를 평가하지 않으면서 끝도 없이 상담하지 않아도 된다. 또한 개인, 집단, 가족, 더 큰 조직적 전략들을 포함하는 다학제적 조력자에 의한 팀 접근 방식이 종종 활용된다. 그리고 도움을 받는 사람의 약점보다는 강점이 자주 강조된다. 유능한 의사소통 기술들은 빠르고 효과적으로 필수적인 조력 관계를 발달시키는 데 있어 필수적이다. 관계 형성(rapport building), 사정(assessment), 내담자에게 힘을 북돋는 방식의 개입(empowering interventions), 그리고 성과 평가(outcome evaluation)는 제한된 치료 패키지 안에서 밀접하게 상호 관련된다.

효과적인 조력자들은 기초 지식을 확장하여 생물심리사회 모델(biopsychosocial model)에 대한 지식을 가져야 한다. 사회 복잡성이 증가함에 따라 조력자들은 필수적으로 개인과 그들의 행동을 관련된 사회 및 문화적 구조의 심리사회적 맥락 안에서 고려해야 할 필요성에 직면하고 있다. 즉, 직계 가족과 확대 가족들, 지속적으로 변화하는 이웃과 지역사회, 정규 직장과 학교 세팅 그리고 비정규 직장과 대안 학교 세팅들에 있어 다양하다. 또한 개인의 스트레스 수준에 기여하는 특정한 개인적·대인관계적·문화적·사회적 변인을 구분하는 것이 중요할 뿐만 아니라 이러한 변인들 간의 상호관련성을 이해하는 것이 필수적이다. 예를 들어, 긴축 경제 속에서 직장을 잃을지 모른다는 두려움 또는 직업에서의 불만족은 사람들에게 속박되고 좌절된 느낌을 가져올 수 있다. 이 좌절감은 아마 부부간 불화 또는 두통, 궤양, 고혈압 같은 신체적 증상으로 나타날 수도 있다.

다문화 구조/생태학적 관점의 복잡함을 배우는 것에 추가하여, 조력자들은 개인의 생리 기능을 잘 알고 있어야 한다. 최근 인지 및 신경과학(유전, 신경 내분비학, 뇌 기능) 연구는 심리적 발달과 기능에 미치는 생물학의 강력한 영향을 더 잘 이해하도록 돕고 있다(Cozolino, 2010; Lewis, Amini, & Lannon, 2000; Ratey, 2001). 오늘날 정신과 신체는 하나의 체계인 것으로 간주된다. 즉, 신체 및 정신적 건강은 모두 건강 개념 안에 포함된다(Stewart & Okun, 2005). 최근 신체화된 마음의 개념은 인간 이성과 언어 안에 신체와 뇌의 역할을 인식하도록 한다(Lakoff, 2004). 현대의 생물심리사회 모델은 생체의학적 모델(biomedical model)을 대신하고 있는데, 이는 정신건강 종사자들이 환자 중심의 통합된 돌봄을 제공하기 위해 의료 서비스 세팅에서 다학제로 구성하여 팀으로 일할 것을 촉구한다(Johnson, 2013).

다른 변화는 상담자와 치료자에게 활용 가능한 자원과 기술의 범위가 확장된 것이다. 우리는 더 정교화된 사정 도구들과 컴퓨터화된 프로그램들, 그리고 인지행동적 전략들을 가지고 있다. 우리는 **최면술**, EMDR(Eye Movement Desensitization and Reprocessing, 안구운동 민감소실 및 재처리요법), **바이오피드백**, **변증법적 행동치료**를 사용할 수 있고, 주요 우울과 불안뿐만 아니라 중등도(moderate)의 증상을 치료하기 위해서 새로운 약물들을 사용할 수도 있다. 이러한 모든 것은 사람들이 상황적 · 발달적 스트레스를 다루고, 자신들의 역량, 대처 기술, 자원들을 향상시키도록 도와주고 그래서 더 효과적으로 관계와 인생의 전환점에서 협상할 수 있도록 해 준다. 우리는 조력자들에게뿐 아니라 내담자들에게도 쉽게 접근할 수 있는 인터넷의 수많은 지식 자료들을 활용할 것을 촉구한다. 예를 들어, 조력자는 취업 면접 이전에 내담자에게 해당 회사에 대해 살펴보고 그 회사의 문화에 대해서 가능한 한 많이 배우도록 격려할 수 있다. 더 나아가 더 많은 심리/신체 구조에 대해서 알게 된 이래로 우리는 내담자들에게 명상, 요가와 같은 마음챙김 기술을 사용한 운동과 적당한 영양 섭취를 통하여 체력을 유지하도록 촉구할 수 있다. 주요 의료 서비스 제공자들을 포함하여 점점 더 많은 사람이 스트레스 관련 증상을 완화시키는 허브 보충제, 동양의 마사지치료, 침과 같은 대안적 접근을 발견하고 있다. 다문화 역량을 갖춘 치료자들은 적절할 때 영적 및 종교적 가치를 탐색하는 것과 지역사회와 종교 지도자의 역할을 이해하는 것의 중요성을 인식하고 있다.

사회적 서비스가 경제적 · 정치적 요소들에 의해서 심각하게 제한되는 것과 함께 다양한 조력 전문가 사이에서 한정된 자원을 위한 경쟁 증가와 직원 감축은 흔한 일이 되고 있다. 서비스 전달 환경은 경제에 의해 주도되는데, 예산 균형을 맞추기 원하는 서

〈표 1-1〉 생태학적 관점의 접수면접지

개인적 맥락	가족 맥락

발달적
• 내담자는 발달적으로 적절한가?
  −사회적 측면: 직장/학교
  −정서적 측면: 대인관계
  −인지적 측면: 대처전략
 	
의료/건강
• 1차 진료를 받고 있는가?
• 만성적인 건강 이슈인가?
• 웰니스/스트레스 관리는?
  −영양
  −운동
  −알코올/담배/기분 전환 약 사용
  −이완/자기돌봄
• 입원/수술
• 두부외상/의식 상실
 	
내담자 대처 전략/강점
• 내담자는 일반적으로 스트레스를 어떻게 다루는가?
  −대처 기술들/내부적 방어 자원들은?
• 치료에 도움을 주는 내담자 강점은 무엇인가?
	• 누가 현재 가족에 포함되어 있는가?
	  −가족 구성원들, 확대 가족, 친구
	• 현재 가족의 발달 단계
	  −현재 당면한 과업은 무엇인가? 이것은 체계 내에서 개인의 과업과 상호작용하는가?
	• 현재 가족의 규칙들/역할들/규범들
	• 원가족의 규칙들/역할들/규범들
	  −커플 체계
	  −부모 체계
	  −형제자매 체계
	• 현재 위기의 본질
	• 현재 가족과 원가족의 위기의 과거력
	• 누구의 문제인가? 만일 문제가 해결된다면 누가 혜택/손실을 보는가?
	• 가족의 대처 전략과 가족 장점들

사회문화적 맥락	치료/전문적인 맥락
지역사회 자원 • 내담자는 지역사회 및 가용한 자원들에 어떻게 연결되거나 연결되지 않는가? 현재 가족 안에 각 구성원은 다른 지역사회 자원들과 연결되어 있는가? • 지역사회 문화 • 거주지 • 지역사회의 신념/종교 • 지역사회 학교/직장 • 각 지역사회 안의 치료의 규칙과 역할들	• 치료의 맥락이 어떠한가? −입원/통원치료/클리닉/학교/위기 • 치료 전 다른 치료 제공자들 • 치료 유형과 기간에 대해서 누가 결정하는가? • 내담자가 치료를 구하는 것은 누구의 생각인가? • 치료자의 개인적/가족/문화적 배경과 자원들 • 치료자의 경험수준 • 수퍼비전/컨설테이션과 치료자를 위한 전문적 자원의 가용성

비스 제공 기관과 조력자의 개인 및 전문적 가치, 믿음, 훈련 사이에 긴장을 생성한다. 관리 의료 아래에 시간 제한 위기 개입 서비스 공급은 개인적 필요에 따라 재단될 수 있는 조력 관계보다 약물과 개인적인 것이 개입되지 않은 단기간 서비스 전달에 더 의존한다. 지역사회 기관들의 미션과 제3의 지불인, 즉 돈을 내는 쪽의 요구 사이에 팽팽한 긴장이 있다. 점점 더 많은 비영리 지역사회 기관들과 병원들이 이윤추구를 하는 의료 서비스 기업에 팔리고 있다. 결과적으로 지역사회에서는 이윤은 없으나 사회적·도덕적으로 책임이 있는 프로그램들과 서비스들이 사라지고 있으며, 이런 것들은 주로 권리가 박탈된 사람들을 위한 것이다. 스트레스를 받는 사람들의 휴먼 서비스에 대한 요구가 증가하고 있으나 이러한 서비스를 위한 가용성과 자원은 줄어들고 있는데, 이러한 불균형은 정말 역설적이다.

기관, 학교, 상담센터, 의료서비스 센터에서 일하는 조력자들은 증가된 내담자와의 시간(생산성 단위), 더 가중된 행정업무, 기록관리, 늘어난 이차적 조력자(1차 진료 의사, 부수적인 제공자들, 학교, 가족 등)와의 전화 시간이 필요한 상황에 처해 있다. 조력자들은 연방정부에 의해 수립된 환자의 건강과 의료 정보의 프라이버시를 보호하기 위한 HIPAA(건강보험양도 및 책임에 관한 법)를 따라야만 한다(부록 D 참조). 많은 세팅에서 조력자들은 급여를 받기 위해 내담자의 직전 취소 또는 '노쇼(no-shows)'로 인해 청구할 수 없는 시간을 채우기 위해 허둥지둥해야만 한다. 오늘날 의료 서비스 환경에서는 관계를 발전시키고 반영을 할 시간이 부족하다. 곧 다가올 전자 기록 관리 요구, 보험 회사에 의해 요구되는 새로운 코드, ICD-10, DSM-5는 직접 서비스 전달에 쏟아붓는 시간과 에너지에 강하게 영향을 미칠 것이다.

우리는 잘 훈련된 상담자들은 다양한 내외적인 요소가 주로 개인적인 문제들의 원인이 된다는 것을 잘 알고 있으리라 믿는다. 〈표 1-1〉은 다문화 구조/생태학적 관점에서 정확한 사정과 치료 계획을 고려하는 데 있어 조력자가 필요로 하는 정보의 종류를 요약하고 있다. 또한 이 정보는 조력자에게 다른 상호작용 사회 시스템 내에 있는 이차적인 조력자를 식별하도록 한다.

의사소통 기술

대중매체는 오늘날 사회적 질환들의 다양한 형태에 주목하게 하는데 우리는 개인적·가족적·환경적 스트레스가 신체적·심리적·사회적 현상으로 나타날 수 있다는 것을 알고 있다(생물심리사회적 관점). 대인관계의 어려움은 이러한 증상의 기저에 있는 또는 아주 조금이라도 영향을 끼치는 요인이다. 대인관계 어려움은 친구 관계, 가족과 직장 관계, 지역사회, 국가, 국제 관계에 영향을 미친다. 우리 대부분은 생존을 위해서 자신의 개인적인 어려움에도 불구하고 다른 사람들과 그들의 문제에 대해서 진정으로 염려한다. 하지만 구체적인 문제들과 어려운 이슈들에 대해서 도움을 주고자 하는 우리의 의도와 소망에 대해서 잘 소통하지 못하기 때문에 여전히 오해를 경험한다. 점점 예산이 줄어들고 있는 상황에서 서비스 전달 분야의 조력자와 내담자들은 명확하고 효과적이고 신속하게 자신들이 우려하는 바에 대해서 대화하는 방법을 배울 필요가 있다. 조력자로서 우리는 내담자가 효과적으로 대화하는 역량을 개발하도록 도와야 한다.

비효과적이고 잘못된 의사소통은 대부분의 대인관계 어려움의 근원이다. 반대로 효과적인 의사소통은 건강한 대인 간 관계를 발달시키고 유지하는 데 필수적이다. 불행하게도 우리 교육 시스템에서는 면대면이나 대인 간 대화 기술을 거의 제외하고 있고, 쓰기 의사소통 기술의 발달만을 강조한다. 학교에서는 우리에게 메시지로 전달하는 정보와 내용에 응답하도록 가르치지만 메시지 안의 감정을 듣고, 받아들이고, 반응하도록 격려하거나 가르치지는 않는다. 학교에서는 의사소통에 영향을 주는 명백하고도 내포된 문화적 행동을 알아채는 것을 가르치지 않는다(Okun, 2004; Okun et al., 1999).

의사소통 기술의 인식과 훈련은 기관이나 보호시설이든 상관없이 그리고 조력 관계가 단기간이든 지속적인 것이든 관계없이 어떠한 인간관계에서도 필수적이다. 특히 효과적인 의사소통 기술은 단기간 조력을 해야 하는 상황에서 조력자가 제한된 시간 내에 내담자와 협력관계를 구축하고 합리적인 목표를 만들어 내고자 한다면 필수적이다. 효과적인 조력은 당신 스스로와 다른 사람의 자기 인식을 증가시키고, 사회적인 힘이 인간 발달에 미치는 영향을 이해하고, 문제 해결의 역량을 향상시킬 수 있는 수단을 제공하는 것을 목표로 하고 있다.

이 책의 목적

이 책의 기본적인 목적은 효과적인 조력 관계를 구축하기 위해 필요로 하는 인간관계 기술 개발의 기초를 제공하는 것이다. 이러한 기초 작업의 일부로 상담 과정을 개괄적으로 소개하고, 조력자가 즉각적으로, 단기간에, 그리고 장기간 조력에 사용되는 지식과 기술에 익숙해지도록 할 것이다.

이 책의 주요한 전제는 모든 개인이 개인적 · 사회적 · 직업적 · 전문적 세팅에서 응용될 수 있는 더 효과적인 의사소통 기술들을 배울 수 있다는 것이다. 효과적인 의사소통은 조력 과정에서 핵심적이고 모든 유형의 관계에서 더 만족감을 가져온다. 향상된 대인 간 관계는 개인적·직업적·사회적 고통을 경험하는 사람에게 지지를 제공할 뿐만 아니라 사람들이 지지를 구하게도 하고 받게도 만든다.

이 책은 지난 36년 동안 집단 및 개인, 정신건강 전문 학업 및 임상 프로그램, 공식 또는 비공식적 인간관계 훈련에서 사용되어 왔다. 전문 상담 및 일반 휴먼 서비스의 교재로 채택되어 왔고, 사회 서비스 기관, 법정, 양로원, 군대, 교도소, 교회 상담 프로그램, 정부, 지방자치 조직들에서 사용되어 왔다. 이 책은 휴먼 서비스를 제공하는 개인(정신건강 조력자들, 상담자들, 보호관찰관, 고용서비스 직원)과 다른 조력 역할과 관련이 있는 사람들(보조 의료 종사자, 수퍼바이저, 관리자, 교사, 동료)이 필요로 하는 지식과 기술에 초점을 맞추고 있다.

이 책의 자료는 효과적인 인간관계를 향상시키기 원하거나 필요로 하는 사람뿐만 아니라 전문적 조력 영역에 들어서기 시작하는 학생을 훈련시키는 데 사용되도록 만들어졌다. 이 자료는 기초적인 기술을 가르치기 때문에 일상의 만남에서 비공식적인 조력 관계를 가지는 비전문적인 세팅에 있는 사람뿐 아니라 자신의 전문적인 상담 훈련을 계속하기를 원하는 사람들에게도 유용할 것이다. 이 책에서 때때로 익숙하지 않은 기술적인 용어를 발견하게 될지도 모른다. 이런 용어들이 처음 제시되었을 때 고딕체로 표시되며, 책의 뒷부분의 용어 사전에 포함될 것이다.

이 책은 전반적으로 이론적인 교재보다는 실제적이고 적용할 수 있는 실습 매뉴얼이 되는 것을 목표로 하고 있다. 하지만 독자들이 (이론이 응용된) 전략을 이해하는 것을 돕기 위해 이 전략들이 기초하고 있는 현대의 중요한 이론적 접근에 대한 기본적인 개괄을 포함하고 있다. 또한 이 개괄을 통하여 조력자가 자신의 가치, 태도, 믿음 구조를 알고 이를 바탕으로 자신의 개인적인 이론을 발달시킬 수 있는 준비 작업을 제공한다. 또한 이것은 응용된 인간관계 기술에 대한 소개로 사용자들이 자신의 지식을 사용하고, 자신의 경험으로부터 배우고, 새로운 지식을 자신의 역량으로 통합시키도록 촉구한다. 함께 제시되는 운영자 매뉴얼은 자원, 테스트 질문과 요약을 제공한다. 하지만 기억할 것은 인간관계는—사람들 가운데 상호작용은—광범위한 주제이다. 이 책을 통해서 이 분야의 제한된 부분만이 얻어지게 될 것이다. 이 책 하나에서 제공되는 이론, 기술, 실제에 대한 소개만으로 당신은 전문가가 되는 것을 기대해서는 안 된다.

이 책에서 제시하고 있는 조력에 대한 접근은 유연하고, 응용 가능하고, 통합적이다. 모든 조력 상황에서 사용될 수 있는 한 가지 혹은 몇 가지 이론의 변형을 활용하기보다는 주어진 상황 안에서 가장 합리적이고 유용할 것으로 생각되는 전략 또는 기술을 적용할 것이다. 서로 다른 문화적 배경을 가진 조력자와 내담자는 효과적인 조력 관계를 형성하기 위해 문화적 측면을 기초로 한 의사소통 방식에 주목할 필요가 있을 것이다. 마찬가지로 어떤 특정의 전략은 다른 전략들보다 조력자와 내담자의 개인적인 가치와 스타일에 더 잘 양립할 수 있을 것이다.

비록 이 책에서 제시하고 있는 상담 전략들을 사용하기 위해서 더 많은 훈련이나 도움이 필요하겠지만 우선 이 책에서 다루고 있는 의사소통 기술을 활용하는 것으로 시작할 수 있다. 또한 전략과 적용에 대한 당신의 지식은 휴먼 서비스 전달에 있어 상담의 역할을 이해하고 전문 상담자가 수행한 것을 당신의 일과 관련시킬 수 있을 것이다. 예를 들어, 만일 당신이 보호관찰관으로 일하고 있고 하나 이상의 사례가 집행 유예 기간을 맞추는 것이 어렵다면, 행동 수정 전략에 대해 알고 어떻게 환경과 행동을 조절할지 조력할 수 있다면 도움이 될 것이다. 당신이 이러한 전략들을 계획하고 적용하는 것은 어려울지 모른다. 하지만 적어도 당신이 하고자 하는 것을 위해 필요로 하는 지식과 훈련이 어떠한 영역인지는 알 수 있을 것이다.

이 책의 전체적인 내용을 살펴보면 다음과 같다. 첫째, 효과적인 의사소통은 모든 조력 관계의 핵심이다. 둘째, 따뜻하고 공감적인 조력 관계는 조력 과정에서 단일 요인으로는 가장 중요한 요소이다. 셋째, 모든 조력자의 목표는 내담자가 스스로의 행동과 결정에 대한 통제감을 획득하고 책임을 가지는 것뿐만 아니라 자기존중감을 증가시키고 자기수용을 성취하는 것을 돕는 것이다. 넷째, 한 가지 이상의 전략이 어떤 내담자에게도 사용될 수 있다. 다섯째, 조력자에 의한 지속적인 자기 평가와 '조력 관계가 어디쯤에 있는가'의 평가는 효과적인 조력에 필수적이다. 여섯째, 조력자는 자신의 가치, 감정, 생각들을 잘 인식하고 있어서 내담자가 조력자의 것이 아닌 스스로 필요한 것을 받아들일 수 있도록 해야 한다. 일곱째, 조력자는 내담자의 믿음, 가치, 행동의 기초가 되는 성과 문화 기반에 대해서 민감해야 한다.

조력자는 누구인가

조력자는 외부와 내부의 문제들을 이해하고, 극복하고, 다루도록 다른 사람을 조력하는 누구나 될 수 있다. 우리는 종종 인간관계 조력자를 전문적인 훈련을 받은 전문가, 즉 정신과 의사, 심리학자, 정신건강 상담자, 사회복지사, 정신과 간호사로 생각한다. 하지만 다양한 종류의 휴먼 서비스 종사자들이 증가하고 있으며, 사설 및 공공의 세팅에서 내담자에게 직·간접적 사례 관리와 상담 서비스를 광범위하게 제공한다. 이들 중 일부는 전문적인 조력자이다. 또 다른 일부는 준전문 조력자인데, 이들은 전문 조력자에게 속해 있기도 하고 독립적이기도 하다. 준전문 조력자들은 양로원, 교도소, 군대와 같은 조직에서의 조력자들이다. 그들은 교사로서, 정부와 산업 조직의 인력 관련 종사자, 수퍼바이저, 관리자, 사법 관련 종사자, 보조건강 종사자로서 일한다. 마지막으로 비공식적인 조력자들이 있다. 이들은 공식적 또는 비공식적으로 찾게 되는 친구, 자원봉사자, 친척들, 이웃사람들과 같은 조력자들이다. 이러한 조력자들의 유형은 상호 배타적이다. 사실 그들은 중첩될 수도 있다(〈표 1-2〉 참조).

이러한 조력자를 구분하는 것은 그들의 기술과 지식의 수준이다. 기초적인 의사소통 기술은 공식적 또는 비공식적 조력과 전문적·일반적·비전문적 조력에서 공통적이기 때문에 전문적인 훈련을 구성하는 많은 부분이 준전문 조력자와 조력자에게 효과적인 것으로 증명되고 있다.

〈표 1-2〉 세 가지 유형의 조력자에게 요구되는 기술과 지식

	비전문 조력자	준전문 조력자	전문 조력자
의사소통 기술	×	×	×
발달에 대한 이해	×	×	×
이론적 지식			
진단 및 평가		×	×

전문 조력자

전문적인 조력자들은 인간 행동에 대한 학습에 있어 대학원 수준의 훈련을 받고, 적용 가능한 조력 전략을 배우고, 수퍼비전하에 개인, 가족, 집단을 조력하는 임상 훈련을 경험해 온 전공자(specialist)이다. 비록 훈련받은 전문가에 의해 전달되는 서비스 중 많은 부분이 중첩되기는 하지만 훈련 배경과 자격 요건에 있어 차이가 있다.

정신과 의사는 정신병원이나 일반 병원의 정신과에서 레지던트 과정을 완료한 의사들이다. 전문 조력자로서 정신과 의사의 일은 정신약리학에 대한 지식, 약물을 처방하는 능력, 의학적 질환과 치료에 대한 친숙함, 입원 환자에 대한 관리를 포함한다. 오늘날 많은 정신과 의사는 정신약리학과 의학적 조언에 초점을 둔 훈련 때문에 레지던트

동안에 포괄적인 정신치료 훈련을 받지 않는다. 그래서 이들은 정규 학업과 레지던트 프로그램 외에 정신분석 및 다른 훈련 기관에서 특수한 훈련을 받을지도 모른다. 정신과 의사들은 점점 더 약물을 처방하고 관리하는 데 집중하고 있고 심리치료는 다른 조력 제공자들에게 남겨 두고 있다.

한편, 심리학자들은 (주로 박사 수준에서) 행동과학에 대한 훈련을 받으며, 특히 진단과 약물 처방에 중점을 둔 의학 질병 모델과 반대되는 (학습, 발달, 성격) 이론과 사정에 정통하다. 최근에 발간된 DSM-5는 정신건강 종사자들에 의해 점점 더 많은 도전을 받고 있다. 심리학자들은 진단적 분류가 과학적인 타당화 없이 환원주의적이고 협소하다고 여긴다. 심리학자들의 특별한 공헌은 정신 진단 분야와 연구 방법론에 있다. 오늘날 대부분의 심리학 훈련 프로그램에서는 다문화 관점을 포함하고 있는 현대 심리학 모델을 훈련생들에게 노출시키고 있다. 여전히 논란이 있기는 하지만 일부 주의 심리학자들은 적절한 훈련을 거친 후 약물을 처방할 수 있는 권리를 얻고 있다.

세 번째 전문가 유형의 정신건강 상담자들은 주로 최소한 2년간의 석사 수준의 대학원 과정을 완료한다. 이 과정에서는 심각한 장애가 아닌 예방적이고 발달적인 서비스를 제공하는 것을 강조한다. 세 번째 전문가 유형의 정신건강 상담자들은 많은 부분 심리학자들과 동일한 대학원 과정을 거치지만 방법론 수업보다는 실제 전문가 양성에 중점을 둔 과정을 거치며 일정 시간의 수퍼비전하의 임상 경험을 가진다. 사회복지사 또한 2년 과정의 대학원을 거친다. 이들은 지역사회에 가용한 기관과 사회 정책에 대한 지식과 조합을 통해 독특한 서비스를 제공한다. 대부분의 사회복지 프로그램은 2년의 수퍼비전하의 현장 실습과 사회, 집단, 개인의 상호작용에 대한 엄격한 수업 과정을 제공한다. 정신과 간호사들은 임상-경험을 하는 동안 수퍼비전을 받고 많은 주에서 대학원 수준의 처방전 특권을 위해 훈련된다.

앞에서 언급한 전문가 중 누구라도 특정 영역의 역량에 따라 개인, 가족, 집단 또는 더 큰 조직적 수준에서 내담자들에게 상담이나 치료를 제공할 수 있다. 1995년의 소비자 보고(Consumer Report) 연구('정신건강'; Satcher, 1999)에서는 심리학자, 정신과 의사, 사회복지사는 조력자로서 효과성의 차이가 없다고 보고하고 있다.

전문가 보수 교육은 학제 간의 상호작용과 모든 조력 전문가에게 공통적인 지식을 노출할 수 있는 토론회를 제공한다. 사실 조력자의 개별 전문 영역을 아는 것은 실제로 어떤 유형의 상담이 제공되는지 알기에는 종종 충분하지 않다. 전문 조력자 사이의 유사성과 차이점은 전문 영역의 차이보다는 개인의 스타일과 실제 활동과 더 관련이 있을 수 있다. 하지만 경제적인 위축은 각 전문 영역들에 있어 심각한 경쟁을 야기하고,

전문적인 기관에서는 종종 중첩되는 기술이나 지식보다는 차이점을 더 강조하게 된다. 이러한 상황은 불행하게도 불필요한 개별성을 주장하게 하고 조력자들이 자신의 전문 영역을 비호함으로써 학제 간의 효과적인 협업을 방해할 수 있다. 예를 들어, 이전에 정신과 의사에게만 국한된 치료 환경에 진입하고 있는 심리학자들은 적극적으로 처방 특권을 요구하고 있으며, 정신건강 상담자는 사회복지사와의 동등한 관계를 요구하고 있다. 미국심리학회(American Psychological Association)에서는 자격을 갖춘 심리학자와 사회복지사를 1차 의료 실제에 포함시켜 주기를 강하게 요구하고 있다.

준전문 조력자

준전문 조력자 카테고리는 전문 조력자 카테고리와 중첩된다. 여기에는 정신과 보조나 기술자, 청소년 관련 종사자들, 약물중독 상담자, 데이케어 구성원, 보호관찰관, 관리자들, 인사 담당자, 호스피스 종사자, 교회 종사자들이 있다. 이러한 조력자들은 보통 학부 수준의 특화된 인간관계 훈련을 받고 주로 전문가와 함께 팀으로 일하거나 조언과 수퍼비전이 가능한 전문가들과 함께 일을 한다. 이들은 훈련의 많은 부분이 직장에서 공식적 및 비공식적으로 일어난다. 준전문 조력자들은 종종 전문 조력자들이 다른 부분에 주목해야만 할 때 공백을 메운다. 일부 세팅에서 이들은 내담자들이 매일 지속적으로 접촉하는 서비스 제공자이다.

비전문 조력자

우리의 논의에 반드시 이러한 비전문가 유형을 포함시켜야 한다고 생각한다. 이들은 조력자처럼 전문적인 훈련을 받지는 않지만 때때로 인간관계 서비스의 다양한 이슈와 관련된 세미나나 모임에 참석할지 모른다. 이 집단의 사람들은 공식적인 기반에서는 인터뷰어들, 수퍼바이저들, 교사들, 준공식적인 기반에서는 자원봉사자들, 비공식적 기반에서는 친구, 친척, 동료들로서 조력을 제공한다.

이 세 가지 조력자 집단의 공통분모는 모두 조력하는 사람들과 조력 관계를 효과적으로 시작하고 발달시키기 위해서 의사소통 기술이 필요하다는 것이다. 조력자들은 광범위한 종류의 문제를 지원하기 위해 특정 전략을 적용한다. 이러한 전략들을 적용하기 위하여 정규적인 훈련과 경험을 요구한다. 이 책은 전문 조력자들과 일부 준전문 조력자들에게 사용법을 설명한다.

상담의 두 가지 단계

앞서 언급했던 대로 이 책에서 사용되는 상담이라는 용어는 조력의 전문적·일반적·비전문적 형태를 모두 아우른다. 조력자, 상담자, 치료자의 용어는 상호 교환적으로 사용될 것이다.

많은 사람은 상담을 예술이자 과학이라고 여긴다. 예술이라고 하는 의미는 상담자의 (기술과 지식과 함께) 성격, 가치, 태도는 정의하거나 측정하기 어려운 상담 과정에서의 주관적인 변인들로 보는 것이다. 과학이라고 하는 의미는 우리가 인간 행동과 일부 조력 전략에 대해 알고 있는 것 중 많은 부분이 구조화될 수 있고, 측정할 수 있고, 객관적인 상담 구조로 통합되어 왔다는 측면에 있다. 변화하는 치료 환경에서는 상담 전략들의 적용과 평가에 있어 더 과학적인 접근을 요구한다. 조력자들은 더욱더 증거 기반의 개입을 사용할 것을 요구받으며 현재 나타나는 문제가 해결되었는지, 증상이 줄어들었는지, 내담자가 만족하였는지에 대해 측정함으로써 조력의 결과를 문서화할 것을 요구받고 있다. 이러한 평가들은 경험적 타당도를 갖춘 과학적인 모델을 요구한다. 하지만 상담은 두 개의 진행 중인, 서로 얽혀 있는 부분 또는 단계로 구성된 과정이라고 생각될 수 있다. 첫 번째 단계는 예술에 가깝고 두 번째 단계는 과학에 가깝다. 상담자의 전달 스타일은 아마도 예술일 것이고, 전체 조력 관계를 통하여 실행된다.

조력 과정의 첫 번째 단계는 조력자와 내담자 간의 협력과 신뢰를 구축하는 데 초점을 둔다. 조력자는 내담자가 가능한 한 많은 정보와 감정을 드러내고 탐색할 수 있도록 자기 개방을 지지한다. 이러한 탐색은 조력자와 내담자 스스로가 내담자의 요구와 현재 이슈에 대해 주목하고 치료의 목표와 주제를 함께 결정할 수 있도록 하여 조력 관계의 방향성을 함께 결정할 수 있도록 한다. 이러한 의사결정에서는 비용과 환불 방침뿐 아니라 조력 관계가 일어나는 세팅에서의 기준과 규칙을 고려해야만 한다.

면대면(한 명의 조력자와 한명의 내담자) 기반에서 구축된 관계 기술은 가정, 학교, 직장, 지역사회에서 서로 상호작용할 때 사용될 수 있는 기본적인 기술이다. 이러한 관계 기술은 카크허프(Carkhuff, 2009a, 2009b), 고든(Gordon, 2000), 아이비, 댄드리아, 아이비와 시멕-모건(Ivey, D'Andrea, Ivey & Simek-Morgan, 2012), 아이비, 아이비와 젤러퀘트(Ivey, Ivey & Zalaquett, 2010), 수와 수(Sue & Sue, 2013), 수, 아이비와 페더슨(Sue, Ivey & Pedersen, 2009) 그리고 기본적으로 로저스학파의 인간중심이론(5장에서 논의될 것이다)을 바탕으로 하는 조력자 훈련 시스템을 개발한 사람들의 성과로 밝혀져 왔다. 이러한 체제에서는 의사소통 구성 요소로서 듣기, 주목하기, 받아들이기, 응답하기를 포함하고 내담자 문제의 탐색, 명확화, 사정을 하게 한다.

정확한 문제 사정을 촉진하는 관계가 발전함으로써 조력 과정의 두 번째 단계가 시작된다. 이 단계는 전략 계획, 적용, 평가로 구성되고 종결과 추수 과정이 따른다. 이러한 조력 과정의 단계는 준전문 조력자들의 관심사이기도 하지만 보통은 전문적인 조력자의 분야이다. 또한 이 단계는 비전문 조력자들은 주로 관련하지 않는데 그럼에도 불구하고 인간 서비스 자원을 이해하고 적합하게 사용하기 위해서 여전히 전문적 및 일반적인 조력 관계에서의 이론과 조력 전략의 적용을 위한 가장 기본적인 지식이 필요하다. 두 번째 단계의 성공은 첫 번째 단계 동안에 긍정적인 조력 관계를 수립하기 위해 의사소통 기술을 얼마나 효과적으로 구축하느냐에 따라 상당히 영향을 받는다.

인간관계 상담 모델

이 책은 인간관계 상담 모델(human relations counseling model)에 기반을 두고 있다. 이 모델은 5장과 6장에서 논의될 주요 이론적 관점을 기반으로 하고 있다. 이 모델은 내담자 중심의 문제 해결 조력 관계를 강조하는데, 행동의 변화와 행위(결과)가 다음 중 하나 또는 두 가지 모두로부터 비롯될 수 있다고 본다. ① 내담자 자신의 감정, 생각, 행동에 대한 탐색과 이해, ② 적절한 환경적 및 구조적 변인들을 조정하기 위한 내담자의 이해와 결정이다. 조력자와 내담자 모두가 필요로 하는 것과 적절한 시기를 결정하였을 때 인지적 · 정서적 · 행동적 전략들은 단독으로 또는 함께 사용된다. 일부 전략들은 다문화 체계/생태학적 틀에 적용되는 몇몇 공식 조력 이론을 다양하게 통합한다.

모델의 전제와 함의

인간관계 상담 모델의 이론적인 전제는 실존주의적 · 인지–행동적 · 체계적 영향들을 반영한다. 전제는 다음과 같다.

1. 인간은 환경적 요소들의 틀 안에서 자신의 결정을 할 수 있고 책임이 있다.
2. 인간은 어느 정도까지 자신의 환경에 의해 통제된다. 하지만 그들이 인식하는 것 이상으로 자신의 삶의 방향을 이끌 수 있다. 인간은 비록 그들의 선택 사항이 환경

적 변인들, 태생적인 유전적 또는 성격적 성향에 의해 제한된다고 해도 선택에 대한 자유를 항상 가진다.

3. 행동들은 목적이 분명하고 목적 지향적이다. 인간은 기본적인 생리학적인 요구에서부터 추상적인 자기성취 욕구(심리적, 사회적, 심미적인 욕구)에 이르기까지 지속적으로 자신의 욕구를 충족시키기 위해 노력을 한다.

4. 인간은 스스로에 대해서 좋은 감정을 느끼고 싶어 하고 **중요한 타인**으로부터 자기 가치에 대한 긍정적 확인을 지속적으로 필요로 한다. 그들은 내부 및 외부 현실들 사이의 **부조화**를 줄이고 **일치성**을 경험하기를 원한다.

5. 인간은 새로운 행동들을 배울 수 있고 지금 하고 있는 행동을 감소시키거나 없앨 수 있다. 인간은 자신의 행동의 환경 및 내부 결과에 종속되어 있고 이는 **강화**로서 작용한다. 인간은 의미 있고 자신의 개인적인 가치와 신뢰 체계와 일치하는 강화를 얻으려고 노력한다.

6. 인간의 개인적인 문제는 (사건 및 관계와 관련된) 과거에서 기인한 (해결되지 않는 갈등인) 미해결 문제에서 비롯될 수 있다. 하지만 부분적으로 원인의 탐색이 과거와 현재 사이의 관련성을 명확하게 하는 데 도움이 될 수 있으나 대부분의 문제는 지금–현재, 즉 개인이 지금 무엇을 선택하는가에 초점을 맞춤으로써 해결될 수 있다. 또한 문제들을 현재에 대한 내·외부 인식 사이의 **부조화**, 즉 개인의 실제 경험과 그 경험에 대한 자신의 이미지의 차이가 원인이 될 수 있다.

7. 오늘날 인간이 경험하는 많은 문제는 대인관계나 개인 내에서보다는 사회적 또는 구조적인 것에서 비롯된다. 빈곤, 자원 접근 제한, 성, 인종, 민족, 계층, 성적 정체성 등에서 비롯된 만성적인 억압은 심리적인 문제들을 만들어 낼 수 있다. 인간은 체계 내부에서뿐 아니라 체계 외부에서 선택과 변화에 영향을 미친다는 것을 배울 수 있다.

연습문제 1-1

앞의 일곱 가지 전제를 살펴보라. 당신은 각 가정에 대해 '전혀 동의하지 않는다, 동의하지 않는다, 동의한다, 매우 동의한다' 중 무엇을 선택하겠는가? 당신은 각각을 어떻게 변화시킬 것이며 그 이유는 무엇인가? 무엇을 추가할 것인가? 당신이 가장 받아들이기 어려운 전제는 무엇이고 그것이 당신이 작업하는 방식에 어떻게 영향을 줄 것 같은가? 어떠한 대상에게 이러한 전제가 잘 적용되거나 적용되지 않을 것인가? 당신 집단에서 동의/동의하지 않음에 대해 논의함으로써 당신이 누구에게 동의하고 동의하지 않는지 구분하라. 각 전제에 대해서 '전혀 동의하지 않는다. 동의하지 않는다. 동의한다, 매우 동의한다'의 집단으로 나누어 소그룹 토론을 하고 전체로 다시 모여 유사점과 차이점을 토론할 수 있다.

이제 조력과 관련한 당신의 가치를 명확하게 해 줄 다음 활동을 해 보자.

연습문제 1-2

각 질문에 대해서 '전혀 동의하지 않는다. 동의하지 않는다. 동의한다, 매우 동의한다'로 응답하라. 질문을 완료한 후에 당신이 응답한 것의 전체적인 패턴을 살펴보라. 활동의 마무리에 각 집단의 구성원들은 반드시 자신이 답한 것을 밝힐 필요는 없이 스스로 알게 된 것을 나누어 볼 수 있다.

1. 내가 함께 작업하는 것을 가장 어려워하는 내담자의 연령대는?
    a. 60~80세
    b. 40~60세
    c. 20~40세
    d. 15~20세

2. 내가 함께 작업하기를 가장 선호하는 내담자는?
    a. 고등학생
    b. 중년의 내담자
    c. 대학생
    d. 노인

3. 내가 함께 작업하기 가장 어려울 것 같은 내담자는?
    a. 문화가 다른 사람
    b. 성적 정체성이 다른 사람
    c. 명확하게 사회경제적 지위가 다른 사람
    d. 명확하게 신체적 장애를 가진 사람

4. 나는 다음의 내용을 시인하는 내담자와 함께 작업하는 것이 어려울 것이다.
    a. 거짓말
    b. 부정행위

c. 문란한 성적 관계

d. 마약 중독

5. 나는 다음의 내담자와 함께 작업하는 것이 가장 편안할 것이다.

a. 언어적으로 분명히 표현하는 사람

b. 체스처가 많은 사람

c. 조용히 주목하는 사람

d. 도전적으로 저항하는 사람

6. 나의 전체적인 조력 스타일은 아마……

a. 다소 직접적일 것이다.

b. 다소 간접적일 것이다.

c. 직접적이거나 간접적인 스타일 사이에 있을 것이다.

d. 위의 모든 것은 나의 기분과 맥락에 달려 있다.

7. 나는 다음의 사람과 함께할 때 가장 편안하다.

a. 독립적이고 스스로 책임을 질 수 있는 사람

b. 무기력해서 나의 지시를 필요로 하는 사람

c. 조력받는 것을 저항하는 사람

d. 평등한 협력을 주장하는 사람

8. 나는 다음의 내용에 대해서 이야기하는 것이 가장 편하다.

a. 성적인 문제들

b. 돈 관련 문제들

c. 고통과 상실

d. 죽음

9. 나는 다음과 관련된 개인적 감정을 표현하는 것에 불편함을 느낀다.

a. 사랑

b. 증오

c. 억울함

d. 실패

10. 나는 나 자신에 대해서 다음과 같이 생각한다.

    a. 스스로 통제하는

    b. 즉흥적인

    c. 용서하는

    d. 과거의 사소한 일을 잊기 어려워하는

11. 나에게 가장 중요한 가치는?

    a. 안전감

    b. 자유

    c. 다른 사람의 수용

    d. 소속감

12. 나의 신념과 가장 가까운 명제는?

    a. 청결은 신앙심 바로 옆에 있다(청결은 아주 중요하다).

    b. 네 부모를 공경하라.

    c. 제때의 바늘 한 번이 아홉 바느질을 던다.

    d. 남에게 당신이 대접받기 원하는 대로 대접하라.

13. 다음의 가치 중 나에게 가장 중요한 것은?

    a. 행복

    b. 내적 조화

    c. 성숙한 사랑

    d. 성공

14. 나에게 어려운 것은?

    a. 흘러가는 대로 두는 것

    b. 꼭 필요하다고 생각하는 것을 하기 위해서 행동을 하고 책임을 지는 것

    c. 다른 누군가가 주도권을 쥐게 하는 것

    d. 다른 사람과 동등한 책임을 나누는 것

15. 나는 믿는다.

    a. 보편적인 도덕적 가치가 있다는 것을

    b. 도덕적 가치는 개인적인 것이라는 것을

    c. 도덕적 가치는 가족 밖에서 배워야 한다는 것을

    d. 조력자는 도덕적 가치를 가르쳐야 한다는 것을

인간관계 상담 모델은 조력자와 내담자의 장기목표, 단기목표, 개입 전략을 상호간 확인해서 궁극적으로 그 성공 여부가 내담자가 보고한 생각과 감정의 변화뿐만 아니라 내담자의 관찰 가능한 행동의 변화를 통해서 평가될 수 있도록 강조한다. 치료 환경 요소가 이러한 목표를 달성하는 것을 제한할 수도 있다. 이 모델에서는 변화를 가져올 수 있는 다양한 상담 기술과 전략을 사용하는 **통합적 심리치료 접근**을 제안한다. 하지만 변화를 위한 주요한 방법은 따뜻하고, 개인적으로 관여하고, 공감적인 관계를 형성하고, 그 상태를 유지하는 것이다.

조력자는 내담자가 살고 기능하는 구조(맥락)에 대해서 배워야 한다. 또한 조력자는 내담자가 가능한 한 많은 문제 영역을 다룰 수 있도록 언제, 어떻게 인지, 정서, 행동의 영역 안에서 전략과 기술, 서로 다른 접근방법을 사용할 것인지 배워야 한다. 조력의 장기적인 목표는 이러한 세 가지 영역을 통합하고 내담자가 정서적 · 인지적으로 자신의 책임과 선택을 인지하도록 돕고, 아는 것을 행동으로 실행하도록 만드는 것이다. 내담자가 자신의 감정, 생각, 행동에 대해 책임을 질 수 있고 이 영역들 사이의 모순을 줄일 수 있을 때 내담자들은 자기 자신과 세상에 대해서 좋은 감정을 느낄 수 있고 내부와 외부의 변인들을 통합해서 결정하는 선택을 할 수 있다. 그렇게 함으로써 내담자들은 자신들의 관계 체계 내에서 반응적이기보다는 선제적으로 행동할 수 있게 된다.

앞에서 언급하였듯이 조력 관계 구축은 치료 기관에 의해 얼마나 많은 시간이 주어지는지와는 관계없이 조력 과정에서 필수적인 기본으로 여겨진다. 조력 관계가 기반을 두고 있는 것은 언어적 또는 비언어적인 의사소통의 과정이지 내용이 아니다. 조력자가 이해력, 인간성, 조작에 저항하는 힘을 가지고 내담자와 의사소통하는 효과적인 조력 관계를 구축한다면 전략의 선택과 사용이 유연하게 허용될 수 있는 안전하고 보호적인 환경을 가진다고 할 수 있다.

전략은 조력 관계에 있어 이차적인 것이다. 실제로 연구에 따르면 내담자의 변인과 상담자의 변인은 조력 과정에 있어서 기술적인 변인보다 더 주요한 것으로 나타난다 (조력자와 내담자 변인들은 2장에서 상세히 설명할 것이다). 만일 특정 전략이 작동하지 않지만 조력 관계가 탄탄하다면 조력 과정에 부정적 영향은 없을 것이다.

예를 들어, 만일 당신이 내담자와 신뢰 깊은 관계를 형성하고 있고 당신이 내담자에게 어머니와의 대화를 요청했을 때(게슈탈트 기법; 7장 참조), 즉 어머니를 향한 긍정적 및 부정적 감정을 잘 알아차리기 위해 양쪽 역할을 해 보라고 했을 때 내담자가 하고 싶지 않거나 할 수 없다고 한다 해도 내담자는 당신이 이상하거나 이러한 전략을 시도하는 데 있어 무능하다고 생각하지는 않을 것이다. 만일 내담자가 당신을 신뢰하고 존경

한다면 당신은 이 활동을 하고 싶지 않거나 할 수 없는 내담자의 감정을 탐색할 수 있을 것이다. 그리고 나서 당신은 계속해서 내담자와 함께 도움이 될 수 있는 전략들을 살펴보면서 탐색을 계속할 수 있다. 이러한 유형의 조력 관계는 상호적인 것이고, 조력자는 전문가나 마술사이기보다는 내담자와 동등한 것으로 간주된다.

'동등한'의 의미는 사회적인 거리가 최소화되어 있고 발생하는 일에 대한 책임이 양쪽에 있다는 것이다. 양측의 사람은 합의된 목표를 성취하기 위해 함께 작업한다. 동시에 조력자는 인간 행동에 대한 이해를 내담자와 의사소통할 수 있어야 하고 내담자가 자신의 행동을 변화시키도록 도울 수 있는 기술이 있어야 한다. 조력 관계는 내담자의 자기이해와 자기탐색을 증가시키는 데 기여한다. 하지만 거짓된 안심시키기와 격려를 제공하는 것은 아니다. 그보다는 정직하고 조력 관계와 관련해 나타날 수 있는 불편함과 고통의 표현을 허용하는 것이다. 이러한 정직성은 동정과 거리두기로 덮으려고 할 필요 없이 조력자와 내담자의 불편함을 견디어 낼 수 있도록 한다.

조력자를 위한 인간관계 상담 모델의 주요한 함의는 다음과 같다.

1. 효과적인 인간관계의 핵심으로서 공감적인 의사소통 기술을 규정한다.
2. 모든 유형의 조력 관계에서 조력자들이 공감적인 의사소통 기술을 배우도록 강조한다.
3. 다양성과 유연성의 공간을 제공한다. 이를 통해서 조력자는 성공적인 조력 관계가 발전되고 유지된다면 효과적일 수 있는 다양한 개입 전략을 배울 수 있다.
4. 다양한 접근 방법과 전략이 변형되고 통합된다.
5. 다문화의 균일하지 않는 대상의 욕구를 맞추는 데 필수적인 다재다능함과 유연성을 제공한다.
6. 내담자가 일상과 관련하여 실제적인 방법으로 짧은 기간 안에 감정, 생각, 행동을 다룰 수 있도록 한다.
7. 내담자 삶에 부정적인 측면보다는 긍정적인 측면에(통제할 수 없는 것보다는 변화시킬 수 있는 측면에) 초점을 맞춘다.
8. 내담자가 일상에서와 결정을 하는 데 있어 책임을 적극적으로 감수하도록 조력한다.

모델의 차원

인간관계 상담 모델은 세 가지의 통합된 차원, 즉 단계(stages), 기술(skills), 이슈(issues)로 구성된다([그림 1-2] 참조). 이러한 상담 모델의 도식화는 다소 고지식하고 임의적으로 공식화하고 체계화하는 것처럼 보일 수 있다. 하지만 이러한 다차원적인 관점은 무엇이 효과적인 조력을 구성하고 무엇이 일어나는가를 개념화하는데 있어 유용하다. 그렇게 함으로써 상담에 대해 배우고 필요한 기술을 개발하는 데 유용한 틀을 제공한다. 궁극적으로 조력자는 이러한 개념적 모델을 내담자에게 작동하는 형태로 변형하거나 재디자인할 것이다.

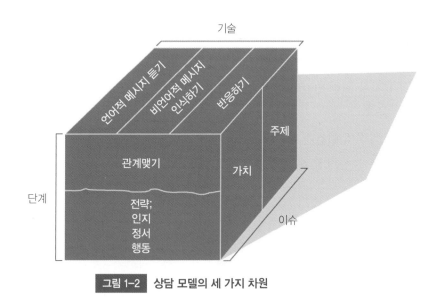

그림 1-2 상담 모델의 세 가지 차원

첫 번째 차원

첫 번째 차원은 앞에서 기술된 두 단계의 조력 과정으로 구성된다. 이러한 두 단계 과정은 다음의 순서로 구성된다.

1. 관계 맺기(협력, 신뢰, 정직, 공감의 형성)
   a. 시작/초기화
   b. 제시된 문제의 식별과 분류
   c. 조력 관계를 위한 구조/계약의 동의
   d. 문제의 집중적인 탐색

e. (치료 세팅의 방침에 따른) 조력 관계에 있어 가능한 장기 목표와 단기 목표의 정의

2. 전략(작업)
   a. 조력 관계에 있어 정의된 장기 목표와 단계 목표의 상호 수용
   b. 전략 수립
   c. 전략 활용
   d. 전략 평가
   e. 종결
   f. 추수 관리

이 책의 논지는 조력자와 내담자 사이의 따뜻하고 신뢰 깊은 관계의 형성이 조력 과정의 어떤 전략이나 접근에도 내포되어 있고 따라서 어떠한 조력 관계에서도 성공의 기본적인 조건이라는 점이다. 본질적으로 이러한 관계는 인간, 행동, 세상, 그리고 조력에 대한 개인의 이론적인 관점에 달려 있다. 관계를 발전시키는 것은 시간 소모가 큰 과정이다. 하지만 노련한 조력자는 이러한 관계 형성을 이끌 수 있어서 짧은 기간 내에 내담자에게 조력을 할 수 있을 것이다. 이것은 단기간, 문제 중심, 관리 서비스 전달에 필수적이다.

조력 관계 형성의 시작은 조력자와 내담자 사이의 초기 계약으로 시작한다. 내담자가 문제 탐색을 하고, 분명하게 나타나는 문제뿐 아니라 기저에 있는 것을 알아채기 시작할 수 있도록 하는 분위기가 제공된다. 나중에 내담자는 이러한 문제들과 그것이 일상에 미치는 영향을 이해하기 시작하고 자기 탐색, 자기이해, 행동 선택을 촉진하기 위한 조력 관계의 요구와 기대를 분명히 하기 시작한다. 조력 관계의 성공은 적합한 장기 목표와 단기 목표의 상호 결정에 있어 아주 중대하다.

일단 장기 목표와 단기 목표가 상호 간 결정되면 조력자는 모든 가능한 효과적인 전략(또는 효과적인 조력을 위한 행동 방침)을 살펴보고 내담자와 함께 특정 전략을 선택한 것에 대한 이유를 논의한다. 전략의 예상되는 결과와 영향이 탐색된다. 행동방침에 대한 동의가 이루어졌을 때 조력자는 내담자의 요구에 따라 전략을 적용하고 스스로의 마음을 열어 조정하거나 개선한다. 선택된 전략의 효과성 평가가 반복되어야 한다.

이상적으로 종결(조력 과정의 중단)은 조력자와 내담자 양측에 의해 합의된 성과를 거두었을 때 일어난다. 하지만 오늘날 조력자와 내담자는 착수 시점에 얼마나 많은 회기를 가질지 알 수 있으며 첫 번째 회기에서 이미 종결이 인지되고 계획될 것이다. 관

게가 종결된 이후에 많은 조력자는 비공식적 또는 공식적으로 조력을 받는 사람의 발전 사항을 체크한다. 이 추수 회기는 완전한 종결을 결정할 수도, 보강회기 스케줄을 잡을 수도, 다른 일련의 장단기 목표를 수립하고 작업하는 것을 결정할 수도 있다. Ward(1984)는 조력자와 내담자가 조력 과정의 코스와 종결을 결정하도록 허락하는 상황에서 세 가지 주요한 종결 과정의 기능을 개념화하였다. ① 조력 관계의 끝에 내담자의 준비도 평가하기, ② 조력 관계의 적당한 종결을 가져오기, ③ 조력 관계가 끝난 이후에도 변화를 유지하기 위해 내담자의 자기 신뢰와 자신감을 극대화하는 것이다. 성공적인 종결은 조력을 받는 사람이 조력 과정 동안에 배운 관계나 문제해결 기술이 미래의 관계와 문제들에 적용될 수 있을 것이라는 것을 의미한다. 이런 이유로 관계를 종결하는 과정은 새로운 관계를 발전시키는 과정만큼 중요하다. 불행하게도 조력자는 종종 시간 제한의 압박으로 이러한 중요한 과정을 간과하게 된다.

두 번째 차원

상담 모델의 두 번째 차원은 의사소통 기술―언어적 메시지를 듣는 것, 비언어적 메시지를 인식하는 것, 언어 및 비언어적 메시지에 반응하는 것―을 나타낸다. 언어적 메시지는 내담자의 진술에서 분명하게 드러나는 인지적·정서적 내용이다. 내담자의 감정을 이해하는 데 있어 암시된 내용과 명백하게 드러난 내용을 이해하는 것은 부차적으로 중요한 문제이다. 비언어적 메시지는 신체 언어(포즈, 제스처, 눈맞춤), 목소리 톤, 얼굴 표정, 언어적 메시지에 상응하는 다른 표식들에 의해 전달된다. 조력자는 언어적 메시지와 비언어적 메시지 사이의 불일치를 인식하는 것을 배워야 하고, 이러한 불일치에 대하여 내담자가 인식하게끔 해야 한다. 언어적 및 비언어적 메시지에 대해서 즉각적이고, 진술하고, 구체적이고, 공감적인 반응이 요구된다. 메시지, 관계, 불일치의 의미를 명백하고 근복적으로 이해하는 것이 적절한 응답을 가져오게 한다.

이러한 의사소통 기술들은 첫 번째 차원을 구성하는 조력의 두 단계를 효과적으로 다루는 데 필요하다. 이 모델은 조력자의 언어적 및 비언어적 메시지가 일치된다는 것을 가정한다. 또한 기저의 감정과 생각을 명확하게 하는 반응을 함으로써 내담자의 자기이해를 증가시키는 조력자의 능력에 의존한다.

의사소통 기술을 개발함으로써 조력자는 또한 자신의 자기인식을 발전시킨다. 그들은 다른 사람의 메시지를 듣기 위한 가이드라인으로서 자신의 직각적인 감정을 사용하는 것을 배움으로써 자신의 조력 기술을 다듬는다. 조력자는 항상 스스로에게 다음과 같이 질문함으로써 메시지를 명확하게 해독한다. 이 사람이 정말로 나에게 말하고자 하는 것은 무엇인가? 이 사람이 정말로 느끼고 있는 것은 무엇인가? 어떻게 나는 이 내담자에게 반응하고 있는가? 그리고 나서 메시지와 감정에 대하여 자신이 이해한 바를 내담자에게 돌려주기 위해 의사소통하고자 시도한다.

세 번째 차원

상담 모델의 세 번째 차원은 이슈를 나타낸다. 이는 앞의 두 가지 차원에도 영향을 미치는 가치와 인지적인 주제들이다. 이러한 이슈는 개인이 환경과 타인과 관계하는 방식뿐만 아니라 성차별주의, 인종주의, 이성애주의, 연령차별주의, 가난과 같은 주제와도 관련 있다. 더 나아가 이 차원은 조력자의 개인적인 가치와 태도뿐만 아니라 도덕, 훈련, 실제의 전문적 영역도 포함한다.

이러한 이슈들은 조력 관계와 전략 단계 양쪽에 상당한 영향을 미친다. 관련된 이슈를 노출시키고 분명히 함으로써 조력자는 이러한 주제가 조력 관계에 영향을 미치지 않도록 할 수 있다.

가치 명료화를 통하여 조력자는 자신의 태도, 믿음, 가치들에 대해 책임을 지게 된다. 예를 들어, 여자 내담자에게 자녀가 학교에 들어갈 때까지 직장에 복귀하는 것을 생각하지 말아야 한다고 말하는 상담자는 스스로 성차별적인 가치가 상담을 왜곡하고 방해하고 있는 것을 용납하고 있다. 만일 조력자가 자신의 선입견을 인식하지 못한다면 그 영향은 해로울 수 있다. 하지만 자신의 선입견을 인식한다면 내담자에게 덜 강제할 것이다. 연구에서는 조력자가 의식적이든 아니든 내담자에게 자신의 가치를 내보이게 된다고 한다. 이처럼 조력자가 가진 가치를 드러내고 지속적으로 인식하는 것은 조력자가 가진 가치를 내담자에게 강제하는 것을 막을 수 있다.

연습문제 1-3 --

다음의 내담자를 상담한다면 당신이 경험할 것 같은 생각이나 감정이 무엇일지 파트너 또는 소그룹으로 토론하라.

1. 부모에게 알리지 않고 낙태를 하기 원하는 임신한 14세 소녀
2. 몇 번의 혼외 동성애 불륜을 저질러 왔다고 고백하는 결혼한 남성
3. 몇 번의 혼외 이성애 불륜을 저질러 왔다고 고백하는 결혼한 여성
4. 하루 종일 비디오 게임을 하고 직장을 가지는 것과 스스로 책임지는 것을 거부하는, 부모와 함께 살고 있는 26세 남성

조력 과정에 영향을 미치는 최근 고려 사항의 일부는 비자발적이고 원하지 않는 위기의 내담자를 어떻게 도울 것인가를 포함한다. 어떻게 우리가 정말로 좋아하지 않는 사람을 도울 것인가? 어떻게 사전 동의, 비밀보장, 힘의 남용과 같은 복잡한 도덕적 이슈들을 다룰 것인가? 또한 조력자는 소속된 기관에 대한 책임 때문에 이해 충돌과 도덕적 위반, 즉 필요한 것보다 더 오랫동안 내담자를 붙들고 있기도 하고 비현실적으로 시간 제한 틀에 맞추어 서비스를 줄이는 일 등을 할 수 있다. 무엇이 우선순위인가 하는 문제가 제기된다. 조력자인가, 조력을 받는 사람인가, 기관인가, 보험 회사인가? 이러한 도덕적 이슈는 10장에서 논의될 것이다.

인간관계 상담 모델은 이 책 전체를 통해서 논의될 것이다. 2장은 효과적 그리고 비효과적인 조력 관계에 대해서 정의하고 설명한다. 3장은 효과적인 의사소통을 위한 기술을 개발하기 위한 자료들을 제시한다. 4장은 깊이 있게 관계 단계를 탐색하고 5장과 6장은 7장에서 논의되는 전략과 관계되는 전통적 및 현대적인 이론적 접근들을 개괄적으로 제시한다. 8장은 전략 적용을 탐색하고 9장은 위기 및 재난 이론들과 개입을 제시한다. 10장은 조력 관계에 영향을 미치는 이슈의 간단한 개괄과 전체 모델을 요약하는 최종 후기를 제시한다. 이 책의 사례 자료와 활동들은 개념적이고 실제적인 이해를 적용할 기회를 제공하도록 디자인되었다. 활동들은 학급에 제시되거나 과제로 활용될 수 있으며, 수퍼바이저가 있는 집단 세팅에서 논의될 수 있다.

요약

이 책의 목적은 효과적인 조력 관계에 필수적인 기초 기술과 지식을 제공하는 것이다. 이러한 기초 기술과 지식들은 다양한 수준에 있어서, 전문적·비전문적·일반 휴먼 서비스 종사자들이 대인관계를 만족스럽고 도움이 되도록 발전시키고 유지시키는 데 필요하다.

우리는 이 장을 조력 전문가 내에서 일어나는 변화를 묘사함으로써 시작했다. 그리고 기술의 영향과 개인, 가족, 지역사회의 복잡한 사회적 변화를 설명했다. 이러한 변화로부터 나오는 혼란과 문제들은 불안과 소외와 무기력의 감정들을 악화시킬 수 있다. 이런 이유로 우리는 대인관계를 향상시킴으로써 덜 소외되고 덜 무기력하게 느끼도록 어떻게 개인들을 스스로 도울 수 있을지에 초점을 둔다. 만일 조력자가 자신의 삶에서 대인관계 질을 성취한다면 조력 관계에서 자신의 기술을 모델로 할 수 있고 다른 사람에게 관계의 질을 향상시키도록 가르칠 수 있다. 상담, 즉 조력 상호작용의 한 가지 유형이고 휴먼 서비스의 중요한 일부는 효과적인 관계를 어떻게 구축할 것인지 보여 주는 데 사용된다.

조력 관계의 목적은 내담자가 더 높은 자기 수용과 자기 가치감을 획득하도록 돕고 자신의 행동과 결정에 대한 통제를 획득하도록 돕는 것으로 정의된다. 이 관계는 공감적인 의사소통과 적합한 전략의 적용을 바탕으로 하고 있다. 따라서 인간관계 상담 모델은 세 가지의 중요하고 상호 의존적인 차원—단계(관계와 전략들), 기술, 이슈—으로 구성된다. 조력 과정은 절대적으로 조력자와 내담자 사이의 신뢰 깊은 관계의 발전에 달려 있다. 효과적인 의사소통 전략은 그 관계를 강화하고 또한 논쟁적인 이슈를 다루는 방법을 제공한다. 전략은 조력자가 내담자의 자기 탐색과 이해 행동의 변화를 촉진하여 자기 수용과 책임을 강화하도록 이끄는 데 사용하는 다양한 접근 방식을 말한다. 이 전략들은 정서적(감정), 행동적(행동), 인지적(생각) 영역에서 내담자의 알아차림과 기능을 성공적으로 증가시키는 것을 목적으로 하고 있다. 종결은 조력자와 내담자 양측이 모두 내담자의 관심사가 해결되었고 조력 관계에서 배운 것을 미래의 상황과 관계에서도 적용시킬 수 있다고 생각할 때 이상적으로 일어난다.

참고문헌과 🄳 읽을거리

American Psychological Association, Presidential Task Force on Immigration. (2012). *Crossroads: The psychology of immigration in the new century.* Retrieved from http://www.apa.org/topics/immigration/report.aspx

Carkhuff, R. (2009a). *The art of helping* (9th ed.). Amherst, MA: Human Resource Development Press.

Carkhuff, R. (2009b). Trainer's guide to the art of helping. Amherst, MA: Human Resource Development Press.

Carter, R. C. (1995). *The influence of race and racial identity in psychotherapy: Toward a racially inclusive model.* New York: Wiley.

Centers for Disease Control and Prevention. (2012, February 29). CDC Statistics: Mental Illness in the US. Retrieved from www.cdc.gov/mentalhealthsurveillance

Comas-Diaz, L., & Greene, B. (1994). *Women of color: Integrating ethnic and gender identity in psychotherapy.* New York: Guilford.

Comas-Diaz, L. (2011). Multicultural approaches to psychotherapy. In J. C. Norcross, G. R. vandenbos, & D. K. Freedheim (Eds.), *History of psychotherapy* (2nd ed., pp. 243-268). Washington, DC: American Psychological Association.

Consumers value psychotherapy. (1996, January 2). Boston Globe, p. 4.

Convention boredom. (2000, August 7). *New York Times*, p. 2.

Corey, G. (2013). *Theory and practice of counseling and psychotherapy* (9th ed.). Belmont, CA: Brooks/Cole, Cengage Learning.

Cozolino, L. (2010). *The neuroscience of psychotherapy: Healing the social brain* (2nd ed.). New York: Norton.

Gordon, T. (2000). *Parent effectiveness training* (3rd ed.). New York: Wyden.

Ivey, A. E., D'Andrea, M., Ivey, M. B., & Simek-Morgan, L. (2012). *Theories of counseling and psychotherapy: A multicultural perspective* (7th ed.). Boston: Allyn & Bacon.

Ivey, A. E., Ivey, M. B., & Zalaquett, C. P. (2010). *Intentional interviewing and counseling: Facilitating client development* (7th ed.). Pacific Grove, CA: Brooks/Cole.

Johnson, S.B. (2013). Increasing psychology's role in health research and health care. *American Psychologist, 68*(5), 311-322.

Kessler, R. (2005). Treating psychological problems in medical settings: Primary care as the de facto mental health system and the role of hypnosis. *International Journal of Clinical and*

Experimental Hypnosis, 53(3), 290–305.

Knoff, H. (1986). Identifying and classifying children and adolescents referred for personality assessment. In H. Knoff (Ed.), *The assessment of child and adolescent personality* (pp. 1–28). New York: Guilford Press.

Kottler, J., & Shepard, D. S. (2004). *Introduction to therapeutic counseling: Voices from the field* (7th ed.). Pacific Grove, CA: Brooks/Cole.

Lakoff, G. (2004). Edge: A talk by George Lakoff. Retrieved February 27, 2006, from www.edge.org/3rdlakoff/lakoff/p.rhmtl

Lewis, T., Amini, F., & Lannon, R. (2000). *A general theory of love*. New York: Random House.

Mental health: Does therapy help? (1995, November). *Consumer Reports*, pp. 734–739.

Mirkin, M., Suyemoto, K., & Okun, B. F. (Eds.). (2005). *Women and psychotherapy: Exploring identities in diverse contexts*. New York: Guilford Press.

Murphy, B. C., & Dillon, C. (2011). *Interviewing in action: Relationship, process and change*. (4th ed.). Pacific Grove, CA: Brooks/Cole, Cengage Learning.

Okun, B. F. (2004). Human diversity. In R. H. Coombs (Ed.), *Family therapy review: Preparing for comprehensive and licensing examinations* (pp. 122–153). Mahwah, NJ: Erlbaum.

Okun, B. F., Fried, J., & Okun, M. L. (1999). *Understanding diversity: A learning-as-practice primer*. Pacific Grove, CA: Brooks/Cole.

Okun, B. F., & Suyemoto, K. L. (2013). *Conceptualization and treatment planning for effective helping*. Belmont, CA: Brooks/Cole.

Ratey, J. (2001). *A user's guide to the brain*. New York: Random House.

Rogers, C. (Ed.) (1967). *The therapeutic relationship and its impact*. Madison: University of Wisconsin Press.

Satcher, D. (1999). *Mental health: A report of the surgeon general*. Washington, DC: U.S. Department of Health and Human Services, National Institute of Mental Health.

Stewart, B. A., & Okun, B. F. (2005). *Healthy living, healthy women*. In M. P. Mirkin, K. L. Suyemoto, & B. F. Okun (Eds.), *Psychotherapy with women: Exploring diverse contexts and identities* (pp. 313–334). New York: Guilford Press.

Sue, D. W. (2005). *Multicultural social work practice*. New York: Wiley.

Sue, D. W., Ivey, A. E., & Pedersen, P. B. (2009). *A theory of multicultural counseling and therapy*. Stamford, CT: Cengage Learning.

Sue, D. W., & Sue, D. (2013). *Counseling the culturally diverse: Theory and practice* (6th ed.). Hoboken, NJ: Wiley.

Suyemoto, K. L., & Kim, G. S. (2005). *Journeys through diverse terrains: Multiple identities and social contexts in individual therapy.* In M. P. Mirkin, K. L. Suyemoto, & B. F. Okun (Eds.), *Psychotherapy with women: Exploring diverse contexts and identities* (pp. 9–41). New York: Guilford Press.

The Next Four Decades: The older population in the US 2010–2050. (2010, May). Administration of Aging Department of Health and Human Services. Retrieved from www.aoa.gov/AOA Root/Aging statistics

Ward, D. E. (1984). Termination of individual counseling: Concepts and strategies. *Journal of Counseling and Development, 63*(11), 21–26.

* www.CengageBrain.com을 방문하시면 학습 내용에 관한 퀴즈(tutorial quizzes)를 풀어 볼 수 있습니다.

상 담 기 본 기 술
A＿＿＿to＿＿＿Z

2장

조력 관계

이번 장은 조력 관계에 대한 다음과 같은 강조점에 대해 서술하고 있다. 첫째, 도움의 맥락, 둘째, 경험적으로 타당화된 것으로 밝혀진 조력자의 특징, 셋째, 모든 조력 관계를 위한 소통의 중요성이다. 조력 관계에서 어떠한 일이 일어나는가라는 거시적인 관점을 갖는 것은 다음의 하위 내용들을 이해하는 데 도움이 될 것이다. 세부 내용으로는 이론적 지식, 조력 기술에 대한 토론과 실습 그리고 그들이 어떤 관련성이 있는가에 대한 내용이 제시되어 있다.

조력 관계의 목적은 조력자(helper)가 아닌 내담자(helpee)의 필요를 채우는 것이다. 조력 관계의 세팅에서는 조력 관계에 대해 제한조건을 부여할 수 있다. 하지만 조력 관계는 치료적 성과를 촉진하고, 내담자로 하여금 자신에 대한 책임감을 갖도록 촉진하며, 자기 인식을 바탕으로 의사결정을 하고 대안 및 접근 방식을 확장하도록 만드는 것이다. 조력자들은 내담자들의 문제를 대신 해결해 주거나 내담자들이 좀 괜찮은 느낌을 갖도록 하기 위해 내담자들을 안심시키지 않는다.

조력자들은 내담자들을 지원하여 그들의 문제를 탐색하고 이해하며 행동으로 옮기는 과정을 통해 내담자들이 스스로 문제를 해결해 나갈 수 있도록 돕는다. 예를 들어, 한 사람이 인적 자원을 관리하는 일을 하는 당신에게 찾아와서 감독자(supervisor)로서 역할을 지속하기 어렵다고 이야기한다면, 당신은 아마도 어느 정도의 탐색을 실시한 후에 그 사람이 해당 작업장에서 좀 더 잘 지낼 수 있도록 돕는 일에 초점을 둘 것이다. 다른 한편으로, 이러한 사람을 돕는 것은 환경의 재조정이나 시스템의 변화와 같은 몇 가지의 지시 사항을 포함하게 될 수 있다. 만약 이 사례에서 탐색한 결과, 그 감독자가 문제의 원인을 제공하고 있으며, 다른 사람들이 생산적으로 일하는 데 오히려 방해가 되는 것으로 생각된다면 당신은 그 사람을 보다 적합한 환경으로 옮기게 하거나 직접적으로 관계를 향상시키는 데 초점을 둘 수 있다. 또한 이러한 두 가지 모두에 초점을 둘 수도 있다. 효과적인 조력은 한 사람을 보다 나은 상태로 만드는 것을 포함하며, 그 사람을 위해 최상의 해결책을 찾기 위해 협력하는 과정도 포함한다. 이 과정은 모든 실행 가능한 대안과 맥락을 고려한 후에 진행된다. 그리고 가능하다면 해결책을 실행하는 것 역시 포함한다. 만약 내담자가 자신의 상사와의 문제를 이야기하고 싶은 상황에서 조직의 외부에 있는 상담자인 당신을 찾아온다면, 조력자는 내담자가 자신의 생각,

감정 그리고 행동을 점검하고 다른 사람과 협력하거나 자신의 상황을 바꾸어 가는 효과적인 방법을 찾을 수 있도록 안내할 수 있다.

내담자에게 도움이 되는 조력 관계는 도움을 받는 사람과 다른 사람 또는 보다 많은 사람이 상호적으로 학습해 가는 과정이다. 관계의 효과성은 ① 조력자가 내담자의 감정, 가치관 그리고 행동에 대해 이해한 것을 소통하는 기술, ② 내담자의 문제 상황을 명확하게 만드는 조력자의 능력, ③ 내담자의 자기 탐색, 자기 이해, 문제 해결 그리고 의사결정 등 내담자의 생산적인 행동을 촉진하기 위한 조력 전략을 적용하는 조력자의 능력에 따라 달라진다.

조력 관계의 종류

세상에는 다양한 종류의 조력 관계가 존재한다. 비록 모든 조력 관계가 개념, 사용하는 전략 그리고 관계 자체에 중요성을 둔다는 면에서 비슷하지만 1장에서는 조력자의 세 가지 범주에 대해 이야기한 바 있다. 첫째는 조력과 관련하여 집중적이고 구조화된 훈련을 받는 의사/환자, 목회자/성도, 상담자/내담자, 사회복지사/내담자 등의 전문적인 조력 관계이다. 다음은 준전문 조력 관계(human services relationships)로서 인사면접자/지원자, 보조 사회사업가/내담자, 소년 선도원/청소년, 교사/학생, 레크리에이션 리더/청소년, 인적 자원 전문가/피고용인, 보호관찰자/보호관찰 대상자, 심리건강 조력자/내담자, 부모교육자/부모 등이 해당한다. 이들은 사람 사이의 관계에 관련된 일정한 훈련 코스 또는 워크숍과 같은 단기간의 형식을 갖춘 훈련을 받는다. 마지막으로 비전문적(nonprofessional) 조력 관계는 접수 담당자/고객, 판매원/고객, 승무원/승객, 직장 내 감독자/피고용인, 자원봉사자/내담자 등으로 이들 사이의 관계에서 조력의 과정은 부수적인 부분일 수 있다.

이와 같은 세 가지 범주 내에서의 구별은 공식적 · 비공식적인 관계의 관점에서도 구분이 가능하다([그림 2-1] 참조). 공식적인 상황은 조력자/도움을 받는 사람의 역할이 명시되어 있거나 지위에 포함되어 있는 경우 또는 몇 가지의 조력에 대해 계약 그리고 계약에 대한 구체적인 사유들이 제공된 경우들이다. 비공식적인 조력은 조력 관계가 다른 관계에 의해 맺어지는 보조적인 관계일 때 발생하는데, 공식적 또는 비공식적일 수 있다. 예를 들어, 교장/교사, 친구/친구와 같은 경우이다. 공식적인 관계는 보통 사무실, 학교, 교도소, 병원과 같은 기관 차원에서 발생하는 데 비해 비공식적인 관계는

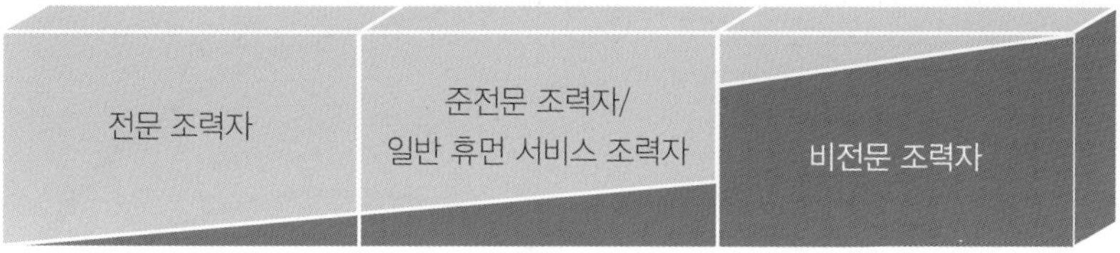

| | 전문 조력자 | 준전문 조력자/
일반 휴먼 서비스 조력자 | 비전문 조력자 |

| 공식적 | • 일반적으로 공식적 약속 또는 의뢰(referral)에 의해 이루어진다.
• 이 관계의 가장 중요한 목적은 조력(helping)이다.
• 내담자는 문제 해결에 대해 확실한 도움을 기대한다. |
| 비공식적 | • 만남이 공식적 또는 비공식적으로 이루어질 수 있다.
• 이 관계에서 조력은 보조적 기능이다.
• 내담자들은 문제 해결에 대해 도움받기를 기대하지 않을 수 있다. |

그림 2-1 조력 관계의 종류

어느 곳에서건 나타날 수 있다. 친구들 사이, 친척들, 이웃들 또는 사무실의 동료들, 가족, 학교 또는 병원과 같은 경우이다. 이러한 경우에는 덜 구조적이며 단기간에 개입하고 문제 해결에 대한 기대 역시 제한적이며 덜 공식적이 될 것이다.

조력 관계는 어떻게 발전하는가

조력 관계는 조력자와 내담자가 내담자의 관심사에 주의를 기울이는 만남에서 시작된다. 따라서 조력 관계는 한 사람의 관심과 이슈에만 집중한다는 면에서 다른 관계들과 구별된다. 그러나 모든 만족스러운 관계에서는 공통적인 요소를 공유한다. 이러한 요소들은 신뢰, 공감, 진정성, 관심, 돌봄, 존경, 인내, 수용, 정직성, 관계에 대한 헌신, 의존성 등이다. 이러한 요소들은 처음 관계를 시작할 때부터 나타나는 것이 아니라 서로 알아 가는 과정에서 발전된다. 만약 신뢰가 발전되지 않으면 다른 요소들은 줄어들 것이고, 결국 관계가 끝날 것이다. 신뢰는 각 개인이 관계를 맺고 있는 다른 사람들을 인식하고, 상대방이 자신을 잘못된 방향으로 이끌거나 해를 입히지 않을 것이라고 믿는 경우에 형성된다.

[그림 2-2]는 조력 관계에 영향을 미치는 기본 요소를 제시하고 있다. 조력자와 내담자는 항상 상호적인 소통 관계에 있다. 그들 사이의 주요한 차이는 돕는 사람이 몇 가지 기술과 지식(전문적인)을 가지고 있고, 도움을 받는 사람은 몇 가지 걱정(문제)을 가지고 있다는 것이다. 동그라미 안에 어떤 이름을 써 넣고 맥락을 고려하여 생각해 보라. 다른

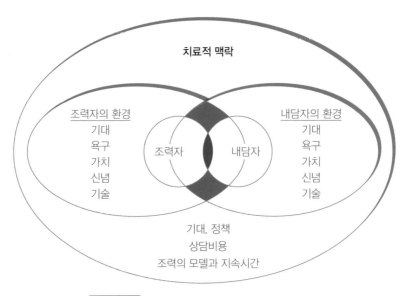

치료적 맥락

조력자의 환경
기대
욕구
가치
신념
기술

조력자　내담자

내담자의 환경
기대
욕구
가치
신념
기술

기대, 정책
상담비용
조력의 모델과 지속시간

그림 2-2 조력 관계에 영향을 미치는 기본 요소

요소들에 대한 설명은 바뀔 수 있을지라도 관계의 측면은 어느 사례에서건 본질적으로 동일하게 남을 것이다. 돕는 사람과 도움을 받는 사람 각각은 기대, 욕구, 가치, 신념 그리고 기술과 같은 일련의 내용을 포함하는 관계에 이르게 됨에 주목하라. 이와 같은 조력자와 내담자의 욕구, 가치, 신념의 일치 정도는 관계에 긍정적이거나 부정적인 영향을 줄 수 있다. 관계는 그들의 성별, 인종, 민족성, 지위, 성적인 지향, 출신 지역 그리고 연령과 같은 모든 변수에 의해 영향을 받는다. 그러나 만약 조력자가 신뢰, 공감, 비판단적인 태도, 인내심을 가지고 있다면 내담자와 효과적으로 소통할 수 있고 개별적인 차이에서 야기된 부정적이거나 도움이 되지 않는 부분의 영향력을 줄일 수 있을 것이다. 조력 관계는 많은 맥락(사회문화적 · 정치적 · 경제적 · 조직적)에 적용될 수 있다. 예를 들어, 관리 의료 서비스의 맥락에서는 조력자들이 라포를 형성하고 목표를 형성하기 위한 전문적인 소통 기술을 가질 것을 요구한다. 기숙사의 상담자 또는 지역민의 주거를 지원하는 보조자는 사람들과 라포를 발전시킬 수 있는 주 또는 월 단위의 긴 시간을 가질 수 있지만, 지역사회 건강 관리센터의 상담자는 단지 한두 회기만을 가질 수도 있다.

조력자들을 효과적으로 만드는 것은 무엇인가

훌륭한 조력자는 여러 가지 접근 방식과 전략에 익숙하다. 조력자들이 다양한 대안을 갖는 것은 특정한 내담자나 내담자의 환경에 적합한 전략을 선택하는 것을 가능하게 한다. 조력자가 전략을 선택할 때, 자신의 성격 특성, 맥락을 고려하는 과정을 거친다([그림 1-1]의 생태학적 모델 참조). 바꾸어 말하자면, 각 사람들의 인식, 태도, 생각 그리고 감정은 그들의 해석과 이론의 적용에 영향을 준다. 사실, 조력자들의 개인적인 자질이 그들이 지닌 전략적 기술보다 더 중요하다는 이야기를 종종 듣게 된다. 비록 몇 가지 기본적인 상담 기술과 전략은 적용에 있어서 보편성을 갖지만, 조력자들은 문화적으로 다양한 내담자의 가치 체계와 일치를 이루기 위해 자신의 상담 스타일을 적응시켜 나가야 한다. 조력자 자신과 내담자 사이라는 두 가지 관점에서, 각 문화적 변수의 미묘한 차이와 함의에 대해 민감성을 갖는 것은 다양한 배경에서 온 내담자들과 효과적으로 작업하기 위해 필수적이다.

조력자의 개인적이고 문화적인 가치들(values)은 조력 관계의 효과성을 높이는 데 중요한 영향을 미친다. 다양한 사람들에 대한 우리의 태도와 감정(예를 들어, 무엇이 좋고 나쁜가, 어떤 것은 수용 가능하거나 수용하기 어려운가, 선택에 있어서 중요한 것은 무엇인가 그리고 자신을 긴장하게 하는 것은 무엇인가와 같은 것)은 우리의 가치 체계에 기초를 이룬다. 따라서 조력자들은 자신의 기저에 있는 신념(underlying beliefs)에 대해 자각해야 하며, 내담자들이 자신을 명확하게 이해하도록 돕기 위해 내담자의 가치 체계에 대해서도 파악해야 한다. 그리고 우리의 가치 체계가 가족과 성, 민족, 인종, 성적 지향, 지위, 가족 체계, 지역적 특성 등에 대한 문화의 관점에서 형성되는 것임을 이해하는 것이 중요하다. 만약 당신이 자신의 가치에 대해 잘 알고 있다면 내담자에게 도움이 되지 않는 가치를 간접적인 방식으로 주입하려는 노력을 덜하게 된다는 것은 조력 관계에서 매우 중요하다. 내담자들을 서로 다른 가치 체계에 노출시키는 것은 유익할 수 있다. 이 경우에 내담자에게 가치를 강요하는 것은 도움이 되지 않는다. 다른 사람들의 가치 체계에 대해 잘 알아 가는 것은 당신과 다른 사람의 가치 체계 사이에서 서로를 이해하고 제대로 인식하고 차이를 수용하는 과정을 도울 것이다. 또한 가치와 태도는 그들이 일생에 걸쳐 수정해 나갈 수 있는 발달적인 것이라는 것을 이해하는 것이 중요하다.

한 사람의 정체성 발달, 기능 그리고 생활양식에 대한 문화적 가치의 영향에 대한 본격적인 논의는 10장에 제시될 것이다. 하지만 우리는 효과적인 조력에 대해 다루어 가는 시작점에서 이러한 변수들의 중요성에 대해 인식할 필요가 있다. 이러한 변수들 중 어떤 것은 우리 삶의 서로 다른 시점, 상황, 맥락에서 세계에 대한 가치관뿐만 아니라 자신이 누구이며 관계를 맺고 있는 사람이 누구인지 생각하는 데에도 중요한 영향을 미칠 수 있다.

다양한 조력 전략을 자연스럽게 적용하기 위해서는 조력자들이 **정서적 영역**(감정 또는 정서와 관련), **인지적 영역**(사고 또는 지적인 과정과 관련) 그리고 **행동적** 영역(행동과 행위와 관련)에서 다른 사람들과 소통할 수 있어야 한다. 이를 확장해 보면, 조력자는 내담자들이 모든 영역에서 더 효과적으로 기능할 수 있도록 도와야 한다. 따라서 조력자들은 세 가지 영역 모두에서 자기 이해를 지속적으로 심화해 나가야 한다. 조력자들은 내담자의 욕구와 문제를 인식하고 분리하기 위해, 자신의 사회적 · 경제적 · 문화적 가치들에 대해 자각할 필요성이 있다. 특정 내담자를 돕기 위해 공식적으로 선택하는 전략은 조력자의 이론적 관점뿐만 아니라 조력자가 특정 영역(정서, 인지 또는 행동)에서 어떠한 강점과 약점을 지니고 있는가에 따라 달라질 수 있다. 또한 이는 치료적 맥락에 의해 달라질 수 있다.

효과적인 의사소통 행동

조력 관계의 환경, 관련된 사람들의 개인적 가치와 신념, 선택된 영역, 또는 전문 조력자의 이론적 지향에 무관하게 모든 조력 관계에서 가장 기본이 되며 전제조건이 되는 기술은 공감적 의사소통이다. 관계의 발달 단계 중 첫 번째 단계에서, 조력자와 내담자의 신뢰 수준은 공감적 맥락 안에서 의사소통 기술을 사용함에 따라 발달해 간다. 공감은 다른 사람의 참조 체계에서 정서와 감정을 이해하는 것과 이해한 것을 전달하는 것의 두 가지로 정의되는데, 이는 효과적인 소통 기술에서 가장 중요한 것이다. 공감적 소통 기술은 신뢰 깊은 관계를 발달시키는데, 이는 조력 과정 전체의 효과성을 높이는 데 필수적이다. 사실, 내담자에게 공감적 의사소통 기술을 가르치는 것은 대인관계를 향상시키는 핵심적인 요소이다.

조력자들은 집단 내에서 공감을 표현하는 데 있어서 개인이 속한 집단 그리고 개인별로 문화적 차이가 있음을 기억해야 한다. 바꾸어 말하면 한 사람의 내담자에게 공감적 행동(즉, 눈맞춤, 신체 접촉)은 다른 사람에게 공감적 행동이 되지 않을 수 있는데, 이는 같은 집단 내에서도 그렇다. 전략을 선택하는 과정에는 개인과 문화적 요소 모두를 고려해야 한다.

우리가 그들의 관심을 알지 못하고 그들에게 우리의 감정과 생각을 전하지 못한다면 어떻게 사람들을 도울 수 있을 것인가? 이러한 모든 과정은 의사소통의 기술에 달려 있다. 이러한 소통은 조력자가 함께하며 귀를 기울이고 정확하게 인식하고 있다는 것을 내담자에게 보여 주기 위해 경청, 주의를 기울이는 것, 통찰, 언어적 또는 비언어적으로 내담자에게 반응하는 것을 의미한다. 그것은 단편적으로 반응하는 것(reacting)과는 다르게 내담자에게 적절히 응답하는 것(responding)을 의미하는 것이다. 이러한 능력은 조력자의 교육적 배경이나 성격이 어떠하건 간에 대부분의 경우에 학습될 수 있다. 이는 다른 유형의 기술과 마찬가지로 지속적인 훈련을 요구한다. 공식적 또는 비공식적인 환경에서 사람들에게 가장 도움이 되었다고 평가받는 사람들이 좋은 소통 기술을 가지고 있다는 것은 놀라운 일이 아니다.

선행 연구(Brammer & MacDonald, 2003; Carter, 1995; Corey, 2013; Ivey, D'Andrea, Ivey, & Simek-Morgan, 2012; Sue & Sue, 2008)에 의하면 의사소통의 문제는 대인관계의 어려움 중에서 가장 중요한 문제이다. 예를 들어, 대부분의 결혼, 일, 가족의 문제는 비효과적인 의사소통의 결과로서 대인관계에서의 오해에서 비롯되었다. 사람들 사이에서 암묵적인 기대와 욕구가 충족되지 않을 때, 좌절과 분노가 야기될 수 있다. 이러한 소통의 문제는 문제 해결을 손상시킨다. 그리고 전문적인 도움을 찾는 사람들의 주요한 문제는 그들의 어려움과 관심사를 이해하거나 소통하지 못한다는 것이다.

많은 사람은 자신의 문제를 알고 있지만 언어적으로 소통하는 것이 어렵다고 생각한다. 다른 사람은 그들의 어려움을 언어적으로 이야기할 수 있지만 근원이 되는 문제를 이해하기 위해서는 도움이 필요하다. 여전히 일부 사람은 자신이 문제를 가지고 있거나 자신이 문제가 있다는 생각에 스스로 저항한다는 것조차 인식하지 못하고 있는데, 이러한 유형을 '저항하는/주저하는 내담자(reluctant clients)'라고 부를 수 있다. 이들은 도움을 찾아갈 필요성이 있다. 좋은 언어적·비언어적 소통은 모든 사례, 모든 단계에서 필수적이다. 따라서 조력 관계 내에서, 전체적인 의사소통 과정(전체 기간에 걸쳐 일어나는 일련의 과정)과 의사소통을 격려하거나 지연시키는 행동들을 자세히 살펴볼 필요성이 있다.

우리 대부분은 수많은 상황에서 누군가에게 도움을 받아 온 사람들이다. 따라서 조력자의 행동 중 조력자의 개인적인 경험에 기초하여 내담자를 돕거나 방해할 수 있는 행동이 나타날 수 있음을 인식해야 한다. 만약 어떤 조력 관계에서 당신이 지지적이라고 생각했던 언어적·비언어적 행동들의 목록을 만들어 보라고 요청받는다면, 어떤 목록을 작성할 수 있을 것인가? 〈표 2-1〉은 상담을 처음 시작하는 학생들에 의해 많이 인용되는 전형적인 행동 목록들이다. 대부분의 학생은 비언어적인 것들보다 언어적인 내용에 대해 생각한다. 당신이 이러한 목록에 동의할 수 있는지, 몇 가지 내용을 추가할 수 있는지 살펴보아라. 이러한 언어적/비언어적 행동들 중 특정 문화 집단에서 수용

〈표 2-1〉 도움이 되는 행동 목록

언어적	비언어적
• 이해할 수 있는 단어를 사용한다. • 내담자의 말을 반영하고 명확하게 한다. • 적절하게 해석한다. • 내담자를 위해 요약한다. • 중요한 메시지에 반응한다. • 언어적 강화를 사용한다(예: 음, 알겠어요. 그래요.) • 내담자가 좋아하는 이름으로 불러 준다. • 적절하게 정보를 제공한다. • 자신에 대한 질문에 적절하게 답한다. • 긴장을 줄이기 위해 종종 유머를 사용한다. • 판단적이지 않고 상대를 존중한다. • 내담자의 말에 대해 조력자가 이해한 바를 더해 설명한다. • 내담자로부터 진심 어린 피드백을 끌어내기 위해 잠정적으로 해석한다.	• 눈맞춤을 유지한다. • 때때로 고개를 끄덕인다. • 안면/얼굴을 움직인다. • 가끔씩 미소짓는다. • 가끔씩 손의 제스처를 활용한다. • 가까운 거리를 유지한다. • 말의 속도를 조절한다. • 내담자를 향해 몸을 기울인다. • 때때로 스킨십을 적절하게 사용한다. • 편안하고 개방된 자세를 취한다. • 자신 있는 목소리 톤을 유지한다.

되기 어려운 것이 있다면 무엇일까?

〈표 2-1〉의 목록은 학생들이 조력 관계에서 조력자들의 경청, 공감, 격려, 지지, 정직, 돌봄, 관심, 존경, 공유, 애정, 보호, 잠재력 그리고 무조건적인/비판단적인 수용의 방식으로 소통하는 것에 참여하는 것을 가장 효과적이라고 생각한다는 것을 보여 주는 내용이다. 내담자들은 인간으로서 가치가 있다고 느끼고 다른 사람에게 수용된다고 느낄 때 그리고 진짜 자신의 모습에 대해 수용받고 진정한 관심을 찾아가게 될 때 도움을 받는다.

이와 비슷하게, 도움이 되지 않는 의사소통 행동에 대해서도 파악할 수 있다.

〈표 2-2〉에 제시된 목록을 더하거나 바꾸어 보겠는가? 이와 같은 언어적 · 비언어적인 행동들은 주의를 기울이지 않음, 돕는 사람들의 가치/신념을 내담자에게 강요함, 판단함 그리고 '당신에게 가장 좋은 것이 무엇인지 알고 있다.' 또는 '내가 당신보다 나은 사람이다.'와 같은 태도를 포함한다. 이러한 행동들은 도움을 받는 사람들을 즉시 방어적으로 만들고 그들 자신이 무가치하다고 느끼며 행동에 접근하게 하기 보다 회피를 선택하게 하기 때문에 방해물이 된다. 이와 같은 내용들이 다른 문화 집단에서는 도움이 된다고 인식되는 경우를 생각해 볼 수 있는가?

당신이 구체적인 상황에서 개인적으로 경험했던 내용 중에서 자신에게 도움이 되었거나 도움이 되지 않았던 반응의 목록을 만들어 보라. 예를 들면, 중요한 관계가 끝날 때, 지필 시험에서 낮은 점수를 받았을 때, 원하는 직업을 얻지 못했거나 학교에 입학 허가를 받지 못했을 때, 당신과 절친했던 사람이 이사를 가거나 아프거나 죽었을 때, 당신이 아프거나 사고를 당했을 때, 자동차가 심하게 부서졌을 때 등이다. 특별한 반응의 내용을 확인한 후에, 당신 자신에게 이러한 내용들이 어떻게 도움이 되고 도움이 되지 않는지 물어보라. 소그룹이나 대집단 활동에서 당신이 새로 알게 된 사실을 공유하고 하나의 반응이 왜 어떤 사람에게는 도움이 되지만 어떤 사람에게는 도움이 되지 않는지에 대해 논의하라.

〈표 2-2〉 도움이 되지 않는 행동 목록

언어적	비언어적
• 끼어든다. • 충고한다. • 가르친다. • 달랜다. • 비난한다. • 회유한다. • 너무 세세한 상황을 과장되게 살피고 질문한다. 특별히 '왜' 질문을 사용한다. • 지시한다. 요구한다. • 잘난 척하는 태도를 지닌다. • 과잉 해석한다. • 내담자가 이해하지 못하는 단어나 용어를 사용한다. • 주제에서 벗어난 이야기를 한다. • 주지화(지적으로 처리하기)한다. • 과도하게 분석한다. • 자신에 대해 너무 많이 이야기한다. • 축소한다. 또는 믿지 않는다.	• 내담자 대신 다른 곳을 바라본다. • 멀리 떨어져 있거나 내담자와 다른 방향으로 앉는다. • 비꼬아 말한다. • 찌푸린 얼굴 표정을 한다. • 노려본다. • 입을 열지 않는다. • 손가락을(검지를) 흔든다. • 부산스러운 몸동작을 한다. • 하품한다. • 눈을 감는다. • 가라앉은 톤으로 말한다. • 말의 속도가 너무 느리거나 너무 빠르다. • 성급하게 행동한다. • 손목시계나 벽시계를 반복적으로 쳐다본다. • 볼펜이나 클립을 만지작거린다.

연습문제 2-2

돕는 사람, 도움을 받는 사람, 관찰자의 세 가지로 역할을 나누라. 이 훈련 과정에 필요한 준비물은 각 팀별 색연필, 커다란 도화지 그리고 눈가리개이다. 각 구성원들은 세 가지의 역할을 모두 경험해야 한다. 도움을 받는 사람은 눈가리개를 한 상태에서, 돕는 사람의 도움을 받아 그림을 그리게 된다. 각 돕는 사람이 자신의 방식으로 가장 잘 도울 수 있는 방법을 결정하는 것이 중요하다. 관찰자는 모든 언어적/비언어적 행동을 기록한다. 각 팀의 구성원들이 도움을 받는 사람의 입장이 되어 본 이후에, 각 집단은 도움이 되거나 도움이 되지 않는 언어적/비언어적 행동 목록을 만들어 내는 작업을 한다. 그리고 다시 한 번, 특정한 행동이 어떤 사람에게는 도움이 되지만 어떤 사람에게는 도움이 되지 않는 이유에 대해 논의를 한다. 도움을 주는 사람으로서 어떤 것이 편안하고 어떤 것이 편안하지 않았는가? 당신은 무엇을 느끼고 생각하였는가? 당신의 돕는 행위에 대해 무엇을 배웠는가? 바꾸기 원하는 것은 무엇인가? 도움을 받을 때 어떻게 느끼고 생각했는가? 어떤 부분이 도움이 되고, 도움이 되지 않는다고 깨닫게 되었는가? 관찰자로서는 어땠는가? 돕는 사람과 도움을 받는 사람 사이의 상호작용을 보면서 무엇을 느끼고 생각하게 되었는가?

연습문제 2-3

도움이 되고, 도움이 되지 않는 비언어적 행동을 확인하기 위해 '몸동작을 취하는 역할 놀이'를 번갈아 가며 실시해 보자. 도움을 받는 사람은 이슈나 관심사에 대해 언어적으로 의사소통하거나 상황을 설명할 것이다. 도와주는 사람은 비언어적인 방식으로 도와주려고 시도할 것이다. 관찰자들은 도움이 되는 비언어적인 행동을 확인할 것이고 도움이 되지 않는 행동을 확인할 것이다. 그리고 도움을 받는 사람과 도움을 주었던 사람, 그들을 관찰한 사람이 함께 이야기를 나눌 것이다. 내담자들은 또한 도움이 되거나 도움이 되지 않는 것에 대해 무엇을 경험했는지 피드백을 줄 것이다. 예를 들면, 도움을 받는 사람은 자신과 가까운 사람이 최근에 사망했고 많이 슬픈 상태라고 이야기할 것이다. 도움을 주는 사람은 도움을 받는 사람에게 가까이 다가가거나 몸을 기대고 얼굴 표정과 티슈를 건네는 것과 같은 신체 언어를 통해 공감을 표현한다.

연습문제 2-4에서 연습문제 2-8까지는 당신이 조력 관계에서 효과적 · 비효과적인 소통을 어떻게 인식하고 있는지 살펴보는 것을 목적으로 한다. 각 예문을 읽고 도와주는 사람의 반응에 대해서 0에서 5점의 점수로 평정하라(0=매우 도움이 되지 않는다, 5=매우 도움이 된다). 교재에서 제시되는 코멘트를 읽기 전에 동료 학습자의 반응과 비교하며 이야기를 나누어 보라. 제시된 내용에서 당신은 상호작용의 언어적 내용에 대해서만 반응할 수 있고 비언어적 내용은 파악하기 어려울 수 있다. 연습문제의 정답은 이 장의 마지막 부분에 제시되어 있다. 이 책에서 제시되는 연습문제에는 맞거나 틀린 답이 없음을 기억하기 바란다. 이러한 활동에서는 사람들이 인식하고 반응하는 것에서 차이를 나타내는 것에 대해 토론하는 것에 초점을 두어야 한다. 만약 당신이 소통 기술을 배우는 추가적인 연습을 원한다면, 자신이 속한 수업 내에서 이번 사례에서 다루어진 상호작용을 실연해 볼 수 있다.

연습문제 2-4

제임스 부인은 대형 보험 회사의 청구 부서에서 데이터 입력 업무를 맡고 있는 26세 직원이다. 그녀는 16개월 동안 일해 왔고 그녀의 전체적인 연간 업무 평가는 '좋지 않음'이었다. 이러한 평가에 기여한 구체적인 코멘트들은 '업무에 지각함' '지적사항을 잘 받아들이지 않음' 그리고 '수정사항이나 데이터 재입력을 요구하는 경우에 다른 사람에게 친절하게 대하지 않음'이었다. 제임스 부인은 직무 변경을 요청하기 위해 인사 담당자(HR 상담자)의 사무실을 찾아왔다.

1. HR 상담자: 알겠어요, 제임스 부인. 당신은 청구 부서에서 잘 지내지 못했군요. 그 부서에서 무슨 일이 있었나요?

　제임스 부인: 바버 상사와 일하는 것은 매우 어려워요. 그는 제가 한 모든 일에 대해 잘못된 점을 찾아내요. 저는 그분이 저를 좋아하지 않는다는 것을 알아요.

2. HR 상담자: 그렇군요. 바버 씨는 당신의 태도가 좋지 않고 당신이 그가 요구하는 만큼 빠르거나 정확하게 일하지 않는다고 해요.

　제임스 부인: 저는 제가 할 수 있는 만큼 열심히 하고 있어요. 저는 그 사무실의 다른 사람들보다 훨씬 빨라요. 그리고 그는 다른 사람에 대해서는 잘못된 점을 찾아내는 경우가 없어요. 왜 그 사람은 저를 그냥 내버려 두지 않는 거죠? 그는 언제나 내 책상 주변을 맴돌아요. (몸서리를 친다.)

3. HR 상담자: 보세요, 제임스 부인. 우리는 데이터를 입력하는 일이 쉽지 않은 일이고, 당신은 일을 해야 한다는 것을 알고 있어요. 바버 씨로부터의 평판이 좋지 않다면, 제가 당신을 회사 내의 다른 부서에 배치시켜 주기 어려워요. 다음의 몇 개월 동안 정말 열심히 노력해서 좀 더 일을 잘하게 될 때 쯤이면 18개월의 평가 기간이 채워져 있을 거예요. 그 이후에 우리가 무엇을 할 수 있을지 생각해 봅시다.

　제임스 부인: (한숨 지으며) 알겠어요. 답답하네요. 다시 생각해 봐도 그가 나를 좋아하도록 만들 수 없을 거라고 생각해요.

당신은 HR 상담자의 진술문에 대해 어떻게 평가할 것인가? (각 진술문에 대해서 0점~5점의 범위로 평정하라.)

*평정기준: 0: 매우 도움이 되지 않는다, 3: 보통이다, 5: 매우 도움이 된다.

1. _____   2._____   3._____

위와 같이 평정한 이유는 무엇인가? 〈표 2-1〉과 〈표 2-2〉에서 나왔던 언어적 행동들 중에 확인된 내용은 무엇인가? 당신이 생각했던 목록 중 어떠한 비언어적 행동들이 이번 상호작용에서 이루어졌을 것이라 생각하는가? 당신이 만약 HR 상담자였다면 어떤 말을 했을 것인가? 이 회기가 진행될 동안 제임스 부인은 어떤 느낌을 갖고 있었을 거라고 생각하는가? HR 상담자는 그녀에게 어떻게 반응했는가? 진짜 문제는 무엇이라고 생각하는가? 그리고 그것은 누구의 문제라고 생각하는가?

이러한 질문들은 우리가 조력 관계에 참여하거나 관찰하는 경우에 지속적으로 던져 볼 수 있는 질문들이다. 이제 이 장의 마지막에 제시된 코멘트를 살펴보라.

연습문제 2-5

스미스 부인은 초등학교의 방과 후 돌봄 교사이다. 어느 날 그녀가 간식 시간 동안 아이들을 돌보고 있을 때, 토미가 그녀에게 달려와서 스티븐이 그의 요거트를 훔쳐갔다며 화난 목소리로 이야기하였다. 무슨 일이 일어났는지 살펴본 후에 스미스 부인은 스티븐이 정말로 토미의 요거트를 가지고 가서 먹었다는 것을 알게 되었다.

1. **스미스 부인**: 스티븐, 왜 토미의 요거트를 가지고 갔니?

　스티븐: 저는 몰라요.

2. **스미스 부인**: 훔치는 것이 잘못된 것이라는 것을 모르겠니?

　스티븐: 어, 음……

3. **스미스 부인**: 싱어 씨에게 이 일에 대해서 이야기를 해야겠구나. 그가 돌아올 때까지 구석 자리로 가서 앉아 있거라.

　스티븐: 네.

스미스 부인의 진술문에 대해서 어떻게 평가할 것인가?

*평정기준: 0: 매우 도움이 되지 않는다, 3: 보통이다, 5: 매우 도움이 된다.

1. _____   2. _____   3. _____

당신이 평가한 내용에 대한 이유를 정리해 보라. 〈표 2-1〉과 〈표 2-2〉의 언어적 행동 목록 중에 어떤 내용을 확인할 수 있는가? 언어적 행동과 함께 어떤 비언어적 행동이 함께 이루어졌다고 보이는가? 당신은 이 상황에 대해서 어떻게 다루어 갈 수 있는가? 스미스 부인이 이야기한 것에 대해 스티븐은 어떤 느낌과 생각을 갖게 되었다고 예상되는가? 스미스 부인은 어떤 느낌을 갖겠는가? 스미스 부인은 무슨 생각을 하는가? 스미스 부인은 어떤 행동을 하고 있는가?

연습문제 2-6

22세인 줄리는 대학 상담센터의 상담자를 만나기 위해 왔다. 그녀는 2년 전에 결혼했으며 현재 이혼에 대해 심각하게 고민하고 있다. (이러한 정보는 상담 약속을 결정하는 전화상담의 장면에서 파악되었다.) 다음의 내용은 1회기의 상담 내용 중 일부를 발췌한 것이다.

1. **상담자**: 당신의 결혼 생활에서 현재 어떤 일들이 일어나고 있는지 이야기해 줄 수 있나요?
   줄리: 상당히 좋지 않아요. 남편은 항상 일만 해요. 우리는 함께할 시간이 전혀 없어요. 우리는 서로 이야기를 하지 않아요. 정말 재미없고 화가 나요.

2. **상담자**: 당신에게 상당히 힘든 일이군요.
   줄리: (울먹이기 시작하면서) 그는 다른 곳에 가려 하거나 어떤 일도 함께 하려고 하는 법이 없어요. 그는 사람들과 함께하는 것을 좋아하지 않아요. 우리는 함께할 친구들도 전혀 없어요.

3. **상담자**: 당신은 밖에 나갈 수 없고 당신이 원하는 일을 할 수 없어서 화가 났군요.
   줄리: 네. 그렇지만 저는 가끔 외출을 해요. 지난 일요일에 스티브에게 나와 함께 발레 공연을 보러 가고 싶은지 물었어요. 제가 세 번이나 물었지요. 그는 아니라고 답했고 저는 이번에도 역시 혼자서 나갔어요.

4. **상담자**: 그렇지만 당신은 집을 나오면서 기분이 좋지 않았군요.
   줄리: 저는 그에게 상처를 주고 싶지 않아요.

5. **상담자**: 당신이 어떤 책임감을 느끼는 것처럼 보여요.
   줄리: 글쎄요. 맞아요. 당연히 모든 일에서…… 저는 그에게 무슨 일이 일어날까 걱정해요.

6. **상담자**: ……그것은 당신이 혼자 짊어지기에는 너무 큰 책임감이네요.
   줄리: 무슨 말씀이세요?

7. **상담자:** 저는 다른 사람에 대해 충분한 책임을 갖는 것이 어렵다고 생각해요. 당신이 다른 사람에게 책임감을 느낄 수 있지만 만약 당신이 다른 사람의 감정, 사고, 행동에 대해서도 책임감을 느낀다면 그것은 상당한 무게이겠지요! 그건 정말 어려운 일이에요.

   줄리: 예, 무슨 말씀이신지 알겠어요. 그런데 제가 제 남편의 감정에 대해 책임이 없다고요?

8. **상담자:** 예, 당신이 말한 그대로예요.

   줄리: 그건 아마도 제가 항상 딱딱한 사람이라고 느껴지는 이유 같은데요. 저는 사실 재미를 느껴 본 적이 없어요.

9. **상담자:** 가장 최근에 재미를 느꼈던 일에 대해 이야기해 주세요.

   줄리: 지난 여름에 레스토랑에서 웨이트리스로 일했어요. 정말 좋은 일이었죠. 저는 그 일을 사랑했어요. 제가 살아 있다고 느꼈고 항상 사람들과 함께 있었어요. 저는 정말 그 일을 좋아했어요.

10. **상담자:** 많이 그리워하는 것 같아요.

    줄리: 학교로 돌아가기 위해 그 일을 중단해야 했어요. 저는 그때도 그 일을 그만두고 싶지 않았어요.

11. **상담자:** 그 일에 대해 많이 생각하고 있군요.

    줄리: 예, 정말 원해요. 저는 제가 관심을 받았던 것이 정말 좋았어요.

12. **상담자:** 사람들이 당신에게 집중하고 반응하는 것이 정말 흥미진진했나 봐요.

    줄리: 음…… 저는 그 모든 것을 그리워하고 싶지 않아요.

13. **상담자:** 그리움이요?

    줄리: 당신도 알다시피 즐거움과 흥미진진함…….

14. **상담자:** 스티브와 함께 하면서는 어떤 재미나 흥미진진함을 갖지 못하는 것처럼 느끼는군요.

    줄리: 네, 맞아요. 오랫동안 그랬고, 아마 앞으로도 그럴 거예요.

15. **상담자:** 스티브에게 정말로 화가 났나 봐요. 당신은 스티브 때문에 재미나 흥미로부터 멀어졌다고 느끼나 봐요.

    줄리: 네, 그래요. 당신이 나를 좀 도와줄래요?

이번 내용은 상당히 긴 대화의 내용이었다. 각 진술문을 떠올려 보고 도움의 정도를 평정해 보자.

*평정기준: 0: 매우 도움이 되지 않는다. 3: 보통이다. 5: 매우 도움이 된다.

1. _____   2. _____   3. _____
4. _____   5. _____   6. _____
7. _____   8. _____   9. _____
10. _____   11. _____   12. _____
13. _____   14. _____   15. _____

당신은 이번에 제시된 장문의 축어록에서 상담자와 내담자 모두에게 몇 가지 다른 언어적 행동 목록과 감정들이 나타난 것을 확인할 수 있을 것이다. 상담자는 무엇을 하고 있고 왜 그렇게 하고 있다고 생각하는가? 줄리는 상담자에게 어떻게 반응한다고 생각하는가? 발췌된 대화의 내용을 읽어 가며 줄리의 감정을 따라갈 수 있는지 살펴보라.

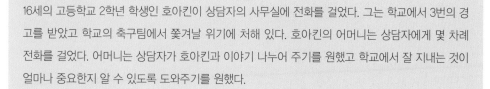
연습문제 2-7

16세의 고등학교 2학년 학생인 호아킨이 상담자의 사무실에 전화를 걸었다. 그는 학교에서 3번의 경고를 받았고 학교의 축구팀에서 쫓겨날 위기에 처해 있다. 호아킨의 어머니는 상담자에게 몇 차례 전화를 걸었다. 어머니는 상담자가 호아킨과 이야기 나누어 주기를 원했고 학교에서 잘 지내는 것이 얼마나 중요한지 알 수 있도록 도와주기를 원했다.

1. **상담자**: 호아킨. 어머니가 네 성적에 대해 많이 걱정하고 계시더구나. 너에게 무슨 일이 일어나고 있는지 궁금하단다. 너도 알다시피. 너는 똑똑한 아이이고, 모든 학업 내용에서 B를 받지 못할 아무런 이유가 없는 것 같구나.

   호아킨: 맞아요. 저는 더 이상 낙제하지 않을 거고, 그런 일을 하지 않을 거예요. 그것은 단지 경고였을 뿐이에요. 저희 엄마가 너무 지나치게 걱정하시는 거예요.

2. **상담자**: 호아킨, 한번 생각해 보렴. 너의 부모님은 너를 사랑하시기 때문에 모든 일에 걱정을 하신단다. 너희 부모님은 이 지역에 오신 이후로 매우 열심히 일해 오셨는데, 그것은 모두 네가 잘 생활해서 대학에 진학할 수 있을 것이라는 단 하나의 이유 때문이란다. 너희 부모님은 많은 일을 겪어 오셨어.

   호아킨: 저도 알아요. 그러나 부모님은 항상 저의 뒤에 그냥 서 있을 뿐이었어요. 그들은 저를 이해하지 못했고요. 저희 부모님이 저를 사랑한다는 것과 제가 대학에 가기를 원하신다는 것을 저도 알아요. 그들은 너무 많이 걱정을 해요. 그렇다고 제가 다른 아이들보다 더 나쁜 상태는 아니에요.

3. **상담자**: 이제 우리는 이 기간을 어떻게 지낼 수 있을지 생각해 볼 필요가 있겠구나. 축구 연습을 마치고 나면 하루 중 몇 시간 동안 공부를 하니?

   호아킨: 모르겠어요. 음, 가끔 저는 숙제를 잊어버려요. 그러나 언제나 하기는 하죠. 저는 정말로 무엇이 큰 문제인지 모르겠어요.

당신은 이번 대화의 내용에서 상담자의 진술에 대해 어떻게 평가하겠는가?
*평정기준: 0: 매우 도움이 되지 않는다. 3: 보통이다. 5: 매우 도움이 된다.

1. _____   2. _____   3. _____

상담자는 이 내담자에게 어떻게 접근했는가? 호아킨은 상담자의 접근에 대해 어떻게 반응했는가? 당신이라면 호아킨과 어떻게 상호작용하겠는가?

연습문제 2-8

윌리엄스는 32세이고 다가올 구직 인터뷰를 준비하기 위해 취업상담원을 만나고 있다. 그에게는 부양해야 할 아내와 두 명의 어린 자녀가 있고, 지난 14개월 동안 해고 상태였다. 몇 달 동안 인터뷰를 하지 못하다가 최근 들어 몇 차례의 인터뷰에 참여하였으나 성공적이지 않았다.

윌리엄스: 저는 정말 초조해요. 제 아내도 그렇고요. 제 아내는 제가 직업을 구하지 못하고 그냥 집으로 돌아갈 때 거의 미쳐 가는 것 같아요. 저에게 항상 "우리 생활비는 누가 내나요?"라고 물어보죠.

1. **상담자**: 당신과 같은 상황에서는 정말 힘들 것 같아요. 당신은 앞으로 진행할 취업 인터뷰에 대해 많이 걱정하고 있는 것처럼 보여요.

   윌리엄스: (고개를 끄덕거리며) 그래요. 제가 뭔가 잘못한 게 틀림없어요. 아무도 나에게 기회를 주지 않아요. 저는 쓸모없는 사람임에 틀림없어요. 앞으로도 별다를 게 있겠어요?

2. **상담자**: 당신은 정말 잘하고 싶은 것 같고 잘하지 못할까 봐 걱정하는 것 같아요.

   윌리엄스: 잘 모르겠어요. 인터뷰를 하는 데 익숙하지 않아요. 지금 매우 긴장돼요.

3. **상담자**: 일을 하지 않는다는 긴장감이 정말 모든 일에 영향을 미치는군요.

   윌리엄스: 네. 저는 너무 긴장하고 있고 저를 꼼짝 못하게 만들고 있는 것 같아요. 당신도 알다시피, 기분이 좀 괜찮아지게 하려고 노력 중이에요. 단지 그렇게 잘 안 되는 것뿐이에요······.

4. **상담자**: 내일 인터뷰에 참여해야 하기 때문에 마지막 시간에는 인터뷰 연습을 해 봅시다. 연습을 하면 당신이 좀 더 편안해질 거예요.

상담자의 진술에 대해 어떻게 평가하겠는가?
*평정기준: 0: 매우 도움이 되지 않는다, 3: 보통이다, 5: 매우 도움이 된다.

1. _____   2. _____   3. _____

상담자는 이 내담자에게 어떻게 다가갔는가? 윌리엄스는 상담자의 이러한 접근 방식에 어떻게 반응했는가?

효과적인 조력자의 특징

지금까지 언어적·비언어적 소통의 내용 중 도움이 되거나 도움이 되지 않는 것에 대해 구분해 보았다. 이제 우리는 효과적인 조력자의 특징을 보다 구체적으로 살펴보려고 한다. 〈표 2-1〉과 〈표 2-2〉에서 제시되었던 도움이 되는 행동 목록과 도움이 되지 않는 행동 목록을 다시 살펴보라. 연습문제들을 해결하는 과정에서 생각하는 바가 달라졌을 수 있을 것이다. 그리고 효과적인 조력자의 도움이 되는 특성과 도움이 되지 않는 특성에 대해 일반화하기 위해 노력해 보자. 하지만 이 과정에서 너무 빨리 결론을 내리려고 하지 말라.

인간관계에 대한 훈련자들은 프로그램에 참여하는 학생들 중 특정한 개인적 태도와 특성을 가진 학생들은 다른 학생들보다 학문적인 훈련 과정을 그들의 생활양식과 보다 쉽게 통합키시고 흡수한다는 것을 알게 되었다. 그러나 조력자로서 학생들의 성장을 도울 수 있는 특성들을 명확히 도출해 보려고 할 때 우리는 조금 더 모호해지는 경향이 있다. 이는 교사들과 학생들에게도 모두 마찬가지이다. 우리는 '정서적 성숙도' '유연성' '개방적인 마음' '지적인 능력' '따뜻함' 그리고 '민감성'을 언급했지만 이러한 주관적인 용어들은 우리가 전문적인 성장을 직접적으로 도모하기 위해 사용할 수 있는 일부의 내용만을 설명하고 있다.

전통적으로 전문가 훈련은 심리학, 사회학, 인류학 그리고 상담에 대한 특별한 지식과 기술의 영역에 대한 학문적인 학습 훈련을 포함한다. 그러나 조력자들이 단지 자각(self-aware)을 통해서도 효율적으로 조력할 수 있고 조력자 자신을 변화의 수단으로 사용할 수 있다는 아이디어를 지지하는 수많은 증거가 나타나고 있다. 따라서 학문적인 내용과 이론에 대한 훈련은 과정에서의 훈련, 의사소통 기술, 자신에 대한 지식만큼 중요하지 않을 수도 있다(Brammer & McDonald, 2003; Corey, 2013; Kottler & Shepard, 2004; Okun, 1989, 1990, 2004; Okun, Fried, & Okun, 1999; Pedersen, 2003; Rogers, 1976). 개인적인 경험과 실무 경험 및 학문적인 훈련의 통합은 조력자로서 능력을 개발하는 데 핵심적이다.

선행 연구 결과

'자아실현적' 인간(완벽하게 자기를 이해하고 실천하는 사람)이 정말로 존재하는가에 대해 살펴보려는 목적으로 조력자들의 특성에 대한 이론과 연구에 대한 초기의 연구 동향을 살펴보면(Carkhuff, 2009a, 2009b; Corey, 2013; Ivey et al., 2012; Rogers, 1958, 1976; Sue & Sue, 2008) 수많은 이야기에 압도될 수 있다. 그러나 만약 우리가 핵심적인 연구들에서 나타나는 공통성에 초점을 둔다면, 효율적인 조력자들의 다양한 특성을 확인할 수 있을 것이다.

치료자에게 있어서 지속적인 성장과 자기 성찰, 다른 사람에 대한 개방성, 문화적 민감성, 존중, 따뜻함, 흥미 그리고 진정성은 지식이나 기술보다 더욱 중요한 것으로 여겨진다. 효과적인 조력을 위한 의사소통의 질적인 요소는 언어적 · 비언어적 행동들 사이에서의 차이, 모순적인 의미, 부조화와 차별성을 마주하는 것; 사실을 확인하고 감정을 명확히 하는 것; 내담자의 강점과 긍정적인 측면에 초점을 두는 역량을 포함한다.

인간의 행동을 이해하기 위한 기초적인 지식 또는 이해한 바를 소통하는 능력 중에 어느 것이 조력 관계에서 더 영향력이 큰가를 평가하기는 어렵다. 효과적인 조력 관계가 없는 상태에서 전략을 사용하는 것은 대부분 성공적이지 않다.

각 맥락에서의 특징들

이제 효과적인 조력자의 특성에 대해 탐색해 보기로 하겠다. 우리는 다음과 같은 질적인 측면, 행동 그리고 조력자의 지식이 내담자의 행동, 태도 그리고 감정에 영향을 미치는 가장 영향력 있는 것이라고 믿는다. 그리고 그러한 질적인 측면, 행동 그리고 지식은 전문 조력자, 준전문 조력자 그리고 비전문 조력자 등의 어느 맥락에서도 동일하다.

자기 인식

자기 이해와 자기 인식을 지속적으로 발달시켜 온 사람들은 그렇지 않은 사람들보다 더 효과적인 조력자인 것 같다. 왜냐하면 그들은 자신의 욕구, 인식 그리고 감정을 내담자의 것과 구별할 수 있고, 다른 사람들이 자기 인식을 증가시킬 수 있도록 좀 더 잘 도울 수 있기 때문이다. 자기 인식은 조력자 자신을 내담자의 변화를 이끌어 주는 도구로서 더 효과적으로 사용할 수 있게 한다. 지속적으로 자기 인식을 가지고 있는 조력자들은 자기 스스로에게 지금 이곳에서 무슨 일이 일어나고 있는지, 왜 지금 내가 이러한 감정을 느끼는지, 지금 이야기되고 있는 것을 정말로 경청하고 있는지, 내가 나 자신의 인식과 감정을 투사하고 있는지, 이것은 누구의 문제인지, 나의 것인지 내담자의 것인지에 대해 질문을 던진다.

다음은 상담자들이 내담자와 함께하는 상담 장면에서 일정 수준의 자기 인식을 유지하는 것이 얼마나 중요한지를 보여 주는 예이다. 고등학교에 근무하는 인턴 상담자는 엘리자베스라는 10학년의 학생과 상담을 진행하고 있다. 엘리자베스는 인턴 상담자에게 그녀의 엄마가 다른 학교에 다니는 오빠와의 데이트를 허가해 주지 않는다는 이유로 엄마에게 얼마나 화가 났는지 이야기하고 있다.

엘리자베스: 저는 정말로 오빠가 보고 싶어요. 저희 엄마는 저를 아기 취급해요. 엄마는 항상 제가 어디에 가는지, 누구와 함께 있는지, 제가 무엇을 하고 있는지 알려고 해요. 엄마는 저를 정말 미치게 해요! 다른 친구들의 엄마들은 더 잘 믿어 주거든요.

상담자: 엄마가 네가 원하는 것을 할 수 있도록 허락해 주지 않으셔서 화가 났구나.

엘리자베스: 엄마는 항상 내 뒤에서 날 감시하는 것 같아요. 사사건건 내가 뭘 할 수 있는지 뭘 할 수 없는지 이야기하고 모든 일에 대해 수백만 가지의 질문을 해요. 저는 단지 엄마가 저를 혼자 내버려두길 원해요.

상담자: 엘리자베스, 네가 화를 내는 것에 대해서 비난하는 것은 아니란다. 엄마에게 "이제 저도 제 스스로 결정할 만큼 충분히 컸어요."라고 이야기해 보는 것은 어떨까? 특별히 네가 누구와 데이트를 하는지 그리고 네가 엄마에게 원하는 것이 혼자 내버려 두는 것이라는 것도 말이야.

엘리자베스: 제가 정말 그렇게 할 수 있다고 생각하세요? 엄마는 아마도 제 의견을 받아들이지 않으실 거예요.

상담자: 엄마도 역시 네가 너 혼자의 삶을 살아갈 수 있도록 내버려 두는 법을 배우셔야겠구나.

이 내담자가 15세 소녀라는 것을 기억하라! 비록 그녀가 좀 더 독립적이 되기 위해 발달적이고 일반적인 욕구를 가지고 있다고 하더라도, 그녀가 자신만의 삶을 이끌어 가는 것이 적절한 것일까? 상담자는 엘리자베스의 독립/비독립의 갈등 문제를 탐색하고 이해하는 것을 돕는 대신에 엄마에게 반항할 기회를 주고 있다. 상담자와 함께 이 축어록에 대해 논의하는 것은 상담자가 엘리자베스에게 너무 많은 정체성을 부여하고 있다는 것을 깨닫고 엄마에게 이야기할 수 있는 말을 찾는 과정을 도와야 한다는 것을 알게 하는 데 도움이 될 수 있다. 좀 더 자기 인식을 잘하는 상담자는 자기 스스로에게 다음과 같이 이야기할 것이다. "이러한 말이 나에게 너무 익숙하군. 나는 엘리자베스의 감정을 분명히 이해할 수 있어. 하지만 나의 욕구와 감정이 개입되지 않도록 조심해야 해."

성과 문화에 대한 자각

성과 문화가 그들의 인식과 가치, 태도 그리고 신념에 미치는 영향력에 민감한 조력자들은 이러한 변수들이 다른 사람에게 미치는 영향력에 대해서도 열린 시각을 갖고 있는 것 같다. 예를 들면, 그들은 기득권을 가지고 태어나 어떤 종류의 압박도 경험하지 못했으며, 유럽 중심의 가치를 지니고 있는 사람들에 비해 유색 인종이나 게이와 레즈비언의 경우와 같은 피지배 계층의 사람들이나 여성들을 더 잘 구별해 낼 수 있다. 기득권 집단 내에 유일하게 존재하는 비기득권 문화 출신의 사람들은 기득권의 구성원과 다른 경험을 했을 것이라고 인식하는 것이 중요하다.

문화적으로 민감한 조력자들은 자신과 다른 사람들의 차이에 대해 이해할 수 있고, 이러한 차이에 대해 편안함을 느낄 것이다. 이러한 차이에는 성별, 인종, 성적 지향, 사회적 지위, 민족성 등이 해당된다. 그들은 이러한 차이들을 폄하하기보다 가치를 부여하는 경향이 있다. 다시 말하면, 그들은 아이비 등(Ivey et al., 2012)이 사용한 용어인 '체계적인 인지 차원'을 생각하고 사용할 수 있다. 그들은 조력 이론과 기술에 근간이 되는 서구적인 가정의 강력함을 인식하고 비서구권 문화에서 온 내담자들이 그들의 문제에 대해 다른 관점을 가지고, 이와 관련하여 무엇을 해야 할지 생각하는 면에서도 다른 인식을 가질 수 있다는 것을 깨닫는다. 서구의 모델은 개인주의, 자급자족, 자율성 그리고 경쟁에 기초를 두고 있다. 반면, 비서구 모델은 개인을 넘어서 가족과 공동체에 가치를 둔다. 따라서 조력자들은 서로 다른 문화를 가진 내담자들과 작업할 때, 의사소통과 상담 기술뿐만 아니라 인간 발달과 기능에 대한 전통적인 관점을 수정하고 적응해 나갈 필요가 있을 것이다.

다음의 예를 살펴보라. 직원들에게 직무를 배치해 주는 역할을 맡고 있는 상담자는 최근 러시아에서 이주한 34세의 안야라는 여성에게 야간 교대 근무 조건의 기술직에 대해 설명하고 있다. 내담자는 통역기를 통해 상담자의 이야기를 정중하게 들었으며 왜 그녀가 야간에 할 수 있는 일을 고려하지 않는지에 대해 설명하고 있다.

> 안야: 저는 밤에 일을 할 수 없어요. 저희 어머니가 저를 필요로 하세요. 저는 어머니를 돌봐 드려야 해요.
>
> 상담자: 당신은 일을 필요로 하는 것만큼이나 어머니에 대해 책임감을 느끼고 있군요. 그리고 어떻게 이 일을 할 수 있을지 확신하지 못하는 것 같아요. 새로운 지역에 거주하게 된 것과 일을 찾아야 하는 것이 당신에게 낯설고 어려울 텐데 여전히 가족 내에서의 의무를 다하려고 하니 얼마나 어렵겠어요.
>
> 안야: 맞아요. 저는 일이 필요해요. 돈이 필요하고요. 그리고 좋은 딸이 될 필요도 있어요.
>
> 상담자: 안야, 저는 당신이 가족의 일원으로서 충성스러운 것을 존중해요. 그러나 당신에게 맞는 직업을 찾을 수 있을지 걱정돼요. 당신이 이곳에 온 지 한 달이 넘었고, 이 일은 당신에게 잘 맞는다고 생각되는 첫 번째 일이거든요. 당신은 이 부분에 대해서 깨달아야 해요. 다른 기회가 다시 생길지 알 수 없어요.
>
> 안야: 저는 일이 필요해요……. 엄마도 돌봐야 하고요. 저는 제 인생을 만들어야 해요.

상담자는 안야의 딜레마에 다소 민감하게 반응하고 있는 반면에, 직업을 찾는 것이 가장 우선시되어야 한다는 미국인들의 전제에 따라 상담을 진행하고 있다. 만약 상담자가 '성인이 된 자녀는 그들의 부모를 돌봐야 한다'는 러시아 문화의 기대, 이주민들의 이슈들에 대해 자각했더라면 문화 적응의 과정을 더 천천히 진행했을 것이다. 다시 말하면 안야에게 직업을 갖도록 은근히 압력을 주기 보다는 그녀와 함께 안야의 혼란스러움과 갈등에 대해서 탐색할 필요가 있다. 상담자는 러시아 사람들의 커뮤니티 내에서 자원을 찾을 수 있도록 촉진하기 위해 필요한 질문들을 파악하고 어머니와 함께 하면서 새로운 삶에 적응할 수 있도록 도울 필요가 있다. 상담자는 동료들과 함께 이야기 나누고 내담자에게 제공할 수 있는 여러 가지 자원에 대해 배워 나가려는 노력을 기울일 수 있다.

문화적으로 민감한 조력자들은 어떤 내담자들의 경우, 낯선 사람에게 도움을 구하는 것을 꺼리고 자기개방을 독려하지 않는 문화에서 살아왔음을 이해할 필요가 있다. 어떤 문화권의 사람들은 조력자가 직접적인 충고를 하는 전문가로 기능하는 공식적이고 직접적이며 위계가 있는 조력 관계에는 익숙하면서 평등한 조력 관계에서는 어려움을 겪을 수 있다. 문화적인 맥락에 대한 민감성과 자발성은 조력자의 중요한 특성이다.

정직성

신뢰를 발달시키는 주요한 변인들 중의 하나인 정직은 모든 효과적인 상호 관계에서 중요한 요소이다. 우리는 다른 사람들이 이야기하는 것에 대해 항상 동의하지 않을 수 있다. 하지만 다른 사람이 정직하다고 믿는다면 우리는 그 사람을 존중할 수 있다. 조력자들은 내담자에게 개방적으로 대하고, 전문적인 한계 내에서 질문하며, 실수를 하는 것과 지식의 부족에 대해 수용함으로써 정직하게 소통할 수 있다. 정직은 단지 신뢰 깊은 것 그 이상이다. 그것은 또한 탐색에 열려 있고 평가의 과정에서 공정한 것이다. 조력자로서 자신의 정직성에 대해 생각해 보는 유일한 방법은 내담자와 동료로부터 그들이 당신을 어떻게 보고 있는지 솔직한 피드백을 요청하는 것이다.

조력 관계에서 정직함의 예를 보여 주는 다음 사례를 참고하라. 성폭력 관련 상담자로서 전문적인 훈련을 받은 간호사는 시립 병원 응급실로부터 성폭력을 당한 피해자에 대한 추후 상담을 제공하도록 요청받았다. 그녀는 3일 전에 폭행을 당한 23세의 메리와 이야기하고 있다.

> **상담자**: 당신은 가족과 경찰로부터 이 남자의 혐의에 대해 이야기하라는 압박감을 느끼고 있는 것 같아요.
>
> **메리**: 정말 끔찍해요. 저는 무엇을 해야 할지 모르겠어요. 모든 사람이 나에게 무엇을 해야 하는지 바른 것이 무엇인지 이야기하고 있어요. 제발 당신이 이전에 이런 일을 어떻게 다루어 왔는지 알려 주세요. 제가 무엇을 해야 한다고 생각하나요?
>
> **상담자**: 이건 정말 어려운 상황이에요. 그리고 오직 당신만이 해결할 수 있는 일이에요. 당신도 알다시피, 모든 사람에게 바르게 답해 줄 수 있는 사람은 아무도 없어요.
>
> **메리**: 만약 당신이 저였더라면 어떻게 하시겠어요?
>
> **상담자**: 솔직히 저도 잘 모르겠어요. 그리고 저도 많이 생각해 봤어요. 저는 제가 증언할 용기를 가졌더라면 하고 생각했는데, 제가 목격을 하고 난 이후라면 저도 그렇게 할 수 있을지 확신할 수 없을 거에요. 이건 정말 힘든 일이고 많은 시간이 필요해요. 그리고 당신이 받아들이기에 어려운 일들이 계속해서 당신을 괴롭힐 거예요. 그 일을 할 수 있는 사람은 많지 않고, 당신이 할 수 없다고 하더라도 이것은 당신이 용기가 없거나 나쁘다는 것을 의미하는 것이 아니에요.

상담자는 이후에 이러한 유형의 사건에 대한 사법 절차에 대해 사실적 정보를 제공할 수 있고, 내담자가 그 정보에 대한 자신의 감정과 생각을 탐색하고 이해하도록 도울 수 있다. 상담자가 자신의 관점에 대해서 개방적이기 때문에 신뢰와 개방성이라는 분위기를 만들어 낼 수 있다. 이 회기에서 조금 지난 후에 메리는 상담자의 '상식적이고, 진솔한 접근'에 대해 감사를 표현했다.

당신이 좋아하지 않는 상황이나 동의가 되지 않는 상황에서 어떻게 솔직할 수 있는지에 대해 궁금히 여길 수 있다. 이러한 상황들이 역시 발생하는데, 그 경우에 조력자들은 자신의 부정적인 반응을 수용하고 그러한 반응을 내담자와의 상호작용과 분리할 필요가 있다. 이따금씩 조력자들은 다른 조력자에게 내담자를 의뢰해야 할 것이다. 이러한 주제에 대해서는 10장에서 더 다룰 것이다.

일치성

요즘의 젊은이들은 보통 어른들의 세대가 위선적이라고 비판한다. 이는 말과 행동 사이의 불일치, 비일관성에 대한 것이다. 권위주의적인 체계에 대한 불신과 괴리감이 증가하고 있다. 그것은 정보, 교육 및 의료보호 기관들, 상위의 관리 체계, 부모에 대한 것으로 우리의 삶에 대해 영향력을 가지고 있는 모든 사람에 대한 것이다. 살아가면서 속임수와 부정부패에 대한 학습을 계속함에 따라 사람들은 다른 사람들의 진정성에 대해 의심한다. 도움을 받는 사람들은 상담 회기 내에서도 이러한 불신을 지속하는데, 이것이 바로 조력자들이 일치를 보이고 진정성을 갖는 것이 중요한 이유이다.

많은 이론가(Carkhuff, 2009a, 2009b; Ivey, Ivey, & Zalaquett, 2010; Rogers, 1961)는 자신의 가치와 신념 그리고 그들의 생활방식 사이의 일치를 경험하는 사람들은 불일치를 부정해 오는 데 자신의 에너지를 사용했던 사람들보다 더 믿을 수 있는 방식으로 소통하고, 역할 모델로서도 더 효과적이라고 이야기한다. 더욱이 '자신만의' 명확한 가치 체계를 가진 사람들은 다른 사람들에게 이러한 가치와 신념을 주입하지 않으면서 표현할 수 있고, 따라서 보다 더 솔직하고 비판단적인 관계를 맺을 수 있다.

만약 당신이 맺는 조력 관계의 목적이 도움을 받는 사람의 자기 이해와 의사결정을 촉진하는 것이며 돕는 사람의 기준이나 가치를 주입하는 것이 아니라는 것을 믿는다면, 당신은 조력자의 자기 인식에 의해 차례로 발생하는 일치(congruence)가 효과적인 조력 관계에서 중요한 요인이라는 것에 동의할 것이다. 이러한 관점은 조력자에게 '맞는 또는 틀린' 가치 체계가 있다는 것을 의미하지는 않는다. 오히려 무엇을 믿는지, 무엇을 말하는지 그리고 어떻게 살아가는지 사이에서 일치를 주장하는 것일 뿐이다. 더

욱이, 자신의 가치와 신념에 대해 잘 알고 지키는 사람들은 자신과 다르거나 대조되는 가치와 신념을 가진 사람들을 대할 때 덜 위협적으로 느낀다. 그러한 사람들은 넓은 범위에 해당하는 사람들을 효과적으로 도울 수 있다.

일치의 예는 다음의 대화에서 볼 수 있다. 사회복지사가 베커 씨 가족을 방문했다. 베커 가족은 6명의 자녀를 두었으며 방이 2개인 아파트에 살고 있고, 베커씨가 일 년 전에 실직한 이후로 사회복지 혜택을 받고 있다. 자녀 중 한 명은 신진대사장애로 인해 고단백의 식이조절을 필요로 했다. 베커 씨 가족은 고단백 식품을 마련하기 위한 돈이 부족하여, 많은 어려움을 겪고 있었다.

사회복지사: 저는 당신이 받은 식품 구입권으로 가족을 위해 영양가 있는 음식을 사는 것이 얼마나 어려운 일인지 알고 있어요.

베커: 정말 어떻게 해야 할지 모르겠어요. 일주일에 한 번 정도 고기나 고단백 음식을 구한다면 매우 운 좋은 일인 거예요. 우리에게 음식이 충분하지 않고, 우리가 구할 수 있는 최고의 식품은 단지 파스타뿐이에요.

사회복지사: 정말 절망스럽고 어려운 상황이네요. 저는 우리가 식습관을 개선하기 위해 보다 창의적인 방법들을 찾을 수 있을 거라고 믿어요.

베커: 제 생각에 그건 불가능해요. 당신과 같은 사람들에게는 쉽겠지만요. 당신은 이 정도의 돈으로 8명의 식구를 먹이려고 노력을······.

사회복지사: 저는 쉽다고 말하는 것이 아니라 가능하다고 하는 거예요. 소고기보다 단백질을 많이 함유한 식품들이 많이 있어요. 저희 사무실에 영양사가 있는데 서로 다른 요구 사항을 고려하여 적은 비용으로 구입할 수 있는 다양한 식품 목록을 제공하는 데 도움을 주고 있어요. 다음 주에 저의 사무실에 한번 오시는 게 어떨까요? 제가 당신에게 영양사를 소개해 드리고, 우리 셋이서 새로운 조리법을 찾을 수 있을 거예요. 제가 당신에게 제 아들을 위해 찾았던 몇 가지를 보여 드릴게요. 제 아들은 운동 연습을 위해 고단백, 저탄수화물 식단을 필요로 했거든요. 아들을 위해 이렇게 하는 것이 저에게 어려운 일이었지만 지금은 썩 잘해 내고 있어요.

베커: 놀리지 마세요! 당신 같은 사람들이 그렇게 했다고요? 당신이 이런 일을 했어야 했다고요?

이러한 일이 실제로 일어났다. 이러한 예는 조력자가 자신의 삶에 진정성을 가져야 하고 스스로 말한 것을 실행해야 하는 것을 보여 주는 좋은 예가 된다.

의사소통 능력

이 장의 시작 부분에서 이야기했듯이, 우리가 감지하고 느끼고 믿는 것에 대해 언어적·비언어적으로 소통하는 능력은 모든 대인관계에서 필수적이다. 선행 연구 결과들은 의사소통 기술을 개발하고 사용하는 것이 조력 관계에서 긍정적인 효과를 가진다는 것을 입증했다. 내담자와 다른 사람들에게 공식적 또는 비공식적인 소통 기술을 지속적으로 가르침(직접적인 가르침과 모델링을 통해)으로써 긍정적인 인간관계에 영향을 줄 수 있을 것이라고 제안하면서 다음 단계로 옮겨가 보도록 하겠다(의사소통 기술의 예는 3장에 기술되어 있다).

이론적 지식

5장과 6장에서 살펴보게 될 효과적인 조력에 대한 이론적 지식은 전문적인 실천가에게 가장 근본적이며 기초적인 것이다. 전문적인 조력자들은 심리학과 인류학 그리고 사회학적 이론의 구성 요소에 대한 지식을 필요로 한다. 심리학적 이론 내에서는 일반적 또는 비일반적인 발달에 대해 알아야 하고, 신경심리학, 심리학적 측정, 학습과 동기, 성격과 성 정체성의 발달 그리고 체계에 대한 이론에 대해 알아야 한다. 사회학적 이론 내에서는 역할과 조직 집단 내 관계 그리고 집단 간 관계에 대해 알아야 할 필요성이 있다. 인류학적 이론 내에서는 사람들의 심리적 발달과 행동에 대한 문화적 영향력에 대해서 알아야 할 필요가 있다.

심리학적·사회심리학적 이론 내에서 다문화, 성적 지향 그리고 성적 가치에 대한 공식적인 연구들은 최근에 학문적인 내용에 더해 훈련에 대한 지침을 추가했다. 전문적인 조력자들은 서로 다른 문화적 배경을 지닌 내담자에 대한 어느 정도의 지식을 필요로 함과 동시에 다음과 같은 점들을 고려해야 한다. 첫째, 다른 성별과 문화를 가진 사람들에 대해 심리학 이론과 실천을 관련지어 생각해 보는 것의 유용성, 둘째, 지배적인 문화권에 있는 사람들의 경험과 비교가 되는 내담자들의 경험과 지위이다. 이러한 내용들은 서로 다른 문화권의 차이뿐만 아니라 문화 내의 차이일 수 있다.

그 정도가 덜하긴 하지만 이러한 지식적 기초는 준전문 조력자들에게도 연관된다. 앞선 내용과 유사하게, 연구와 적용을 통해 발견한 지식은 비전문적인 조력자들이 보다 의미 있는 일을 할 수 있게 도울 수 있다. 어떤 경우에서건 사회적·정치적·경제적·문화적·심리학적 이슈에 대해 더 많은 지식을 갖출수록, 도움을 받는 사람들이 자기 이해를 확장하고 효과적으로 의사결정을 할 수 있도록 더 잘 도울 수 있다.

경험적인 기초를 둔 치료들과 증거 기반 치료들은 정신건강 서비스를 제공하는 제

3의 지불(third-party payers)과 임상적인 기관들에 의해 사용이 증가하고 있다(APA Presidential Task Force on Evidence-Based Practice, 2006; Norcross, Hogan, & Koocher, 2008). 그 초점은 효율성, 효과성 그리고 안전성에 있고, 임상치료사들은 기술된 집단을 대상으로 실시한 실험 통제 연구를 통해 이러한 치료들이 효과적이라는 양적인 결과가 나타났던 연구 결과에 기초할 것으로 기대된다. 반면, 이러한 연구들은 현재의 맥락에서 강조하고 있는 치료의 관계적 요소들을 가볍게 여기고, 치료를 표준화하기 위한 치료 매뉴얼을 제공하기도 한다. 전문적인 조력에서 표준화된 기술에 과잉 의존하는 것에 대해서 많은 논란이 있다. 이러한 주제에 대한 논의는 이 책의 범위를 벗어나는 것이다.

발달에 대한 이론적 지식이 부족하다는 것이 얼마나 문제가 되는 것인가는 다음의 사례에 잘 나타나 있다. 얀센은 중학교에서 사회 과목을 가르치는 교사이다. 그녀는 학교 상담자에게 연락하여 자신의 학급에 있는 두 소녀를 살펴봐 달라고 요청했다. 그녀는 두 아이가 항상 킥킥거리며 웃고, 손을 잡고 있으며, 서로 키스를 하는 것에 대해 걱정하였다. 추가적인 질문에 기초하여 학교 상담자는 이 아이들이 레즈비언 관계에 있으며, 얀센 선생님은 이를 부적절하다고 생각하는 것을 알게 되었다. 각각의 여자 아이를 알고 있는 상담자는 학급 내에서 이러한 행동을 하는 것이 부적절하다는 것에 동의했으나 얀센 선생님이 그들의 성적인 지향에 대한 결론을 내리는 것은 근거 없는 것이라고 설명했다. 학교 상담자는 친밀성과 한 사람의 정체성에 대한 다양한 관점에 대해 탐색하기 위한 이론적 틀로서 초기 청소년의 발달 단계를 설명하였다. 이 소녀들이 자신을 레즈비언이라고 여기고 있지만, 이러한 결론을 내리기에는 조급한 것일 수 있다. 또한 학교 상담자는 선생님과 함께 학교 내의 게이와 레즈비언 모임에 소속되어 있는 학생들과 교사의 수, 게이와 이성애자들에 대해 이야기했다. 상담자는 앞선 상담 과정을 통해 얀센 선생님이 문화적 차이와 사춘기 초기의 연령을 대하는 것에 대해 익숙하지 않다는 것을 알게 되었다.

조력자의 효과성에 기여하는 또 하나의 요인은 경험이다. 관련 연구들은 경험이 증가하는 것이 조력자가 내담자에게 적응하고 좀 더 통합된 접근을 하는 것에 큰 도움이 된다는 것을 설명하고 있다(Corey, 2013; Egan, 2013; Ivey et al., 2012; Kottler & Shepard, 2004). 경험을 통해 조력자들은 자신의 직관을 신뢰하고, 다양한 범위의 내담자 및 문제를 다루며, 새로운 접근에 대한 위험을 감수하는 법을 배울 수 있다.

윤리적 통합성

정직성과 일치성을 아우르는 효과적인 조력자의 특성은 책임감 있고 도덕적으로 그리고 윤리적으로 행동하는 부분을 설명하는 사려 깊은 의사결정이다. 어떤 조력 행동이 책임감 있고 도덕적이며 윤리적인가의 결정은 다음과 같은 내용에 대한 지속적인 성찰을 포함하는가에 따라 결정된다. 첫째, 개인적인 윤리와 관리 의료 서비스, 고용자의 규칙, 사회적 요구 그리고 전문직의 윤리적 자각을 필요로 한다. 둘째, 변화에 개방적이고 다름을 수용하는 것을 요구한다.

윤리적 딜레마들은 복잡하고 도전적이다. 윤리적 딜레마들은 비밀유지, 기록 그리고 서비스의 유형과 길이에 대한 내용과 연관된다. 이러한 이슈들은 10장에서 더 논의될 것이다. 조력자들은 모호함, 불분명함, 양면성에 대한 수용력을 필요로 한다. 아마 무엇보다 최우선되는 윤리적 요구 사항은 개인의 욕구와 가치 또는 외부 기관보다 내담자의 복지를 중요하게 여기는 것이다.

최근에 상담 센터에 근무하는 동료가 기관의 기관장으로부터 보험 문제로 인해 내담자와의 상담을 즉시 종결해야 한다는 소식을 듣게 되었다. 이 상담자가 고용주에게 내담자는 아직 제3의 지불(third-party payments)을 받을 자격이 안 된다고 이야기했지만, 고용주는 상담자에게 이야기하지 않고 내담자에게 배상 책임을 요구했다. 내담자에게 배상을 요구했던 것이 거절되자 고용주는 혼란스러워하다가 갑작스러운 종결을 주장했다. 이 상담자는 더 일하기를 원했지만 이러한 상황에서 상담을 하기 어려웠다. 두 명의 내담자에 대한 상담을 종결하고 난 후, 이제 막 도움이 되기 시작한 상담이 종결된 것에 대해서 내담자들이 얼마나 화가 났는지 인식한 후에, 그녀는 이러한 행동의 윤리성에 의문을 갖기 시작했다. 그녀가 이러한 딜레마에 대해 곰곰이 생각하고 다른 전문가에게 자문을 받은 후, 이와 같이 갑작스럽게 종결하는 것은 자신의 개인적 그리고 전문적인 차원에서 윤리에 어긋나는 것이라 판단하였고 그녀는 고용주에게 맞서기로 결심했다. 결과적으로 그녀는 직업을 잃었다. 비록 그녀는 이 일의 결과로 어려움을 겪었지만 자신의 윤리적 기준에 대해 편안함을 느꼈고 여러 회기를 진행한 상담을 예고 없이 갑작스럽게 종결하는 대신에, 자신의 가치 기준에 따라 남은 상담의 종결 과정을 수행할 수 있었다.

다른 동료는 자신이 근무하는 병원의 컴퓨터 시스템에 있는 내담자 정보에 들어가는 것에 대한 불편함에 대해 나와 상담했다. 그는 이 시스템의 안정성을 신뢰하지 않았다. 신문기사에 이러한 특별 시스템의 윤리적 문제에 대해 기사가 실렸을 때, 그는 자신이 의혹을 가졌음에도 불구하고 병원의 정책을 따랐던 것에 부끄러움을 느꼈다. 그의 경험은 우리 모두에게 윤리적 가이드라인에 대해 더 연구하게 하는 계기를 마련해 주었고 우리 자신의 윤리적 신념과 실제에 대해 동료들과 함께 논의를 하게 만들었다.

조력자의 자기 평가

내담자와의 의존적이거나 건강하지 못한 관계를 피하기 위해서 당신 자신의 욕구와 감정 그리고 문제에 대해 잘 알고 있는 것이 중요하다. 이전에 논의되었듯이 자기 인식 (awareness)은 당신 자신의 감정과 욕구를 투사함으로써 내담자들의 문제에 무엇인가를 더하는 일 없이 내담자의 문제를 윤리적으로 이해할 수 있는 능력을 증진시켜 준다.

불행하게도 조력자들은 그들이 내담자의 독립성과 요구를 독려할 수 있는 관계에 있다는 것을 빠르게 인식하지 못한다. 취약한 상태에 있는 내담자들은 종종 그들을 돌봐 주고 그들이 무엇을 해야 하는지 말해 줄 사람을 찾는다. 이는 조력자들이 갖고 있는 '구해 줄' 필요에 대한 무의식적인 욕구와 연관되어 있다. 이러한 요구를 거절하고 내담자가 자기 스스로 책임감을 갖도록 독려하는 것은 조력자의 책임이다.

조력자들은 자신의 욕구와 감정에 대해 지속적으로 평가해 보는 것이 좋다. 이는 상담 회기 내에서 또는 회기의 바깥 장면에서도 동일하다. 조력자 자신에게 다음과 같은 질문을 하고 자신의 동료, 수퍼바이저와 토론을 함으로써 자신이 특정한 어느 시점에 있는지에 대해 생각해야 한다.

- 자신이 내담자 또는 특정한 주제 영역에 대해 불편감을 느끼는 때가 언제인지 알고 있는가? 조력자들은 무엇인가 위협적이거나 겉으로 보기에 좋아 보이지 않는 경우와 같이 특정한 유형의 내담자에게 종종 어려움을 느낀다. 조력자들은 성이나 약물과 같은 주제에 대해서도 불편감을 느낄 수 있다. 조력자들이 '문제를 다루고 해결해야 할 책임을 자신이 갖는 것'에 대해 불편함을 인식하고, 진정성 있는 접근(아마도 수퍼바이저 또는 동료들과 어려움에 대해 나누고 상담을 진행하는 것)을 하거나 회피(다른 사람에게 의뢰하는 것)할 것을 결정하는 것은 중요하다. 이 경우에 나를 주어로 하는 'I-메시지'가 도움이 될 수 있다. 예를 들면, "봐라, 나는 내가 약물에 대해서 당신과 함께 이야기할 수 있을 만큼 알지 못한다는 것을 안다."와 같은 방식이다.
- 자신의 회피 전략에 대해 알고 있는가? 당신은 자신이 특정한 주제나 감정을 피하고 내담자에게 요점을 벗어나도록 허용하거나 당신의 불안정함을 덮기 위해 너무 많

은 질문을 하는가? 회피 행동에 대해 알고 있는 조력자들은 자기 자신에게 다음과 같이 이야기할 수 있다. "이 문제들은 정말 나를 괴롭히고 있어. 나는 무슨 일이 일어나는지 살펴야겠어. 그래야 내담자와의 상담이 조금 더 나아질 것 같아." 상담자는 반드시 다른 사람을 알기 위해 자신을 알아 가는 위험을 감수해야 한다.

- 내담자에게 정말로 정직할 수 있는가? 당신이 내담자에게 좋아하지 않는 사람으로 평가받는 두려움이 너무 강해서 유쾌하지 않은 면에 초점을 두고 직면하거나 돕는 것을 두려워하고 있는가? 당신은 항상 완벽하고 올바른 사람으로 여겨지려는 욕구를 가지고 있는가? 아니면 당신은 실수를 하거나 실수를 수용할 수 있는 사람으로 여겨지고 있는가? 만약 조력자들이 항상 사랑받고 싶은 강한 욕구를 가지고 있다면 내담자에게 지지적인 반응으로 안심시키고, 내담자가 책임감과 독립성을 가지며 성장하기 위한 가능성을 약화시킬 것이다.

- 항상 상황들을 통제해야 한다고 느끼는가? 당신은 아마 책임을 지려 하거나 목적이나 목표를 성취하기 위한 구조, 방향을 제시하려는 욕구를 가지고 있을 수 있다. 그러나 당신은 내담자가 동의하지 않거나 다른 것을 추구할 때 당신이 어떻게 느끼는지에 대해 자각해야 한다. 예를 들어, 당신이 내담자와 함께 게슈탈트 기법을 적용하는 것과 같이 특정한 접근을 하려고 할 때, 내담자가 참여를 거절할 수 있다. 만약 당신이 통제하려는 욕구를 지니고 있다면, 당신은 화가 나고 이 상황에서 거절당한 것처럼 느낄 수 있다. 당신이 만약 통제하려는 욕구가 없다면, 당신은 내담자의 감정을 개인적인 공격으로 듣지 않고 내담자의 저항을 탐색할 수 있다. 그리고 다른 대안을 제시하거나, 다른 전략을 소개하는 것을 연기할 수 있다. 또는 당신이 내담자가 어떤 다른 것에 대해 이야기하고자 할 때 특정한 주제에 초점을 맞추기를 원할 수 있다. 당신은 내담자가 있어야 한다고 생각하는 그 자리에 있기를 강요하지 않고 내담자를 허용할 수 있는가? 반응적 경청은 의사소통 과정을 통제하려는 것에 대응할 수 있는 지킴이의 역할을 한다.

- 내가 보는 방식으로 다른 사람이 보지 않거나, 내가 그러해야 한다고 하는 방식으로 내담자가 반응하지 않을 때 짜증스러운가? 우리는 어떤 이슈에 대해서 다양한 관점을 갖도록 지속적으로 유지할 필요가 있다. 이는 '좋은' 또는 '나쁜' '옳은' 또는 '그른' '그래야 하는' 또는 '해서는 안 되는'과 같은 상대적이고 주관적인 개념에 대한 것이다.

- 종종 나는 전지전능해야 한다고 느끼는가? 그에 따라 내담자에게 좋은 감정을 느끼게 하고 스스로 성공감을 느끼기 위해 문제를 해결하기 위한 무엇인가를 해야 한다고 느끼는가? 당신이 종종 이러한 감정을 느낀다면 당신 자신이 적절한 자리에 있는지 의문을 가져

야 한다. 내담자가 자신의 만족감에 따라 자신의 문제를 해결할 수 있도록 촉진할 수 있는 것은 조력자의 마술에 의한 것이 아니라 내담자와의 관계로 인한 것이다. 당신은 다른 사람들이 책임감을 갖거나 이익을 얻게 되었을 때 당신 자신에 대해 좋은 감정을 느낄 수 있다.

• 내가 너무 문제 중심적인 관점을 갖고 있어서 항상 문제점을 찾고 있으며, 긍정적인 부분과 강점에 반응하지 않고 있는가? 이것은 조력자들의 공통적인 관심사이다. 왜냐하면 조력자는 긍정적인 감정보다 부정적인 감정에 더 자주 노출되어 왔기 때문이다. 그러나 균형 잡힌 시각을 갖기 위해 긍정적인 감정과 인지적 내용을 확인하고 반응하는 것은 중요하다. 더 중요한 것은 긍정적인 조건과 강점을 강화하는 것이다.

• 내가 그들에게 원하는 만큼 나도 그들에게 개방할 수 있는가? 조력 전문가들이 가진 공통적인 문제는 그들이 내담자에게 초점을 맞춤으로써 자신의 감정과 문제에 집중하는 것을 피하기를 원한다는 것이다. 가장 중요한 규칙은 다른 사람에게 당신이 이야기할 것 같지 않은 일들에 대해 묻거나 이야기하라고 하지 않는 것이다. 이것은 자기 개방을 고려할 때 항상 내담자의 이익을 최우선으로 고려해야 하기 때문에 회기 내에서 상담자가 반드시 자기개방을 해야 한다는 것을 의미하지는 않는다.

앞서 제시된 몇 가지 질문은 의사소통과 직접적으로 관련되어 있다. 하지만 다른 주제들은 '조력에 영향을 미치는 이슈들'과 연관되어 있고, 이러한 내용들은 10장에서 다루어질 것이다. 조력자로서 효과적으로 소통하는 능력은 민감성, 자기 인식, 자기 평가를 지속적으로 개발시키는 것과 분리될 수 없다.

내담자 변인

우리가 특정한 이론적 접근을 연구할 때, 특정한 접근법은 내담자의 특정한 특성을 요구한다는 것을 유의하여 살펴볼 것이다. 예를 들면, 내담자 중심접근과 정신분석적 접근은 내담자에 대해 높은 수준의 언어적 능력을 요구한다. 반면, 행동주의적 접근에서는 높은 수준의 언어적 능력을 요구하지 않는다. 조력 과정에서의 모든 접근 방식은 내담자가 참여하기 위한 어느 정도의 동기와 협력을 필요로 한다. 어떤 사람들은 조력자가 동기를 강화시키는 것에 더 많은 책임이 있다고 하지만 모든 조력 관계는 도움을 받는 사람의 개방하려는 의지를 고양시키고 정서적 · 인지적 · 행동적 영역에서 성장하기 위해 취약성을 수용한다는 것을 가정한다.

내담자들은 서로 다른 사회문화적 특성과 맥락을 가지고 조력자에게 다가온다. 조력자들은 정서적 표현 정도, 언어적 · 비언어적 표현 방식, 가족 · 친구 · 일에 대한 태도, 시간 · 공간 · 삶의 속도에 대한 태도, 도움 추구 · 통제 · 책임 · 의사결정 · 성 역할 · 양육 · 정체성에 대한 태도와 같은 변인들에 대한 문화적 영향력을 이해할 필요가 있다.

요약

조력 관계는 돕는 사람과 도움을 받는 사람 사이의 언어적이고 비언어적인 의사소통을 포함한다. 의사소통은 그들 사이에서 라포의 발달을 촉진하는데, 이는 내담자의 신념, 가치, 태도, 감정 그리고 행동에 대한 탐색을 허용하는 것이다. 조력 관계의 목표는 내담자의 자기 이해와 타인에 대한 이해를 증진하는 것이다. 자기 인식을 하는 내담자는 높은 자존감을 갖고, 결과적으로 인내력이 높으며, 다른 사람을 더 잘 수용하게 된다. 내담자는 이전보다 잘 결정하게 되고 합의했던 목표들을 이루어 가기 위한 일련의 행동에 잘 적응하게 된다. 그리고 결과에 대한 책임을 지게 된다.

도움을 주는 관계에는 여러 가지 다양한 종류와 수준이 있고 서로 다른 많은 접근이 있다. 하지만 조력의 기본은 명확한 의사소통이다. 비공식적인 조력 관계는 도와주는 사람과 도움을 받는 사람이 역할을 바꿀 수 있는 것과 같이 상호 호혜적인 특성을 지닌다. 이는 공식적인 조력 관계에서는 존재하지 않는다. 관련된 연구 내용과 경험에 의하면 조력자의 특정한 특성과 성격이 조력 관계에 긍정적인 효과를 나타낸다고 한다. 조력자가 자신의 성, 문화적 편견, 신념, 행동 그리고 감정에 대해 더 민감할수록, 자신과 다른 사람에 대해 이해한 바를 진정성 있고, 명확하고, 공감적으로 소통할수록 더 효과적으로 기능할 수 있을 것이다. 자기 인식, 정직성, 일치성, 의사소통 능력, 인간 행동에 대한 지식 그리고 행동에 영향을 미치는 성, 문화, 사회적 요소의 영향력 등의 모든 것은 조력 관계를 증진시킨다.

언어적 · 비언어적인 특정한 의사소통 행위들은 조력 관계의 과정과 결과에도 역시 영향을 미친다. 이 장의 활동 내용들은 당신이 개인적인 스타일과 신념을 유지하면서 언어적 · 비언어적 행동을 인식하는 것을 돕고 어떤 행동이 내담자들에게 유익한지 밝혀 가는 데 도움이 되도록 고안되어 있다.

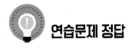 **연습문제 정답**

연습문제 2-4

해당 축어록에서는 제임스 부인과 바버 씨 중에서 누구에게 문제가 있는지 구별하기 어렵다. 인적 자원 관리를 담당한 HR 상담자는 그 문제가 제임스 부인의 것이라고 가정하였고, 그녀로부터 새로운 자료를 모아서 가설을 밝혀내려는 시도를 하지 않았다. HR 상담자는 제임스 부인의 사고, 감정, 행동에 대해 좀 더 배워 가면서 그리고 부서의 업무 분위기에 대해 탐색함으로써 그녀가 문제를 명확히 하고 그 문제에 대처하기 위한 선택지와 대안들은 무엇인지 명확히 하도록 돕기를 시작했을지도 모른다.

HR 상담자는 제임스 부인이 어떤 일을 하거나 하지 않음과 상관없이 인간 자체로서 소중하다고 느끼도록 돕고 존엄성을 유지할 수 있도록 도왔어야 한다. 동시에 조력자는 제임스 부인이 그녀에게 일어난 일을 보다 자세하게 탐색하고 이해하고 자신의 행동에 대해서 책임감을 갖도록 독려했을 수 있다.

HR 상담자의 세 가지 진술문은 도움이 되지 않았다. 아무것도 명확해지지 않았고 아무런 변화도 일어나지 않았다. 상담자의 행동에는 내담자에 대한 판단과 비난, 무엇을 해야하는지에 대한 내용이 포함되었다. 제임스 부인은 공격을 받았다고 느끼는 경우에서처럼 방어적 태도를 보였다. 그녀는 직무 변화에 대해 알아보기 위해 HR 부서에 왔지만 그렇게 할 수 있는 기회를 갖지 못했다. 그리고 곧 궁지에 몰린 것 같았다.

연습문제 2-5

제시된 짧은 축어록은 자신이 도움이 되고 있다고 생각하는 어른과 무엇인가 잘못을 저지른 행동으로 "현장에서 잡힌" 청소년들 사이에서 나타날 수 있는 전형적인 상호작용 모습이다. 스미스 부인은 도움이 되지 않았다. 왜냐하면 스티븐이 자신의 가치감과 존엄성을 유지하거나 자신의 행동을 이해하는 데 도움이 되지 않았기 때문이다. 스티븐은 모든 일에 대한 진짜 문제가 무엇인지 말로 표현하는 데 도움을 받지 못했을 뿐 아니라 나중에 이러한 문제에 대해서 무엇을 할 수 있는지 이해하지도 못했다. 스미스 부인은 스티븐의 감정에 대해 관심을 두지 않았고 또한 그를 이해하는 것에도 관심을 기울이지 않았다. 그녀가 사용한 행동들은 판단, 처벌, 위협 그리고 비난이었다.

그리고 상담자는 '왜'라는 질문을 사용하였는데 이러한 질문은 전형적으로 방어성을 이끌어 낸다. 스미스 부인이 사용한 질문들은 의사소통을 중단시키고 부정과 철회를 독려한다. 의사소통이 중단된다면 탐색과 이해는 일어날 수 없다. 앞의 사례에서 등장한 제임스 부인과 같이 스미스 부인은 상황을 통제할 수 없어서 화가 난 것 같았고 좌절된 것 같으며 이러한 감정들을 비언어적으로 표현하였을 것이다. 스미스 부인이 할 수 있는 보다 적절한 반응은 "스티븐, 다른 사람이 네가 원하는 것을 갖고 있다는 것이 참 힘든 상황이지." 이다. 이러한 반응은 공감적 경청자에게 자신의 다른 이야기들을 할 수 있는 기회를 허락했을 것이다.

연습문제 2-6

줄리의 상담자는 효과적이고 반응적인 경청 기술을 보여 주고 그녀로부터 보다 정서적(감정)인 부분과 맥락(정보)을 이끌어 내는 데 성공하였다. 몇 가지의 반응이 다른 것들보다 더 유익하긴 했지만, 전반적으로 고려하더라도 조력 관계를 형성하는 데 발전적인 1회기였다. (이러한 조력 관계의 마지막 부분에서 줄리는 자신을 위한 결정을 내리고, 결정에 책임 지고 행동할 수 있게 되었다). 상담자의 각 진술문에 대해 평가해 보도록 하자.

1. 개방형의 형식으로 보다 많은 정보를 이끌어 낼 수 있다는 면에서 좋은 도입 문장이다.
2. 줄리의 긴장되는 느낌에 대해 상담자의 이해를 전달해 주는 반영적이고 공감적인 진술이다.
3. 줄리의 감정에 초점을 둠으로써 문제를 명확히 하는 진술이다.
4. 상담자가 이 진술문에 연관되는 비언어적 행동들을 해석한 내용을 포함하는 몇 가지 해석이 담겨 있다(비언어적 행동은 이 사례의 녹음 자료에서 명확하게 파악할 수 있다.) 이것은 글로 작성된 축어록의 내용에서는 파악하기 어렵다.
5. 다시 한 번 줄리의 감정에 초점을 둠으로써 문제를 명확하게 한다.
6~7. 상담자는 책임감의 이슈에 초점을 두고 내담자가 고려할 몇 가지 가능한 내용을 더하였다.
8. 상담자는 자신의 가치를 부여하는 것에서 벗어나 내담자의 관점으로 논점을 돌리는 데 성공했다.
9. 개방형으로 만들어진 또 다른 탐색질문이다.
10. 기저가 되는 메시지에 대한 몇 가지 해석이다.
11. 면밀한 탐색 진술이다. 상담자는 이것이 맞는 길인지에 대해 확신하기 어렵다. 만약 줄리가 당신의 말에 아무것도 답하지 않는다면 당신은 어떻게 반응할 수 있겠는가?
12. 다시 한 번 면밀히 살핀다.
13. 정확한 반영이다.
14. 내담자의 진술을 반영하지만 그녀의 남편과의 관계에 대해 주제를 다시 이끌어 오는 진술이다.
15. 내담자의 강렬한 내적 감정에 대해 반응하고 이러한 감정을 남편에 대한 것으로 초점화하였다.

이 축어록에서 상담자는 내담자의 어떤 부분에 초점을 둘지 결정해야 했다. 그녀가 따라야 할 서로 다른 여러 방향이 있었고, 어느 한 가지 방향이 절대적으로 맞는 것이 아니다. 줄리는 무엇이 그녀를 괴롭히는지 탐색하기 시작하고 그녀의 몇 가지 감정에 대해 이해하기 시작하면서 도움을 받았다. 처음부터 상담자는 관계를 발전시키고, 줄리가 스스로에 대해 책임감을 갖고, 자신만의 의사결정을 할 수 있도록 돕는다. 연습문제를 다시 살펴보고 얼마나 많은 상담자의 개입이 있고 얼마나 많은 질문이 있는지 살펴보라. 전체 진술문의 수가 놀라울 만한가? 이제 막 상담을 시작한 조력자들은 종종 그들이 정보를 이끌어 내기 위해서 많은 수의 질문을 해야만 한다고 믿는다. 이 축어록은 이것이 절대적으로 진실이 아님을 보여 준다.

연습문제 2-7

호아킨의 상담자는 호아킨의 감정조차도 인식하지 못하고 훨씬 낮은 수준의 관심을 나타냈다. 그는 호아킨의 내적인 욕구를 무시하고, 호아킨 어머니의 걱정에는 충분한 이유가 있으며 이민자들의 신분상승 욕구의 전형적인 예라고 생각하였다. 따라서 그는 호아킨에게 전혀 도움이 되지 않았다. 왜냐하면 그는 호아킨의 감정과 사고를 탐색하지 않았고 절대적으로 '그 시간을 보내는 것'에 집중함으로써 호아킨에 대한 자신의 욕구를 내세웠다. 만약 호아킨이 그의 가정과 욕구를 탐색하고 그의 부모로부터 보다 독립적으로 되었더라면 그는 자신의 학업에 대해 보다 많은 노력을 기울이기로 결심했을지 모른다.

　　첫 번째 문장은 호아킨이 그의 마음속에 가진 것에 대해 탐색해 볼 기회를 주고 호이킨의 학문적 수용성에 대해 긍정적으로 소통할 수 있는 개방형 진술이라는 면에서 적당한 정도로 도움이 되었다. 그러나 만약 당신이 이 문장을 상담자의 톤으로 큰 소리로 읽을 때 당신이 발견할 수 있듯이, 예를 들어, "당신에게는 아무런 이유가 없는 것 같네요."라는 구절이 비판적인 방식으로 이야기되고 이러한 문장들조차 도움이 되지 않을 수 있다. 상담자의 두 번째와 세 번째 진술은 판단을 포함하고 있고 편리성을 추구하려는 욕구가 담겼다는 면에서 유익하지 않다. 따라서 호아킨은 자기 스스로 학교에서 어떻게 지내야 하는지에 대해 결정하기 위해 자신에 대해 배우고 자신의 진정한 관심에 대해 배울 기회를 갖지 못하였다.

연습문제 2-8

　　윌리엄스의 상담자는 도움이 되는 의사소통 기술을 보여 주었다. 조력자는 상담자가 아닌 내담자를 중심에 두고, 구직 인터뷰에서 '너무 긴장하고 있다.'라는 표현에 대해 정교화함으로써 문제를 명확히 할 수 있도록 내담자를 도왔다. 인내심이 부족한 상담자였다면 무슨 일이 일어났는지 명확하게 하기보다 단순하게 그의 불운에 대해 다루어 갔을지 모른다. 상담자의 세 가지 반응은 공감적 이해, 감정 반영 그리고 일치를 보여 준다. 상담자의 마지막 문장은 행동 지향적이고, 문제와 관련된 맥락을 고려하고, 중재를 위해 가용할 수 있는 시간에 대한 것이다.

참고문헌과 더 읽을거리

APA Presidential Task Force on Evidence-Based Practice (2006). Evidence-based practice in psychology. *American Psychologist, 61*, 271-285.

Atkinson, E. R., Morten, G., & Sue, D. W. (Eds.). (2003). *Counseling American minorities: A cross-cultural perspective* (6th ed.). New York: McGraw-Hill.

Brammer, L. M., & MacDonald, G. (2003). *The helping relationship: Process and skills* (8th ed.). Boston, MA: Allyn & Bacon.

Carkhuff, R. (2009a). *The art of helping* (9th ed.). Amherst, MA: Human Resource Development Press.

Carkhuff, R. (2009b). *Trainer's guide to the art of helping*. Amherst, MA: Human Resource Development Press.

Carter, B., & Peters, J. K. (1996). *Love, honor, and negotiate*. New York: Pocket Books.

Carter, R. C. (1995). *The influence of race and racial identity in psychotherapy: Toward a racially inclusive model*. New York: Wiley.

Combs, A. (1989). *A theory of therapy: Guidelines for counseling practice*. Newbury Park, CA:

Sage.

Corey, G. (2013). *Theory and practice of counseling and psychotherapy* (9th ed.). Belmont, CA: Brooks/Cole. Cengage Learning.

Egan, G. (2013). *The skilled helper: A problem management and opportunity-development approach to helping* (10th ed.). Pacific Grove, CA: Brooks/Cole.

Gladding, S. T. (2008). *Counseling: A comprehensive profession* (6th ed.). Englewood Cliffs, NJ: Prentice Hall.

Gottman, J. M., & Silver, N. (1999). *The seven principles for making marriage work*. New York: Crown.

Hackney, H. I., & Cormier, S. (2008). *The professional counselor: A process guide to helping* (6th ed.). Boston: Allyn & Bacon.

Ivey, A. E. (1991). *Developmental strategies for helpers: Individual, family, and network interventions*. Pacific Grove, CA: Brooks/Cole.

Ivey, A. E., D'Andrea, M., Ivey, M. B., & Simek-Morgan, L. (2012). *Theories of counseling and psychotherapy: A multicultural perspective* (7th ed.). Boston: Allyn & Bacon.

Ivey, A. E., Ivey, M. B., & Zalaquett, C. P. (2010). *Intentional interviewing and counseling* (7th ed.). Pacific Grove, CA: Brooks/Cole.

Kottler, J., & Shepard, D. S. (2004). *Introduction to therapeutic counseling: Voices from the field* (7th ed.). Pacific Grove, CA: Brooks/Cole.

Norcross, J. C., Hogan, T. P., & Koocher, G. P. (2008). *Clinician's guide to evidence-based practices*. New York: Oxford University Press.

Okun, B. F. (1989). Therapists' blind spots related to gender socialization. In D. Kantor & B. F. Okun (Eds.), *Intimate environments: Sex, intimacy, and gender in families* (pp. 129–163). New York: Guilford Press.

Okun, B. F. (1990). *Seeking connections in psychotherapy*. San Francisco: Jossey-Bass.

Okun, B. F. (2004). Human diversity. In R. Combs (Ed.), *Family therapy review: Preparing for comprehensive and licensing examinations* (pp. 122–153). Mahwah, NJ: Erlbaum.

Okun, B. F., Fried, J., & Okun, M. L. (1999). *Understanding diversity: A learning-as-practice primer*. Pacific Grove, CA: Brooks/Cole.

Pedersen, P. B. (2000). *A handbook for developing multicultural awareness* (3rd ed.). Alexandria, VA: American Counseling Association.

Pedersen, P. B. (2003). Increasing the cultural awareness, knowledge, and skills of culturecentered counselors. In F. D. Harper & J. McFadden (Eds.), *Culture and counseling: New approaches (pp. 33-46). Needham Heights, MA: Allyn & Bacon.

Rogers, C. (1958). The characteristics of a helping relationship. *Personnel and Guidance Journal, 37,* 6-16.

Rogers, C. (1961). *On becoming a person: A therapist's view of psychotherapy.* Boston, MA: Houghton-Mifflin.

Rogers, C. (1975). Empathy: An unappreciated way of being. *The Counseling Psychologist, 5*(2), 2-10.

Rogers, C. (1976). *The therapeutic relationship and its impact.* Madison, WI: University of Wisconsin Press.

Sue, D. W. (2005). *Multicultural social work practice.* New York: Wiley.

Sue, D. W., Ivey, A. E., & Pedersen, P. B. (2009). *A theory of multicultural counseling and therapy.* Pacific Grove, CA: Brooks/Cole.

Sue, D. W., & Sue, D. (2008). *Counseling the culturally diverse: Theory and practice* (5th ed.). New York: Wiley.

* www.CengageBrain.com을 방문하시면 학습 내용에 관한 퀴즈(tutorial quizzes)를 풀어 볼 수 있습니다.

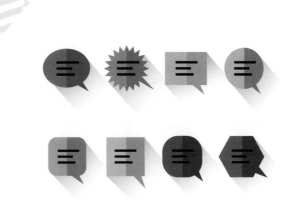

상담기본기술
A___to___Z

3장

의사소통 기술

효과적인 조력자가 되기 위해서는 비언어적 메시지(정서·행동적)를 인식하고, 언어적 메시지(인지·정서적)를 들을 수 있는 의사소통 기술을 사용해야 한다. 그리고 두 종류의 메시지에 언어적·비언어적으로 반응할 수 있는 의사소통 기술 또한 필요하다. 이러한 의사소통 기술이 당신의 조력 기술에 필수적인 부분이 되기 위해서는 자주 연습을 해야 한다. 당신 역시 대부분의 사람처럼 의사소통 행위를 당연한 것으로 생각해서 그것에 집중하고 인식을 발전시킬 기회가 없었을지도 모른다. 자신의 의사소통 행위에 집중하기 시작하면(이에 관해서는 2장에서 간략하게 검토했다), 처음에는 불편하고 피곤할 것이다. 의사소통 기술이 효과적인 조력 관계에서 얼마나 중요한지를 이론적으로 이해하는 것은 상대적으로 쉽다. 하지만 이해한 것을 실천하는 것은 훨씬 더 어렵다. 의사소통 기술을 직접 연습하는 것은 종이에 적힌 연습문제를 푸는 것보다 더 힘든 것이다!

의사소통 기술을 연습하는 것은 매우 중요하기 때문에, 이 장의 연습문제를 수업 중 조별 토론에 통합하면 실습이 훨씬 재미있을 것이다. 연습이 유익하려면 활동을 하는 동안 당신이 무엇을 경험하고 느꼈는지, 무엇을 기꺼이 하고 무엇을 회피하는지(접근 및 회피 반응) 등을 공유하는 것이 좋다. 활동 후의 조별 토론은 이해를 심화시켜 줄 것이다. '과정(processing)'이라고 불리는 이런 종류의 토론에서는 활동 자체보다 그 과정에서의 자신의 감정, 반응에 관해 이야기를 나눈다. 감정과 반응을 다루는 능력은 내담자와의 작업에서 필수적인 것이다.

비언어적 메시지 인식하기

비언어적 의사소통을 이해하는 것이 특히 중요한 이유는 그것이 인간관계 형성의 기초이기 때문이다. 일부 인류학자는 전체 의사소통의 2/3 이상이 비언어적인 수준에서 전달된다고 믿는다. 우리는 제스처의 패턴, 자세, 얼굴 표정, 공간 관계(spatial relation), 외모, 문화적 특성을 해석해야 한다. 따라서 조력자로서 우리는 비언어적 표현과 그 다양한 의미에 대한 의식적인 알아차림을 개발하기 위해 노력해야 한다.

우리 문화에서는 비언어적 메시지를 인식하는 것이 강조되지 않는다. 따라서 이 장의 일부 연습은 우리가 조력 과정에서 언어적 메시지를 이해하기 위해 비언어적 단서에 얼마나 의존하는지를 인식함에 따라 좌절감과 긴장감을 가져올 수 있다. 당신의 두뇌는 의식 수준 아래에서 지속적으로 정보를 흡수하고 있다는 것을 기억하라. 이것은 당신이 깨달은 것보다 비언어적 의사소통을 훨씬 더 중요하게 만든다(Lewis, Amini, & Lannon, 2000). 관련 연구들은 비언어적 단서가 언어적 단서보다 더 신뢰할 만하다는 것을 보여 준다. 2장에서는 조력 관계에서의 다양한 촉진적 · 비촉진적인 비언어적 행동을 제시했다. 우리가 관계에서 처리하는 비언어적 단서는 〈표 3-1〉과 같다. 우리는 조력자로서 비언어적 행동이 언어적 행동과 일치하는지, 우리가 정서적인 메시지(기저에 있는 감정)를 식별하는 데 도움이 될 만한 어떤 단서라도 찾을 수 있는지 살펴본다. 다양한 형태의 표현에 대한 인식은 비언어적 행동이 우리에게 근본적인 감정의 결정적인 증거가 아닌 실마리를 제공한다는 것을 깨닫도록 도와준다.

〈표 3-1〉 의사소통 관계에서의 비언어적 단서

특징	예시
몸의 자세	긴장된, 이완된, 기울이거나 거리를 두는
눈	눈물이 글썽한, 눈을 뜬, 눈을 감은, 과도한 눈 깜빡임, 눈 떨림
눈 맞춤	꾸준한, 시선을 피하는, 흘끔거리는
몸의 움직임	무릎을 떠는, 톡톡 두드리기, 손과 다리의 제스처, 몸을 비비 꼬는, 고개 끄덕임, 손가락질, 메시지를 표현하기 위한 팔과 손의 과도한 사용, 만지기
입	미소 짓는, 입술을 깨무는, 입술을 핥는, 입을 꾹 다문, 느슨한
얼굴 표정	활기찬, 단조로운, 산만한, 찌푸린, 일그러진, 찡그린
피부	빨개진, 발진, 땀을 흘리는, 창백한
전체적인 외모	깔끔한, 정돈된, 엉성한, 단정한
목소리	빠른, 느린, 떨리는, 높은, 속삭이는, 중얼거리는

다음의 제스처는 당신에게 무엇을 의미하는가? 활동을 마치면 당신이 생각한 것을 다른 집단원들의 생각이나 이 장의 뒷부분에 제시된 답과 비교해 보라. 또한 '남자'를 '여자'로 대체하거나 특정 장애, 민족성 또는 나이와 같은 다른 표현을 추가했을 때 행동의 해석이 어떻게 달라질지 생각해 보라.

1. 한 남자가 당신의 사무실로 들어와서 코트를 벗고, 넥타이를 풀고, 앉아서 의자에 발을 올려 놓는다.
2. 한 남자가 당신의 사무실로 들어와 똑바로 앉아서, 말을 하기 전에 팔짱을 낀 상태에서 한쪽 손으로 다른 쪽 팔을 두드린다.
3. 한 여자 내담자가 볼을 손에 대고, 턱을 쓰다듬으며, 머리를 한쪽으로 살짝 숙이고, 고개를 깊이 끄덕인다.
4. 한 여자가 당신의 사무실로 들어와서 가능한 한 당신과 멀리 떨어져 앉아 팔짱을 낀다. 그리고 다리를 꼬고 앉아 의자를 뒤로 기울이며 당신의 머리를 살펴본다.
5. 한 내담자가 당신의 사무실로 들어와서 당신과의 시선 접촉을 피한다.
6. 한 여자 내담자가 당신을 바라보며, 그녀의 손바닥을 위로 향한 채 손을 뻗는다.
7. 한 남자 내담자가 민감한 내용을 이야기한 다음 재빨리 손으로 자신의 입을 가린다.
8. 당신과 이야기하는 동안 내담자가 양팔을 등 뒤로 잡고 한쪽 주먹을 꽉 쥐며 다른 손을 이용해 손목이나 팔을 움켜쥐고 있다.
9. 한 여자가 사무실에서 다리를 꼬고 약간 발을 차는 동작을 한다. 동시에 의자의 팔 부분을 손가락으로 두드리고 있다.
10. 한 사람이 의자에 앉아 머리를 숙이고 간간이 고개를 끄덕인다.

사람이 나온 사진을 잡지에서 오리거나 인터넷에서 출력하라. 성별, 나이, 민족, 문화 및 인종이 다른 사람들을 선택하고, 설명을 없앤 다음, 상대방에게 이 사진이 무엇을 전달하고 있는지 물어보라. 그런 다음 4~6명으로 구성된 집단에서 똑같은 사진을 보여 주고 돌아가면서 이야기해 보라. 다양한 이야기를 나누고 마지막으로 합의에 도달할 수 있는지 확인하라. 여러 장의 그림에 대해서 동일한 작업을 수행한 다음, 이 과정에 어떤 패턴이 존재하는지 확인하라. 이 연습의 목적은 동일한 비언어적 자극에 대한 다양한 반응을 알아보는 것이다. 각 사진으로부터 전달되는 메시지를 그렇게 판단한 이유(근거)는 무엇인가? 사람들마다 의견이 달랐던 부분은? 사람들은 자신의 태도, 가치, 믿음을 대상에 대한 느낌에 어떻게 반영하는가? 사람들의 다양한 인식을 어떻게 설명할 수 있는가? 집단 토론에서 어떤 종류의 고정관념을 발견했는가?

연습문제 3-3

이 활동은 다른 사람의 비언어적 행동 이면에 있는 감정을 확인할 수 있도록 도와준다. 효과적인 조력자는 비언어적인 행동을 포함하여 다양한 단서를 활용함으로써 느낌(feeling)과 감정(emotions)을 구분하는 것을 배워야 하므로 이 기술은 중요하다. 둘씩 짝을 짓거나 작은 집단을 만들어서, 한 사람이 특정 느낌을 선택하고 그것을 우선 관찰자에게만 이야기하라. 그다음 파트너나 혹은 집단 내 다른 구성원에게 그 느낌을 비언어적으로 전달하라. 느낌이 잘 확인되면, 또 다른 사람이 감정을 선택하도록 하고, 그것을 집단에서 의사소통해 보라. 연습문제 3-2에서와 마찬가지로 활동 후 각자의 경험을 나눈다.

연습문제 3-4

비언어적 메시지가 어떻게 잘못 해석될 수 있는가를 이해하고, 비언어적 메시지를 구별하고 전달하는 데 익숙해지는 또 하나의 방법은 비언어적 형태의 '전화' 게임을 하는 것이다. 집단원들이 원형으로 앉고, 게임을 시작하면 한 사람이 느낌 하나를 선택한다. 모든 구성원이 눈을 감은 다음 첫 번째 시작하는 사람이 오른쪽에 있는 사람의 어깨를 두드린다. 그러면 그 사람이 눈을 뜨고 첫 번째 사람이 보내는 비언어적 메시지를 이해하려고 시도하라. 이렇게 각자가 자신의 오른쪽에 앉은 사람을 두드리는 방식으로 의사소통 과정을 반복하라. 단, 신호를 주고받는 사람만 눈을 뜬 상태에서 비언어적인 메시지를 주고받는다. 마지막 사람이 메시지를 받고 느낌을 말로 찾아보게 할 때까지는 모든 활동은 비언어적으로 진행하라. 그런 다음 그 과정에서 어떤 일이 일어났는지, 어디에서 어떻게 메시지가 왜곡됐는지, 비언어적 의사소통에 대해 느낀 바를 나누라.

연습문제 3-5

이 활동은 감정을 직접 연기하는 것이 아니라 그 장면을 관찰함으로써 복잡한 비언어적 메시지를 알아차리는 것이다. 둘씩 짝을 짓고 잠시 다른 장소로 이동하여 역할극을 계획하라. 장면은 저녁 식사에서 두 사람이 대화를 나누는 장면이다. 여기서 두 사람은 교사와 교장선생님이 될 수도 있다. 적절하고 재미있는 것이면 무엇이든 가능하다. 준비하러 나갔던 두 사람이 들어와서, 무의미한 철자를 사용해서 관찰자들에게 언어적 의미가 없는 대화를 계속하라. 연기를 하는 사람은 최대한 자신의 의도와 느낌을 전달하기 위해 노력하라. 관찰자들은 비언어적 행동을 관찰하면서 장면의 내용을 재구성하라. 관찰자들은 언어적인 정보 없이도 장면의 의미를 이해할 수 있음을 알게 된다. 이 활동의 변형은 (개인 혹은 소집단으로) 소리 없이 혹은 이해하지 못하는 언어로 된 텔레비전 프로그램이나 DVD를 시청하고 이에 대한 해석을 공유하는 것이다.

이 활동은 감정과 관련된 비언어적 행동을 더 잘 알아차리도록 도와준다. 우선 감정 목록을 작성하고, 각각의 감정과 연관된 비언어적 행동을 설명하라. 예를 들어, "나는 화가 날 때, 얼굴을 찡그리고, 주먹을 꽉 움켜쥐며 몸을 조이고, 사람들로부터 떨어져 앉고, 속이 불편해집니다."와 같다. 당신의 목록을 집단에서 공유하고, 공통점과 차이점을 적어 보라. 그리고 성별, 연령, 인종, 민족성 등에 따라 사람들이 감정을 표현하는 방식이 달라지는지 확인하라. 당신은 가족이나 집단이 감정을 비언어적으로 표현하는 방식에 대한 다양한 '규칙'을 가지고 있다고 생각하는가?

둘씩(혹은 세 사람이 한 팀으로), 순서를 바꿔 가며 조력자와 내담자(그리고 관찰자)가 되어 보라. 내담자는 실제 또는 꾸며낸 관심사를 이야기하고, 전달하는 언어적 메시지와는 반대되는 표정, 목소리 톤, 자세 및 몸짓을 나타낸다. 예를 들어, 한 집단원이 여행을 가게 되어 얼마나 흥분했는지 이야기하면서 털썩 주저앉고 얼굴을 찌푸리면서 불분명한 발음으로 이야기하라. 이때 당신은 어떤 감정을 느끼는가? 내담자 역할을 맡은 집단원은 자신이 인식한 주요 감정이 무엇인지 말하고, 팀원들은 언어적·비언어적 불일치 경험에 대해 토론한다. 메시지를 이해할 때 가장 강력하고 중요하게 영향을 미친 단서는 무엇인가? 당신은 이 단서들이 얼마나 중요하다고 생각하는가?

이 활동의 목적은 비언어적 행동의 성별·민족적 특성을 탐색해 보는 것이다. 각 집단원은 자신의 걱정거리나 특정 사건에 대해 비언어적으로 표현하고, 무엇이 성별 혹은 민족적인 특성과 관련되는지 적어 보라. 그리고 일주일 동안 버스, 레스토랑, 대기실 등에서 최대한 많은 사람의 비언어적 행동을 관찰해 보라. 비슷한 지역에 거주하는 경우, 연령이나 종교와 관련된 차이점에 초점을 맞출 수도 있다. 특히 공간/거리, 몸의 움직임, 제스처, 감정 표현에 주의를 기울여 보라. 다음 만남에서 일주일 동안 발견한 것을 이야기 나눠 보라. 그리고 집단원들이 당신이 선택한 성별, 민족, 그 외 다른 특성들과 관련된 비언어적 행동의 차이에 동의할 수 있는지 확인해 보라.

언어적 메시지 듣기

우리는 언어적 메시지를 경청할 필요가 있음을 알고, 일대일 상황에서는 다른 사람의 간단한 언어적 메시지를 정확하게 다시 말하기도 한다. 그러나 어린 시절에 했던 '전화' 게임을 떠올려 보면, 단순한 언어적 메시지가 여러 명에게 전달되는 과정에서 얼마나 왜곡되는지 기억할 수 있을 것이다.

때로 명확한 언어적 메시지를 이해하는 것이 힘든 것처럼, 언어적 메시지 속에 담긴 정서적 메시지를 이해하는 것은 훨씬 더 어렵다. 그 이유 중의 하나는 우리가 정서적 내용보다는 인지적 내용에 좀 더 반응하는 경향이 있다는 것이다. 인지적 내용은 실제 사실과 메시지를 구성하는 단어로 이루어진다. 정서적 내용은 앞서 논의한 바와 같이 언어적 또는 비언어적인 내용일 수 있다. 그리고 의식이 될 수도 있고 안 될 수도 있다.

언어적 메시지를 정확하게 수신하는 것은 복잡한 과정이며, 인지적·정서적 내용을 이해하고 이를 구별하는 것을 포함한다. 인지적 내용은 말로 표현되기 때문에 대개 이해하기 쉽다. 정서적 내용은 때로는 인지적인 것과는 다르며 덜 명확하다. 언어적 메시지에서 단지 인지적 내용만을 듣는 것과 그 속에 담긴 정서적 메시지를 모두 듣는 것의 차이는 효과적인 경청자와 비효과적인 경청자를 구분하는 중요한 차이이다.

내담자의 말에 대한 당신의 반응은 말로 표현되는 메시지와 그 속에 담긴 메시지를 듣고 이해하는 능력에 달려 있다. 당신의 반응은 이어서 내담자의 다음 반응에 영향을 미친다. 따라서 내담자의 말에 적절하게 반응하기 위해서는 명확한 인지적·정서적 메시지와 그 기저에 있는 것 모두를 듣고 이를 구별하는 방법을 배워야 한다.

말로 전달되는 인지적 메시지

앞서 언급했던 것처럼 인지적 메시지는 정서적 메시지에 비해 알아차리기 쉽다. 왜냐하면 학교에서는 인지적인 지식을 강조하기 때문이다. 인지적인 메시지는 대체로 정보, 사람, 사건, 사물에 관한 이야기를 포함하며, 하나 혹은 몇 개의 간단하면서도 때로는 복잡한 주제를 담고 있다. 내담자는 보통 느끼는 것보다 행동이나 생각에 대해 이야기하는 것을 좀 더 편안해한다. 내담자는 느낌을 구별하고 표현할 수 있는 적당한 단어를 아직 모를 수도 있다.

만약 우리가 내담자의 이야기 중 인지적 내용에만 반응한다면, 그 기저에 존재하는 감정이나, 인지적·정서적 내용 사이의 불일치를 결코 확인할 수 없을 것이다. 예를 들어, 한 내담자가 들어와서 수퍼바이저와의 문제에 관해 이야기한다. 그때 만일 조력자가 단순히 "무슨 일이 있었죠?" "수퍼바이저는 뭐라고 했나요?" "당신은 그때 뭐라고 했나요?"라고만 물어본다면 겉으로 드러난 이야기의 기저에 존재하는 내담자의 염려와 느낌은 밝혀내지 못한 채 한 회기가 지나갈 수 있다. 다른 유형의 반응은 수퍼바이저가 불공정하다는 내담자의 관점을 지지하거나, 내담자가 수퍼바이저에게 다른 언어적 반응이나 행동을 하는 것을 제안하는 것이다. 이는 효과가 있을 수도 있지만, 사실상 내담자 스스로가 자신의 선택이나 행동의 과정을 이해하는 데 도움이 되지는 않는다. 피상적 수준의 대화로만 이어질 뿐, 내담자의 근본적인 관심사에는 다가가지 못한다.

조력자가 초점을 두는 주제(문제 또는 관심사)는 이어지는 대화의 방향에 영향을 미친다. 조력자는 상담 관계를 발전시키고 보다 생산적인 치료적 결과를 가져오는 주제를 선택하기를 희망한다. 어떤 인지적 주제가 가장 중요한지 결정하기 어렵고, 몇 가지는 동일하게 중요할 수 있기 때문에 이것은 복잡한 작업이 될 수 있다. 그러나 상황의 모든 측면을 명료화하고 탐색하기 위해서는 한 번에 하나의 주요 주제에 반응하고 초점을 맞추는 것이 필요하다.

다음 연습은 의사소통에서 인지적 주제를 식별하는 데 도움을 준다.

연습문제 3-9

제시된 내담자의 진술을 읽고, 가능한 한 많은 인지적 주제를 찾아보라. 그런 다음 이 장의 마지막 부분에 나와 있는 답을 확인하라. 정서적인 내용(감정)이 아닌 인지적 내용만을 적는다.

1. "저는 내야 할 돈이 너무 많아서 지금 진퇴양난에 빠져 있어요. 톰은 일을 그만둔 상태고요. 뭘 해야 할지 모르겠어요. 제 직업은 월급이 적어서 서빙이나 텔레마케터와 같이 저녁에 할 수 있는 일을 추가로 찾아봐야 해요. 이번 학기에는 야간에라도 학교에 다니고 싶었지만 지금으로서는 불가능해 보입니다."

2. "학위를 가져도 일자리를 구하기 힘든 상황에 제가 왜 학교에 남아야 합니까? 여기에서는 아무것도 배우는 느낌이 안 들어요. 서로에게는 전혀 관심이 없고, 수업은 인간미 없이 규모가 크기만 해요. 돈 낭비입니다."

3. "오늘 주차 장소를 못 찾아서 아침 브리핑을 보지 못했습니다. 누군가는 이 상황에 대해 뭔가 조치를 취해야 합니다. 아직 메모를 확인 못했는데, 존이 오후에 전화하면 무슨 말을 해야 할지 모르겠습니다."

4. "이봐요, 저는 아픈 아이를 키우고 있고, 방금 이사 와서 아는 것이 없어요. 집주인은 난방을 안
   켜 줄 거고, 돈을 벌 수 있는 직업을 찾아야 해요. 어디서부터 뭘 해야 할지 모르겠어요. 나머지
   가구들도 배달해 줘야 하고요."
5. "정말 멋진 시간이었어요! 매일 수영을 했고, 밤에는 자전거를 타고, 낚시도 여러 번 했고, 즐거
   운 시간을 보냈어요. 마이어스 씨 가족의 보트로 항해했지요. 그들이 저기 밑에 있다는 걸 알고
   있었나요?"

이제 주제 목록을 살펴보고, 중요도나 긴급도에 따라 순위를 매길 수 있지 확인하라. 그중 하나의
주제만 골라야 한다면, 어떤 것을 선택하겠는가?

이 연습은 짧은 글만으로 내담자의 상황을 나타내기 때문에, 내담자 입장에서의 중요성을 고려하
여 객관적으로 주제의 순위를 매기기가 쉽지 않다. 그러나 언어로 전달되는 인지적 내용을 듣는 것
을 배웠다면, 우선순위 설정의 단서로서 정서적인 내용을 사용할 수 있다. 사람들은 가장 중요한 주
제 보다는 가장 최근에 이야기되는 주제에 자주 반응하는 경향이 있다. 우리는 전체 메시지를 듣고
중요한 것과 덜 중요한 것을 구별하는 연습을 해야 한다.

이 연습의 변형은 상대방에게 위의 진술을 큰 소리로 읽어 주고, 그것을 들은 상대방이 인지적 주
제를 말로 회상하는 것이다.

연습문제 3-10

이 활동의 목적은 언어적 · 인지적 메시지를 반복하게 함으로써 주의를 기울이는 기술을 개발하는
것이다. 둘씩 짝을 짓거나(조력자, 내담자 역할), 셋이 팀을 만들면(조력자, 내담자, 관찰자 역할) 효과
적일 수 있다. 내담자는 실제의 혹은 가상의 관심사를 포함한 이야기를 3분 이내로 전달하라. 만약
세 명이 한 팀이라면 조력자와 관찰자는 내담자의 언어적 · 인지적 내용의 효과성을 평가하라. 모두
돌아가면서 각각의 역할을 한 번씩 수행하라. 관찰자는 자신이 들은 것을 적어 두고, 그것을 조력자
가 재진술한 것과 비교해 보라.

활동을 마치고 모두 한 자리에 모인다. 활동 과정에서 각자가 어려웠던 점을 나누고, 그것을 해결
하기 위한 방안을 이야기해 보라. 특히 관찰자는 주제, 자세, 눈 맞춤, 몸짓의 선택과 같은 조력자의
언어적 · 비언어적 행동에 대해 관찰한 바를 함께 나누라.

이 활동은 우리가 종종 상대방이 실제로 말하는 것을 듣는 것보다, 우리의 반응을 준비하는 데 더
많은 에너지를 쓴다는 것을 깨닫게 해 준다. 우리 자신의 필터(선택적 인식)를 통해 다른 사람의 언
어적 메시지를 어떻게 듣는지도 보여 준다는 점에서 좋은 연습이라고 할 수 있다. 우리는 자주 실제
로 전달되는 것보다 우리가 듣고 싶고 보고 싶어 하는 것에만 관심을 기울인다.

내담자의 진술에서 인지적 내용을 가장 잘 반영하고 있는 조력자의 반응을 선택한다. 각 진술의 주요 내용을 바꾸지 않고, 단지 재진술한다는 것을 기억하라. 체크를 마치면 이 장의 끝에 있는 답을 확인하라.

한 회계 법인에서 다음과 같은 상황이 발생했다. 내담자는 최근 대학을 졸업하고 6개월 전에 고용되었다. 그는 결근과 지각을 하는 빈도가 더욱 잦아지고 있다. 조력자는 인사 및 사무 관리를 책임지고 있는 회사의 파트너이다.

1. **내담자:** 당신을 비롯한 이곳 사람들이 무엇 때문에 초조해하는지 잘 모르겠어요.

   조력자:

   _____ a. 우리가 여기 일에 대해 너무 많은 걱정을 한다고 생각하는군요.

   _____ b. 우리가 당신의 결근과 지각을 어떻게 생각할지 걱정하고 있군요.

   _____ c. 이곳에서 하는 일에 대해 어떻게 느낍니까?

2. **내담자:** 저는 최고의 성적으로 졸업했어요. 이 일을 냉정하게 알고 있습니다.

   상담자:

   _____ a. 당신이 우리 사회에 있는 다른 사람들보다 낫다고 생각하는군요.

   _____ b. 우리에게 가르쳐 줘야 할 것이 많군요.

   _____ c. 당신은 자신이 하고 있는 일을 매우 잘 알고 있군요.

3. **내담자:** 지난 6개월 동안 저는 낯선 도시로 이사해서, 새로운 아파트와 룸메이트를 찾고 일을 마무리하는 데 힘든 시간을 보냈어요.

   조력자:

   _____ a. 최근 당신의 삶에 많은 변화가 있었군요.

   _____ b. 당신의 개인적인 삶은 이 일과는 관련이 없습니다.

   _____ c. 사회생활은 대학 생활과는 많이 달라요. 그렇죠?

4. **내담자:** 지금 제 일은 너무 지루합니다. 그동안 배운 것들을 하나도 쓸 수가 없어요. 언제쯤 제 자격에 맞는 직무로 옮길 수 있을까요?

   조력자:

   _____ a. 정말 빨리 이동해야 할 것 같군요.

   _____ b. 좀 더 많은 돈을 벌고 싶어 하는군요.

   _____ c. 흥미도 있으면서 동시에 당신이 배운 것을 활용할 수 있는 일을 원하는군요.

5. **내담자**: 저는 이곳에서 몇 년간 일했지만 승진에서 밀리고 정체된 사람들을 보았습니다. 저에게 이런 일이 일어나도록 내버려 두지는 않을 겁니다.

   조력자:

   ____ a. 요즘 젊은 사람들은 승진하기가 매우 힘듭니다. 그들은 모든 일이 빨리 이뤄지길 바라요.

   ____ b. 앞서가는 것은 중요하죠.

   ____ c. 승진이 밀려서 원하는 곳으로 가지 못할까 봐 두려워하는군요.

6. **내담자**: 여기는 쓸모없는 일도, 정치적인 일들도 너무나 많습니다. 그것들을 잘 헤쳐 나가고 싶습니다.

   조력자:

   ____ a. 쓸모없는 일들을 하는 것이 당신에겐 어려운 일이군요.

   ____ b. 이 일(직업)이 당신이 원하는 대로 되지 않아서 화가 났군요.

   ____ c. 원치 않는 일을 하기 위해 스스로를 동기부여 하는 일이 힘들군요.

7. **내담자**: 가끔 제가 여기서 뭘 하고 있는지 의문이 듭니다. 이직을 하면 좀 더 많은 돈을 벌 수 있을 거예요.

   조력자:

   ____ a. 여기에 있어야 할지 또는 이직을 해야 할지 혼란스럽군요.

   ____ b. 재정적 문제가 많이 걱정되는군요.

   ____ c. 이 회사에 남는 것이 좀 더 많은 돈을 벌 수 있는 가능성을 뺏는다고 생각하는군요.

8. **내담자**: 정시에 오고 사무실에 계속 붙어 있는 것이 힘들어요. 저는 하고 싶은 일을 원하는 시간에 하는 것에 익숙하거든요.

   조력자:

   ____ a. 이런 구조 자체가 당신을 괴롭게 하는군요.

   ____ b. 당신에게 무언가를 요구해서 우리에게 화가 났군요. 그래서 출근 시간에 신경을 안 쓰는 거고요.

   ____ c. 당신은 일을 해야 하지만, 판에 박힌 일과 회사 규범에 익숙해지는 데 어려움을 겪고 있군요.

이 활동은 인지적 메시지가 전달되는 과정에서 언어적·비언어적 의사소통 사이에 존재할 수 있는 불일치를 보여 준다. 둘씩 혹은 셋씩 짝을 지어서 연습문제 3-10을 한 가지만 다르게 하여 반복하라. 조력자는 전달하는 인지적 메시지와 반대되는 얼굴 표정과 목소리 톤, 자세, 제스처를 시도하라. 예를 들어, 만약 회의에 제시간에 가기 위해서 근처 주차장을 찾는 것이 걱정이라는 이야기를 함과 동시에 미소를 보이고, 편안하고, 태평스러워 보인다면 여기에는 언어적·비언어적 의사소통 사이에 불일치가 존재하는 것이다. 이 활동의 핵심은 조력자로 하여금 이러한 언어적·비언어적 행동의 불일치가 인지적 메시지의 인식에 어떻게 영향을 미치는지를 경험하도록 하는 것이다. 내담자는 의식적인 수준에서 불일치한 메시지의 의사소통이 가져오는 불편감을 경험하게 될 것이다.

언어로 전달되는 정서적 메시지

정서적인 메시지는 우리에게 언어적·비언어적으로 전달된다. 정서적인 메시지는 감정을 담고 있는데, 이는 직접적으로 혹은 간접적으로 표현될 수 있는 느낌이다. 이것은 인지적 메시지보다 전달하거나 듣고 지각하는 것이 훨씬 어렵다. 내담자들은 감정보다는 생각에 익숙해서 감정을 명료화하고 구별하는 조력자의 반응이 놀라울 수도 있다. 또한 이를 통해 탐색과 경험을 위한 완전히 새로운 영역을 발견하게 된다. 정서적인 메시지를 이해하고 그것에 반응함으로써 조력자는 내담자의 감정을 수용하는 것뿐만 아니라 그들이 자신의 감정을 경험하고 소유하도록 허락한다. 우리는 이미 몇 개의 활동에서 감정을 비언어적으로 전달하는 것을 연습했다. 그리고 이제는 언어로 의사소통하는 법을 연습해 볼 것이다.

일부 조력자는 감정을 크게 분노, 슬픔, 두려움, 행복의 네 가지 범주로 나누는 것이 유용하다고 생각한다. 때때로 한 범주의 감정은 다른 범주의 감정을 덮고 가린다(예를 들어, 슬픔은 분노를 가리거나 그 반대도 마찬가지이며, 혹은 분노가 두려움을 가린다). 우리는 감정을 확인(식별)하기 위해 이 네 가지 범주 안에서 많은 다른 단어를 사용한다. 이때는 내담자에게 편안한 단어를 사용하는 것이 도움이 된다. 예를 들어, 십대 청소년이 자신의 감정을 확인(식별)할 때, 분노라는 단어 대신 또래 그룹 안에서 현재 많이 쓰는 속어를 사용한다고 생각해 보자. 이때 당신은 "화가 났다"라는 표현을 쓰는 대신 당신이 이를 편안하게 느끼는 한 "열 받았다"라고 말할 수 있다. 또한 당신은 내담자의 진술과 동일한 강도를 전달하는 감정 단어를 사용하고 싶을 것이다. 예를 들어, 내담자가

'짜증이 났다'고 느낀다면, '격분한 것'처럼 보인다기보다는 그녀가 '짜증을 느끼는 것'처럼 보인다고 응답하는 것이 좀 더 적절할 것이다. 언어적 메시지 안에 담겨 있는 감정을 확인(식별)하는 것은 처음에는 어려우며, 이것은 당신이 스스로의 감정을 인식하고 표현하는 데 얼마만큼 편안하고 능숙한지와 연관되어 있다. 내담자의 메시지를 듣고 당신의 감정을 내담자에게 투사하기보다 내담자의 감정을 확인(식별)하는 것과 특정 감정이 불편하게 느껴질 때 주제를 전환하지 않는 것은 중요하다. 이것은 계속적이고 반복적인 연습이 필요하다.

연습문제 3-13

이 활동의 목적은 느낌과 감정을 표현하는 자신만의 방식을 확인해 보는 것이다. 네 가지 범주(행복, 분노, 두려움, 슬픔)를 각각 표현할 수 있는 단어를 적어 보라. 당신이 사용한 단어는 무엇인가? 예를 들어, 당신은 '행복'이라는 범주 아래에는 '기쁜' '근심 걱정 없는' '최고의' 등을 적을 수 있다. 목록을 완성한 뒤 셋씩 짝을 지어 서로의 목록을 비교해 보라. 다른 두 사람과 차이점이 많다면 그것을 나눠 보라. 그다음으로 집단원 전체가 모여서 최종 목록을 정리해 보라. 이렇게 정리된 목록은 내담자와 이 연습을 수행해 보는 데 참고 자료로 사용할 수 있다.

연습문제 3-14

이제 네 가지 주요 감정(행복, 분노, 두려움, 슬픔) 카테고리를 선택하고, 각각의 감정을 느낄 때 하는 언어적 행동을 가능한 한 많이 나열하라. 예를 들어, 화가 났을 때 욕을 하거나 중간에 끊긴 문장 혹은 단음절로 말하고, 소리를 지를 수도 있다. 소집단 안에서 당신의 목록을 공유하고, 동일한 감정을 사람마다 어떻게 다르게 표현하는지 배워 보라. 다시 한번 집단 내의 성별, 세대, 인종, 민족, 기타 다른 차이점에 주의를 기울여 보라.

연습문제 3-15

이 활동은 '감정을 듣는 것'이다. 다음에 제시되는 각각의 문장에 대하여 이 사람이 정말 느낀다고 생각되는 것을 적어 보라. 기저에 있는 감정은 무엇인지 스스로에게 물어보라. 서로 다른 감정들을 구분할 때 당신이 반응하는 방식을 주의 깊게 살펴보라.

1. "보이스카우트를 마치고 집으로 돌아올 때 두 명의 덩치 큰 소년들이 저를 찾아왔어요."
2. "의사가 여기에서 모든 검사를 받으라고 이야기했어요. 앉아서 준비될 때까지 기다릴게요."

3. "레니는 너무 안됐어요. 매일 저녁을 회사에서 먹으며 일을 너무 열심히 합니다."

4. "기말 시험이 끝날 때까지 기다릴 수 없어요."

5. "함께 이야기하고 싶은데, 커피 마시러 가기에는 너무 바빠."

6. "오늘 그 보고서 작업을 할 수 없어요. 라미레즈 교수가 세 시까지 끝내야 하는 급한 일을 네 개나 줬다니까요. 그리고 내일 있을 시험 준비도 해야 하고요."

7. "신문을 내려놓으세요. 그리고 더 이상은 내게 이야기하지 마세요!"

8. "나는 사람들이 스스로 할 수 있는 것을 얻으려고 노력한다고 생각해요."

9. "만약 짐이 다른 곳으로 이동하지 않았다면, 이 프로젝트를 시간 내에 충분히 마칠 수 있었을까?"

10. "새로 온 사회복지사에 대해 들은 적 있어요? 오늘 세 시에 그녀를 만나거든요."

11. "새로 오는 관리자는 시계만 보는 게으른 사람이라고 들었어요."

12. "방학까지 2주밖에 안 남았어!"

13. "존스 씨, 당신이 이 자료를 입력할 수 없다면, 저는 다른 사람을 찾아봐야 합니다."

14. "제 남편은 직장을 잃었어요. 다음 달 집세를 어떻게 내야 할지 모르겠어요."

15. "모든 아이가 그 나이에 도둑질을 한다고 생각하십니까?"

16. "요즘 젊은이들은 우리 때보다 훨씬 많은 성적인 자유가 있어!"

17. "자바이드 씨, 신중한 고심 끝에 의장직을 내려놓기로 했습니다. 제 가족과 좀 더 많은 시간을 보내고 연구를 하려고 합니다."

18. "그린 씨는 그렇게 좋은 선생님이 아닙니다. 쉽게 설명하는 방법을 잘 몰라요."

19. "8시까지 차를 집에 가져다줘. 당신이 깜깜할 때 운전하지 않았으면 좋겠어."

20. "제가 왜 학교에 남아 있어야 하죠? 내가 뭘 원하는지 잘 모르겠어요. 당신 생각은 어떠세요?"

21. "난 직원 회의가 싫어. 아무도 나에게 이야기할 기회를 주지 않아."

22. "당신을 만나러 오는 것이 저에게 도움이 안 되는 것 같습니다. 계속 같은 이야기가 반복되고 있고, 저는 여전히 무엇을 해야 할지 모르겠습니다."

23. "학교에서 아무도 나를 자신의 팀에 데려가려고 하지 않아."

24. "의사 선생님, 이번 주에 다시 한 번 올까요? 저를 만나 주실 건가요?"

25. "시간이 된다면 잠깐 이야기하고 싶은데, 퇴근 전에 반드시 저를 보고 가세요."

이 활동을 마친 후에, 집단으로 모여 서로의 답을 비교해 보라. 그리고 이 장의 끝에 있는 정답을 확인해 보라.

동일한 문장에 대해서도 사람마다 서로 다른 감정을 확인하고, 다양한 투사가 나온다는 것을 확인할 수 있었을 것이다. 예를 들어, 누군가는 25번의 상황이 위협적으로 느껴져서 기저의 감정을 '분노'라고 생각할 수 있고, 또 다른 누군가는 누군가를 초대하려고 하지만 다른 직원들이 알기를 바라지 않는 것으로 느낀다면 그 기저의 감정을 '열의'라고 생각할 수도 있다. 집단원 모두가 동의하지 않는 문장이 있다면, 다양한 정서와 억양으로 큰 소리를 내어 읽어 보고 어떤 다른 반응이 나오는지 살펴보라.

다음의 내담자 진술을 읽고(연습문제 3-9의 진술과 동일), 각 상황의 주요 감정 목록을 적어 보라.

1. "저는 내야 할 돈이 너무 많아서 지금 진퇴양난에 빠져 있어요. 톰은 일을 그만 둔 상태고요. 뭘 해야 할지 모르겠어요. 제 직업은 월급이 적어서 서빙이나 텔레마케터와 같이 저녁에 할 수 있는 일을 추가로 찾아봐야 해요. 이번 학기에는 야간에라도 학교에 다니고 싶었지만 지금으로서는 불가능해 보입니다."

2. "학위를 가져도 일자리를 구하기 힘든 상황에 제가 왜 학교에 남아야 합니까? 여기에서는 아무 것도 배우는 느낌이 안 들어요. 서로에게는 전혀 관심이 없고, 수업은 인간미 없이 규모가 크기만 해요. 돈 낭비입니다."

3. "오늘 주차 장소를 못 찾아서 아침 브리핑을 보지 못했습니다. 누군가는 이 상황에 대해 뭔가 조치를 취해야 합니다. 아직 메모를 확인 못했는데, 존이 오후에 전화하면 무슨 말을 해야 할지 모르겠습니다."

4. "이봐요, 저는 아픈 아이를 키우고 있고 방금 이사 와서 아는 것이 없어요. 집주인은 난방을 안 켜 줄 거고, 돈을 벌 수 있는 직업도 찾아야 해요. 어디서부터 뭘 해야 할지 모르겠어요. 나머지 가구들도 배달해 줘야 하고요."

5. "정말 멋진 시간이었어요! 매일 수영을 했고, 밤에는 자전거를 타고, 낚시도 여러 번 했고, 즐거운 시간을 보냈어요. 마이어스의 보트로 항해했고요. 그들이 저기 밑에 있었다는 걸 알고 있었나요?"

이 활동은 연습문제 3-10(언어적 인지적 메시지)과 비슷하지만, 이번에는 인지적 내용보다는 느낌을 확인해 보는 것이다. 비언어적 단서를 차단하기 위해 둘씩 짝을 지어서 등을 맞댄 후, 내담자가 조력자에게 최대 3분 동안 이야기하라. 그리고 조력자 역할을 하는 사람은 전달되는 느낌이 무엇인지 구별해 보라. 내담자는 감정을 언어로 알아보게 이야기하면 안 된다. 연습문제 3-10에서 했던 것과 동일한 방식으로 이야기하고 조력자가 내재된 감정을 식별할 수 있도록 해야 한다.

말로 전달되는 정서적·인지적 메시지를 신체 언어의 단서 없이 구별해 내는 것은 매우 어렵다. 또한 전후 상황이 없는 역할 연습은 다소 인위적이어서 그 과정을 방해할 수도 있다. 그럼에도 불구하고 점차 역할 연습에 익숙해지면서 덜 인위적이고 편안해질 것이다.

　　두 사람 혹은 세 사람씩 팀을 만들어 조력자, 내담자, 관찰자 역할을 맡는다. 이 활동의 목적은 동일한 감정을 서로 다른 두 사람이 어떻게 다른 언어적 메시지와 비언어적 단서를 통해 전달하는지 보여 주는 것이다. 두 명의 내담자는 다른 집단원들로부터 떨어져서 하나의 감정을 선택하라(예를 들어, 기쁨, 좌절, 혹은 지루함). 그리고 두 명의 관찰자에게만 자신이 선택한 감정을 알려주라. 그 다음으로 각각의 내담자는 감정이 무엇인지를 직접적으로 말하지 않고, 그 감정과 관련된 이야기만을 한다. 조력자는 각각의 내담자의 이야기를 듣고 감정을 식별하라. 관찰자는 조력자로 하여금 맞았는지 틀렸는지 알려 주고, 내담자는 조력자가 감정을 맞힐 때까지 진술을 만들어 내라. 두 집단은 선택된 감정이 조력자에 따라 어떻게 다르게 전달되는지 토론하라. 조력자로 하여금 감정을 좀 더 쉽게 식별할 수 있도록 해 주는 언어적·비언어적 단서는 무엇인가?

인지적·정서적 내용 각각을 구별하는 연습을 하고 나면, 연습문제 3-19를 해 본다.

　　두 사람(혹은 세 사람)이 짝을 지어서 내담자와 조력자(그리고 관찰자) 역할을 정하라. 내담자는 5분 동안 실제 혹은 가상의 걱정거리에 관해 이야기하라. 이 때 조력자는 어떤 질문도 하지 말아야 한다. 단, "좀 더 이야기해 보세요." "궁금하네요."와 같이 정보 탐색을 위한 진술은 할 수 있다. 5분이 끝나면, 내담자는 이야기를 멈추고 조력자는 내담자의 인지적·정서적 메시지를 알아내야 한다. '당신은 _____할 때 _____을 느낀다. 왜냐하면_____하기 때문이다.'와 같은 형식을 활용해 보라. 집단원 각자가 내담자 역할을 한 번씩 돌아가면서 해 보고, 활동의 결과를 나누어 보라.

　　이 활동의 목적은 조력자가 메시지를 식별하는 기술을 향상시키고, 내담자의 메시지와 그 메시지가 전개되는 과정에 집중할 수 있도록 하는 것이다. 중간에 질문을 허용하지 않는 것은 내담자 중심의 경청을 강조하는 것이다. 만약 이 활동에서 관찰자가 있을 경우, 그 사람은 조력자가 메시지를 식별하도록 도와주는 역할을 한다.

언어적 · 비언어적 반응하기

내담자의 것뿐만 아니라 조력자 자신의 언어적 · 비언어적인 인지적 · 정서적 메시지의 알아차림을 개발하는 것은 효과적인 조력자가 되는 첫 번째 단계이다. 조력자는 내담자와 언어적 · 비언어적으로 상호작용하는 기초로써 반응적 경청에 숙련되어야 한다. 반응적 경청(responsive listening)은 내담자의 언어적 · 비언어적 메시지와 명백하게 드러난 것과 그 기저에 있는 생각이나 감정에 주의를 기울이고 반응하는 것으로 정의된다. 말은 쉽지만 실천은 생각보다 어렵다. 이것은 경청과 인식 기술을 다듬는 것과 더불어 커뮤니케이터로서의 자신에 대한 알아차림을 개발하는 것을 포함한다.

반응적 경청은 조력자가 내담자에 대한 자신의 진정한 이해(공감), 수용, 염려 등을 전달할 수 있는 것과 동시에 내담자의 진술을 명료화함으로써 내담자의 이슈에 대한 이해를 증가시키는 것을 의미한다. 따라서 조력자는 주된 인지적 걱정과 내재된 감정을 식별하고 명료화하는 것과 함께 내담자에 대한 보살핌도 전달할 수 있어야 한다. 조력자가 스스로의 언어적 · 비언어적 의사소통을 일치시키는 것은 중요하다. 그렇지 않을 경우 조력자가 내담자로부터 여러 가지가 섞인 메시지를 받을 때와 마찬가지로, 내담자는 조력자로부터 전해지는 이중 메시지로 인해 혼란스러울 것이다. 다음은 반응적 경청의 예시이다.

> **내담자**: 제가 너무 뚱뚱하다는 것을 알아요. 그래서 아무도 저에게 데이트 신청을 하지 않아요.
>
> **상담자**: 당신을 제외한 주변 사람들 모두가 즐거운 것을 볼 때 정말 슬프군요. 그리고 살을 빼지 않으면 앞으로도 늘 혼자일까 봐 두렵고요.

"걱정하지 마세요." "당신은 살을 **빼야 해요.**"라고 말하는 것은 도움이 되지 않는다. 이런 종류의 반응은 내담자가 자신에 대한 이해를 증진시키는 데 도움을 줄 수 없다. 바로 앞의 예시를 해석적이고 반응적인 경청으로 만드는 것은 조력자가 내재된 감정을 확인하고 이것을 주요한 인지적 관심사와 연관지으며, 내담자의 진술에 명료성과 이해를 더하는 것이다.

우리는 이 장을 진행하면서 좀 더 많은 반응적 경청 기술의 예시를 개발할 것이다. 우선 우리 자신의 비언어적 의사소통 행위에 대한 알아차림을 개발하는 것에 집중하자.

비언어적 반응

비언어적 행동은 언어적 행동과는 별개로 따스함, 이해, 관심, 효능을 전달할 수 있다. 효과적인 조력을 위한 바람직한 비언어적 행동은 가끔 고개를 끄덕이는 것, 미소 짓는 것, 손 제스처, 시선 접촉을 잘 유지하는 것, 얼굴 표정을 활용하는 것, 내담자를 향해 몸을 기울이는 것(가까이에 앉는 것, 장애물이 될 수 있는 책상이 없는 것), 적당한 속도로 말하는 것, 확신을 가지고 이야기하는 것, 지지적인 목소리 톤 등을 포함한다.

우리는 비언어적인 행동을 내담자의 편안함 수준과 문화적인 배경에 맞게 적용해야 한다. 예를 들어, 어떤 사람은 자신과 가까이 앉고 자신을 향해 몸을 기울이기를 원하는 반면, 다른 사람은 꽤 거리를 두어야 좀 더 편안함을 느낀다. 어떤 사람은 시선 접촉에 잘 반응하는 반면, 어떤 사람은 당신의 시선이 고정되면 불편할 수 있다.

연습문제 3-20

이것은 중요한 게슈탈트 활동으로, 비언어적 행동에 대해 우리 스스로가 느끼는 편안함과 불편함을 알아차릴 수 있도록 도와준다(게슈탈트 접근은 5장과 7장, 8장에서 좀 더 다뤄질 것이다). 두 사람이 마주보고 앉아서 2분에서 3분 정도 '눈으로만' 의사소통을 한다. 다른 보디랭귀지나 언어는 허용되지 않는다. 눈으로만 의사소통하는 시간이 끝나면, 그 다음으로는 2분에서 3분 정도 여기에 손을 더해서 의사소통하라. 그다음으로는 2분 동안 어떤 방식으로든 비언어적으로만 의사소통하라. 다 마치고 나면 자신의 느낌, 생각, 의도, 반응에 관해 이야기를 나눈다. 이후에는 소집단이나 참여자 모두가 모여 자신의 경험을 공유하라.

많은 사람이 처음에는 눈 맞춤을 유지하는 것을 매우 불편해하는 자신을 발견한다. 그러나 활동과 경험이 쌓이면서 점차 이러한 의사소통에 편안해지고 의미를 이해하게 된다.

연습문제 3-21

또 다른 중요한 게슈탈트 활동은 미러링(mirroring)이다. 우선 두 사람씩 짝을 지어 서로 얼굴을 마주하고 앉는다. 한 사람은 전달자 역할을 맡고, 다른 사람은 비언어적인 거울 역할을 맡는다. 전달자는 5분 동안 자유롭게 원하는 것을 이야기하라. 거울 역할자는 전달자의 제스처와 움직임, 얼굴 표정을 그대로 보여 주라(전달자가 언어로 전달하는 것은 제외하고 비언어적인 부분만 전달한다). 5분이 끝나면 과정에서의 느낌, 새롭게 배우게 된 점에 관해 이야기를 나눈다(파트너가 없는 경우, 거울 앞에서 스스로에게 이야기를 하며 진행할 수 있다).

우리는 자신이 의사소통하는 모습을 볼 기회기 거의 없기 때문에 스스로의 비언어적 행동을 알아차리지 못한다. 이 활동은 자신의 비언어적 행동이 촉진적인지 아닌지를 관찰하고 토의할 수 있게 도와준다. 예를 들어, 한 학생은 자신이 의자에 앉아서 의자를 흔드는 행동을 한다는 것과 이것이 자신을 다른 사람들로부터 멀어지게 하고, 관계에 별 도움이 되지 않는다는 것을 알게 되었다. 당신은 자신의 비언어적 행동으로부터 무엇을 배웠는가? 내담자에게 최선의 도움을 주기 위해 그 행동을 어떻게 바꿀 수 있겠는가?

연습문제 3-22 ---

세 명이 조를 만들고 각각 내담자, 조력자, 관찰자 역할을 맡는다. 내담자는 실제 혹은 가상의 스트레스와 위기에 관해 이야기하라. 조력자는 내담자의 메시지에 반응하고, 내담자와 관찰자는 조력자의 비언어적 행동에 관해 직접 피드백을 준다. 관찰자는 조력자의 비언어적 행동에 대한 알아차림을 향상시키고 평가하기 위하여 부록 A에 제시된 '비언어적 행동'을 참고할 수 있다.

언어적 반응

우리는 언어로 반응할 때 ① 우리가 내담자의 이야기와 관점을 진심으로 듣고 이해하고 있다는 것과 ② 돕고자 하는 우리의 능력, 따뜻함, 인정, 존중, 보살핌과 배려를 전달하려고 한다. 그리고 ③ 주요 주제에 초점 맞추기, 불일치를 명료화하기, 내재된 감정을 다시 한 번 보게 하기, 겉으로 드러난 것과 기저에 있는 관심사와 느낌을 통합하는 것을 통해 내담자의 타인에 대한 이해뿐만 아니라 자기 이해와 탐색을 증진시키고자 시도한다. 좀 더 효과적인 반응을 하기 위해서 우리는 문화 특유의 언어와 뉘앙스를 배워야 한다. 수(Sue, 2005), 수와 수(Sue & Sue, 2013)는 우리가 발성이나 스피치의 양, 말하기에 적절한 시점 등을 고려해야 함을 제안한다.

우리는 이미 내담자의 진술에서 주요한 정서적·인지적인 메시지를 식별함으로써 언어 반응에 초점을 맞추기 시작했다. 우리는 또한 **촉진적인 반응**(additive or facilitative responses)을 만들어 내는 능력을 개발하고 있으며, 이것은 내담자가 자신의 생각과 감정을 알고, 전달하고자 하는 바를 이해하도록 돕는다. 이러한 반응적 경청의 형식은 앞서 언급한 목표를 촉진하므로, 특히 조력 관계를 형성하는 단계에 도움이 된다. 내담자의 언어적·비언어적 생각과 행동을 단순하게 반영·환언하는 반응들은 내담자의 자기 이해에 특별히 영향을 주지 않는 반응(interchangeable responses)으로, 내담자의 메시지와 전혀 관련이 없는 반응들은 비촉진적인 반응(subtractive or nonfacilitative responses)으로 간주된다.

다음의 지침들을 따르면 촉진적인 언어적 반응을 하는 데 도움이 될 것이다.

- 내담자의 기본 메시지를 경청하라.
- 내담자의 명확한 혹은 기저에 있는 언어적 · 비언어적 메시지와 일치하는 진술 가운데 가장 중요한 부분에 반응하라.
- 내담자의 감정 강도와 일치하게 반영하라.
- 내담자의 명시적이고 암묵적인 느낌 모두를 반영하고, 내담자가 생각과 감정 간의 차이를 구별할 수 있도록 하라.
- 내담자의 비언어적 행동에 반응하라.
- 내담자가 화제를 전환할 때, 내담자의 이야기를 잘 따라 가면서 그 화제에서 가장 주요한 인지적 혹은 정서적 주제에 반응하라.
- 내담자가 당신의 인식을 수정 혹은 거부하는 것을 언제나 허용하라.
- 명료화, 직면, 이끌어 가기 등의 근거로서 조력자 자신의 느낌을 활용하라(다음 절에서 소개되는 '고급 언어 반응 기술' 참조).
- 질문을 진술의 형태로 바꾸어 말할 수 없는 경우, 내담자의 감정을 이끌어 내고 이슈를 명확히 하는 개방형 질문만 하라.
- 내담자가 당신이 반응할 기회를 주지 않고 쉼 없이 이야기하면, 당신은 방황하고 혼란스러운 느낌이 들 수 있다. 그러면 중요한 주제에 초점을 맞추기 위해 "혼란스럽군요." 또는 "제가 당신이 말한 것을 제대로 이해하고 있는지 확인할 수 있도록 잠시만 천천히 진행해도 되는지 궁금합니다."라는 반응을 통해 끼어들라. 그러나 내담자의 반응 하나하나에 모두 반응해야 한다고 느끼지는 말라.

다음 연습은 중립적(interchangeable), 비촉진적(subtractive), 촉진적(additive) 반응을 식별할 기회를 제공한다.

다음은 당신이 이해한 바를 내담자에게 전달하는 측면에서 영향을 주지 않는(interchangeable), 비촉진적(subtractive), 촉진적(additive) 반응을 식별해 보는 연습이다.

다음의 진술을 −(비촉진적), =(영향을 주지 않는), +(촉진적) 중 하나로 평가하라. 각 등급은 각 번호 집합에서 두 번 이상 나오거나 한 번도 나오지 않을 수 있다(답은 이 장의 마지막에 제시되어 있음).

1. 내담자: 최대한 빨리 일을 구해야 해요. 가족들을 부양해야 하거든요.

   조력자:

   _____ a. 왜 이전 직장을 그만두게 되었나요?

   _____ b. 어떻게 먹고 살아야 할지 두려워하고 있군요.

   _____ c. 가족들을 돌보기 위해서 빨리 일자리를 찾길 원하는군요.

이 상황에서 첫 번째 반응은 (−)로 평가될 것이다. 그 이유는 '왜'를 물어보는 질문은 내담자를 방어적으로 만들고 문제에 대한 내담자의 이해를 증가시키지 않기 때문이다. b 반응은 (+)에 해당하는데, 이는 기저에 있는 감정을 확인하고 공감을 전달하기 때문이다. 마지막으로 C는 내담자의 이해를 감소시키지도 증가시키지 않고 그저 메시지를 다른 말로 바꾼 것이므로 (=)에 해당한다. 제시되는 진술을 모두 평가한 다음에 이 장의 마지막에 제시된 답을 확인하라.

2. 내담자: 저기에 꽃과 신문을 놓고, 제 슬리퍼와 겉옷을 가져다주세요.

   조력자:

   _____ a. 제가 당신에게 좀 더 많은 관심을 가지길 바라는군요.

   _____ b. 당신은 제가 꽃과 신문을 저기에 두고 슬리퍼와 겉옷을 가져다주길 바라는군요.

   _____ c. 또 시작이군요. 저에게는 돌봐야 할 다른 내담자들이 있어요!

3. 내담자: 내년에 다시 학교로 돌아올 수 없을 거예요.

   조력자:

   _____ a. 왜 안 되나요?

   _____ b. 학위를 가지면 직업을 구할 때 좀 더 좋은 기회를 가질 수 있어요.

   _____ c. 당신은 3학년 때 학교로 다시 돌아오지 않을 거군요.

4. 내담자: 그래요. 출소 후에 사회에서 잘 적응하고 살아가려면 좀 더 강해져야 해요. 전과자에게는 기회를 주지 않으니, 제가 원하는 것을 얻고자 스스로 노력해야겠죠.

   조력자:

   _____ a. 아무도 당신에게 기회를 주지 않을 거라 생각하는군요.

   _____ b. 출소 후에도 잘 살아갈 만큼 당신이 충분히 강하고 똑똑한지가 걱정되는군요.

_____ c. 당신도 알다시피 전과자는 사회에 나가서 적응을 잘 못한다는 결과가 많아요.

5. **내담자:** 제가 집에 있을 때 엄마는 원하는 건 뭐든지 먹게 하셨어요.

　　조력자:

　　_____ a. 확실히 어머니가 당신을 망쳤군요.

　　_____ b. 당신이 싫어하는 걸 먹고 싶지 않은 거군요.

　　_____ c. 여기에서는 당신이 원하는 걸 할 수 없다는 사실에 불행하다고 느끼는군요.

6. **내담자:** 엄마에게 너무 화가 나서 엄마를 죽이고 싶어요! 엄마는 나에 대해 좋은 이야기를 한 적
　　이 단 한 번도 없어요. 다시는 엄마를 보고 싶지 않아요.

　　조력자:

　　_____ a. 엄마한테 화가 많이 났군요. 그런데 한편으로는 엄마의 인정을 원하는 것처럼 보이기
　　　도 하네요.

　　_____ b. 엄마에 대해 그렇게 생각하는 건 잘못된 겁니다.

　　_____ c. 엄마한테 정말 화가 났군요. 좀 더 이야기해 보세요.

7. **내담자:** 이곳은 일하기에 끔찍한 곳이에요. 어느 누구도 자기 일을 제대로 하는 사람이 없어요.
　　그리고 제가 일을 제일 많이 해요.

　　조력자:

　　_____ a. 당신은 여기에서 일하는 것을 끔찍하다고 생각하는군요.

　　_____ b. 이런 업종이 대부분 그렇죠.

　　_____ c. 아무도 당신에게 신경을 쓰지 않고, 당신이 얼마나 많은 일을 하는지에 대해서도 알아
　　　주지 않는군요.

8. **내담자:** 더 이상 돈을 지원해 줄 수 없다니 말도 안 돼요. 저는 이제 어떻게 해야 하죠? 저는 아
　　내도 있고, 아이가 넷이나 돼요.

　　조력자:

　　_____ a. 먹고 살기가 걱정이 되는군요.

　　_____ b. 당신은 지금 받을 수 있는 만큼 받고 있어요.

　　_____ c. 당신은 왜 다른 사람들보다 더 많이 받아야 한다고 생각하나요?

9. **내담자:** 요즘 사람들은 서로에게 신경 쓰기보다는 돈에 더 관심이 많아 보입니다.

　　조력자:

　　_____ a. 당신은 외로움을 느끼는군요. 사람들이 당신을 신경 쓰지 않을까 봐 두렵고요.

_____ b. 사람들이 너무 물질만능주의라는 것에 화가 나는군요.

_____ c. 그래요. 그게 요즘 우리의 현실이죠.

10. **내담자**: 매우 형편없는 코스예요. 예전에 다 해 봤는데, 시간 낭비, 돈 낭비예요. 이곳의 대부분의 과정이 별로예요.

조력자:

_____ a. 이 코스를 들어야 하는지에 대한 확신이 없군요.

_____ b. 이 프로그램을 들어야지만 수료할 수 있어요.

_____ c. 이 프로그램에 참여하는 것에 대해 양가적인 감정을 가지고 있는 것 같군요. 그것에 대해 이야기해 볼까요?

11. **내담자**: 다시 복직하고 싶어요. 그런데 남편은 아이들이 학교에서 돌아왔을 때 제가 집에 있어야 한다고 생각해요.

조력자:

_____ a. 남편분이 왜 그렇게 느끼는지 알 수 있을 것 같아요. 집에 왔을 때 엄마가 있는 것이 아이들에게는 좋죠.

_____ b. 일을 할지 집에 있어야 할지 확실하지 않군요.

_____ c. 남편이 원하는 것을 당신에게 요구하기 때문에 남편에게 화가 난 것 같군요.

12. **내담자**: 저는 매우 힘든 1년을 보냈어요.

조력자:

_____ a. 당신은 올해 힘든 시간을 보냈군요.

_____ b. 누구나 한 번씩은 힘든 시간을 보내죠.

_____ c. 올해 당신이 살아온 모습에 낙담한 것처럼 보이는군요.

13. **내담자**: 그 사람은 정말 뻔뻔스럽게 너무 듣기 싫은 말투로 업무를 지시했어요. 자기가 뭐라고 나한테 그러는지!

조력자:

_____ a. 상사들이 다 그렇죠. 너무 마음에 담아 두지 마세요.

_____ b. 그가 이야기하는 내용보다 말투에 더 기분이 나빴군요.

_____ c. 당신을 존중하지 않고, 어떻게 느낄지 고려하지 않는 것에 화가 났군요.

14. **내담자**: 저는 스미스 씨가 보내서 여기에 온 거예요. 특별히 할 이야기가 없어요.

조력자:

_____ a. 스미스 씨가 당신이 저를 보러 오길 원했군요.

_____ b. 당신은 여기에 오고 싶지 않았군요. 그리고 원하지 않는데 결국 여기에 와 있어서 화
        가 났고요.

_____ c. 당신을 여기에 보낸 이유가 있었을 겁니다.

15. **내담자**: 매일 밤 제 아내는 하루 종일 있었던 일에 대해 불평을 늘어놓아요. 저는 점점 집에 가
        기가 싫어져요. 차라리 집에 들어가지 않고 친구들과 술 마시고 싶어요.

조력자:

_____ a. 모든 아내가 그렇죠. 아내들이 그것 말고 뭘 할 수 있겠어요?

_____ b. 집에 있는 것이 너무 힘들어서 집 밖에 있는 것이 낫다고 생각하는군요. 아내에게 화
        가 많이 난 것 같아요.

_____ c. 당신 아내는 매일 밤마다 당신을 쫓아다니면서 불평만 하는군요.

　　연습문제 3-23에 제시된 '비촉진적인 반응'은 내담자의 문제에 대한 이해를 증가시
키지도, 기저에 있는 감정에 집중시키지도 않는다. 더 정확히 말하면 그런 반응들은 훈
계하거나 혹은 감정적인 부분을 회피하려는 경향이 있다. '영향을 주지 않는 반응'은 좀
더 나아가기 위한 문을 열어 두지만 이해를 촉진하지는 않는다. 만약 당신이 '영향을 주
지 않는 반응'만을 계속해서 만들어 내는 조력자라면, 자신의 회피 행동을 주의 깊게 관
찰해야 한다. 당신은 자신이 내담자에 대해 이해한 바가 틀릴까봐 두려워하는가? 감정
을 작업하는 것을 두려워하는가? 촉진적인 반응은 내담자에게 조력자의 경청, 이해, 돌
봄을 전달한다. 그리고 겉으로 드러난 것이나 암시적인 정서적·언어적 내용에 집중하
도록 돕고, 추가적인 탐색을 가능하게 한다. 기저에 있는 감정을 정확하게 구별하지 않
는 상담자의 반응은 여전히 촉진적인 것으로 간주된다. 내담자가 "아니, 그건 아니지
만……."이라는 말을 할 기회나 격려를 받는 한 추가적인 탐색은 촉진될 것이기 때문이
다. 그러므로 공감, 정직, 개방성을 촉진할 수 있다면, 반응의 옳고 그름은 큰 문제가 되
지 않는다.

　　이 지점에서 당신은 다음과 같은 질문을 할 수 있다. '내담자에게 아이디어와 생각을
제공하는 것은 이런 종류의 언어적인 반응이 아닌가?' 그 질문에 대한 대답은 다음과
같다. 진실하고 공감적인 반응은 내담자에게 지식이나 혹은 당신의 가치와 욕구를 주
입하는 것과 반대로 매우 효과적인 역할을 할 것이다. 왜냐하면 이런 종류의 반응은 당
신이 내담자의 메시지를 경청하고 이해하고 있음을 의미하면서 동시에 당신의 반응에

대한 피드백을 허용하기 때문이다. 당신의 태도와 반응을 통해 내담자가 스스로 생각하고, 느끼고, 자신을 위한 행동을 하는 것에 대한 조력자의 존중과 확신을 전달할 수 있다. 만일 내담자가 당신이 말하는 것에 동의하지 않는다고 해도 괜찮다. 왜냐하면 그것이 당신이 좋지 않다거나 당신에게 저항하고 있음을 의미하지는 않기 때문이다. 그러나 당신에게 동의하지 않는 내담자의 반응은 문제가 무엇인지에 대해 의견이 일치할 때까지 계속해서 탐색할 수 있음을 의미한다. 적시성과 개인 변수가 당신의 반응 선택에 영향을 미친다는 사실을 기억하라. 예를 들어, 어떤 내담자들은 관계에서 너무 일찍 촉진적인 반응을 받는다면 저항할 수 있다.

다음 활동은 각각의 내담자 진술에 대하여 촉진적인 반응을 적어 보는 것이다. 이 장의 마지막에 있는 답과 비교하여 당신의 반응을 확인하라. 어떤 진술에 대해서도 단 하나의 옳은 답은 없다. 작성을 마치면 집단 내 다른 사람들과 토론하라. 이 활동에 어려움을 느낀다면 당신이 어떻게 생각하고 느끼는지에 주의를 기울여라. 당신은 스스로에 대해 무엇을 알아 가고 있는가?

연습문제 3-24 -

내담자의 진술에 대하여 대화의 목표를 충족시키는 최선의 언어 반응을 적어 보라. 각각의 내담자 진술은 맥락을 무시하고 제시되는 것이므로, 당신은 제시된 언어적 단서에만 반응하면 된다.

1. **내담자:** 어젯밤 즐거운 시간을 보냈어요. 데이브에 대해서는 잠시도 생각하지 않았어요.

   조력자: (가능한 대답) 데이브를 생각하지 않고 즐거울 수 있었다는 것에 안심하는군요.

2. **내담자:** 그는 파티에서 코카인을 흡입하고 있었어요. 그는 톰과 나도 그렇게 하기를 원했고요. 그러나 저는 우리가 곤경에 처하게 될까 봐 두려웠어요.

   조력자: _____

3. **내담자:** 우리는 결혼을 하고 싶어요. 그러나 많은 문제가 있다는 것을 알고 있죠. 우리는 어떻게 해야 할까요?

   조력자: _____

4. **내담자:** 당신도 아시다시피 저는 보고서를 잘 작성했지만, 비서라는 이유로 그에 대한 공로를 인정받을 수 없어요.

   조력자: _____

5. **내담자**: 우리는 잭 주변 사람들의 도움이 필요 없어요. 우리 스스로도 잘 살아갈 수 있어요. 저는 잭의 어머니가 항상 우리 일에 참견한다는 사실을 잭이 알길 바라요.

　　조력자: _____

6. **내담자**: 우리 아이가 저런 아이들과 같이 학교에 다니게 놔둘 수 없어요. 우리 아이는 자신이 있어야 할 곳에 있을 거예요.

　　조력자: _____

7. **내담자**: 이 일을 잘할 수 있을지 확신이 없습니다. 저에게 너무 부담스러운 것 같아요. 다른 사람들은 저보다 훨씬 일도 빨리 하고 실수도 없어요.

　　조력자: _____

8. **내담자**: 선생님, 제가 여기에서 나가면 다시는 저를 찾지 못할 거예요. 제가 죽으면 저를 불쌍하게 여기는 마음이 생기겠죠. 기다려 보세요.

　　조력자: _____

9. **내담자**: 저 애들은 저와 놀지 않을 거예요. 늘 저를 놀려요. 저 애들이 정말 싫어요.

　　조력자: _____

10. **내담자**: 저는 사람들이 두 얼굴을 가지고 있다고 생각해요.

　　조력자: _____

11. **내담자**: 당신은 항상 늦는군요. 저도 할 일이 많아요. 아시잖아요.

　　조력자: _____

12. **내담자**: 시험을 못 볼 것 같아요. 머리가 깨질 듯이 아파요. 당신이 골드스타인 씨에게 이야기해 줄 수 있나요?

　　조력자: _____

13. **내담자**: 저는 아무것도 하지 않았어요. 당신은 늘 저를 비난하고 괴롭히는군요.

　　조력자: _____

14. **내담자**: 저는 제 힘으로 학교를 다녀요. 제가 왜 그 사람의 등록금을 내야 하죠? 제가 했던 것처럼 일하게 놔 둬요.

조력자: _____ _____

15. **내담자**: 저는 항상 짐에게 그의 아버지와 다투지 말라고 이야기해요. 그의 아버지는 다혈질이
거든요.

조력자: _____

16. **내담자**: 상사 때문에 미치겠어요! 그의 목을 비틀어 버리고 싶어요. 제가 일을 다 하는데도 알
아주지 않아요.

조력자: _____

17. **내담자**: 그 사람은 어떻게 저에게 풀타임 일을 하면서 집을 돌보고, 아이들도 키우길 기대할 수
있는 거죠? 우리가 약간의 도움을 줄 수 있도록 그가 빨리 직장을 구하는 것이 좋겠어요.

조력자: _____

18. **내담자**: 저는 사고가 나기 전까지는 잘해 왔어요. 그런데 지금은 시력을 잃어서 눈이 보이지 않
아요. 예전에 하던 일들을 할 수 없다는 사실을 받아들여야만 해요.

조력자: _____

19. **내담자**: 장애아동을 돌보는 일이 얼마나 돈이 많이 드는 일인지 다른 사람들은 몰라요. 저희는
가족들로부터 계속해서 돈을 빌려야 하거든요.

조력자: _____

20. **내담자**: 저는 요즘 일을 하고 있고, 유이치는 어린이집에 다녀요. 모든 일이 잘되었어요. 44년
만에 처음으로 제가 제대로 살고 있는 것처럼 느껴져요.

조력자: _____

　　제시된 내담자의 진술에 반응할 기회를 가져 보았다. 이제는 미리 예측할 수 없는 내
담자의 진술에 대한 언어 반응을 시도해 볼 차례이다. 다음의 소집단 활동을 통해 반응
적 경청을 보여 주는 반응을 언어화해 볼 수 있다. 여기에 유용한 추가적인 활동은 당
신 가족 중 한 명이나 친구와 함께 회기를 촬영해서 그것을 분석하는 것이다. 이 모든
것이 학습의 과정이라는 것과 개념을 실행으로 옮기는 것은 어렵다는 것, 더불어 효과
적인 반응적 경청 기술을 성취해 내기 위해서는 끊임없는 연습과 시간이 필요하다는
것을 기억하라.

세 명이 한 조를 만든다(연습 동안 조를 그대로 유지하는 것이 좋다. 집단 안에서 신뢰가 생겨나기 때문에 당신은 역할 연기가 아닌 실제 관심사를 보다 자유롭게 표현하게 될 것이다). 각 조는 적어도 일주일에 한 시간씩 강의실이나 밖에서 만난다. 조원들은 적어도 매번 만날 때마다 조력자, 내담자, 관찰자 역할을 할 기회를 15분씩 가지라. 내담자는 개인적인 이슈나 걱정을 이야기할 수 있고(이것이 꼭 어떤 위기나 부정적인 이슈일 필요는 없다), 아니면 그런 역할을 연기한다.

조력자는 효과적인 반응적 경청 기술을 보여 준다. 문제 해결이나 해결책 제시는 피하라. 이 상호작용의 목적은 내담자는 자신의 걱정을 표현하도록 하고, 조력자는 자신의 이해를 전달함으로써 좀 더 깊은 탐색을 촉진하는 것이다. 관찰자는 조력자가 길을 벗어나거나 문제 해결로 가려 할 때 자유롭게 중단시킬 수 있다. 마지막 15분 동안에는 3명이 실제 상담 세션을 진행하라. 관찰자가 조력자에게 솔직한 피드백을 주는 것이 중요한 것처럼, 내담자는 그들의 반응과 감정을 나누고 조력자는 자신의 혼란과 어려움에 대해 이야기하라. 당신은 내담자 역할을 할 때 효과적인 경청과 비효과적인 경청의 중요성을 배웠을 것이다. 조력자와 내담자는 같은 시점에 동일한 것을 느꼈는지 논의한다.

관찰자 평가와 관련하여, 케이건(Kagan, 1980)은 '대인관계 과정 회상(interpersonal process recall)'은 조력자와 내담자의 상호작용을 살펴보는 데 도움이 된다고 하였다. 3인으로 구성된 세션을 진행할 때 관찰자는 조력자에게 다음과 같은 질문을 하라.

1. 내담자가 말하려고 한 것에 대해 어떻게 생각합니까?
2. 내담자가 이 시점에서 느낀 것은 무엇이라고 생각합니까?
3. 내담자의 비언어적 행동으로부터 어떤 단서를 찾았습니까?
4. 내담자가 이야기할 때 당신의 마음엔 무엇이 지나가고 있었습니까?
5. 당신이 그때 느꼈던 것을 기억할 수 있겠습니까?
6. 당신이 그 사람에 대한 느낌과 걱정을 나누는 것을 방해하는 무언가가 있었습니까?
7. 만약 또 다른 기회가 있다면, 다른 이야기를 해 보겠습니까?
8. 만약 당신이 정말 하고 싶은 이야기를 했더라면 어떤 위험이 있었을까요?
9. 내담자가 당신을 어떤 사람으로 보기를 원합니까?
10. 내담자는 당신에 대해 어떻게 생각합니까?

관찰자 역시 조력자에게 피드백을 제공하는 데 도움을 주기 위한 평가 척도를 사용할 수 있고(부록 A 참조) 회기 기록(음성/영상)을 만들어 분석할 수 있다. 평가 척도는 조력에 필요한 언어적·비언어적 행동에 초점을 맞추고, 조력자의 의사소통 수준을 평가하는 데 도움을 준다. 일반적으로 적절한 참여는 조력자와 내담자의 에너지 수준이 동등할 때 일어나며, 조력자는 때때로 침묵과 멈춤(중지)에 편안함을 느낀다. 과도한 참여는 조력자가 매우 불안하거나, 이야기가 멈출 때마다 자신이 뭐라도 이야기해야 한다고 생각하고 그 사이를 메우는 데 과도한 에너지를 쏟을 때 나타난다. 저조한 참여는 조력자가 자신의 언어적 반응에 자신이 없어서 내담자가 계속 이야기하도록 하고, 거의 개입하지 않을 때 나타난다. 그들은 내담자가 멈추지 않고 이야기하는 것이 상담이 아니라는 것을 알아차리지 못하고, 심지어 내담자의 이야기 중간에 끼어드는 것은 매우 무례한 것이라고 스스로를 합리화할지도 모른다. 일단 자신의 의사소통 패턴을 알아차리게 되면, 내담자에게 최선의 도움을 주기 위하여 반응으로 수정할 수 있다.

연습문제 3-26

이것은 연습문제 3-25의 변형이다. 6~10명으로 집단을 구성하고 원형으로 앉는다. 한 사람이 자원하여 내담자가 되면 그 사람은 자신의 개인적인 관심사에 대해 이야기하라. 내담자가 이야기할 때마다 원 안에 있는 다른 사람이 촉진적인 반응을 보이도록 하라. 예를 들어, 내담자가 시작하는 말을 하면, A가 그 말에 반응을 하라. 그다음으로 내담자가 A에게 반응을 하면 B가 그 응답에 반응을 하라. 내담자가 B에게 반응하면 거기에 C가 반응을 하라. 이 활동은 연습문제 3-25와 비슷한 방식으로 진행된다. 이 활동은 좀 더 많은 사람을 참여시키고 동일한 사람에 대해 다양한 수준의 반응을 일으킬 수 있다는 장점을 가진다. 따라서 내담자는 어떤 피드백이 가장 도움이 되었고, 왜 그런지, 어떤 피드백은 도움이 안 됐는지 등에 대한 매우 가치 있는 피드백을 제공할 수 있다. 실제로 이 활동의 가장 중요한 이점 중의 하나는 내담자가 촉진적인 반응과 그렇지 않은 반응의 효과를 느껴 볼 수 있다는 것이다.

연습문제 3-27

다음의 문장을 읽어 보라. 어떤 사람이 당신(조력자)에게 이것을 직접 이야기한다고 상상해 보라. 그리고 ① 느낌과 내용 모두에 대한 당신의 이해를 포함하고, ② 내담자가 계속 이야기를 하도록 격려하는 반응을 적어 보라.

1. **30세 여성**: 저는 너무 화가 났어요. 저희 부모님은 아이를 가지는 문제에 대해 저희를 계속 불편하게 해요. 조와 저는 우리가 아이를 원하는지에 대한 확신이 없어요. 제 주변의 친구들은 대부분 아이를 키우는데 매우 우울해해요. 어쨌든 부모님은 저희가 휴일에 오길 원하시지만, 매번 저희는 그 상황이 불편하고 긴장돼요. 부모님이 우리를 내버려 뒀으면 좋겠어요.

   조력자: (가능한 답변) 당신과 조가 어떻게 하면 삶을 주도적으로 이끌어 가고, 부모님을 상처

주지 않으면서도 스스로 결정을 내릴 수 있을지 많이 걱정하는군요.

2. **아시아계 남자 대학원생**: 지도교수는 제가 세미나에서 좀 더 이야기를 많이 하길 원해요. 그런
데 세미나의 대부분은 논쟁이에요. 저는 그 상황에 있는 것만으로도 너무 긴장이 돼요.

조력자: _____

3. **여자 대학생**: 학점이 왜 그렇게 중요한지 잘 모르겠어요. 대학은 즐거워야 하는 곳이잖아요. 그
런데 사람들은 제 학점에 대해 이래저래 잔소리를 많이 해요. 제가 대학원에 진학하고 싶
다면 일에 집중하고 공부를 열심히 해야 한다고 하고요. 제가 즐거운 시간을 보내면 그들
은 짜증을 내요.

조력자: _____

4. **14세의 소년**: 저는 16세인 누나가 너무 걱정돼요. 누나는 제가 모른다고 생각하지만 저는 누나
가 마약을 하고, 심지어 남자친구를 망치고 있다는 것을 알아요. 그리고 사람들은 아무 일
도 없는 것처럼 행동해요. 누나는 집에서 굉장히 변덕스럽고 무례해요.

조력자: _____

5. **간호사**: 환자와 이야기를 나누는 것은 불가능해요. 수간호사는 사람이 많이 필요하거나, 서류
작업이 많은 상황에서는 환자와 이야기를 나누는 것이 시간 낭비라고 생각해요. 만약 간호
사라는 직업이 이렇다는 것을 알았다면 저는 결코 하지 않았을 거예요.

조력자: _____

6. **비서**: 오늘 남동생을 만나기로 되어 있어요. 그런데 팰코빅 씨가 저에게 오늘 밤까지 이 보고서
를 끝내라고 했어요. 그녀는 그동안 저한테 너무 잘해 줬는데, 어떻게 못한다는 이야기를
해야 할지 모르겠어요.

조력자: _____

7. **39세의 회사 임원**: 일을 끝내기에는 시간이 너무 없어요. 사업 진행은 느리고 사람들은 모두 신
경이 곤두서 있어요. 월급을 받지 못할 거라는 소문도 있고요. 아이들 치아 교정도 해 줘
야 하고, 아내는 여름에 아이들이 캠프에 가기를 굉장히 원하더라고요. 이번 겨울 난방비
를 어떻게 내야 할지 모르겠어요.

조력자: _____

8. **22세의 대학 졸업생**: 저는 면접을 많이 봤어요. 저는 제가 어떤 직업을 원하는지 알지만 그것을

가질 수 없을 거라는 것도 정확히 알아요. 다른 누군가가 벌써 그 직업을 가졌거나, 아직 열리지 않은 기회가 있을 수도 있죠. 어디 가서 뭘 해야 할지 모르겠어요. 어디선가 저를 불러 주기를 기다리면서 집에서 발만 동동 구르고 있어요.

조력자: _____

9. **63세의 여성**: 제 자식들은 결코 저를 만나러 오지 않아요. 애들은 항상 너무 바빠요. 제가 전화를 걸 때마다 늘 급해 보여요. 저는 그걸 이해할 수 없어요. 저는 항상 엄마에게 잘했거든요. 저는 제 인생의 가장 좋은 시절을 엄마로서 보냈어요. 그 결과로 제가 얻은 게 바로 이거예요.

조력자: _____

10. **38세의 아프리카계 미국인 직장인**: 저는 이곳에 제시간에 도착하려고 노력합니다. 그런데 다른 직장에서 여기까지 오려면 시내를 통과해야 하는데 가끔 차가 너무 막혀요. 그렇죠. 이 일은 중요해요. 하지만 자식들을 먹여 살리려면 두 가지 일을 모두 해야만 해요.

조력자: _____

고급 언어 반응 기술

촉진적이거나 비촉진적인 반응을 알아차리는 것을 배우고 나면 내담자가 가진 문제의 유형과 조력 관계의 단계에 부합하는 언어 반응 패턴을 개발할 수 있다. 가장 일반적으로 사용되는 언어 반응 열한 가지는 ① 최소한의 언어 반응하기, ② 환언하기(다른 말로 바꾸어 말하기), ③ 반영하기, ④ 질문하기, ⑤ 명료화, ⑥ 해석, ⑦ 직면, ⑧ 정보제공, ⑨ 자기개방 활용하기, ⑩ 요약, ⑪ 지금-여기 관계 다루기이다.

최소한의 언어 반응하기

최소한의 반응은 때때로 고개를 끄덕이는 것의 언어적인 대응이다. 이들은 '음……' '알겠어요' '네'와 같은 것이며, 조력자가 내담자의 이야기를 경청하고 잘 따라가고 있음을 나타낸다. '네' '맞아요' 또는 '좋아요' 등과 같은 최소한의 단어를 사용할 때는 주의해야 한다. 왜냐하면 조력자가 내담자가 말하기를 격려하기보다는 단순히 내담자가 이야기하는 것에 동의한다고 느낄 수 있기 때문이다. 또한 내담자의 모든 말에 반응할 필요는 없다는 것을 기억하라. 아무 말도 안 해도 괜찮다!

환언하기

환언하기(paraphrasing)는 내담자가 이야기한 내용을 재진술하는 것이다. 이것은 비록 내담자가 사용한 단어와 동의어일지라도 내담자의 진술과 아주 유사하다. 이것은 전형적으로 촉진적인 반응(additive responses)이라기보다는 아무런 영향도 주지 않은(interchangeable) 반응으로 간주되므로 이러한 유형의 반응에만 전적으로 의존하지 않기를 권장한다. 예를 들면, 다음과 같다.

> 내담자: 오늘 하루는 엉망이었어요.
> 조력자: 오늘 일이 잘 안 풀렸군요.

반영하기

반영하기(reflection)는 내담자의 관심과 관점에 대한 우리의 이해를 전달하는 것이다. 우리는 내담자에 의해서 표현된 혹은 암시된 감정, 비언어적으로 관찰한 것, 생략되었다고 느끼거나 강조된 것을 반영할 수 있다. 반영의 예는 "당신은 그를 만나는 것을 불편해하는군요." "아이처럼 취급받는 것이 분하고 억울하군요." "엄마에게 정말 화가 난 것 같군요."와 같다.

질문하기

내담자에게 할 수 있는 질문은 다양하다. 개방형 질문, 이슈에 대한 더 큰 토론을 이끌어 내는 질문, 생각 또는 감정에 관한 것(이것에 관해 무엇을 말해 줄 수 있습니까?), 또는 "네." 혹은 "아니요."와 같은 짧은 대답이나 간략한 정보("그에게 대답했나요?" 또는 "당신은 몇 살입니까?")를 이끌어 내는 폐쇄형 질문일 수 있다. 또한 질문은 반영적이고 위협적이지 않은 방식으로 내담자의 사고나 감정에 대한 당신의 이해를 전달하는 것이기도 하다("당신이 동의하지 않으면 그녀가 당신에게 화를 낼까 봐 두렵다는 거죠?"). 질문하는 목소리로 한두 단어를 반복할 수도 있고(내담자가 "저는 모든 게 다 피곤해요."라고 말했을 때 조력자는 "피곤하다고요?" 혹은 "모든 것이요?"라고 묻는 것), 내담자의 말 뒤에 질문하는 톤으로 '그리고' 또는 '그런데'와 같이 반응할 수 있다(내담자가 "저는 운동을 할 계획이었어요."라고 했을 때 조력자가 "그런데?"라고 반응하는 것). 내담자의 말이 지나치게 길어지거나 대화가 시종일관 늘어진다고 느꼈을 때, 혹은 면접 장면과 같이 특정 정보가 필요한 것이 아니라면 간적접이고 개방형의 질문을 하는 것이 최선이다.

그러나 종종 도움이 되지 않는 개방형 질문의 한 가지 형태는 '왜'라는 질문이다. 이러한 종류의 질문은 뭔가 '옳은 답'이 있다는 것과 그 사람이 그 답을 알아야 한다는 것을 암시한다. 종종 내담자는 "잘 모르겠어요."라고 반응한다. '왜(why)' 질문은 판단적이고 위협적으로 인식될 수 있고, 내담자는 방어적이 될 수 있다. 만약 "당신이 무슨 생각을 하고 있는지 말해 주시겠어요?"와 같은 질문을 재구성할 수 없다면, '어떻게(how)' 질문이 보다 개방형 질문이 될 수 있다. 그리고 이것은 내담자로 하여금 자신의 속도에 맞게 '왜(why)'를 발견하도록 허용한다. 이러한 유형의 질문에 대한 대답은 사실상 인지적일 수 있으며, 이는 논의 중인 이슈에 대한 작업으로부터 내담자를 멀어지도록 할 수 있다.

질문은 아껴서 사용해야 한다. 과도한 질문은 조력 관계를 발전시키기보다 오히려 방해한다. 질문을 하는 것은 조력자가 반응하는 것을 피하거나 멀어지게 하는 방법이 될 수도 있다. 조력자는 내담자가 논의하는 내용을 지시할 수 있고, 그렇게 되면 내담자는 조력자에게 지나치게 의존하는 것을 배울 것이다. 그러므로 의사소통 기술을 숙달하고 질문의 적절한 시기와 방법을 알기 전까지는 문장의 형태로 질문을 바꾸는 것이 좋다. 예를 들어, "다음엔 무엇을 했나요?"라고 묻는 것보다 "그때 무슨 일이 일어났는지 말해 주세요."라고 말하는 것이다.

명료화

명료화(clarifying)는 내담자 진술의 본질에 초점을 맞추고 이를 이해하기 위한 시도이다. 이것은 진술문이나 혹은 질문의 형태로 표현된다. 예시로는 "당신이 하는 말을 제가 잘 이해하지 못하고 있는 것 같습니다. ～이 맞나요?" "～한 부분이 혼란스럽군요. 다시 한 번 이야기해 주시겠어요?" "저에게는 당신이 ～라고 이야기하는 것처럼 들리네요……."가 있다.

해석

해석(interpreting)은 조력자가 내담자의 진술에 무언가를 더하거나 내담자로 하여금 자신의 말 이면에 자리하고 있는 감정과 그것이 언어적 메시지와 어떤 관계가 있는지를 이해하도록 도울 때 사용된다. 예를 들면, 다음과 같다.

> 내담자: 보고서를 쓸 마음이 내키지 않아요. 저는 늘 미루는데, 이게 저를 너무 괴롭게 해요.
> 조력자: 하고 싶지 않은 일을 해야 하는 것에 화가 나는 것 같군요.

만약 해석이 유용하다면 내담자의 이해를 높일 것이고, "맞아요. 그거예요." 같은 반응을 받게 될 것이다. 만일 유용하지 않다면, 내담자는 "아니요. 그렇지 않아요."라고 말할 것이다.

직면

직면 또는 도전(confronting 또는 challenging)은 내담자에게 실제로 무슨 일이 일어나고 있는지에 관한 솔직한 피드백을 전달하는 것을 포함한다. 직면은 진실성(genuineness)에 초점을 맞추고 있으며, 이것이 반영된 예시는 다음과 같다. "당신은 이것에 대해 정말로 이야기하고 싶지 않은 것 같군요." "당신은 여기에서 게임을 하는 것 같군요." "저는 당신이 항상 책임을 진다는 것을 알아차리고 있었어요. 당신은 그것으로부터 무엇을 얻고 있습니까?" 또한 직면은 불일치(discrepancy)에 초점을 맞춘다. 이것이 반영된 예시는 다음과 같다. "당신은 스스로가 화가 났다고 이야기하지만 표정은 미소 짓고 있네요." "한편으로는 그 직업을 갖지 못해서 상처받은 것처럼 보이지만, 또 한편으로는 안도감을 느끼는 것 같군요." 직면을 정서적으로 활용하는 방식은 자신의 진술한 반응을 내담자와 개방적으로 나누거나 내담자의 저항이나 회피에 초점을 둠으로써 직면에 대한 자신의 책임을 소유하기 위한 '나(I)' 메시지를 전달하는 것이다.

방향 재조정하기(redirecting)는 또 다른 기술로서, 내담자가 중요한 주제에서 벗어나려고 할 때 활용된다. 내담자는 스스로 방향을 재조정할 수 있다. 만약 그런 일이 일어나면 치료자는 조용히 다음과 같이 말한다. "저는 좀 더 이야기를 나누고 싶습니다." "이 주제에 대해 이야기하는 것이 힘들어 보이는군요." 치료자와 내담자 모두 이 주제를 다른 회기로 미루는 것에 동의할 수 있지만, 그때가 되면 남아 있지 않을 것이다. 그것은 관계를 다루는 직업으로 이어질 수 있다(아래 참조).

21세의 내담자는 다양한 성적 파트너와 만나고 시간을 보내는 패턴에 관해 이야기하고 있었다. 피임약 사용과 '안전한 섹스'에 대해 질문하자 내담자는 그녀 스스로를 보호하기 위해서 어떠한 것도 하지 않았다고 말했다. 이전의 대화로 봤을 때, 그녀가 교육을 잘 받았다는 것은 확실했다. 치료자는 그녀가 스스로를 큰 위험에 밀어 넣었다고 이야기했고, 내담자는 이미 알고 있었다고 인정했다. 치료자는 내담자의 건강에 대해 염려하고 있으며, 내담자가 무책임하게 행동하는 것처럼 보인다고 이야기했다. 이것은 내담자가 자신의 행동을 이해하는 데 중요한 역할을 했다. 내담자는 치료자가 그렇게 직접적인 방식으로 스스로를 직면하게 만든 것에 처음엔 당황스러워했지만 그후 그녀가 자신을 얼마나 싫어했는지 이야기하기 시작했고, 그녀가 한 일에 관해서는 신경쓰지 않았다.

정보제공

정보제공(informing)은 객관적이고 사실적인 정보를 공유할 때 일어난다. 예를 들어, 특정 대학에 관한 학생의 등록, 프로그램 유형, 사회 지원 등에 관해 알고 있는 것을 내담자와 이야기할 때이다. 그것은 내담자의 경험을 타당화하는 방법이기도 하다. "당신이 경험하고 있는 나쁜 꿈이나 내면으로의 철수는 강도를 당한 사람들이 전형적으로 경험하는 것들입니다."와 같은 것이 여기에 해당한다. 정보제공을 조언과 구별하는 것은 내담자에게 중요하다. 조언은 주관적이면서 내담자가 해야 하는 것을 이야기하는 것에 더 가깝다(조언이 임시방편적이거나 요구 사항이 없는 것이면서, 요구가 아닌 제안에 가깝다면 괜찮을 수도 있다).

자기개방 활용하기

일반적으로 우리는 자기개방(self-disclosure)을 사용하지 않지만, 그것이 내담자의 이익을 위해 최선이거나 그것이 현명하다고 판단될 때(10장에서 다루는 것과 같이) 활용할 수 있다. 가장 최근의 예시는 우리 중 한 사람(BFO)이 불치병을 앓고 있는 내담자가 자신이 삶을 마감하고 싶은 장소에 관해 이야기를 나눈 일이다. 내담자는 단지 병원에서 죽는 것만 생각하고 있었으며, 집에서 죽는 것을 원함에도 불구하고 그녀의 가족이 힘들 거라고 생각했다. 그녀는 치료자에게 그녀의 남편이 죽은 곳을 물어보았고, 치료자는 간략하게 남편을 사별했던 경험을 나누고, 모든 선택지의 장단점을 강조해서 이야기해 주었다.

요약

요약(summarizing)을 통해 조력자는 이번 회기 동안 다뤄진 이야기를 통합하고, 주요한 정서적·인지적 주제를 강조한다. 따라서 요약은 명료화의 한 유형이다. 이 반응은 회기의 끝이나 다음 회기의 초반에 매우 중요한 의미를 가진다. 요약은 내담자와 조력자 모두가 요약에 동의할 때 유용하게 활용될 수 있다. 또한 조력자로 하여금 내담자가 조력자나 그 회기에 대한 느낌을 나누도록 격려하는 기회를 제공해주기도 한다.

지금-여기 관계 다루기

조력 관계 안에서, 지금-여기에서 일어나고 있는 것을 이야기함으로써 조력자는 내담자로 하여금 특정한 행동, 사고, 감정의 패턴을 알아차릴 수 있도록 돕는다. "제가 어머니를 만나는 것에 관해 물어볼 때마다 당신이 화가 난다는 것을 느꼈어요." "저는 당신이 주제를 계속 바꾸고 있다는 것을 알아요. 지금 당장 이것에 대해 논의할 필요는 없습니다. 그 문제에 접근할 때 당신이 지금 여기에서 경험하고 있는 것들을 이야기해 줄래요?" 이 기술은 공감과 효과적인 조력 관계의 발달을 촉진한다.

다음은 11개의 주요한 언어적 반응을 사용할 때의 일반적인 지침이다.

- 내담자가 사용한 것과 동일한 단어를 써서 표현하라.
- 내담자가 각각의 단어를 이해할 수 있을 만큼 천천히 말하라.
- 두서없이 이야기하지 말고 간결하게 표현하라.
- 내담자가 적절한 이슈나 주제에 초점을 유지하도록 도와라.
- 제3자(그 또는 그녀)에 대해서가 아니라 내담자와 직접 대화하라.
- 감정을 '소유(own)'하기 위해 '나(I)'-진술로 표현하고, 내담자가 당신의 메시지를 거부, 수용, 수정하는 것을 허락하라.
- 내담자가 자신의 감정을 이야기하도록 격려하라.
- 내담자의 선호나 조력자의 개입에 대한 반응의 문화적 차이를 인식하라.

이러한 종류의 언어적 반응은 조력 관계 내내 혹은 특정한 단계 동안 적용될 수 있다. 예를 들어, 최소한의 언어적 반응과 환언은 관계를 시작하는 회기나 면담을 촉진할 수 있는 반면, 해석이나 직면, 정보제공은 전략(작업) 단계에 보다 적절할 수 있다. 〈표 3-2〉는 인간관계 상담 모델의 첫 번째와 두 번째 단계에 적용되는 언어적 반응을 정리한 것이다.

〈표 3-2〉 조력 단계에 적합한 역할 행동과 언어 반응

	단계	역할 행동(role behaviors)	언어 반응
반응적 경청	관계 구축	• 주의 기울이기(attending) • 명료화(clarifying) • 정보제공(informing)/묘사하기(describing) • 탐색하기(probing)/질문하기(inquiring) • 지지하기(supporting)/안심시키기(reassuring)	• 최소한의 언어 반응하기 • 환언하기 • 질문하기 • 반영하기 • 명료화 • 지금-여기 관계 다루기 • 정보제공
	전략 (작업)	• 주의 기울이기(attending) • 정보제공(informing)/묘사하기(describing) • 질문하기(probing)/(inquiring) • 지지하기(supporting)/안심시키기(reassuring) • 동기 부여하기(motivating)/행동을 안내하기 (prescribing) • 평가하기(evaluating)/분석하기(analyzing) • 문제 해결하기(problem solving)	• 질문하기 • 처리하기 • 해석 • 직면 • 정보제공 • 요약 • 종결

침묵

또 다른 강력한 개입은 침묵으로 초심자에게는 다소 어렵고 무섭게 느껴지는 것이다. 언어를 사용하지 않기 때문에 언어 반응으로 제시되지 않는다. 침묵은 내담자의 진술에 어떠한 반응도 하지 않는 것으로, 내담자에게 필요하고 중요한 것이다. 하지만 조력자가 되는 초기 단계에서 대부분의 사람은 침묵을 편하게 느끼지 않는다. 당신이 침묵을 활용할 때 알아 두어야 할 몇 가지 중요한 사항은 다음과 같다.

1. 몇 분이 마치 몇 시간처럼 느껴질 것이라는 점을 당신 자신에게 상기시키라. 침묵

에 대한 스스로의 불안을 알아차리고 불안을 줄이는 방법을 배우는 것은 내담자에게 초점을 맞추면서 침묵을 깨기 위한 내적인 압박을 느끼지 않도록 도와줄 것이다.

2. 중요한 치료적 작업은 침묵 동안 일어난다는 것을 스스로에게 상기시킨다. 실제로 침묵은 내담자가 속도를 늦추고 이슈에 좀 더 많은 시간을 머물 수 있도록 도와준다. 만약 조력자가 이야기를 너무 많이 한다면, 내담자의 성장을 방해할 수도 있다.

3. 침묵 동안에는 내담자를 응시하지 않는다.

4. 내담자가 무엇을 경험하고 있는지를 이해해 본다. 내담자는 방금 당신이 말한 것에 대해 생각하고 있을까? 스스로의 감정을 느끼고 있을까? 침묵에 대해 불안할까 아니면 화가 날까? 당신이 침묵을 깨고, 이 회기를 이끌어 가도록 기대하고 있을까? 침묵에 문화적인 의미가 있을까? 내담자는 대화 중의 긴 침묵에 대해 특별히 편안하게 느끼는 사람인가? 침묵에 대한 당신의 반응은 당신이 내담자에 관해 무엇을 관찰하고 이해하는가에 달려 있다. 당신은 다음과 같이 반응할 수 있다. "지금 무엇을 느끼고 있습니까?" 또는 "당신은 다음 주제를 제가 꺼내길 바라는군요."

연습문제 3-28 --

침묵은 조력 관계에서 필요하지만 내담자는 종종 이것에 불편함을 느낀다. 세 명씩 짝을 지어 일련의 게슈탈트–유형 연습을 해 본다. 각각의 연습을 완료할 때마다 역할을 바꾼다.

1. 내담자 역할을 맡은 사람은 자신이 실제로 가지고 있는 혹은 가상의 고민거리를 이야기하고, 조력자는 언어적·비언어적 어떤 식으로든 반응하지 않는다. 3분이 지나면, 반응과 감정에 대해 이야기를 나눈다.

2. 같은 규칙을 유지하면서 첫 번째 과정을 반복한다. 이번에는 조력자가 3분 동안 두 번의 비언어적 반응만을 할 수 있다. 그대로 해 보고 나누는 시간을 갖는다.

3. 이번에는 조력자가 3분 동안 한 번의 언어적 반응과 두 번의 비언어적 반응을 할 수 있다. 그대로 해 보고 나누는 시간을 갖는다.

4. 조력자는 3분 동안 언어적·비언어적으로 네 번의 반응을 할 수 있다.

5. 조력자는 마지막 3분 동안 자신이 원하는 방식으로, 원하는 만큼 반응할 수 있다.

모든 연습을 마친 다음 당신의 반응에 대해 토의하고, 역할을 바꾸어서 다시 해 본다.

이 연습의 목적은 주요한 언어 반응의 유형을 인식하고 구별할 수 있는지를 알아보는 것이다. 이를 통해 자신의 언어적 반응을 알아차리고 반응 목록을 확장할 수 있도록 도와준다. 다음의 내담자, 조력자 반응을 읽고, 각각의 사례에 대하여 최소한의 언어적 반응, 환언하기, 반영하기, 질문 활용하기, 명료화, 해석, 직면, 자기개방 활용하기, 요약, 또는 지금-여기 관계 다루기로 조력자의 반응을 구별하라.

1. **내담자**: 제가 여기 있는 이유는 바로 그거예요. 잉그리드는 당신이 이야기해 보면 좋을 사람이라고 했어요.

   조력자: 당신은 제가 당신의 문제가 해결되도록 도와주기를 바라는군요.

2. **내담자**: 당신은 그 회사의 복리후생 제도가 좋다고 생각하세요?

   조력자: 조사 기구(The National Conference Board)의 발표에 따르면 그 회사가 직원 복리후생에서 3위를 차지했다고 합니다.

3. **내담자**: 에디 때문에 교실에서 쫓겨났어요.

   조력자: 그때 기분이 어땠니?

4. **내담자**: 회사를 인수하기 전에 집을 정리해야 해요.

   조력자: 그렇군요.

5. **내담자**: 아빠와 남동생은 집안일을 전혀 하지 않아요.

   조력자: 당신 집에 있는 남자들은 어떤 집안일도 하지 않는군요.

6. **내담자**: 뭘 해야 할지 모르겠어요. 어떤 것도 옳지 않아 보여요.

   조력자: 당신은 좌절감을 느끼고 있군요.

7. **내담자**: 이야기하고 싶지 않아요.

   조력자: 당신은 개인적인 일에 대한 이야기가 나오면 늘 뒤로 물러나는 것처럼 보이는군요. 제가 보기에 당신은 느낌보다는 상황에 대해 이야기하는 것을 편안하게 느끼는 것 같습니다.

8. **내담자**: 어쨌든 저는 그게 너무 비싸서 할 수가 없어요. 게다가 크게 도움이 안 될 것 같아요.

   조력자: 이야기하자면 당신은 이 시험이 너무 비싸고, 결과도 그만큼의 값어치를 못할 거라고

생각하는군요. 맞나요?

9. **내담자**: 이 세상에 어느 누구도 다른 사람에 대해 신경 쓰지 않아요.

   조력자: 아무도 당신을 신경 쓰지 않는다고 느끼는 건 두려운 일이지요.

10. **내담자**: 이 정도면 충분한 것 같습니다.

   조력자: 우리가 오늘 이야기했던 것을 한번 돌아볼까요? …… 이것이 맞는 것 같나요?

11. **내담자**: 교수님이 과제로 내준 일기 자료에 대한 질문을 하시면서 제 이름을 부르셨을 때, 머릿속이 완전히 하얘졌어요.

   조력자: 저도 그런 경험이 있어서 당신이 얼마나 당황스러웠을지 이해할 수 있어요.

요약

이 장에서 우리는 언어적 · 비언어적 메시지의 인지적이고 정서적인 요소와 반응적 경청의 요소를 구별하고 정교화시키는 것을 다뤘다. 그리고 주요한 11가지의 언어적 반응과 침묵에 대해 개관하였다. 개별적으로 혹은 집단으로 진행하는 연습이 제시되었고, 그 첫 번째로 당신의 언어적 · 비언어적 의사소통 스타일에 대한 알아차림을 개발하고, 반응적 경청의 개념에 관한 이해를 살펴보았다(비촉진적인, 영향을 주지 않는, 촉진적인 반응). 그리고 마지막으로 효과적인 의사소통 기술을 연습하고 개발하도록 했다. 여기에 제시된 연습문제는 당신이 언어적 · 비언어적 의사소통 행동에 대한 문화적인 영향에 관심을 가지도록 도울 것이다.

우리는 핵심적인 의사소통 기술로서 반응적 경청에 초점을 두었다. 그것은 우리 사회에서 가장 흔하게 사용되는 의사소통의 형태로서 배우고 숙달하기가 쉽지 않다. 반응적 경청은 라포를 형성하고 내담자의 언어적 · 비언어적 메시지에 관심을 가지게 하는 데 필수적일 뿐 아니라, 그 이면에 있는 관심사를 구별하고 명료화하는 데도 중요하다. 우리는 많이 쓰이는 11개의 언어적 반응 양식을 제시했는데, 조력의 두 단계에서 전반적인 반응적 경청과 연관지어 사용할 수 있다.

의사소통 기술을 발달시키기 위한 가이드라인은 이 장에 제시되어 있다. 연습의 효과성은 대체적으로 수퍼바이저의 감독과 **모델링** 역량에 달려 있지만, 수퍼바이저가 한 사람을 감독하는 데 많은 시간을 할애할 수 없다. 그러나 집단 구성원들은 효과적인 관찰자가 되는 것을 배울 수 있고, 솔직한 피드백을 통해 서로에게 도움이 되는 교육을 제공할 수 있다. 의사소통 기술은 조력 관계에 기초적인 토대가 되며 다양한 방식으로 학습하고 연습할 수 있다. 다음 장에서 더 많은 기회를 통해 이것을 개발할 수 있을 것이다.

 연습문제 정답

연습문제 3-1

가능한 답은 다음과 같다.

1. 개방 혹은 통제력을 발휘하려는 시도   2. 방어   3. 평가 혹은 생각에 잠김   4. 거절(거부)   5. 거절 혹은 수줍음 혹은 존중   6. 난감함   7. 당황스러움   8. 자기통제   9. 지루함, 따분함   10. 수용

연습문제 3-9

1. a. 나는 충분한 돈이 없다.
   b. 나는 지불해야 할 청구서가 있다.
   c. 다른 직업(일)을 찾아야 하는가?
   d. 다시 학교로 돌아가야 하는가?
2. a. 학교가 돈을 들일 만큼의 가치가 있나?
   b. 나는 여기에서 아무것도 배우지 못하고 있다.
   c. 학교에 다니는 사람들은 나중에 직업을 얻지 못한다.
   d. 사람들은 그렇게 크고 비인간적인 곳에서 방향을 잃게 된다.
3. a. 존스 씨가 나중에 전화했을 때 뭐라고 이야기해야 할지 모르겠다.
   b. 누군가는 주차 상황을 바로잡아야 한다.
   c. 제시간에 도착하려면 여기에 주차해야 한다.
   d. 여기는 주차 공간이 충분하지 않다.
4. a. 내 아파트는 난방이 안돼서 만족스럽지 않다.
   b. 내 아이는 아프다.
   c. 어디로 가야 할지, 무엇을 해야 할지 모르겠다.
   d. 청구서를 지불할 돈이 필요하다.
   e. 나는 직업이 필요하다.
   f. 나는 여기에 혼자이다.
   g. 나는 얼마 전에 이사 왔다.

h. 나는 모든 가구를 받지 못했다.

　　I. 나는 집주인에게 동의하지 않는다.

5.　a. 우리는 아주 멋진 시간을 보냈다.

　　b. 마이어스 씨 가족은 저쪽에 있다.

　　c. 수영

　　d. 자전거 타기

　　d. 낚시

　　f. 보트 타기

　　c와 f는 상호 교환될 수 있다.

연습문제 3-11

1. a　2. c　3. a　4. a 또는 c　5. b　6. a　7. c　8. c

연습문제 3-15

1. 왕따에 대한 두려움

2. 질병에 대한 두려움 혹은 의사의 관심을 받는 기쁨

3. 레니에 대한 연민 혹은 레니가 집에 돌아오지 못한 것에 대한 분노

4. 다가오는 시험에 대한 불안감과 시험이 끝난 후 방학에 대한 기대감

5. 커피를 마실 수 없는 것에 대한 압박감이나 성급함, 쓰라림, 분노

6. 라미레즈 교수님이 지시한 과도한 업무에 대한 분노, 보고서 작업을 못할 정도로 바쁜 것에 대한 괴
　로움

7. 좌절, 분노, 외로움

8. 상처받는 것에 대한 두려움 혹은 다른 사람들이 이기적인 것에 대한 분노

9. 지연에 대한 격분과 좌절 또는 짐에게 의존하는 것에 대한 분노

10. 새로운 사회복지사에 대한 불안 혹은 그녀를 만나는 것에 대한 흥분(기대감)

11. 두려움

12. 기대

13. 존스 씨에 대한 분노 혹은 염려

14. 자포자기

15. 아이에게 무슨 문제가 있을까 봐 두려움

16. 젊은 사람이 많은 성적 자유를 누리는 것에 대한 분노 혹은 질투

17. 사직한 것에 대한 안도감 혹은 압력에 대한 비통함

18. 배울 수 없는 것에 대한 좌절감

19. 걱정(염려)

20. 당혹, 두려움

21. 무시되는 것에 대한 분노

22. 성과를 거두지 못하는 것에 대한 좌절 혹은 조력자가 더 나은 조력자가 아닌 것에 대한 분노

23. 거절에 대한 분노 혹은 외로움

24. 거절에 대한 두려움 혹은 외로움

25. 분노 혹은 걱정(염려)

연습문제 3-23

2. a. +	3. a. −	4. a. =	5. a. −	6. a. +
b. =	b. −	b. +	b. =	b. −
c. −	c. =	c. −	c. +	c. =
7. a. =	8. a. +	9. a. +	10. a. =	11. a. −
b. −	b. −	b. +	b. −	b. =
c. +	c. −	c. −	c. +	c. +
12. a. =	13. a. −	14. a. =	15. a. −	
b. −	b. =	b. +	b. +	
c. +	c. +	c. −	c. =	

연습문제 3-24

가능한 상담자의 반응은 다음과 같다.

1. "그들이 당신을 유혹한 것에 대해서 화가 났군요."

2. "만약 당신의 문제를 해결하지 않았다면 결혼생활이 잘됐을지 혼란스럽군요."

3. "당신이 한 일에 대해 인정을 받지 못할 때 화가 나는군요."

4. "잭이 그의 주변 사람들과 거리를 두지 못하는 것에 대해 화가 나는군요."

5. "아이에게 무슨 일이 일어날지 두려워하는군요. 신경을 많이 쓰고 있어요."

6. "당신이 부적절하고, 이 일에 실패할 수 있다는 것에 대해 두려워하는군요."

7. "당신이 불행했던 곳으로 다시 돌아가는 것에 굉장히 화가 나는군요."

8. "친구들이 너와 놀아 주지 않을 때 슬프고 외롭구나."

9. "자주 상처를 받았던 탓에 다른 사람들을 믿는 것이 두렵군요."

10. "만약 내가 당신을 기다리게 하면 당신은 내가 당신에 대해 많이 신경 쓰지 않는다고 느낄 거예요."

11. "그 시험에서 잘하지 못할까 봐 매우 두려워하는군요."

12. "제가 당신을 좋아하지 않고, 불공평한 것처럼 보이는군요."

13. "당신은 스스로의 힘으로 해냈는데, 그가 도움을 원해서 화가 났군요."

14. "당신은 화가 나는 것을 두려워하는군요."

15. "당신은 인정받는다고 느끼지 않는군요."

16. "당신은 책임감에 굉장히 압도되어 있군요."

17. "당신은 매우 독립적이고, 단호하고, 자부심이 있군요."

18. "당신은 가족들에게 의존해야 한다는 것에 화가 나 있군요."

19. "당신은 마침내 좋아지고 있어요. 그런 스스로를 자랑스러워하고 있군요."

연습문제 3-29

1. 지금-여기 관계 다루기

2. 정보제공

3. 질문하기

4. 최소한의 언어적 반응 만들기

5. 환언

6. 반영

7. 직면

8. 명료화

9. 해석

10. 요약

11. 자기개방 활용하기

참고문헌과 💬더 읽을거리

Brammer, L. M., Abrego, P. J., & Shostrom, E. L. (1993). *Therapeutic counseling and psychotherapy* (6th ed.). Englewood Cliffs, NJ: Prentice-Hall.

Brammer, L. M., & McDonald, G. (2003). *The helping relationship: Process and skills* (8th ed.). Englewood Cliffs, NJ: Prentice-Hall.

Cormier, L. S., Nurius, P. S., & Osborn, C. J. (2008). *Interviewing and change strategies for helpers: Fundamental skills and cognitive behavioral interventions* (6th ed.). Pacific Grove, CA: Brooks/Cole.

Gordon, T. (2000). *Parent effectiveness training* (3rd ed.). New York: Wyden.

Hill, C. E. (2001). *Helping skills: The empirical foundation.* Washington, DC: American Psychological Association.

Ivey, A. E., Ivey, M. B., & Zalaquett, C. P. (2010). *Intentional interviewing and counseling: Facilitating client development in a multicultural society* (7th ed.). Pacific Grove, CA: Brooks/Cole.

Kagan, N. I. (1980). Affect simulation in interpersonal process recall. *Journal of Counseling*

Psychology, 16, 309–313.

Kagan, N. I., & Kagan, H. (1992). IPR-A research/theory/training model. In P.W. Dowrick (Ed.), *A practical guide to video in behavior sciences*. New York: Wiley.

Lewis, T., Amini, F., & Lannon, R. (2000). *A general theory of love*. New York: Random House.

Long, V. O. (1996). *Communication skills in helping relationships*. Pacific Grove, CA: Brooks/Cole.

Murphy, B. C., & Dillon, C. (2011). *Interviewing in action: Relationship, process and change* (4th ed.). Pacific Grove, CA: Brooks/Cole.

Okun, B. F., Fried, J., & Okun, M. L. (1999). *Understanding diversity: A learning-as-practice primer*. Pacific Grove, CA: Brooks/Cole.

Sue, D. W. (2005). *Multicultural social work practice*. New York: Wiley

Sue, D. W., & Sue, D. (2013). *Counseling the culturally diverse: Theory and practice* (6th ed.). New Jersey: Wiley.

Westra, M. (1996). *Active communication*. Pacific Grove, CA: Brooks/Cole.

* www.CengageBrain.com을 방문하시면 학습 내용에 관한 퀴즈(tutorial quizzes)를 풀어 볼 수 있습니다.

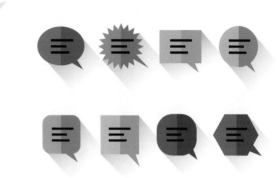

상 담 기 본 기 술
A ___ to ___ Z

4장

첫 번째 국면:
관계 형성과 목표 설정

1 장에서 우리는 내담자와 좋은 관계를 형성하는 것이 매우 중요하다는 점을 강조했다. 그리고 성공적으로 내담자를 도울 수 있는 조력자의 특성과 의사소통 전략에 대해 알아보았다. 지금부터 내담자의 자기 이해를 촉진하는 데 도움이 되는 공감적 분위기 조성에 필요한 조건 및 단계에 대해서 알아보고자 한다.

관계 형성에 영향을 미치는 조건

관계 형성의 5단계에 대해 논하기 전에, 5단계에 영향을 주는 조건들에 대해 먼저 알아볼 필요가 있다. 이러한 조건은 당신에게 너무나 당연한 것으로 여겨질 수도 있다. 그러나 의식적으로 명확히 알고 있지 않다면 조력 관계를 형성하는 데 방해가 될 수도 있기 때문에 이 장에서 다루기로 한다.

첫 만남

면담(접수면접)이라는 용어는 도움을 주기 위해 만나는 첫 만남을 의미한다. 왜냐하면 첫 만남에서는 대개 정보 수집이 목적이기 때문이다. 일부 사람은 면담이라는 용어가 지나치게 공식적인 뉘앙스라 불편하게 들린다고 호소하기도 한다. 면담이라는 용어를 들으면 마치 누구에게나 힘들었던 학교 면담을 떠올릴 수 있다. 면담이 도움을 주고자 하는 조력자, 도움을 받고자 하는 내담자 혹은 제3자 등 누구에 의해 시작되었든 간에, 내담자는 '잘못된' 것을 이야기하거나 평가받지 않을까에 대한 불안을 느낄 수밖에 없다. 그럼에도 불구하고 우리는 면담이라는 단어를 조력자와 내담자가 처음 만나 정보를 수집하는 첫 만남을 가리키는 용어로 사용할 것이다. 조력 관계가 형성되면, 이어지는 만남을 회기라고 표현할 수 있을 것이다.

면담의 목적은 조력 관계를 형성하고, 경계를 확립하며, 조력목표를 설정하는 초기 단계 동안 조력자와 내담자가 필요한 정보를 공유하는 것이다. 내담자는 조력 맥락의 '규칙'을 이해할 필요가 있는데, 이는 조력자/내담자가 서로 잘 맞는지 확인하고 어떤 정보는 제공이 가능하고 어떤 정보는 그렇지 않은지를 결정하기 위해서이다.

면담의 분위기는 첫 만남을 하는 그 순간에 결정된다. 약속을 정하는 때일 수도 있고 혹은 면담이 시작되는 순간일 수도 있다. 먼저 조력자와 내담자는 상호 간에 편한 시간을 정해야 한다. 이때 조력자는 솔직해야 한다. 만약 내담자와 시간 약속을 잡기 어렵다면, 서둘러 전화로 혹은 복도에 서서 몇 마디로 시간 약속을 잡으려 무리하기보다는 다음과 같이 이야기하는 것이 낫다. "나는 당신과 이 문제에 대해서 이야기를 나누고 싶어요. 그렇지만 지금은 다른 일 때문에 어렵네요. 3시에 다시 전화를 주시거나 오시겠어요?"

조력자는 주어진 상황에서의 우선순위나 현실적 문제들에 대해 재빠르게 결정할 수 있어야 한다. 지금 위기 상황인가? 나의 스케줄을 재조정할 수 있는가? 이 사람은 나를 보기 위해 기다려 줄 수 있는가? 때로는 내담자에게 기다려 줄 수 있느냐고 물어보는 것이 유일한 방법일 때도 있다. 어떠한 경우든, 초기 면담의 중요한 순간에서 조력자는 내담자를 위해 노력할 의지가 있으며 진정으로 신경을 쓰고 있다는 점을 전달해야 한다. 다음에 제시된 내용은 내담자와 약속을 잡을 때 기억하면 좋을 몇 가지 사항이다.

- 구체적인 시간 약속을 잡도록 하라. '나중에' '다음 주에' '곧'과 같은 표현은 피하고, 명확한 시간을 정해 약속을 잡도록 하라.
- 조력자와 내담자 모두 내담자의 어려움에 대해 충분히 시간과 관심을 들여 대화 나눌 수 있는 시간을 잡는 것이 좋다고 전달하라.
- 첫 만남을 강화하기 위한 표현을 언급하라(예: "나는 당신이 나를 만나러 와 주어서 정말 기뻐요."). 사람들은 종종 도움을 청하는 것에 대해 자신이 바보 같다고 느끼거나 불안해하기도 한다. 그리고 일부 가족이나 문화에서는 도움을 구하는 것을 긍정적으로 여기지 않기도 한다. 그러므로 도움을 받으러 온 것을 지지하는 표현을 함으로써 내담자가 조력자를 만나는 것에 대해 안정감을 갖도록 도우라.

만약 당신이 속한 기관에서 내담자와의 약속을 잡는 사람이 따로 있다면, 약속을 잡는 담당자가 위에서 제시한 사항들을 고려하는지 확인할 책임이 있다. 약속을 정하는 사람이 내담자에게 기관과 조력자가 바쁘다고 말하는 것 혹은 스케줄을 잡는 것을 꺼리거나, 개인적인 질문을 지나치게 많이 하는 것은 내담자를 위축시킬 뿐만 아니라 매우 무례한 방식으로 쫓아내는 것과 같다.

또는 내담자가 당신을 기다린다면, 당신을 만나길 원하는 내담자로 하여금 다른 사람들의 눈에 띄지 않는 공간에서 당신을 기다릴 수 있도록 하라. 조력자 혹은 자신을 도와줄 사람과 이야기하는 것을 동료들이 알게 되는 것을 불편하게 느끼는 사람들이 많다.

만약 당신이 첫 번째 면담을 시작하는 사람이라면, 약속을 정하거나 처음 만나거나 통화했을 때 왜 내담자에게 만날 약속을 정하는지를 명확히 설명해 주라. 내담자가 조력 약속에 대해 명확히 이해할수록 내담자는 당신을 더 많이 신뢰하고, 그들의 저항이나 방어가 적어질 수 있다.

조력 기간

도움을 줄 수 있는 관계는 한 회에 그칠 수도 있지만, 수 회 이어질 수도 있고, 장시간 지속될 수도 있다. 얼마 동안 만나게 되는가는 다음에 제시된 세 가지 점에 따라 달라진다.

- 관계의 특성—공식적인가 혹은 비공식적인가, 자발적인가 혹은 타의에 의해 왔는가
- 문제의 특성—일시적 문제인가 혹은 장시간 고착된 문제인가; 쉽게 정의되거나 명확하게 확인되고 받아들일 수 있는 것인가; 해당 문제가 도움을 청하는 내담자 개인의 문제인가 혹은 다른 사람과 관련이 되어 있는가, 아니면 내담자를 둘러싼 환경과 관련된 문제인가(예: 가난, 차별, 억압, 해고 등으로 발생한 문제)
- 관계가 맺어지는 장소—상담 센터인지, 휴먼 서비스 기관, 교육 기관, 군대 및 군 관련 기관, 기타 장소—그리고 조력료와 관련된 방침

문제가 명확해지기 전에는 조력자와 내담자의 관계의 특성이나 지속기간이 얼마나 될지는 알기 어려운 경우도 있다. 대부분의 초기 회기는 비슷한 방식으로 진행된다. 조력자와 내담자 간의 라포를 형성하고 문제가 무엇인지를 명확히 하는 두 가지 목표를 동시에 다루는 방식으로 진행된다. 그러나 조력 횟수를 제한하는 경우가 점점 더 늘어나고 있기 때문에 조력자는 내담자를 만날 때 좀 더 집중적으로 조력을 빠르게 진행해야 할 필요가 있기도 하다.

신청서와 사전 작성 서류

만일 조력 전, 내담자가 작성해야 하는 서류가 있다면, 면담을 시작하기 전에 먼저 서류를 작성하도록 하는 것이 좋다. 서류를 미리 작성할 경우 조력자와 내담자가 만나는 시간에는 좀 더 긍정적인 관계 형성에 노력을 집중할 수 있기 때문이다. 그러나 만약 조력 시간에 여유가 있다면, 내담자가 주어진 서류를 작성하는 것을 돕는 것 역시 조력 관계 형성에 도움이 될 수 있다. 그러나 내담자가 작성하는 내용에 지나치게 관여하는 것은 오히려 내담자와의 솔직한 의사소통을 방해할 수 있음을 기억하라.

직업 및 진로 상담자는 오래전부터 상담 시작 전에 서류를 통해 내담자로부터 정보를 얻고, 때로는 여러 개의 검사를 실시하여 검사 결과를 조력에 활용해 왔다. 정신 건강 조력자들 역시 첫 만남 전에 서류를 먼저 작성하여, 첫 만남에서는 정보 수집보다는 라포 형성에 좀 더 초점을 맞추고자 하는 경우가 늘어나고 있다. 사전에 작성되는 서류에는 내담자의 이름, 주소, 전화번호, 이메일 주소, 생년월일, 비상연락처, 보험 관련 정보, 과거 상담을 받아 본 경험, 의학적 건강 상태나 치료 경험(현재 복용하고 있는 약물이나 현재 만나고 있는 의사), 알코올이나 약물 남용 여부, 폭력, 학대와 관련된 정보를 포함한 간략한 가족사, 현재 가족들의 특성, 가족들 간의 법적 관계, 내담자가 자신의 문제를 어떻게 정의하는지, 내담자가 호소하거나 묘사하는 증상이 무엇인지, 내담자가 지각하기에 현재 자신의 문제를 지속시키거나 영향을 미치는 요인이 무엇인지, 현재 상담에 다른 기관이나 상담자가 관련되어 있는지, 상담 관계에 대한 내담자의 기대 등을 작성하도록 되어 있다.

기록 보관

최근 기록을 정리하여 유지하는 것의 중요성이 점점 커지고 있다. 법적으로 상담 중 작성된 기록을 요청받을 수도 있기 때문에, 상담 기록은 중요하다. 또한 조력자들은 내담자의 현 상태에 대한 진단은 DSM-5의 기준에 따라 내리고, 이를 기록에 포함한다. 2014년 10월부로 정신건강 관련 기관이나 전문가들은 WHO의 국제질병분류체계(International Classification of Diseases and Related Health Problems: ICD-10-CM)에 따라 진단을 내릴 수 있게 되었다. 나아가 상담 외부에서는 치료 계획, 명확한 행동적 목표, 전체적인 치료 과정, 조력 목표를 달성하기 위해 활용할 수 있는 치료 전략을 명확히 하도록 요구하고 있고, 이를 통해 상담 및 조력 결과를 평가하려는 움직임이 확산되고 있다.

　나아가 조력자는 만날 때마다 날짜, 시간, 회기, 해당 회기의 구체적인 목표나 성과, 조력자의 서명 등의 간단한 기록이라도 남겨야 한다. 이러한 기록이 상담 및 조력료를 지불하는 보험회사나 다른 기관 혹은 조력자가 고용된 센터나 조직에 제출해야 하는 것일 수 있다. 또한 많은 주에서는 내담자를 만나는 다른 조력자나 조력자 혹은 다른 기관에서 이러한 기록을 열람할 수 있도록 해야 한다고 정해 놓고 있다. 2015년 메디케어(Medicare, 미국의 65세 이상 된 사람에 대한 노인의료보험제도–역자 주)와 메디케이드(Medicaid, 주정부와 연방정부에서 극빈층의 의료비 전액을 지원하는 공공 의료보험–역자 주)는 의사로 하여금 보험제도의 지원을 받기 위해서는 전자기록을 반드시 남기도록 요구하고 있는데, 이러한 움직임이 결국에는 정신건강 관련 조력자나 치료자들에게도 요구될 것으로 보인다.

　기록을 남기는 것과 관련된 윤리적 · 법적 함의는 10장에서 좀 더 자세히 다룰 것이다. 우리(BFO와 REK)는 어떠한 정보가 기록되는지, 정보는 어떠한 순서로 배열되어 있으며, 비밀보장과 관련된 규정은 어떠한지를 내담자와 공유한다. 우리는 또한 보험사나 기타 3자 기관에 제출되는 진단명이 어떠한 의미를 가지고 있는지에 관해서도 내담자에게 알려 준다. 일부 내담자는 자신의 치료 기록이 제3자나 보험사에 넘어가는 것을 원치 않아, 차라리 직접 돈을 지불하길 원하기도 한다. 주에 따라서는 회기가 일정 회기 이상 넘어간 경우에만 내담자의 기록을 제출하도록 요구하기도 한다.

　만약 당신이 회기 중이나 면담 중에 기록을 한다면, 내담자에게 왜 기록을 해야 하는지를 설명하고, 누가 이 기록에 접근할 수 있고 그렇지 않을지에 대해 명확히 알려 줄 수 있어야 한다. 내담자가 기록을 남기는 것에 대해서 어떠한 말을 하지 않는다는 것이 불편함을 느끼지 않거나 혹은 어떠한 궁금증도 없기 때문이라고 가정하지 말라. 당신은 기록에 관해서는 모든 주제에 관해 투명하고 솔직하게 이야기해야 한다. 내담자와 조력자는 처음 몇 회기가 지나면 기록을 남기는 것에 대해서는 점점 불편해하지 않게 된다. 종종 내담자가 자신의 조력 기록을 보기를 요청할 수 있는데, 이는 내담자와 조력자 모두에게 자기 통찰을 증진시키는 훌륭한 전략이 된다. 면담 중에 기록을 하는 것이 내담자나 조력자의 주의를 방해할 수도 있지만, 반면에 기록한다는 것은 그것이 중요하다는 의미를 전달하기도 한다. 또한 너무 중요해서 '나는 반드시 기록으로 남겨야겠다.'라는 의미가 전달되기도 하지만 내담자가 보는 앞에서 적는 내용에 조력자의 판단이 들어 있지 않다는 것을 알려 주는 기능도 한다. 기록과 관련된 법적이고 윤리적인 이슈는 10장에서 좀 더 상세히 다룰 예정이다.

또한 첫 면담은 내담자에게 조력과 관련된 방침을 연방 미국의료정보보호법(HIPAA) 형식(부록 D)에 따른 문서로 전달하기에도 좋은 시기이다(약속 취소나 비밀 보상과 관련하여). 내담자를 돕는 담당자나 기관이 여럿일 경우에 정보나 협조를 공유할 수 있는 문서 형식을 필요로 할 수 있다(부록 B). 이런 상황에 정확하게 기록된 내용이 무척이나 중요하다.

시설(장소와 공간)

신뢰가 있고 지지적인 관계를 형성하기 위해서는 내담자의 비밀이 보장되는 장소에서 만날 수 있도록 하는 것이 중요하다. 개방적인 장소나 사무실 한켠에서 만나는 것은 내담자로 하여금 자신의 어려움을 솔직히 얘기하기 어렵게 만든다. 만약 조용하고 다른 사람들이 오가지 않는 공간을 확보할 수 있다면, 사람들이 잘 다니지 않는 계단이나 복도 쪽에서 이야기를 나누거나 아예 건물 밖으로 나가는 것이 낫다.

만약 조력자가 개인적인 공감을 가지고 있다면, 내담자와 조력자 사이에 가로막는 장애물이 없도록 가구 위치를 조정하라. 또한 내담자와 조력자가 바로 마주보기보다는 책상을 사이에 두고 조력자가 내담자의 맞은편에 앉는 것도 좋다. 그러나 일부 사람은 책상에서 떨어져 서로를 마주보는 편을 선호하기도 한다.

약속 시간 잡기

위급하거나 특별한 사정이 없다면, 스케줄대로 약속을 지켜야 한다. 내담자가 약속을 정하지 않고 당신을 만나려고 기관에 왔다가 당신을 만날 수 없다는 사실을 알면 실망할 수 있다. 당신이 내담자에게 언제 만남이 가능한지를 알려 주라. 면담이나 회기 중에는, 당신이 내담자에게 집중하고 있다는 사실을 알리기 위해 조력 중 걸려 오는 전화를 받지 않고 방문을 누군가 노크하더라도 무시하라.

약속 시간을 잡을 때 고려해야 할 다른 것은 조력자와 내담자가 가장 잘 기능할 수 있는 시간대를 고려하여 약속 시간을 잡는 것이다. 사람들 중에 자신이 특정 시간대에 더 잘 집중할 수 있다는 것을 아는 이들이 있다. 한 내담자는 자신의 이전 조력자가 자신과의 조력 중에 저녁을 먹곤 했다고 얘기한 바 있다. 그녀가 조력자에게 왜 조력 중에 밥을 먹느냐고 물어보니, 조력자는 자신이 당뇨가 있어 식사를 거를 수 없다고 답했다고 한다. 그녀는 왜 조력자가 저녁 시간을 따로 빼서 밥을 먹지 않고, 저녁 식사 시간에 약속을 잡는 것인지 따지며 조력을 중단했다고 한다.

다른 사람들

내담자 중에서 친구, 친척, 통역자를 조력 시간에 데리고 오길 바라는 경우가 있다. 상황이나 장소의 특성에 따라서 당신은 조력 장면에 내담자가 아닌 다른 사람이 함께 있는 것이 조력 관계 형성에 도움이 될 것인지, 그리고 제3자가 조력 상황에 맞춰 행동할 수 있는지 확인해야 한다. 만약 통역자가 필요한 상황이라면, 당신과 내담자 사이에 한 겹의 벽이 있으며, 내담자와 통역자 사이, 통역자와 당신 사이가 결코 중립적일 수 없다는 사실을 기억하라. 친구나 친척을 조력 장면에 데리고 온다면 당신은 내담자와 제3자와의 관계를 관찰하고, 내담자에 대한 새로운 관점의 이야기를 들을 수 있다. 또한 그러한 상황이 내담자가 가진 지지 자원을 강화시키는 데 잠재적으로 도움이 될 수 있다.

종종 다른 문화권의 사람들 중에 조력 장면에 친구나 가족 구성원을 데려오는 것을 당연하게 여기는 경우가 꽤 있다. 최근 우리 중 한 명(BFO)이 향수병에 걸린 케냐 출신 여학생을 조력했는데, 그녀는 조력 장면에 아프리카계 미국인을 데리고 왔으며, 조력자에게 물어보기 전에 당연히 괜찮을 것이라고 여겼다. 물론 실제로 괜찮았다. 우리는 내담자가 자신의 조력 장면에 참여하길 바라는 누군가가 있다면, 적어도 몇 회기만이라도 참석할 수 있도록 해야 한다고 생각한다.

앞서 제시한 사항 중 일부는 일반적인 예의에 해당하는 것들도 있다. 그렇지만 우리는 내담자가 인식하지 못하지만 조력 관계 형성에 방해가 될 수 있는 부분에 대해 모두 고려할 수 있어야 한다. 당신이 내담자를 만나는 상황으로 다시 돌아가 보자. 어떠한 상황들이 조력 관계 형성에 도움이 되거나 방해가 되는가? 우리가 지금부터 논하고자 하는 바와 그것들을 연결해 보자. 우리는 관계 형성의 핵심적인 다섯 단계, 즉 ① 초기 단계, ② 현재 문제를 명료화하기, ③ 조력 관계의 구조화 및 계약 수립하기, ④ 문제에 대한 이해 심화하기, ⑤ 조력 목표 수립하기에 대해 밝히려 한다.

1단계: 초기 단계

따뜻하게 미소를 지으며 내담자를 환영하는 것은 조력을 시작하는 가장 좋은 방법이다. 이렇게 행동하는 이유는 내담자로 하여금 안도감을 느끼게 하여 내담자가 경험하는 문제를 가능한 한 빨리 밝히기 위해서이다. 물론 당신이 내담자를 진심으로 반긴다는 것을 알게끔 하기 위한 목적도 있다. 날씨나 주차 등과 같은 일상적인 이야기를 하는 것 역시 내담자가 긴장을 이완하도록 하는 데 도움이 된다. "내가 당신을 위해 어떠한 것을 해 드리면 좋을지 이야기해 주세요." 혹은 "당신의 현재 상황에 대해 더 알고 싶어요."와 같은 말을 하는 것 역시 조력에서 초점을 맞추도록 하는 데 도움이 된다. 이완되어 있거나, 압박감을 느끼거나, 진정성이 있거나 혹은 내담자에게 거리를 두는 당신의 태도는 만남의 분위기에 많은 영향을 미친다.

내담자 정보 수집

조력 중에 당신은 질문을 하기보다는 적절히 반응하는 말을 통해 내담자로부터 더 많은 정보를 얻도록 하는 것이 더 낫다. 내담자로부터 정보를 이끌어 내는 상황의 예시는 다음과 같다.

> **내담자**: 우리 남편은 오랫동안 실직 상태였어요. 그것이 우리 아이들에게 좋지 않은 영향을 주고 있고, 저 역시 그 문제 때문에 여기 왔어요.
>
> **조력자**: 남편의 실직은 우리 모두가 힘들어하는 상황이죠. 당신과 당신 가족에게 어떠한 일이 일어나고 있는지 좀 더 얘기해 보죠.

앞서 제시된 예시는 조력자가 내담자에 대한 지지와 이해를 표현하는 동시에, 현재 남편의 실직 상태가 가족에게 미치는 영향에 관한 정보를 더 얻어 낼 수 있는 방향으로 대화를 조정하고 있다.

> **내담자**: 내 친구 존 애스틴이 자신의 남자친구와 계속 만날지 여부를 결정하는 데 당신이 도움을 주었다고 하더라고요. 나 역시 남자친구와의 관계를 어떻게 해야 할지에 대해 당신의 도움을 받고 싶어요. 그는 우리의 관계에서 어떠한 결정도 내리고 싶어 하지 않는 것 같아요. 그는 이제는 나와 결혼하고 싶은지에 대해 생각해야 할 때가 되었다고 생각해요.
>
> **조력자**: 당신도 스스로 무엇을 원하는지 혼란스러움을 경험하고 있는 것 같네요. 당신 남자친구와의 관계에 대해서 좀 더 얘기해 주겠어요?

이 사례에서 내담자는 상황의 특성을 명료화하고 추가적인 정보를 찾으려 하고 있다.

내담자: (잠시도 가만히 있지 못하고, 눈맞춤을 피한다.) 나는 당신이 왜 나를 만나고자 했는지 모르겠어요. 나는 잘못한 게 없어요.

조력자: 내가 당신을 상담실에서 뵙자고 한 것이 당신에게 어떤 문제가 있어서 부른 것처럼 느껴지나 봐요. 나는 당신에 대해 좀 더 잘 이해하고 당신이 가게에서 어떤 모습인지 알기 위해서 당신을 만나려 했어요. 존스 씨가 당신이 가게에서 다소 어려움을 겪는 것처럼 느껴진다고 저에게 말했거든요.

여기서 조력자는 왜 자신을 불렀는지 물어보는 내담자의 질문에 위협적이지 않지만 정직하게 답을 하고 있다.

내담자: 나는 내가 이 문제로 여기를 와야 하는지도 솔직히 잘 모르겠어요. 나는 불평하는 것을 좋아하지 않아요. 내 딸은 케이샤—딸의 캠프 조력자—때문에 많이 힘들어해요.

조력자: 나는 당신이 나를 만나러 와 줘서 기쁘네요. 우 부인, 케이샤에 관해 따님이 어떠한 부분을 힘들어하는지 이야기해 주세요.

이 경우에는 조력자가 내담자로 하여금 자신의 이슈를 조력실에서 이야기해도 좋다는 확신을 주면서 추가적인 정보를 덜 알려 주도록 요청하고 있다.

친구 1: 커피 한잔 할 시간 있니?

친구 2: 응, 나는 네가 요즘 어떻게 지내고 있는지 궁금해.

이 대화에서는 도움을 주고자 하는 친구는 말을 먼저 꺼낸 친구의 의도를 이해하고, 바로 그 친구가 걱정하는 이슈에 대해 말할 수 있도록 말을 꺼내고 있다.

이상에서 제시된 사례에서는 위협적이지 않고 개방적이며 덜 직접적인 방식으로 상대방의 말을 끌어내며, 긴장을 풀고 대화를 시작하고 있다. 이러한 대화의 목적은 판단하거나, 직면하거나, 조종하지 않고 대화를 계속 이어 나가는 데 있다. "그 문제에 대해서 좀 더 이야기해 주세요." "나는 ……에 대해 궁금하네요." "나에게는 ……로 보이네요." 그리고 "그것은 저에게 인상적으로 들리네요."와 같은 말을 사용할 수도 있다. 고개를 끄덕이거나, 미소를 짓거나, 말을 촉진하는 비언어적인 행동, 예컨대 눈썹을 들어 올리거나 '좀 더, 좀 더'라는 메시지를 전달하는 손짓을 하는 행동이나, 매우 짧은 비언어적인 메시지로도 충분히 대화를 진행시켜 나갈 수 있다.

조력자는 효과적인 조력 관계를 형성하기 위해 내담자에게 지지와 격려를 제공할 필요가 있다. 그러나 만약 조력자가 내담자에게 지지와 격려를 담아 확신("세상에, 그거 정말 끔찍하게 들리네요." 혹은 "당신은 아이들에게 충분히 좋은 역할을 하고 있군요.")을 주지 않는다면, 내담자는 자신의 진짜 문제에 다가가기 어렵다. 만약 당신이 내담자를 안심시키는 말을 지나칠 정도로 해서 내담자의 문제를 부정할 정도가 된다면, 당신이 지나치게 좋은 사람으로 보이려고 한다든지 혹은 내담자가 그냥 '기분이 좀 더 나아지게' 하려는 것이 될 수 있다.

동기가 낮은 내담자와 작업하기

조력에 참여하려는 동기가 낮은 내담자의 태도는 조력 과정이나 결과에 부정적인 영향을 미칠 수 있다. 이러한 경우 가장 먼저 다뤄야 할 것은 내담자가 조력에 참여하기를 꺼리는 이유를 탐색하는 것이다. 그 이유가 '심리적으로 큰 문제가 없지만, 문화적으로 영향을 받은 걱정'일 수 있는데, 이는 아프리카계 미국인이나 다른 문화권에 속한 사람들이 유럽계 미국인 조력자에 대해 느끼는 불편한 감정일 수 있다(Boyd-Franklin, 2003). 비유럽계 미국인이나 그 외 다른 문화권에 속한 사람들 중에서는 백인이 기관을 지배하고 있으며, 백인 구성원들이 인종주의에 바탕을 둔 행동을 하고 있다는 자기 보호적인 비합리적인 믿음을 가지고 있는 경우가 있다. 혹은 내담자들 중에서는 과거의 조력 경험을 현재 조력자나 기관에 이야기하는 것을 불편해하는 경우도 있다. 과거 조력 경험은 긍정적이었을 수도, 부정적이었을 수도 있다. 혹은 내담자가 조력 과정에서 피해를 입어서 현재 조력을 시작하기를 꺼리게끔 영향을 미쳤을 수도 있다. 나아가 내담자는 과거에 중요한 타자(대상)가 자신의 믿음을 배신했거나 혹은 자신을 학대한 경험 때문에 조력자에 대해 꺼리는 마음을 가질 수 있다.

조심스러워하거나 꺼리는 마음은 수치심이나 난감함 혹은 비밀이 드러나는 것에 대한 두려움(예: 물질 남용이나 신체적 학대)에서 야기된 것일 수 있다. 많은 사람은 조력자의 직접적 혹은 간접적인 판단을 불편해한다. 예를 들어, 동성연애 커플일 경우 자신의 성적 이슈 및 아이를 함께 가지는 것 등에 관한 것 등을 이성애자 조력자에게 말하기를 꺼리는 경우가 있다. 또 어떤 이들은 자신이 조력을 오게 된 이유가 법원, 고용주 혹은 다른 가족 구성원이 조력을 받게끔 요구한 경우에 조력받기를 꺼리기도 한다. 또한 자신의 가족이나 주변 사람들이 조력받는 것을 부정적으로 인식할 경우에 조력받는 것을 꺼리기도 한다.

조력 과정에 충분한 시간을 들여 공감과 인내를 표현하는 것은 조력에 참여하길 꺼리는 내담자의 방어와 혼란스러움을 줄여 주는 데 도움이 된다. 당신의 진실성, 예를 들어 조력받는 대신 할 수 있는 대안이나 그것의 결과에 대해 이야기하는 것은 당신과 조력을 계속하는 것이 자신에게 가장 도움이 되는 것인지를 선택하는 데 도움이 된다. 내담자 혼자서는 이러한 선택을 하기 어려울 수 있지만, 당신이 스스로 어떤 일을 하며, 보호받는 조력 관계의 목적과 특성에 대해서 명확하게 이야기해 주면, 내담자는 결정을 하기 쉬워진다.

조력자는 조력에 참여하길 꺼리는 내담자와 그저 시간을 보내기만 하는 불편한 게임에 빠져들게 될 때가 있다. 그것은 이른바 '나는 당신을 돕기 위해 그저 여기에 그냥 있을 뿐이에요' 게임이다. 이러한 상황을 방지하기 위한 방법 중 하나는 조력 관계를 새롭게 구조화해서 시작할 수 있도록 내담자를 촉구하는 것이다. 청소년 사회복귀시설에서 있었던 한 사례를 예로 들 수 있다. 이곳은 조력자가 조력에 참여하길 꺼리는 내담자와 물리적으로 매우 가깝게 함께할 수 있는 곳이며, 언어적 메시지는 잘 전달되지 않고, 말보다는 진실성이나 걱정을 드러내는 비언어적인 방식의 대화가 더 효과적인 곳이다. 이곳에서 조력자는 4일에 걸쳐 상상할 수 있는 모든 방식으로 내담자에게 테스트 당했다. 그 후 열네 살짜리 내담자는 자신의 허세 가득한 태도를 버리고 스스로의 감정과 생각에 대해 이야기하기 시작했다. 이것은 마치 인내심 테스트와 같았다. 내담자는 자신을 끝까지 버텨 줄 조력자를 찾고 있었던 것이다.

라러비(Larrabee, 1982)는 조력에 참여하길 꺼리는 내담자에게 확신을 주는 기술을 사용할 것을 제안한다. 반응적 듣기에 기초한 기술은 내담자로 하여금 자신의 문제 상황의 실체를 직면하고, 문제 상황을 지속시키는 이유를 이해하는 것을 돕는다. 조력 참여 동기가 낮은 내담자는 현재 상황의 부정적인 측면을 보지 않고 회피하려 하거나, 주변 동료나 친구를 위해서라는 이유로 조력자의 도움을 거부할 수 있다. 예를 들어, 조력자는 내담자가 최종 결정을 내리기 전에, 내담자의 문제를 탐색해 볼 가능성을 제한된 회기로 갖게 될 경우에 생길 수 있는 결과에 대해서 미리 알려 줄 수 있다. 조력자는 내담자와 말을 주고받으며, 내담자의 말을 환언하거나 반영함으로써 내담자의 감정과 생각에 대해 소통하며, 내담자의 관점을 존중한다는 진지한 메시지를 담아 대화를 나눌 수 있다. 라러비는 또한 개방적으로 끝을 맺는 방식으로 문장을 이야기하는 것이 내담자가 스스로를 돌아보는 데 도움이 된다고 제안한다. 조력에 참여하길 꺼리는 내담자와 소통할 수 있는 유일한 방법으로 침묵이 필요할 때도 있다.

조력 참여 동기가 낮은 내담자를 만날 때 내담자의 거절에 대해 죄책감을 느끼거나 상처를 받지 않도록 노력한다. 대신에 당신의 접근 중 내담자에게 영향을 미칠 수 있는 부분과 당신의 현재 상황에 대해 좀 더 자각하도록 노력하라. 이러한 생각이 내담자의 거절로 인해 상처받는 것을 줄일 수 있다. 당신은 평소 자신이 사용하던 접근 방식이 특정 상황이나 내담자에게는 효과가 없음을 알아차리게 될 수 있다. 이러한 경우에 당신은 평소 사용하던 방식을 살짝 바꿀 수 있다. 당신은 내담자가 조력에 참여하길 꺼리는 마음을 반영하고, 조력을 하지 않을 때 발생할 수 있는 결과를 명확하게 이야기할 수 있다. 6장에서 우리는 내담자의 동기를 촉진하는 방법, 내담자로 하여금 조력에 대한 자신의 저항에 대해 탐색하도록 돕는 접근법에 대해 다루고자 한다.

저항은 조력 초기에 발생할 수 있다. 앞서 설명했듯이 조력에 참여하길 꺼리는 내담자와의 관계에서 발생할 수 있고 혹은 조력 관계, 과정이나 회기 중 어디에서든 발생할 수도 있다. 저항은 조력자와의 관계에서 아직 믿음이 부족하다는 신호일 수 있다. 또한 내담자는 자신의 문제에 대해 탐색이 이루어질 때, 혹은 민감한 이슈에 대해서 아직 내담자가 준비되기 전에 조력자가 먼저 말을 꺼내고 있을 경우, 내담자가 조력 관계에서 아직 위협적인 느낌을 받고 있다는 신호일 수 있다. 이러한 신호는 내담자가 조력 관계 형성에 협조하길 거부하거나, 혹은 조력 목표를 수립하거나, 조력 목표를 이루기 위한 노력을 잘 하지 않을 경우로 쉽게 알아볼 수 있다.

저항은 주의를 덜 기울인다거나, 조력 약속에 늦는다거나, 혹은 모호한 태도를 취하는 미묘하고 간접적인 형태에서부터 조력자에게 직접적인 거부의 말을 하는 형태까지 다양하다. 오타니(Otani, 1989)는 내담자 저항의 측면을 네 가지 범주로 구분하였다.

① 언어 표현의 양, ② 메시지의 내용, ③ 의사소통의 스타일, ④ 조력 및 조력자에게 보이는 태도로, 예를 들어 내담자는 말을 지나치게 적게 하거나 안전한 주제에 대해서만 이야기하거나, 관련 없는 말을 자꾸 하거나, 단답식으로 대답을 하거나, 조력에 자꾸 빠지거나 늦거나 혹은 부주의한 모습을 보일 수 있다.

저항은 내담자가 거짓말을 하는 형태로도 나타날 수 있다. 우리는 대개 내담자가 거짓말을 했다는 것을 알기 전까지 내담자는 정직하게 이야기하고 있다고 믿는다. 예를 들어, 물질 남용과 관련된 이슈를 가진 많은 내담자는 여러 회기에 걸쳐 자신의 어려움을 드러내는데, 우리는 혹시 내담자가 거짓말을 하고 있지는 않은지 확인할 필요가 있다. 우리 중 한 명(REK)은 열여덟 살짜리 내담자로부터 그녀의 연상 남자친구와 성적인 관계를 맺고 있다는 사실을 반복적으로 부정하는 이야기를 들은 바 있다. 조력을 시작하고 몇 달이 지난 시점에서 그녀는 자신의 임신 사실을 더 이상 숨길 수가 없었고, 조력자는 그녀의 거짓말에 대해 물어보았다. 그녀는 조력에 오는 것도 좋고 조력자도 좋았지만, 자신의 남자친구와 조력 시간에 성관계에 대해서 사실대로 이야기하지 않기로 약속을 해서 어쩔 수 없었다고 말했다.

민감한 조력자는 내담자의 저항을 조력 관계 형성에 활용하기도 한다. 다시 말해, 조력자는 내담자의 저항을 알아차리고 바로 그에 반응하기보다는 저항에 대해서 인지하고, 내담자의 방어 유형에 대해서도 이해할 필요가 있다는 것이다. 숙련된 조력자는 내담자의 저항을 줄이기 위해 노력한다. 아마도 조력 속도나 주제, 탐색의 수준을 살짝 바꿈으로써 가능할 수도 있고 혹은 지지와 수용을 적극적으로 표현하는 방법도 있다. 이미 조력 관계가 공고하게 형성된 상황에서 저항이 발생한다면, 조력자는 내담자의 저항을 반영하고, 내담자로 하여금 그것을 어떻게 다룰지 결정하도록 할 수 있다. 조력자는 내담자와 저항에 대한 자각을 공유함으로써 저항을 줄이기도 한다. 즉, 전략을 바꿀 수 있고, 조력 방식을 살짝 바꾸거나 유머를 사용하거나 조력자가 자기개방을 하거나 일시적으로 다른 주제에 대해 이야기하는 방법을 활용할 수도 있다.

조력자와 저항을 하는 내담자가 서로 파워게임을 하는 것은 전혀 도움이 되지 않으며, 이 상황에서 조력자는 늘 질 수밖에 없다. 기억하라. 당신은 물가로 말을 이동하게 할 수는 있으나 말이 물을 마시게는 할 수 없다는 사실을! 조력자는 내담자의 저항이 잘 다루어지지 않을 때 종종 불안감, 좌절감, 분노를 경험하곤 한다. 조력자가 저항하는 내담자를 더 많이 압박할수록, 더 큰 저항이 나타날 수 있다. 지지적이고 위협적이지 않은 방식으로 내담자와 '함께 가는 것' 혹은 내담자의 저항을 따라가는 것이 오히려 더 효과적일 수 있다. 만약 조력자의 모든 시도가 실패하고, 내담자가 조력에 협력하거나 저항을 다루기를 끝내 거부한다면, 조력을 잠시 쉬는 것이 적절하다. 내담자들 중 많은 수는 자신의 저항을 다루는 데 시간이 필요하다. 만약 조력 회기 중간에 어느 정도 시간이 허용된다면, 그들은 자신이 좀 더 상황을 통제할 수 있다고 느낄 수 있다.

저항이 내담자의 내적 충돌을 암시하는 경우가 많다고 할지라도, 조력자의 부적절한 행동에서 야기될 때도 있다. 예를 들어, 공감을 제대로 하지 못했거나 내담자에게 도움이 되지 않는 반응을 했을 때이다. 내담자의 저항에 당신이 어떤 영향을 미쳤는지 지속적으로 확인하는 것은 중요하다. 기억하라, 당신이나 내담자를 비난하는 것은 전혀 도움이 되지 않는다. 중요한 것은 변화 과정의 일부로서 저항의 가치나 저항을 피할 수 없다는 사실을 이해하는 것이다.

연습문제 4-2

아래 제시된 내담자의 말을 보고, 당신이 이에 대한 조력자 반응 중 저항을 가장 잘 다루는 것이라고 생각하는 것을 선택하라. 정답은 이 장의 맨 뒤에 제시되어 있다. 이 활동은 소집단 형태로도 가능하다. 한 사람이 내담자의 말을 하면, 다른 사람들로 하여금 이에 대한 조력자의 반응을 하도록 하는 것이다.

1. **내담자**: 나는 그 누구에게도 내 얘기를 해 본 적 없어요. 당신에게도 내 이야기를 하는 것이 불편하네요.

   조력자:

   _____ a. 지금 이렇게 하는 것은 시간 낭비 같아요.

   _____ b. 당신의 어려움에 대해 이야기하는 것만이 기분이 나아지는 유일한 방법이에요.

   _____ c. 학대 경험이 있습니까? 당신이 말하기 원치 않는 주제가 학대에 관한 것인가요?

   _____ d. 당신이 편안함을 느낄 수 있는 속도에 맞춰 진행하는 것이 중요하지요.

   _____ e. 아마도 당신은 저 말고 다른 조력자에게 이야기하는 것을 원하는 것일지도 모르겠네요.

2. **내담자**: (남자 청소년) 당신이 어떻게 하더라도 여기에 이야기를 하지 않을 거예요.

   조력자:

   _____ a. 당신 말이 맞아요. 나는 당신이 이곳에 오길 원치 않았다는 것을 알고 있어요. 그렇지만 당신이 여기 있는 한 나는 당신을 도울 수 있을 것 같고, 당신이 고민하는 것 중에서 내가 혹시 당신을 도울 수 있는 것이 있는지는 알아보고 싶군요.

   _____ b. 그렇다면 이제 상담을 종료하는 것이 좋겠네요.

   _____ c. 왜 당신이 조력에 의뢰되었는지 알 것 같네요.

   _____ d. 당신이 상담에 협조하지 않는다는 사실을 부모님에게 말해야겠네요.

_____ e. 당신은 분노 문제가 있는 것 같군요.

3. **내담자**: 나는 오늘은 내 학대 문제에 대해서 이야기하고 싶지 않아요. 나는 아직 준비되지 않았
   어요.

   조력자:

   _____ a. 당신은 지금 상담 중이에요. 그러니까 말을 하는 것이 중요해요.

   _____ b. 알겠습니다. 그러면 오늘은 어떤 다른 이야기에 대해서 나누고 싶나요?

   _____ c. 저 역시 학대 경험이 있어요. 그러니 그것에 대해서 저에게 말을 하는 것에 대해 불편
   해하지 않으셔도 돼요.

   _____ d. 준비되지 않은 마음에 대해서 좀 더 이야기해 주세요.

   _____ e. 학대가 시작되었을 때 몇 살이었나요?

4. **내담자**: (벽시계를 반복적으로 쳐다보며) 상담은 언제 끝나죠?

   조력자:

   _____ a. 10분 후에 끝납니다.

   _____ b. 오늘 시계를 가지고 오지 않았나요?

   _____ c. 저에게 화난 일이 있나요?

   _____ d. 오늘 상담 시간이 굉장히 길게 느껴지나 봐요.

   _____ e. 당신은 법원의 명령에 의해 상담에 의뢰되었어요. 그러니 상담 전체 회기 내내 성실히
   참여하는 것이 중요해요.

5. **조력자**: 당신과 어머니의 관계에 대해서 좀 더 이야기해 줄 수 있나요?

   내담자: (기분 나쁜 어조로) 왜요? 말할 만한 것은 전혀 없어요.

   조력자:

   _____ a. 제 질문에 화가 난 것처럼 보이네요.

   _____ b. 이 주제가 당신이 이야기하기 어려운 것처럼 보여요.

   _____ c. 좋습니다. 그럼 아버지와 당신의 관계에 대해서 이야기해 주세요.

   _____ d. 그렇다면 당신과 어머니의 관계는 꽤나 문제가 있나 보군요.

   _____ e. 이 주제를 회피한다고 해서 문제가 없어지는 것은 아니에요.

6. **내담자**: 제가 어떻게 당신을 믿을 수 있죠?

   조력자:

   _____ a. 왜냐하면 나는 당신에게 나를 믿어도 된다고 말했기 때문입니다.

   _____ b. 당신이 관계에서 어려움을 겪었다는 것을 확실히 알겠네요.

_____ c. 믿음은 시간을 두고 만들어 나가는 것이죠.

_____ d. 믿음이 부족한 것이 어떻게 당신의 삶에 중요한 이슈가 될 수 있죠?

_____ e. 당신이 방금 말한 믿음에 대해 이야기를 좀 더 자세히 해 주겠어요?

7. **내담자**: 당신 몇 살이죠? 경험이 얼마나 있어요? 내 손녀딸 뻘로 보이네요.

    조력자:

_____ a. 25세입니다. 하지만 조력 전공 대학원 석사 과정을 마쳤지요.

_____ b. 당신의 손녀딸은 몇 살인가요?

_____ c. 내가 당신을 제대로 도울 수 있는지 걱정이 되나 봅니다.

_____ d. 실제 나이보다 제가 좀 어려 보여요.

_____ e. 당신보다 어려 보이는 사람에게 당신의 문제를 이야기하는 것은 사실 어렵죠.

8. 내담자가 지난 4회기를 마친 후 2회기(2주) 빠지고 오늘 찾아왔다. 이번 일이 있기 전까지 내담자는 상담을 빠진 적이 없다.

    내담자: 상담이 있다는 사실을 잊었어요.

    조력자:

_____ a. 무책임한 행동을 더 이상 하지 않는 것이 좋아요.

_____ b. 우리가 최근 나눈 이야기 중에 당신을 좀 힘들게 했던 게 있었는지 궁금하네요.

_____ c. 괜찮아요. 오늘은 무슨 이야기를 하고 싶으세요?

_____ d. 기억에 어려움이 있나요?

_____ e. 제 시간도 당신의 시간만큼 중요합니다.

9. **내담자**: 나는 당신이 왜 나에게 관심을 기울이는지 모르겠어요. 내가 이미 말을 했듯이 내 남편이 문제라니까요.

    조력자:

_____ a. 그러면 남편을 상담실에 데려오세요. 제가 남편의 문제를 고쳐 드리죠.

_____ b. 당신을 화나게 하는 사람과 상담을 함께 받지 못하는 것은 사실 화가 나는 일이죠. 우리는 남편과 함께 상담을 받는 것에 대해 이야기해 볼 수 있어요. 그렇지만 나는 남편과의 상호작용을 잘하기 위해서 당신이 할 수 있는 일이 무엇인지 함께 살펴보고 싶네요.

_____ c. 제 생각에도 당신은 남편과 이혼하는 것이 나을 것 같아요. 당신 남편은 정말 문제가 있어요.

_____ d. 음…… 당신은 모든 사람에 대해 그렇게 이야기했죠. 아마도 당신이 진짜 문제가 있는 것일 수 있어요.

_____ e. 당신이 남편에 대해 어떻게 반응할지를 나와 함께 살펴보는 것은 어떨지 궁금하네요.

다음에 제시된 내담자의 말을 보고, 당신이 이에 대한 조력자 반응 중 가장 잘 공감적 분위기를 형성하여 내담자가 자신의 현재 문제를 말하게 하는 데 도움이 된 말이라고 생각하는 것을 선택하라. 정답은 이 장의 맨 뒤에 제시되어 있다.

1. **내담자:** 앨버레즈 씨가 말하길, 당신이 저를 만나고 싶어 하셨다고요?

   조력자:

   ____ a. 네, 그렇습니다. 엘레나. 그녀는 나에게 당신이 집단에 그다지 열심히 참여하지 않는다고 말하더군요.

   ____ b. 네? 맞아요. 제가 그랬죠. 요즘 집단에서 어떻게 지내고 있는지 이야기해 줄 수 있나요? 최근 집단 내에서 개인적인 갈등이 많다는 사실을 알고 있어요.

   ____ c. 나는 당신과 쭉 이야기해 보고 당신의 이야기를 듣고 싶었어요. 당신은 최근 집단에서 돌아가고 있는 일에 대해서 어떻게 느끼나요?

   ____ d. 네, 나는 당신 기분을 좋게 하기 위한 방법을 알아보고 싶어요. 요즘 집단이 어떻게 돌아가는지 이야기해 줄 수 있나요?

   ____ e. 음…… 당신은 지금 집단이 어떻게 돌아간다고 생각하나요?

2. **내담자:** 나는 면접을 제대로 못 볼 거예요. 언제나 그랬듯 나는 실패할 거예요.

   조력자:

   ____ a. 아니요. 당신은 그렇지 않을 거예요. 만약 당신이 실패하지 않을 것이라고 마음만 먹는다면요.

   ____ b. 기운 내요. 당신 자신에 대해 믿음을 가져요. 당신은 잘해 나갈 수 있을 거예요.

   ____ c. 당신은 예전에 상담을 했을 때 실패했던 경험 때문에 걱정이 되나 봐요.

   ____ d. 조력을 했던 다른 사람과 이야기해 보는 것은 어때요? 당신이 괜찮을 것이라는 이야기를 해 줄 수도 있어요.

   ____ e. 당신은 예전에 상담을 할 때 힘든 경험이 있었나 봐요. 그것 때문에 이번 조력도 제대로 되지 않을 거라고 느낌이 드나 봅니다.

3. **내담자:** 나는 왜 우리가 늘 싸우는지 이유를 모르겠어요. 우리는 그냥 어떤 것에 대해서도 이야기하지 않는 것이 나을 것 같아요.

   조력자:

   ____ a. 그 부분에 대해 좀 더 이야기해 주세요.

   ____ b. 결혼한 사람이라면 모두 싸우곤 하죠.

   ____ c. 남편과 보내는 대부분의 시간에 남편 때문에 화가 난다는 것은 정말 힘든 일이죠. 당신

은 당신 남편과의 관계를 변화시키기 위해 무엇을 할 수 있을지 걱정이 되나 봅니다.

_____ d. 당신은 무슨 일에 대해 싸우나요?

_____ e. 당신은 변화가 필요해 보여요. 변화를 위해서 일상을 조금씩 바꾸는 것이 좋을 것 같아요. 예를 들어, 외식을 한다거나 영화를 본다거나, 평소와 좀 더 다른 것을 해 보세요.

4. **내담자**: 나는 도움이 필요해서 당신을 만나러 왔어요. 당신이 생각하기에 난 무엇을 해야 할까요?
   조력자:

   _____ a. 당신은 내가 당신에게 해야 할 일을 이야기해 주길 원하나 봅니다.

   _____ b. 먼저 해야 할 일은 몇 가지 정보를 확인하는 것입니다. 당신은 재정적 도움에 대해 알아보셨나요?

   _____ c. 당신이 알다시피, 내가 당신의 문제를 해결해 줄 수는 없어요.

   _____ d. 당신은 무엇을 하길 원하나요?

   _____ e. 나도 잘 모르겠네요. 이 부분에 대해 좀 더 이야기해 볼까요?

5. **내담자**: 회사 일이 제대로 되지 않고 있어요. 해고 이야기가 나오고 있어요.
   조력자:

   _____ a. 상황이 좋아지지 않으면 당신이 해고될지도 모른다는 생각에 걱정을 하는군요.

   _____ b. 나도 알아요. 나 역시 걱정을 하고 있어요. 그렇지만 어떤 일이 일어날지는 사실 알 수 없죠.

   _____ c. 네. 힘든 시간이죠. 매일 해고 소식이 들리니까요.

   _____ d. 걱정하지 마세요. 지금 상황이 과장되어 전달되는 게 확실해요.

   _____ e. 우리가 같은 배를 타고 있다는 생각이 들지는 않나요?

6. **내담자**: 나는 추수감사제 날에 로렐이 우리 집에 왔으면 좋겠어요. 그렇지만 나는 우리 어머니가 종교 차이 때문에 싫어하실 것을 알아요. 나는 그런 상황을 피하고 싶기도 해요.
   조력자:

   _____ a. 당신이 이 문제에 대해 오래 고민해 온 것처럼 들리는군요.

   _____ b. 당신은 어머니를 화나게 하지 않고 싶은 마음과 당신 인생의 소중한 부분을 가족과 공유하고 싶은 마음 사이에서 고민하고 있군요.

   _____ c. 당신의 아버지나 남자 형제에게 이 문제에 대해 이야기한 적 있나요?

   _____ d. 당신은 마치 로렐과 당신 엄마 사이에서 무엇인가를 선택해야 한다고 생각하고 겁을 내는 것 같네요.

   _____ e. 당신은 결정을 내려야만 하는 상황이 불편한가 봐요. 당신을 돕기 위해 무엇을 하면 좋을까요?

7. **내담자**: 당신을 만나러 왔지만, 당신은 나에게 전혀 도움이 되지 않을 거예요. 당신은 나를 변화
시킬 수 없어요.

   조력자:

   _____ a. 당신은 내가 당신을 위해 좀 더 일을 쉽게 진행할 수 있도록 하길 바라는군요.

   _____ b. 당신은 꽤나 실망한 상태로군요. 당신은 제가 당신을 변화시키기 위한 어떤 방법이 있
   기를 바라나 봐요.

   _____ c. 당신은 어떠한 노력도 하지 않겠다는 말로 들리는군요.

   _____ d. 당신이 변화할 수 있는 부분도 있을 거예요.

   _____ e. 당신이 진짜 변화하고 싶은 마음이 없는지 그것이 궁금하군요.

8. **내담자**: 아빠 말을 들을 걸 그랬어요. 아빠가 이 일이 제대로 되지 않을 거라고 하더군요.

   조력자:

   _____ a. 음. 당신은 살아가고 또 배우고 있죠. 실수하는 것이 그렇게 끔찍한 것은 아니에요.

   _____ b. 우유를 쏟고 나서 우는 것은 도움이 되지 않죠.

   _____ c. 당신이 왜 이 일이 제대로 되지 않을 거라고 생각하는지 이야기해 주세요.

   _____ d. 당신 아버지의 말이 옳을 수도 있다고 생각하는 것은 좀 무섭네요. 또 아버지 말 중 어
   떤 것이 옳았다고 생각이 들어요?

   _____ e. 당신은 옳지 않다고 생각해 왔던 일이 실현될까 봐 걱정하는 것처럼 보여요.

9. **내담자**: 나는 학교로는 절대 돌아가지 않을 거예요. 배우는 것도 없고 선생님은 끔찍해요. 나는
그냥 일을 구할 거예요.

   조력자:

   _____ a. 미샤, 당신도 알다시피, 만약 학교를 졸업하지 않는다면 나중에 후회할 일이 생길 거예
   요. 그리고 그때는 이미 늦어요.

   _____ b. 당신이 어떤 기분인지는 알겠어요. 그렇지만 요즘 일을 구하는 것은 쉽지 않아요.

   _____ c. 학교에 대해 실망을 많이 했나 봐요. 학교로부터 정말 벗어나고 싶은 것처럼 들리네요.

   _____ d. 학교에서 무엇을 얻을 수 있을지 당신은 아직 잘 모르는 것 같아요. 이건 시간 낭비이죠.

   _____ e. 이 상황에서 당신이 스스로를 돕기 위해 무엇을 할지 궁금하네요.

10. **내담자**: 저의 부모님은 항상 저와 함께 있었어요. 그들은 항상 내가 누구이며, 무엇을 하고 있
으며, 누구와 함께 있는지 알고 싶어 했어요. 그들은 절대 저희를 혼자 두지 않았어요.

    조력자:

    _____ a. 부모님이 걱정을 지나치게 많이 하는 것처럼 보이네요.

    _____ b. 당신 부모님이 당신을 믿지 못하는 것처럼 느껴져 당신이 화가 난 것 같군요.

_____ c. 제가 확신하건대 당신의 부모님은 당신을 정말 사랑하고 그냥 당신을 걱정하는 것 같아요. 십대 청소년에게 이렇게 하기란 쉽지 않지요.

_____ d. 당신 부모님이 걱정할 만한 일을 한 적 있나요?

_____ e. 당신 부모님이 당신을 많이 걱정한다는 사실을 알게 돼서 기쁘네요. 그렇지 않나요?

이 활동을 마친 후, 이 장의 뒤에 있는 정답을 확인하라. 그리고 나서 소집단으로 당신의 대답에 대해서 논의를 하고, 왜 당신은 그 답을 선택했으며, 다른 답에 비해 적절해 보이는 부분이 무엇이었는지를 다른 사람과 나누라.

2단계: 현재 문제를 명료화하기

내담자가 경험하고 있는 문제를 드러내는 데에는 시간과 인내가 필요한 경우가 있다. 많은 사람은 조력자를 충분히 믿게 되기 전까지는 자신의 문제 중 피상적인 부분만을 먼저 드러낸다. 그리고 나중에 조력자를 믿게 된 때가 되어서야 자신의 핵심적인 문제를 드러내곤 한다. 일부 내담자는 자신의 진짜 문제가 무엇인지 제대로 인식조차 못하고 있는 경우도 있다. 예를 들어, 한 여성이 나를 만나러 와서 그녀가 자신의 아이들에 대해 걱정을 하고 있다고 말했다. 그렇지만 조력이 진행될수록 그녀는 자신의 남편에 대해 화가 나 있었고, 그녀의 결혼 생활 자체에 대해 고민하고 있다는 사실이 드러났다. 이 경우에 그 여성은 자신의 결혼 관계의 문제에 초점을 맞추는 것보다는 아이들에게 눈을 돌리는 것이 덜 고통스러웠던 것이다. 당신은 내담자의 말을 적극적으로 그리고 신중하게 들음으로써 피상적인 문제가 핵심 문제에 대한 접근을 방해하지 않도록 노력해야 한다.

내담자가 현재 경험하고 있는 문제를 여러 개 동시에 이야기할 수도 있다. 반응적 경청 기술을 활용하여, 당신은 내담자로 하여금 현재 문제를 다룰 우선순위를 택하도록 도울 수 있다.

다음에 제시된 사례에서는 똑같은 내담자의 말에 대한 두 가지 다른 접근법이 제시되어 있다.

내담자: 가족과 관련된 문제가 좀 있어요. 내 약혼녀와 나에게 같은 삼촌이 있어요. 그는 우리 부모님과 나와 굉장히 가까워요. 그녀의 부모님은 15년간 그를 만나지 않아 왔어요. 그들은

그녀로 하여금, 그 삼촌을 만나지 못하게끔 막고 있어요. 그가 만약 우리 집에 있으면, 우리 집에도 못 오게끔 해요.

조력자: 어려운 상황이네요. 당신은 당신의 삼촌과의 관계에 대해서 죄책감을 느끼나 봐요.

내담자: 네, 문제는 결혼식이에요. 저희 어머니는 그 삼촌이 꼭 오셨으면 해요. 그렇지만 약혼녀는 절대 안 된다고 말하고요.

조력자: 해결하기 어려운 상황이네요. 당신은 이것을 어떻게 해야 할지 곤란해하고 있군요.

내담자: 나는 약혼녀와 어디 도망이라도 가야 하나 싶어요. 당신은 이탈리아 사람들의 결혼식이 어떤지 아시잖아요. 나는 모두가 만족할 수 있는 방법을 도저히 찾을 수가 없네요.

조력자: 결혼식 초대와 관련된 문제를 해결할 수 있는 다른 방법을 찾아보죠.

…… (중략) ……

내담자: 가족과 관련된 문제가 좀 있어요. 내 약혼녀와 나에게 같은 삼촌이 있어요. 그는 우리 부모님과 나와 굉장히 가까워요. 그녀의 부모님은 15년간 그를 만나지 않아 왔고요. 그들은 그녀로 하여금 그 삼촌을 만나지 못하게끔 막고 있어요. 그가 만약 우리 집에 있으면, 우리 집에도 못 오게 해요.

조력자: 당신은 약혼자녀의 부모님이 여전히 그녀에 대해 강한 영향력을 행사하는 것에 대해 불편해하는군요.

내담자: 네, 나는 정말 그렇게 생각해요.

조력자: 두 가족 사이에 낀다는 것, 그리고 약혼녀가 당신의 입장에 함께 서 있지 않다는 것은 무척이나 불편한 일이죠.

내담자: 나는 그녀가 나를 더 우선적으로 생각해야 한다고 봐요. 나는 그녀의 남편이 될 사람입니다.

조력자: 당신은 그녀가 결혼 후에도 여전히 부모님의 영향을 받지 않을까 걱정하는 것처럼 보이네요.

내담자: 맞아요.

두 번째 사례에서 조력자는 중요하지 않지만 드러나 보이는 문제를 다루기보다는 내담자가 가진 진짜 핵심적인 이슈를 제대로 다룰 수 있었다. 당신은 급하게 문제 해결 방법을 찾는 것이 아니라, 시간을 들여 내담자의 진짜 문제를 찾는 것의 중요성을 확인할 수 있었을 것이다. 이건 우리가 실제 경험한 것이기도 하다. 문제가 무엇인지 그리고 그 문제를 다루고 해결해야 할 책임이 누구에게 있는지 명확히 하지 않는다면, 문제

해결에 얼마나 많은 공을 들이든 좋은 결과를 기대하기 어렵게 된다. 특정 문제에 대해서 어느 정도라도 자신의 책임이 있다고 생각해야지만 문제 해결에 많은 노력을 들일 수 있다.

문제를 명확히 하는 것을 보여 주는 또 다른 예가 다음에 제시되어 있다.

내담자: 나는 내일 일을 하러 갈 수 없을 것 같아요. 재고와 관련해서 동료들이 내 도움을 필요로 하는 것을 알지만, 나는 아무래도 할 수 없을 것 같아요.

조력자: 당신에게 신경 쓰이는 일이 있나 봐요.

내담자: 아니에요. 그저 나는 내가 혼자 살 집을 알아봐야 할 것 같아서요.

조력자: 당신은 현재 거주 문제와 관련해서 고민하고 있군요.

내담자: 네, 제 룸메이트는 정말로 짜증나고, 걔 때문에 진짜 힘들어요. 나는 내가 혼자 살 수 있는 공간이 필요해요. 그렇지만 나는 어떻게 해 나갈 수 있을지 잘 모르겠어요.

조력자: 당신은 혼자 살 수 있는 공간을 구하는 것과 현재 이 상황을 견디는 것 사이에서 재정적 책임 등과 관련해서 걱정하고 있는 것으로 보여요.

내담자: 맞아요. 나는 지금까지 혼자 살아 본 적이 없어요. 무척이나 원해 왔지만요. 나는 내가 혼자 살아갈 수 있을지 모르겠어요. 돈이 너무 많이 들 것 같아요.

조력자: 그러면 당신이 혼자 살게 될 경우 돈이 얼마나 들게 될지 함께 확인해 봅시다.

다시 말하자면, 내담자가 진짜 말하고 싶은 것이 무엇인지를 듣는 데 시간을 들임으로써 조력자는 룸메이트의 관계와 관련된 이슈에 주의가 분산되지 않고, 내담자가 가지고 있는 공포나 불안을 알아차릴 수 있었다.

많은 사례에서 현재의 문제는 내담자가 가진 더 중요한 문제를 덮고 있다. 그리고 여러 회기가 지나야만 그러한 핵심적인 문제가 겉으로 드러난다. 이는 어떤 이는 다른 사람들보다 조력자를 믿거나 혹은 조력자와 라포를 형성하는 데 어려움을 겪기 때문일 수도 있고, 혹은 자신의 진짜 문제가 무엇인지 스스로도 모르고 있기 때문일 수 있다.

연습문제 4-4

소집단을 이루어 다음 제시된 상황에 대해서 이야기를 나눠 보라. 그리고 나서 만약 가능하다면 문제를 명확히 하는 것을 목표로 역할 연습을 해 보라. 시나리오에 따른 반응에 대한 당신의 감정을 다른 구성원에게 이야기하고, 그들이 문제를 명료화하는 것을 도와줄 수 있을지 함께 확인해 보라.

대안을 받아들이거나 혹은 거부하는 것에 대한 근거를 이야기하고, 당신의 생각을 제시해 보라.

1. 10세인 타냐가 당신을 찾아왔다. 그녀의 걸스카우트 리더가 당신에게 두 명의 스카우트생이 어제 가게에서 사탕을 훔쳤다고 말했다. 타냐는 그들이 예전에 사탕을 훔칠 때 함께 있었던 적이 있다고 말했다. 당신은 무엇을 해야 할까요? 그리고 왜 그러한가?
   a. 사탕을 훔쳤다고 이야기되는 두 소녀를 불러서 타냐의 말이 맞는지 확인시킨다.
   b. 타냐와 함께 물건을 훔치는 것, 고자질하는 것, 설사 비행까지는 아니더라도 잘못된 행동을 함께 하는 것이 도덕적으로 어떠한지 이야기 나눈다.
   c. 이 문제에 대한 타냐의 걱정에 대해 들어주고, 그녀는 어떻게 하고 싶은지 함께 확인한다.

2. 도밍고 씨는 공공 직업 소개소에 있는 당신을 찾아와 자신의 직장 구직 면접 일정을 보여 주면서 자신이 면접을 했다고 말했다. 그렇지만 자신의 고용주는 그가 면접을 하지 않는다고 말한다고 전했다. 이러한 상황에서 당신이라면 어떻게 할 것인가? 그리고 왜 그렇게 행동하겠는가?
   a. 도밍고 씨에게 당신은 나는 고용주가 거짓말을 한 것을 알고 있으므로 구직 면접과 관련해서 더 이상 그에게 이야기할 수 없을 것이라고 말한다.
   b. 그에게 무슨 일이 있었는지 자세하게 말해 달라고 이야기한다. 그리고 당신이 무엇을 할 수 있고, 무엇을 할 수 없는지를 설명해 주며, 그중 어떠한 것들이 그에게 도움이 될지 말한다.
   c. 그에게 인터뷰 연습을 위해 직업 집단 상담에 참여하길 권한다.

3. 14세인 톰은 술에 취해 몽롱한 상태로 지역 문화 센터에서 개설된 당신의 체조 수업에 찾아왔다. 그가 비교적 안정적으로 출석하고 있긴 하지만 당신은 최근 몇 주간 그가 술에 취한 상태로 수업에 온 것에 대해 걱정한다. 그에게 무슨 일이 있냐고 물어볼 때마다, 그는 당신에게 "아무 일도 없어요. 나를 귀찮게 하지 마세요."라고 말한다. 이 상황에서 당신은 무엇을 할 것이며, 왜 그렇게 행동할 것인가?
   a. 톰에게 당신은 그가 수업에 꼭 왔으면 하고 바라지만, 그의 컨디션이 좋지 않거나 술에 취해 있을 때는 오지 않아야 한다고 말한다. 왜냐하면 그것은 톰을 위해서나 나머지 구성원을 위해서나 모두 좋지 않기 때문이다.
   b. 그에게 당신은 그를 걱정하고 있으며, 그가 자신을 힘들게 하는 문제를 말할 준비가 되면 언제든 대화를 나눌 수 있을 것이라고 이야기해 준다.
   c. 그를 집으로 데려가서 그의 부모님과 이야기를 나눠 볼 수 있을지 물어본다.

4. 당신은 시 외곽 쇼핑센터의 가게 매니저이며, 지난 몇 주간 당신의 선배 영업 직원이 야간 근무 때 몇 가지 실수를 반복하는 것을 보았다. 당신은 또한 그녀가 고객들에게 사소한 일에 대해 짜증을 내거나 무뚝뚝한 태도를 보이는 것을 알고 있다. 이러한 상황에서 당신은 어떻게 행동할

것인가? 그렇게 행동하는 이유는 무엇인가?

   a. 그녀는 자신이 그녀가 기분이 좋지 않은 상황을 몇 번 보았으며, 이 때문에 걱정하고 있다고 말을 한다. 어떤 문제가 있는 것인지 말해 줄 수 있을지 물어본다.

   b. 당신의 매니저가 이러한 문제에 대해 자신에게 맡겼기 때문에, 만약 그녀에게 밤 근무 시 어떤 문제가 있다면 자신에게 이야기해야 한다고 말한다.

   c. 그녀가 문제가 있는 것 같아 보이므로 다른 누군가와 이야기를 해 보길 권유한다. 지역 센터에 있는 사람 중 당신이 아는 사람을 소개해 준다.

5. 당신은 노인 대상의 지역 문화 센터 공예 수업의 자원봉사자이다. 로버츠 씨라는 한 신사분이 수업에 자꾸 빠지거나 짜증을 내곤 했다. 당신이 그에게 말을 걸 때면, 그는 당신에게 그의 며느리가 자신에게 못되게 대하고 있다고 말하며, 그녀와 함께 사는 게 괴롭다고 이야기한다. 이러한 상황에서 당신은 어떤 행동을 하고, 왜 그렇게 행동할 것인가?

   a. 며느리가 시부모를 이해하기 힘들어하는 상황이 종종 일어난다는 말을 하며, 그의 입장에 공감한다.

   b. 혹시 다른 해결 방법이 있을지 그와 이야기하며, 지역사회 내에서 참여할 수 있는 다양한 활동이 있음을 알려 준다.

   c. 그의 외로움에 공감하고, 다른 사람들에게 지지를 받거나 함께할 활동을 늘릴 수 있도록 돕는다.

3단계: 조력 관계의 구조화 및 계약 수립하기

만약 해결책을 필요로 하는 내담자와 함께 조력에서 다룰 문제가 명료해진다면, 당신은 문제 해결에 필요한 도움을 제공할 수 있는지 여부를 판단해야 한다. 당신의 결정은 조력 과정에 적극적으로 참여하고자 하는 내담자의 동기를 평가하는 것과 관련될 수 있다. 만약 당신이 내담자의 문제를 해결하는 데 도움을 줄 수 없다는 판단이 생기면, 당신은 의뢰라는 방식을 활용하여 내담자가 도움을 받도록 할 수 있다.

의뢰는 특정한 목적을 가지고 내담자를 적절히 도와줄 수 있는 개인이나 기관에 내담자를 연결시켜 주는 것이다. 도움을 주는 관계에서는 특히 초기 의뢰가 중요하다. 왜냐하면 초기 의뢰에는 시간이 다소 걸리기 때문이다. 의뢰한 곳과 연계되어 약속이 성사되기까지 기다리는 시간이 있을 수 있다. 그 시간 동안 당신은 내담자에게 지지적이고 격려하는 관계를 지속할 수도 있다. 내담자는 의뢰를 받아들이길 원치 않을 수도 있고, 혹은 의뢰에 준비시키는 것이 당신과의 조력 관계의 목표가 될 수도 있다. 만약 개인적이거나 장기적인 조력을 지속적으로 할 수 없는 상황이라면, 당신은 의뢰할 만한 지역 센터나 자원의 목록을 가지고 있다가 내담자의 필요에 따라 재빨리 연계를 시키는 것이 필요하다.

의뢰가 진행되는 예로 다음을 확인하라.

> 화이트는 42세의 여성으로 8년간 포장 관련 부서에서 관리자로 일해 왔다. 그녀는 최근 체중이 급격히 줄어들면서 주변 사람들에게 짜증을 부리거나, 다른 사람들을 화나게 하는 일을 종종 하곤 했다. 그녀는 예전에는 이렇게 행동하지 않았다. 그녀는 지난 8년간 가장 성격이 편하고 좋은 관리자로 회사 내에서 알려져 있었다. 다음에 발췌된 내용은 인적자원관리 부서 매니저와의 2번째 면담에서 진행된 것이다. 그녀는 '누군가와 얘기하는 것'이 필요하다고 느껴 매니저와의 면담 시간을 요청하였다.

화이트: 내 세계가 산산히 부서져 내린 것 같아요. 나는 먹을 수도 없고, 잠을 잘 수도 없고, 어떠한 생각도 전혀 할 수가 없어요.

매니저: 당신이 걱정되네요. 정말 힘들어하는 것처럼 보여요.

화이트: 나는 며칠 전에 의사를 만나러 갔어요. 그는 체중 저하와 긴장감 외에는 모두 내 머리 속에만 있는 것이라면서 그만 걱정하라고 말하더라고요. 나는 내가 무슨 걱정을 그만해야 하는지도 모르겠어요.

매니저: 나는 당신을 돕고 싶어요. 하지만 나는 내가 해 줄 수 있는 것보다 다른 도움을 받는 것이 더 필요해 보여요.

화이트: 무슨 의미인가요? 나는 정신적으로는 별로 문제가 없어요.

매니저: 물론 저도 잘 알고 있지요. 그렇지만 당신은 다른 사람들도 삶의 과정에서 일시적으로 경험하는 그런 문제를 경험하고 있는 것 같아요. 전문가가 당신을 더 잘 도와줄 수 있을 것 같아요. 그들이라면 당신이 걱정하는 것이 무엇인지 알아낼 수 있을 거예요.

화이트: 잘 모르겠어요. 나는 당신에게 말하듯이 다른 사람에게 내 얘기를 할 수 있을지 잘 모르겠어요. 그리고 경제적으로 별로 여유가 없어요.

매니저: 물론 나에게 계속 이야기해도 돼요. 그렇지만 이 근처에서 당신을 잘 도와줄 수 있는 사람을 찾아볼 수 있도록 해 줘요. 그리고 비용도 알아볼게요. 그리고 나서 이 문제에 대해 다시 이야기를 나눠 봅시다.

화이트: 만약 당신이 정말 그렇게 생각한다면 그렇게 해 보죠.

매니저: 내일 아침에 나를 만나러 잠깐 와 줄 수 있어요? 9시 45분쯤 커피 마시는 쉬는 시간 바로 직전에요. 우리는 이 문제에 대해 좀 더 이야기 나눌 수 있을 거예요.

화이트 씨는 의뢰 이야기를 처음 듣고 당황스러워했으나, 매니저는 그녀의 불안에 민감하게 반응해 주었다. 이러한 경우에 도움을 청한 사람이 의뢰를 받아들일 만큼 신뢰 깊은 관계가 형성될 수 있도록 시간을 들여 노력할 필요가 있다. 매니저는 화이트 씨가 이미 의학적으로는 건강 문제가 없다는 사실을 확인하였기 때문에, 시간을 들여 화이트 씨에게 적합한 의뢰를 진행해 나갈 수 있도록 지지하고 기다려 줄 수 있었다.

성공적인 의뢰를 위해서 당신은 당신이 무엇을 할 수 있으며 무엇을 할 수 없는지를 잘 알고 있어야 하며, 당신 주변의 사람들이 어떠한 문제나 상황을 잘 다루는지도 이해하고 있어야 한다. 만약 문제의 특성이나 범위를 고려하건대 당신이 충분히 도움을 줄 수 있다는 생각이 들면, 당신은 반드시 도움을 청하는 이에게 당신이 할 수 있는 것과 할 수 없는 것, 도움을 청하는 이에게 당신이 기대하는바, 당신은 그의 문제를 어떻게 지각하고 있는지, 이 관계에 얼마만큼의 시간을 들일 수 있는지 등에 대해 명료하게 이야기해야 한다. 이것은 공식적인 관계나 비공식적인 관계, 어떤 장면에서 관계가 이루어지는지에 상관없이 해당된다. 불행하게도 이러한 지침이 무시되는 경우가 종종 있고, 이럴 경우 서로의 기대가 제대로 채워지지 않아 불만족스러운 상황이 생기기도 한다.

도움을 받을 수 있는 다양한 자원에 대해 잘 알고 있는 것은 매우 중요하다. 많은 사람이 도움을 받을 수 있는 기회를 놓치고 있다. 특정 상황에 대해 가능한 다양한 접근으로 도움을 받는 것이 좋다. 우리는 종종 내담자에게 알코올 중독 자조 모임, 결혼 생활 대화 모임, 부모 집단, 학습장애 아동을 둔 부모들의 모임, 특정 질환을 가진 환자들의 모임 등을 소개하곤 한다. 지지 집단은 또한 군인 가족, 이혼하거나 사별한 가족, 외상 생존자(1장에서 논의된 국내외 다양한 유형의 외상에 직간접적으로 영향을 받은 이들)를 위해서도 있다. 스트레스 감소 집단, 마음챙김 집단, 명상 집단, 요가 클래스 등의 집단도 다양하게 존재한다. 최근 만난 내담자는 정신병원을 퇴원하여 그녀의 고향으로 돌아가 양극성장애를 겪는 여자들을 대상으로 하는 자조 모임에 참여하였다. 그녀는 동일한 어려움을 겪는 사람들의 지지나 이해가 상당히 큰 도움이 되었다는 사실은 이미 병원에서도 경험하였다. 기술의 발달은 더 많은 사람이 다양한 방식으로의 지지/지원을 얻는 것을 가능케 한다. 예를 들어, 특정 암이나 퇴행성 질환을 겪는 환자들을 위한 온라인 지지 모임이 있으며, 환자의 양육자나 가족들을 대상으로 하는 지지 모임도 존

수업의 각 구성원들은 내담자가 경험하는 특정 문제상황을 선택할 수 있다. 예를 들어, 알코올 중독(당사자와 가족에게 영향을 미치는), 부부 문제, 아픈 아이를 양육하기, 반항적인 청소년을 대하기, 해고 문제를 해결하기 등과 같은 것이 가능하다. 한 주 동안, 지역사회 기관(병의원, 학교, 교회 등 기타 기관)을 방문하여 그들에게 도움을 줄 수 있는 다양한 방법들을 알아보고 이들에 대한 지역 신문 등을 살펴보라. 수업을 듣는 이들과 당신이 알게 된 것을 함께 나누고, 의뢰가 가능한 지역사회 자원으로 어떠한 것들이 있는지 확인하라.

재한다. 사별한 이들을 위한 온라인 모임이 있을 뿐만 아니라, 특히 이들 중 다양한 심리적 어려움을 겪는 이들만을 위한 온라인 모임도 있다.

문제가 무엇인지 여전히 불명확하거나, 여러 가지 요인이 문제에 영향을 미친다고 생각이 들 경우, 당신은 조력자로서 할 수 있는 역할에 대해 컨설턴트의 도움을 받을 수 있다. 혹은 내담자로 하여금 다른 전문가에게 컨설팅을 받도록 제안할 수 있다. 만약 의학적인 상태와 관련해서, 예를 들어 두통이나 소화 불량이 지속될 경우 내담자의 불편함이 가중될 수 있으므로, 당신은 내담자로 하여금 의사를 먼저 만나 보도록 안내할 수 있다. 혹은 만약 내담자가 이혼한 전 배우자와 문제가 있거나 현재 이혼을 심각하게 고려하고 있다면, 법적인 자문을 받도록 안내할 수도 있다.

만약 당신과 내담자가 이에 대해 합의를 한다면, 계약을 통해 서로의 기대를 명료하게 정리하라. 계약은 구두로도 가능하고 서면으로도 가능하다. 둘 모두에게 명확하게 이해되고, 언제나 원할 시 수정할 수 있어야 한다. 예를 들어, 만약 당신이 내담자에게 5번 정도 지속적으로 만난 후 그다음에 어떻게 할지는 그때 돼서 다시 결정하자고 이야기한다면, 당신은 둘이 합의만 하면 회기를 늘릴 수도 있고, 줄일 수일 수도 있다. 합의가 된다는 것이 가장 핵심이다. 계약에 포함되어야 할 사항으로는 회기의 시간, 지속 기간, 회기를 진행하는 장소, 조력료 그리고 앞으로 추가적으로 만나야 할 회기가 몇 회기 정도일지, 누가 회기에 참여할지, 계약의 조건을 바꾸는 절차는 어떠할지, 내담자와 조력자의 기대 등이 있다.

다음에 제시된 내용은 계약을 맺는 과정을 드러내는 사례이다.

마리안은 18세의 대학 신입생이다. 그녀는 향수병이 심해져 기숙사 관리인에 의해 조력이 의뢰되었다. 다음에 제시된 내용은 첫 회기의 마지막 부분을 발췌한 것이다. 조력자는 첫 회기에는 열등감이나 부적절감과 관련된 낮은 자아개념 이슈를 문제로 확인하였다.

조력자: 시간이 거의 다 되었네요. 마리안, 나는 오늘 이야기한 것들에 대해 당신이 어떻게 느끼는
　　　지 궁금해요.

마리안: 괜찮았어요.

조력자: 다음 번에 다시 오시겠어요?

마리안: 네, 그럴게요. 선생님이 생각하시기에 제가 계속 와야 할 것 같나요?

조력자: 조력에 계속 올지 말지는 당신의 결정에 달렸어요. 나는 당신이 요즘 느끼고 생각하는 것
　　　에 대해서 우리가 좀 더 이야기할 수 있을 것 같아요.

마리안: 어, 어…….

조력자: 그럼 3번 정도 더 만납시다. 1주일에 한 번씩 만나는 거예요. 그러고 나서 이후에 어떻게
　　　할지 다시 결정하는 걸로 합시다. 당신은 집단 조력에 참여할 수도 있고, 계속 개인 조력을
　　　올 수도 있어요. 지금으로서는 차후 어떻게 할지 결정하지 않고 둡시다.

마리안: 그게 좋을 것 같아요. 다음 번 올 약속은 선생님과 잡으면 되나요? 아니면 비서와 잡을까요?

　이 사례에서 조력자는 내담자에게 좀 더 조력을 지속하는 것이 어떻겠냐고 제안한
다. 그리고 몇 주 내에 다시 조력을 어떻게 할지에 대해서 결정해 보자고 한다. 이렇게
구조화를 할 경우, 내담자가 조력이 어떻게 진행될지에 대한 틀을 이해할 수 있어서,
조력이 영원히 계속되지는 않을까라는 불안을 느끼지 않게 된다.
　다음에 제시된 사례는 마약과 잦은 결석으로 징계 처분을 받아 조력실에 오게 된 내
담자와의 대화이다.

　리엄은 17세로 고등학교 졸업반이다. 그는 학생 징계 책임자에 의해 조력이 의뢰되었다. 1회기
에서 그는 조력자에게 자신의 문제는 전부 엄마의 동성애 때문이고, 엄마의 동성애적 성향이 바뀌
지 않는 이상 자신이 할 게 없다고 말을 했다. 그는 조력을 하고 싶지 않아 했으며, 자신의 징계 조
건에 매주 조력을 받아야 한다는 사항이 포함된 것에 대해 분노하고 있었다.

조력자: 당신이 여기에 오고 싶어 하지 않는 마음이 이해가 되네요.

리엄: 나는 조력자가 싫어요. 나는 내가 여기에 왜 와야 하는지도 모르겠어요.

조력자: 스스로 무엇을 할지 결정할 수 없다는 사실이 짜증스럽게 느껴지나 봐요. 다른 사람이 나
　　　의 행동을 통제하고 결정한다는 것은 화가 나는 일이죠.

리엄: 네.

조력자: 상담을 계속해서 받지 않을 경우, 어떻게 될지에 대해 생각해 볼 필요가 있겠네요.

리엄: 매주 약속을 잡죠.

조력자: 네? 나는 지금 좀 놀라고 혼란스럽네요. 왜냐면 당신은 상담을 받기를 원하지 않는다고 했잖아요.

리엄: 약속을 정하죠. C 씨는 내가 졸업까지 남은 기간에 상담을 받아야 한대요. 총 6번이죠.

조력자: 당신은 졸업을 하길 원하나 봐요. 우리는 다음 6번을 언제 만날지 시간을 정해 봐요. 아마도 우리는 당신에게 흥미로울 만한 주제를 찾아낼 수 있을 거예요.

이 사례에서 리엄이 조력을 받아야만 졸업을 할 수 있다는 것이 가장 문제가 되는 대목이었다. 다음 만나는 6주간, 리엄이 경험하는 문제에 대해 좀 더 탐색이 되고 명확히 이해할 수 있게 되었다. 이상에서 제시된 사례에서 조력자는 내담자의 저항에 대해 다투려고 하지 않았다는 사실에 주목하라.

4단계: 문제에 대한 이해 심화하기

반응적 듣기 모델을 활용하여 내담자로 하여금 자신의 문제를 다양한 측면에서 보고, 문제에 내포된 의미를 이해하고, 문제가 미치는 영향을 알도록 도울 수 있다. 물론, 조력 과정 내내 새로운 문제가 나타난다. 다시 말하자면, 문제가 무엇인지 명확히 이해하고, 문제에 책임이 있는 사람은 누구인지 그리고 내담자는 문제 해결이나 변화에 어느 정도의 영향력을 행사할 수 있는지를 알아야 한다.

내담자의 문제가 내담자가 살고 있는 큰 체계로부터 비롯된 것일 때가 종종 있다. 이런 경우에는 내담자는 좌절감을 느끼고, 무기력하며, 희망이 없다고 생각한다. 그러나 이 경우에도 다른 문제 상황을 다룰 때와 마찬가지의 원칙이 적용된다. 이 단계 동안, 당신은 내담자의 사고 과정, 감정, 행동, 내담자의 강점과 문제 해결을 어렵게 하는 특성, 내담자의 믿음과 태도, 방어 및 대응 전략, 다른 사람과의 관계, 희망, 야망, 열망에 대해 이해할 수 있다. 또한 이 단계에서 당신은 내담자가 자신의 생각이나 느낌을 표현할 때, 판단받거나 조언받을 것이라는 불안 없이 자유롭게 자신을 드러낼 수 있도록 촉진해야 한다. 당신은 이 모든 과정에서 믿음, 진정성, 공감을 전달함으로써 내담자가 자신의 자각을 자유롭게 표현할 수 있는 안전한 분위기를 형성할 수 있다.

다음에 제시된 내용은 마리안과의 세 번째 회기에서 진행된 내용이며, 그녀의 문제에 대한 깊이 있는 탐색이 필요하다는 것이 입증되었다.

> 조력자: 당신은 오랜 시간 동안 스스로 할 수 있는 것이 별로 없다고 느껴 왔겠군요.
>
> 마리안: 우리 엄마랑 언니는 나에게 무엇이든 해 주려고 했어요.
>
> 조력자: 그럼 당신이 느꼈을 감정은……
>
> 마리안: 바보가 된 것 같았어요. 그들은 매일 밤 내 숙제도 체크했어요. 팻은 고등학교를 졸업하자마자 결혼을 하고 대학에 진학하지 않았어요. 그녀는 학교 다닐 때 정말 우수했어요. 하지만 지금은 남편과 사별하고 아기와 함께 엄마 집에 돌아와 있죠.
>
> 조력자: 당신이 엄마와 팻이 가지지 못했던 것을 채웠어야 했던 것처럼 들리네요.
>
> 마리안: 그들은 항상 자신은 갖지 못했다는 이유로 나에게 이런저런 요구를 했어요. 내가 대학에 진학한 가장 중요한 이유도 바로 그것이죠.
>
> 조력자: 엄마와 언니의 기대를 채우는 일이 당신에게는 중요했나 봐요.
>
> 마리안: 잘 모르겠어요. 나는 나한테 무엇이 중요한지에 대해 전혀 생각해 보지 않고 자랐어요. 나는 엄마를 절대 화나게 하지 않았어요. 엄마는 너무 쉽게 눈물을 흘리거든요.
>
> 조력자: 그리고 당신의 아버지는 어떠했나요?
>
> 마리안: 그는 엄마가 원하는 것을 항상 따랐어요. 엄마를 전혀 막지 않았죠.
>
> 조력자: 아빠에게 화가 난 것처럼 들리네요.
>
> 마리안: 나는 아빠가 그래도 내 편을 들어주는 순간이 몇 번이라도 있었으면 하고 생각을 해요.

이 사례에서 조력자는 마리안의 배경과 그녀가 느끼는 부적절감에 대해 가능한 한 많은 것을 이해하려고 했다. 여기에는 시간과 숙련된 기술이 필요하다. 그렇지만 조력 목표를 수립하기 위해서는 반드시 내담자에 대한 이해가 선행되어야만 한다. 깊이 있는 이해는 조력 과정 내내 계속되는 것이다. 조력자들 중 많은 이가 4단계를 힘들어하거나 가장 흥미롭게 느낀다. 사실 많은 조력 관계가 이 단계에서 종결된다. 왜냐하면 상호 간 깊이 있는 탐색을 하는 것은 그 자체로도 치료이고, 새로운 관점을 갖는 것은 이전과 다른 느낌, 생각, 행동을 유발하기 때문이다.

5단계: 조력 목표 수립하기

  문제에 대해 면밀히 살펴본 후에는, 조력자와 내담자는 조력 결과와 관련한 조력 목표나 조력 관계에서의 목표를 수립할 수 있게 된다. 이 단계는 체계적인 방법을 따를 수도 있고, 좀 더 자유로운 방식에 의해 이루어질 수도 있다. 조력 관계를 형성하는 조력자와 내담자의 특성에 따라, 조력자의 이론적 기반에 따라 그리고 조력 맥락에서 요구받는 사항들에 따라 달라질 수 있다.

  중요한 부분은 조력자와 내담자 둘 다 목표에 대해 동의해야 하는 것이며, 치료 기관에서 허락하는 범주 안에서 목표가 설정되어야 한다는 것이다. 또한 조력자의 욕구만을 반영한 목표는 내담자에게 도움이 되지 않을 수 있다. 만약 조력자와 내담자가 설정한 목표가 조력 맥락에 불일치하는 일이 생긴다면, 조력자와 내담자는 이 부분을 어떻게 다뤄야 할지 이야기 나눠야 한다.

  조력자와 내담자는 단기적 목표 및 장기적 목표, 구체적인 목표나 모호한 목표를 모두 세울 수 있다. 목표는 조력 결과일 수도 있으며, 문제 해결, 조력 과정이나 조력 관계에 초점을 맞출 수도 있다. 학기가 실패할 위기에 직면한 학생이 조력에 의뢰되었을 경우, 이 학생은 가족 문제를 함께 가지고 있을 수 있다. 조력자와 학생은 장기적이고 모호한 목표—가족 문제의 해결—보다는 좀 더 구체적이고 단기적인 목표—학기를 순조롭게 마치는—에 먼저 초점을 맞춰야 한다. 이러한 목표들은 중요성이나 가치가 모두 똑같을 수는 없다. 따라서 조력자와 내담자 상호 간 어떠한 목표가 좀 더 실현 가능한지 함께 결정하는 것이 중요하다.

  조력 목표의 우선순위를 정하는 것도 중요하지만 머피와 딜런(Murphy & Dillon, 2011)은 '목표를 작게 나누는 것'을 고려해야 한다고 제안한다. 목표를 작게 나누는 것은 커다란 목표를 작은 목표로 단계별로 나누는 것이다. 예를 들어, 취업하길 원하는 사람이 목표를 작게 나누고 측정 가능한 행동적 단계로 정한다고 가정하면, 먼저 뉴스를 보고, 구인광고를 살펴보며, 이력서를 준비하고, 적당한 프로그램을 통해 면접 기술을 익히고, 면접에 가는 것이다. 이 각각이 작게 나누어진 목표이다.

  조력 관계에서의 과정 목표는 조력 관계를 잘 형성하는 것이 될 수도 있고, 이를 통해 내담자의 자기 개념과 자기 이해를 증진시키는 것이 될 수 있다. 이러한 목표는 마리안의 사례에서 중요하게 고려될 수 있다. 혹은 결정을 내리거나, 대안적 행동을 하는 것이 목표가 될 수 있다. 이는 구체적인 결과 목표가 된다. 중요한 것은 조력자와 내담자가 왜 조력 관계가 존재하며, 그들의 목표가 무엇인지를 명확히 하는 것이다. 내 (BFO)가 학생들에게 조력 센터에서의 특정 회기 진행과 커피를 마시며 친구와 대화 나누는 것의 차이를 물어본 적이 있다. 그들은 대개 조력 관계는 반드시 목표를 포함하지만 친구와의 대화는 그렇지 않다는 점을 지적한다.

조력자와 내담자가 몇 가지 목표를 정하면, 그들은 어떠한 목표를 우선적으로 다룰지 그리고 한번 설정한 우선순위를 어느 정도 유지할지 결정해야 한다. 때때로 조력 목표의 순서는 논리적인 순서에 따라 만들어지기도 한다. 반대로 조력자와 내담자가 자의적으로 우선순위를 정할 때도 있다.

다음에 제시된 사례는 1회기의 마지막에 목표 설정하는 부분이다.

원저 씨는 32세로, 지역 대학에 조력자를 만나러 왔다. 그는 자신의 직업적 이동에 도움이 되는 강의를 듣고 싶어 한다. 그는 자신의 직업에서 더 이상 나아갈 데가 없다고 생각하며, 언제든지 해고될지 모른다는 생각에 걱정을 한다.

조력자: 좀 더 나은 직업으로 옮겨가는 것이 무척이나 중요해 보이네요.

원저: 네, 우리 아이들은 아직 한창 자라는 나이예요. 우리는 큰애가 학교에 입학할 때쯤에는 시외곽으로 나가 살고 싶다는 목표를 가지고 있지만, 이루기가 쉬워 보이지 않네요.

조력자: 그렇지만 당신은 어떤 강의를 들어야 할지, 그리고 어떤 종류의 일을 하고 싶은지를 정하지 못한 것 같은데요.

원저: 지금 시점에서는 그렇죠. 그저 좀 더 나은 자리로 가고 싶다는 마음은 있죠.

조력자: 제가 보기에 당신의 흥미나 적성에 대해 좀 더 알아보는 것이 필요할 것 같아요. 당신이 어떠한 일을 하고 싶어 하고, 당신에게 맞는 일이 무엇인지를 아는 것이 어떤 수업을 들을지 결정하는 것보다 우선시되어야 할 것 같아요.

원저: 좀 더 자세히 이야기해 주세요.

조력자: 직업 흥미와 적성을 알아보는 검사를 해 보는 것은 어떨까요? 그러고 나서 그 결과를 참고하여 어떠한 진로가 당신에게 맞는지 한번 알아보죠.

원저: 그게 좋을 것 같네요. 오래 걸릴까요?

조력자: 다음 주에 검사를 진행하실 수 있게 준비해 드릴게요. 그러면 등록 전에 이야기를 나눌 수 있을 거예요.

원저: 이런 검사들에 대해서 들어봤어요. 뭐 저에게 해가 되지는 않을 테니까요.

조력 관계에서의 목표는 직업 관련 검사나 탐색에 초점을 맞출 수 있도록 하는 것이었다.

모든 결과 목표는 구체적이고, 행동적이며, 측정 가능해야 한다. 몇 회기에 걸쳐 목표를 이루어 나가는 것으로 계획되어야 하며, 언제라도 수정 가능해야 한다. 목표를 설정하고 나서는 조력자와 내담자가 함께 목표 달성의 수준을 평가할 수 있는 방법을 결정해 놓는 것이 좋다. 예를 들어, 자기 존중감의 증진과 같은 모호한 목표는 긍정적인 자기말의 횟수가 늘어나거나 사회적 활동의 빈도가 늘어나는 것으로 측정할 수 있다.

목표 설정은 아이들과의 만남에서도 중요하다. 성인과 마찬가지로, 아이들도 목표를 설정할 때 함께 참여하면 조력에 대한 동기가 높아진다.

연습문제 4-6 --

다음에 제시된 상황에서, 조력 목표로 우선적으로 무엇을 고려할지에 대해 생각해 보라. 그리고 조력 목표의 달성은 어떠한 방식으로 측정할 것인가? 기억하라. 당신은 반드시 구체적으로 목표를 설정해야 한다. 당신의 생각을 주변 사람들과 함께 나누라.

1. 올리어리 씨는 대기업의 기술직으로 일하다 해고당했다. 당시 4,500명의 사람이 동시에 해고되었다. 처음에 그는 직장을 다시 구하는 것에 대해 자신감을 가지고 있었지만, 지역사회의 몇 개 안 되는 일자리를 두고 경쟁하는 것은 무척이나 치열했다. 그는 체중이 줄었고, 짜증이 늘었으며, 늘 힘이 없었고, 가족들과 자주 다퉜다. 그는 딸에 대한 걱정이 이만저만이 아니었는데, 금전적 압박으로 인해 딸이 대학을 그만두어야 하는 상황이 닥쳤기 때문이다.
   • 우선적으로 다룰 목표: _____

2. 곤잘레스 씨는 매 맞는 여성들의 쉼터에서 조력이 의뢰되었다. 그녀는 중앙아메리카 지역에 살다 4년 전에 미국으로 왔다. 그녀의 남편은 일자리를 얻지 못하는 스트레스가 심해지자 점차 폭력적으로 변했다. 아이들은 학교에 가길 거부했고, 곤잘레스는 학교 교직원이 그녀에게 학교에 와야 한다고 연락하자 겁을 먹은 상황이다.
   • 우선적으로 다룰 목표: _____

3. 조니는 16세의 고등학생으로 스타 축구 선수이다. 최근 그의 아버지가 가정을 떠나 버렸고, 더 이상 양육비를 지불하지 않겠다고 했다. 그녀의 어머니는 정부 보조금을 받아 생활할 수밖에 없게 되었으며, 그의 성적은 곤두박질치고, 이 때문에 축구팀에서 탈락될지 모르는 상황이 닥쳤다. 그는 화가 났고 겁이 나기도 했다. 또한 학교 공부, 축구, 아르바이트, '가족 내에서 가장 역

할을 하는 것'들 사이에서 심한 스트레스를 받았다.

- 우선적으로 다룰 목표: _____

4. 로빈슨 씨는 큰 출판사에서 통신 판매 일을 하고 있다. 그녀는 최근 근무 태도를 향상시키지 않으면 해고될지 모른다는 걱정을 하게 되었다. 그녀는 불안을 동반한 만성 우울증과 광장공포증을 겪고 있다. 최근에는 일시적으로 집을 떠날 수 없는 증상을 겪고 있다. 그녀는 자신의 병가를 모두 사용하였으며, 지금은 매월 납부해야 하는 고지서들을 납부할 수 없을지 모른다는 불안에 빠져 있다. 그녀의 부모는 그녀가 사회복지 서비스의 도움을 받기를 원하며, 그녀를 만나는 정신약리학자는 그녀의 독립과 삶의 질을 위해 가능한 한 직장 생활을 계속 하기를 제안하고 있다. 그녀는 친구의 소개로 조력소에 오게 되었다.

- 우선적으로 다룰 목표: _____

5. 23세의 아시아계 미국인인 에이미는 최근 극심한 스트레스에 시달리고 있다. 그녀의 가족은 그녀가 남자친구와 데이트를 할 때 항상 가족 중 누군가가 함께하기를 요구하고 있다. 그녀의 미국인 남자친구는 더 이상 참을 수 없다고 이야기하며, 에이미는 '바위와 벽 사이에 끼인 것 같은 기분'이라고 말하고 있다.

- 우선적으로 다룰 목표: _____

다음에 제시된 활동은 당신에게 관계 형성의 각 단계에 좀 더 익숙해질 수 있는 기회를 제공한다. 과정과 활동에 더 적극적으로 참여하고 다른 사람들과 자신의 생각이나 반응을 많이 나눌수록 각 단계에 대한 의미 있는 개념을 더 많이 이해하게 될 것이다.

연습문제 4-7

다음에 제시된 사례는 조력 관계의 5단계 중 무엇에 해당하는가?

1. **내담자**: 만약 내가 임신을 했다면, 우리 가족들은 나를 죽이려고 할 거예요.
   조력자: 당신은 부모가 어떻게 나올지 걱정하는군요.
   내담자: 당신은 그들에 대해 전혀 몰라요. 그들은 항상 나에게 화를 내고 내 인생은 결국 언니 인생처럼 끝나고 말 것이라고 이야기해요.
   조력자: 언니처럼 살고 싶지 않군요.
   내담자: 전혀요! 그녀는 고등학생일 때 론과 결혼했어요. 지금 그녀는 끔찍한 애들 둘과 매일 때

리는 남편이랑 같이 살아요.

조력자: 그건 끔찍한 일이네요. 당신은 언니와 비슷하게 삶을 살 수도 있는 상황에 대해 겁을 내고 있네요.

이 사례에서 조력자는 2단계에 있다. 즉, 문제를 명확히 하고 있다. 그녀는 임신 가능성과 부모와의 관계, 자신이 가장 두려워하는 상황에 빠지는 것을 중요한 이슈로 다루고 있다.

지금부터는 각각의 제시된 사례가 어떤 단계에 해당되는지 소집단으로 나누어서 이야기를 나누라. 그러고 나서 이 장의 마지막에 제시된 코멘트를 확인하라.

2. 조력자: 이제 졸업까지는 2주가량 남았네요. 남은 기간에 학급에서의 수줍음을 좀 더 개선하는 데 노력을 기울이는 건 어떨까요? 이렇게 해서 고등학교에서의 내년은 좀 더 편안하게 보낼 수 있게 되면 좋을 것 같네요.

내담자: 선생님 생각에, 제가 교실에서 발표를 망치지 않고 큰 소리로 할 수 있는 날이 올까요?

조력자: 당신이 덜 긴장하게끔 하는 데 도움이 될 만한 활동이 몇 가지 있어요.

내담자: 만약 그렇다면 저에게 무척 큰 도움이 될 것 같아요. 그 방법을 익힐 수만 있다면, 저의 성적은 많이 올라갈 거예요.

3. 내담자: 제가 너무 일찍 왔나요?

조력자: 아니요. 제시간에 오셨어요. 여기 앉으세요.

내담자: 여기에요?

조력자: 네. 그럼 새아버지의 병이 당신에게 어떤 영향을 미치는지 이야기해 볼까요?

내담자: 네. 저는 그에 대해서 무척이나 걱정이 심해요. 당신이 보시다시피……

4. 내담자: 당신 생각에 제가 직장을 구할 수 있을 것 같나요?

조력자: 우리는 이력서를 준비하고, 적절한 준비 단계를 함께 나아가게 될 거예요.

내담자: 무엇부터 시작해야 할지 모르겠어요. 여기 지불은 어떻게 해야 하나요?

조력자: 처음 등록할 때 3회기를 신청해요. 여기 요금 납부에 대한 안내가 있어요. 그리고 당신이 몇 가지 작성해 주어야 할 내용도 있고요.

5. 내담자: 조와 함께 사는 것과 헤어지는 것 중 어떤 것이 저나 아이들에게 좋은 것인지 모르겠어요.

조력자: 결혼 생활에 대해 많이 혼란스러우신가 봐요.

내담자: 아버지 없이 아이들이 자라는 것을 원치 않아요. 그리고 우리가 이혼하게 되면, 조는 더 이상 양육비를 지불하지 않겠다고도 이야기했고요. 하지만 저는 겨우 37세예요. 내 남은 삶을 이렇게 보내고 싶지 않아요. 저를 위해 더 나은 길이 분명히 있을 것 같아요.

이 활동에서 만약 가능하다면, 당신은 한 번도 함께 작업해 보지 않은 사람들과 함께 3인 1조를 만들라. 조력자, 내담자, 관찰자의 역할을 돌아가면서 맡고, 다음에 제시된 10개의 상황 중 하나 이상(당신 자신의 문제를 선택해도 무방하다)을 선택하여 현재 문제로 다루라. 당신에게 편하게 느껴지는 상황이면 무엇이든 선택해도 좋다. 조력자는 내담자와 30분가량 대화를 나누라. 관찰자는 부록 A에 제시된 평가 척도에 따라 조력자의 행동 및 그가 단계를 따르고 있는지에 관해 메모를 남겨라. 회기의 마지막에는, 조력자에게 내담자와 관찰자 역할을 맡은 사람이 가능한 한 많은 피드백을 주도록 하라. 조력자로서 당신은 몇 단계까지 나아갔는가? 그리고 어떤 느낌이 들었는가? 당신은 무엇을 해야 한다고 생각했는가? 이 활동은 몇 주간의 훈련에서 활용할 수도 있으며, 수업 밖에서도 활용할 수 있다.

1. 당신은 남편과 심하게 다퉜다.
2. 당신은 제시간에 업무를 배정받을 수가 없다.
3. 당신은 체중을 줄이길 원한다.
4. 당신은 직장에서 해고될지도 모른다는 사실에 걱정한다.
5. 당신은 차를 정비소에 수리 맡긴 상황이다. 당신이 일을 할 때에는 반드시 차가 필요하기 때문에 앞으로 어떻게 일을 해야 할지 난감해하고 있다.
6. 당신은 비행을 두려워해서 여행을 가야 할지 고민한다.
7. 당신은 수줍음이 많아서 새로운 사람을 만나길 어려워한다.
8. 당신은 왜 자신이 여기에 있는지 스스로 확신하지 못한다.
9. 당신은 사람들이 무엇인가를 요청했을 때 거절하는 것을 어려워한다.
10. 당신은 에이즈에 걸린 친구를 만나길 걱정한다.

이 활동을 통해 당신은 조력자-내담자 활동의 힘을 경험할 수 있을 것이다. 조력 관계는 상황 및 강도에 따라 매우 다양해진다. 강도에 영향을 미치는 요인은 조력을 시작할 때 내담자가 가지는 기대나 불안정감이 될 수도 있고, 조력자의 기대, 감정, 능력, 기술일 수도 있다. 이 활동을 할 때, 이러한 점을 정확히 짚고 넘어갈 필요가 있다.

요약

이 장에서 우리는 조력 단계에 영향을 미치는 여러 가지 조건에 대해 논의했다. 이러한 조건들은 초기 단계, 조력 기간, 조력 관련 서류 작성, 조력 기록 보관, 시설(장소와 공간), 약속 시간 잡기, 그리고 다른 사람들과의 만남 다루기 등으로 범주화했었다. 면담/초기만남—라포 형성 및 관계를 더 이상 진전시켜 나갈지 결정하는 단계—과 이어지는 회기/만남—구조화된 계약 단계에서 시작하여 전략 단계의 종료로 이어지는—의 차이점이 확인되었다.

조력 관계 형성의 중요한 5단계, 즉 초기 단계, 현재 문제의 명료화, 조력 관계의 구조화 및 계약 수립하기, 문제에 대한 이해 심화하기, 조력 목표 수립하기 역시 사례들과 함께 논의되었다. 반드시 기억해야 할 점은 각각의 단계에 소요되는 시간과 만남의 횟수가 다양하다는 점이다. 일부 사례에서는 처음 4단계가 초기 2번의 만남에 모두 완료되기도 한다. 반면에, 문제에 대한 깊이 있는 이해가 이루어지기 전에 많은 시간이 필요한 경우도 있다. 조력 관계 형성에 필요한 시간은 관계 및 문제의 특성뿐만 아니라 맥락의 영향 또한 받는다. 일부 기관에서는 회기의 수를 제한하는 경우도 있고, 좀 더 유연하게 회기 운영을 허용하는 곳도 있다.

내담자의 동기가 낮거나 저항을 보이는 것과 관련한 내용 역시 이 장에서 다루었다. 동기가 낮거나 저항을 보이는 내담자와 정면으로 맞대응하기보다는 왜 동기가 낮고 저항을 보이는지 이해하고 지지적으로 대하는 것이 훨씬 효과적이라는 점도 언급하였다. 저항은 변화 과정에서 필수적이며, 두려워하고 피해야 하는 것이 아니라 효과적으로 작업될 수 있는 것이다.

연구에서는 하나의 전략이 다른 전략보다 효과적이라는 사실이 거의 증명되지 않았다. 그렇지만 조력 실무에서는 조력의 효과가 조력 전략이나 기법만큼이나 조력 관계의 질이 어떠한가에 영향을 많이 받는다는 것이 확인되었다. 이 장에서 다룬 내용을 통해 당신은 조력 관계를 촉진하는 데 좀 더 능숙해질 것이며, 우리는 이제 조력 관계의 다음 단계인 전략 단계로 나아가려 한다.

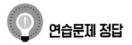 **연습문제 정답**

연습문제 4-2
가능한 답: 1. d 2. a 3. b 혹은 d 4. d 5. a 혹은 b 6. c 혹은 e 7. c 혹은 e 8. b 9. b 혹은 e

연습문제 4-3
가능한 답: 1. c 2. e 3. c 4. a 5. a 6. b 혹은 d 7. a 혹은 b 8. d 혹은 e 9. c 혹은 d 10. b

연습문제 4-7
활동 2는 목표를 수립하는 5단계에 해당한다. 여기서는 시간적 제한이 있으므로, 내담자와 조력자는 공격적인 행동에 초점을 맞추어 시간을 할애하기로 결정한다. 활동 3은 초기 단계에 해당한다. 활동 4는 구조화 및 계약 수립의 단계에 해당하며, 조력료, 조력 시간, 구체적으로 이루어질 일들에 관해 다뤄진다. 활동 5는 문제에 대한 깊이 있는 탐색을 진행하는 사례이며, 내담자와 조력자 모두 내담자가 걱정하고 있는 문제의 다양한 측면을 살펴보고 있다.

참고문헌과 🔵더 읽을거리

American Psychiatric Association. (2013). *Diagnostic and statistical manual of mental disorders* (5th ed.). Washington, DC: Author.

Boyd-Franklin, N. (2003). *Black families in therapy: Understanding the African American experience* (2nd ed.). New York: Guilford Press.

Brammer, L. M., & MacDonald, G. (2003). *The helping relationship: Process and skills* (8th ed.). Englewood Cliffs, NJ: Prentice-Hall.

Corey, G. (2013). *Theory and practice of counseling and psychotherapy* (8th ed.). Belmont, CA: Brooks/Cole, Cengage Learning.

Egan, G. (2013). *The skilled helper: A problem management and opportunity-development approach to helping* (10th ed.). Pacific Grove, CA: Brooks/Cole.

Ivey, A. E., Ivey, M. B., & Zalaquett, C. P. (2010). *Intentional interviewing and counseling: Facilitating client development in a multicultural society* (7th ed.). Pacific Grove, CA: Brooks/Cole.

Larrabee, M. J. (1982). Working with reluctant clients through affirmation techniques. *Personnel and Guidance Journal, 61*, 105-109.

Murphy, B. C., & Dillon, C. (2011). *Interviewing in action: Relationship, processing, and change* (4th ed.). Pacific Grove, CA: Brooks/Cole.

Otani, A. (1989). Client resistance in counseling: Its theoretical rationale and taxonomic classification. *Journal of Counseling and Development, 67*, 458–462.

World Health Organisation. (1992). *International statistical classification of diseases and related health problems*, 10th Revision (ICD–10). Geneva: WHO.

* www.CengageBrain.com을 방문하시면 학습 내용에 관한 퀴즈(tutorial quizzes)를 풀어 볼 수 있습니다.

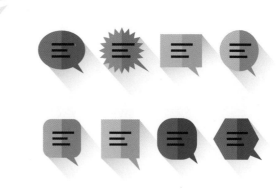

5장

조력에 대한 이론

관계 국면(stage)의 단계(step)에 대해 살펴보았으므로 우리는 조력 관계의 두 번째 국면, 즉 전략의 적용을 살펴볼 수 있는 단계에 이르렀다. 하지만 상담 기술과 전략을 어떻게 적용하는지 이해하기 위한 구조를 제공하기 위해서 먼저 인간의 발달과 행동에 대한 심리학적 이론의 기초가 되는 공식적이고 주요한 이론들에 대해 검토해야 한다. 이 장은 주요 전통적 이론들에 대해 다루게 된다. 6장의 내용에서는 20세기 후반부터 21세기 초반까지의 이론적 관점들을 살펴보게 될 것이다. 7장과 8장에서는 조력에 대한 주요 이론들을 기반으로 한 전략들의 적용에 대해 탐색할 것이다.

이 장에서 기초적인 원리들, 조력 관계에 대한 관점, 중요한 기술들 그리고 조력자에 대한 시사점을 포함하는 기초 이론들을 살펴볼 것이다. 주요한 이론적 관점에 대한 추가적인 읽기 자료는 이 장의 마지막 부분에 제시될 것이다.

이러한 주요 이론들에 대해 학습하기 전에, 우리는 당신의 '개인적' 이론을 형성하는 당신의 가치와 욕구들에 대해 탐색할 것이다. 인간 행동에 대한 그리고 사람이 어떻게 변하는지에 대한 당신의 개인적인 이론을 이해하는 것은 중요하다. 왜냐하면 이는 의심할 여지없이 당신이 조력에 대한 공식적이고 과학적인 이론들을 이해하고 받아들이거나 거부하는 것에 영향을 미칠 것이기 때문이다.

인간 행동에 대한 개인적 이론

우리가 독특한 조력 맥락에서 실용적인 기술들을 적용하는 것에 대해 배울 때, 당신은 자기 스스로에게 왜 우리가 추상적 이론들에 대해 탐구해야 하는지 의문을 가질 수 있다. 어쩌면 당신은 실제에 기반을 둔 상황에 대해 학문적 접근을 하려는 것처럼 보이는 방식에 대한 불편감 때문에 이러한 질문을 하게 될 것이다. 더욱이 '이론(theory)'이라는 용어는 우리 대부분에게 다소 두려울 수 있는데, 이는 아마도 그것이 엄격함을 포함하고 있거나 우리의 입장을 선택하고 정당화해야 할 필요성이 있다는 것 때문이다.

그러나 우리 각자는 이미 우리의 개인적인 이론을 형성하는 관점 또는 가정들을 가지고 있다. 이러한 개인적 이론들은 생물학, 성, 과거의 경험들, 다른 사고방식을 지닌 학파(school)에 노출되는 것, 우리가 함께 일하고 공부하는 사람들, 우리 삶의 기회들, 우리의 성격과 기질, 자기 인식의 정도, 우리의 인종, 사회경제적인 특성 그리고 가족적 배경 등 다양한 요인들에 의해 영향을 받아 왔다. 우리가 그들을 표현할 수 있거나 인식하는가에 관계없이 이러한 이론들은 우리의 행동에 영향을 미치고 특히 대인관계

연습문제 5-1

당신이 가지고 있는 이론들을 살펴보기 위해 스스로에게 다음과 같은 질문을 해 보아라.

1. 인간이란 무엇인가? 인간은 선한가 또는 악한가? 이러한 성향은 태어날 때부터 가지고 있는가? 이러한 특징은 통제되거나 통제할 수 있는가?
2. 인간에게 동기를 부여하는 것은 무엇인가? 우리는 사람들을 어떻게 동기부여하는가?
3. 여성다움과 남성다움에 대해 어떻게 설명할 수 있는가? 이러한 차이는 생물학적 특성에서 기인하는가? 사회화에 따른 것인가? 인종적이거나 윤리적인 차이들은 타고나는 것인가 또는 학습되는 것인가?
4. 인간은 어떻게 학습하는가? 서로 다른 종류의 학습이 존재하는가? 사람들이 생각하는 방식에 영향을 미치는 것은 무엇인가?
5. 성격적 특성은 어떻게 발달하는가? 이는 타고나는 것인가 또는 학습된 것인가? 특정한 성격 유형은 행동에 의해 구별될 수 있는가?
6. 사람들은 변화할 수 있는가? 그들은 어떻게 변화하는가? 어떠한 외적인 이유들이 변화를 일으키는가 또는 이러한 변화가 내적인 것에서 기인하는가?
7. 사회적 일탈은 무엇인가? 누가 사회적 일탈을 결정하는가? 일탈에 대해서 무엇을 할 수 있거나 또는 어떻게 다루어야 하는가? 나와 다른 사람에 대해 어떤 행동들이 수용 가능하고 수용 가능하지 않은지 알 수 있는가? 이러한 행동들은 일탈된 행동들인가?
8. 집단에 대한 소속감이 우리의 행동에 영향을 주는 부분은 무엇인가? 다양한 사회문화적 요인들의 영향은 무엇인가? 영성과 종교의 영향은 무엇인가?
9. 어린 시절과 과거의 사건들이 현재 사람들이 행동하고 반응하는 데에 어떤 영향을 미친다고 생각하는가?

이러한 질문에 대해 자신의 참조틀을 고려하여 설명해 보라. 이러한 질문들에 대해 당신이 대답하는 것을 살펴본 후 놀라게 될 수 있다! 이러한 응답 내용을 다른 사람의 응답 내용과 비교해 보라. 당신의 답은 맞거나 틀린 것이 아니며, 현재 대답한 내용은 당신이 자신의 관점과 감정에 대해 더 잘 이해하게 되고 학습을 지속함에 따라 아마도 바뀌어 갈 것이다.

(interpersonal relationship)에 영향을 미친다. 우리의 개인적인 이론적 기초에 대해 인식하지 않으면 우리는 내담자의 욕구를 충족시키는 것보다 자신의 이론을 적용하는 것에 더 초점을 두고 상담을 진행하게 될 수 있다.

나와 다른 관점들에 대해 당신은 얼마나 개방적인가? 개방성은 당신의 유연성과 적응성에 영향을 미칠 것이고, 그것은 차례로 당신이 함께 일할 수 있는 사람들이 누구인지, 당신이 편안함을 느끼는 환경이 무엇인지의 범위에 영향을 미칠 것이다. 자신의 신념에 대해 잘 알고 있으며 이러한 문제를 가지고 지속적으로 고민하는 조력자들은 자신의 이론적 관점이 내담자에 대한 인식, 태도 그리고 행동에 영향을 미친다는 것을 자각하고 자신의 개인적 이론과 일치하는 조력자 유형/스타일을 발전시켜 간다. 만약 우리가 행동을 바꿈으로써 태도와 감정에 영향을 미친다는 것을 믿는다면, 변화가 오직 자기 인식의 발달을 통해 이루어질 것이라고 믿는 것보다 행동의 변화에 초점을 두는 행동 중심적 상담 전략에 더 익숙할 것이다. 만약 자기 인식의 발달을 통한 변화를 믿는다면, 통찰을 발달시키기 위해 언어적 기술을 더 사용하려고 할 것이다. 마찬가지로, 기본적인 학습 이론을 이해하는 것은 조력자로서 자각을 가능하게 하고 조력 관계에서 우리의 잠재력을 역할 모델로서 의식적으로 사용하는 것을 가능하게 할 것이다.

유감스럽게도, 인간 행동 분야에서 사람들이 주장한 것(신념화된 이론)과 실제로 행동하는 이론(행동 이론)이 일치하는 경우는 거의 없다. 예를 들어, 많은 사람이 공감적이고 지지적이고 비지시적인 방향을 주장하지만 그들의 실제적인 행동은 다른 지향점을 반영한다. 다시 말하자면, 사람들의 행동이 항상 그들의 이야기하는 것과 일치하지는 않는다. 만약 자신의 개인적인 이론을 보다 잘 자각하게 된다면, 우리는 자신의 이론적 관점이 공식적인 이론들과 어떻게 관련되어 있으며 자신이 실시하는 조력의 실행 과정과 어떻게 관련되어 있는지 더 잘 알아 갈 수 있을 것이다.

이제 조력에 대한 주요 이론적 관점들을 살펴보고 해당 내용 중 어떤 부분을 받아들이고 받아들이지 않을지 생각해 보라. 만약 당신이 이론에 대해 더 많은 내용을 배우기 원한다면 이 장의 마지막 부분에 제안된 내용을 기억하라. 이 장을 학습하면서 당신이 현재 가지고 있는 가정들이 이러한 이론들을 반영하고 있다는 것을 알게 될 것이다. 하지만 당신의 가정은 이 책을 마칠 때쯤이면 달라질 수 있을 것이다.

정신역동 이론

조력에 대한 정신역동 접근은 정신분석 이론에 기초하고 있다. 이 접근은 지그문트 프로이트(Sigmund Freud)에 의해 소개되었으며, 현재의 모든 이론 중에서 가장 긴 역사를 지니고 있다. 프로이트는 정신적이고 정서적인 과정에 대한 개념과 관찰에 기초를 두고 정신장애가 있거나 불행한 사람들을 치료하기 위한 대화치료 절차를 개발하는 데 큰 기여를 한 것으로 평가된다. 이후에 나온 많은 조력 이론의 발달은 궁극적으로 프로이트 이론으로 거슬러 올라간다. 프로이트 이론은 알프레트 아들러(Alfred Adler), 에릭 에릭슨(Erik Erikson), 에리히 프롬(Erich Fromm), 카렌 호나이(Karen Horney), 카를 융(Carl Jung), 빌헬름 라이히(Wilhelm Reich), 해리 스택 설리번(Harry Stack Sullivan), 대상관계 학파 그리고 자아심리학자, 자기심리학자들을 포함하는 정신역동적 이론가들에 의해 수정되고 발달되었다.

우리는 이제 프로이트가 정신역동 이론에 대해 기여한 바에 대해 간단하게 살펴볼 것이다. 우리는 유일하게 한 가지의 정신역동 치료가 존재하지 않는다는 것에 강조점을 두고 싶다. 오늘날의 정신역동 접근의 범위는 정통 프로이트 이론에서 인본주의적인 자아심리학과 대상관계에 이르기까지 그리고 장기간이 소요되는 정신분석적 치료에서 단기 정신역동적 치료까지 이른다. 우리는 또한 프로이트의 영향을 받았지만 독립적으로 발달하여 정신역동 이론의 주요한 부분을 이루는 카를 융, 알프레트 아들러, 자아심리학과 대상관계, 자기심리학 이론의 핵심 개념에 대해 간단하게 살펴볼 것이다.

프로이트 이론

인간에 대한 프로이트의 관점은 그의 임상적 관찰에 기초하고 있으며, 인간이 선천적으로 이기적이고 충동적이며 비합리적이라는 면에서 부정적이고 비관적이다. 인간 행동에 대한 그의 관점은 **결정론적**이다. 즉, 인간의 행동이 생물학적 본능과 이전의 생애 경험에 따르는 추동(drive)에 의해 먼저 결정된 것이라고 보았다. 이는 사람들의 내적 경험, 외부 행동, 생물학적 본성, 사회적 역할, 개인 및 집단 기능을 아우르는 포괄적인 견해이다. 프로이트 이론의 주요한 측면은 **무의식적 과정**에 강조점을 두고 있다. 프로이트는 건강함의 목표는 사랑과 일 그리고 여가에서 효과적으로 기능함으로써 달성된다고 믿었다.

프로이트 이론은 내부의 내적 추동이나 본능 사이의 **정신 내적 갈등**의 심리학에 기초하여 다음과 같은 성격 구조의 존재를 가정한다.

- **원초아**(id)는 본능적으로 파생된 구조로 인간의 원시적이고 이기적인 측면을 나타낸다. 무의식적(자각이 되지 않는) 원초아는 즐거움을 증가시키고 긴장을 줄임으로써 즉각적인 만족감을 추구한다.
- **자아**(ego)는 공격적인 원초아, 도덕 지향적인 초자아 그리고 외부 세계 사이를 의식적으로 중재(생각, 인식, 의사결정)함으로써 합리적인 현실 지향성을 취하는 구조이다.
- **초자아**(superego)는 부모와 사회 그리고 문화에 입각한 도덕 그리고 윤리적 지침(양심)의 내재화를 표현하는 구조이다.

행동은 이와 같은 세 가지 구조의 갈등적 상호작용의 결과물로 간주된다. 이는 의식적으로(자각을 가지고) 일어나고/또는 무의식적으로(자각 없이) 일어나기도 한다. 무의식이 모든 경험과 기억의 저장소가 된다고 설명하는 프로이트의 개념은 동기 이론의 기초가 되었다. 프로이트 이론에 따르면 모든 심리학적 고통은 무의식에서 출발한다. 고통의 주요한 증상인 **불안**은 원초아, 자아, 초자아 사이에 리비도의 통제에 대한 기본적인 갈등에서 발생하는, 억압된 감정에 의해 야기된다.

리비도는 프로이트에 의해 가정된 두 가지 동기를 일으키는(motivational) 본능 중 하나이다. 성격의 기본 원동력으로서 리비도는 원초아에 저장된다. 리비도는 식욕이나 성욕과 같은 생존이나 삶의 본능을 포함한다. 공격성(aggression)은 동기를 일으키는 두 번째 본능이며 적대감과 자기파괴와 같은 죽음의 본능을 포함한다. 따라서 리비도는 본능과 생물학적 욕구를 채우기 위해 필요로 하는 대상을 향한 추동 에너지이다. 리비도는 전환되거나 배출되어야 한다.

충동과 소망 사이의 갈등이 억제되면, 남겨진 불안은 억압, 고립, **퇴행**, 합리화, 반동형성, 승화, 투사, 부인, 치환, 보상 그리고 주지화를 포함하는 자아의 방어기제를 일으키게 된다. 방어기제의 목적은 불안을 줄이려는 것이며 이러한 것들은 모두 무의식적인 수준에서 일어난다. 방어기제는 불안을 효과적으로 줄여 나가는 반면에, 내적인 정신적 갈등의 본질을 모호하게 만들 수 있고, 따라서 **신경증**을 초래할 수 있다. 신경증은 어린 시절의 갈등에서부터 시작되며 아동기, 청소년기 또는 성인기 시기에 리비도의 추동과 자아의 방어기제의 사이에서 균형이 깨지거나 불안이 높아질 때 나타날 수 있다. 균형감의 부족은 일반적인 발달의 전환기 또는 실망감, 사랑의 상실 경험, 신체적 질병 또는 다른 위기를 통해 일어나거나 아동기 시기에 억압된 촉발 요인이 현재의 기능에 영향을 미침으로써 발생할 수 있다.

프로이트는 또한 리비도의 발달에 대해 출생부터 청소년기에 이르는 다섯 가지의 심리성적 발달단계를 개념화하였다. 이러한 단계들은 각 단계의 성공적인 해결을 이루지 않고서는 건강한 성격이 이루어질 수 없다는 면에서 성격의 발달에 결정적인 영향을 미친다.

1. 구강기는 출생 후 1년의 시기이다. 유아는 빨기와 물기를 통해 기쁨을 얻고 신뢰를 발달시킨다. 이 단계는 쾌락의 단계로서, 구강의 욕구들이 충족된 사람들은 삶에 대해 보다 긍정적인 관점을 갖는 경향이 있다.

2. 항문기는 대략 2~3세의 시기이다. 아이들은 항문에 있는 성감대의 자극을 통해 기쁨을 얻거나 긴장과 배설의 힘과 그 힘으로 인해 동반되는 부정적 감정들을 경험하는 시기이다. 아이는 신체적 과정, 냄새, 촉감 그리고 성기를 가지고 노는 것에 대해 커다란 흥미를 나타낸다.

3. 남근기는 만 3~6세에 해당한다. 아동은 생식기의 자극을 통해 즐거움을 얻고 다른 사람들과 사랑 및 미움의 관계를 발달시키기 시작한다. 이 기간에 아이들은 오이디푸스적 갈망을 경험한다. 즉, 긴장, 같은 성의 부모에 대한 성적 갈망과 적대감, 동성의 부모에 대한 경쟁적 감정을 경험한다. (여아의 경우 **엘렉트라 콤플렉스**, 남아의 경우 **오이디푸스 콤플렉스**이다.) 여아들은 이 시기에 남근 선망이 두드러지고 남아들은 '보다 자유롭고 힘을 가진' 아버지들과의 동일시를 통해 더 우월의식을 갖게 된다. 프로이트는 후에, 신경증은 오이디푸스 기간의 억압된 소망들을 포함한다고 하였으며, 이 단계는 성인기에 맺게 되는 성적 관계의 기초가 된다고 하였다.

4. 잠복기는 대략 만 6세에서 12세의 시기이다. 이 시기의 아동은 성적인 환상과 생식기의 자극에 대한 흥미를 잃어버린 것처럼 보인다. 이 시기는 조용한 단계로 아동이 사회화에 초점을 두고 자신의 에너지를 학교와 바깥 세상에 두는 시기이다.

5. 성기기는 사춘기에 시작된다. 청소년은 자기보다는 타인에게 관심과 만족을 집중시키고 이성애적인(heterosexual) 관계를 발전시키기 시작한다.

프로이트 학파에 따르면 신경증은 심리성적 단계 중 어느 한 단계에서 고착된 것으로 추측할 수 있다. 따라서 관계에 대한 불신, 낮은 자존감, 부정적인 정서의 인식과 표현의 어려움 또는 자신의 성별과 성적인 감정들을 수용할 수 없음을 포함하는 성인기의 문제는 이러한 심리성적인 단계 중 어느 하나에서 발달이 저해되면서 생길 수 있다. 성인기에 이르러 고통의 증상을 야기하는 사건이나 상황이 발생할 때까지 개인은 초기의 발달적 손상에 대해 자각하지 못할 수 있다.

다음은 프로이트 정신분석 이론의 주요 개념들이다.

1. 인간 행동은 무의식적인 힘(생물학적이고 본능적 욕구와 추동)에 의해 결정된다.
2. 성적 추동은 행동의 주요 결정 요인이며 유아기부터 발생하는 경쟁과 질투와 같은 역동적인 갈등의 근간을 이루고 있다.
3. 심리성적 발달 단계에서 아동기 초기의 경험은 성인기의 행동에 큰 영향을 미친다.
4. 원초아에는 고착된 리비도가 저장되어 있다.
5. 문제는 불안의 표현, 과거에 발생한 일들에 의해 야기된 심리 내적 갈등에 의해 일어난다. 이러한 갈등은 과도한 양의 리비도를 사용하는 방어기제를 지나치게 사용하게 하는 결과를 야기한다. 따라서 현재의 삶에서 효과적으로 기능할 수 있게 하는 데 필요한 리비도가 거의 남지 않게 된다.

융의 이론

정신역동적 관점에 기초를 둔 다른 이론들은 프로이트의 관점처럼 부정적이지 않다. 카를 융(Carl Jung)은 인간 발달에서 목적(purpose)의 역할에 초점을 맞추고, 보다 창의적이고 낙관적인 관점을 제시하였다. 그는 사람이 성적인 추동에서 나온 것보다 더 많은 에너지를 가진다고 생각하였고, 한 개인은 항상 전체성과 자기충족적(개성화) 방향으로 발달해 왔으며 '창조적으로 목적 지향적'이 되기 위해 에너지를 사용하며 신체, 마음, 정신 사이의 균형을 추구해 왔다고 이야기했다. 융은 (갈등을 통합하고 초월하는 데 에너지를 사용하는) '초월적 기능'이 의식과 무의식의 관계를 중재한다고 믿었다.

융은 개인적 무의식(억압되거나 무시된 고통스럽고 두려운 경험의 저장소)과 집단 무의식(선조들의 지혜에 기초한 기억이 묻힌 정신적 자료의 저장소)을 구별하였다. 이러한 구별은 무의식에 대해 이해하고 해석하는 데 도움이 되었다. 이것은 상징(symbols)이다. 집단 무의식의 구성개념을 통해서 융은 프로이트보다 인간의 성격 발달에서 문화의 역할에 대해 더 많은 관심을 기울였다. 예를 들어, 전쟁을 할 때에는 집단 무의식의 힘을 상상함으로써 사람들의 공격성이 응집되게 만들 수 있다.

분석심리학의 다른 개념은 페르소나(한 사람이 다양한 상황에서 보여 주는 공식적 마스크 또는 사회적 얼굴), 아니무스(여성의 무의식 속에 있는 남성적 요소), 아니마(남성의 무의식 속에 있는 여성적 요소), 외향성(바깥, 객관적 세계를 향하는 성향), 내향성(내적, 주관적 세계를 향하는 성향)을 포함한다. 이러한 개념들은 사람들의 네 가지 유형—사고형, 감정형, 감각형, 직관형—에 대한 융의 가정을 이끌어 냈다. 이러한 심리학적 유형의 구분 안에서, 융은 서로 다른 유형을 지닌 사람들은 서로 소통하는 데에 큰 어려움이 있다는 것을 알아냈다. 예를 들어, 직관적인 사람은 감각 지향적인 사람들의 실용적인 작업 방식을 참아 내기 어려울 것이다. 사고형은 감정형인 사람들과 어려움을 가질 것이고 그 반대도 마찬가지이다. 이러한 모든 유형들은 외향성과 내형성의 정도가 다양하게 변화하는 가운데 모든 사람에게 내재되어 있다. 그러나 한 가지 유형이 다른 유형보다 더 두드러지는 경향이 있다.

융은 프로이트만큼 결정주의적이지 않았다. 그는 성인 생활의 전반에 걸친 정신적 발달을 가정하고, 특히 중년의 능력에 초점을 맞추어 진정한 정신적 개성화를 이루기 위해 무의식과 의식적인 성격을 통합하는 것에 집중하였다.

아들러 이론

카를 융과 같이 알프레트 아들러(Alfred Adler)는 프로이트의 생물학적이고 결정론적인 관점과 다른 관점을 가졌다. 그는 인간을 결정론적 관점이 아닌 사회심리학적 관점으로 보았다. 그는 성격에 대한 사회적 결정성을 강조하고, 무의식보다 의식을 강조하였으며, 과거보다 현재를 더 강조하였고, 운명을 통제하는 인간의 힘을 강조하였다. 프로이트나 융과 다르게, 아들러는 사람들이 그들이 선택한 인생의 목표를 달성해 가기 위한 사회적 역량, 창의성, 의사결정 능력을 가졌다고 믿었다. 오늘날 인지적인 관점의 이론가들 중 많은 사람이 의사결정에 초점을 둔다는 측면에서 아들러의 관점을 포함하고 있다. 아들러 이론에서 초점은 사회적인 맥락 내에서의 개인에게 있다. 비록 그가 내담자들의 어린 시절과 경험을 탐구하여 자기 이해를 돕고 이를 통해 잘못된 신념을 수정하고 사회적 책무성을 갖도록 조력하려고 하더라도, 과거 지향적이기보다는 미래에 강조점을 두고 있다.

아들러 성격 이론은 다음과 같은 개념을 포함하고 있다.

• 목적론: 인간의 행동에는 목적이 있고, 목표 지향적이며 의식적으로 선택된다.

- 내적 열등감: 인간은 그들의 기본적인 내적 **열등감**을 보상하기 위해 완벽, 의미 그리고 우월성을 추구한다.
- 보상: 열등감을 극복하기 위해 힘을 쏟으면서 사람들은 약점을 강점으로 바꾸거나 약점을 드러나지 않게 하는 특정 역량을 찾아내는 보상을 시도한다.
- 생활양식: 각 개인은 열등감과 약점을 보완하기 위한 방식으로 어린 시절의 독특한 **생활양식**을 발달시킨다.
- 출생순위: 한 가족 내에서 **출생순위**는 어린 시절의 경험과 자신의 생활양식의 발달에 큰 영향을 미친다.
- 사회적 관심: 대인관계와 지역사회에 참여하는 것은 주요한 생활 과제이다.

아들러 학파의 이론에서 부적응 행동은 개인이 어린 시절에 발생한 열등감에 대해 과보상하는 부적절한 전략을 발달시킬 때 발생한다. 자기 이해와 **심리교육**을 통한 치료는 사회적 관심을 개발하고 잘못된 사고방식을 바꾸며, 내담자가 열등감과 실망감을 극복하고 사회의 체계에 완전히 참여하도록 동기 부여하는 것을 목표로 한다.

자아심리학

1900년대 중반, 안나 프로이트(Anna Freud), 하인즈 하트만(Heinz Hartmann), 에릭 에릭슨(Erik Erikson)과 같은 자아심리학자들이 프로이트 학파와 분리되었다. 이들은 개인 발달에 대한 환경의 영향과 원초아의 본능을 초월하기 위한 자아(ego)의 능력에 더욱 주의를 기울였다. 에릭슨은 프로이트의 심리성적 발달 단계를 전 생애에 걸친 8단계로 확장하고 심리사회적인 차원을 포함하였다. 각 단계는 핵심적인 위기를 해결할 기회와 자아를 강화할 기회를 제공한다.

1. 유아기: 신뢰 대 불신. 부모-유아의 양육 관계에 기초한다.
2. 초기 아동기: 자율 대 수치와 의심. 부모로부터의 분리와 독립 경험에 기초한다.
3. 학령전기: 주도성 대 죄책감. 주도성과 능숙한 경험에 기초한다.
4. 학령기: 근면 대 열등. 학습 기술과 성취 경험에 기초한다.
5. 청소년기: 정체감 대 역할혼미. 개성화와 삶의 양식을 선택할 수 있는 기회에 기초한다.
6. 성인기: 친밀감 대 고립감. 동료와의 관계 경험에 기초한다.

7. 중년기: 생산성 대 침체. 젊은 세대의 사람들을 조력하는 것에 기초한다.

8. 노년기: 통합 대 절망. 한 사람의 생애 경험에 대한 합리적인 만족감에 기초한다.

대상관계와 자기심리학

동시대의 정신분석학자들(주요하게는 Melanie Klein, Ronald Fairbairn, Donald W. Winnicott, Harry Guntrip, Margaret Mahler, Heinz Kohut, Otto Kernberg)은 성격 발달의 기초로서 원초아와 타고난 생물학적 추동보다 자아(ego)와 상호적인 관계를 강조하였다.

태어날 때부터 가지고 있는 한 사람의 주요한 추동은 관계 접촉을 위한 것이라 간주되었다. 이는 성적인 접촉과 공격 추동으로부터 긴장을 해소하는 것과 다른 것이다. 초점은 개인과 실제적인 사람들 사이의 관계에 있고, 개인과 정신적 이미지 또는 실제 사람들의 표상 사이의 관계, 개인의 심리적 이미지와 초기의 중요한 사람들로부터의 표상 사이의 관계 그리고 개인의 심리적 이미지와 현재의 중요한 사람들로부터의 표상 사이의 관계에 있다. 애착 이론들은 대상관계 이론에 다음과 같은 영향을 주었다; 자아가 발달하기 위해서는 안전하고 일관적인 애착 경험이 특별히 생애 초기의 몇 년 동안 필수적이다(Bowlby, 1988).

성격의 결정적인 발달은 프로이트가 설명한 오이디푸스 콤플렉스 시기에 주 양육자와의 생애 초기 관계에서 시작되며, 대부분의 경우 아버지보다 어머니와의 관계와 관련되어 있다. 엄마는 유아의 첫 번째 사랑의 대상이다. 유아기의 첫 단계에서, 유아는 자기 자신과 다른 사람을 구별하지 못한다. 그리고 자신 및 환경 내에서 안전감을 발달시키기 위한 유아의 자아 능력은 엄마가 유아와 함께 느끼는 것을 인식하는 것과 공감하고 돌보는 역량에 달려 있다. 이 공생단계(symbiotic)에서 유아의 필요가 충족되지 않으면 근본적인 필요를 충족시키지 못하여 생기는 불안을 피하기 위하여 유아의 자아가 분열(split)되고, 철수하고, 숨게 된다. 자아는 위니컷(Winnicott, 1965)이 참 자기와 거짓 자기로 부르는 것으로 분열된다. 참 자기는 인간 존재의 핵심에 위치하고 있고 자기 자신, 다른 사람들과 관계할 수 있다. 거짓 자기는 돌봄이 부족하고 불안전한 자아를 보호하기 위해 발달하기 시작한다. 그것은 바깥세상과 관계로부터 숨는다. 따라서 초기 모성 양육의 부족이나 실패는 거짓 자아를 낳고 전체적인 자아의 발달을 억제한다. 이러한 이론에서 공격성은 본능이라기보다는 좌절된 관계에 대한 반응 또는 반작용이다.

자아는 어머니와의 공생 관계에서부터 분리 및 개별화 단계에 이르기까지 유아기 또는 초기 아동기에 많은 단계(stages) 또는 상태(positions)를 거친다. 유아의 초기 몇 년의 대상관계에서 애착과 분리 경험의 질적인 측면은 다른 사람을 사랑하고 관계 맺을 잠 재적 가능성을 포함한 자아의 발달을 형성한다. **분열**(splitting)과 투사와 같은 방어들은 잘못된 대상관계 때문에 사용되며 건강한 자아의 발달을 방해하고 자기애성 성격장애, 경계선 성격장애, **정신증**(psychoses)과 같은 병리들에 기여할 수 있다.

정신역동 이론의 주요한 조력 원리

정신분석치료의 목적은 내담자가 건강하고 균형 잡힌 에너지를 얻기 위하여 자신의 성격을 재구조화하고 무의식을 의식화하도록 만드는 것이다. 이러한 목적을 달성하기 위해 분석심리학자(Jungians)들은 기본적인 성격 재구조화의 필요성을 강조하였다. 반면에, 아들러계 학자(Adlerians)들은 내담자의 자아 개념을 변화키시고 자신의 발달, 생활양식, 사회적 상황을 재구조화할 필요성을 강조하였다. 자아심리학과 대상관계의 실천가들은 치료적 관계에서 돌봄(nurturing)의 질적인 측면을 강조하였는데, 이는 초기 유아기에 부족했던 대상 영속성을 제공하고 자아의 재통합과 발달을 위한 것이다.

정신분석학은 면담에서 **지시적 치료법**(directive therapy)을 주로 사용하며 비지시적 기법들도 함께 사용한다. 이 치료법에서는 질문하기, **해석**(interpretation), 꿈 분석, **자유연상**(free association, 의식의 흐름), **저항**(resistance)의 분석, **전이**(transference)와 **역전이**(countertransference)와 같은 기술들을 사용한다. 이러한 기술들의 몇 가지(예: 질문하기와 해석)는 지시적이고, 다른 기술들(예: 자유연상)은 비지시적이다.

정신역동적 심리치료의 주요한 네 가지 단계는 ① 시작, ② 전이의 발달, ③ 전이의 훈습(working-through), ④ 전이의 해결이다. 전이는 조력 관계의 중요한 부분이다. 전이는 내담자가 원래 부모—자녀의 관계에서 표현했던 긍정적이거나 부정적인 감정과 태도를 다시 느끼고 이를 치료자에게 나타내는 것이다. 예를 들어, 내담자는 남성 또는 여성으로서의 치료자를 보게 될 것이며, 자신의 아버지와 유사한 태도와 감정을 가진 아버지로서 보게 될 수 있고 그러한 인식에 기초하여 치료자에게 강렬한 정서를 경험할 수 있다. 내담자는 이러한 전이 관계를 활용하여 아버지와의 해결되지 않은 갈등에 대해 작업할 수 있을지 모른다. 더 나아가 전이의 분석은 내담자에게 과거의 관계 관점에서 현재의 관계에 대해 자신이 얼마나 잘못 지각하고 해석하는지, 이에 따라 사람들에게 잘못 반응하는지를 이해하도록 도울 수 있다.

훈습의 단계는 자유연상과 꿈에 대한 보고를 통해 내담자에 의해 형성된 자료(material)의 해석을 포함한다. 이 단계의 목표는 내담자가 **정화**(abreaction, 카타르시스를 통해 억압된 감정을 표현하고 배출하는 것)를 통해 통찰력을 갖고 교정된 정서 경험을 하도록 돕는 것이다.

정신분석에서는 충동과 무의식적인 자료를 활용하여 작업하기 위해서 내담자가 위기, 저항 그리고 전이를 경험할 것을 독려받는다. 정신분석가들과 정신역동적인 지향점을 갖는 심리치료자들은 과거(과거를 현재와 연결시키려는 시도)를 강조하고 인과관계를 탐색하고 내담자의 불일치를 직면하는 것을 강조한다.

역전이는 치료자들이 내담자보다 치료자 자신의 갈등에서 기인하는 감정이나 관점을 발달시키는 경우에 발생한다. 역전이는 긍정적(사랑하거나 지나치게 애착을 갖는 것) 또는 부정적(싫어하거나 적대감을 갖는 것) 감정으로 발생할 수 있고 왜곡된 해석을 야기할 수 있다. 그러나 정신분석학자들은 객관적이 되기 위해 훈련되었고, 내담자에 의해 투사된 개인화된 감정들을 피하기 위해 자신의 갈등을 다루어 가는 것을 훈련받았다.

전통적인 프로이트계 정신분석 이론은 조력자와 내담자 사이의 지시적이고 권위적인 관계를 가정한다. 관계는 상호적이지 않다. 조력자는 전문적인 권위자이며, 분리되어 있고, 객관적이며, 완전히 중립적이어서 전이는 치료자의 인격에 의해 오염되지 않고 발달할 수 있을 것이다. 그러나 아들러는 공감(empathy)의 개념을 정신분석적 조력 관계에 도입하였고, 오늘날 대상관계 이론가들의 공감적 관계에 중점을 두어 이 학파의 치료자들이 자연친화적인 따뜻함과 공감을 조력 관계의 중요한 구성 요소로 제시할 것을 독려하였다.

보다 더 현대적인 정신분석 실천가들은 보다 다양한 심리치료 이론으로부터 관계와 중재의 요소를 포함하고 통합한다. 그들은 간명한 문제해결치료(problem-solving treatment)의 필요성을 인식하고 그들의 정신역동적 원리들을 간명한 모델들과 통합하고 적용해 나갈 필요성을 도전받는다.

정신역동 접근이 조력자에게 시사하는 점

이러한 유형의 치료를 실천하기 위해서는 조력자가 반드시 수년 동안 엄격한 훈련을 거쳐야 한다. 따라서 이러한 접근은 전통적인 임상 환경 이외에서는 상담자와 조력자들에게 직접적인 관련성이 없다. 그러나 정신분석을 따르지 않는(비정신분석적) 조력자들에게 중요한 시사점을 제시하고 있다. 조력자들은 사람들 안에 그들을 움직이게 하는 힘이 있다는 것을 인식할 필요성이 있는데, 이는 모두 의식적인 것만은 아니다. 조력자들은 사람들이 방어기제를 가지고 내부적이고 외부적인 위협에 대해 자신을 어떻게 방어하고(건설적이거나 파괴적일 수 있다) 저항하는지 알아야 할 필요가 있다. 그들은 초기 아동기 경험의 중요성을 이해해야 하고 조력 관계를 포함한 어떤 관계에서건 전이의 개념이 적용될 가능성을 이해해야 한다.

자율적인 자아의 발달에 대한 전통적인 정신분석 접근의 초점은 최근의 성 및 다문화 발전에 대한 이론과 충돌한다. 예를 들어, 미시건 대학교의 니스벳(Nisbett, 2000)과 동료들의 연구는 아시아계 그리고 미국계 사람들이 다른 사고방식을 가졌다는 것을 나타낸다. 이러한 지식은 사고 과정에 대한 통일된 관점을 갖는 것에 대해 도전적인 내용이다. 이 연구는 개개인의 삶에서 사회문화적 요소들이 주는 영향력을 인식함에 따라, 환경적 관점과 사회의 체계적 관점이 반영된 정신역동적 접근이 성별, 피부색, 비서구 문화의 사람들과 같은 다양한 사람에게 더 적합할 수 있음을 나타낸다.

현상학적 이론

조력에 대한 현상학적 이론들은 각 개인의 실제를 결정하는 개인 내적 관점의 독특성에 초점을 두고 있다. 이러한 접근은 과거에 무엇이었고 미래에 무엇이 될 것인가보다 지금 여기를 강조하며, 사람들이 지배적인 문화의 규범에 적응하기보다는 자기 자신과 환경에 대해서 어떻게 느끼고 인식하는지에 강조점을 둔다. 또한 이 접근은 인지적이거나 행동적인 영역보다 정서적인 영역에 강조점을 둔다.

가장 광범위하게 활용되는 세 가지의 현상학적 접근들, 즉 ① 실존주의 심리치료는 롤로 메이(Rollo May), 빅터 프랭클(Viktor Frankl), 제임스 부젠탈(James Bugental) 그리고 어빈 얄롬(Irvin Yalom)에 의해 발달되었다. ② 인간중심(내담자-중심) 이론은 칼 로저스(Carl Rogers)에 의해 발달되었다. ③ 게슈탈트 이론은 프리츠 펄스(Fritz Perls)에 의해 발달되었다. 이 장에서는 로저스와 펄스의 이론에 강조점을 둘 것이지만, 실존주의 접근에 대한 간단한 설명은 이러한 이론들의 기저가 되는 철학적 체계에 대해 이해할 수 있는 기초 자료가 될 것이다.

실존주의

실존주의 이론은 19세기 유럽 철학자들의 사고로부터 도래된 철학적 방향성(orientation)으로 유럽계 분석가들에 의해 치료적 접근으로 발달하였다. 그들은 정신분석과 행동주의자들의 **결정주의적인** 의견을 비판하며 등장하였다. 따라서 인간 본성에 대해 실존주의적 관점은 주관적이며, 지속적으로 변화한다. 의미(meaning)는 그것이 무엇이든, 개인이 독특하게 경험하는 것이다. 인간은 항상 '되어 가는 과정(in the process of becoming)'에 있다. 그들은 자기인식과 자유 그리고 선택할 책임을 가지고 있다. 그들은 항상 정체성, 의미, 다른 사람과의 관계를 추구한다.

치료의 목표는 내담자가 무엇이든 스스로 선택할 수 있음을 인식하고 그들의 선택에 대해 책임감을 갖게 하는 것이다. 불안은 인간의 조건에서 피할 수 없는 부분이며 죽음에 대한 자각, 자유, 고독, 무의미에서 발생하고, 진정성의 부족과 방어기제의 과도한 사용을 야기한다. (실존주의자들은 진정성을 일치되는, 진실한, 느끼는 것과 표현의 통합이라고 설명한다.) 실존주의적 치료자들은 내담자들이 자기인식, 책임, 의미를 찾아가는 모델이 되어 주고 동료의 역할을 한다. 내담자와의 관계는 중요하다. 이 접근에는 구체적인 기술이 없다. 오히려 실존주의적 치료자들은 다른 접근법에서 사용하는 기술을 선택하여 사용한다. 따라서 조력 관계의 인본주의적 본질(nature)과 철학은 가장 결정적인 치료적 변인이다. 칼 로저스는 인간 대 인간의 관계에서 결정적인 요소를 정교화하였다.

인간중심(내담자중심) 이론

인간중심 접근법은 1930년대에서 1940년대의 기간 동안 칼 로저스(Carl Rogers)에 의해 정립되었다. 인간중심 접근은 당시 미국 사회에서 전문적 조력 영역을 지배하던 정신분석 학파의 엄격성에 대한 큰 반동이었다.

인간중심 이론의 주요한 조력 원리

정신분석의 관점과 대조적으로 인간중심 이론은 인간이 합리적이고 선하며 자기 스스로 책임감을 가질 수 있고 독립성, 자기실현, 자율성으로 이끄는 선택을 할 수 있다고 가정하였다. 게다가 사람들은 건설적이고 협력적이며, 신뢰 깊고, 현실적이며, 사회적이라고 제안하였다. 이 이론은 미움과 분노 같은 부정적인 감정이 있음을 인정하지만 이는 인간의 기본적인 욕구인 사랑, 안전, 소속감에 대한 좌절된 욕구의 반응으로 존재한다고 주장한다. 이것은 '자기(self)'의 이론인데, 사람들이 그들의 **자기개념(self concept)**에 따라 행동한다는 믿음과 그들의 자기개념은 다른 사람과 관계된 경험에 의해 큰 영향을 받는다는 믿음에 기초한다. 이는 조력자나 내담자의 외부 세계에 대한 인식이 아니라 내담자 자기 자신과 상황에 관련되어 있다는 점에서 현상학적이다. 이 이론은 행동의 원인이나 행동의 변화에 관심이 없다. 오히려 개인의 현재 경험, 감정, 상호작용에 초점을 두고 있다.

이 이론은 자기(self), 환경 그리고 이 둘의 상호작용에 강조점을 둔다. 인식하고 스스로 실현해 가는 유기체는 현상학적 영역 내에서 지속적으로 경험하고 있는 것이다. 한 개인이 다른 사람들과 분리된 것처럼 수용하거나 경험하는 부분이 자기(self)를 이룬다. 자기는 천성적으로 잠재력의 통합과 실현을 위해 노력하기 때문에 자기개념(self-concept)은 경험과 점점 더 조화로워지고, 일치도를 증가시키게 되며, 자기 구조의 일부로서 경험을 지속적으로 받아들이고 통합하게 된다. 개인의 경험, 감정, 상호작용은 자기개념의 일부가 되기 위해 환경으로부터 자기로 통합되거나 자기로 통합이 채 되지 못한 것은 환경의 일부로 남아 있을 수 있다.

다음은 내담자중심 치료의 주요한 개념들이다.

- 자기 개념은 다른 사람들과의 상호작용에 기초하여 자기 자신의 인식을 구성한다.
- 현상학적인 영역은 개인의 현실이며 자신의 세계에 대한 자기 개념과 인식으로 구성된다.
- 개인은 자기 개념을 향상시킬 수 있는 방법으로 행동한다.
- 문제는 자기 개념과 위협적인 삶의 경험 사이의 불일치에서 발생하며, 이는 경험의 부인, 왜곡과 같은 방어기제를 사용하게 한다.
- 사람들이 그들 자신의 경험에 개방적이고 자기 개념과 행동 사이에 더 많은 일치를 발달시키게 할 수 있는 유일한 방법은 중요한 타인으로부터 무조건적이고 긍정적인 존중(수용)을 받는 것이다.

인간중심 치료의 기초는 치료자와 내담자 사이의 공감적 관계 형성에 있고, 이는 내담자의 자기 탐색과 자발성, 일치성 그리고 지금-여기에서의 느낌을 독려할 것이다(변화의 수단으로서 관계에 초점을 두는 것은 대상관계와 자기심리학에서의 변화의 관점과 유사하다). 이 치료의 목적은 자기실현(self-actualization/self-realization)이다. 상담자는 다음과 같은 핵심적인 조건을 제공해야 한다; 내담자의 고유한 경험 세계를 이해하고 내담자에 대한 이해를 전달하는 공감, 관계의 일치성, 무조건적인 긍정적 관심이다. 이러한 조건들은 내담자가 목표를 달성하기 위하여 기능할 수 있게 할 것이다. 이러한 치료의 유형은 치료자와 내담자에게 온전하게 참여하는 것을 요구한다.

인간중심 조력자들은 다음과 같이 최소한으로 개입하고 반응한다. "음(Mm-hmm)." "알겠습니다." "그렇습니다."(수용을 함축하는 진술), 반영(내담자의 반응을 그대로 따라 하는 언어적 진술), 명확화(내담자의 진술문을 탐색하고 발전시키는 진술), 요약(내담자의 여러 이야기를 종합하는 진술), 직면(비판단적으로 내담자의 이야기에 도전하는 언어적 진술)이다. 상담자가 내담자를 따라가는 동안 내담자가 상담을 주도한다는 것을 기억하라. 따라서 이러한 조력의 방식에는 '기술'이 없다. 조력자는 진정성을 갖고 '조력자'의 역할을 하지 않음으로써 오히려 효과적이 될 수 있다.

칼 로저스의 초기 작업들(1940~1950년)은 허용적인 환경에서 내담자의 진술문을 비지시적으로 앵무새처럼 흉내 내거나 내담자의 진술문을 반복하는 것을 주장하였다. 그는 치료자들을 공정하게 떨어져 있거나 분리되어야 하는 정화자(clarifier)로 보았다. 시간이 지나면서, 로저스는 상담자가 일정 수준의 자기개방과 태도를 공유하는 것, 몇 가지 감정에 대해 해석하는 것의 필요성을 주장하기 시작했다. 따라서 로저스는 내담자와의 관계에서 상담자가 개인으로서 경험하는 것을 강조하기에 이르렀다. 오늘날의 로저스 학파의 상담자들은 초기의 로저스계 조력자들에 비해서 보다 활동적이고, 내담자들과의 관계에서 더 관여적이다. 그리고 그들은 자신의 언어적 반응 목록에 질문과 피드백의 사용을 추가하였다.

다른 어떤 조력 접근보다도 인간중심 치료는 조력자가 비지시적이고 내담자를 존중하면서 소통하는 것을 강조하며, 이해하고 수용하는 상담 관계에 초점을 둔다. 인간중심 치료의 목표는 내담자의 불안을 감소시킬 수 있는 정서적이고 따뜻한 상담 관계이며, 내담자들이 경험하고 표현하며 그들의 감정을 탐색하도록 허용한다. 조력자는 내담자의 동료로서 동등하게 묘사되며 전문가이거나 권위자로 드러나지 않는다. 내담자는 자신의 의사결정 목표에 대해 책임을 갖게 하고 그러한 목표에 대해 행동을 취할 수 있도록 허용하는 조력 관계를 경험한다.

인간중심과 실존주의적 접근이 조력자에게 시사하는 점

이러한 이론의 초점이 언어적 행동의 내용보다 과정에 있다는 것은 상담심리학에 주요한 시사점을 제공했으며, 상담자 훈련 프로그램과 연구의 기초가 되었다. 수년 동안, 치료적 관계의 중요성은 다른 모델로 확장되어 왔다. 인간중심과 실존주의 치료가 기술보다 공감적이고 정확한 경청에 기초한 관계에 강조점을 두고 있기 때문에 상담자의 실제적인 자기(self) 또는 '존재(being)'(태도)가 그의 행동 또는 '행위'보다 더 중요하게 간주된다. 조력자들은 내담자들이 자신의 자각을 증진할 수 있도록 독려함과 동시에 자신의 자각을 확장하도록 격려받는다.

그러나 현행 관리 의료 서비스(managed care) 및 책임성의 관점에서 이러한 접근은 측정 가능한 결과 목표를 세우기 어렵고, 구조화가 덜 되어 있고, 소요되는 시간에 대한 제한이 없는 등 몇 가지 단점이 있는 것으로 나타났다. 더욱이 자기결정과 개성화에 초점을 두고 내담자의 건강한 발달과 기능에 대한 성, 인종, 차별 그리고 억압의 관점에 주의를 기울이지 않는 것은 소수집단이나 비지배 집단에 있는 내담자들에 대한 적용 가능성을 제한할 수 있다.

게슈탈트 이론

조력에 대한 게슈탈트의 접근은 쿠르트 코프카(Kurt Koffka), 볼프강 쾰러(Wolfgang Kohler) 그리고 막스 베르트하이머(Max Wertheimer)에 의해 발달된 지각학습 이론 (perceptual learning theory)에 기초하고 있다. 이 이론을 치료적 관점에서 적용하는 것은 1940년대 후기에 프리츠 펄스(Fritz Perls)에 의해 발전되었다.

게슈탈트(Gestalt)는 독일어로 '형태(configuration)'라는 의미이다. 모든 인간의 행동과 경험들은 게슈탈트, 형태 또는 패턴으로 조직화된다. 개인은 그들의 경험으로부터 의미 있는 전체(패턴)를 형성하고, 그들의 욕구는 그들이 경험한 것(사건) 중에서 각 부분을 중요한 것으로 또는 배경으로 남겨둘지 결정한다. 마찬가지로, 유기체와 개인의 행동들은 전체로서 인식되어야 한다. 유기체는 자아 경계(ego boundary)에 의해 자신의 환경 내에 포함된다. 환경은 개인의 욕구를 충족시키기 위한 활동, 사람 그리고 경험의 근원이다. 자기지지적이고 심리적으로 안정되기 위해서 환경으로부터 자신이 원하는 것을 찾는 것에 책임을 지는 것은 개인의 자기인식에 달려 있다.

인간중심 치료와 같이, 이 접근은 문제의 근원적인 이유보다는 현재, 여기, 지금 그리고 내담자의 인식에 초점을 둔다는 점에서 현상학적이다. 이는 내담자의 그리고 내담자에 의한 이해의 증가와 정서적이고 신체적인 자각과 연관되어 있고, 자기와 경험의 부분들을 통합으로 이끌어—불일치를 제거하여—통일된 전체가 된다. 따라서 게슈탈트 치료는 경험적이고(말로 이야기하는 것이 아니라 행하고 행동하는 것을 강조한다), 실존적이며(사람들이 독립된 선택을 하고 책임감 있게 만드는 것을 돕는다), 실험적이다(새로운 감정 표현을 해 보도록 격려한다).

게슈탈트 이론의 주요한 조력 원리

게슈탈트 이론은 개인이 행동과 경험에 대해 책임감을 가질 수 있고 충분히 통합되며 효과적으로 기능하는 개인으로 살 수 있도록 한다. 이러한 책임을 지는 것이 어렵다는 것은 과거에서 비롯된 발달적인 어려움, 개인을 현재에서 온전하게 살지 못하게 하며 개인이 어떻게 어떤 행동을 하는지 이해하는 것을 방해하는 것에서 기인한다. 유기체와 환경 사이의 고통 또는 일치되지 못함은 갈등을 만들어 낸다. 즉, 접촉을 피하고 부인, 무효화, 현재의 경험을 수용하기보다 덮어 버림 그리고 존재하는 것보다 존재하지 않는 것을 강조하는 것과 같다.

게슈탈트 이론은 전체적인 인간(마음과 몸은 분리된 것이 아니라 같은 것으로 간주)을 강조하고 자기(self)를 환경에 반응하는 전체적인 유기체로 간주한다. 사람이 과거를 추억하고 미래에 대해 꿈을 꿀 수 있지만, 사람은 현재에서 충분히 기능하는 인간으로 살아야 한다. 개인은 유기체(organismic)의 균형을 획득하기 위해 자기 인식, 수용, 전체성, 그리고 책임감을 발달시켜야 한다. 감정은 에너지로 간주된다. 사람은 감정을 표현하지 않고 미해결 과제(unfinished business)를 쌓아 감으로써 어려움에 빠진다. 이는 긴장을 만들어 내고 신체적 어려움을 야기하며, 문제를 해결하지 못하게 한다.

게슈탈트 이론의 주요 구성 개념은 다음과 같다.

- 성숙(전체성)은 사람이 환경의 지지를 받기보다 자기 지지적일 수 있을 때, 다른 사람을 조종하기보다 자신의 자원을 동원하고 사용할 수 있을 때 그리고 자신의 행동과 경험에 대한 책임을 수용할 수 있을 때 달성된다.
- 자기인식(awareness)은 전체적인 인간이 되기 위해 이전에 부인했던 부분들을 마주하고 수용함으로써 회피 행동을 줄인다.
- 변화는 사람들이 자신의 책임감을 받아들이고 미해결 과제를 완결지을 때 이루어진다(미해결 과제는 과거의 사건에 대해 표현하지 못한 감정들로 개인의 기능을 방해하고 현재의 행위를 방해하는 것들로 구성되어 있다).
- 치료의 초점은 개인의 현재 감정과 생각에 있으며, 자신의 감각, 환상, 인식 그리고 꿈을 탐색하는 것, 통합을 달성하기 위해 자신에 대해 책임감을 받아들이고 '자신의' 것이 되도록 격려하는 것에 있다.
- 개인은 사회에 맞춰 자신을 조정하기보다는 자신의 직관을 신뢰하도록 독려된다.

게슈탈트 치료법은 개별적으로 적용할 수 있지만, 집단 내에서 발달된 일대일 관계를 활용하여 조력하는 워크숍의 방식을 사용한다. 게슈탈트 치료의 주요한 기술들은 연습과 게임을 포함한다. 게슈탈트 치료의 목표는 정신적 활동과 감정, 신체의 감각, 그리고 행동을 통합하는 것이다. 신체 언어에 대해 자각하는 것은 구두 언어의 패턴을 인식하는 것만큼 중요하다. 이 책에서 제시된 자각 훈련의 많은 부분은 게슈탈트 이론에서 나온 것이다.

게슈탈트 치료에서는 치료자들이 내담자에게 지시하고 도전하며 좌절을 하게 해서 자신의 전체(Gestalt)에 대한 인식을 개발할 수 있는 촉매 역할을 한다. 앞서 언급했듯이, 표현을 위한 수단은 역할 연습과 게임을 포함한다. 즉, 현재의 갈등을 극적으로 드러내고 역할 전환을 통해 해결하는 것이다. 게슈탈트 치료자들이 내담자에게 역할 연습에 참여하도록 요청할 때, 치료자들은 내담자가 책임감을 더 갖도록 하기 위해 특정한 세부 사항과 감정들에 초점을 맞추도록 지시한다. 게슈탈트 치료자들은 내담자가 주지화('무엇에 대해 이야기하기'), 과거로 회피하기 또는 미래에 대해 꿈꾸기를 통해 현재의 경험을 회피하는 것을 허용하지 않는다. 치료자들의 중재는 각 개인이 책임감을 더 갖도록 돕고(자신의 문제를 인식하는 것), 자각을 확장하도록 돕기 위해 (절대로 '왜!'를 사용하지 않고) '무엇' 그리고 '어떻게'라는 질문을 포함하며, 행동에 대한 극적인 표현을 통해 행동을 과장함으로써 행동을 명시적으로 만들어 가는 것이다.

인간중심 치료와 같이 게슈탈트 치료는 해석에 강조점을 두기보다 지금 여기에서 개인과 실제적인 조력 관계에 초점을 둔다. 인간중심 치료와 다르게 게슈탈트 접근은 치료자가 역할극의 안내자와 같다는 면에서 지시적이다.

게슈탈트 접근이 조력자에게 시사하는 점

게슈탈트 치료에서 치료자들은 내담자의 학습 상황에 관여하고 내담자들에게 그들 자신에 대해서 어떻게 배워 가야 하는지를 가르치는 기술을 습득하게 된다. 그리고 지금 여기에서 그들이 어떻게 기능하는지 인식하게 된다. 이러한 인식은 내담자가 자기 삶에 대해 더 책임감을 갖고 더 주도적으로 선택하도록 안내한다. 게슈탈트 치료의 핵심은 언어적 · 비언어적 기술 모두에 있다. 따뜻함과 공감은 인간중심 조력 관계에서만큼 강조되지는 않지만, 내담자가 치료자의 힘(조력 기술과 능력)에 대한 믿음이 없다면 게슈탈트 치료가 효과적일 수 없다. 왜냐하면 내담자는 구체적인 연습을 위한 치료자의 제안과 지시에 저항할 것이기 때문이다.

게슈탈트 치료자는 직면적인데, 이러한 태도는 내담자의 측면에서는 좌절을 일으킬 수 있다. 예를 들어, 치료자는 종종 특정한 감정을 회피하고 싶어 하는 내담자에게 좌절을 일으키는 "지금의 느낌에 머무르세요."라는 요청을 한다. 이러한 식으로 게슈탈트 치료자는 내담자가 분석하도록 격려하고 유쾌하지 않은 감정들을 그들의 전체 자아와 재통합하기를 격려한다. 언급한 바와 같이 강조점은 '왜'라기보다 행동에 대해 '무엇'과 '어떻게'에 있다.

게슈탈트 치료에서 집중적인 훈련을 받지 않은 조력자들이 사용할 수 있는 게슈탈트 원리들이 있다. 예를 들면, 내담자의 구두 언어뿐만 아니라 신체 언어(비언어)를 지적할 수 있고 인식(awareness)과 주의(attention)의 불일치를 찾고, 이를 전체로 통합하려고 시도해 볼 수 있다. 또한 치료자는 내담자가 지금 여기에서의 감정, 사고, 행동에 대한 책임감을 가질 것을 강조한다. 이를 위해 치료자는 내담자의 자기 인식과 자립을 격려하는 기술을 사용하며, 내담자의 현재 기능에 영향을 미치는 '미해결 과제'를 파악한다. 게슈탈트 치료는 주지화를 강조하지 않고 자기 인식을 증가시키는 극적이고 빠른 방법론을 제공한다.

코리(Corey, 2013)는 게슈탈트 기법들이 조력자가 주도적으로 상황을 조종하는 경향성이 있고, 인지에 대해 강조하지 않기 때문에 몇 가지 위험성을 나타낼 수 있다고 지적한다. 내담자들은 즉각적이든 연기를 하는 것이든 격렬한 정서 반응을 경험할 수 있으며, 이에 대해 추후에 다루어질 필요가 있다. 게슈탈트에서 사용되는 기법들은 서로 다른 문화에서 온 내담자들에게 효과적으로 적용되기 위해 수정될 필요성이 있을 수 있다. 예를 들면, 게슈탈트에서 표현에 대한 극적인 강조는 제한적이고 절제된 언어를 선호하는 다른 문화에서는 반대하는 것일 수 있다. 직접적인 언어적 메시지와 직접적인 눈 맞춤은 또한 문화 집단 사이에서 다르게 평가된다.

행동주의 이론

임상적 실제에서 발달한 정신분석적·현상학적 접근과 다르게 조력에 대한 행동주의적 접근은 심리학 연구소에서 발달하였다. 행동주의적 접근의 원리들은 과학자들이 정신분석적이고 현상학적인 접근의 결과들을 측정하고 평가할 수 없다는 관점에서 시작했다. 그리고 구체적이고 관찰 가능하며 객관적이고 측정 가능한 변수들(명시적인 인지, 운동, 정서적인 행동들)에 기초하여 조력의 결과들을 예견하고 측정하려는 욕구에서 출발하였다. 감정이나 사고는 우리가 볼 수 없고, 따라서 측정할 수 없다. 따라서 우리는 조력자로서 진실되게 책임감을 갖기 위해 행동에 관심을 기울여야 한다.

1960년대에 행동주의 치료는 고전적 조건화와 조작적 **조건화** 이론의 임상적 적용이라고 간주되었다. 그리고 점차적으로 응용 행동 분석, 자극-반응 접근, 행동 수정, 사회학습 이론 등 다양한 접근과 협력해 왔다. 오늘날, 행동주의 치료와 인지주의 치료는 인지-행동 접근으로 통합되었다. 그러나 이러한 맥락에서 우리는 다른 조력 이론들로부터 행동주의 이론을 구별하는 공통적 개념과 기초에 초점을 둘 것이다. 이는 당신이 사고와 행동의 관계를 살펴보는 것을 더 쉽게 만들어 줄 것이다. 이러한 개념이 인지-행동 접근의 주요 초점이 되었다.

행동주의 이론의 주요한 조력 원리

행동주의 이론에 따르면, 인간 행동은 환경 내에서의 즉각적인 결과에 의해 결정된다(강화). 따라서 이는 유기체 내에서가 아니라 상황적 요소로부터 학습된다. 따라서 모든 행동은 학습될 수 있고 학습되지 않을 수도 있다. 어려움은 학습을 할 때 발생하고 부적응적인 행동은 불안을 야기한다. 불안은 학습한 부적응적인 행동의 우연적 사건(contingency)으로 학습된다. 이 관점에서는 사람들이 자신의 행동을 내적으로 통제할 수 없고 자기 결정성이 없다고 가정한다. 모든 행동은 환경적 변수에 의해 결정된다. 인간은 조작될 수 있는 가능성을 가진 유기체로 간주된다. 가치, 감정 그리고 생각은 무시되고, 오직 구체적이고 관찰 가능한 행동만 중시된다. 결과적으로 모든 행동주의 이론들은 행동 분석과 치료에 대한 평가를 강조하는 엄격한 과학적 방법에 관심을 기울이고 있다.

이 이론의 주요한 구성 개념은 다음과 같다.

- 모든 행동은 환경에 의해 결정된다(자극).
- 행동은 **조성**(shaped)되고(**점진적 원리**), 그 결과에 따라서 유지된다(반응).
- 행동은 역사적 원인에서 기인하기보다 즉각적으로 결정된다.
- 행동은 **구체적 강화** 또는 **사회적 강화**에 의해 강화되며, 강화된 행동은 강화되지 않았던 행동보다 더 잘 나타난다.
- 처벌보다는 **정적 강화**가 조건화 가능성을 더 높게 지닌다.
- 강화는 행동이 발생한 즉시 뒤따라야 한다.
- 강화는 구체적이거나 사회적일 수 있다.
- 행동은 강화가 없는 경우에 소거될 수 있다.
- 행동은 목표 행동과 유사한 연속적인 행동을 강화받음으로써 만들어질 수 있다.

행동주의적 조력 접근들은 특별히 지시적이고 통제적이다. 그들은 학습 과정과 인지적 메커니즘에 의존한다. 조력자들은 적절하지 않은 연합을 간섭하거나 분리하기 위해 적절하지 않은 자극-반응의 연합(목표 행동의 원인과 효과)과 배열을 확인한다. 그리고 조력자는 새롭고 보다 합리적인 자극-반응을 연합시켜 적절한 행동이 학습될 수 있도록 조건들을 만들 것이다.

　이러한 강화의 원리들은 자극들 사이의 **변별**과 한 가지 상황에서 다른 것을 학습하는 **일반화** 모두를 가능하게 한다. 네 가지의 일반적 행동 수정 접근들은 다음과 같다. ① 모방학습(모델링)은 모델을 통하여 원하는 행동의 수행을 모방(역할 연습 또는 비디오 녹화)하거나 실제에 이르는 새로운 행동을 가르친다. ② 인지적 학습은 역할 연습, 시연, 언어적 지시 또는 조력자와 내담자 사이의 **유관 계약**(contingency contracts)을 통하여 새로운 행동을 가르친다. 이는 내담자가 해야 할 일과 이 행동의 결과 또는 강화로 무엇이 주어질지(토큰 경제)에 대해 명확하게 이야기하는 것이다. ③ 정서적인 학습은 **내파치료/내파법**(implosive therapy, 관련된 불안을 없애기 위한 상상 형태의 매우 불쾌한 자극에 엄청나게 과장된 노출을 시키는 것), 체계적 둔감화(부정적 사건과 완전한 신체적 이완의 상태를 짝지어 봄으로써 불안을 감소시키기 위한 역조건 형성의 방법—부정적 상태를 진압하는 긍정적 사건), 또는 내재적 민감화(불안을 만들어 내는 자극을 유쾌한 연상과 짝짓는 것) 등이다. ④ **조작적 조건화**는 선택된 행동이 즉각적으로 강화되고 체계적인 **강화계획**이 사전에 의식적으로 결정된다. 행동치료의 목표는 경험에 기초한 치료를 사용하여 특정한 행동을 증가시키거나 감소시킴으로서 행동을 변화시키는 것이다.

행동주의적 접근이 조력자에게 시사하는 점

　근본적으로, 직접적인 조력 관계는 행동주의적 접근에서 중요하게 여겨지지 않았다. 조력자가 내담자에게 커다란 강화로서의 가치를 부여하지 않는 한, 인간관계는 행동을 변화시키는 변수가 아니다. 조력자는 객관적이며 공정하고 전문적인 행동의 기술자로 간주된다. 사실, 조력자는 컨설턴트로서 도움을 주었을 뿐이며 초기 관찰을 제외하고는 내담자와 거의 직접적으로 접촉하지 않는다. 또한 특정 행동 기법을 가르칠 수 있는 녹음 자료까지 사용하기도 한다. 언어적 접근을 활용하는 장면에서, 조력자는 체계적으로 구체화된 언어적 강화를 사용하기 위해 훈련된다. 조력자는 또한 관찰과 평가의 기술들을 훈련받는다. 행동주의적 조력자는 관찰 가능하고 명시적인 행동에 초점을 두고 있기 때문에 현재에 집중하거나 특정한 목표 행동이 사라지는 것을 인식함으로써 어떤 기법이 효과적이었고, 치료를 언제 종결해야 하는지 결정할 수 있다. 따라서 조력자는 활동적이고 지시적이며 때때로 교사 또는 컨설턴트/훈련자로 기능한다. 그러나 더욱 최근에 이르러서 내담자와 직접적으로 접촉하는 행동주의자들은 효과적인 조력 관계가 내담자로 하여금 치료에 잘 따르게 하고 새로운 행동적 기술을 훈련하려는 동기를 증가시킨다는 것을 깨달았다. 실험실에서 일어나는 일이 실제 사람들에게는 적용되지 않을 수 있다는 점에서 인간의 복잡성에 대한 인식이 증가하고 있다. 바꾸어 말하면, 최근의 신경과학 연구는 환경적 요인과 학습 과정 그리고 생물학적 요소들 사이에 관계가 있다는 것을 보여 준다.

행동적 접근들이 구체적이고 측정과 평가에 개방적이기 때문에 그들은 상담과 조력을 연속선상에 있는 '예술'의 끝에서 '과학'의 끝으로 옮겨가는 데 도움을 주었다. 행동적 결과들에 초점을 두는 것은 관계의 의존성을 줄이고 단기간의 치료를 가능하게 했다. 조력자로서 우리는 다음과 같은 것을 할 수 있다. 첫째, 관찰 가능한 행동에 초점을 둔다(측정하기 어려운 감정과 사고에 대해 이야기하는 것보다). 둘째, 중재의 결과를 측정할 수 있는 기법을 사용한다. 셋째, 조력의 목표, 전략 그리고 결과를 구체화한다. 따라서 우리는 보다 책임감을 갖게 되고, 우리의 주관적인 가치와 태도를 내담자에게 주입하는 위험을 피할 수 있게 된다. 넷째, 내담자가 할 수 없거나 하지 말아야 하는 것에 반해서, 내담자가 하고 있는 것과 할 수 있는 것에 초점을 둔다. 따라서 개인의 행동 중 부정적인 면보다 긍정적인 면에 강조점을 둔다. 다섯째, 오직 관찰 가능한 행동을 다루고 주관적인 자료에 의한 의심스러운 해석을 피한다. 이러한 접근들이 다양한 문화에서 사용되기 위해서는 개인이 다른 문화적 가치와 태도들에 익숙해져야 한다. 행동적인 관점에 의해서 이루어지는 평가는 문화적 상대성을 필요로 한다.

인지주의, 인지-행동 이론

조력에 대한 인지주의와 인지-행동적 접근들은 합리성, 사고 과정, 그리고 문제 해결을 다룬다. 그들은 감정과 행동에 대한 인지적 과정들의 효과뿐만 아니라 내담자의 평가, 귀인, 신념 체계, 그리고 기대에 초점을 둔다. 이러한 접근은 교육적이고, 지시적이며 언어적인 인식으로 이루어졌다(이는 게슈탈트와 같이 보다 비언어적인 것을 추구하는 접근과 다르다). 많은 직업 상담의 접근은 평가를 강조하거나, 다양하게 수집된 자료를 종합하는 것, 또는 합리적인 의사결정을 강조하는 접근들로 나뉜다. 인지-행동 이론의 주요한 철학적 가정은 사람들의 생각을 바꿈으로써 신념체계를 바꿀 수 있고 이는 차례로 행동과 정서의 변화로 이어진다는 것이다.

인지-행동 이론의 세 가지 주요한 대표 이론은 합리적 정서행동치료(REBT), 현실치료(RT), 그리고 인지행동 치료(CBT)이다.

합리적 정서행동치료

합리적 정서행동 접근은 1950년대 중반, 앨버트 엘리스(Albert Ellis)에 의해서 개발되었다. 이 이론은 사람들이 잘못된(비합리적) 사고를 수정하기 위해 자신의 사고방식을 변화(인지적 재구성)시킬 필요가 있다는 그의 믿음에 기초하고 있다.

합리적 정서행동치료의 주요한 조력 원리

엘리스는 사람들이 자신과 자신의 운명에 대해 충분한 책임감을 가져야만 한다고 믿었다. 그는 비록 사람들이 생물학적·환경적 요소에 의해 영향을 받는다 할지라도, 환경에 의해 통제되지 않는다고 주장했다. 게다가 그들의 사고 과정은 이러한 요소들과 그들의 감정을 중재한다. 사람들은 동시에 인식하고, 생각하고, 느끼고, 행동한다. 사람들은 자신의 느낌이나 행동에 대해 통제하는 것을 배울 수 있고 더 확장시킬 수 있다. 엘리스는 더욱이 사람들은 합리성과 비합리성, 자기 파괴와 자기실현의 두 가지 모든 경향성을 가지고 태어난다고 상정하였다. 따라서 사람들이 비록 생물학적·유전적 성향에 의해 합리적·비합리적 사고의 성향을 가지고 있을지라도 세상의 비합리성을 자신의 신념체계에 포함시킴으로써 점점 더 비합리적으로 되어 간다.

엘리스는 초기 A-B-C 이론을 상정하였다. A(Activating events)는 내담자들이 C의 원인이라고 잘못 믿고 있는 선행 사건이고, C(Consequences)는 감정적이거나 행동적인 결과들이며, B(Beliefs)는 합리적이거나 비합리적인 내담자의 신념 체계로 실제적인 원인이 되는 중재 변수이다. 이후에 그는 D와 E를 추가하였다. 따라서 A-B-C-D-E 이론이 되었다. D(Disputation)는 내담자의 비합리적인 생각과 신념에 대한 논박, E(Effects)는 새롭고 보다 합리적인 감정 또는 효과이다. 내담자의 신념 체계인 B는 재구조화될 필요가 있다. 엘리스는 네 가지의 평가적인 사고 기능 장애와, 잘못된 생각을 유발하며 사람들이 지속적으로 반복하게 되는 열두 개의 비합리적인 사고를 확인하였다(7장의 목록 참조).

다음의 예는 왜곡된 사고를 나타낸다.

만약 내가 탁월한 경쟁력이 있다면 다른 사람들이 나를 정말 좋아할 것이기 때문에 나는 반드시 그렇게 되어야만 한다. 만약 내가 그렇게 되지 않는다는 것은 끔찍한 일이며, 따라서 나는 가치 없는 사람이다. 다른 사람들이 나를 정중하고 공정하게 대하는 것은 매우 바람직하기 때문에 반드시 그렇게 되어야 하고, 그렇지 않을 경우는 사람으로서 가치가 없다. 그리고 내가 고통보다 기쁨을 경험하는 것을 좋아하기 때문에 이 세상은 나에게 이렇게 맞추어져야 한다. 세상이 나에게 맞추어지지 않을 때 나는 이를 참을 수 없고, 삶은 끔찍하다.

엘리스는 스스로를 화나게 만드는 것으로, 우리가 자신에게 이야기하는 것들에 대해 이야기했다. 그러나 우리는 자신에게 다른 메시지를 전달하는 방법을 배울 수 있다. 이 이론의 주요한 구성개념은 다음과 같다.

- 문제는 부작용을 초래하는 비합리적인 신념 때문에 발생한다.
- 사람들은 자신의 비합리적 신념을 어떻게 논박하는지를 배움으로써 신념 체계를 변화시킬 수 있다.
- 사람들은 선택하고, 창조하고, 다른 사람들과 관계 맺고 즐기려는 생물학적이고 문화적인 성향이 있다. 하지만 또한 자기 파괴적이고, 회피적이고, 이기적이고 참을성 없는 선천적인 성향을 가지고 있다.
- 정서적인 장애는 계속되는 비합리적 사고, 현실 수용을 거부하는 것, 당위적으로 그래야만 한다고 생각하는 방식으로 생각을 유지하는 것 그리고 자기 몰두(self-absorption)에서 기인한다.

합리적 정서행동치료(REBT)는 사람들이 건강하거나 건강하지 않은 방식으로 자신의 정서를 경험하는 방식을 조절하기 위해 사고를 변화시키도록 돕는 기술이다. 치료자는 지시하고 정보를 주고 **심상기법**(imagery techniques)을 가르치고 과제를 부여함으로써 내담자의 비합리적 신념 체계를 바꾸도록 돕는다. 따라서 REBT 기술은 인지적(교수법)이면서 행동적(역할 연습, 과제 부여)이다. REBT 기술은 생각을 바꿈으로써 행동을 변화시키도록 고안되었다. 이는 차례로 내담자의 기분이 조금 더 나아지도록 도울 것이다. 내담자들은 잘못된 사고를 교정함으로써 스스로를 이해하고 다른 사람을 이해하며 다르게 반응하도록 그리고 자신의 기본적인 생활 철학을 변화시킬 수 있도록 지도받는다.

이 접근에서의 조력 관계는 내담자가 그들의 생각을 분석하고 신념 체계를 합리적으로 재구조화하는 법을 배우도록 조력자가 권고하고 격려하며 명령한다는 점에서 인지적이고 지시적이다. 조력 관계는 따뜻하고 공감적이며 상호작용하는 것보다 조력자의 잠재력 그리고 내담자에게 영향을 미칠 수 있도록 소통하는 능력에 달려 있다. REBT의 치료자들은 내담자에게 개인적인 따뜻함을 제공하지 않으면서도 내담자를 연약한 인간으로 받아들인다. 그들은 비판하고 인지적 · 행동적 결점을 지적하며 내담자가 자기훈련을 더 사용하도록 격려한다. 그들은 의존성을 억제하고, 종종 교훈적 토론, 독서치료, 시청각 도구와 같이 개인적인 관계성이 적고, 고도로 인지적이며, 행동 지향적인 과제와 기술들을 사용한다. 성, 인종, 민족, 계급 또는 성적 지향과 같은 요소들로 인해 차별과 억압을 경험했던 내담자들은 이처럼 개인적이지 않고 직면적인 기술들을 공격적이라고 생각할 수 있다. 그들은 '비난받는' 느낌을 받을 수 있다. REBT 접근은 사회문화적 힘이 개인의 심리적 안정에 미치는 영향에 거의 주의를 기울이지 않는다. 합리적 정서행동 접근은 조력자들에게 행동적이고 정서적인 영향력을 미칠 수 있는 인지적 영역에 초점을 두라고 가르친다.

현실치료

이 이론은 REBT와 마찬가지로 인지-행동적 이론의 한 부류이며 정신과 의사 윌리엄 글래서(William Glasser)에 의해 발달된 것으로 합리적이고 논리적이며 학습 지향적이다. 현실치료는 내담자의 가치와 행동적 선택을 탐색하며 불일치를 드러내고 선택에 대한 책임을 강조한다. 글래서의 최근 연구는 생존, 소속, 권력, 재미, 자유와 같은 필요를 충족시키기 위한 효과적이고 책임감 있는 행동을 선택할 수 있도록 도움으로써 삶에 대해 보다 효과적인 통제를 하도록 돕는 것을 강조한다. 이와 같은 다섯 가지 욕구는 선천적인 것이고, 우리의 행동은 이러한 욕구를 충족시키기 위한 방식으로 우리의 환경을 통제하기 위해 고안된다. 따라서 최근의 현실치료는 통제 이론에 기초하고 있다. 우리의 욕구를 충족시키기 위해 환경을 통제하는 데는 두 가지 기초적인 방법으로 '① 세상에서 욕구를 충족시킬 수 있는 것이 무엇인지 인식하기—입력, ② 욕구를 충족시키기 위한 것이라 인식되는 것을 수행하거나 통제하기—산출'이 있다.

현실치료의 주요한 조력 원리

현실치료 이론은 앞서 언급한 욕구들을 충족시키기 위해서 다른 사람들과 관련되어야만 한다는 면에서 대인관계적 이론이다. 현실치료의 목표는 사람들이 책임감 있는 선택(가치 체계와 행동 사이의 일치를 포함)을 할 수 있도록 조력하는 것이고, 자신의 욕구를 충족시키기 위해 다른 사람의 기회를 빼앗지 않고 기본적인 심리학적 욕구를 충족시키는 것이다. 사람들은 스스로 책임을 질 수 있고 합리적 사고와 행동이 가능하다고 간주된다. 그들은 자신의 행동이 도움이 되지 않는다고 판단할 수 있는 능력뿐만 아니라 변화에 대해 헌신할 수 있는 능력이 있다. 그들은 이러한 능력을 행사하지 않을 이유가 없다. 현실치료의 초점은 그들이 무엇을 '노력'하려고 하는가가 아니라 그들이 무엇을 할 수 있는가, 기꺼이 하려고 하는가에 있다.

현실치료 훈련은 조력자가 목표, 가치 그리고 행동의 불일치를 분석함으로써 내담자에게 스스로 책임을 지도록 가르치는 진솔한 인간관계를 포함한다. 현실치료는 지지적인 접근법으로 현재를 다루며 다음의 여덟 단계에 기초한다.

1. 친근한 태도로, 내담자에게 자신이 원하는 것이 무엇인지 질문하라.
2. 내담자에게 자신이 원하는 것을 얻기 위하여 무엇을 선택할 것인지 질문하라.
3. 선택한 행동이 효과가 있는지 질문하라.
4. 만약 효과가 없다면, 항상 그렇지 않다면 더 나은 선택을 하도록 도와주라.
5. 앞선 계획 단계에서 더 잘 수행되었던 좀 더 나은 선택을 따르겠다는 약속을 받으라.
6. 계획을 이행하지 않을 경우 변명을 받아들이지 말라. 만약 그 계획이 실행 불가능하다면 다시 계획을 세우라.
7. 처벌하지 말라. 그러나 내담자에게 자신의 행동에 대한 합리적인 결과를 받아들이도록 요청하라.
8. 포기하지 말라.

WDEP라는 약어는 현실치료의 주요한 절차를 명확하게 하기 위해 글래서(Glasser, 1998, 2000)와 워볼딩(Wubbolding, 2000)에 의해 도입되었다. W(Wants)는 바람, 욕구, 지각의 탐색을 나타낸다. D(Doing and Direction)는 현재의 행동, 방향과 행위의 초점을 나타낸다. E(Evaluation)는 평가를 의미하며 "당신이 무엇을 하고 있는지 알고 있나요?" 그리고 "이 행동은 당신이 원하는 곳에 도달하도록 해 줄 수 있나요?"라고 질문하며 내담자가 정확하게 자기 평가를 하도록 돕는다. P(Planning and commitment)는 치료의 마지막 부분으로 행동을 계획하고 문서로 작성된 계획에 대해 약속하는 단계이다.

현실치료 접근이 조력자에게 시사하는 점

현실치료자들은 격려하고 대안을 제시하고 긍정적인 행동을 칭찬하며 개방적이고 직접적으로 불일치를 직면하고 내담자들이 기본적인 심리적 욕구를 충족시키지 못하게 하는 행동을 거절할 수 있을 만큼 충분한 돌봄을 준다. 조력자들은 현재의 행동 그리고 대안적인 선택의 결과가 무엇일지에 관심이 있다. 그들은 부정적인 경험과 증상에 대해 스스로 자책하는 대화에 개입하는 것을 거부한다. 조력의 초점은 책임감 없는 행동을 인식하고 책임감 있는 행동을 위해 내담자와 계약을 맺는 것이다.

현실치료자들과 내담자 사이의 관계는 중요하다. 그 관계는 따뜻하고 정직하며 개인에 관여적이다. 이러한 관계를 통해 내담자는 치료자로부터 지지받는 느낌을 받고, 치료자를 신뢰하는 것을 배우고, 치료자가 회피 행동보다 내담자가 하고 있는 것과 내담자의 접근 행동에 집중하기 때문에 자신에 대해 가치감을 느끼는 것을 배운다. (이러한 과정은 그렇게 인식되지는 않지만 정신분석 개념의 전이와 유사하다.) 이러한 관계는 한 가지 중요한 측면에서 인간중심 치료와 다르다. 현실치료에서의 조력 관계는 가치판단적이다. 즉, 현실치료의 치료자들은 치료자가 가진 현실에 대한 인식의 관점에서 내담자의 행동을 평가한다. 예를 들면, 만일 내담자가 스스로 자책하는 행동을 지속한다면 치료자들은 다음과 같이 말할지 모른다. "그 행동은 이상해요. 왜냐하면 그 행동은 당신을 자신이 진정 원하는 것으로부터 멀어지도록 할 것이기 때문이에요."

조력자들을 위한 현실치료의 중요한 함의는 정직함, 조력자의 강도 높은 관여 그리고 내담자가 성공하기를 요구받는다는 점이다. 조력자들은 내담자의 행동과 그들의 가치, 욕구 사이의 비일관성을 평가해야만 하며, 행동에 초점을 두고 그들의 선택과 선택의 결과에 가정된 내담자의 책임감을 강조한다. 조력자들은 내담자들이 그들의 욕구를 충족하고 세상에 대한 통제감을 획득하기를 촉진한다.

현실치료는 아시아와 중동 지역에서 전통적인 정신분석 모델과는 다른 단기적 모델로서 꽤 유명하다. '현실'의 개념과 선택은 문화적으로 정의되고 다양한 내담자의 삶의 맥락에서 고려되어야 한다.

인지행동 치료들

인지행동 치료 접근들은 행동주의의 학습 이론을 사고, 감정, 동기, 계획, 목적, 이미지 그리고 지식과 같은 개념들에 접목하였다. 그들은 개인 내적 인지 과정의 중요성을 인식하면서 임상적 행동에 대한 최선의 중재를 유지하기 위해 통합되었다. 인지행동치료법은 오늘날의 주요한 이론적 방향을 대표하며 정신건강 서비스 제공에 대한 사회문화적 제약 그리고 접근법에 대한 분석 및 지원이 수행된 증거 기반 연구라는 특징으로 인해 많이 활용되고 있다.

인지행동치료의 주요한 조력 원리

벡(Beck, 1976)의 인지치료는 심리학적 문제에 근간을 이루는 추론에 대한 체계적 오류에 초점을 두고 있다. 벡은 정서장애 이론의 주요한 세 가지 구성 요소를 가정하였다.

1. 부정적이고 자동적인 생각은 사람의 기분을 망치고 더 많은 생각이 점진적으로 증가하는 원인이 된다.
2. 왜곡된 현실은 다음에 제시된 바와 같은, 체계적이고 논리적인 오류들에 기초한다.
   - 임의 추론: 누락, 거짓 또는 부적절한 증거에 대한 결과 추론
   - 과잉 일반화: 하나의 특정한 부정적 사건에서 다른 것 역시 그렇다고 결론을 내림
   - 선택적 추상화: 상황의 특정 측면에 초점을 맞추고 다른 측면을 무시함
   - 확대 또는 축소: 모든 상황 중 최악의 상황을 생각하거나 중요성을 거부함
   - 개인화: 관계에 대한 근거가 없는 상황에서 외부의 환경을 자신과 관련시킴
   - 이분법적 사고: 이것 아니면 저것이라는 극단주의
3. 세상에 대한 개인의 가정(assumptions)이 되는 우울한 인지구조(schemas)는 개인이 과거 경험을 조직화하는 방식을 나타내고, 경험하는 세계에 대한 새로운 정보를 분류하는 체계가 된다.

벡에 의하면 결함 있는 전제와 가정에 기초한 현실의 왜곡으로부터 문제가 발생한다. 이러한 왜곡된 평가는 특정한 감정을 이끌어 내고 따라서 개인의 정서적 반응은 현실이 아닌 왜곡된 평가와 일치한다.

인지치료의 세 가지 주요한 단계는 첫째, 생각, 자기대화(self-talk) 그리고 내담자의 의미를 이끌어 내기, 둘째, 내담자의 해석에 일치하거나 반하는 증거를 모으기, 셋째,

내담자 해석의 타당성을 실험하고 토론을 위한 추가 자료를 모으기 위해 실험 상황(과제) 설정하기이다. 이것은 치료자가 내담자와 지금 여기에서 협력한다는 점에서 생동감 있는 치료법이다. 이는 언어적 치료이며, 각 회기는 안건을 상정하고, 치료 시간의 구조를 잡고, 일어나고 있는 일을 주기적으로 요약하고, 내담자에게 질문하며, 과제를 부여하고, 내담자에게 그 회기를 요약해 보라고 요청한다. 벡은 조력 관계에서 정확한 공감, 따뜻함 그리고 진정성의 필요성을 강조한다. 그는 라포와 협력 그리고 상호적 이해가 중요하다고 이야기했다. 몇 가지 구체적인 기술들은 인지적 시연법, 질문하기, 대안 찾기, 사고를 모니터링하기, 현실 검증, 사고 대체, 대처 기술 가르치기 그리고 자기통제 기술이다.

마이켄바움(Meichenbaum, 1977)의 인지-행동 수정은 심리학적 스트레스와 어려움이 우리의 내부적 언어 대화에 의해 주입되는 것이라는 믿음에 기초한다. 이러한 내적 자기지시들은 행동을 바꾸기 위해 수정될 수 있다. 사람들로 하여금 크게 소리 내어 생각하는 것을 가르침으로써, 우리는 그들이 왜곡된 사고를 인식하는 것을 배워 가도록 도울 수 있다. 그리고 나서 이러한 생각을 인지적 재구조화, 새로운 진술문의 학습에 의해 바꿀 수 있다. 인지적 재구조화는 모델링 또는 직접적 교수에 의해 학습될 수 있다.

인지행동 치료가 조력자에게 시사하는 점

앞서 설명되었듯이 인지행동 치료들은 관리 의료 조직을 위해 선호된 양식이며, 특별히 경도에서 중도의 장애를 지닌 환자들을 위한 것이다. 인지행동 치료법들은 정서 문제와 적응상의 장애를 지닌 넓은 범주의 사람들에게 효과적인 것으로 입증되었다. 이러한 접근법들은 경험적 타당도를 가진 인상적인 절차들과 조력자들을 위한 훈련 매뉴얼을 가진다.

실용적이며 구체적인 인지-행동 기법들은 치료 과정을 이해하기 쉽게 설명하고 쉽게 가르쳐질 수 있다. 인지-행동주의 학파에는 다양성이 존재하지만 인간 행동을 설명하고 변화시키는 과정에서 지식 구조나 사고 과정을 중재함으로써 중추적 역할을 한다는 신념(beliefs)을 가진다는 점에 의해 모두 연결될 수 있다. 어느 것이 더 중요한지에 관하여 그 정도가 다르기 때문에, 그들은 인지와 감정의 상호작용을 인정하고 효과적인 변화를 위해 인지와 행동적 기술을 모두 활용한다.

이러한 치료법들은 협력적이고 교육적 접근을 하기 때문에 다문화적 배경을 지닌 내담자들에게 특별히 효과적일 수 있다. 그들은 개인의 문화적 맥락 안에서 신념 체계에 강조점을 두고, 관계뿐만 아니라 인지와 행동 또한 강조한다. 문화적 맥락에 대한 치료자의 자기인식은 중요하다. 왜냐하면 변화하는 사고에 중점을 두는 것은 내담자가 불안한 상태에 적응하도록 유지할 수 있기 때문이다. 더욱이 다양한 내담자들은 조력자와 문화적으로 다른 가치와 사고를 변화시키는 것을 어렵다고 생각할 수 있다. 조력자는 반드시 이러한 변화들이 어떻게 시작되는지 살펴야 한다. 그러나 이 접근에서 무의식적 과정을 최소화하고 감정을 과소평가하는 특성이 만성적이거나 주요한 장애를 지닌 사람들에 대한 효과를 제한시킬 수 있을 것이다.

연습문제 5-2

이 연습은 그린즈버러(Greensboro) 지역 소재 노스캐롤라이나 대학교의 학생인 에이미 번스타인 (Amy Bernstein)에 의해 제안된 내용에 필자들이 몇 가지를 더한 것이다. 이번 장을 학습한 후에 정신역동, 현상학, 행동주의, 그리고 인지-행동 이론의 관점에서 다음 질문에 답해 보아라.

1. 해당 이론에서는 인간을 어떻게 보고 있는가?
2. 해당 이론은 무엇을 다루고 있는가?
3. 해당 이론은 어떤 가치를 담고 있는가?
4. 해당 이론은 무엇을 배제하고 있는가?
5. 해당 이론은 다양성을 어떻게 다루고 있는가?
6. 해당 이론은 어떤 상황에서, 어떤 사람들에게 적용되는가?

연습문제 5-3

이제 연습문제 5-2에서 작성했던 답안을 다시 살펴보자. 이러한 이론들의 어떤 요소가 현재 당신에게 잘 맞는다고 생각하는가? 당신의 관계, 의사소통 방식, 인간 행동과 발달에 대한 관점, 원하는 일의 종류, 그리고 어떤 내용이 이해되고 이해되지 않는지 생각해 보라. 당신이 믿어야 한다고 생각하는 것, 당신이 믿어야 한다고 말하는 것 그리고 당신이 실제로 행하는 것 사이에 불일치가 있다고 생각하는가? 당신의 실제 행동에 기초한 이론에 대해 어떻게 설명하겠는가?

요약

이 장은 조력자가 조력에 대한 개인의 이론적 관점에 대해 잘 알아야 할 필요성을 강조하고 자신의 이론과 일치하는 조력의 스타일을 발달시키는 데 강조점이 있다. 조력에 대한 개인의 이론적 지향은 앞서 간략하게 살펴보았던 주요 이론들에 대한 인식과 평가에 영향을 미칠 것이다: 정신역동(프로이트 이론, 융의 이론, 아들러 이론, 자아심리학, 대상관계), 현상학(실존주의, 인간중심, 게슈탈트), 행동주의, 인지주의(합리적 정서행동치료, 현실치료, 인지행동치료). 〈표 5-1〉은 주요한 이론들을 체계적으로 비교한 내용이다. 다음의 요약 내용은 각 접근의 개관을 이해하는 데 도움이 될 것이다.

1. 정신역동 접근은 행동의 무의식적 원인과 아동기 초기 경험을 강조한다. 과정보다 내용에 초점을 둔다.
2. 현상학적 접근은 내용보다 과정에 강조점이 있고 변화의 도구로서 조력 관계를 강조한다. 이러한 조력 관계는 내담자가 통찰과 행동변화 모두를 이루기 위해 자신의 감정과 사고, 그리고 행동을 탐색할 수 있는 분위기를 제공한다. 이러한 접근은 과거에 대한 강조와 달리 현재에 초점이 있다.
3. 행동주의적 접근은 행동의 결정 요인으로서, 행동의 환경적 결과를 강조한다. 새로운 행동의 학습과 부적응적인 행동의 소거에 초점이 있다. 그 과정은 역기능적 행동을 확인하기, 새로운 행동을 계획하기, 그리고 이러한 새로운 행동에 대해 가치를 지나는 강화를 체계적으로 배치하기 중 한 가지이다.
4. 인지-행동적 접근은 새로운 사고방식을 가르치고 가치와 행동 사이의 불일치를 탐색하고 평가하는 것에 관심이 있다. 그것은 또한 과거보다 현재에서 기능한다.

〈표 5-1〉 조력에 대한 주요 이론들의 비교

	정신역동	현상학적 관점을 반영한 인간중심 이론	현상학적 관점을 반영한 게슈탈트	행동주의	인지-행동
주요 원리	1. 인간에게는 자유 의지가 없다. 2. 행동은 생물학적·환경적 요소에 의해 결정된다. 3. 신경증은 억압된 유아기적 갈등에서 비롯된다.	1. 인간은 자유 의지를 가진다. 2. 행동의 결정소는 내부에 있다. 3. 신경증은 자아개념과 환경의 불일치에서 비롯된다.	1. 인간은 자유 의지를 가진다. 2. 유기체는 환경 내에서 전체적으로 기능한다. 3. 신경증은 유기체와 환경 사이의 교착상태에서 발생한다.	1. 인간에게는 자유 의지가 없다. 2. 행동은 환경에 의해 야기되고 결과에 의해 형성된다. 3. 신경증은 부적응적인 학습에서 비롯된다.	1. 인간은 자유 의지를 가진다. 2. 행동은 논리적 사고와 책임감에 의해 결정된다. 3. 신경증은 비합리적인 사고와 책임감 없는 선택에서 비롯된다.
치료 과정	1. 지시적 2. 진단, 과거 경험중시 3. 언어적 4. 관계에서 전이가 중요함	1. 비지시적 2. 지금-여기의 경험 중시 3. 언어적 4. 공감적 관계가 중요함	1. 지시적 2. 지금-여기, 언어적 신체적 지각 중시 3. 언어적, 비언어적; 게임 4. 정서, 신뢰, 그리고 지지적이지만 직면적인 관계	1. 지시적 2. 현재의 행동, 강화된 이력 (history) 중시 3. 언어적; 활동 4. 분석적·조건적인 관계	1. 지시적 2. 현재의 행동, 사고, 가치 중시 3. 언어적; 활동 4. 가르침, 관계를 포괄함
치료자의 필수적인 행동	1. 치료자: 중립적이고, 온화하며, 재관적이나 포함 공감적임 2. 전이, 저항, 무의식적인 내용들을 해석함 3. 계약관계 없음	1. 치료자: 정직하고 개방적이며 직면적이지만 기본적으로 지지적임 2. 위의 자질을 전달할 수 있는 능력이 요구됨	1. 치료자: 정직하고 개방적이며 직면적이지만 기본적으로 지지적임 2. 언어적, 비언어적 게임을 통해 경험을 제공함	1. 치료자: 분석적, 객관적, 관찰적, 평가적임 2. 목표 분석, 직접적인 전달, 평가, 긍정적인 강화 제공, 우연적 환경을 조정함 3. 명확한 계약	1. 치료자: 관여하고 판단적임; 비논리적 사고와 책임감 없음을 직면함 2. 비논리적 사고와 비합리적 행동을 거부함 3. 명확한 계약
영역	정서적/인지적	정서적	정서적	행동적	인지적/행동적

참고문헌과 더 읽을거리

Brammer, L. M., & MacDonald, G. (2003). *The helping relationship: Process and skills* (8th ed.). Boston, MA: Allyn & Bacon.

Corey, G. (2013). *Theory and practice of counseling and psychotherapy* (9th ed.). Belmont, CA: Brooks/Cole.

Ivey, A. E., D'Andrea, M., Ivey, M. B., & Zalaquett, C. P. (2010). *Intentional interviewing and counseling: Facilitating client development* (4th ed.). Belmont, CA: Brooks/Cole. Cengage Learning.

Nisbett, R. E. (2000, August 6). Relationship schemas and cultural style. Presentation at the meeting of the American Psychological Association, Washington, DC.

정신역동이론

고전적 정신분석 이론

Adler, A. (1927). *The practice and theory of individual psychology*. New York: Harcourt Brace Jovanovich.

Alexander, F. (1963). *Fundamentals of psychoanalysis*. New York: Norton.

Erikson, E. H. (1963). *Childhood and society* (2nd ed.). New York: Norton.

Erikson, E. H. (Ed.). (1968). *Identity: Youth and crisis*. New York: Norton.

Erikson, E. H. (1982). *The life cycle completed*. New York: Norton.

Freud, A. (1946). *The ego and the mechanisms of defense*. New York: International Universities Press.

Freud, S. (1943). *A general introduction to psychoanalysis*. Garden City, NY: Doubleday.

Freud, S. (1949). *An outline of psychoanalysis*. New York: Norton.

Hall, C. (1954). *A primer of Freudian psychology*. New York: Mentor.

Jung, C. (1928). *Contributions to analytic psychology*. New York: Harcourt Brace Jovanovich.

Jung, C. (1933a). *Modern man in search of a soul*. New York: Harcourt Brace Jovanovich.

Jung, C. (1933b). *Psychological types*. New York: Harcourt Brace Jovanovich.

대상관계 이론

Bowlby, J. (1988). *A secure base: Parent–child attachment and healthy human development*. New York: Basic Books.

Fairbairn, W. R. D. (1954). *An object relations theory of personality*. New York: Basic Books.

Guntrip, H. (1979). *Psychoanalytical theory, therapy, and the self*. New York: Guilford.

Kernberg, O. (1968). The therapy of patients with borderline personality organization. *International Journal of Psychoanalysis, 49*, 600-619.

Klein, M. (1932). *The psychoanalysis of children*. London: Hogarth Press.

Kohut, H. (1971). *The analysis of self*. New York: International Universities Press.

Mahler, M., Pine, F., & Bergman, A. (1975). *The psychological birth of the human infant*. New York: Basic Books.

Winnicott, D. W. (1965). *The family and individual development*. London: Tavistock.

현상학적 이론

인간중심 이론

Carkhuff, R., & Berenson, B. (1967). *Beyond counseling and therapy*. New York: Holt, Rinehart & Winston.

Combs, A. (1989). *A theory of therapy: Guidelines for counseling practice*. Newbury Park, CA: Sage.

Combs, A., Avila, D., & Purkey, W. (1977). *Helping relationships: Basic concepts for the helping process* (2nd ed.). Boston, MA: Allyn & Bacon.

Farber, B. A., Brink, D. C., & Raskin, P. M. (Eds.). (1996). *The psychotherapy of Carl Rogers: Cases and commentary*. New York: Guilford Press.

Gendlin, E. T. (1996). *Focusing-oriented psychotherapy: A manual of the existential method*. New York: Guilford Press.

Hart, J. (1970). *New directions in client-centered therapy*. Boston, MA: Houghton Mifflin.

Rogers, C. (1951). *Client-centered therapy*. Boston, MA: Houghton Mifflin.

Rogers, C. (1961). *On becoming a person*. Boston, MA: Houghton Mifflin.

Rogers, C. (1980). *A way of being*. Boston, MA: Houghton Mifflin.

Rogers, C., & Dymond, R. (1954). *Psychotherapy and personality change*. Chicago, IL: University of Chicago Press.

실존주의 이론

Bugental, J. F. T. (1987). *The art of the psychotherapist*. New York: Norton.

May, R. (1961). *Existential psychology*. New York: Random House.

May, R. (1983). *The discovery of being: Writings in existential psychology*. New York: Norton.

Van Deurzen-Smith, E. (1997). *Everyday mysteries: Existential dimensions of psychotherapy*. London: Routledge.

Yalom, I. (1980). *Existential psychotherapy*. New York: Basic Books.

게슈탈트 이론

Fagan, J., & Shepherd, I. (Eds.). (1970). *Gestalt therapy now*. Palo Alto, CA: Science and Behavior Books.

Hycner, R., & Jacobs, L. (1995). *The healing relationship in Gestalt therapy*. Highland, NY: Gestalt Journal Press.

Koffka, K. (1935). *Principles of Gestalt psychology*. New York: Harcourt, Brace.

Perls, F. (1969). *Gestalt therapy verbatim*. Lafayette, CA: Real People Press.

Perls, F., Hefferline, R., & Goodman, P. (1951). *Gestalt therapy*. New York: Dell.

Yontef, G. (1993). *Awareness, dialogue and process: Essays on Gestalt therapy*. Highland, NY: Gestalt Journal Press.

행동주의 이론

Bandura, A. (1969). *Principles of behavior modification*. New York: Holt, Rinehart & Winston.

Bandura, A. (1977). *Social learning theory*. Englewood Cliffs, NJ: Prentice-Hall.

Bandura, A. (1986). *Social foundations of thought and action: A social cognitive theory*. Englewood Cliffs, NJ: Prentice-Hall.

Franks, C., Wilson, G., Kendall, P., & Brownell, K. (1982). *Annual review of behavior therapy: Theory and practice* (Vol. 8). New York: Guilford Press.

Kazdin, A. E. (1994). *Behavior modification in applied settings* (5th ed.). Pacific Grove, CA: Brooks/Cole.

Krasner, L., & Ullman, L. (Eds.). (1965). *Research in behavior modification*. New York: Holt, Rinehart & Winston.

Krumboltz, J. (Ed.). (1966). *Revolution in counseling: Implication of behavioral sciences*. Boston, MA: Houghton Mifflin.

O'Leary, K. D., & Wilson, G. T. (1987). *Behavior therapy: Application and outcome* (2nd ed.). Englewood Cliffs, NJ: Prentice-Hall.

Spiegler, M. D., & Guevremont, D. C. (1998). *Contemporary behavioral therapy* (3rd ed.).

Pacific Grove, CA: Brooks/Cole.

Wolpe, J. (1958). *Psychotherapy by reciprocal inhibition*. Palo Alto, CA: Stanford University Press.

Wolpe, J. (1990). *The practice of behavior therapy* (4th ed.). Elmsford, NY: Pergamon Press.

인지-행동 이론

Alford, B. A., & Beck, A. T. (1997). *The integrative power of cognitive therapy*. New York: Guilford Press.

Beck, A. T. (1976). *Cognitive therapy and the emotional disorders*. New York: International Universities Press.

Beck, A. T., Rush, J., Shaw, B., & Emery, G. (1979). *Cognitive therapy of depression*. New York: Guilford Press.

Beck, A. T., & Weishaar, M. E. (1995). Cognitive therapy. In R. J. Corsini & D. Wedding (Eds.), *Current psychotherapies* (4th ed., pp. 285-320). Itasca, IL: F. E. Peacock.

Beck, J. S. (1995). *Cognitive therapy: Basics and beyond*. New York: Guilford Press.

Dobson, K. S. (Ed.). (1988). *Handbook of cognitive-behavioral therapies*. New York: Guilford Press.

Ellis, A. (1962). *Reason and emotion in psychotherapy*. New York: Lyle Stuart.

Ellis, A. (1973). The no cop-out therapy. *Psychology Today, 7*, 56-62.

Ellis, A. (1994). *Reason and emotion in psychotherapy revised*. New York: Carol.

Ellis, A. (1999). *How to make yourself happy and remarkably less disturbable*. San Luis Obispo, CA: Impact.

Ellis, A., & Harper, R. (1997). *A guide to rational living* (3rd ed.). North Hollywood, CA: Wilshire.

* www.CengageBrain.com을 방문하시면 학습 내용에 관한 퀴즈(tutorial quizzes)를 풀어 볼 수 있습니다.

상 담 기 본 기 술
A ___ to ___ Z

6장

최근의 이론적 관점

20세기 후반과 21세기 초반에 들어 5장에서 제시된 주요 조력 이론들의 가정에 대한 질문들이 제기되기 시작하였다. 이 질문들 중의 일부는 그동안 도외시하여 왔던 인간 발달에 영향을 주는 사회문화적·경제적 그리고 정치적 변수들의 이론적 원리와 보편적 가치에 대해 살펴보고 있다. 이 장에서는 통합적 구성주의, 페미니스트, 다문화 및 생태체계적 관점들에 대해 다룰 것이다. 이러한 관점들은 기본적인 이론을 바탕으로 하나의 모델을 초월하는 포괄적 관점들이며, 현장에서 활용 가능하게 통합될 수 있을 것이다.

전통적 이론들과 현대 이론 그리고 두 가지 이상의 통합된 이론들을 토대로 발달한 수백 개의 전략들과 기법이 있다. 하지만 모든 이론적 접근 방식을 다룰 수는 없으므로 이 장에서는 현대에 와서 빈번하게 사용되고 있는 세 가지 접근방식만을 살펴볼 것이다. 현상학적 원리에 바탕을 둔 동기강화 이론(MI), 행동치료의 제3의 흐름으로 간주되고 있는 수용전념치료(ACT)와 변증법적 행동치료(DBT). MI, ACT와 DBT의 성공과 인기는 조력자들이 증거 기반 개입 방법들을 지속적으로 배우고 훈련하는 것의 중요성을 보여 준다.

통합적 접근 이론

최근의 연구 문헌들은 상담과 심리치료의 실제가 통합과 다원주의로 향해 가고 있음을 보여 준다(Alford & Beck. 1997: Arkowitz, 1997; Corey, 2013; Ivey, D'Andrea, &Ivey, 2012; Lazarus, 1995; Moursund & Erskine, 2004; Norcross & Goldfried, 1992; Preston, 1998; Prochaska & Norcross, 2009; Sharf, 2011; Stricker, 2010; Sue & Sue, 2013). 대부분의 조력자는 수많은 종류의 이론적 관점에서 비롯된 원리, 개념, 기법을 사용한다. 이 같은 접근은 단일 이론을 토대로 구성한 것이 아니기 때문에 융통성과 다재다능함을 필요로 한다. 통합을 할 때는 인간 행동의 이해와 관련하여 각 이론이 가지고 있는 가치뿐 아니라 제한점을 인정하는 것이 필수적이다. 효과적인 통합은 실증 연구를 기반으로 하여 충분히 고려된 것이며, '엉성한 절충주의(sloppy eclecticism)'가 아니다.

통합적 접근을 사용하는 조력자는 반드시 지속적이고 포괄적으로 다양한 접근을 통합할 수 있도록 노력해야 하며 조력 전략들과 기법들이 그들이 근거한 이론과 관계가 있는지 없는지에 대해 분명히 해야 한다. 당연히 조력자들은 내담자와 내담자의 배경을 고려하여 적합한 전략들을 주의 깊게 선택해야 한다. 따라서 통합적 접근 방법에서 조력자들은 증거 기반의 효과적인 치료 방법에 대해서 잘 알고 있어야 할 뿐만 아니라 왜 자신이 특정 관점 및 접근법들을 선택하게 되었고 다른 방법들은 선택하지 않는지에 대하여 잘 인식하고 있어야 한다. 더 나아가 조력자들은 마음과 몸의 관계를 이해하여 신체 상태와 심리적 상태의 상호영향 관계를 필수적으로 고려하여야 한다. 1장에서 논의되었던 통합적 의료 서비스 모델은 포괄적이고 전체를 아우르는 의료 서비스로 점점 인식되고 있는 추세이다.

통합적 접근은 조력자들이 인간 행동에 대한 새로운 이해와 효과적인 방법들에 대해 열려 있고 지속적인 탐색을 하는 것을 전제하고 있다.

구성주의

구성주의는 최근의 인지-행동 이론으로, 사고(thinking)에 우선을 둔 것이 아닌 사고, 정서, 행동의 상호의존에 초점을 두고 있다. 이 이론은 현상학적인데 한 인간의 자기, 타인 그리고 세상에 대한 주관적 견해에 집중한다. 또한 다른 인지-행동 이론들과 비교하여 구성주의는 내적 의미 형성 과정에 주목하고 있으며, 인지 발달과 자기, 타인 및 세상에 대한 관점을 발달시키는 배경으로 초기 애착 경험을 관련짓는다는 점에서 차별점을 가진다. 따라서 구성주의자들은 무의식 과정을 인정하고, 과거 발달을 감안하며, 과거, 현재, 미래의 사고, 감정, 행동의 관계를 탐색한다.

구성주의 이론가들은 인간을 스스로의 현실을 적극적으로 창조하고 해석하는 자로 간주한다(Goldfried, 1988; Greenberg & Safran, 1989; Kelly, 1991a, 1991b; Mahoney, 2003; Neimeyer, 2009; White, 2006). 어떻게 사람들이 새로운 정보를 주변 환경의 요구에 맞추어 각색하고 경험을 통해 의미를 만들어 내는지에 집중하고 있다. 문제는 객관적인 '현실'이 무엇인가가 아니라, 세상에 대한 구성주의적 견해가 환경 적응을 촉진하는 데 있어 충분히 실용적인가에 대한 것이다.

가족 체계 구성주의 이론가들은 자신이 누구이며 어떠한가에 대해서 기존의 것을 해체하여 새로운 이야기를 구성할 수 있도록 돕는 이야기 치료를 발전시키고 있다

(Anderson, 1991; Breunline, Schwartz, & MacKune-Karrer, 1997; Gergen, 1991, 1999; White, 2011).

구성주의의 주요 조력 원리

구성주의에서는 치료에서 내담자가 가지고 있는 가장 근본적인 핵심 가정의 기원과 유지에 대해 탐색할 것을 강조한다. 치료의 목표는 자기, 자신과 관계가 있는 타인, 세상에 대한 핵심 도식을 변형하고 재구조화하는 것이다. 만일 자기와 세상을 경험하는 방식에 있어 깊이 있는 구조적 변화가 일어난다면 틀림없이 무의식적이고 말해지지 않았던 개인의 삶의 구조가 의식상에 떠오르게 될 것이다. 따라서 치료 과정은 어떻게 삶의 경험을 만들어 오고 지속적으로 의미를 부여해 왔는지에 대한 발달 과정을 탐색하는 데 중점을 두고 있다. 주요 양육자와의 초기의 지속적인 애착 경험을 통하여 자기와 타인 그리고 세상에 대한 구조가 진화하게 된다.

구성주의의 주요한 상담 원리는 다음과 같다.

- 치료자보다 내담자를 전문가로 간주한다. 치료자는 내담자와 협력적으로 작업하며, 내담자 스스로가 메타포, 내러티브, 직접적인 질문에 대한 대답을 통하여 스스로의 핵심 가정에 대해서 도전할 수 있도록 촉구한다.
- 대안이 되는 결과나 선택을 고려한다. 내담자가 자신의 생각을 발전시키고 목표를 세우고, 목표 실행을 위한 위험을 감수하게 하고, 선택한 결과를 받아들이고, 변화할 수 있는 역량을 인식할 수 있도록 촉구한다.
- 변화를 위한 주요 도구는 핵심 가정을 무산시키는 협동적 해체와 따뜻하고 협동적인 조력 관계를 통해 힘을 부여하고 긍정적인 구조를 함께 세워 나가는 것이다.

조력자들을 위한 시사점

이러한 접근법에서 조력자들은 내담자의 객관적/주관적 그리고 의식적/무의식적인 사고와 정보처리 방식을 고려해야 한다. 조력자들은 내담자의 사고와 감정 및 행동에 동등하게 가치를 부여하기 때문에 내담자들은 어떻게 사고와 감정, 행동들이 서로 영향을 주고받는지 인식하게 된다. 이를 통하여 내담자는 의식할 수 없었던 연관성을 알게 되며, 사고와 행동에 대한 대안을 발전시키고, 사고와 감정의 패턴을 탐색하고 재구성하는 데 도움을 받는다.

　민감한 조력자는 내담자와 협력하여 내담자의 현재 구조에 복잡하게 영향을 미친 여러 경험과 신념에 관하여 살펴보도록 촉구한다. 주요 영향 요인들은 내담자의 생의 초기 및 현재의 환경, 성별, 인종, 민족, 계급, 종교, 성적 지향이 포함된다. 이러한 다차원적인 접근법은 내담자 언어 의미에 바탕을 두고 다른 주요 이론들과 통합을 할 수 있으며, 다양한 내담자에게 활용될 수 있다.

페미니스트 치료

　페미니스트 치료들은 하나의 통일된 이론이라기보다는 다양한 접근 방식에 가깝고 여러 이론과 관련되어 있다. 페미니스트 치료자들은 남성 중심 문화에서 여성이 경험하는 것들의 원인과 결과로서 성(gender)을 이해하는 데 중점을 두고 있다. 또한 대부분의 보편적 심리학 이론이 남성 학자들과 치료자들에 의해 개발되고 실행되어 온 것에 비해 여성의 관점에서 질문하고 도전한다. 페미니스트 치료자들은 기존의 이론들이 남성 중심의 위계적 사회의 현상 유지를 옹호한다고 생각한다. 가령, 페미니스트 치료자들은 혼자서도 충분한 개인으로서(독립적인) 자기 발전을 도모하는 남성들의 방식보다는 타인과의 관계 안에서(상호 의존적인) 자기 발전을 도모하는 여성들의 방식에 더 많은 가치를 부여한다. Moradi와 동료들(2000)은 페미니스트 치료자들은 개인은 정치적이라는 개념에 동의하고 억압(성차별, 인종차별, 동성애에 대한 편견)과 위계적 사회에서의 사회화라는 이슈에 관심을 가진다고 보았다. 페미니즘의 '제3의 물결'에서는 (Gillis, Howie, & Munford, 2004) 지역사회, 국가, 국제적인 변인들을 개입을 위한 고려사항과 목표의 영역으로 제시하고 있다.

　페미니스트 이론들과 좀 더 전통적인 이론들 사이에는 몇 가지 주요한 차이가 존재하는데, 특히 성과 권력의 문제를 결합하는 방식에 있어서 차이가 있다. 벰(Bem, 1993), 초도로(Chodorow, 1989), 길리건(Gilligan, 1982), 밀러(Miller, 1976, 1991)와 같은 이론가들은 성이 어떻게 발달과 사고 형성에 영향을 미치는지에 대해 기록하였다. 이 이론들은 사회문화적 변인들이 여성과 남성 발달에 미치는 영향과 관련한 많은 연구를 가져왔고 이 연구들의 결과는 성에 따른 차이점과 유사점을 더 잘 이해하도록 도왔다. 현재의 이론적 논의들은 신경과학 연구들이 성차에 따른 두뇌 구조와 처리 과정의 차이를 제시함에 따라 선천적인 것과 환경의 차이와 같이 이분법적으로 나뉘어 이루어지고 있다.

페미니스트 치료들의 주요 조력 원리

페미니스트 이론가들에 의해 수행되었던 사회문화적 맥락이 자기 정체성의 발달, 타인에 대한 관점들, 목표와 열망, 심리적 웰빙에 미치는 영향에 대한 면밀한 탐구는 이후 다문화 접근의 기반이 되었다. 페미니스트 치료는 조력자와 내담자의 평등한 협력적 관계를 기초로 하고 있다. 여성의 문제들은 사회의 억압과 분리될 수 없는 것으로 여겨진다. 페미니스트 치료자는 사회적 · 정치적 · 경제적 영역에서 행동하는 것을 조력 과정의 중요한 측면으로 강조한다.

코리(Corey, 2013)에 의해 요약된 주요 페미니스트 이론의 원리는 다음과 같다.

- 개인은 정치적이다.
- 사회 변화를 위한 참여는 필수적이다.
- 여성의 인식, 경험 및 인식 방법은 가치가 있다.
- 강점과 심리적 고통을 사회정치적 및 문화적 맥락을 통해 이해하는 것에 집중한다.
- 페미니스트 치료자들은 억압을 통합적으로 분석한다.
- 상담 관계는 평등하다.

페미니스트 치료자들은 자신들의 가치를 상담 관계 초기에 명시하며 이러한 가치들을 의도적으로 모델링하고 해석하는 데 사용한다. 또한 내담자의 다양한 세계관을 존중하며 사정(assessment)과 치료를 할 때 다양한 가치관을 고려해야 한다는 것을 강조한다.

페미니스트 치료자에 의해 흔히 부여되는 조력 목표로는 양성성(남녀 모두가 가지고 있는 여성성과 남성성의 상호 보완적인 공존)의 인식과 실천, 남녀의 평등한 권력 관계를 가지는 것, 집단의 다양성 수용, 자신의 신체 이미지를 '있는 그대로' 수용하는 것, 성역할 선입견이 배제된 직업 선택이 있다(Brown, 2010; Brown & Ballou, 1992; Enns, 2011; Miller & Stiver, 1997; Mirkin, Suyemoto, & Okun, 2005; Okun & Suyemoto, 2013; Okun & Ziady, 2005; Worell & Remer, 2003).

페미니스트 이론은 문화적 페미니즘에서 급진적 페미니즘까지 연속선상에 걸쳐 있다. 문화적 페미니즘은 성차이와 어떤 성역할이 최선의 선택인지 결정하는 데 필요한 신념에 초점을 맞춘다. 여기에서 내담자는 페미니스트의 가치관에 열려 있어야 하고, 자유롭게 가치를 선택하여야 하며, 이것은 온전히 내담자 개인의 선택이 되어야 한다.

급진적 페미니즘은 남녀 차이를 최소화하고 조력 과정의 일환으로 적극적인 사회 및 정치적 분석과 변화 전략을 지지한다. 페미니스트 상담은 정서, 인지 및 행동 영역을 넘어선다.

엔스(Enns, 2011)는 페미니스트 상담과 치료를 포괄적으로 살펴보았는데, 현대의 페미니스트 이론가들은 여성의 전 생애에 걸친 내외적 영향의 상호작용을 탐구한다고 요약하고 있다. 정서적 고통은 주로 여성의 정상적인 발달을 방해하는 환경에서 비롯된다고 본다. 밀러(Miller, 1976)는 환경과 가부장적 문화가 여성의 발달에 강력하게 영향을 미치고 있음을 분명하게 보여 주고 있다. 스톤 센터(Stone Center)(Jordan, Hartling, & Walker, 2004)에 의해 발전된 관계-문화 이론은 성장과 회복탄력성을 촉진하기 위해 인간이 상호 연결되는 것이 필수적임을 강조하고 있다.

조력자들을 위한 시사점

조력자들은 남성과 여성의 정체성과 발달에 미치는 성역할 사회화의 영향, 권력과 기회에 접근할 수 있는 특권 또는 특권이 부족한 것으로 인한 영향 그리고 가족, 학교, 직장 및 지역사회에서 민감한 또는 민감하지 않은 성 차별주의의 영향을 잘 알고 있어야 한다. 이러한 인식은 조력자들이 사회정치적 및 문화적 관점에서 내담자의 고통을 잘 이해할 수 있도록 도와준다.

평등하고 상호 보완적 관계 형성, 즉 여성의 관계 맺기 기술, 개인적인 포부, 직관적 사고, 변형된 관점과 같은 여성적 특성에 가치를 부여하는 것은 페미니즘 접근의 기초가 된다. 여성에게 권한 부여를 하고 여성을 옹호하는 개입에 초점을 맞추는 것은 남녀 내담자의 효능감을 강화하고 선택과 기회를 넓히는 데 도움이 된다.

다문화 모델

앞서 언급된 바와 같이 현대의 페미니스트 치료와 다른 통합적인 치료 방법들은 다문화 모델의 요소들을 포함하고 있다. 다문화 모델들은 어떠한 한 가지 이론적 모델에 속하지 않으며 유럽 중심적 가치에 중심을 둔 이론들과 다른 문화적 배경을 가진 내담자들과의 관련성에 강하게 의문을 제기하고 있다. 다문화 모델의 이론적 가정은 다음과 같다. 첫째, 사회문화적 조건들은 사람들이 도움을 구하는 문제들과 관련이 있다.

둘째, 각 문화는 문제에 대처하는 의미 있는 방법을 가지고 있다. 셋째, 미국과 유럽에서 상담은 주로 서구 중심의 문화에서 탄생된 것이다(Pedersen, 2003). 비록 실질적인 연구 결과는 부족하지만 주요 임상 이론의 어떤 요소들은 보편적일 수도 있고, 반면 다른 것들은 문화 특수적일 수도 있다. 문화적으로 민감한 조력자는 문화적 다양성, 소수 문화에서의 사회화의 영향, 피난민과 이민자들의 문화적응 이슈, 상담이론과 전략에 있어 문화 특수적 변인들을 탐색하고 평가한다. 이들은 다양한 관점에 열려져 있다 (American Psychological Association, Presidential Task Force on Immigration, 2012; Corey, 2013; Ivey, D'Andrea, Ivey, & Simek-Morgan, 2012; Okun, 1996, 2004; Okun, Fried, & Okun, 1999; Pedersen, 2000; Sue, 1992; Sue, Ivey, & Pedersen, 2009; Sue & Sue, 2013).

코리(2013)는 별도의 다문화 상담 이론을 고안하고자 하는 움직임이 증가하고 있는 지금 상담자들이 다문화 집단을 효과적으로 상담하기 위해서 현대 이론들에 다문화 요소들을 통합시킬 수 있도록 확장하여야 한다고 지적한다. 조력 전문 협회의 주요한 과제는 다양한 문화적 배경에서 온 조력자를 채용하고 훈련시키는 일이다.

조력자들을 위한 시사점

조력자들이 다양한 세계관을 존중하고 배우는 것은 매우 중요하다. 또한 새롭게 소개되는 인종과 민족 정체성 발달 모델을 잘 알고 있는 것이 필요하다(Delgado-Romero, Galvan, Maschino, & Rowland, 2005; Okun & Suyemoto, 2013; Suyemoto & Kim, 2005). 가령, 페미니스트와 다문화주의 상담자는 전통 이론에서 말하는 가장 진보된 자기 발달 단계가 자율성이라는 가정에 의문을 제기한다. 여성발달 이론과 라틴 및 아시아 문화 연구에서는 상호연계성과 관계성 또한 자율성만큼 발달 수준상의 가치를 지니는 것으로 인식한다. 사실, 자율성의 개념은 많은 문화권에서 다르게 이해될 수 있다. 개인/환경 관점에서 문제를 바라볼 수 있으며 주요 상담 목표는 권한 부여, 인종 및 민족 정체성 발달을 포함한다.

상담자는 내담자의 자기에 대한 지각, 대인관계, 가족, 세상을 바라보는 관점에서의 문화적 차이에 대해 민감할 필요가 있다. 상담자는 내담자의 언어 사용과 구어 및 비언어적 스타일에 대해, 공간, 시간과 거리에 대해 편안함을 느끼는 차이 그리고 감정 표현의 허용성에 대해 다르게 느끼는 것을 반드시 수용해야 한다(Okun et al., 1999 참조). 문화 집단 간의 차이점을 이해하는 것 외에도, 상담자는 어느 문화 집단 간에서든지 개인, 성별, 계급, 세대 및 지역 간의 차이가 있음을 인정해야 한다.

공감적 관계로 발전하는 것은 정의적·인지적·행동적 영역에서 타인의 견해를 정확하게 인식하고 반응하는 데 매우 중요하다. 상담자는 어떻게 인종, 민족, 성, 계급, 지역, 종교 및 세대 간의 영향이 정체성 발달과 형성에 영향을 미쳤는지에 대해 인식해야 한다. 이러한 측면에서의 인지는 다문화적 민감성 발전에 매우 중요하다.

다중양식 이론과 치료

아널드 라자루스(Arnold Lazarus, 1986, 1989, 1992, 1995, 1996b, 1997a)에 의하여 개발된 다중양식모델 치료는 포괄적이고, 체계적이며, 기법적으로 절충적인 접근 방식이다. 라자루스는 절충적 관점에 대해 가장 분명히 말할 수 있는 대표자일 것이다. 그는 조력을 유연하고 개별화된 접근 방식으로 묘사하였는데, 조력자들은 특정 이론의 기본적인 믿음에 필수적으로 동의하지 않더라도 그 이론적 관점에서 온 조력 기법들을 결합하여 사용할 수 있다고 보았다. 기법의 선택은 각 내담자의 요구 사항과 개별 특성에 따른다.

이론적으로, 다중양식모델 치료 접근법은 개인과 환경 변수 간의 상호작용을 바탕으로 한 사회적 학습 원리를 기반으로 한다. 라자루스(1986)는 성격은 여러 과정, 즉 고전적·조작적 조건화, 모델링 및 대리 학습, 사고, 느낌, 이미지 및 감각 그리고 대인 간 왜곡과 기피, 메타 커뮤니케이션 같은 무의식 과정을 통해 형성, 유지 및 변형된다고 믿고 있다.

다중양식모델 치료는 조력자들이 주의를 기울여야 할 인간 성격의 일곱 가지 측면을 제시한다. 약어로 BASIC ID로 불린다.

- Behavior(행동): 외현적 행동들, 관찰 및 측정 가능함
- Affect(정서): 감정, 기분, 강한 느낌
- Sensation(감각): 시각, 청각, 촉각, 미각, 후각
- Imagery(심상): 두뇌에서 이미지를 그림
- Cognition(인지): 사고, 가치, 의견, 태도
- Interpersonal relationships(대인 간 관계): 타인과의 상호작용
- Diet/drugs(식습관/약물): 운동, 영양, 약물

조력자는 각 접근 방식에서 강조하고 있는 기법들을 활용하면서 가능한 한 많은 양식을 사용한다. 예를 들어, 현상학적 기법들은 정서 양식과 함께 다루어질 수 있으며, 인지적 재구성은 인지 양식에서 다룰 수 있다. 라자루스에 의하면 치료 결과의 효과와 지속성은 사용된 양식의 수에 직접적으로 비례한다.

라자루스는 이론적 절충주의보다 기법적 절충주의를 제안하였다. 라자루스는 조력자들이 위의 기법들이 파생된 이론들에 동의를 하지 않고도 다양한 양식의 기법들을 성공적으로 사용할 수 있다고 주장한다. 따라서 조력자가 고민하는 것은 내담자 문제의 원인과 의미에 대한 이론적인 관점이 아니라 내담자의 특정 문제를 치료하기 위한 기법의 효과성에 대한 것이다(Lazarus, 1989).

주요 조력 원리

다중양식모델 접근은 조력자들이 내담자의 특정 문제를 다루는 접근 방법에서 기법을 자유롭게 선택할 수 있게 한다. BASID ID에 충실하게 되면 깊이보다는 탐색의 폭이 넓어질 것이다. 조력자들은 두드러지는 문제 양식에 우선순위를 두지만 그럼에도 불구하고 치료 성과에 초점을 맞춘다. 예를 들어, 만일 내담자의 확고한 기대 때문에 관계의 어려움을 겪고 있는데 조력자는 인지적으로 재구성하는 인지-행동 전략이 유용하다고 생각할 수 있다. 이러한 전략은 내담자의 신념과 전제에 도전하는 전략이다.

후에 라자루스(1997a, 1997b)는 단기, 포괄적 치료법에서 무엇이 강조되어야 할지 구체화하였다. 갈등적 혹은 양가적인 감정, 부적응 행동, 잘못된 정보 및 누락 정보, 대인 압력과 요구, 외부 스트레스 그리고 심각한 외상 경험 및 생물학적 상태, 조력자의 적극성, 교육, 컨설팅, 롤모델링 기능은 라자루스의 조력 원리의 핵심이다. 치료자들은 내담자의 문제와 요구에 따라 계속적으로 조정될 수 있는 다양하고 폭넓은 대인관계 스타일과 기술을 가지고 있다. 내담자는 조력자가 제공하는 기술들을 활용하는 것을 배우고 이는 치료 후에도 계속된다.

조력자들을 위한 시사점

다중양식모델 방법은 명확하고 구체적이며 비교적 빠르게 학습하고 습득할 수 있다. 다양한 환경, 특히 학교와 가정에서 사용할 수 있으며 관찰 가능한 행동 결과에 따라 달라진다. 기법과 다룰 수 있는 문제의 폭이 넓은 것은 조력자가 내담자에 대해 전체적인 진단을 할 수 있게 하고, 명확하고, 최우선의 목적과 목표를 수립할 수 있게 한다. 조력자는 이러한 접근 방식의 융통성과 개방성을 적극 활용하여 저항적인 내담자 또는 의욕적인 내담자 조력에 통합할 수 있다.

생태체계적 관점

내담자 조력에 있어서 한 개인의 범위를 넘어서는 더 넓은 맥락에서의 관점을 제공하는 생태체계적 관점에 대한 언급 없이는 완전하다 할 수 없을 것이다. 생태체계적 관점은 개인은 원가족 관계 체계의 맥락을 떠나서는 이해될 수 없다고 최초로 주장한 가족체계 이론에서 진화되어 왔다. 생태체계적 관점은 이러한 원칙을 거시 사회 체계에 적용하고 있다(1장의 〈표 1-1〉 참조). 주요 가정은 다음과 같다.

- 개인은 인지적 · 정서적 · 심리적 영역과 같은 상호 작용하는 구성요소 또는 하위 요소로 구성된 체계이다.
- 개인은 또한 과거와 현재의 가족 체계의 구성 요소이며, 더 나아가 학교, 직장 및 지역 사회와 같은 거시 사회 체계의 구성 요소이기도 하다.
- 개인의 문제들은 내적병리성만큼이나 많이 개인-환경 불일치에서 비롯될 가능성이 높다.

따라서 생태체계적 관점은 다양한 맥락과 관련되었다. 개인의 문제는 거시 사회 체계에 영향을 준다. 모든 행동은 관계적이며 의사전달적이며, 개인이 가진 한 문제, 삶의 상황, 가족, 학교, 직장, 지역사회와의 상호작용 패턴은 서로 영향을 미친다. 조력자는 문제를 발생시키고 유지하게 하는 환경적 변수를 고려하는 것이 중요하다. 예를 들어, 대학 신입생이 지나친 향수병이 생겨 집에 돌아가야 할 만큼 우울증을 겪게 되었을 때, 아마 이 학생은 자신이 부모의 결혼 생활을 지켜 주어야 한다고 생각했을 수 있다. 집에 돌아가서 불안정한 두 사람의 관계에서 '제3의 다리'가 되어 안정시킬 수 있으리라 여기고 있을 수 있다. 이 경우 조력 과정에서의 초점은 개인의 '질병'보다 역기능적인 가족(대인 관계)에 중점을 두어야 한다. 다른 영향 요인으로 기숙사 환경과 같은 이 학생에게 고통을 줄 수 있는 요소를 고려해야 한다. 아마 이 학생은 부모의 개입 없이 자기규율이나 학습을 필요로 하는 집단 생활에 익숙하지 않을지도 모른다. 아니면 이 학생은 대학 교육을 받기보다는 장녀가 집에 남아서 어린 형제자매를 돌보는 것이 기대되는 문화에서 왔을 수도 있다.

따라서 개인 문제를 식별하고 명확하게 하기 위해서는 원인이 되는 개인 및 체계 요인을 고려해야 한다. 개인의 문제는 가족이 개인에게 영향을 미치는 것과 같이 가족에게도 영향을 미친다(1장의 [그림 1-1]과 〈표 1-1〉 참조). 예를 들어, 개인의 인지 왜곡은 감정에 영향을 미치고 또 감정은 가족이나 동료 같은 대인관계에 영향을 미칠 것이다. 이어서 이러한 상황은 개인의 왜곡된 인식을 더 강화하고 증폭시키는 문제를 일으킬 수 있을 것이다. 이것이 순환적 인과성(circular causality, 모든 사건은 상호작용의 끊임없는 순환관계 속에 있다고 보는 관점)이다. 이것은 주요 조력 이론들 기저에 있는 직선적 인과성(linear causlity, 모든 사건은 연속적으로 전개되며 선행사건은 이후 사건에 영향을 미친다는 관점)과는 다르다. 생태체계적 관점은 개인의 발달에 영향을 미치는 사회적 · 정치적 · 경제적 · 문화적 요소를 강조한다. 또한 내담자가 정치적 · 사회적 변화를 촉구하는 행동을 취할 수 있도록 격려하고 변화 에이젠트리와 옹호를 촉구하는 접근을 제안하고 있다.

생태체계적 이론에서는 브론펜브레너(Bronfenbrenner, 1979)와 크노프(Knoff, 1986)의 연구에 근거하여 조력자가 유의해야 할 두 가지를 제안한다. 첫째, 체계의(개인 또는 거시 사회 체계 내의) 구성 요소가 하나 변하는 것은 체계 다른 곳의 변화에 영향을 준다. 둘째, 거시 사회 체계의 요구들과 목표들은 하위 체계나 구성요소의 요구들과 목표들보다 우선되는 경우가 많다. 개인이 어떻게 기능하고 선택하는가는 내외부의 체계, 가령 내적 사고, 감정, 생리적 체계와 가족, 학교, 다른 사회적 영향 체계 등에 의해 크게 영향을 받는다. 마찬가지로, 개인의 성장과 변화는 개인이 기능하고 있는 사회 시스템에 영향을 미친다.

생태체계적 관점은 개인 발달, 기능 및 행동 변화를 원가족의 맥락에서, 또한 원가족은 거시 사회 체계 맥락에 있다는 것을 고려하여 생각해 볼 수 있는 틀을 제공한다. 이러한 맥락들 안에서 성별, 계급, 민족, 인종 및 성적 취향성과 같은 요소의 영향은 중요하다.

조력자들을 위한 시사점

생태체계적 관점에 익숙한 조력자들은 개인의 문제를 맥락을 고려하여 바라보게 된다. 조력자들에게는 어디에서 문제를 접근하고 작업해야 할지 결정하는 자체가 도움을 줄 수도 있다. 예를 들어, 우리는 아동 또는 형제자매와 함께 아동을 만날 수도 있고, 부모만을 만나거나 전체 가족을 만날 수도 있다. 조력자는 학교 회의, 사회복지 회의, 의학 회의 등 다양한 장소에 참여할 수 있다. 조력자는 팀을 이루고 책임 치료사는 팀 구성원의 접촉과 조정을 담당한다. 목표는 상호작용 체계의 기능을 향상시키는 동시에 개인이 다른 체계와의 관계 및 상호작용을 개선하는 것이다. 개인을 병리화하고 타인을 비난하는 것이 아닌 적극적인 체계 변화를 추구하고 문제에서 벗어나 더 나아가는 데 초점을 맞추어야 한다. 대중적인 전략은 코칭, 역할 모델링, 서비스를 요청하거나 전화를 거는 것 같이 개인이 행동을 취하도록 조력하는 것이 포함된다. 기본적인 논점은 모두 환경/사람 간의 적응을 개선하기 위해 함께 노력하는 것이다.

생태체계적 또는 가족 체계의 관점에서 개인의 강점과 참여의 관점을 잃지 않는 것 (지속적으로 살펴보는 것)이 중요하다. 초점은 내외부 변수의 영향에 대한 민감성을 가지고 책임과 참여를 분담하는 것에 있다.

현대의 치료 접근 방법

우리는 현대 치료의 세 가지 주요 접근 방식으로 동기강화 상담(MI), 수용전념치료 (ACT), 변증법적 행동치료(DBT)를 보다 상세하게 검토함으로써 현대적 모델의 논의를 계속한다.

현상론적 접근: 동기강화 상담

MI는 내담자 중심의 지시적인 통합적 접근법으로 변화에 대한 내담자의 양가감정과 저항을 다루는 것을 돕는다(Miller & Rollnick, 2002). 목표는 치료 과정에서 내담자의 변화 동기와 참여를 활성화하는 것에 있다. 이 방법은 인간 중심적 접근으로, 적합한 치료 관계 질을 바탕으로(인간중심 이론, 5장 참조) 개인은 성장과 변화의 역량을 가지고 있다는 믿음에 기초한다. 조력자는 내담자를 공감적으로 도움으로써 내담자의 모순과 불일치의 경험을 탐색하는 과정을 촉진시킨다.

MI는 프로체스카(Prochaska)의 변화 모델을 기반으로 하는데, 이 모델은 변화 과정 단계의 틀을 제시한다(Norcross, Krebs, & Prochaska, 2011). ① 숙고 전 단계로 내담자가 아직 변화를 고려하지 않는 경우, ② 숙고 단계로 내담자가 흡연을 중단하거나 의사를 만나려 가는 등 변화를 고려하지만 여전히 양가적인 감정이 있는 경우, ③ 실행 단계로 변화하기 위해 적극적으로 행동하고 참여하는 경우, ④ 유지 단계로 내담자의 행동 변화가 유지되는 경우, ⑤ 재발 단계로, 재순환 단계, 바람직하지 않은 행동이 다시 나타나는 경우, ⑥ 종결 단계로 변화가 안정적인 경우이다. 이 단계들이 얼마나 지속될지에 대해서는 알 수 없다.

MI는 조력자는 지시적이지만 조력자가 내담자가 변화에 대한 양가감정과 준비를 탐색하도록 함께 작업하게 함으로써 대립하지 않는 것을 목표로 한다. 치료자는 다음과 같은 질문을 할 수 있다. "음주에 대해 어떻게 생각하십니까?" "음주의 위험성에 대해 무엇을 알고 있습니까?" "당신의 음주가 당신의 가족에게 어떻게 영향을 준다고 생각하십니까?" "당신의 음주를 줄였을 때의 장점과 단점으로 무엇이 있을까요?" "1에서 10의 기준으로, 당신에게 있어 변화는 얼마나 중요합니까?" "당신은 과거에 문제를 어떻게 다루었습니까?" 이와 동시에 조력자는 다음과 같은 긍정 진술을 할 수 있다. "당신에게 얼마나 중요한지 알고 있다" "정말 변화하기 위해 노력하고 있다" "이 단계를 수행하는 용기가 있습니다" "오늘은 무엇을 해냈는지 얘기해 봅시다."

3세대 행동요법

행동 변화에 대한 현재의 이론적 접근들은 ACT와 DBT와 같이 인본주의와 마음챙김의 관점과 접근들을 행동주의 치료로 통합하고 있다. 이 같은 영역은 중요하며 불교와 다른 영적 존재 방식 등에 의해 영향을 받는다. 이러한 접근 방법들의 목표는 심리적 유연함으로 이끄는 자기 관리를 촉진하는 것이다. 수용과 마음챙김은 행동 변화의 중요한 부분이다.

수용전념치료

ACT는 사람들이 피하고 있었던 생각과 감정을 수용함으로써 더 잘 통제하도록 가르친다(Hayes, Luomo, Bond, Masudo, & Lillies 2006; Hayes & Smith, 2005). 생각과 감정을 피하기 위해 사용된 에너지는 심리적 경직으로 나타날 수 있으며 지금-여기에서 통합된 인간으로 살아갈 수 없게 한다. 수용한다는 것은 불쾌한 생각과 감정들을 멀리 밀어내기 위해 분투하는 것이 아니라 그것들이 자유롭게 오고 가게 하고 그래서 우리는 그 감정과 생각들을 현재의 순간에 경험할 수 있다. 내담자는 스스로를 관찰하고 인식을 높이는 것과 가치를 명확하게 하는 것을 배우며 그래서 자신에게 진실로 가장 중요한 것이 무엇인지 알 수 있게 된다. 그러고 나서 책임감 있게 행동을 취할 수 있게 된다.

조력자들을 위한 시사점

ACT를 성공적으로 활용하기 위해서 조력자는 마음챙김 기술을 배워야 하는데, 그렇게 함으로써 조력자는 내담자 스스로 현재 생각과 감정에 대한 무비판적인 알아차림을 발전시키는 것을 도울 수 있다. 내담자는 다른 인지−행동 요법에서와 마찬가지로 인지를 변화시키기보다는 더 유연해지고 인지에 대한 관계를 변화시키는 것을 배울 수 있다. 또한 조력자는 내담자가 탐색되었고 명확해진 자신의 가치와 일치하는 목표를 분명히 알며 선택할 수 있도록 돕는 방법을 배운다.

변증법적 행동치료

이 접근 방법은 경계선 성격장애 환자를 치료한 마샤 리네한(Marcia Linehan, 1993a, 1993b)에 의해 개발되었고 정신역동 치료와 인지행동 치료가 혼합되었는데 기분장애, 섭식장애, 약물 남용 및 성적 학대로 힘들어하는 사람들에게 효과적인 것으로 밝혀지고 있다. 또한 ACT 요소들, 즉 정서적 통제와 마음챙김 알아차림을 포함하고 있다. 치료적 관계는 내담자의 헌신뿐 아니라 무조건적인 수용과 협력을 포함한다. 치료적 관계는 상호 주관적인 '거친 사랑(tough love)'과 유사한데 이는 불복종에 도전하고 적극적인 참여를 주장하고 고통에 대한 내성을 키운다. 이 방법은 구조화된 치료의 형태인데 주로 최소 1년 이상 지속되고 일반적으로 집단, 개인, 가족의 상담 형태를 포함한다. 여러 명이 참여하기 때문에 조력 팀은 서로를 지원하고 다른 치료 양식이 계속되도록 하기 위해 지속적인 접촉이 필요하다. 치료의 목표는 내담자가 자신의 상황을 받아들이고 변화를 필요로 하는 목표에 계속적으로 집중하는 것이다.

조력자들을 위한 시사점

조력자는 이 접근 방법에 대해 충분히 훈련되어야 한다. 네 가지 모듈을 가진 DBT

설명서가 있다(Linehan, 1993b). 조력 과정 동안 치료자는 내담자가 판단적이 되거나 자기파괴적이 되지 않으면서 현재의 감정과 반응을 바라볼 수 있도록 돕는다. 치료자들은 감정 조절을 가르치는데, 내담자가 자신의 감정이 무엇인지 식별할 수 있도록 돕고, 감정을 변화시키는 데 있어 장애물을 판별하고, 감정에 대한 취약성을 줄이고, 과거에 자신을 압도했던 고통의 수준을 줄이고, 긍정적 기분이 드는 사건들을 증가시키고, 강렬한 감정을 마주했을 때 스스로를 위로하는 방법을 배우고, 충동적 감정에 반대되는 행동을 취하도록 도울 수 있다. 구조화된 도구로 다이어리 카드, 문서화된 자체 점검 양식들과 행동 변화 분석과 집단 활동을 위한 양식들이 있다. DBT는 마음챙김, 고통 내성, 자기 치유와 자기 격려 기술들 배우기 그리고 강점과 순간의 생각에 집중하는 것을 강조한다.

연습문제 6-1

이 활동은 그린스보로 소재 노스캐롤라이나 대학교의 에이미 번스타인(Amy Bernstein)에 의해 제안되었고, 연습문제 5-2에서 이어지는 것이다. 이 장을 공부한 이후에 구성주의자, 페미니스트, 다문화, 중다양식 및 생태체계적 관점과 관련한 다음 질문에 답하라.

1. 해당 이론에서는 인간을 어떻게 보고 있는가?
2. 해당 이론은 무엇을 다루고 있는가?
3. 해당 이론은 어떤 가치가 있는가?
4. 해당 이론은 무엇을 배제하고 있는가?
5. 해당 이론은 다양성을 어떻게 다루고 있는가?
6. 해당 이론은 어떤 상황에서, 어떤 사람들에게 적용되는가?

연습문제 6-2

연습문제 6-1에서 작성한 것을 살펴보라. 이러한 이론들의 어떠한 요소들이 지금 당신에게 적합한가? 당신의 관계 스타일, 대화 스타일, 인간 행동과 발달에 대한 관점, 당신이 하고 싶어 하는 작업 유형, 무엇이 당신에게 받아들여지는 것과 받아들여지지 않는 것은 무엇인지 등을 고려하라. 당신이 믿어야 한다고 생각하는 것, 당신이 믿는다고 말하는 것과 당신이 실제로 하는 것 간에 차이가 있다고 생각하는가?

요약

이 장에서는 조력 관계와 인간의 발달과 변화의 심리적 과정에 대한 새로운 포스트모던적인 관점을 강조했다. 〈표 6-1〉은 이러한 관점을 개략적으로 비교하고 있는데, 〈표 5-1〉과 함께 검토할 수 있다. 각 관점의 주요 개요는 다음과 같다.

- 구성주의적 접근은 사고, 감정, 행동의 상호 관계에 모두 동일하게 초점을 둔다. 구성주의는 과거와 현재의 인간발달, 의식적 및 무의식적인 사고, 정보 처리를 통합하면서 새롭고 선택적인 의미와 관점들의 공동 구성을 강조한다.
- 페미니스트 관점은 사회문화적 및 정치적 맥락 안에서 성에 따라 차별화된 발달을 강조한다. 이 관점에서는 평등주의를 채택하여 정치적·사회적으로 행동하는 것과 함께 전통적인 역할, 기능, 관점들의 변화에 초점을 맞추는 조력 관계를 격려한다.
- 다문화적인 접근들은 삶의 양식과 가치에 대한 문화 간 또는 문화 내 차이를 민감하게 인식할 것을 요구한다. 이 관점들에서는 조력 과정뿐 아니라 자기, 관계, 삶의 가치, 믿음 그리고 태도에 있어서 문화적으로 다른 의미에 초점을 맞춘다.
- 다중양식모델 관점은 서로 다른 치료법의 기여를 중요하게 여기는 통합적 접근법이다. 내담자의 상황과 필요에 따라 다양한 조력 관계를 조합하고 있다.
- 생태체계적 관점은 다양한 맥락에서의 대인 간 관계, 즉 상호작용에 초점을 맞춘다. 개인의 증상은 대인 간 관계를 반영하고 조절하고 이는 더 큰 사회문화 체계에 의해 반영되고 조절된다.
- 현대 치료적 접근들은 실제에서 자주 통합된다. 세 가지 유형의 접근 방법을 간단히 살펴보았다.

MI는 인간중심적 접근을 기반으로 한다. 하지만 지시적이면서 인간 중심에서 관계 및 핵심 개념을 유지하는 방법, 내담자의 양가감정과 저항을 아는 것 그리고 더 적극적으로 내담자의 성장을 촉진하는 방법에 초점을 맞추고 있다.

ACT와 DBT는 제3세대 행동치료의 일부로 간주되며 평등주의적이고 협력적인 치료 관계를 유지하면서 행동 접근법에 마음챙김, 가치 명확화, 수용의 영역을 추가하고 있다.

이처럼 조력을 위한 서로 다른 많은 이론과 접근 방법이 존재하는 이유는 다양한 사람들과 그 사람들의 다양한 문제가 있기 때문이다. 모든 질문에 대답할 수 있고 모든 상황에서 만족할 수 있는 단 하나의 이론은 없다. 사실, 이론은 지식의 근사치이며, 인간의 본질과 발달의 복잡성을 이해할 수 있도록 돕도록 구축된 가이드라인일 뿐이다. 조력자들은 자신이 견지하는 이론과 인간에 대한 관점과 접근 방법을 추구하면서 기존의 접근 방법들을 지속적으로 개선하고 새로운 접근 방법을 창조하여야 한다. 페미니즘과 다문화 기반의 치료 방법들은 다양성에 대한 이해에 크게 기여한다. 우리가 다양성을 고려하는 것은 조력이론과 적용을 평가하고 조력 관계의 과정과 결과에 관한 연구를 지원하는 데 있어 매우 중요하다.

생태체계적 관점은 기존의 주요 접근 방식들에 대한 비전통적 적용의 예시가 된다. 이 관점에서는 개인의 문제보다는 체계 전체의 문제를 식별하는 것을 다룬다. 따라서 내담자는 체계 내에서의 개인이라기보다는 가족, 병원, 학교 또는 교정 시설과 같은 하나의 체계가 된다. 조력자는 개인과 그 개인이 기능하는 맥락 사이의 상호 영향 관계를 이해하기 위하여 대화의 패턴뿐 아니라 체계의 구조(역할, 규칙, 경계)를 살펴보아야 한다. 이 접근 방법을 위한 전략들은 옹호자와 대리인을 변경하는 것을 포함한다. 체계 내의 조력자와 개인 사이의 효율적인 관계가 중요하기 때문에 인간관계 기술에 있어 이러한 전략들을 적용하는 것이 필수적이다.

조력 전문성이 확장되고 성숙할수록 주요 전통 이론들이 더 개방적이고 다면적이 되어 가며, 현대에는 통합적인 이론과 방법들이 부상하는 경향이 나타난다. 또한 신경과학 연구 결과는 조력 이론과 실제에 영향을 주고 있다. 통합을 통해 조력자는 다양한 상황에서 다양한 수준의 인간 발달, 행동 및 변화의 측면을 고려할 수 있으며, 이상적으로는 혼란스럽고 복잡한 상황에 놓인 다양한 사람을 도울 수 있다. 오늘날의 의료보장 체제에서는 주요 이론의 기본적인 내용이 단시간으로 재구성되어야 한다.

〈표 6-1〉 현재의 이론적 관점 비교

	구성주의	페미니스트 치료	다문화 치료	생태학적
주요 원리	1. 인간은 자유 의지가 있다. 2. 안다는 것(knowledge)은 주관적이다. 3. 행동은 사람들의 정서와 인지적 의미 부여에 따라 형성된다. 4. 심리적 고통은 현재의 왜곡된 감정과 인지적 신념 유지에 의해 발전된다.	1. 인간은 자유 의지가 있지만 남성들은 더 많은 권력을 갖고 있다. 2. 직관적으로 아는 것이 가치가 있다. 3. 행동은 사회화적 성역할 기대에 의해 형성된다. 4. 심리적 고통은 편협한 남성적 가치와 처방이 내면화에서 비롯된다.	1. 인간은 자유 의지를 가지느냐의 관점은 문화에 따라 결정된다. 2. 지식은 문화에 따라 결정된다. 3. 행동은 문화적 전통과 정체감과 가치의 영향에 따라 형성된다. 4. 심리적 고통은 주류 문화와 비주류 문화의 불일치로 인해 생겨날 수 있다.	1. 인간은 자유 의지를 가지고 있지 않다. 2. 지식은 주관적이다. 3. 행동은 사회문화적 제도와 이념에 의해 형성된다; 개인은 가족 안에 포함되고 가족은 다시 사회 문화적 체계 안에 포함된다. 4. 심리적 고통은 개인과 환경이 불일치로부터 유래한다.
치료 과정	1. 공동 협력 2. 과거의 정서, 인지, 행동 발달 탐구 3. 언어적 방법 4. 공감적인 조력 관계 안에서 새로운 이야기의 탐색과 재구성	1. 공동 협력 2. 과거와 현재의 성 사회화 3. 언어적 독려 4. 평등주의적 조력 관계 모델링은 촉진자와 옹호자를 변화시킴	1. 내담자의 문화적 규준과 가치에 대한 공감의 조율 2. 자기와 문화간의 상호 관계 3. 다른 주류 문화 속에서 살아가는 동안 문화적 정체성을 유지하기 위한 언어적 격려 4. 내담자의 문화와 요구에 적합한 유연성 있는 조력 관계	1. 자문 2. 체제와 개인 간 연계의 상호작용 3. 언어와 행동 4. 협동적 교정, 옹호, 협동 주는 조력 관계
상담자 행동에 관한 전제조건	1. 치료자는 공감적·지지적·협력적·탐색적이며 다른 관점에 대해 열려 있다. 2. 상담자와 내담자는 내앙과 이야기를 함께 재구성한다.	1. 상담자는 강력한 역할 모델이다. 2. 권력을 분석하고 행동을 옹호하는 것은 범의로적이다.	1. 상담자는 민감하고 유연성 있게 다양한 현실에 대한 지식을 갖추고 내담자는 차이에 대해 개방적이다. 2. 상담자는 문화차 차이에 대한 지식을 갖추고 개방하려고 한다.	1. 치료자는 지지적이고 다원적이다; 임파워먼트하고, 재구조화하고, 변화 에이전트 역할을 활용한다. 2. 협력하여 체제의 변화를 계획하고 구현한다.
영역	정의적/인지적 영역	정의적/인지적/행동 영역	정의적/인지적/행동 영역	정의적/인지적/행동 영역

참고문헌과 💬 더 읽을거리

다음의 읽기 목록을 통하여 이 장에서 제시하는 견해와 접근방법들을 좀 더 탐색해 볼 수 있을 것이다.

통합적 이론

Alford, B. A., & Beck, A. T. (1997). *The integrative power of cognitive therapy*. New York: Guilford Press.

Arkowitz, H. (1997). Integrative theories of therapy. In P. L. Wachtel & S. B. Messer (Eds.), *Theories of psychotherapy: Origins and evolution* (pp. 227-288). Washington, DC: American Psychological Association.

Ivey, A. E. (1991). *Developmental strategies for helpers: Individual, family, and network interventions*. Pacific Grove, CA: Brooks/Cole.

Ivey, A. E., D'Andrea, J. J., & Ivey, M. B. (2012). *Theories of counseling and psychotherapy* (7th ed.). Los Angeles: Sage.

Lazarus, A. A. (1976). *Multimodal behavior therapy*. New York: Springer.

Lazarus, A. A. (1997). *Brief but comprehensive psychotherapy: The multimodal way*. New York: Springer.

Moursund, J. P., & Erskine, R. G. (2004). *Integrative psychotherapy: The art and science of relationship*. Pacific Grove: Brooks/Cole.

Norcross, J. C., & Beutler, L. E. (2011). Integrative psychotherapies. In R. J. Corsini & D. Wedding (Eds.), *Current psychotherapies* (9th ed., pp. 502-535). Belmont, CA: Brooks/Cole, Cengage Learning.

Okun, B. F. (1990). *Seeking connections in psychotherapy*. San Francisco: Jossey-Bass.

Preston, J. (1998). *Integrative brief therapy: Cognitive, psychodynamic, humanistic and neurobehavioral approaches*. San Luis Obispo, CA: Impact.

Prochaska, J. O., & Norcross, J. C. (2009). *Systems of psychotherapy: A transtheoretical analysis* (7th ed.). Pacific Grove, CA: Brooks/Cole.

Sharf, R. S. (2011). *Theories of psychotherapy and counseling: Concepts and cases*. Pacific Grove, CA: Brooks/Cole.

Stricker, G. (2010). *Psychotherapy integration*. Washington, DC: American Psychological Association.

Sue, D. W., & Sue, D. (2008). *Counseling the culturally different: Theory and practice* (5th ed.). New York: Wiley.

현상학적 인본주의

Miller, W. R., & Rollnick, S. (2002). *Motivational interviewing: Preparing people for change* (2nd ed.). New York: Guilford Press.

Norcross, J. C., Krebs, P. M., & Prochaska, J. O. (2011). Stages of change. In J. C. Norcross (Ed.), *Psychotherapy relationships that work: Evidence-based responsiveness* (2nd ed., pp. 279-300). New York: Oxford University Press.

구성주의

Anderson, T. (1991). *The reflecting team: Dialogues and dialogues about the dialogues*. New York: Norton.

Breunlin, D. C., Schwartz, R. C., & MacKune-Karrer, B. (1997). *Metaframeworks: Transcending the models of family therapy*. San Francisco: Jossey-Bass.

Corey, G. (2005). *Theory and practice of counseling and psychotherapy* (7th ed.). Belmont, CA: Brooks/Cole.

Gergen, K. (1991). *The saturated self*. New York: Basic Books.

Gergen, K. (1999). *An invitation to social construction*. Thousand Oaks, CA: Sage.

Goldfried, M. R. (1988). Personal construct therapy and other theoretical orientations. *International Journal of Personal Construct Psychology, 1*, 317-327.

Greenberg, L. S., & Safran, J. D. (1989). Emotion in psychotherapy. *American Psychologist, 44*, 19-29.

Guidano, V. F. (1991). *The self in process*. New York: Guilford Press.

Kelly, G. (1991a). *The psychology of personal constructs: Vol. 1. A theory of personality*. London: Routledge. (Original work published 1955).

Kelly, G. (1991b). *The psychology of personal constructs: Vol. 2. Clinical diagnosis and psychotherapy*. London: Routledge. (Original work published 1955).

Mahoney, M. J. (1991). *Human change processes*. New York: Basic Books.

Mahoney M.J. (2003). *Constructive psychotherapy theory and practice*. New York: Guilford Press.

Meichenbaum, D. (1997). The evolution of a cognitive-behavior therapist. In J. K. Zeig (Ed.), *The evolution of psychotherapy: The third conference* (pp. 96–104). New York: Brunner/Mazel.

Neimeyer, R. A. (2009). *Constructivist psychotherapy.* New York: Routledge.

White, M. (2006). *Narrative practice with families and their children.* Dulwich, Australia: Dulwich Center.

페미니스트 이론

Ballou, M., & Brown, L. S. (2002). *Rethinking mental health and disorders.* New York: Guilford Press.

Bem, S. (1993). *The lenses of gender.* New Haven, CT: Yale University Press.

Brown, L. S. (1994). *Subversive dialogues: Theory in feminist therapy.* New York: Basic Books.

Brown, L. S. (2010). *Feminist therapy.* Washington, DC: American Psychological Association.

Brown, L. S., & Ballou, M. (Eds.). (1992). *Personality theory and psychopathology: Feminist reappraisals.* New York: Guilford Press.

Chodorow, N. J. (1989). *Feminism and psychoanalytic theory.* Berkeley: University of California Press.

Corey, G. (2013). *Theory and practice of counseling and psychotherapy* (9th ed.). Belmont, CA: Brooks/Cole. Cengage Learning.

Enns, C. Z. (2011). Feminist approaches to counseling. In E. M. Altmaier & J. C. Hansen (Eds.), *Oxford handbook of counseling psychology* (pp. 434–459). New York: Oxford University Press.

Gilligan, C. (1982). *In a different voice.* Cambridge, MA: Harvard University Press.

Gillis, S., Howie, G., & Munford, R. (2004). *Third wave feminism: A critical exploration.* New York: Palgrave Macmillan.

Jordan, J. V. (Ed.). (1997). *Women's growth in diversity: More writings from the Stone Center.* New York: Guilford Press.

Jordan, J. V., Hartling, L. M., & Walker, M. (Eds.). (2004). *The complexity of connection: Writings from the Stone Center's Jean Baker Miller Training Institute.* New York: Guilford Press.

Jordan, J. V., Kaplan, A. G., Miller, J. B., Stiver, I. P., & Surrey, J. L. (Eds.). (1991). *Women's growth in connection: Writings from the Stone Center.* New York: Guilford Press.

Landrine, H. (Ed.). (1995). *Bringing cultural diversity to feminist psychology: Theory, research, and practice.* Washington, DC: American Psychological Association.

Miller, J. B. (1976). *Toward a new psychology of women.* Boston: Beacon Press.

Miller, J. B. (1991). The development of women's sense of self. In J. V. Jordan, A. G. Kaplan, J. B. Miller, I. P. Stiver, & J. L. Surrey (Eds.), *Women's growth in connection* (pp. 11-26). New York: Guilford Press.

Miller, J. B., & Stiver, I. P. (1997). *The healing connection: How women form relationships in therapy and in life.* Boston: Beacon Press.

Mirkin, M. P., Suyemoto, K. L., & Okun, B. F. (Eds.) (2005). *Psychotherapy with women: Exploring diverse contexts and identities.* New York: Guilford Press.

Moradi, B., Fischer, A. C., Hill, M. S., Jome, L. M., & Blum, S. A. (2000). Does "feminist" plus "therapist" equal "feminist therapist"? *Psychology of Women Quarterly, 24*(4), 285-296.

Okun, B. F., & Suyemoto, K. L. (2013). *Conceptualization and treatment planning for effective helping.* Belmont, CA: Brooks/Cole.

Okun, B. F., & Ziady, L. G. (2005). Redefining the career ladder: New visions of women at work. In M. P. Mirkin, K. L. Suyemoto, & B. F. Okun (Eds.), *Psychotherapy with women: Exploring diverse contexts and identities* (pp. 215-236). New York: Guilford Press.

Suyemoto, K. L., & Kim, G. S. (2005). Journeys through diverse terrains: Multiple identities and social contexts in individual therapy. In M. P. Mirkin, K. L. Suyemoto, & B. F. Okun (Eds.), *Psychotherapy with women: Exploring diverse contexts and identities* (pp. 9-41). New York: Guilford Press.

Worell, J., & Remer, P. (2003). *Feminist perspectives in therapy: Empowering diverse women.* New York: Wiley.

다문화 모델

American Psychological Association, Presidential Task Force on Immigration. (2012). Crossroads: The psychology of immigration in the new century. Retrieved from http://www.apa.org/topics/immigration/report.aspx.

Carter, R. T. (2005). *Handbook of racial-cultural counseling and psychotherapy: Theory and research.* New York: Wiley.

Delgado-Romero, E. A., Galvan, N., Maschino, P., & Rowland, M. (2005). Race and ethnicity in empirical counseling and counseling psychology research: A ten-year review. *Counseling Psychologist, 33*(4), 419-448.

Ivey, A. E., D'Andrea, M., Ivey, M. B., & Simek-Morgan, L. (2012). *Counseling and psychotherapy: A multicultural perspective* (7th ed.). Boston: Allyn & Bacon.

Okun, B. F. (1996). *Understanding diverse families: What practitioners need to know.* New York: Guilford Press.

Okun, B. F. (2004). Human diversity. In R. Combs (Ed.), *Family therapy review: Preparing for comprehensive and licensing examinations* (pp. 122-153). Mahwah, NJ: Erlbaum.

Okun, B. F., Fried, J., & Okun, M. L. (1999). *Understanding diversity: A learning-as-practice primer.* Pacific Grove, CA: Brooks/Cole.

Pedersen, P. A. (2000). *A handbook for developing multicultural awareness* (3rd ed.). Alexandria, VA: American Association for Counseling and Development.

Pedersen, P. A. (2003). Increasing the cultural awareness, knowledge, and skills of culturecentered counselors. In F. D. Harper & J. McFadden (Eds.), *Culture and counseling: New approaches* (pp. 252-284). Needham Heights, MA: Allyn & Bacon.

Ponterotto, J. G., & Pedersen, P. B. (1993). *Preventing prejudice: A guide for counselors and educators.* Newbury Park, CA: Sage.

Sue, D. W. (1992). Culture-specific strategies in counseling: A conceptual framework. *Professional Psychology, 21,* 424-433.

Sue, D. W., Ivey, A. E., & Pedersen, P. (2009). *A theory of multicultural counseling and therapy.* Pacific Grove, CA: Brooks/Cole.

Sue, D. W., & Sue, D. (2013). *Counseling the culturally different: Theory and practice* (6th ed.). New York: Wiley.

Wehrly, B. (1995). *Pathways to multicultural counseling competence: A developmental journey.* Pacific Grove, CA: Brooks/Cole.

다중양식 치료

Lazarus, A. (1971). *Behavior therapy and beyond.* New York: McGraw-Hill.

Lazarus, A. (1976). *Multimodal behavior therapy.* New York: Springer-Verlag.

Lazarus, A. (1986). Multimodal therapy. In J. C. Norcross (Ed.), *Handbook of eclectic psychotherapy* (pp. 65-93). New York: Brunner/Mazel.

Lazarus, A. (1987). The need for technical eclecticism: Science, breadth, depth, and specificity.

In J. K. Zeig (Ed.), *The evolution of psychotherapy* (pp. 164–178). New York: Brunner/Mazel.

Lazarus, A. (1989). *The practice of multimodal therapy.* Baltimore: Johns Hopkins University Press.

Lazarus, A. (1992). Multimodal therapy: Technical eclecticism with minimal integration. In J. C. Norcross & M. R. Goldfried (Eds.), *Handbook of psychotherapy integration* (pp. 231–263). New York: Basic Books.

Lazarus, A. (1995). Different types of eclecticism and integration: Let's be aware of the dangers. *Journal of Psychotherapy Integration, 5*(1), 27–39.

Lazarus, A. (1996a). Some reflections after 40 years of trying to be an effective psychotherapist. *Psychotherapy, 33*(1), 142–145.

Lazarus, A. (1996b). The utility and futility of combining treatments in psychotherapy. *Clinical Psychology: Science and Practice, 3*(1), 59–68.

Lazarus, A. (1997a). *Brief but comprehensive psychotherapy: The multimodal way.* New York: Springer.

Lazarus, A. (1997b). Can psychotherapy be brief, focused, solution-oriented, and yet comprehensive? A personal evolutionary perspective. In J. K. Zeig (Ed.), *The evolution of psychotherapy: The third conference* (pp. 83–94). New York: Brunner/Mazel.

Lazarus, A., & Beutler, L. (1993). On technical eclecticism. *Journal of Counseling and Development, 71*(4), 381–385.

제3의 행동주의 이론

Hayes, S. C., Luomo, J. B., Bond, F. W., Masudo, T., & Lillis, J. (2006). Acceptance and commitment therapy: Model, processes and outcomes. *Behavior research and therapy, 44*(1), 1–25.

Hayes, S. C., & Smith, S. (2005). *Get out of your mind and into your life.* New York: New Harbinger.

Linehan, M. M. (1993a). *Cognitive-behavioral treatment of borderline personality disorder.* New York: Guilford Press.

Linehan, M. M. (1993b). *Skills training manual for treating borderline personality disorder.* New York: Guilford Press.

생태체계적 관점

Bronfenbrenner, U. (1979). *The ecology of human development.* Cambridge, MA: Harvard University Press.

Knoff, H. (1986). *The assessment of child and adolescent personality.* New York: Guilford Press.

McAndrew, F. T. (1993). *Environmental psychology.* Pacific Grove, CA: Brooks/Cole.

Trickett, E., Watts, R., & Birman, D. (Eds.). (1994). *Human diversity: Perspectives on people in context.* San Francisco: Jossey-Bass.

* www.CengageBrain.com을 방문하시면 학습 내용에 관한 퀴즈(tutorial quizzes)를 풀어 볼 수 있습니다.

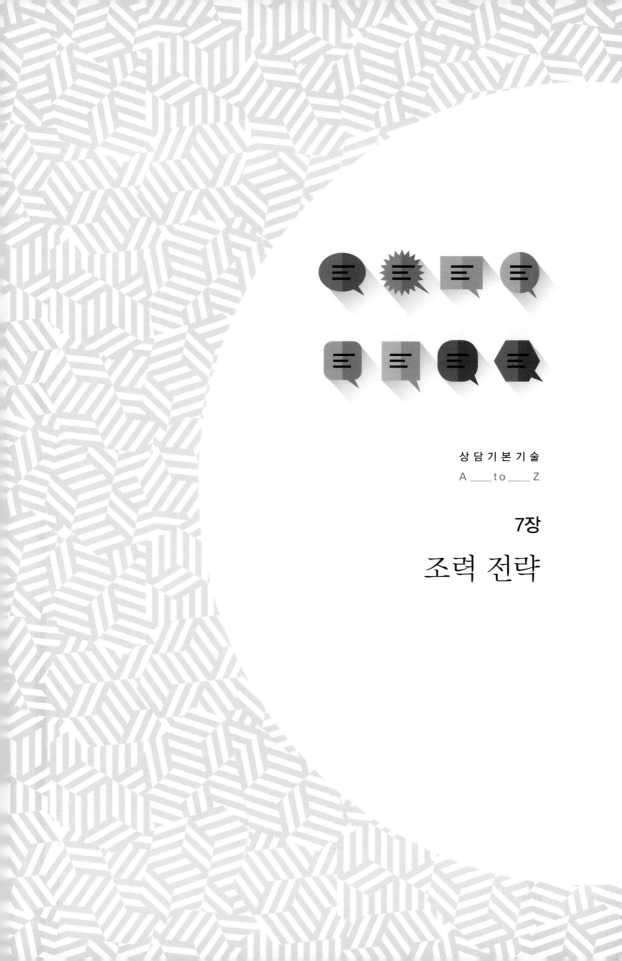

상 담 기 본 기 술
A ___ to ___ Z

7장

조력 전략

조력자와 내담자는 인간관계 상담 모델의 1단계(관계구축: relationship)에서 2단계(전략: strategies)로 넘어가는 과도기에 조력 관계의 목적과 목표를 탐색하고, 구체적인 도움에 필요한 요건을 확인한다. 그리고 최종적으로 기대하는 치료적 결과에 합의한다. 이러한 전환이 성공적으로 마무리되기 전, 조력자와 내담자는 문제를 정의하고 우선순위를 정하며, 계획을 세우고 도움의 성격을 결정한다. 이 과정은 가능한 회기 수, 회기의 길이, 추가 회기 운영 가능성 등을 고려하여 이루어진다.

주요 문제가 정의되면, 조력자는 적절한 하나의 전략 혹은 전략의 조합을 선택해서 문제를 해결해야 한다. 타이밍, 환경, 문제의 성격과 맥락 등의 변수는 과도기적 기간이 다루어지는 방식이나 전략의 선택 모두에 영향을 미친다. 중요한 것은 조력자가 보기에 보다 복잡하고 근본적이며 환경적인 문제가 있더라도 이와는 상관없이 내담자가 현재 호소하는 문제를 해결해야 할 수도 있다는 것이다. 예를 들어, 한 직장인이 만성적인 지각으로 상담자에게 의뢰가 되었다면, 우선은 이것이 해고로 이어지지 않도록 즉시 행동적인 문제를 해결하는 것이 필요하다. 그 후에 만성적인 지각 행동으로 나타나는 내재된, 보다 우선적인 이슈에 초점을 맞출 수 있다. 마찬가지로, 한 내담자가 예상치 못한 해고로 필요한 곳에 돈을 내지 못해 넋이 나간 상태로 상담실에 왔다면, 조력자의 가장 첫 번째 업무는 내담자가 생존을 위한 자원(예: 실업 보험)을 확보하고 실직으로 인한 무력감과 불안감에 대처할 수 있는 전략을 찾도록 도와주는 것이다.

조력 전략과 세 가지 주요 문제 영역

조력 관계에서 전략을 말할 때, 우리는 일반적인 혹은 장기적인 목표 달성을 위한 전반적인 접근 방식을 이야기한다. 전략은 문제를 설명하는 특정 이론이나 모델의 가정과 개념을 반영하는 것이다. 기법은 전략의 구체적인 적용이라고 할 수 있다. [그림 7-1]은 치료적인 전략이 이론적인 접근으로부터 어떻게 생겨나는지, 이러한 치료적 전략으로부터 특정 개입이나 기법이 어떻게 나오는지를 보여 준다. 특정 전략과 이에 상응하는 기법은 특정 유형의 상황에서 효과적으로 적용된다. 단지 하나의 전략에만 활

245

용되는 기법이 있고, 여러 개의 다른 전략에 모두 사용 가능한 기법도 있다. 어떤 전략을 선택할지는 상황에 대한 조력자의 이론적 신념에 달려 있다. 정신역동이나 변증법적 행동치료와 같은 다수의 치료적 접근은 전문화된 훈련을 통해 특정 기법을 배울 것을 요구한다.

전략은 그것이 정서적 · 인지적 · 행동적인 영역 중 무엇을 강조하느냐에 따라 분류될 수 있다. 〈표 7-1〉은 주요 이론들의 다양한 전략이 이 부분을 어떻게 설명하고 있는지를 보여 준다. 최근의 통합 모델은 이 모든 영역을 다루면서 여기에 마음챙김이나 영성적인 요소들을 더하는 양상을 보인다. 영역을 아는 것은 개인, 개인 간, 인간/환경으로 인한 어려움을 다루는 데 필요한 적절한 전략과 기술을 선택하는 것을 도와준다.

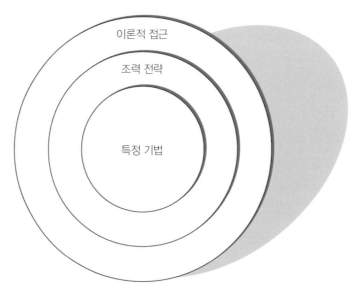

그림 7-1 구체적 기법은 치료 전략에서 도출되며, 치료 전략은 이론적 접근으로부터 나온다.

〈표 7-1〉 이론적 틀에 따른 3가지 문제 영역에 대한 전략과 기법 적용

문제 영역			
정서적 (감정/느낌)	인지적 (이해/사고)	행동적 (행동/행위)	다중 맥락
조력 전략			
인간중심	현실중심	행동적	
게슈탈트	현실치료		
정서적-행동 치료			
	다중양식		←
		페미니스트, 다문화, 생태적/체계적	←
		행동치료의 제3의 물결	←
정신분석 (프로이트, 융, 아들러, 대상관계)			
	정체성 인식		←
대표적 기법			
게슈탈트 실험		자기주장훈련	←
반응적 경청	의사결정	강화	←
심상 기법		계약	←
		모델링	
		체계적 둔감화	←
감각 인식			
자유 연상		심리교육	←
			강화
꿈 분석	인지적 재구조화		←
			변화 에이전트리
			옹호

7장 조력 전략

문제 영역

정서적 (감정/느낌)	인지적 (이해/사고)	행동적 (행동/행위)	다중 맥락

동기 강화 상담

변증법적 행동치료

수용전념치료

해석

인지적 재구성

현실치료 계약

인지적 분석, 타당화

인지-행동적

행동적

현상학적

정신역동

통합적-다원적

페미니스트, 다문화, 생태적/체계적

대인간 적응

발달적 갈등

행동적 문제

이론적 틀

문제의 종류

불안

개인적 적응

자존감

문제해결

의사결정

인간/

환경

갈등

대처/수립

정서적 문제란 감정을 다루는 것으로, 자기알아차림과 타인의 감정을 알아차리는 것을 포함한다(예: 부적절감이나 열등감, 자신과 타인이 무엇을 어떻게 느끼는지 접촉하지 않는 것, 자신의 행동이 타인에게 미치는 영향). 이러한 문제의 경우 이미지와 감각 알아차림, 마음챙김, 언어적·비언어적으로 느낌을 표현하는 것에 초점을 맞추는 전략이 효과적이다.

인지적 문제는 사고하는 것을 포함한다(예: 인식하고, 해석하고, 상황과 사건에 대한 의미를 만들어 내며, 의사결정을 내리고, 문제를 해결하는 것). 언제나 비효과적인 의사결정을 내리는 것처럼 보이고, 결정을 피하며, 행동에 대한 책임 수용을 거부하는 사람이 있다면 이 영역을 활용하여 도움을 줄 수 있다. 단계별로 언어를 활용하여 의사결정을 내리고, 분석하고, 문제를 해결하는 것에 초점을 맞추는 교육적 전략이 효과적일 수 있다. 또 다른 인지 전략에는 인지적 재구조화, 인지적 재구성, 내담자의 자신과 타인 및 사건에 대한 평가를 확인하고 교육하는 것, 대처 기술을 훈련하는 것 등이 포함된다.

행동적 문제는 행동을 다룬다(예: 담배를 끊는 것 등 특정 습관을 멈추는 것, 보다 자기주장적이 되는 것, 자기패배적인 행동을 보상이 증가하는 행동으로 변화시키는 것). 행동 전략에는 보상을 마련하고, 행동 변화를 이끌어 내는 언어 및 행동 중심의 지침이 포함된다.

정서-인지-행동 문제는 우울, 섭식장애, 통제할 수 없는 분노, 특정 행동장애, 대인관계 및 일과 관련된 여러움 등 보다 광범위한 증상을 포함한다. 인지-행동 전략은 개인의 핵심 가정에 도전하고, 행동 변화에 초점을 맞추는 심리교육적이고 언어적인 기술로 구성된다.

인간/환경 문제는 소외와 차별을 경험할 때 개인이 갖는 느낌, 생각, 행동을 포함한다. 예를 들어, 유색인종, 게이, 레즈비언, 트랜스젠더 또는 주류인 규범에서 벗어난 사람들은 부적절감에 의한 우울과 불안 및 자기가치에 대한 의심을 경험할 수 있다. 한 유학생이 학급 안에서 유일하게 '다른' 학생이라면 다른 경험을 하게 된다. 생태적/시스템 전략에는 의식 고양, 재구성, 대리인 변경이 포함된다. 이와 더불어 조력자는 능동적인 지지자의 역할을 한다.

이러한 문제와 전략들이 항상 분리되어 있는 것은 아니다. 중복되거나 일치할 수도 있다. 문제 및 조력 관계의 성격, 관계와 상황, 목표의 우선순위, 기대하는 치료적 성과, 조력자의 유능성과 기술 모두는 전략과 특정 기법을 선택하는 데 영향을 미친다.

문제가 인지적·정서적·행동적 영역인지가 명확하게 드러나고 사용 가능한 전략이 명확해지는 시점이 있다. 예를 들어, 겉으로 드러나는 문제가 만성적인 지각, 행동 문제인 경우 전략은 행동적이고, 기법은 계약(contracting)이 될 수 있다. 그러나 종종 지각과 같이 현재 드러나는 문제는 근본적인 문제와 다른 영역에 있고, 인지적 기법과 인지적 재구성을 필요로 한다. 예를 들어, 내담자는 체계적 둔감화라는 특정한 행동 기법을 위해 우리 중 한 명(BFO)에게 의뢰되었다. 내담자는 딱딱한 음식을 삼킬 수 없었고, 병원 진단 결과 특별한 신체적 문제는 없었다. 조력 관계를 형성하고, 여러 회기를 통해 체계적 둔감화에 대한 내담자의 기대를 충족시키고 나서, 그녀의 고통이 행동보다는 정서적인 영역에 뿌리를 내리고 있다는 것이 명확해졌다. 그녀는 최근에 파혼했지만 누구에게도 분노를 표현할 수 없었고, 이 감정은 내면에 쌓여 갔다. 액상 음식만을 먹으면서 살은 급속히 빠졌고, 건강도 나빠졌다. 현상학적인 인간중심, 게슈탈트 전략을 활용한 회기를 거치면서 내담자는 자신의 감정을 인정하고, 적절하게 표현하기 시작했다. 결국 그녀는 음식을 다시 삼키게 되었고, 대인관계 또한 나아졌다. 이 예시는 기저하는 문제(분노 표현)는 겉으로 드러나는 문제(삼킬 수 없음)와는 조금 다른 전략을 필요로 한다는 것을 보여 준다.

또 다른 34세, 의료기사인 여성은 점점 짜증이 잘 나고 우울해졌다. 그녀는 화를 표현하는 것이 허용되지 않는 가정에서 자랐으며, 분노라는 감정을 내면으로 돌리면서 스스로를 '부적절'하고 '무가치'하다고 인식했다. 조력자가 그녀의 분노의 뿌리를 포착하려고 할 때, 그녀는 자신의 직업적 상황, 덜 숙련된 남성 기술자들이 더 많은 급여를 받고 승진도 빠르며, 그녀가 '커피를 마시고' 그냥 거기에 다닌다는 것에 '감사하도록' 기대하는 회사에 대한 이야기를 하기 시작했다. 이 내담자는 분노 감정을 타당화할 필요가 있었고, 그 후 임파워먼트(empowerment) 전략으로부터 도움을 받을 수 있었다. 그녀는 여성 사원들과 네트워크를 만들고, 인적 자원 정책을 공부하도록 권유받았으며, 궁극적으로 더 많은 기회를 적극적으로 모색하기 위한 실행 가능한 전략을 강구하게 되었다.

이후 부분은 세 가지 주요 문제 영역(정서, 인지, 행동)과 서로 겹치는 부분(정서-인지, 인지-행동) 각각에 대한 전략과 기법을 간략하게 개관한다. 다시 말하지만, 이러한 전략 중 일부는 초심 조력자나 휴먼 서비스 영역의 일반 직원보다는 경험이 풍부한 전문가에게 보다 적합하다. 전략에 대한 소개는 당신의 흥미와 성향이 어디에 있는지를 파악할 수 있는 아이디어를 제공하고 이후 필요한 훈련의 방향을 제시할 것이다. 또한 각각의 부분에 대한 연습문제와 장의 마지막에는 추천 도서를 포함하고 있다. 훈련을 하면서 자신에게 가장 익숙한 기법이 무엇인지 확인하라.

정서적 전략

정서적 전략의 이론적 기반은 칼 로저스(Carl Rogers)의 내담자중심 치료와 게슈탈트 치료의 근원이 되는 게슈탈트 이론으로부터 왔다. 핵심은 자기-알아차림과 감정을 경험하는 것이다.

인간중심 치료는 반응적 경청 커뮤니케이션 기술의 기초를 만드는 데 공헌했다. 공감과 정직, 일치성, 진솔성, 내담자에 대한 수용을 통해 조력자는 비위협적인 분위기를 만들 수 있다. 이러한 환경에서 내담자는 자신의 감정, 생각, 행동을 탐색할 수 있고 자기 자신과 세상에 대한 이해를 얻게 된다. 로저스의 이론에서는 내담자가 긍정적인 자아개념을 개발하는 데 영향을 미치는 환경적 요인들을 강조한다. 이것이 효과를 가져오기 위해서는 내담자가 조력자의 이러한 감정과 태도를 인식할 수 있어야 한다. 반응적 경청의 기술은 조력 관계에서 필요한 유일한 전략으로 충분하다.

게슈탈트 전략은 특히 알아차림에 초점을 둔다. 다른 이론적 지향을 가진 많은 조력자도 내담자의 알아차림을 돕기 위해 게슈탈트 전략을 사용한다. 게슈탈트 전략의 목적은 주의와 알아차림을 재통합하여 내담자가 현재의 행동과 관련하여 무엇을 어떻게 해야 할지에 대한 책임을 지도록 하는 것이다.

'대화(Dialogue)'와 같은 기법['나는 책임을 진다.' (반대로) 나는 책임을 지지 않는다.']은 현재-지향적이고 책임-지향적인 언어 방식을 권장한다. 내담자는 역할 연기를 통해 현재 부재한 사람에 대해 다룬다. 그리고 두 가지의 역할 모두를 하게 되며, 꿈에서 나온 무생물을 포함한 모든 역할을 해 본다.

게슈탈트 전략의 이러한 언어 기법은 내담자가 현재 일어나고 있는 것과의 지속적인 접촉을 유지하는 데 목적이 있다. 다음은 언어 기술의 규칙이다.

1. 현재 시제를 사용하면서 '지금-여기'에서 내담자와 조력자 사이의 커뮤니케이션을 유지하라. 지금 무엇이 일어나고 있는지를 강조하라. "지금 무엇을 느끼고 있나요?" "~을 알아차리나요?"
2. 내담자가 '나' '당신'이라는 단어를 사용해서 개인화하고, 듣는 상대방에게 직접 전달하게 하라.
3. 내담자가 '나' '나의' 또는 '나는 ~에 대해 책임을 진다' 등의 언어를 사용하여 그들이 자신의 행동에 대해 보다 많은 책임을 맡도록 하라. '그것' 대신에 '나'를, '할 수

없다' 대신에 '하지 않겠다'를 사용하도록 하라(예: "기숙사의 소음이 숙제를 못하게 만들었다." → "나는 숙제를 하지 않았다.").

4. 왜(why) 대신에 무엇(what)과 어떻게(how)를 추구하라(예: "왜 그런 감정을 느끼나 요?" 대신에 "지금 무엇을 알아차리고 있나요?" "지금 무엇을 경험하고 있나요?"). 이것은 내담자를 끝없는 설명과 해석으로부터 멀어지게 하는 데 도움이 된다.

5. 지금-여기에 있지 않은 사람을 험담하지 말라. 이것은 감정 표현을 촉진하고 내 담자가 사람들과 직접 상호작용을 하도록 격려한다. 만일 현재 없는 사람에 대한 이야기라면 '빈 의자'나 역할 연기 등의 기법을 활용한다.

6. 질문을 진술로 바꾸라. 이것은 조종하는 게임을 방지하고, 내담자가 좀 더 책임지 도록 하며, 이슈를 직접 다루도록 한다. 또한 내담자가 혼자 상상하거나 생각하는 것 대신 행동을 취하도록 지시하라.

이러한 규칙 외에도 게슈탈트 치료자 레비츠키와 펄스(Levitsky & Perls, 1970)는 다음 지침을 제안한다.

1. 현재에 살라. 과거나 미래보다는 지금 현재에 관심을 가지라. 우리는 과거와 미래 에 대한 상상에 지나치게 많은 시간을 보낸다. 이러한 습관은 현재로부터 우리의 에너지와 알아차림을 딴 데로 돌린다.

2. 여기에 살거나 존재하지 않는 것보다 현재 일어나고 있는 일을 다루라. 우리가 사 용하는 많은 회피 전략 중 하나는 현재 가지고 있는 것보다 가지고 있지 않은 것, 여기에 있는 사람보다 있지 않은 누군가에 초점을 맞추는 것이다.

3. 상상하는 것을 멈추고, 실제를 경험하라. 상상은 우리로 하여금 실재하는 것으로 부터 멀어지게 하고, 경험과 알아차림을 막는다. 때때로 우리는 무엇이 실제인지 를 놓치고 있다.

4. 불필요한 생각을 멈추고, 보고, 느끼라. 예를 들어, 오렌지의 개념에 대해 생각하 지 말고 오렌지의 모든 느낌, 맛, 냄새를 감지한 마지막은 언제였는가? 우리는 감 각을 차단하기 위해 사고를 허용한 것이므로, 다시 감각과 접촉하기 위해 시간을 할애해야 한다.

5. 조종하고 설명하고, 정당화하고 판단하기보다 표현하라. 스스로를 직접적으로 표 현하고 원하는 것을 요청하는 것, 스스로와 다른 사람들을 있는 그대로 수용하는 방법을 배우라.

6. 즐거움뿐만 아니라 불쾌함과 고통도 받아들임으로써 알아차림을 확장하라. 진정한 알아차림은 유쾌한 경험뿐만 아니라 부정적인 경험을 포함한다. 만약 우리가 부정적인 것을 막기 위해 에너지를 사용한다면, 긍정적인 것을 느끼는 능력을 잃을 것이다.

7. '해야 한다' '할 의무가 있다'라는 말을 받아들이거나 우상을 따르기보다 자기 스스로를 수용하라. 의무와 당위를 나타내는 단어들은 어떤 언어보다 많은 어려움을 야기한다. 우리는 자기 자신의 규칙과 관행, 행동에 대한 책임감을 가져야 한다.

8. 당신의 행동과 감정, 생각에 대해 전적으로 책임을 지라. 이것은 게슈탈트에서 성숙의 핵심이다. 다른 사람이나 상황을 비난하는 것을 멈추고, 어떤 상황에서도 존재하는 우리가 가진 자율성과 선택을 최대한 활용하라.

9. 당신 자신이 되어라. 자기 스스로 혹은 다른 사람들이 당신에게 바라는 모습보다 당신이 누구인지, 당신이 무엇인지 스스로를 있는 그대로 수용하라.

다음의 대화는 게슈탈트 전략을 적용한 예이다.

내담자: 약혼자에게 실망했어요. 그가 우리가 내년에 어디에 살지 저와는 상의도 없이 결정했기 때문이에요. 정말 멀리 떨어진 곳이거든요.

조력자: 그가 당신과 상의하지 않고 중요한 결정을 내린 것에 대해 화가 많이 났군요.

내담자: 네. 저는 그렇게 멀리 가서 살고 싶지 않아요. 저희 엄마는 혼자 계시고, 엄마 집은 저희와도 매우 가까운 거리에 있어요. 만일 제가 멀리 간다면, 저는 엄마를 볼 수 없을 거고, 엄마는 저를 필요로 해요.

조력자: 당신이 지금 오른손을 꽉 쥐고 있다는 것을 알고 계세요?

내담자: 아…… 네. 생각한 것보다 많이 속상한 것 같아요.

조력자: 이게 무엇을 의미하는지, 우리가 알 수 있을지 같이 찾아보도록 하죠. 당신의 오른손은 어머니에게서 떠나고 싶지 않은 당신이고, 왼손은 약혼자와 가고 싶어 하는 당신이라고 하고, 두 손으로 서로 이야기할 수 있는지 확인해 봅시다.

내담자: 네. 한번 해 볼게요. (먼저 오른손을 흔든다.) 들어 보세요. 넌 너의 엄마를 떠나기가 두려워…… 엄마는 너 없이는 살 수 없어. 그리고 너 또한 엄마 없이 잘 살 수 있을지 모르잖아.

조력자: 이제는 다른 손(당신)이 되어 보세요.

내담자: 어서, 어서…… 나는 성인이고, 분명히 나 스스로 그것을 해낼 수 있어. 게다가 나는 그를 사랑하고 결혼하기를 원해. 그것은 내가 어디로 가길 원하는지를 의미하는 거야.

조력자: 다른 손으로 직접 말할 수 있는지 확인해 보세요. 엄마에게 당신이 느끼는 것을 말하세요.

내담자: (여전히 가고 싶어 하는 손) 저는 늘 제 길을 방해하는 당신에게 짜증이 나요. 당신은 겁먹은 고양이예요. 뭔가를 하고 싶지 않을 때면 화가 나서 항상 일을 엉망으로 만들었죠. (이제 가고 싶어 하지 않은 오른쪽 손) 저는 가고 싶지 않아요. 저는 그렇게 멀리 가 본 적이 없어요.

조력자: 지금 기분이 어때요?

내담자: 저는 무서워하고 있어요. 그런데 새로운 삶에 대한 가능성에 약간 흥분되기도 하네요.

이 짧은 대화 실험은 내담자인 팸으로 하여금 자신의 감정의 범위와 깊이, 그녀가 현재 고심하고 있는 진짜 이슈를 알아차리도록 도와주었다. 비록 그녀의 약혼자에 대한 감정을 다뤄야겠지만, 그보다 기저에 존재하는 문제는 엄마와의 관계에서의 독립/의존의 이슈라는 것이 좀 더 명확해졌다.

이 예시에서 설명하는 기법은 대화 게임(dialogue game)이라고 불린다. 이것은 내담자 내면의 두 측면 사이에서 혹은 내담자와 현재 갈등을 겪고 있는 다른 사람과의 사이에서 발생한 이슈에 적용해 볼 수 있다. 다른 게슈탈트 기법은 상상과 감각의 알아차림을 사용하는 것이다. 언어적, 비언어적 행동의 관계에 초점 두기("당신은 화가 났지만 미소를 짓고 있네요."), 환상을 연기해 보기(무생물과 생물 등 모든 역할을 해 보는 것), 언어적 · 비언어적 행동을 반복하고 과장해 보기("그 느낌에 머물러 볼 수 있어요? 다리 움직임을 더 크게 하고, 큰 목소리로 방금 말한 것을 반복해 보세요. 더 크게…… 크게."), 능동적인 역할 연기를 통해 미해결된 과제를 완수하기 등이 해당한다.

게슈탈트 치료자는 내담자가 같은 방식으로 꿈을 연기하도록 한다. 꿈이나 환상의 어떤 조각은 내담자의 한 측면이나 지금-여기에서 일어나고 있는 일을 이해하기 위한 메타포로 간주된다. 중요한 게슈탈트 질문은 다음을 포함한다. "지금 무엇을 경험하고 있나요?" "지금 어디에 있나요?" "무엇을 하길 원하나요?" "무엇을 하고 있나요?" "무엇을 회피하고 있나요?" 내담자가 다음과 같은 진술문을 완성함으로써 나-전달법(I-메시지)을 사용하도록 격려한다. "나는 ~을 알고 있습니다." "나는 ~을 느낍니다." "나는 ~을 알아차립니다." 게슈탈트 조력자가 사용하는 지시문의 예시는 다음과 같다. "'그것'이라는 말 대신에 '나는'이라고 말해 보세요." "당신의 강한 부분을 느껴 보세요." "보다 구체적으로 말해 보세요." "다시 말해 보세요. 더, 더…… 과장해서." "당신이 해야할 일을 힘 있게 말해 보세요." "바보처럼 행동해 보세요." "마치 신경 쓰지 않는 것처럼 행동해 보세요." 종종 게슈탈트 치료자는 그 순간에 내담자와 함께하며 조력자 자신이 경험한 것을 나눌 것이다. 예를 들어, "당신이 이야기하는 동안 발을 흔들고 있다는 것을 알고 있어요." "당신은 도망가서 숨고 싶어 하는 것처럼 두려움을 느끼고 있는 것 같아요." 정서적 전략은 느낌과 알아차림을 발달시키고, 반응적인 경청과 마음챙김, 게슈탈트 실험을 사용하는 것이다. 초점은 현재와 지금–여기에 있다.

정서적 전략을 사용하는 경우

반응적 경청, 진솔성과 공감적 관계의 발달에 초점을 맞추는 전략은 감정에 접촉하지 못하거나 감정 표현을 힘들어하는 경우, 표현 자체를 꺼리는 경우, 가족이나 친구와 친밀하고 의미 있는 관계를 맺는 것에 어려움을 호소하는 사람들에게 적절하다. 만일 내담자가 대인관계의 어려움을 겪고 있다면, 조력자와의 사이에서 진실되고, 친밀하며, 의미 있는 관계를 만들어 나갈 수 있다. 그리고 그 경험은 오래 지속될 것이다. 한 사람과 이런 유형의 관계를 맺고 나면, 그 다음엔 또 다른 누군가와 더 긴밀한 관계를 유지할 수도 있다. 반응적 경청은 누군가가 관심사를 들어주고 이해하는 것 자체로도 도움이 될 수 있는 것으로, 비공식적이고 단기적인 관계에서도 유용하게 활용된다.

게슈탈트 기법은 특히 다음의 경우에 효과적이다. 현재의 행동에 대한 무엇(what)과 어떻게(how)에 대한 알아차림이 부족한 경우, 자신과 삶에 대한 책임을 거부하는 경우, 습관적인 방식으로 자신을 둘러싼 환경과 융통성 없이 상호작용하는 경우, 과거의 미해결된 과제나 아직 오지 않은 미래에 사로잡혀 있는 경우, 자신의 부분을 부정하거나 배제함으로써 '분열된' 것처럼 보이는 경우에 적합하다. 또한 게슈탈트 기법은 나이가 많은 노인보다는 환상이나 상상에 접촉을 잘 하는 아이들에게 효과적이다. 그러나 감정을 알아차리는 것을 원하지 않는 사람, 인지적인 방식으로 즉각적인 의사결정을 내리기 위해서 단지 정보가 필요한 사람, 급작스러운 삶의 위기를 겪은 사람, 게임이나 실험에 참여할 만큼의 상상이나 환상을 충분히 경험하기 어려운 사람에게는 적합하지 않다.

게슈탈트 기법을 효과적으로 사용하기 위해서는 게임이나 실험에 실제로 참여해 보는 것이 좋다. 그러면 자기를 인식하기, 책임을 지기, 감정을 소중하게 생각하고 표현하는 스스로의 능력에 대해서 확신을 갖게 된다. 다음의 연습문제를 통해 당신이 게슈탈트 기법에 대해 어떻게 느끼는지 살펴보라. 이완과 명상에 대한 음악을 듣고, 자신의 감정과 생각의 과정을 알아차려 보라. 당신은 내담자가 당신이 이러한 기법을 사용하는 것을 이상하게 생각하는 건 아닐까 궁금할 수 있다. 그러나 당신이 내담자와 효과적이면서 신뢰할 수 있는 관계를 형성했다고 믿는다면, 내담자는 새로운 기법에도 기꺼이 참여할 것이다.

연습문제 7-1

모든 집단원이 원을 그리듯 동그랗게 둘러앉는다. 그다음 각자가 "나는 지금 ~을 알아차립니다……."라는 3분 정도의 독백을 시작한다. 가급적 지금 여기에서 할 수 있는 많은 경험과 감각에 접촉하려고 시도하라. 자기알아차림에 초점을 맞추기 위해서는 대명사를 개인화하고, 문장을 '나'로 시작하는 것이 좋다. 예를 들어, 당신은 "지금 나는 등에 쿠션을 받치고 딱딱한 의자에 앉아 있다는 것을 알아차립니다. 다리는 꼬고 있고, 원고를 작성하고 있습니다. 나의 손가락은 키보드 위를 재빠르게 움직이고, 눈은 원고를 향하고 있으며, 어깨는 다소 처져 있습니다……."라고 말할 수 있다. (이 연습은 두 명씩 짝을 이루어 수행할 수 있다.)

연습문제 7-2

공상(fantasizing)은 매우 많이 쓰이는 게슈탈트 기법이다. 소그룹의 집단원들은 자신이 특히 편안하게 느끼는 장소를 떠올리고, 그곳의 세부적인 모든 것을 시각화해 본다. 그리고 장소와 연관되는 생각과 감정뿐만 아니라 눈에 보이는 것, 향기, 소리까지 접촉해 본다. 그런 다음 한 사람씩 돌아가면서 자신의 장면을 개인화 대명사를 사용하여 현재 시제로 만들어 본다. 다른 집단원들은 '무엇'과 '어떻게'와 관련한 질문을 할 수 있으며, 미처 생각해 보지 못한 다른 측면을 실연해 보도록 함께 공상하거나, 생물과 무생물의 역할을 수행해 보도록 요청할 수 있다. 예를 들어, 해변가의 한 장면을 묘사하는 사람에게 물, 모래, 태양이 되어 보도록 요청하는 것이다.

연습문제 7-3

'왕복하기(shuttling)'는 연습문제 7-2의 확장이다. 당신은 특별한 장소에 오랫동안 머무른 다음, 다시 지금 여기로 돌아온다. 그리고 현재의 장소, 광경, 냄새, 소음, 다른 사람들의 세부적인 것에 접촉해 본다. 여기까지 마치고 나면 다시 특별한 장소로 돌아간다. 실제와 공상을 왔다 갔다 왕복하면서 각 장소에서 몇 분간 머무른다. 이러한 왕복이 얼마나 힘들게 느껴지는가? 무엇을 느끼는가? 어디에 있기를 원하는가? 이 연습을 하는 동안 무엇을 알아차렸는가?

'대화(dialoguing)'는 유용한 게슈탈트 기법이다. 부모님 중 한 분이 당신과 마주하고 앉아 있다고 상상하라. 최대한 구체적으로 그 장면을 묘사하고, 부모님을 마주하면서 떠오르는 감정을 연상한다. 그런 다음 큰 소리로 1인칭과 2인칭 대명사('나'와 '너')를 사용하여 마음속에 떠오르는 것은 무엇이든 말하라. 떠오르는 감정에 머물러 보고, 자리를 바꾸어 당신이 부모가 되어 당신 자신에게 이야기해 보라. 그만 해도 된다고 느껴질 때까지 당신의 부모의 자리를 왔다 갔다 하라. 가능하다면 이 연습을 하면서 느꼈던 감정을 집단 안에서 나누고, 부모님과의 관계나 감정에 대하여 배운 것이 있는지 확인하라. 다른 감정에 비해 특히 더 표현하기 어려운 감정이 있었는가? 만일 이 연습을 시작하는 것이 어렵게 느껴진다면, 우선 부모의 역할부터 시작하라. 당신이 누구이고, 당신의 자녀와 당신에 대해 어떻게 생각하는지 이야기하라.

앞의 연습을 조금 변형하여 당신의 두 가지 측면을 연기해 보라. 예를 들어, 하나의 의자는 '강한(strong) 나', 다른 하나의 의자는 '약한(weak) 나'를 할 수 있다. 우선 당신에게 가장 편안한 측면을 선택하고, 생각과 감정, 경험을 이야기한다. 그 다음엔 자리를 바꿔서 방금 이야기한 측면과 갈등하는 생각, 감정, 경험을 이야기하라. 서로 다른 측면들이 이해된다고 느껴질 때까지 언어와 행동으로 표현하라(아마도 약간의 통합을 경험할 것이다). 이 기법은 '빈 의자 기법'으로 불린다. 자기에 대한 지식을 넓히는 데 유용한 기법이다.

정서적-인지적 전략

정서적-인지적 전략의 이론적 기초는 발달적 정신역동 이론(developmental psychodynamic theory)이다. 주요 목표는 무의식 수준에 존재하는 자료를 의식의 영역으로 가져옴으로써, 무의식적 직감(본능)에 따르기보다는 의식적인 사고에 기반을 둔 행동을 할 수 있도록 자아를 강화하는 것이다. 성격은 통찰(정서적 알아차림과 인지적인 이해)을 얻음으로써 재구성된다. 전략의 목적은 억압의 원인과 억압의 결과로 발생하는 내적인 불안의 심각한 영향을 없애는 것이다. 이를 통해 내담자는 자신에 대한 이해와 내적인 평화를 얻고, 현재를 보다 충만하게 살아갈 수 있다. 또한 과거보다 좀 더 나은 선택을 하고 생산적인 관계를 가지며, 직업 장면에서 효과적으로 기능하게 된다.

기법

정신역동적 조력자가 사용하는 주요 기법에는 자유연상, 꿈 분석, 해석이 있다. 이 기법들은 내담자가 조력자와의 관계에서 전이를 발달시키고, 무의식적인 갈등을 작업하도록 돕는다. 자유연상(free association)과 꿈 분석(dream analysis)의 목적은 내담자가 무의식적인 자료를 점차 깊이 알아차리도록 하는 것이다. 아동기의 경험에 초점을 두고, 과거와 현재 기능이 어떻게 연결되어 있는지를 이해할 수 있도록 돕는다.

전이 현상(transference phenomenon)은 과거의 감정과 태도, 갈등이 현재의 상황과 관계에 전이되는 것에 초점을 둔다(Cashdan, 1988; Okun, 1190; Okun & Suyemoto, 2013; Watkins, 1983). 조력자는 전이의 가능성을 인식하고, 조력 과정에서 전이가 미치는 영향을 알아차릴 수 있다. 왓킨스(Watkins)는 상담 관계에서 흔히 발견되는 다섯 가지의 주요 전이 패턴을 가정한다. 상담자는 다음의 다섯 존재로 인식되고 다뤄진다. ① 이상적인 사람(ideal), ② 미래를 내다보는 사람(seer), ③ 양육자(nurturer), ④ 좌절시키는 사람(frustrater), ⑤ 별 볼일 없는 사람(nonentity)이다.

각각의 유형에 대해 인식하는 것은 조력자의 경험뿐만 아니라 내담자의 태도나 행동에도 영향을 미칠 것이다. 예를 들어, 만일 내담자가 조력자를 미래를 내다보는 사람으로서 경험하고 대한다면 전문적인 조언이나 해결책을 기대할 것이며, 상담자는 전능함을 경험하거나 혹은 적절한 응답을 내놓지 못할 때 무능함을 느낄 수 있다. 이런 경우에 상담자는 내담자의 과거에 의존하려는, '권위를 가진 대상'과의 관계를 다룰 수 있는 기법을 사용할 필요가 있다. 또한 내담자가 자존감을 가지고 독립을 성취하도록 돕는 것에 상담의 초점을 맞춰야 한다.

정서적-인지적 전략을 사용하는 경우

정신역동적 전략들은 과거부터 현재까지 끊임없이 반복되고, 내면 깊숙이 자리하고 있는 성격의 재구조화가 필요한 내담자에게 유용하다. 특히 아동기의 거부나 박탈, 만성적인 외상(트라우마)에 취약한 내담자에게 효과적이다. 만일 당신이 공식적인 정신역동 훈련을 추구하지 않는 한, 입원 시설에서 정신의학 보조자로서 내담자들에게 지원을 제공하거나, 조력 관계를 보다 깊이 이해하길 원할 때만 이 기법을 사용하게 될 것이다.

다음 연습은 자유연상을 경험하고, 이 기법이 의미하는 바를 알도록 도와줄 것이다.

둘씩 짝을 짓거나 소집단을 만든다. 그다음 한 사람당 10분씩 단어 목록(빨강, 파랑, 검정, 분홍, 하양과 같은)을 보고 마음속에 무엇이 떠오르는지 이야기해 보라. 이렇게 모두가 한 번씩 해 보고 나서 반응하고 관찰한 것을 공유하라. 다른 집단원들은 당사자에게 질문을 하고 서로의 반응을 나눈다.

파트너와 함께 지난 2주 동안 했었던 모든 말실수를 기억해 낸다. 그런 다음 파트너와 각각의 표현이 가지는 무의식적 의미에 관해 브레인스토밍하라. 그리고 각각이 상징하는 것들이 서로 연결되는지 확인하라.

가장 최근에 꾼 꿈을 회상하라. 꿈의 특별한 측면이나 등장했던 인물에 초점을 맞추고 자유연상을 시도하라. 꿈의 의미로부터 무엇을 배울 수 있는지 확인하라.

강의실을 둘러보고, 당신이 가장 싫어하는 사람에게 시선을 둔다. 이 사람이 다른 누군가를 떠올리게 하는가? 자유연상을 하고, 이 전이로부터 얻을 수 있는 통찰이 있는지 확인하라. 그다음으로는 당신이 가장 좋아하는 사람을 바라보고 이 연습을 반복하라.

당신의 삶에서 중요하고 권위 있는 인물(예: 부모, 교사, 의사, 상사와 같은 대상)을 떠올려 보라. 당신이 이상화했던 사람이나 좌절 혹은 거부를 경험했던 또 다른 사람을 생각해 보라. 과민반응이나 투사로부터 적절한 감정이나 생각을 구분할 수 있는가? 이 사람들은 당신으로 하여금 또 다른 누군가를 떠올리게 하는가? 당신이 권위 있는 대상을 인식하고, 느끼고, 행동하는 방식에 어떤 특정한 패턴이 있는가? 현재의 관계는 당신의 과거 경험을 반영하는가? 이 연습을 하면서 어떤 감정들이 올라오는가?

인지적 전략

인지적 전략은 합리성과 사고 과정 그리고 의미와 이해를 강조한다. 이론적 토대는 합리적—정서적 그리고 현실치료의 개념을 포함한 인지적 접근이다.

기법

의사결정 기법(decision-making techniques)은 인지적 문제를 다루는 영역에서 사용된다. 왜냐하면 의사결정 자체가 인지적 과정이기 때문이다. 의사결정 기술을 배움으로써 사람들은 자신의 삶에서 보다 많은 자유와 통제감을 가질 수 있다. 우리는 아침에 일어나서 퇴근하는 순간까지 수없이 많은 의사결정을 내린다.

비록 다양한 의사결정 모델들이 있지만, 조력 관계를 위해 추천하는 의사결정의 기본 프로세스는 다음의 단계로 구성된다.

1. 문제를 명확하게 서술하기: 어려움을 야기한 문제를 찾았는지 확인하라. 문제를 효과적으로 해결하기 위해서는 우선 문제가 정확히 무엇인지 알아야 한다.
2. 문제에 대한 소유를 확인하고 인정하기: 만일 의사결정자가 자신이 문제를 가지고 있고, 결정에 대한 권한이 있다고 믿지 않는다면 의사결정과정은 효과가 없다. 사람들은 이해관계가 없다고 생각하는 의사결정에 에너지를 쏟지 않는다.
3. 문제에 대해 가능한 모든 대안을 제시하기(브레인스토밍): 우리의 선택은 제한적이다. 브레인스토밍은 우리로 하여금 판단하지 않고 모든 가능한 선택지를 고려해 보도록 한다. 이를 통해 좀 더 창의적으로 사고하고, 많은 선택지를 가질 수 있다.
4. 각각의 대안을 실현 가능성과 예상되는 결과의 측면에서 평가하기(가치 명료화): 3단계에서 제안된 대안을 평가한다. 비현실적이거나 가치 체계를 위반하는 대안은 삭제될 것이다. 그러나 대안을 성급히 삭제하기에 앞서, 대안의 결과에 대한 가설을 세워 보라.
5. 최종 대안 목록과 각각의 결과, 여기에 포함된 리스크 재평가하기: 최종 목록을 다시 살펴보고, 각 대안에 대해 관련된 단계들과 예상되는 결과를 검토한다. 이 단계를 통해 대안을 추가적으로 제거할 수 있다.
6. 실행할 하나의 대안 결정하기: 지금까지의 평가에 기반을 두어, 단 하나의 대안을 선

택한다. 일부 예비(백업) 대안을 나열할 수도 있다.

7. **계획을 어떻게, 언제 실행할 것인지 결정하기:** 결정을 실행하는 데 필요한 것이 무엇인지 정확하게 확인한다. 누가, 무엇을, 언제, 어디에서 해야 하는지, 필요한 자료가 무엇인지 등이다. 이 단계의 작업이 잘 이루어지지 않으면 의사결정이 실제로 수행될 가능성은 낮아진다.

8. **다른 상황으로 일반화하기:** 이 단계는 필요할 수도 있고 그렇지 않을 수도 있다. 즉시적인 결과보다는 이러한 결정과 결정의 이행이 가져올 수 있는 다양한 영향을 충분히 탐색해 본다.

9. **실행을 평가하기:** 이 단계는 매우 결정적인 단계로, 계획의 실행과 의사결정이 만족스러웠는지를 밝혀낸다. 종종 실행이 부족했음에도 불구하고 선택이 형편없다고 이야기하기도 한다.

조력자는 명료화, 정보제공, 브레인스토밍 단계에서의 대안 제시 등을 통해 진행 과정을 촉진할 수 있다. 직업 및 교육 계획과 같은 경우 시험의 정보를 의사결정 과정에 사용할 수 있다. 관련 정보의 수집과 조합은 인지적 의사결정에 유용한 도구를 제공한다. 조력자는 관찰과 언어적 설명을 통하여 내담자가 검사나 글, 언어 정보, 관찰을 통해 얻어진 데이터를 이해하고 적용하는 것을 배우도록 도울 수 있다. 이러한 정보는 내담자가 자신이 가진 자산과 책임뿐만 아니라 가치와 태도, 믿음을 명료화하고 설명하는 것을 돕기도 한다. 최종적인 결정을 내리는 것은 내담자이다. 조력자는 이 과정에 매우 귀중한 도움을 제공한다.

다음은 인지적 전략을 활용한 의사결정 기법의 예시이다.

> **내담자:** 직원들이 반복해서 지각을 하는데, 이 문제를 어떻게 처리해야 할지 고민하고 있습니다.
>
> **조력자:** 실망스러우시겠어요. 그 일에 책임을 맡고 계신 것 같습니다.
>
> **내담자:** 네. 저는 부서장입니다. 사장이 아침에 전화를 걸었을 때 비서가 전화를 받지 않아서 사장이 원하는 정보를 못 들으면 결국 그 비난은 제가 받거든요.
>
> **조력자:** 그래서 그게 당신에게 문제가 되는군요. 그 일을 해결하기 위해 어떤 방법을 생각해 보았습니까?
>
> **내담자:** 모르겠어요. 직원들 월급에서 돈을 공제하거나, HR 부서에 메모를 보내서 기록을 남기거나 허비한 시간만큼 보충해서 일하도록 하거나, 스케줄을 다시 잡도록 하거나…….

조력자: 다양한 방법을 생각해 보셨군요. 일단 그것들을 적어 둡시다. 이 외에 다른 대안이 있을까요?

내담자: 모르겠어요. 그냥 무시하고 어떤 상황이 벌어지는지 지켜볼 수도 있겠네요.

조력자: 부서 회의를 열고 그 문제에 관해 토론하는 것에 대해서는 생각해 보셨나요? 직원들로부터 아이디어를 얻을 수도 있을 것 같아요.

내담자: 음…… 모르겠어요. 이런 종류의 문제에 관해 이야기하면 늘 결론에 도달하지 못하고 끝나거든요.

조력자: 만일 직원들에게 지금 당신의 문제가 직원들의 지각에 대한 책임을 지고 있다는 것이라고 이야기한다면…… 다른 옵션으로 생각해 볼 만한 게 있을까요?

내담자: 잠시만요. 다른 가능성을 생각하기에 앞서 제 직원들이 무슨 말을 하는지 알아야겠어요. 신발도 맞는 곳에 놓아야죠.

이 대화에서 의사결정 과정은 완료되지 않았다. 오히려 내담자는 최종 결정을 내리기 전에 더 많은 정보를 얻기로 결정했다. 실제로 이러한 과정은 적절하다. 왜냐하면 때로는 필요한 정보가 충분히 모이기도 전에 지나치게 빨리 의사결정이 내려지기 때문이다.

인지적 전략을 사용하는 경우

인지적 의사결정 전략은 교육 및 직업 계획, 문제 해결 및 의사결정 등 모든 상황에서 효과적으로 사용될 수 있다. 인지적 정보가 필요한 의사결정 상황도 있고, 태도와 신념에 관한 정보가 필요한 경우도 있다.

다음의 연습문제는 당신이 매일매일의 일상적인 의사결정을 어떻게 내리는지, 다른 사람이 어떻게 당신을 도울 수 있는지를 알려 줄 것이다.

이 연습의 목적은 당신의 의사결정을 알아차리는 것이다. 24시간 전으로 돌아가서, 당신이 내린 의사결정을 모두 적어보라. 예를 들어, 아침에 몇 시에 일어났는지, 아침으로 무엇을 먹었는지, 어떤 옷을 입었는지, 이는 언제 닦았는지 등. 그 시간대에 얼마나 많은 의사결정을 내렸는지 살펴보고, 리스트를 작성한 다음의 코드에 따라 의사결정을 분류해 보라: A=중대한 결정, B=일상적이지만 매일은 아닌, C=일상적인, 매일의, 당연한 결정.

당신의 목록은 어떻게 분류가 되는가? 다른 사람들의 리스트와 비교해 보라.

소집단을 만들어서 몇 분 동안 당신을 지금 이 자리(예: 학교, 직장 등)에 있게 한 의사결정에 영향을 미쳤던 모든 요인을 적어 보라. 의사결정 프로세스의 맨 처음으로 돌아가서 문제를 명확히 할 수 있는 지점을 식별할 수 있는지 확인하라. 당신이 발견한 것을 집단원들과 나누고, 유사점과 차이점을 적어 보라.

여섯 명으로 구성된 집단을 만든다. 그리고 모든 사람이 동의하는 문제를 하나 고른다(예: 카페테리아가 너무 시끄럽다든지, 주차 공간이 지나치게 적다든지). 의사결정 과정의 7단계를 거치면서 문제 해결 방법을 결정하라. 매 단계 모두 집단원들과 함께 상의해서 진행한다.

인지-행동 전략

인지-행동 전략은 사고와 행동 모두를 다루는 접근이다. 이 접근에서는 잘못된 행동을 변화시키기 위해서는 우선 잘못된 생각이 바뀌어야 한다고 가정한다. 이론적 배경은 엘리스(Ellis)의 합리적 정서행동치료, 글래서(Glasser)의 현실치료, 벡(Beck)의 인지치료, 마이켄 바움(Meichenbaum)의 인지-행동 수정, 구성주의, 행동주의에 바탕을 두고 있다. 이 접근 방식의 핵심 개념은 합리성과 책임이다.

기법

인지–행동 기법은 주로 언어적이다. 그리고 새로운 생각이 새로운 행동으로 변화하는 것을 촉진하기 위하여 상담실 밖에서 수행하는 과제를 내준다.

합리적 정서행동치료 모델은 인지적 재구성(cognitive restructuring)이라고 불리는 효과적인 기법이 만들어지는 데 기여했다. 인지적 재구성이란 잘못된 생각을 새롭고 합리적인 사고로 대체하는 것을 뜻한다. 여기에는 강의, 설득과 직면, 과제 부여하기 등이 포함된다. 인지적 재구성의 목적은 내담자에게 보다 합리적이고 덜 자기패배적인 사고를 가르치고, 앨버트 엘리스가 제시한 비논리적이며 비합리적 사고를 논박하고, 이것을 논리적이고 합리적인 사고로 대체함으로써 내담자가 자신의 정서를 효과적으로 조절하도록 돕는 것이다.

엘리스(1998)가 제시한 평가적인 역기능적 사고의 네 가지 유형이다.

1. 요구(demandingness): 자신과 타인, 세상에 대한 요구와 당위
2. 파국화(awfulizing): 과거와 현재, 미래 행동의 결과를 과장하는 것
3. 불편감에 대한 인내력 부족(discomfort intolerance): 불편감을 견디지 못하는 것
4. 사람의 약점을 평가, 판단하고 지나치게 일반화하여 그 사람을 나쁜 사람이라고 생각하는 것

조력자는 인지–행동 기법을 사용하여 내담자의 잘못된 사고의 정체를 계속해서 드러내며, 이것이 어떻게 문제의 바탕이 되는지 보여 준다. 그리고 A–B–C–D–E 모델(다음 단락에서 설명되는)을 설명해 주고, 어떻게 하면 보다 논리적이면서 자신을 돕는 방식으로 생각하고 재진술할 수 있을지 가르친다. 조력자는 내담자가 스스로에게 반복적으로 하는 잘못된 말들을 직접적으로 반박하고 부정한다. 그리고 내담자가 잘못된 신념 체계에 대항하는 역할을 할 수 있는 활동이나 과제에 참여하도록 한다.

A–B–C–D–E 모델에서, A는 선행 사건, B는 신념체계, C는 결과, D는 비합리적인 생각에 대한 논박, E는 새로운 정서적 결과나 효과를 나타낸다. 여기에 추가된 F는 추후 행동을 의미한다.

다음의 발췌문은 이 모델을 설명한다.

내담자: 전 실패자예요. 정말 열심히 일했는데 결국은 잘 되지 않았어요. 일이 제대로 되지 않으

면 저는 견딜 수가 없어요. 어떻게 그런 일이 일어날 수 있는지 이해도 안 되고요. 너무 끔찍해요!

조력자: 당신은 모든 일이 항상 제대로 되어야 하고, 그렇지 않으면 당신은 좋은 사람이 아니라고 생각하는군요. 일의 결과를 당신 자신과 연결 짓고 있네요.

내담자: 옳은 일을 했는데도 일이 잘 풀리지 않을 땐 이해가 안 돼요. 너무 화가 나요.

조력자: 당신이 화났다는 것을 알아요. 하지만 당신은 일이 제대로 되지 않은 것에 대한 당신의 생각 때문에 화가 났군요. 당신은 모든 것이 제대로 되어야 하고 만일 그렇지 않으면 당신은 좋은 사람이 아니라고 생각하기 때문이죠. 제가 당신에게 무언가를 그려 줄게요. 여기 A가 보이시나요? 이것은 선행 사건이에요. 일이 제대로 되지 않은 상황을 의미하죠. B는 모든 것이 제대로 되어야 하고 그렇지 않으면 당신은 좋은 사람이 아니라는 당신의 믿음, 신념을 의미합니다. 그다음으로 C는 화가 난 감정인데, 이것은 B의 결과입니다. 자, 이제 B에서 당신을 굉장히 화가 나게 만드는 어떤 종류의 말을 스스로에게 하고 있다고 생각합니까?

내담자: 확실하지 않지만, 나는 항상 잘해야 하고, 내가 완벽하지 않으면 그건 너무 끔찍한 일이라고 스스로에게 이야기하고 있는 것 같아요.

조력자: 그건 굉장히 비합리적이군요. 할 수 있는 한 최선을 다했고, 모든 일이 제대로 돌아가지 않아도 괜찮고, 완벽하지 않아도 된다고 말해 보는 건 어때요?

이와 같은 경우, 과제는 일이 잘 풀리지 않아서 화가 나기 시작할 때마다 조력자가 제안한 것과 같은 새로운 문장을 내담자가 연습해 보는 것이다.

내담자는 과제를 다 하고 나서 조력자에게 보고한다. 엘리스의 접근 방식에 따라 다음과 같은 합리적인 신념을 가르친다.

1. 중요한 타인 모두에게 사랑과 승인을 받을 필요는 없다.
2. 능력, 적성, 성취에 대한 외부의 이상에 따라서 자신의 가치를 결정하기보다, 자기 존중과 수행에 대한 승인에 집중하는 것이 좋다.
3. 잘못을 저지른 사람을 비난하거나 처벌해서는 안된다. 단지 알지 못하거나 무지하거나 감정적으로 혼란스러운 것으로 간주해야 한다.
4. 한 사람의 불행은 일 자체보다 그 일을 바라보는 관점에 따라 만들어지고 유지된다.
5. 위험한 일이 생기면 그것을 직면하고 더 이상 위험해지거나, 재앙이 되지 않도록 해야 한다.
6. 어려운 문제를 해결하는 단 하나의 방법은 똑바로 직시하는 것이다.

7. 자기 발로 서고, 어려운 상황에 대처하는 스스로의 능력에 대한 신념을 가지는 것은 타인에게 의존하는 것보다 대개 훨씬 낫다.

8. 인간으로서의 한계와 특정한 부분에 불완전함을 가지고 있는, 완벽하지 않은 자신을 수용해야 한다.

9. 과거의 경험을 통해 배워야 하지만 그것에 지나치게 집착하거나 편견을 가져서는 안 된다.

10. 다른 사람의 결점이나 약점은 대체로 그들의 문제이다. 변화를 강요하는 것은 그들에게 그다지 도움이 되지 않을 것이다.

11. 사람들은 보통 자신이 하는 일에 적극적이고 열정적으로 몰두할 때 가장 행복하다.

12. 새롭고 합리적인 사고방식을 배우게 된다면 자신의 감정에 대한 엄청난 통제력을 가지게 된다.

한 번 잘못된 생각을 지적하고 그에 대해 논쟁하는 것이 영구적인 행동의 변화로 이어질 가능성은 매우 낮다. 오히려 조력자는 인지적 재구조화(reframing)를 활용하고, 잘못된 신념을 옹호하는 역할을 하거나 파국 척도(catastrophe scale)를 사용할 수 있다. 또한 이중 잣대를 논박하는 등의 방법을 통해서 잘못된 신념 체계에 대한 작업을 지속적으로 해 나가야 한다.

다음은 합리적-정서행동치료 훈련 회기를 보여 준다.

위티어 씨는 66세의 퇴직자로서, 일찍이 아내를 떠나보냈다. 그는 40년째 아파트에서 혼자 살고 있다. 그는 서로 다른 지역에 살고 있는 세 아들이 있다. 지속되는 우울과 자기연민으로 인해 지역 센터로부터 상담자에게 의뢰되었다.

내담자: 저는 이제 혼자예요. 자식들은 다 떠났고, 그 애들은 더 이상 저를 신경 쓰지 않아요. 좀 더 작은 아파트로 이사 가야 할 것 같습니다. 그러나 많은 기억이 이곳에 있네요. 그 많은 세월은 다 어디로 갔을까요?

조력자: 아들들이 당신에게 좀 더 신경을 써야 한다고 생각하시는 것 같군요.

내담자: 네, 물론이죠. 자식이 뭡니까? 우리는 함께 좋은 시간을 많이 보냈어요.

조력자: 물론 아들들이 당신에게 좀 더 많이 신경을 쓰면 좋겠죠. 그러나 당신도 알다시피 그게 당신이 그만 살아야 함을 의미하는 건 아니지 않나요?

내담자: 그게 무슨 뜻이죠?

조력자: 당신은 자식들이 없이는 살 수 없는 것처럼 행동하고 계시죠. 여기저기 계속 돌아다니면서 아들들이 더 이상 편지를 쓰지 않고 전화도 안 하는 게 얼마나 끔찍한 일인지 모두에게 이야기하고 있어요. 그러나 당신은 건강하고 여전히 살아 있어요. 모든 일이 항상 당신이 바라는 대로만 되는 것은 아닙니다.

내담자: 그게 무슨 말인가요? 모든 일이 제가 원하는 대로 흘러가지만은 않는다는 것이…… 잠시만 생각해 볼게요.

조력자: 그게 당신이 스스로에게 계속 이야기하고 있는 거 아닌가요?

내담자: (오랜 침묵) 아마도…… 아마 당신은 뭔가 알고 있는 것 같군요.

조력자: 제가 당신이 그것을 생각해 내도록 도와드리겠습니다. 자식들에게 너무 화가 날 때마다 스스로에게 반복해서 할 수 있는 문장들을 배울 수 있어요. 이들이 전화도 안 하고 편지도 안 쓰고 오지도 않는 것이 얼마나 끔찍한 일인지 말하는 것 대신에 '아들들이 전화도 안 하고 놀러 오지도 않고 편지도 안 쓰는 것은 매우 안된 일이야. 그러나 그들은 이미 성인이 되어 자신의 가족이 있어. 그것이 자식들이 나를 더 이상 신경 쓰지 않는다는 것을 의미하지는 않지. 하지만 나는 여기 센터에서 친구들을 많이 사귀고 있고, 어찌 되었든 삶을 잘 살아 나갈 수 있을 거야.'라고 말이에요.

이 사례에서 조력자는 지역 센터에서 이 내담자를 몇 년 동안 알아 왔다. 그래서 내담자가 가진 비합리적 신념에 직면시키는 것을 안전하게 느꼈다.

현실치료

현실치료(reality therapy)는 인지–행동 영역 안에서 다양한 기법을 사용한다. 조력자와 내담자 사이의 관여는 현실치료 기법에서 매우 핵심적이며, 다음의 여덟 가지 단계를 포함한다.

1. 관여한다. 말과 행동을 통해 개인적으로 소통한다. "나는 당신을 걱정하고 있어요."
2. 지금–여기에 머무른다. 과거에 대한 언급이나 감정에 빠지는 것을 피한다. 그 사람이 그들과 함께하는 것이 감정 그 자체보다 더 중요하다.
3. 행동을 평가한다. 내담자로 하여금 자신의 행동에 대해 평가하고 다음과 같이 물어보도록 한다. "내가 한 일이 적절한 행동일까?" "그게 나에게 도움이 될까? …… 다른 사람들에게는?" 만약 내담자가 당신이 만족할 만큼 스스로의 행동에 대해 평가하지 못한다면 다시 1단계로 돌아갈 필요가 있다. 내담자는 자신의 행동을 변화

시킬지 말지를 결정해야 한다.

4. 행동을 변화시킬 계획을 세운다. 그리고 물어본다. "그 일을 하는 더 나은 방법은 무엇이라고 생각하나요?" 내담자가 계획을 세우도록 도와준다. 그리고 내담자가 선택하도록 한다. 조력자는 제안해 줄 수는 있지만 계획을 제공하지는 않는다. 계획은 최소한으로, 구체적이어야 하며("언제, 어떻게 이것들을 할 건가요?") 부정적이거나 처벌적이기보다는 긍정적이어야 한다. 그리고 달성 가능성이 높은 것이어야 한다.

5. 계약을 맺어 계획을 봉인한다. 만약 필요하다면 계약서를 작성하고 내담자가 서명을 하도록 한다. 그 계획이 어떻게 진행되는지 확인하고 성공을 지원하라. 이 계약은 조력자와 내담자 사이에서 이루어지는 것이다.

6. 계획을 실행하는 과정에서 어떤 변명도 수용하지 않는다. 만약 계약이 달성되지 않았다면 "왜 이걸 하지 않았나요?" 대신에 "언제 할 예정인가요?"라고 물어본다. 만약 성공적이지 않다면 계획을 따르지 않음으로 인해 발생되는 자연스러운 결과들을 확인하고, 다시 거꾸로 돌아가서 새로운 계획을 세운다.

7. 내담자가 규칙을 알게 하고, 규칙을 만드는 과정에 참여하게 한다. 처벌보다는 규칙이 지켜지지 않았을 때 자연스럽게 따라오는 결과를 활용한다.

8. 포기하지 않는다.

내담자는 이제 막 자신의 행동을 평가하고, 어떤 행동이 비현실적인지 확인하기 시작한다. 현실치료의 기법을 활용하는 조력자는 이 과정에 많이 관여하게 된다. 조력자는 내담자에게 현실을 직면시키고, 그들이 책임을 지는 것을 선택하길 원하는지 아닌지를 반복해서 물어본다. 그다음 내담자가 계획을 세워 보고 수행에 대한 책임감을 가지도록 요청한다. 조력자는 비현실적인 행동은 거부하지만 여전히 내담자를 수용하고 그에 대한 존중을 유지한다. 그리고 내담자 자신과 타인에게 상처 주지 않는 선에서 스스로의 요구를 충족시키는 보다 좋은 방법을 가르치기도 한다. 내담자는 그들 행동에 대한 책임을 지고 현재에 집중하며, 행동의 도덕성을 평가하고, 보다 효과적으로 행동하는 방법을 배우게 된다.

이 접근의 예시는 다음과 같다.

내담자: 학교를 졸업하고 싶지 않아요. 선생님이 너무 싫어요. 배우는 것도 없고요. 학교로 다시 돌아가는 건 아무 의미가 없어요.

조력자: 학교에서 무슨 일이 일어나고 있는 거니? 너는 무엇을 하고 있어?

내담자: 저는 늘 교무실로 불려가요. 영어 선생님은 너무 피곤해요. 저의 모든 것을 지적하는데, 물론 저를 위한 일이라는 건 알아요.

조력자: 네가 교실에서 하는 일은 뭐니?

내담자: 별로 없어요. 저는 그냥 앉아 있어요. 가끔 주변을 좀 어지럽히죠.

조력자: '주변을 어지럽힌다'는 게 무엇을 의미하지?

내담자: 선생님도 알다시피 다른 친구들하고 이야기하고, 속이고…….

조력자: 너는 그런 행동들이 적절하다고 생각하니?

내담자: 아, 모르겠어요. 대부분이 그러는걸요.

조력자: 질문을 좀 할게. 네가 학교에 돌아가지 않는다면 앞으로 뭘 할 계획이니?

내담자: 일자리를 구하려고요. 스키 리조트에서 일하고 싶어요. 저는 강사가 될 수 있어요.

조력자: 고등학교 졸업장이 없어도 그런 종류의 일을 할 수 있다고 생각하니?

내담자: 그렇다고 생각하는데, 모르겠어요. 왜 스키 강사에게 고등학교 졸업장이 필요하죠?

조력자: 그게 도움이 되기 때문이야. 졸업장은 확실히 네가 인생을 살아가는 데 좀 더 많은 선택권을 줄 거야.

내담자: 저는 학교가 지겨워요. 돌아가고 싶지 않아요.

조력자: 네가 무엇을 할지 결정하는 것은 전적으로 너에게 달려 있어. 나는 네가 현재 무엇을 하고 있는지 그리고 그렇게 하는 것이 이 세상에서 네가 원하는 것을 얻을 수 있게 하는지에 관해 생각해 봤으면 좋겠어. 중퇴하는 것이 정말 최선의 방법이니?

이 내용은 2단계와 3단계의 실행을 보여 준다(1단계는 이전 회기에서 시작되었다). 일찍이 언급했듯이 현실치료에서는 내담자의 선택을 직접적으로 다루는 전략을 사용한다. 기본 철학은 내담자는 자기 스스로 곤경에 처할지 말지를 결정할 수 있다는 것이다.

벡의 인지 치료

벡(Beck)의 인지치료 양식은 인지적·행동적 기법을 통합하는 광범위한 핵심 전략을 사용한다. 많은 부분은 엘리스의 인지적 재구성과 닮아 있다. 벡의 전략에는 생각에서 장애물을 식별하는 인지적 리허설, 상황을 세세하게 상상함으로써 감정과 행동을 연관시키기, 부정적인 생각에 대한 대안적인 반응을 찾는 것과 같은 다양한 종류의 현실 검증, 과제 부여, 부정적인 생각과 가정을 적극적으로 시험해 보는 것 등이 포함된다.

내담자가 자신의 잘못된 생각을 알아차리고 이로부터 거리를 두도록 돕는 것은 미래에 유사한 실수를 미리 예방한다. 벡(1976)은 그의 전략의 적용을 보여 주는 현실 테스트 기법 7단계를 간략히 설명하고 있다.

1. 내담자의 생각이나 말 중에서 부정적이거나 안 좋은 감정과 관련된 것을 확인하라.
2. 내담자에게 자신의 말이나 생각이 맞는지, 부정적인 사건이 발생할 가능성이 얼마나 높다고 생각하는지 질문하라.
3. 말과 관련한 내담자의 감정을 확인하라. 예를 들면, "당신이 스스로에게 말할 때 어떻게 느끼나요?"
4. 내담자 말의 타당성을 열린 질문으로 남겨 두고 다음의 경우에 대한 근거를 조사하라. 유사한 상황의 과거 결과, 대안 결과와 빈도, 이전에 동일한 상황이 예상했던 것보다 더 좋거나 더 안 좋은 결과를 가져왔던 경우 등
5. 미래에 파국적인 결과가 발생할 가능성을 평가하라. 예를 들어, "그와 같은 친구를 찾지 못할 가능성은 얼마나 됩니까? 10명 중 1명? 100명 중 1명?"
6. 내담자의 생각이 현실적인지 지속적으로 도전하라.
7. 이러한 단계를 수행하고 나서 내담자가 자신이 애초에 했던 말이 얼마만큼 사실이라고 믿는지 확인하라.

인지-행동 기법은 조력자가 내담자의 생각이나 행동을 합리적이거나 비합리적인 것으로 책임감 있거나 무책임한 것으로 평가하고 판단하는 것을 포함한다. 조력자는 내담자에게 임의적으로 자신의 가치 체계를 강요하지 않는다. 다시 말해, 조력자는 내담자에게 도전하지만 그들이 올바른 가치나 신념을 가지지 않았다고 해서 처벌하거나 거부하지 않는다. 그러나 이러한 접근은 비판단적이고 비평가적인 현상학적인 전략과는 다르다.

마이켄바움의 인지-행동 수정(Cognitive-Behavior Modification)

마이켄바움(Meichenbaum)의 스트레스 예방 접근은 언어적 자기지시(self-instruction) 와 이완 전략(relaxation strategies)을 포함한다. 내담자는 체계화된 새로운 언어적 자기지시 단계를 학습하는데, 이것은 내담자가 자극에 대한 반응에 관하여 보다 이성적인 결정을 내리도록 도와준다. 마이켄바움과 굿맨(Goodman)이 제안한 단계는 교육 단계,

기술 습득 단계, 적용 훈련을 포함한다.

다음은 이 접근의 예시이다.

> 내담자: 그녀가 제 단추를 누르면 저는 그냥 놔 버려요. 저는 왜 그녀가 제가 화내는 것을 이해하지 못하는지 모르겠어요. 그녀는 화가 나면 며칠 동안 이야기를 안 해요.
>
> 조력자: 당신이 화가 막 올라온다는 것을 느끼기 시작했을 때—당신은 그걸 직관적으로 느낀다고 이야기했었죠—오른손의 손가락을 왼쪽 손목(맥박)에 올려놓고 심호흡을 하며 "나는 싸움에 빠지지 않을 것이다."라고 스스로에게 말해 보세요. 지금 바로 시도해 보시죠.
>
> 내담자: (맥박이 뛰는 곳 위에 손가락을 올려놓고, 깊게 숨을 쉬며) 이렇게 하는 게 맞나요? 저는 지나치게 흥분하거나 빠져들지 않을 거예요. 싸움에는 두 명이 필요하잖아요.
>
> 조력자: 좋아요! 이제 계속 그렇게 하고, 속도를 높이기보다 심장박동과 맥박이 차차 느려지는 것을 시각화해 보세요.
>
> 내담자: 나는 반응하지 않을 것이다. 침착함을 유지할 것이다.
>
> 조력자: (손가락을 맥박 위에 올려놓고 심호흡을 하며) 나는 침착함을 유지할 것이고 싸움에 빠져들지 않을 것이다. (속삭인다)
>
> 내담자: (지속적인 맥박 관찰 및 심호흡) 나는 침착함을 유지할 것이고 싸우지 않을 것이다. (조력자와 내담자는 조용한 맥박 관찰과 깊은 심호흡을 계속해서 유지한다)

이 전략은 내담자가 좀 더 자신의 생리적 스트레스 반응을 알아차리고, 그의 반응을 관찰하고 통제할 수 있도록 도와준다.

인지-행동 전략을 사용하는 경우

이 접근은 학교, 병원, 기업, 교정 기관 등의 장면에서 다양한 사람을 대상으로 사용되어 왔다. 합리적 정서행동접근은 합리적 분석을 따라갈 만한 지적인 역량이 뒷받침되지 않는 내담자, 논리적 절차에 주의를 둘 수 없을 정도로 감정에 매몰되어 있는 내담자에게는 효과적이지 않을 수 있다. 현실치료 접근은 매우 간단한 양식으로 구성되어 있어서 광범위한 대상에 사용되어 왔다. 벡의 인지치료는 특히 우울증 내담자에게 효과적이며 현재는 다양한 형태의 정신장애에도 적용되고 있다. 이 치료는 다른 인지적 접근과 마찬가지로 내담자의 언어적 능력과 변화에 대한 동기를 필요로 한다. 마이켄바움의 접근은 비순응적인 의료 환자, 충동적인 아동 및 성인, 과잉행동을 보이는 청소년 및 스트레스를 관리하고자 하는 조력자들이 사용해 왔다.

다음의 연습들은 현재 가지고 있는 신념 체계에 질문을 던져 보고, 현실치료 계약을 구성하는 기회를 제공해 줄 것이다.

연습문제 7-14

세 명씩 짝을 지어 그동안 경험했던 가장 강력한 부정적 감정에 관해 이야기를 나눈다. 상황을 묘사하고, A–B–C–D–E 시스템을 통하여 비합리적인 생각을 분석하도록 서로 도와준다. 열두 가지 비합리적인 생각과 네 가지 유형의 평가적 역기능적 사고 중 어떤 것이 잘못된 신념 체계로부터 온 것인가? 스스로에게 말해 왔던 오래된 문장들을 논박하기 위해서 어떤 종류의 새로운 문장들을 자신에게 가르칠 수 있는가? 자신을 위한 과제를 부여하고, 일주일 뒤에 모여서 발표하라.

연습문제 7-15

여섯 명이 집단을 구성하고 남성/여성, 수퍼바이저/수퍼바이지, 지배자/소수자 역할을 집단 구성에 따라 바꿔 가며 해 본다. 한 장면을 역할 연습 하는데, 당신에게 익숙하지 않은 역할을 하는 동안 당신에게 이미 익숙한 역할을 하고 있는 상대방을 관찰하면서 알아차리게 된 가정과 개념에 대해 토론하라. 어떤 비합리적 신념을 발견하게 되었는가? 그게 당신에게 무엇을 의미하는가?

연습문제 7-16

소집단을 구성하고, 앞서 논의한 8단계를 따라 적어도 집단원 한 명에 대해서 현실치료 계약을 구성하라. 특정 행동을 고수하면서, 계약을 충족하지 않을 때의 논리적 결과를 확인하라. 이 과정에서 당신의 기능적인 부분과 역기능적인 부분은 무엇인가? 책임감 있는 혹은 무책임한 행동을 얼마나 잘 파악할 수 있었는가?

당신을 절망시키는 상황에 있다고 상상한다. 아마도 지난주에 실제로 일어난 일을 떠올리거나 며칠 후에 발생할 일을 생각할 수도 있다. 현재 그 일과 관련된 부정적인 생각과 감정을 포함한 모든 것을 경험하고 있다고 상상하라. 파트너에게 어떤 상황인지를 이야기하고, 부정적인 생각과 감정을 공유한다. 그런 다음 스스로에게 말한 내적 대화를 포착할 수 있는지 확인한다. 그런 다음 다 함께 대안적인 언어 반응과 상황에 대한 해결책을 브레인스토밍한다. 대안을 생성하거나 대안을 실행하는 과정에서 나타날 수 있는 모든 장애물을 발견하기 위해 필요한 행동을 최대한 구체적으로 개발하라.

행동적 전략

행동적 전략은 학습 이론에 기반을 두며 감정이나 생각과 반대되는, 구체적이면서 관찰 가능한 행동에 초점을 둔다. 이 전략의 목적은 부적절한 행동을 변화시키고 적절한 행동을 가르치는 것이다. 또한 행동에서의 변화는 감정과 생각의 변화를 가져온다고 가정한다. 조력자는 구체적인 행동의 변화를 관찰함으로써 전략의 효과를 평가한다.

기법

다수의 행동적 기법은 조력자의 기술을 요구한다. 그 기술 중의 일부는 다음과 같다.

• 강화와 처벌, 소거, 변별, 조성, 계기적 근사법, 강화계획 등의 개념과 원리를 이해하는 것
• 내담자가 바라는 변화를 가져올 수 있는 특정한 목표 행동을 찾아내는 능력
• 목표 행동에 선행하는 상황을 찾아내고 평가하는 능력
• 목표 행동의 빈도와 심각성에 대한 기저선 데이터를 수집하는 능력
• 목표 행동으로 인한 결과와 그것을 유지시키는 상황을 확인하고 평가하는 능력
• 내담자에게 의미 있는 강화물을 결정하는 능력
• 실현 가능하고 의미 있는 강화 계획을 결정하는 능력
• 이론적 틀과 구성, 다양한 행동 전략의 적용에 대한 충분한 지식

• 행동적 전략의 결과를 평가하는 능력

이 책에서는 기법들을 가르치는 것까지는 다루고 있지 않다. 다만 이 장의 마지막 부분에는 이와 관련한 도서들이 제시되어 있다. 행동적 전략은 교사나 부모를 대상으로 교육이 이루어지고 있으며, 점차 기업, 학교, 건강 관련 기관에서도 사용되고 있다. 많은 휴먼 서비스 종사자들과 초보 전문가들이 이 과정을 지원하고 있다. 다음에서 논의될 중요한 행동적 기법들에는 모델링(modeling), 계약(contracting), 자기주장 훈련(assertiveness training), 체계적 둔감화(systematic desensitization)가 있다.

모델링(modeling)의 기본 원리는 사람들은 타인의 신념, 태도, 가치, 행동을 따르는 모방을 함으로써 새로운 방식으로 행동하는 것을 배운다는 것이다. 모델링은 역할 연습(role-play), 영상 시청, 개인 또는 집단 상담 관계를 통해 이루어질 수 있다. 조력자는 조력 관계에서 매우 강력한 모델의 역할을 한다는 점을 기억해야 한다.

역할 연습의 예시는 다음과 같다.

> 내담자: 저는 항상 그런 기숙사 파티에 가면 힘들어요. 올라가서 모르는 사람들과 대화를 시작할 수가 없어요.
>
> 조력자: 음…… 역할 연습을 한번 해 봅시다. 제가 낯선 사람 역할을 할게요. 당신은 맥주를 마시면서 벽 옆에 서 있는 겁니다.
>
> 내담자: 좋아요. (스스로를 가다듬고) 음…… 덥네요. 그렇죠?
>
> 조력자: 네.
>
> 내담자: 사람들이 많네요. …… 아, 정말! 못하겠어요. 그냥 아무 데도 안 가요.
>
> 조력자: 좋아요. 그럼 이제 역할을 바꿔서 해 봅시다. 안녕하세요. 여기 몇몇 사람은 같이 어울리기 어렵네요. 당신은 함께 이야기하면 재미있는 사람일 것 같아요.
>
> 내담자: 세가요? 오, 감시합니다. 좋네요.
>
> 조력자: 당신은 이 모든 것에 대해서 어떻게 생각하고 있는지 궁금하네요.
>
> 내담자: 당신이 뭘 했는지 알겠어요. 좀 더 열린 질문을 했고, 저는 굳이 대답할 필요가 없는 바보 같은 질문을 했네요.
>
> 조력자: 그것이 한 가지고요. 또 다른 점이 있었나요?

모델링을 할 때 중요한 점은 조력자의 모델링이 내담자에게 미치는 영향과 내담자 삶의 다른 측면에 존재하는 긍정적 혹은 부정적인 모델을 인지하는 것이다. 조력자는 내담자가 적합한 모델을 선별하도록 돕는다. 때로 조력자는 정해진 모델을 염두에 두고 사람들이 함께 작업하거나 공부를 할 수 있도록 소그룹을 만들기도 한다. 같은 이유로 부정적인 모델의 영향을 고려하여 원래 있던 집단이나 파벌을 해체하기도 한다.

계약(contracting)은 강화된 행동은 반복되는 경향이 있다는 강화 이론에 바탕을 두고 있다. 행동 계약은 조력자와 내담자 사이의 구체적인 합의로서, 목표 행동을 좀 더 작은 단위의 행동으로 나누고, 이를 지속할 때 체계적인 강화를 제공한다.

계약은 비공식적일 수도 있고(예: "당신이 X를 하면, 저는 Y를 할게요.") 공식적으로 이루어질 수 있다(특정한 행동이 수행되면, 특정 보상이 주어진다. 그리고 계약의 수행과 모니터링을 위한 구체적인 책임과 조건이 적힌 계약서를 작성한다).

계약은 여러 해 전에 홈(Homme, 1970)이 제시한 기본적인 규칙을 따라야 한다. ① 수행에 이어 보상은 즉시, 자유롭게 활용한다. ② 모든 사람이 분명히 이해해야 한다. ③ '무엇을 하면 안 된다.'는 형식이 아닌 '무엇을 해야 한다.'라는 형식으로, 긍정적인 방식으로 표현되어야 한다.

다음은 기숙사 사감과 대학생 그리고 그의 여자친구 사이에 작성된 정식 계약의 예시이다. 학생은 화학 코스에서 낙제될 위험에 처했고, 기숙사 사감에게 도움을 구했다. 그는 과제를 제대로 하지 못했고, 시험에서도 매우 낮은 점수를 받았다. 톰과 메리 베스, 렌은 다음과 같은 조건에 참여하기로 동의했다.

> 만일 톰이 매일 밤 화학 교재의 한 챕터를 읽고, 끝에 있는 문제를 풀어서 75%를 맞히면, 그는 10시와 11시 사이에 라운지에서 메리 베스를 만나 커피를 마실 것이다. 문제 해결을 위한 도움을 받고 싶으면 렌은 저녁 9시 30분에 만날 수 있다. 만약에 톰이 이 조건을 충족시키지 못한다면, 그는 메리 베스를 만나지 않고 방에서 시간을 보낸다. 이 계약서는 2주 후에 검토하기로 한다.

현실치료 계약에서와 마찬가지로, 계약의 불이행에 대한 처벌이나 거부는 없다. 그러나 강화는 목표 행동이 수행된 후에만 주어져야 하며, 계약서에 적힌 이외의 행동에는 사용하지 않는다. 계약은 긍정적이어야 하고, 성취 가능한 범위 내에 있어야 한다. 목표 행동은 최대한 작은 단위로 분할하며, 작은 단위의 행동이 성취될 때 적당한 양의 강화가 주어져야 한다. 예를 들어, 톰은 화학 과목에서 하룻밤에 두 개의 챕터를 읽을 수 있을 만큼 충분히 뒤처져 있을지도 모르지만, 렌과 톰이 확실히 그 조건들을 충족시킬 수 있다는 것을 알기 때문에 계약은 한 챕터로 시작한다. 계약이 검토되면, 조건은 바뀔 수 있다.

조력 관계 안에서 계약서를 사용하면 내담자에게 기대되는 것과, 내담자가 목표 행동을 성취할 때 받게 되는 것을 정확하게 나타낼 수 있다는 장점이 있다. 계약은 문제 영역에서 약간의 성장과 이동을 가능하게 하여 자부심을 높여 주고, 다른 영역으로 관심을 돌릴 수 있게 한다. 계약은 부도덕한 행동을 명시하지 않고 모든 관련 당사자가 그 조항에 동의하는 한 윤리적이다.

자기주장 훈련(assertive training)은 행동적 영역뿐만 아니라 인지적 영역에서도 사용된다. 이것은 내담자가 그 과정에서 다른 사람에게 해를 끼치거나 권리를 침해하지 않는 한 자신의 권리를 옹호해야 한다는 것을 가르쳐 줌으로써 내담자의 신념 체계를 변화시키는 것을 포함한다. 이런 종류의 훈련은 내담자에게 그들이 하고 싶은 이야기를 하도록 가르쳐 줌으로써 불안을 줄여 준다. 자기주장 훈련은 자기주장적 반응의 점진적 접근법, 미디어 모델링, 언어적 지시 및 그림을 포함할 수 있다.

다음은 25살의 이혼 여성의 자기주장 훈련의 예시이다.

내담자: 전 하루 종일 끔찍한 상태에 빠져 있었어요. 제가 루스를 떠났기 때문에, 저희 부모님은 저를 정말 귀찮게 하셨어요. 아버지는 지난밤에 전화를 하셔서 이번 주말에 올 거라고 하셨어요. 그래서 저는 모든 스케줄을 바꿔야 했죠. 하루 종일 어떤 것에도 집중할 수가 없었어요.

조력자: 이 일에 대해 많이 초조해하는 것처럼 들리네요. 부모님께 이번 주엔 일이 있어서 만나기 어렵다고 이야기할 수는 없나요?

내담자: 네. 저는 부모님께 제가 느끼는 감정을 말할 수 없어요. 너무 화가 나서 계속 그렇게 하실 거예요. 하지만 저는 이런 상태에 빠진 제 자신이 싫어요.

조력자: 당신이 오늘 밤에 아버지에게 전화를 걸어서 보기 어렵다고 이야기하면 어떤 일이 일어날지 궁금하네요. 이번 주는 당신이 불편하잖아요. 그러니까 그분들에게 언제 오시는 게 좋을지 이야기해 드리는 거죠.

내담자: 그렇게 할 수 있다면 좋겠어요. 그렇게 하고 싶고요. 그런데 제가 할 수 있을 것 같지 않아요.

조력자: 연습을 해 보고 무슨 일이 일어나는지 한 번 봅시다.

그들은 역할 연습을 하며 한 장면을 반복적으로 연습했다. 조력자는 모델링을 목적으로 두 개의 다른 역할을 모두 연기했다. 다섯 번째 연습을 마치고, 내담자는 이전보다 덜 불안하다고 말했다. 다음 날 그녀는 아버지에게 전화를 걸었고, 이 조치를 취했다는 것에 안심했다고 말했다. 그녀의 자기주장은 "당신은 나빠요. 그리고 제 삶에 간

섭할 권리가 없어요."라는 메시지를 포함하지는 않았다. 그녀는 '나(I)' 메시지 형태로 아버지를 보는 것에 대한 그녀의 관심을 전달하면서, 다른 계획이 있다는 것을 분명하고 단호하게 이야기하고 언제 오는 것이 괜찮은지 알려 주었다. 이런 종류의 행동을 지속적으로 연습하면 그녀는 자신의 삶에 대한 결정을 스스로 내릴 권리가 있음을 진심으로 믿게 되고, 신념 체계를 바꾸게 될 것이다.

체계적 둔감화(systematic desensitization)는 깊은 생리적 이완 상태에서 행동에 대한 심상화에 노출시킴으로써 불안-반응 행동을 무너뜨리는 것이다. 이론은 불안 반응의 경우 조건화되고(학습되고), 이와는 반대로 조건화될 수도 있다는 점(학습되지 않은)에 기반한다. 반대로 조건화하는 한 가지 방법은 그들을 양립할 수 없는 상태로 짝을 지어 주는 것인데, 이 경우에는 불안을 억제하는 생리적 이완 상태이다. 불안 자극은 결국 힘을 잃고, 내담자는 더 이상 불안 반응에 에너지를 소비할 필요가 없게 된다. 많은 수의 휴먼 서비스 종사자가 실제로 완벽한 체계적 둔감화를 적용하지는 않을 것이다. 그러나 근육의 긴장 완화를 유도하는 첫 번째 단계는 종종 도움이 되며 적용하기도 쉽다. 이 방법을 사용하여 이완을 효과적으로 가르치기 위해서는 보통 2~3회기 정도가 필요하다. 회기와 회기 사이에 내담자는 하루에 한 번 정도 이완 기술을 스스로 연습한다. 내담자는 자신의 긴장을 조절하는 방법을 배울 때까지 한 번에 몇 분씩 특정 근육을 수축시키고 이완시키는 법을 학습한다.

훈련이 시작되기 전, 조력자는 내담자에게 이 과정을 설명해 준다. 조력자는 긴장과 이완의 상태가 동시에 일어날 수 없다는 것과, 이완을 한번 학습하게 되면 긴장할 때마다 이 훈련을 활용할 수 있음을 알려 준다. 이 기법을 효과적으로 사용하기 위해서는 지속적인 연습이 필요하다.

훈련 회기의 초반부에 내담자는 몸의 모든 근육을 지지해 줄 수 있는 편안한 의자에 앉는다. 눈은 감고(안경이나 렌즈는 제거한다), 머리는 의자나 벽에 기대고, 팔은 의자의 팔걸이에 놓으며 두 다리는 바닥에 고정시킨다. 또한 조력자가 각 근육의 긴장과 이완을 보여 준 후에 시작한다. 방을 어둡게 하고, 소음을 줄이는 것이 좋다.

눈을 감고 몸을 뒤로 기댄 다음 편하게 놓습니다. 몸과 느낌에 집중합니다…… 팔을 올리고 힘껏 주먹을 쥡니다…… 근육이 당겨지는 것을 느껴 봅니다…… 그리고 더 당겨 봅니다…… 좋습니다. 하나…… 둘…… 셋…… 넷…… 이제 이완하고 손을 무릎 위로 떨어뜨립니다. 한 번 더 해 봅니다…… 팔을 들어 올리고 근육을 당겨 봅니다…… 근육이 이완되고 긴장되는 서로 다른 느낌에 집중해 보세요…… 다시 한 번

해 봅니다. 하나…… 둘…… 셋…… 넷…… 이완합니다…… 이완함에 따라 팔이 점점 더 무거워짐을 느낍니다…… 더 무거워집니다…… 좋습니다…… 하나…… 둘…… 셋…… 넷…… 이완합니다. 점점 이완됨에 따라 팔이 무거워짐을 느껴 봅니다. 이제 팔을 올리고 근육을 구부려서 위쪽 근육을 당겨 봅니다. 더 무겁게…… 좋습니다…… 하나…… 둘…… 셋…… 넷…… 이완합니다. 팔이 무거워짐을 느낍니다. 손끝을 통해 따뜻한 감정이 퍼지고 있습니다. 이제 다시 해 봅니다…… 하나…… 둘…… 셋…… 넷…… 이완합니다. 이제 머리 근육에 집중합니다…… 머리 근육을 생각하는 동안 팔이 점점 무거워지도록 두면서 더 이완합니다…… 이제 눈썹을 치켜올리고 이마 주름을 최대한 잡아 봅니다…… 더 세게…… 유지합니다…… 하나…… 둘…… 셋…… 넷…… 이제 이완합니다. 그리고 긴장이 머리 바로 위로 빠져 나감을 느낍니다. 이제 눈을 부릅뜨고 최대한 꽉 조이는 것을 느껴 봅니다…… 하나…… 둘…… 셋…… 넷…… 다시 해 봅니다…… 하나…… 둘…… 셋…… 넷…… 이완하고 모든 것이 어두워지면서 눈이 더 무거워짐을 느낍니다…… 이제 코를 치켜 올리고 최대한 당겨 봅니다…… 유지합니다…… 하나…… 둘…… 셋…… 넷…… 이제 이완합니다…… 다시 해 봅니다…… 하나…… 둘…… 셋…… 넷…… 좋습니다. 이제 이완하면서 호흡이 점차 깨끗해지고 가벼워짐을 느낍니다…… 이제 귀 밑으로 미소를 지으며 입을 벌리고 입술과 턱, 볼의 근육을 당겨 봅니다…… 더 당겨 봅니다…… 유지합니다…… 하나…… 둘…… 셋…… 넷…… 이제 이완합니다…… 턱을 느슨하게 하고 머리를 의자 뒤쪽으로 기울입니다…… 다시 해 봅니다…… 하나…… 둘…… 셋…… 넷…… 좋습니다. 다시 이완합니다. 이제 당신의 팔 근육을 돌아보고 머리가 더 무거워지도록 합니다…… 당신의 근육이 점점 이완되어 가는 것만을 생각합니다…… 이제 목과 목의 근육을 당깁니다…… 긴장을 느껴 봅니다…… 그 상태를 유지합니다…… 하나…… 둘…… 셋…… 넷…… 이완합니다…… 목과 머리가 의자에서 떨어지게 합니다…… 반복합니다…… 하나…… 둘…… 셋…… 넷…… 이완하고 점점 느슨해지는 목을 느껴 봅니다…… 이제 어깨를 들어 올리고 근육을 당겨 봅니다…… 유지합니다…… 하나…… 둘…… 셋…… 넷…… 좋습니다. 유지하고…… 어깨를 떨어뜨립니다…… 따스하고 팽팽하고 편안한 감정들이 당신의 어깨에서 팔 아래로 연결되도록 합니다…… 좋습니다…… 다시 반복합니다…… 하나…… 둘…… 셋…… 넷…… 이완합니다…… 이완된 느낌이 점점 깊어짐을 느낍니다…… 이제 등을 최대한 아치형으로 만들고 등 위 근육을 조어 줍니다…… 하나…… 둘…… 셋…… 넷…… 이완합니다…… 의자에 털썩 주저앉습니다…… 다시 해 봅니다. 동시에 가슴 근육을 최대한 당깁니다…… 하나…… 둘…… 셋…… 넷…… 이완합니다…… 몇 분만 더 편안함을 느끼고 당신의 팔 근육과 머리 근육을 살펴 봅니다…… 만일 어떤 근육들이 조이기 시작하면, 고무밴드처럼 근육을 끌어당긴 다음 긴장을 풀어 봅니다…… 이제 배 근육을 최대한 당겨서 그 긴장을 느껴 봅니다…… 유지합니다…… 하나…… 둘…… 셋…… 넷…… 이완합니다…… 위가 점점 풀리는 것을 느낍니다…… 다시 반복합니다…… 하나…… 둘…… 셋…… 넷…… 이완합니다…… 숨을 깊이 그리고 천천히 들이마시고 숨을 쉴 때마다 편안함을 느끼고 숨을 내쉬면서 당신의 몸 전체가 이완되는 것을 느낍니다. 이제 엉덩이를 꽉 조입니다…… 하나…… 둘…… 셋…… 이완합니다…… 다시 반복합니다…… 하나…… 둘…… 셋…… 넷…… 이완하고 의자에 점점 깊숙이 앉습니다. 이제 다리 근육에 집중합니다. 허벅지 근육을 당겨 봅니다…… 하나…… 둘…… 셋…… 넷…… 이완합니다…… 반복합니다…… 하나…… 둘…… 셋…… 넷…… 다리가 점점 무거워지고 따스하고 이완된 느낌이 아래로 퍼짐을 느낍니다…… 이제 발가락을 머리에서 멀어지게 하고 종아리를 단단히 조입니다…… 하나…… 둘…… 셋…… 넷…… 이완합니다…… 반복합니다…… 하나…… 둘…… 셋…… 넷…… 좋습니다…… 따스한 느낌이 당신의 다리 아래로 퍼지고 있습니다. 이제 발가락을 꼼지락꼼지락하면서 발 근육을 조입니다…… 하나…… 둘…… 셋…… 넷…… 이완합니다…… 이제 다시 반복합니다…… 하나…… 둘…… 셋…… 넷…… 좋습니다…… 이제 우리가 이완했던 모든 근육을 돌아보고 그들이 점점 이완되는지 살펴봅니다…… 좋습니다…… 팔…… 머리…… 어깨…… 등…… 위…… 엉덩이…… 다리…… 몇 분간 이 따스한 감정들과 깊이 접촉합니다. 지금부터 20까지 천천히 세겠습니다. 제가 홀수를 말할 때 숨을 들이쉬고, 짝수를 말하면 숨을 내쉽니다(20을 천천히 센다).

이 시점에서 둔감화가 시작되거나 이완만을 단독으로 사용하고 있다면, 조력자는 몇 분 후에 천천히 10까지 세면서 내담자가 눈을 뜨고 천천히 스트레칭을 하도록 한다. 이완은 이 기법이나 심호흡, 유도된 이미지, 마음챙김과 같은 다른 방법을 통해서도 이뤄질 수 있다. 또한 문제의 차원과 유형에 따라서는 보조 전략으로 통합될 수 있다.

둔감화가 뒤따르면 조력자는 편안하게 이완된 상태에서 내담자에게 다른 장면을 불러오도록 한다. 다른 장면이란 어떤 느낌을 유발하지 않는 중립적인 장면(빈 화면), 편안한 장면(편안한 벽난로 앞이나 해변에 낮아 있는 것과 같은), 불안을 불러일으킬 수 있는 장면이다. 불안 장면이 처음 10초 동안 나오고, 그다음으로 중립적이거나 즐거운 장면,

이완 집중 상태로 이어진다. 그리고 20초 동안, 그 다음으로는 더 즐거운 장면 뒤에 40초 동안 소개된다. 불안의 경우, 어떤 불안도 경험하지 않으면서 그것을 40초 동안 상상할 수 있을 때 숙달이 성공적으로 이뤄진 것으로 간주한다.

둔감화 위계를 작성하는 것은 이완 훈련의 첫 두 회기 동안 구성된다. 가장 낮은 수준에서 가장 높은 수준으로 순위가 매겨진 불안 유발 요인을 설명하는 일련의 진술들로 구성된다. 불안을 유발하는 요인에 대한 진술을 불안 수준이 가장 낮은 수준에서 가장 높은 수준까지 순위를 매기는 것이다.

둔감화에서 사용되는 위계의 예시는 다음과 같다(1번은 가장 낮은 수준, 13은 가장 높은 수준의 불안을 야기하는 자극이다).

1. 강의실까지 걸어간다.
2. 교수님이 시험이 2주 남았다고 이야기한다.
3. 빠진 수업 필기를 친구한테 빌려서 복사한다.
4. 공부에 필요한 참고 자료를 얻는다.
5. 친구와 수업에 대해 의논한다.
6. 시험 주간에 공부한다.
7. 시험 전날 밤에 공부한다.
8. 시험 당일 아침에 일어난다.
9. 시험을 치르는 강의실까지 걸어간다.
10. 시험지가 배부되고, 그 중 한 부를 받는다.
11. 시험문제 답을 떠올려 보려고 노력하던 중에 주변 학생들이 빠른 속도를 답안지를 작성하는 것을 본다.
12. 정답을 모르는 질문을 마주한다.
13. 문제를 다 풀기는 1시간 30분 정도가 걸리는데, 교수님이 종료시간까지 40분 남았다고 안내한다.

불안의 원인이 실제로 조력 관계에서 다뤄 볼 수 있는 것이라면, 당신은 그것에 대한 내담자의 둔감화를 입증할 수 있다. 예를 들어, 나(BFO)는 운전 공포가 있는 내담자를 상담한 적이 있다. 체계적 둔감화를 통해 내담자의 불안을 낮추고, 실제로 차에서 운전을 했다. 그녀는 18년 만에 자신이 운전할 수 있음을 발견했다.

행동적 전략을 사용하는 경우

행동적 전략은 다양한 대상, 특히 언어적 전략에 어려움을 겪고 있는 사람에게 효과적으로 활용될 수 있다. 이러한 행동 전략의 실행은 일반적으로 다른 유형의 전략보다 단기적이다.

특히 모델링은 자신에 대한 확신이 없고, 구체적인 교수의 예시가 필요한 사람들에게 효과적이다. 계약은 발달단계적으로 '정상'의 범주에 속한 사람뿐만 아니라 발달 속도가 느린 사람에게도 도움이 된다. 특히 강화를 즉시 제공하고 모니터링할 수 있는 가족이나 조직에서 효과적이다. 자기주장 훈련은 수줍음과 부끄러움이 많은 사람에게 효과적이다. 체계적 둔감화는 비행 공포와 물 공포와 같은 공포 반응이 있는 사람들에게 도움이 된다. 다음의 연습을 통해 지금까지 설명한 행동적 기법을 경험해 볼 수 있다.

연습문제 7-18

이 연습의 목적은 행동 진술을 식별하는 것이다(관찰 가능하고 측정 가능한 행동을 묘사하는 진술). 다음 중 어떤 진술이 행동 진술인가? (정답은 이 장의 끝에 제시되어 있다)

1. "저 아이는 좋은 아이가 아니야. 고집이 세고 너무 힘이 넘쳐."
2. "조니는 앉아 있는 법이 없어. 늘 돌아다니지."
3. "그가 혼자라고 생각되면 정말 죄책감이 들어요."
4. "레너드 씨는 이사회에 늦게 왔어요."
5. "레너드 씨는 이 조직에 정말 관심이 없어요."
6. "팸은 너무 버릇이 없어요. 칭얼거리고 불평이 많아요."
7. "제 남편은 저를 인정하지 않아요."
8. "그는 게을러요. 그 사람 아버지랑 똑같아요."
9. "그는 일을 제시간에 끝낸 적이 없는 것 같아요."
10. "저는 오늘 지루한 하루를 보냈어요."
11. "저는 하루 종일 집 청소를 했어요."
12. "그녀는 정말 좋은 엄마예요."
13. "제 비서는 제가 봤던 사람들 중 가장 빨리 타자를 쳐요."
14. "폭력배들이 밤에 거리를 배회하고 있어요."

연습문제 7-19

효과적인 조력자가 사용해야 한다고 생각하는 다섯 가지 행동을 기록한다. 그리고 소집단에서 한 가지 목록에 합의한다. 그다음 모든 집단이 그들의 목록을 공유한다. 모든 목록이 행동을 포함하고 있는가? 아니면 목록 중 일부가 태도나 평가를 나타내는가?

연습문제 7-20

모델링: 당신의 삶에 가장 많은 영향을 미친 롤모델은 누구인가? 당신 생각에 그들의 가장 큰 특징은 무엇인가? 소집단을 구성한 다음 이 질문에 대한 이야기를 나누고, 효과적인 롤모델의 특성을 목록으로 만든 다음 소집단끼리 목록을 공유하라.

연습문제 7-21

강화: 세 명이 짝을 짓거나 소집단을 구성하고 자신의 삶에서 무엇이 강화 역할을 하는지 논의한다. 사회적 강화인(미소, 제스처, 방문 등 사람으로 인한 것)과 물리적 강화인(돈, 선물, 구매 등의 물건)을 구별할 수 있는지 확인하라. 그리고 당신의 집과 직장, 휴가지에서 작동하는 강화인을 구체화하라(돈, 선물, 상품과 같은 것들). 강화인이 장면에 따라 달라지는지 확인하라. 다른 사람과 토론하면서 서로 다른 강화인을 가지고 있다는 것을 알고, 한 사람에게 효과적인 것이 다른 사람에게는 그렇지 않다는 것도 확인하라.

연습문제 7-22

강화: 집이나 직장, 학교 등 익숙한 환경에 있는 자신을 상상하고, 강화의 종류를 결정하라. 당신과 타인에게 주는 사회적인 강화와 물리적인 강화 모두 포함된다. 예를 들어, "내가 집에 있을 때 싫어하는 집안일을 다 끝내면, 주로 친구에게 전화하거나 이웃과 커피를 마신다." 소집단에서 서로의 반응을 나누라.

　　계약: 둘씩 짝을 지어서 각자 서로에 대한 계약서를 작성하라. 두 사람이 서로의 계약서를 모니터해 준다. 이 계약서는 당신과 파트너 혹은 파트너와 제3자 사이의 계약서일 수 있다. 목표 행동을 정하고(살을 빼거나 수업 시작 정시에 도착하는 것), 제한 시간을 정한 다음, 무엇을 할 것인지 적는다. 그것을 마친 후 수행의 대가로 무엇을 받을지도 결정하라. 예를 들면, "오늘부터 다음 주 목요일까지 1킬로를 감량한다면, 나에게 새로운 셔츠를 사 줄 거야." 강화는 조력자가 아닌 내담자에게 의미 있는 것으로 정하는 것이 필수적이다.

　　자기주장 연습: 다음의 상황에서 어떤 반응이 가장 자기주장적인가? (정답은 이 장의 끝에 있다)

1. 당신의 어머니가 문자를 보내며 왜 당신이 일주일 내내 이메일이나 전화를 받지 않았는지 당신이 알기를 바란다.
   a. "엄마, 그동안 제가 너무 바쁘고 직장에서 스트레스도 많았어요. 이번 주는 저 자신을 돌볼 시간도 없었어요. 여유가 조금이라도 생기면 바로 연락드릴게요."
   b. "죄송해요. 화내지 마세요. 그동안 너무 바빴어요. 오늘 밤에 꼭 전화할게요."
   c. "엄마, 제발 저를 괴롭히지 마세요. 엄마도 알다시피 저는 더 이상 어린애가 아니에요."

2. 동료가 커피를 가져다 달라고 한다. 여러 번 이런 일이 있었고, 당신은 그러고 싶지 않다.
   a. "그러죠. 어차피 갈 거니까요."
   b. "왜 자기 커피를 직접 가져다 마시지 못하죠?"
   c. "커피를 가져다 달라고 부탁하는 걸 그만둔다면 우리 관계가 정말 좋아질 거예요."

3. 누군가 매표소 줄에서 당신을 밀고 있다.
   a. "지금 뭐 하시는 거예요?"
   b. "저는 당신 앞에 있었고, 꽤 오랜 시간 기다렸습니다. 비켜 주세요. 뒷줄은 저쪽에 있어요."
   c. "참 뻔뻔스럽기도 하네!"

4. 당신의 상사가 퇴근 마지막 순간에 늦게까지 남아서 보고서를 작성하라고 한다. 당신이 보기에 당장 처리해야 할 일은 아니다. 그리고 이번 달에만 이런 일이 세 번 있었다.
   a. "네. 알겠습니다."
   b. "하지만 저녁에 손님이 오기로 하셔서, 제가 마지에게 얼음을 가져다주기로 약속했거든요."

c. "저녁에 다른 계획이 있는데 시간이 늦어서 지금 바꾸는 것은 어려울 것 같습니다."

5. 당신의 친구가 차를 빌려 달라고 한다. 지난번에도 이런 일이 있었고, 당신은 남편에게 다시는 차를 빌려 주지 않겠다고 약속했다.
   a. "빌려주고 싶은데, 남편과 차를 빌려주지 않기로 약속했어."
   b. "빌려주고 싶지만, 남편과 나는 다른 사람들에게 차를 빌려주지 않으면 더 많은 책임을 질 수 있다는 것에 동의했어."
   c. "이런, 어쩌나. 그때 나도 차가 필요할 것 같아."

6. 상점의 판매원이 이 가게는 교환이나 환불이 안 된다고 이야기한다. 만약 상품이 결함이 있으면, 당신은 제조사와 직접 연락해야 할 것이다.
   a. "말도 안 돼요. 거래개선협회에 연락할 겁니다."
   b. "돈을 환불해 주기 바랍니다. 그러기 전까지는 꼼짝도 하지 않을 거예요."
   c. "점장을 만나고 싶습니다. 지금 여기서 바로잡아야겠어요."

7. 의사는 당신이 아무런 문제가 없다고 말하지만 동시에 다른 검사를 더 해 보길 원한다.
   a. "전에 검사를 다 했어요. 검사를 하는 목적과 비용, 그 외 관련된 것이 무엇인지 알고 싶습니다."
   b. "문제가 없는데 왜 검사를 해야 하죠?"
   c. "이것도 쓸모 없는 검사 중 하나인가요?"

8. 친구가 당신과 집 밖에 나가서 저녁을 함께 먹기를 원한다. 당신은 한 주 동안 너무 힘들어서, 그냥 집에서 혼자 쉬고 싶다.
   a. "두통이 심해서 일찍 자고 싶어."
   b. "오늘은 혼자서 쉬고 싶어. 다음에 함께하자."
   c. "그럼 네가 여기로 와서 뭘 만들어 먹는 건 어때?"

9. 이웃이 당신에게 전화를 걸어서 당신의 아들이 불량배라고 이야기한다. 예전에도 이런 일이 있었고, 이 일은 당신이 아닌 이웃의 문제로 결론이 났다.
   a. "미안해요. 알려 줘서 고맙습니다. 아들이랑 이야기를 해 볼게요."
   b. "제 아들에게 불평하기 전에 당신 아이들부터 알아보세요."
   c. "양쪽의 상황을 모두 확인해 주시면 고맙겠습니다."

10. 당신은 레스토랑에 한 시간 가까이 앉아 있었으나 아직 서빙을 받지 못했다. 심지어 연극 개막 시간을 맞춰야 한다고 이야기한 상황이다.

> a. "웨이터! 뭐가 이렇게 오래 걸리나요? 한 시간 후에 극장에 있어야 한다고 이야기했잖아요."
> b. "웨이터! 30분 후에 연극 개막입니다. 그때까지 식사를 해야 해요. 주문한 음식이 현재 어떤 상태인지 체크해 주세요."
> c. "웨이터! 좀 서둘러 주실래요? 여기 서비스가 엉망이군요."

연습문제 7-25 --

자기주장 연습: 7~8명이 한 줄로 선다. 그리고 상점 계산대나 영화 매표소, 버스 정류장으로 상황을 가정한다. 줄에 없던 사람이 갑자기 끼어들 때, 각자가 어떻게 반응하는지 확인한다. 집단에서 그러한 반응들에 대해 토론한다.

앞선 두 연습의 목적은 자신의 자기주장적인 행동과 부족한 점이 무엇인지 알아차리도록 돕는 것이다. 소집단 안에서 자기주장적인(공격적이지 않은) 행동이 요구되는 구체적인 상황을 설정하고 가능한 한 다양한 방식으로 역할 연습을 해 본다. 그 후 자기주장의 어려움이 수동적이거나 공격적인 내담자와의 상담을 진행하는 과정을 어떻게 방해할 수 있을지에 관해 토론해 본다.

연습문제 7-26 --

이완: 이 장에 있는 이완 훈련의 예시를 활용하여 당신이 집단 안에 있는 한명이나 혹은 그 이상의 사람의 이완을 도울 수 있는지 확인한다. 예시에 일련의 타원이 나타날 때마다 몇 초 정도 허용한다. 부드럽고 안정된 목소리를 유지하고, 서두르지 않도록 조심한다. 이완 교육을 돕는 역할뿐만 아니라 피교육자의 경험도 해 본다. 집단 안에서 감정과 반응을 서로 나눈다.

연습문제 7-27 --

문제 해결: 문제해결 행동 전략을 연습하기 위해 두 명씩 짝을 짓는다. 그리고 손톱을 물어뜯거나, 저녁에 과식하는 것과 같은 실제 행동 문제를 떠올리게 한다. 한 명씩 내담자가 되어 문제 해결책을 고안하기 위해 작업한다: 문제 확인하기, 측정 가능한 목표 설정하기, 문제의 측면을 분석한 다음 계획 수립하기. 그 후 며칠간 계획을 실행한 다음 조력자와 함께 성공 여부를 평가하고 실천이 어려웠던 요소들을 수정한다. 목표도 적절히 수정한다.

통합 전략

정서적·인지적·행동적 영역을 가로지르는 것은 페미니스트 또는 다문화적 접근, 다중양식 치료, 생태적/시스템 전략이다. 이 전략들은 다원적 접근으로, 다양한 이론적 근거들을 활용한다.

통합 전략은 내담자의 문제가 명확하게 하나의 영역에만 해당하지 않고, 두 개 혹은 세 개의 영역에 겹쳐 있을 때 또는 개인적, 대인관계적, 사람의 환경과 관련되어 있을 때 사용될 수 있다. 예를 들어, 특정 행동을 수정하기 위해서 행동적 기법을 사용하는 동시에 인지적 재구성(특정 행동과 관련한 내담자의 생각을 변화시키는)을 시도하며, 정서적 기법을 활용하여 내담자의 정서를 끌어낼 수 있다. 조력자는 내담자와 그의 환경적 요인들을 변화시키기 위해 작업할 수 있다. 통합적 접근을 사용하는 치료자들은 상담에서 더 많은 영역이 다뤄질수록 내담자가 변화할 확률이 높아진다고 믿는다.

구성주의 전략은 위의 모든 것을 포함하지만 공동의 치료적 관계를 강조한다. 그리고 타인과 세상과의 관계에서 자신의 의미를 만들어 내는 과정에 초점을 둔다. "당신의 이야기를 말해 보십시오." 그리고 사람들에게 어떻게 이야기를 수정하고 싶은지 물어보는 것과 같은 내러티브 기법은 적응적인 것뿐만 아니라 적응적이지 않은 구조를 발견하기 위해서도 활용된다. 내용 그 자체보다는 이러한 생각이 어떻게 발전되고, 무엇이 이것을 유지시키는가는 실제로 더 중요하다. 따라서 전략은 인간중심 전략의 관계적 측면과 과정적 측면뿐 아니라 더 잘 알려진 인지/행동 모델의 전략들을 통합한다. 더 나아가 구성주의 접근은 사회문화적 영향력에도 관심을 가진다.

6장에서 논의된 다양한 BASIC ID 모델은 여러 가지 기법 그룹을 선택하기 위한 구체적이고 기능적인 기초를 제공한다. 예를 들어, 자신의 감정의 알아차림과 표현이 억제된 내담자는 인간중심 접근 기법뿐만 아니라 게슈탈트 기법들로부터도 도움을 받을 수 있다. 자신의 생각과 감정을 잘 알아차리는 내담자의 경우 행동적 변화 기법들로부터 많은 이득을 얻을 수 있다.

BASIC ID 패러다임은 조력자에게 내담자의 욕구와 목표와 관련하여 우선순위를 매기도록 한다. 반응적 경청이나 질문과 같은 마이크로기술은 조력자의 핵심 도구이다. 이러한 기법들은 특히 문화를 초월하여 전 생애적 발달 이슈에 유용하다.

6장에서 논의된 ACT 접근은 재구성이 아닌, 내담자가 자신의 감정과 생각을 수용하고 관여하는 것에 초점을 두고, 자신의 가치에 일치하는 인생의 선택을 위한 행동 계획을 권장한다는 점에서 통합적이라고 할 수 있다.

생태적/체계적 전략

체계적 전략은 상담의 목적이 가정 내부와 외부에서의 관계, 관찰과 커뮤니케이션 스킬을 향상시키고자 할 때 사용한다. 초점은 대인관계적 과정이다. 개인적 문제는 그 시스템 안에서 얼마나 많은 사람이 도움을 받으러 오든지 간에 단지 그가 속한 관계 체계의 맥락 안에서만 고려된다.

따라서 초점은 개인 간의 상호작용에 있으며, 문제와 문제의 해결은 체계 안에 속한 모든 구성원을 포함하고 영향을 미친다고 가정한다.

개입 전략의 목적은 가족(또는 다른 관계), 체계(학급이나 조직)를 재구조화함으로써 문제를 해결하는 것이다. 이를 위해서는 커뮤니케이션과 관계 패턴에서의 변화가 필요하다. 사용되는 체계적 기법은 체계적 관점에서 문제를 **재구성**(reframing)하는 것, 피드백이나 새로운 정보를 제공함으로써 언어적–비언어적 커뮤니케이션과 문제해결 기술을 가르치는 것, 코칭, 직접적–간접적 행동 과제를 부여하는 것, 심리교육(교훈적 가르침을 통해 지지적인 지도와 정보를 제공하는 것, 자서전 치료). 체계적 치료자는 종종 상담의 목표를 달성하기 위해서 다른 주요 모델의 기법들을 선택하기도 한다. 최근의 체계 이론은 특히 대인관계에 영향을 미치는 성역할, 인종, 민족과 같은 변수들에 관심을 가진다. 특정 기술에는 다음과 같은 것들이 포함된다.

- 증상을 처방하기(Prescribing): 부부에게 더 많이 싸우라고 말하는 것과 같은 처방은 서로에 대한 돌봄을 증가시킬 뿐만 아니라 싸움으로써 사랑을 표현하는 데도 좋기 때문이다.
- 가족 조각(Family sculpting): 비언어적인 경험적 기법. 특정 상황에서 가족 관계에 대한 인식과 감정이 드러나도록 자기 스스로나 치료자에 의해 특정 위치에 있게 하는 것이다.
- 가계도 그리기(Drawing a genogram): 여러 세대에 걸친 가족 지도로, 가족 관계 스타일이나 라이프 스타일의 패턴과 주제를 이해하도록 돕는다.
- 에코맵 그리기(Drawing an ecomap): 한 개인의 인생에 영향을 미치는 모든 커뮤니티와 더 큰 사회 체계—건강, 전문가 협회, 친구, 과외 활동, 종교 단체, 법률 서비스, 정부 기관 등—를 포함하는 것과 연관된 각 생태계의 상대적 영향을 분석하는

것이다.

- 순환적 질문(Circular questioning): 참여하지 않는 구성원에게 다른 구성원을 위해 말하거나 현재나 과거, 미래에 관해 이야기할 것을 요청하는 것이다.

다음은 체계적 관점의 예시를 묘사한 것이다.

마시는 32세의 미혼 여성으로, 신체적 질병은 없음에도 지속적인 두통을 호소하여 지역 건강 센터에 의해 의뢰되었다. 그녀는 6세된 아들의 지속적인 말다툼과 짜증을 불평했다. 그녀는 한부모로, 그녀는 아이를 낳은 이후로 꾸준히 일하지는 않았다. 그녀의 아들은 유치원에서는 잘 지내는 것 같았다. 첫 회기에서 조력자는 택시 기사로 일하고 있는 그녀의 26세 남자친구가 그녀의 집으로 들어와 살기 위해 압력을 가한다는 것을 알게 되었다. 그녀는 혹여나 복지 혜택이 위태로워질까 두려워했다. 정신건강 요원은 남자친구가 함께 참여하는 커플 회기를 제안했다.

여러 커플 회기를 진행하는 동안, 두통과 짜증은 커플 체계의 문제로 인한 증상임이 확실해졌다. 남자친구 리치는 그녀의 집에서 같이 살고자 했고, 그녀는 이전에 도망쳤던 학대적이고 알코올 중독이었던 가족과 짧게 끝나 버린 전남편과의 경험으로 인한 고통으로 이러한 친밀감을 두려워했다. 두 사람은 교착 상태에 빠졌다. 그들의 논쟁의 수위는 점점 높아졌다. 이 관계의 패턴을 추적하는 동안, 두 사람 중 한 사람이 가까워질수록 다른 사람은 두려워하고, 거리를 만들려는 논쟁을 시작한다는 것이 드러났다. 이러한 다가가고 밀어내는 순환을 계속하기보다 서로의 관심사를 더 직접적으로 소통하고, 서로 가까워질 수 있는 활동에 참여하기로 조력자와 계약하였다.

생태적 관점은 개인과 환경 사이의 조화를 강조한다. 중요한 목표는 다중 부분 관점으로부터 문제에 대한 개인의 인식을 재구성하는 것이다. 그래서 환경적 요인의 영향을 이해하는 것이다. 비지배적인 그룹에서 많은 내담자가 외부 변수의 힘을 인식하지 않고도 문제에 대한 책임을 진다. 체계적 개입은 보다 큰 사회 시스템을 다룰 때 활용될 수 있다. 기법은 행동 지향적 지원과 변화를 포함한다. 스텐바거(Steenbarger, 1993)가 추천하는 특정 요소들은 다음과 같다.

- 내담자의 역경에 대한 공감과 타당화
- 재맥락화(recontextualization): 내담자가 스트레스를 발생시키고 유지시키는 데 있어 환경의 넓은 역할을 고려하도록 권장하는 것
- 파트너십(partnership): 조력자와 내담자가 적극적인 협업자가 되는 것

- 권한 부여(empowerment): 이를 통해 내담자가 체계의 변화에 영향을 미치는 행동을 하도록 격려하는 것
- 다수의 변화 목표(multiple change targets): 가족, 학교, 또래, 제도적 정책, 직장 등과 같은 내담자를 둘러싼 다양한 측면이 변화의 목표가 되는 것

다음은 생태적 관점에서의 초기 면접 예시이다.

내담자: 제 남편은 점점 더 우울해지고 있어요. 25년간 다녔던 회사에서 아무 통보 없이 해고될 거라고는 결코 생각하지 않았어요. 지금은 앞으로 어떤 직업도 가질 수 없다고 생각하고 있어요. 그들은 연봉의 절반으로 그 자리를 젊은 사람으로 대체했죠. 엄청난 면접을 마친 지 일주일 만에! 너무 끔찍하고 형편 없는 방법이었어요. 우리 건강보험은 다음 주로 끝나요. 무서워요. 뭘 해야 할지 모르겠어요. 제가 5년 전 유방암 수술을 받아서 보험을 들 수도 없어요.

조력자: 그 일이 당신을 무력하게 만드는 게 정말 무섭네요. 남편과 당신 모두 굉장한 스트레스를 받고 있군요. 당신이 얼마나 무력감을 느끼는지 알겠어요.

내담자: 너무 불공평해요. 그 사람이 예전과 비슷한 직업을 찾을 수 있을지 확신을 못하기 때문에 그 사람을 안심시킬 수가 없어요. 그는 정말 책임감 있고 매우 좋은 사람이었어요. 어떻게 이런 일이 일어났는지 이해할 수가 없어요.

조력자: 당신과 남편이 할 수 있는 선택지를 좀 더 알아봐야 할 것 같네요.

내담자: 그 말이 무슨 뜻이에요? 우리가 할 수 있는 건 아무것도 없다고요.

조력자: 저도 그렇게까지 확신은 못합니다. 실업자가 된 사람들과 가능한 혜택에 대해 이야기하고, 그 회사에서 해고당한 사람들과 이야기하면서 어떤 패턴을 찾을 수 있는지 확인하세요. 그리고 건강보험에 관한 당신의 권리에 관한 법률을 변호사와 확실히 이야기하세요. 만일 고령자 차별과 관련하여 어떤 패턴이 있다고 보인다면, 차별을 반대하는 사람들과 이야기하고 싶을 수도 있습니다. 무엇을 할지 결정하기 위해서는 알아야 할 게 많아요.

내담자: 다른 부인들과 이야기를 좀 해 볼까 생각 중이에요. 제 남편은 감정의 기복을 원치 않아요. 그는 겁을 많이 먹었고, 큰 상처를 받았어요.

조력자: 천천히 가 봅시다. 그러나 적어도 탐색을 하면서 무슨 일이 일어나고 있는지 보세요. 남편 분도 자신의 권리를 알기 위해 몇 가지 조치를 취하는 것이 자신을 좀 더 나아지게 해 줄 것이라는 점을 알게 될지도 모릅니다. 동시에 그의 우울증의 원인이 되는 의학적인 문제가 없다는 것을 확실히 하기 위해 의사를 만나 볼 것을 제안합니다.

내담자: 글쎄요. 제가 몇몇 사람과 이야기한다고 해서 나쁠 건 없을 것 같아요. 그리고 당신이 옳아요. 저는 실업자가 된 사람들과 이야기해 볼 생각을 전혀 하지 않았고, 그가 그것에 지원할 생각조차 하지 않았다는 것도 알아요. 너무 모욕적이네요.

조력자: 당신은 평생 열심히, 책임감 있게 일해 왔어요. 이건 당신이나 당신 남편의 잘못이 아니에요.

내담자: 그렇게 느끼지는 않아요.

이 예시에서 조력자는 내담자가 가능한 대안에 관한 더 많은 정보를 찾기 위해 적극적인 조치를 취하도록 하면서 동시에 내담자의 감정을 타당화하고 있다. 마지막 대화는 그녀의 자동적인 자기비난을 이끌어 내고, 환경 요인의 영향력을 알려 주는 데 중요하다.

생태적/체계적 전략을 활용하는 경우

생태적 · 체계적 관점은 인간 체계의 모든 경우, 모든 환경에서 중요하다. 인간이란 어느 누구도 진공 상태에 살고 있지 않기 때문이다. 개인이나 커플, 가족 전체와 작업할 때 혹은 학생과 교사, 학급 또는 전체 학교와 작업할 때 반드시 개인의 문제가 개인이 속해 있는 체계에 어떻게 기여하고 있는지, 개인은 체계로부터 어떤 영향을 받는지 고려해야 한다. 이것은 특정한 전략이나 기법이라기보다 관점으로서 매우 중요하다. 이러한 접근은 대인 관계 문제, 개인-환경 간의 불일치, 평가절하나 차별 혹은 인종이나 성별, 성적 지향, 외모, 장애, 민족, 기타 다른 유형의 사회적 탄압을 경험하고 있는 개인을 상담할 때 유용하게 적용할 수 있다.

다음의 연습은 몇 가지 체계 원리를 설명한다.

연습문제 7-28

이 연습의 목적은 체계적 관점에서 문제를 바라보는 틀을 새롭게 구조화하는 과정을 촉진하는 것이다. 성장하는 동안 가족 안에서 존재했던 문제를 하나 떠올려 본다. 그것이 당신에게 의미하는 바는 무엇인가? 가족 서로 간에는 어떤 의미인가? 이 문제로부터 이득을 보거나 고통받은 사람은 누구인가? 이 문제는 어떤 파급 효과를 가져왔는가? 그 당시? 혹은 이후? 현재? 집단에서 파트너를 선정하고 문제에 대한 당신의 생각을 나눈다. 그리고 체계적 관점에서 이 문제로부터 당신이 배운 것을 함께 논의한다. 이 작업을 마친 현재 시점에서 문제에 대한 당신의 생각은 어떠한가?

다중양식 치료에서 다루어지는 인간 성격의 일곱 가지 측면과 관련하여 당신이 조력자로서 어느 지점에 서 있는지 평가해 보자.

1. **행동**: 어떤 행동을 배우고, 증가시키고, 감소시키고 싶은가?
2. **감정**: 조력자로서 어떤 감정을 가장 빈번하게 경험하는가?(학교 혹은 직장에서) 어떤 감정(예: 불안, 화, 죄책감)이 조력자로서 기능하는 과정에서 당신의 능력을 가로막는가?
3. **감각**: 조력자로서 역할을 할 때 경험하는 부정적인 감각이 있는가? 긴장, 속쓰림, 근육의 긴장, 가벼운 두통, 얼굴 홍조, 빠른 눈 깜빡임 등
4. **이미지(상상)**: 조력자로서 일을 할 때 떠오르는 그림이나 이미지가 있는가? 그것이 당신을 방해하는가? 도움이 되는가?
5. **인지**: 어떤 생각, 가치, 의견, 태도가 당신의 노력을 방해하는가? 당신의 내면에서 어떤 말을 하고 있는가? 엘리스의 비합리적 사고의 목록을 참조하여 어떤 부정적인 자기진술이 당신에게 좀 더 익숙하고 친근하게 느껴지는지 확인할 수 있다.
6. **대인관계**: 교사나 같은 반 친구, 수퍼바이저 등 다른 사람들과 함께 일할 때 당신이 걱정하는 것을 적어 보자. 학급을 예로 든다면, 친구와 역할 연기를 할 때 문제는 없는가? 교사가 당신을 관찰할 때, 그것이 당신을 방해하는가? 조력자와 내담자 혹은 관찰자 중 좀 더 편하게 느끼거나 혹은 덜 편하게 느끼는 역할은 무엇인가? 토의해 본다.
7. **식습관/약물**: 숙취나 저녁 식사 거르기 등 건강과 관련한 습관이나 질병, 약물의 영향 등 조력자로서의 당신의 능력을 방해하는 모든 것을 적어 본다.

적은 것을 보면서 당신 스스로에 대해 새롭게 배운 것은 무엇인가? 보다 넓은 범위의 조력 기술을 개발해 나가면서 답변을 업데이트할 수 있다.

소집단을 만들고 다음의 시나리오와 관련하여 토론을 하거나 역할 연기를 한다. ① 변화하고 싶은 목표 행동, ② 변화를 달성하기 위한 행동 전략이다. (이 장의 끝부분에 코멘트가 제시되어 있다)

1. 유럽계 미국인 대학원생이 아프리카계 미국인 학생과 사귀는 것에 대한 가족의 분노에 힘들어서 당신을 찾아왔다. 그 학생은 기숙사에 함께 살고 있는 다른 학생들이 자신에 대해 이야기하고 있으며, 백인과 흑인 학생 모두에게 배척당하고 있다고 느낀다.

2. 아시아계 여성 직장인은 상사가 자신을 질책할 때마다 눈물을 쏟아 낸다. 상사는 무신경하고 가혹한 요구를 하는 사람으로 유명하다. 그녀가 경험하는 초조함과 고통은 실수할 가능성을 높인다. 그녀의 동료는 도움을 받아 보라고 그녀를 당신에게 보냈다. 그녀는 낯선 사람과 자신의 문제에 관해 이야기하는 것을 불편해한다.

3. 한 아프리카계 미국인 부모는 교사들 중 한 명이 그녀와 대화하는 방식에 화가 난다. 그녀의 자녀는 주로 백인 학생들이 이용하는 버스를 타고 학교에 등교하고 있다. 그녀는 자녀가 좋은 교육을 받기 원하지만 인종차별로 보이는 사건들에 대해 점점 분노를 크게 느끼고 있다.

4. 중학교 교사가 당신에게 찾아와서 학급을 운영하는 것에 관한 조언을 얻고 싶어 한다. 어린 남학생이 다른 모든 아이에게 희생양이 되고 있다. 그들은 그 학생을 동성애자라고 비웃는다. 교사는 남학생의 성적 지향을 모르지만, 그가 교실에서 하는 장난에 대해서는 염려하고 있다. 그의 장난이 이런 반응들을 이끌어 내고 교사는 이 상황이 혼란스럽다. 교사는 교실 경영을 배울 수 있을지 궁금해한다.

5. 중간관리자를 맡고 있는 한 직장인이 당신을 찾아왔다. 관리자에 의하면 그가 야간 근무를 받아들이지 않아서 직업을 잃을 수도 있다는 것이다. 충실하고 유능한 직원인 그는 아내가 야간 교대 간호 일을 하러 가는 동안 육아 책임을 떠맡게 됐다. 아내는 교대 근무를 변경할 수 없는 상황이다. 내담자는 자신의 아내와 상사를 화나게 하는 것을 두려워한다.

다음의 연습은 접근 방식을 선택하는 기준을 검토하는 것이다. 효과적으로 사용할 수 있는 전략과 기술이 많을수록 도움을 제공할 수 있는 다양한 문제의 폭이 넓어진다는 점을 기억하자.

연습문제 7-31

이 장에 대한 이해를 바탕으로, 각각의 주어진 상황에 가장 적합한 전략과 기법을 선택한다. 그다음 소집단에서 그렇게 선택한 이유를 토의한다. 매우 구체적인 경우를 제외하고는 엄격하게 적용되는 규칙이 없으며, 둘 이상의 전략이나 기법을 적용할 수 있다는 점을 기억한다. 가능한 응답은 이 장의 마지막에 제시되어 있다.

1. 18세의 리사는 비행기 타는 것을 몹시 두려워한다. 그녀는 이 불안의 근원을 알지 못한다. 하지만 걱정하고 있다. 왜냐하면 그녀의 약혼자가 시외의 일자리를 가지게 되었고, 내년에는 한 달에 한 번 정도 그가 비행기를 타는 것을 봐야 하기 때문이다.
   a. 인간중심 치료

b. 합리적 정서행동치료

c. 체계적 둔감화

d. 현실치료

e. 게슈탈트 치료

2. 루벤스타인은 그녀의 수퍼바이저가 예상치 못하게 떠났고, 새로운 수퍼바이저는 아직 오지 않았다. 그녀는 이전 수퍼바이저를 매우 가깝게 느꼈고, 새로운 사람에 대해서는 아무것도 모르는 상황이다. 일도 힘들고 두려움을 느끼고 있다.

a. 인간중심 치료

b. 합리적 정서행동치료

c. 자기주장 훈련

d. 현실치료

e. 시스템 치료

3. 델가도 씨는 45세 남성으로 세 자녀가 있다. 그는 현재의 직업을 유지하기 위해서는 월급을 20% 감봉해야 한다고 이야기했다. 그가 일하는 회사는 몇 달 째 어려움을 겪고 있다. 동시에 인플레이션으로 그의 생활비는 상당히 많이 올랐다. 따라서 월급이 줄면 생활을 유지하는 게 어려울 거라고 생각한다.

a. 인간중심 치료

b. 합리적 정서행동치료

c. 의사–결정 치료

d. 현실치료

e. 게슈탈트 치료

4. 레티샤는 13세 학생으로, 학교에서의 낮은 성적과 건방진 행동은 그녀의 엄마를 고통스럽게 한다. 레티샤는 엄마에게 마지막 희망 같은 존재이다. 그녀의 엄마는 무엇을 해야 할지 몰라서 당신을 찾아왔다.

a. 인간중심 치료

b. 합리적 정서행동치료

c. 계약(행동) 치료

d. 현실치료

e. 생태체계적 치료

5. 필리스는 34세이고 이혼을 했다. 그녀의 월급만으로는 아이들을 키우는 데 드는 비용을 감당할

수 없는 상황이다. 하지만 만약 그녀가 일을 그만둔다면 아예 수입이 없고, 전남편은 일을 하지 않고 있어서 어떤 도움도 받을 수 없는 상황이다. 그녀는 무엇을 해야 할지 모르는 상태로 매우 낙심해 있다.

a. 인간중심 치료

b. 합리적 정서행동치료

c. 자기주장 훈련

d. 현실치료

e. 생태체계적 치료

6. 에드워드의 가족은 그가 크리스마스에 오는 것은 환영하지만 그의 남자친구 마누엘은 환영하지 않는다고 이야기했다. 에드워드가 가지로 않기로 결정한다면, 이번은 그가 가족들과 보내지 않는 첫 번째 크리스마스가 될 것이다. 그는 가족들이 마누엘을 거부하는 것에 대해 굉장히 상처를 받고 혼란스러운 상태이다. 그의 가족들은 에드워드를 마누엘의 룸메이트로 보는 것을 개의치 않지만, 다른 가족들이 그들을 함께 보는 것을 원하지 않는다.

a. 인간중심 치료

b. 합리적 정서행동치료

c. 자기주장 훈련

d. 현실치료

e. 생태체계적 치료

7. 아고스티노는 그의 상사가 지속적으로 다른 사람들 앞에서 자신을 비난한다고 느낀다. 그는 작은 사무실에서 근무하기 때문에 상사의 시야에서 벗어날 수가 없다. 그는 점점 더 긴장하고, 미쳐 가고 있다.

a. 인간중심 치료

b. 자기주장 훈련

c. 게슈탈트 치료

d. 현실치료

e. 인지–행동 수정

8. 15세의 마사는 엄마에게 매우 화가 나 있다. 엄마가 공평하지 않고, 처벌적이며, 전혀 이해를 해주지 않는다는 것이다. 마사는 올해 성적이 매우 떨어졌고, 전보다 기분 변화가 심해졌다.

a. 인간중심 치료

b. 합리적 정서행동치료

c. 자기주장 훈련

d. 현실치료

e. 게슈탈트 치료

9. 톰은 14세이며, 두려움을 호소하며 상담을 신청했다. 그의 친구 중 일부는 집을 침입하는 일에 연루되었고, 비록 그는 집에 들어가지는 않았지만 밖에서 친구들이 나오기를 기다리고 있었다. 마을에 사는 모든 사람이 범죄조직이 저지른 공공기물 파손 행위에 대해 이야기를 하고 있다. 톰은 조만간 자신이 연루될까 봐 두려워한다.

a. 정신분석

b. 현실치료

c. 인간중심 치료

d. 게슈탈트 치료

e. 인지행동 치료

10. 23세의 메이다는 사랑하는 사람과 이별하고 고통스러워하고 있다. 그녀는 스스로에게 미안함을 느끼고 항상 이런 일이 자신에게 일어나는 것을 후회한다. "매번 가까워졌거나 가까워지기 시작할 때마다 남자들이 저를 떠나요."

a. 정신분석

b. 모델링

c. 인지행동 치료

d. 게슈탈트 치료

e. 인간중심 치료

11. 22세의 래리는 대학원 시험에 떨어져서 매우 화나고 비통해하고 있다. 그는 학부에서도 2등을 해야 했다고 느낀다. 래리는 "저는 한 번도 제가 원하는 것을 얻은 적이 없어요. 항상 2등을 했어요."라고 말한다.

a. 정신분석

b. 인지행동 치료

c. 현실치료

d. 게슈탈트 치료

e. 생태체계적 치료

12. 32세 메리앤은 심한 우울증을 앓았고, 며칠 동안 몇 시간 동안 먹거나 잠을 자지 않았다. 그녀는 오랜 병력을 가지고 있고 결근도 자주 한다. 그녀는 무엇이 그녀를 힘들게 하는지 알지 못하며, 그냥 혼자 있고 싶어 한다.

a. 정신분석

b. 인간중심 치료

c. 현실치료

d. 게슈탈트 치료

e. 인지행동 치료

13. 18세의 맥스는 4개의 대학에 지원했고 모두 합격했다. 큰 기쁨에도 불구하고 그는 대학을 선택
해야 한다는 것에 압도당하고, 마감일이 다가오면서 점점 더 초조해지고 짜증을 내고 있다.

a. 현실치료

b. 의사결정 치료

c. 인간중심 치료

d. 합리적 정서행동치료

e. 자기주장 훈련

f. 게슈탈트 치료

14. 울프 씨는 이혼했고, 어린아이 셋을 가진 엄마이다. 그녀는 항상 이성을 잃고 아이들을 때리고,
아이들을 잘 다루지 못한다. 이러한 어려움으로 인해 도움을 요청하게 되었다. 그녀는 자신의
모든 시간을 아이들에게 쓰고 있으며, 엄마로서 에너지를 모두 쏟느라 스스로를 위한 시간이
없다고 느낀다.

a. 행동 계약

b. 합리적 정서행동치료

c. 정신분석

d. 체계적 둔감화

e. 생태체계적 치료

15. 에스포지토는 최근 정신병원에서 퇴원했다. 그는 일을 구하는 데 어려움을 겪고 있다. 그는 매
우 긴장하고, 취업 전선에서 늘 다른 사람들이 그를 앞서가게 한다.

a. 자기주장 훈련

b. 정신분석

c. 인지–행동 수정

d. 인간중심 치료

e. 게슈탈트 치료

이제 앞의 15개의 사례를 다시 살펴본 후 각 사례에서 우선순위로 강조할 BASIC ID 모델의 방식을 확인한다.

요약

이 장에서는 전략을 선택하는 데 필요한 기술과 몇 가지 기준을 제시했다. 5장과 6장에서 논의한 다양한 이론의 대표적인 전략을 습득하는 데 필요한 사례와 연습도 다루었다. 조력자는 내담자의 요구뿐만 아니라 자신의 성격과 선호에 따라 효과적인 전략과 기법의 조합을 수정하고 적용시킨다. 이 장에서는 상식적인 것에서부터 복잡하고 강력한 것까지, 개인적인 것에서부터 대인관계적·생태적이고 체계적인 것까지 전략과 기법을 폭넓게 다루었다. 모든 개입이 효과적으로 활용되기 위해서는 훈련과 수퍼비전 그리고 경험이 필요하다. 다시 강조하지만 어느 특정한 문제에 꼭 맞는 단 하나의 전략은 존재하지 않는다. 예를 들어, 연습문제 7-31의 일부 개입은 제시된 각각의 상황에서 다른 전략들에 비해 효과적인 것처럼 보인다. 하지만 숙련된 조력자는 어느 하나의 문제에 다수의 가능한 전략과 기법을 효과적으로 적용할 수 있다. 최고의 지침은 당신 자신과 타인들의 경험으로부터 나오며, 특정 순간에 당신에게 맞는 것으로 보이는 것을 작업하는 것이다.

이 장에서 전략을 분류한 것은 정서-행동 연속체 모델에 기반을 두고 있다. 조력자는 문제의 주된 배경은 어떤 영역인지, 무엇이 문제를 해결할 수 있을지 식별한다. 모든 사람의 궁극적인 목표는 여러 상황에 대해 세 가지 영역 모두에서 효과적으로 기능하는 것이다.

연습문제 정답

연습문제 7-18

2번, 4번, 6번의 두 번째 부분과 13번, 15번은 행동 진술. 나머지는 주관적인 결론과 태도, 평가에 해당

연습문제 7-24

1. a 2. c 3. b 4. c 5. b 6. c 7. a 8. b 9. c 10. b

연습문제 7-30

1. 변화 가능한 목표는 대학원생이 흑인과 백인의 정체성 발달, 가족들의 태도, 또래 그룹의 태도를 이해하는 것이 될 수 있다. 전략은 정신역동교육, 동료와 함께 상황을 체크하는 것, 혼혈 커플 지원 그룹, 가족 상담, 기숙사 내의 소집단 등이 될 수 있다.

2. 변화 가능한 목표는 여성 근로자가 가진 도움을 구하는 일에 대한 수치심, 부서에 대한 태도, 직무에 관한 압박감을 다루는 방식이 될 수 있다. 전략은 그녀의 문화적 세계관에 대한 공감적 타당화, 조력자에게 그녀를 소개한 동료를 변화를 위한 전략에 참여시키기, 조직에서 실시하는 문화적 감수성 훈련 제안하기, 동료나 상사와의 커뮤니케이션에 관한 코칭이 될 수 있다.

3. 가능한 목표는 교사와 다른 교직원들이 자신들의 행동이 내담자의 인식과 추론에 어떤 영향을 미치는지 인식하게 하는 것이나 버스 프로그램의 정책과 실행이 될 것이다. 전략은 교사와 학교 정책가와 회의를 하는 것, 프로그램 운영자와 협동적인 관계를 형성하는 것, 부모 그룹에 더 많이 참여하고 지역사회 지원을 모색하는 것이 될 것이다.

4. 가능한 목표는 커리큘럼, 교사의 학급 운영, 소집단 학생이 될 수 있다. 전략은 다양성에 관한 커리큘럼을 개발하고 실행하는 것, 교사가 자신의 두려움과 불안을 이해하는 것을 돕는 것, 보다 나은 학급 운영 기법과 학생들에게 실시 가능한 민감성 훈련을 제안하는 것이 될 수 있다.

5. 주요 목표는 조직의 배치 방침과 HR(Human Resource) 정책이다. 전략은 내담자가 자신의 권리와 선택을 결정하도록 힘을 실어 주는 것이 될 수 있다.

연습문제 7-31

1. 체계적 둔감화는 공포증에 효과적인 것으로 알려져 있다. 인간중심 전략을 동시에 사용할 수도 있으나, 단기간에 문제를 해결하기에는 충분하지 않을 것이다.

2. 여기에서는 인간중심 치료를 선택할 수 있다. 관계를 통해 내담자의 불안을 감소시키거나 합리적 정서행동 치료를 활용하여 자기패배적인 생각이 불안으로 이어지는 것을 다룬다.

3. 의사결정이나 현실치료 접근이 효과적일 것이다. 관련된 모든 선택지와 가치를 검토하면서 감원이나 새로운 직장을 구하는 것에 대한 책임을 받아들일 수 있다.

4. 어머니에게 행동계약 사용 방법을 가르치는 것은 가정에서 발생하는 사건의 일부를 해결할 수 있을 것이다. 이 내용만으로는 무엇이 문제이고 문제가 누구의 소유인지 충분하게 알기가 어렵다. 하지만

레리시아가 내담자가 된다면 현실치료가 효과적일 것이다. 어머니가 내담자라면 인지–행동 기법들이 그녀가 가진 기대를 명료화하는 데 유용할 것이다.

5. 이 사례에는 자기주장 훈련이 가장 적절하다. 인간중심 치료는 자기 자신을 좀 더 괜찮은 사람이라고 느끼는 것에 도움을 줄 수 있고, 합리적 정서행동 치료는 비합리적 생각을 다룰 수 있을 것이다. 현실치료는 책임 있는 행동을 선택하도록 도울 수 있다. 생태체계적 이론은 문제해결에 필요한 자원과 선택지를 찾도록 할 수 있다.

6. 자기주장 훈련은 에드워드가 가족들을 대할 때, 인지행동 치료는 그가 가족, 개인주의, 권위, 관계, 성적 지향 등에 관해 가지고 있는 신념을 파악하는 데 도움이 될 수 있다. 생태체계적 전략은 가족이라는 체계에 반응하는 방식을 변화시키고, 스스로가 내린 결정에 좀 더 편안함을 느낄 수 있도록 해줄 수 있다. 또한 가족들이 그가 어떤 사람인지를 알고 받아들이는 데 도움이 되는 방법을 찾도록 전략을 가르쳐 줄 수 있다.

7. 자기주장 훈련은 인지행동 수정과 함께 도움이 될 수 있다. 이것은 새로운 언어적 자기 지시를 가르쳐 줌으로써 그의 스트레스를 줄일 수 있다.

8. 현실치료와 합리적 정서행동치료의 조합이 도움이 될 수 있다. 마사가 엄마에게 반응하는 방식과 이것이 그녀의 행동에 어떻게 영향을 미치고 있는지를 이해하도록 돕는 데 유용할 것이다.

9. 현실치료, 인간중심 치료, 인지행동 치료 또는 합리적 정서행동치료가 도움이 될 수 있다. 첫 번째로 톰은 자신의 행동을 평가하고, 인간중심 치료는 자신에 대해 더 좋게 느끼도록 하며, 마지막은 그의 파국적인 생각에 도전한다.

10. 정신역동 치료나 인지적 행동치료는 메이다가 자신의 관계 패턴에 관한 통찰을 얻고 그녀 자신과 타인, 관계에 관한 생각을 변화시키는 데 도움을 줄 수 있다.

11. 정신역동이나 인지행동 치료가 도움이 될 수 있다. 현재 상황에서는 래리가 잘못된 가정을 바탕으로 결코 성공하지 못할 결정을 한 것처럼 보이기 때문이다.

12. 비록 집중적인 치료에 대한 동기가 매우 낮을지라도 이것이 장기간 계속되었다면, 정신역동 치료가 도움이 될 수 있다. 인간중심 치료는 자기 자신과 감정을 수용하는 데 도움이 되는 안전한 환경을 만들고 관계를 수립하는 데 도움이 될 수 있다. 현실치료는 메리앤이 자신의 행동에 책임을 지도록 하는 데 효과적일 수 있다. 생태체계적 전략은 새로운 상호작용 패턴을 가르쳐 줄 수 있다.

13. 의사결정 기법이 가장 확실한 선택이다. 게슈탈트 기법은 정서적 요소를 의사결정의 인지적 요인에 통합시킴으로써 이 접근을 보완할 수 있다.

14. 합리적 정서행동치료가 도움이 될 수 있다. 울프는 엄마의 역할에 대해 다소 비합리적인 생각을 가지고 있는 것으로 보인다. 일부 계약 원칙은 아이를 관리하는 데 도움이 될 수 있다. 생태체계적 전략은 지지 체계를 찾고 관점을 넓히는 데 유용할 수 있다.

15. 인간중심 치료는 그가 자신감을 가지도록 도울 수 있다. 자기주장 훈련도 매우 유용할 수 있다.

*여기에 제시된 답은 제안일 뿐이며, 논의는 항상 열려 있다.

참고문헌과 🔵더 읽을거리

[개론]

Corey, G. (2013). *Case approach to counseling and psychotherapy* (8th ed.). Belmont, CA: Brooks/Cole, Cengage Learning.

Corsini, R. J., & Wedding, D. (Eds.). (2014). *Current psychotherapies* (10th ed.). Belmont, CA: Brooks/Cole, Cengage Learning.

Okun, B. F. (1990). *Seeking connections in psychotherapy.* San Francisco, CA: Jossey-Bass.

Okun, B. F., & Suyemoto, K. L. (2013). *Conceptualization and treatment planning for effective helping.* Belmont, CA: Brooks/Cole, Cengage Learning.

[정서적-인지적 전략]

Cashdan, S. (1988). *Object relations therapy.* New York: Norton.

Freud, S. (1943). *A general introduction to psychoanalysis.* Garden City, NY: Doubleday.

Freud, S. (1949). *An outline of psychoanalysis.* New York: Norton.

Gabbard, G., & Gabbard G. O. (2005). *Psychodynamic psychiatry in clinical practice* (4th ed.). Washington, DC: American Psychiatric Press.

St. Clair, M., & Wigren, J. (2004). *Object relations and self psychology: An introduction* (4th ed.). Belmont, CA: Brooks/Cole.

Watkins, C. H., Jr. (1983). Transference phenomena in the counseling situation. *Personnel and Guidance Journal, 62*, 206-210.

[정서적 전략]

인간중심

Carkhuff, R., & Truax, C. (1967). *Toward counseling and psychotherapy: Training and practice.* Chicago: Aldine.

Combs, A.W. (1989). *A theory of therapy: Guidelines for counseling practice.* Newbury Park, CA: Sage.

Farber, B. A., Brink, D. C., & Raskin, P. M. (Eds.). (1996). *The psychotherapy of Carl Rogers: Cases and commentary.* New York: Guilford Press.

Rogers, C. (1951). *Client centered therapy.* Boston, MA: Houghton Mifflin.

Rogers, C. (Ed.). (1967). *The therapeutic relationship and its impact.* Madison, WI: University of Wisconsin Press.

[게슈탈트]

Fagan, J., & Shepherd, I. (Eds.). (1970). *Gestalt therapy now*. Palo Alto, CA: Science and Behavior Books.

Levitsky, A., & Perls, F. (1970). The rules and games of Gestalt therapy. In J. Fagan & I. Shepherd (Eds.), *Gestalt therapy now* (pp. 140-150). Palo Alto, CA: Science and Behavior Books.

Passons, W. (1975). *Gestalt approaches in counseling*. New York: Holt, Rinehart & Winston.

Perls, F. (1969). Gestalt therapy verbatim. Moah, UT: Real People Press.

Perls, F. (1973). *The Gestalt approach and eye witness to therapy*. Palo Alto, CA: Science and Behavior Books.

Polster, I., & Polster, M. (1973). *Gestalt therapy integrated*. New York: Brunner/Mazel.

Yontef, G. M. (1993). *Awareness, dialogue and process: Essays on Gestalt therapy*. Highland, NY: Gestalt Journal Press.

Yontef, G. M. (1998). Dialogic Gestalt theory. In L. S. Greenberg, J. C. Watson, & G. Litaer (Eds.), *Handbook of experiential psychotherapy* (pp. 82-102). New York: Guilford Press.

Zinker, J. (1991). Creative process in Gestalt therapy: The therapist as artist. *The Gestalt Journal, 14*, 71-88.

[인지, 인지-행동 전략]

Alford, B. A., & Beck, A. T. (1997). *The integrative power of cognitive therapy*. New York: Guilford Press.

Barlow, D. H. (Ed.). (2007). *Clinical handbook of psychological disorders: A step-by-step treatment manual* (4th ed.). New York: Guilford Press.

Beck, A. T. (1976). *Cognitive therapy and emotional disorders*. New York: New American Library.

Beck, J. S. (1995). *Cognitive therapy: Basics and beyond*. New York: Guilford Press.

Ellis, A. (1962). *Reason and emotion in psychotherapy*. New York: Lyle Stuart.

Ellis, A. (1998). *Rational emotive behavior therapy: A therapist's guide*. San Jose, CA: Impact.

Ellis, A. (2005). *Myth of self esteem: How REBT can change your life forever*. Essex, UK: Prometheus Books.

Ellis, A., & Dryden, W. (1987). *The practice of rational-emotive therapy*. Secaucus, NJ: Lyle Stuart.

Ellis, A., & Grieger, R. (1986). *Handbook of rational-emotive therapy* (Vol. 2). New York: Springer.

Ellis, A., & Harper, R. A. (1997). *A guide to rational living* (3rd ed.). North Hollywood, CA: Wilshire Books.

Ellis, A., & Whiteley, J. (Eds.). (1979). *Theoretical and empirical foundations of rational-emotive therapy*. Pacific Grove, CA: Brooks/Cole.

Freeman, A., & Dattilio, F. M. (1992). *Comprehensive casebook of cognitive therapy*. New York: Plenum Press.

Glasser, N. (Ed.). (1989). *Control theory in the practice of reality therapy: Case studies*. New York: Harper & Row.

Glasser, W. (1986). *The control theory-reality therapy workbook*. Canoga Park, CA: Institute for Reality Therapy.

Glasser, W. (1998). *Choice theory: A new psychology of personal freedom*. New York: Harper & Row.

Glasser, W. (2000). *Counseling with choice theory: The new reality therapy*. New York: HarperCollins.

Glasser, W. (2004). *Warning: Psychiatry can be hazardous to your mental health*. New York: HarperCollins.

Maultsby, M. C. (1984). *Rational behavior therapy*. Englewood Cliffs, NJ: Prentice-Hall.

Meichenbaum, D. (1977). *Cognitive behavior modification: An integrative approach*. New York: Plenum Press.

Meichenbaum, D. (1993). *Stress inoculation training: A 20 year update*. In P. M. Lehre & R. L. Woolfolk (Eds.), Principles and practice of stress management (pp. 373-406). New York: Guilford Press.

Meichenbaum, D. (2000). Letter writing, audiotaping and videotaping as therapist tools: Use of healing metaphors. In M. J. Scott & S. Palmer (Eds.), *Trauma and post traumatic stress disorder* (pp. 96-102). Newbury Park, CA: Sage.

Meichenbaum, D., & Goodman, R. (1971). Training impulsive children to talk to themselves: A means of developing self-control. *Journal of Abnormal Psychology, 77*, 115-126.

Persons, J. B., Davidson, J., & Tompkins, M. A. (2000). *Essential components of cognitive-behavior therapy for depression*. Washington, DC: American Psychological Association.

Wubbolding, R. E. (2000). *Reality therapy for the 21st century*. Muncie, IN: Accelerated Development (Taylor & Francis).

[행동적 전략]

Alberti, R., & Emmons, M. (2008). *Your perfect right: A guide to assertive action* (9th ed.). Atascadero, CA: Impact.

Homme, L. (1970). *Use of contingency contracting in the classroom*. Champaign, IL: Research Press.

Kanfer, F. H., & Goldstein, A. P. (Eds.). (1986). *Helping people change: A textbook of methods*. New York: Pergamon Press.

Kazdin, A. E. (2001). *Behavior modification in applied settings* (6th ed.). Belmont, CA: Wadsworth.

Spiegler, M. D., & Guevremont, D. C. (2009). *Contemporary behavior therapy* (5th ed.). Belmont, CA: Wadsworth.

Sulzer-Azaroff, B., & Mayer, G. (1977). *Applying behavior analysis procedures with children and youth*. New York: Holt, Rinehart & Winston.

Watson, D. L., & Tharp, R. G. (2006). *Self-directed behavior: Self-modification for personal adjustment* (9th ed.). Belmont, CA: Wadsworth.

Wolpe, J. (1990). *The practice of behavior therapy* (4th ed.). New York: Pergamon Press.

[영역을 아우르는 전략]

절충적인 다중모델 전략

Corey, G. (2013). *The art of integrative counseling* (3rd ed.). Belmont, CA: Brooks/Cole.

Ivey, A. E. (1991). *Developmental strategies for helpers: Individual, family, and network interventions*. Pacific Grove, CA: Brooks/Cole.

Lazarus, A. (1976). *Multimodal behavior therapy*. New York: Springer-Verlag.

Lazarus, A. (1989). *The practice of multimodal therapy*. Baltimore, MD: Johns Hopkins University Press.

Lazarus, A. (1997). *Brief but comprehensive psychotherapy: The multimodal way*. New York: Springer.

[생태적/체계적 전략]

Haley, J. (1976). *Problem-solving therapy*. San Francisco, CA: Jossey-Bass.

Madanes, C. (1984). *Strategic family therapy*. San Francisco, CA: Jossey-Bass.

Minuchin, S., & Fishman, H. C. (1981). *Techniques of family therapy*. Cambridge, MA: Harvard University Press.

Norcross, J. C., & Goldfried, I. R. (Eds.). (1992). *Handbook of psychotherapy integration*. New York: Basic Books.

Prochaska, J. O., & Norcross, J. C. (2009). *Systems of psychotherapy: A transtheoretical analysis* (7th ed.). Pacific Grove, CA: Brooks/Cole.

Satir, V. (1967). *Conjoint family therapy* (2nd ed.). Palo Alto, CA: Science and Behavior Books.

Steenbarger, B. N. (1993). A multicontextual model of counseling: Bridging brevity and diversity. *Journal of Counseling and Development, 72*, 8-15.

Sue, D. W., & Sue, D. (2013). *Counseling the culturally diverse: Theory and practice* (6th ed.). New York: Wiley.

Wachtel, E. F., & Wachtel, P. L. (1986). *Family dynamics in individual therapy: A guide to clinical strategies*. New York: Guilford Press.

Wachtel, P. L. (1997). *Psychoanalysis, behavior therapy and the relational world*. Washington, DC: American Psychological Association.

* www.CengageBrain.com을 방문하시면 학습 내용에 관한 퀴즈(tutorial quizzes)를 풀어 볼 수 있습니다.

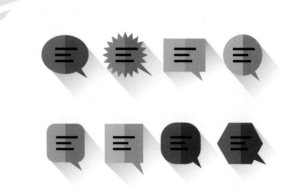

상 담 기 본 기 술
A ___ to ___ Z

8장

두 번째 국면:
전략 적용하기

조력 모델에서는 1번째 국면(관계 형성과 목표 설정)과 2번째 국면(전략의 적용)이 명확하게 구분되지는 않는다. 문제를 규명하고, 이해하며, '이제는 문제가 뭔지 알겠군. 그럼 이것을 어떻게 다루지?'라고 생각할 때 당신은 1단계에서 2단계로 넘어가고 있다는 사실을 깨닫게 될 것이다. 다시 말해, 당신이 내담자의 어려움이 무엇인지 명확하게 이해하고 나서야 그리고 내담자가 자신의 문제를 해결하기 위해 노력하기를 합의하고 나서야 전략 적용하기 국면으로 나아가게 되는 것이다.

이 장에서 우리는 조력 모델의 두 번째 단계, 즉 전략을 적용하는 국면의 6단계에 관해 살펴볼 것이다. 6단계는 ① 조력 관계에서의 목표를 정의하고 서로 합의하기, ② 전략을 계획하기, ③ 전략을 적용하기, ④ 전략 평가하기, ⑤ 종결하기, ⑥ 추수 상담하기이다. 나아가 이 장의 마지막 부분에서는 1번째 국면과 2번째 국면에 대한 이해를 돕기 위해 사례를 살펴볼 것이다. 또한 전략에 관해 연구된 이론을 통합적으로 제시할 것이다.

1단계: 조력 관계에서의 목표를 정의하고 서로 합의하기

조력 관계는 내담자가 문제로 생각하는 것에 초점을 맞춰야 하며, 조력자의 입장에서 내담자가 해결해야 한다고 생각되는 문제에 초점을 맞추어서는 안 된다. 이러한 이슈는 조력자가 따라야 할 기관의 정책과 내담자의 요구가 서로 일치하지 않을 때 심각한 문제가 되기도 한다. 예를 들어, 당신이 교정 시설에서 일을 하는데, 여러 가지 문제를 일으킨 재소자가 조력에 의뢰되었다. 당신은 교정 시설에 일하는 사람으로서, 재소자가 규칙을 따르게끔 도와줘야 한다. 그러나 문제를 계속 일으키는 재소자의 목적은 관심을 끌고 싶은 것일 수도 있다. 아무도 당신이 이러한 어려움을 해결할 수 있는 방법을 알려 주지 못한다. 그렇지만 당신은 어떻게 해결해야 할지 숙고해서 가능한 한 당신에게 편안한 방법을 결정할 필요가 있다.

만약 내담자가 조력받게 되는 기관의 정책에 따라 진행 가능한 회기의 수가 제한되어 있는 상황에서 당신과 내담자가 합의한 목표를 달성하기 어려울 경우, 당신들은 ① 목표를 재정의하거나, ② 개인적으로 추가 회기를 진행하도록 합의하거나, ③ 의료

보험이나 조력료를 지불하는 관리 기관으로부터 추가 회기에 대해 공식적으로 허가를 얻는 방법을 찾거나, ④ 다른 기관에 의뢰할 수 있다. 일부 기관에서는 개인적으로 추가 회기를 진행하는 것을 금지하고 있다.

당신은 내담자의 문제를 이해하고 조력의 목표를 설정할 때 이론적 근거를 기초로 하는 것이 중요하다. 이론적 틀은 당신으로 하여금 특정한 전략을 선택하기 수월하게 해 준다. 당신이 활용하는 이론적 틀은 배타적이기보다는 포괄적인 것이 좋다. 그 틀로 당신은 내담자의 정서적·인지적·행동적 영역의 문제와 개인적/환경적 어려움을 모두 이해할 수 있다. 당신은 생태체계적 전략과 개인을 변화시키는 전략을 통합하여 활용할 수 있다. 그리고 효과적으로 내담자를 돕기 위해서 군건한 조력 관계를 형성해야만 한다. 또한 조력 관계를 형성하는 것에는 목표를 명료화하고, 조력에 참여하는 모든 사람과 목표를 합의하는 것이 포함된다. 조력에서 조력 관계가 군건하지 않다면, 어떠한 전략도 효과를 나타내기 어렵다.

다음의 사례는 목표를 상호 합의하는 것이 간과되었을 때 생길 수 있는 어려움에 관한 것이다.

메리와 톰은 부부 조력자를 만나 성 상담을 받기로 합의하고 조력을 시작했다. 그들의 목적은 그들의 성관계를 더욱 만족스러워지는 것이었다. 조력자는 부부 관계의 역동을 탐색해 볼 필요가 있다고 생각했다. 왜냐하면 그는 성적으로 불만족스러운 관계에는 부부 관계에서 비롯된 문제가 기저에 깔려 있다고 보기 때문이다. 메리와 톰은 행동적 성 상담을 통해 만족스러운 결과를 얻었고, 조력을 종결하고 싶어 했다. 그들은 조력자가 느닷없이 심층적인 부부 상담을 더 하는 게 어떻겠냐고 제안하자 당황스러워했다. 여기서의 문제는 조력자와 내담자가 조력에서 다룰 문제와 치료 방식의 범위에 대해 명확히 합의하지 않은 데서 비롯되었다. 그리하여 시작은 효과적이었던 조력 관계가 오해와 혼란을 남기고 끝나게 되었다.

리사는 25세이며, 정신과 치료를 마치고 직업 훈련을 받기 위해 주립 재활치료 상담 센터에서 상담을 시작하였다. 그녀는 해당 상담 프로그램이 몇 개의 코스로 구성되어 있으며, 직업 상담 및 구직 관련 조언을 얻을 수 있는 프로그램이라 생각하고 참여하였다. 6주간 진행된 대인 관계 집단 프로그램이 종료되자, 리사는 이력서 및 구직 관련 기술에 관해 도움을 주는 상담을 받길 기대했다. 조력자는 매일 신문의 광고를 찾아보라고 안내했고, 그가 매주 한 번씩 진행 사항을 체크하겠다고 약속했다. 몇 주간 조력자로부터 연락이 없었고, 직업을 찾을 수 있는 가능성도 안 보이자, 리사의 자살 충동이 다시 심해졌다. 사회복지국 직원이 구직 관련 도움을 얻을 수 있을 거라고 안내된 프로그램의 안내 자료를 알려 주었고, 조력자가 구두로 구직을 돕겠다 약속했지만, 실제로는 진행되지 않았다. 분명한 목표와 목적이 없다는 것이 내담자를 성장시키고 건강하게 만들기보다 오히려 고통을 심화시키는 결과를 낳았다.

존은 심리검사를 받기 위해 직업 조력자를 찾아갔고, 진로 관련 결정을 하는 데 심리검사 결과를 활용하고자 했다. 그는 조력자가 흥미 검사와 적성 검사의 결과를 해석해 주는 대신에 기분과 생활 방식에 대해 물어보자 마음이 상했다. 3회기가 지난 후, 그는 상담을 그만두고 다른 곳에 가서 도움을 받기로 결정했다. 이것은 조력자의 목표와 접근 방식이 내담자가 상담에서 다루리라 예상하는 것과 일치하지 않을 때 발생할 수 있는 문제이다.

에스카델로 씨는 맞춤형 서비스를 제공하는 자원봉사자에게 그녀의 딸인 크리스티나(8세)를 맡겼다. 에스카델로 씨는 크리스티나가 읽기와 산수 같은 학업 기술을 배울 수 있기를 기대했다. 그러나 크리스티나를 가르치는 선생님은 크리스티나의 학교 교사로부터 "크리스티나가 자존감을 높일 수 있도록 대인관계 기술을 향상시키는 것"을 목표로 해 달라는 얘기를 들었다. 크리스티나를 가르치는 선생님은 크리스티나와 함께 산책을 하거나 게임을 했다. 크리스티나의 사회적 기술은 점점 나아져서 학교 교실에서도 훨씬 즐거워 보였다. 그렇지만 그녀의 엄마는 화가 났다. 그녀에게 학업적 내용은 전혀 가르치지 않았기 때문이다. 그녀는 맞춤형 서비스를 그만둬 버렸다. 이 사례는 조력 관계에서의 목적이 명료화되지 않았을 때 발생할 수 있는 또 다른 사례이다.

연습문제 8-1

앞서 제시된 네 개의 사례를 어떻게 다른 방식으로 진행해 볼 수 있을지에 관해 소집단으로 토론해 보라. 다른 접근법에 따라 조력을 해 보고, 당신의 기분과 반응에 대해 나누라. 치료의 목표나 목적이 비단 당신에게 만족스러운 것이 아니라, 내담자가 그것을 충분히 받아들이고 있다는 사실을 어떻게 확신할 수 있을까?

전략 적용하기 국면의 첫 번째 단계의 중요성을 알려 주는 또 다른 사례가 다음에 제시되어 있다.

로렌은 고교 졸업을 앞둔 5월경 조력자에게 의뢰되었다. 드러난 문제로는 무분별한 성행동과 임신 가능성(그렇지만 이후 로렌이 임신하지 않은 것으로 확인되었다)이 있었다. 첫 3회기에서 조력자는 다음과 같은 것을 확인할 수 있었다. 로렌은 자존감이 낮고, 부모로부터(이혼한 상태임) 긍정적 지지와 관심을 거의 받지 못하고 자랐다. 그녀는 인기가 많은 것에 비해 가까운 여자 친구는 한 명도 없었다. 사실 이러한 모습은 겉으로 드러나는 아름답고, 재능이 많으며, 빛나는 '모델' 같은 10대의 이미지와는 전혀 반대되는 것이었다. 로렌은 가을에 대학에 입학하는 것에 대해서 걱정하고 있었다.

조력자: 당신은 대학에 가서 문제 없이 친구를 사귈 수 있을지 걱정하는군요.
로렌: 만약 어려운 상황이 생기면 제대로 해결할 수 없을 것 같아요. 전 항상 모든 것을 엉망진창으로 망쳤었어요.
조력자: 당신 자신에 대해 믿지 못하는군요.
로렌: (긴장한 듯이 웃으며) 저도 알아요. ……저는 때때로 생각을 너무 많이 하고, 결국 혼란스러워져요.
조력자: 음. 우리는 당신이 졸업하기 전까지 8주를 더 만날 수 있어요. 그리고 우리는 매주 한 번씩 만나기로 약속했지요. 남은 기간에 네가 걱정하는 문제나 상황에 대해 좀 더 초점을 맞추는 것이 어떨까요? 그리고 우리가 너 스스로에 대해 좀 더 긍정적으로 느낄 수 있는 방법을 함께 다루어 보지 않겠어요?
로렌: 사실 상담을 시작한 이후로 이미 점점 더 좋아지고 있는 것 같아요. 저는 내년을 정말 잘 보내고 싶어요.

이 사례에서 조력자와 로렌은 조력의 목표를 로렌의 자신감을 높이고 조력자로부터 공감과 지지를 받는 것으로 정하였다.

2단계: 전략의 계획

전략 국면의 두 번째 단계는 결정을 내리는 과정과 유사하다. 결정을 내리거나 전략을 계획할 때, 우리는 모든 가능한 선택지를 생각해 보고, 가장 효과적이라 예상되는 전략을 택하거나 혹은 여러 개의 전략을 조합해서 활용하기로 결정하기도 한다. 우리는 내담자에 대한 이해, 문제와 문화적 맥락을 고려할 때 어떤 전략이 해당 시점에서 내담자에게 가장 효과가 있을지에 대해 고민하고 결정한다. 조력에서 활용할 전략을 결정할 때 내담자가 참여하는 것은 조력의 성공 가능성을 높인다. 우리는 내담자에게 우리가 현재 고려하고 있는 접근 방법과 그것의 이론적 근거, 예상되는 결과와 조력에 필요한 시간 및 조력에 포함되는 활동, 기타 관련된 정보를 신중하게 설명해 준다. 만약 내담자가 특정한 접근 방법에 대해 불편해하면, 우리는 그러한 마음에 대해서 이야기를 나누고, 해당 접근 방법이나 전략을 활용하지 않거나 혹은 잠정적으로 시도해 볼지를 논의하게 된다. 일부 접근 방법이나 기법은 처음 들을 때는 위협적이거나 부담스럽게 들리지만, 조력 관계가 발전할수록 불편감은 줄어든다. 예를 들어, 우리는 게슈탈트 기법을 종종 사용한다. 그러나 조력 관계가 충분히 잘 형성되어 있지 않거나 내담자가 조력자를 혹은 조력자의 전문적 능력을 아직 신뢰하지 않는다면, 게슈탈트 식의 대화나 역할극에 대해 "그것은 좀 바보 같아요. 저는 하기 어려울 것 같아요."라고 말할 수 있다. 때로는 전략이나 기법에 대해서 충분히 잘 설명하지 않고 사용하려고 하면, 내담자는 두려워하며 도망가 버릴 수 있다. 왜냐하면 그들은 앞으로 조력에서 어떠한 일이 일어나게 되는지를 모르기 때문이다. 조력자가 기법에 대해서 대략적으로라도 설명을 해 준다면, 내담자는 분노하거나 불편함을 느끼지 않고 혹은 자존감에 상처 입는 경우 없이 거절을 할 수도 있을 것이다.

내담자가 조력에서 참여하던 것과 다른 방식의 접근법을 소개하는 시기와 방법은 전략을 계획하는 데 있어서 중요하다. 이러한 사실은 다음의 사례에서 확인할 수 있다.

> 조력자: 우리는 다른 사람에게 거절할 수 있게 되는 것과 당신이 스스로에 대해 좀 더 긍정적으로 느끼도록 바뀔 수 있는 방법을 찾자는 목표에 합의했죠. 이 목표를 통해 당신이 친구를 더 이상 돈으로 사지 않게 하기 위해서요.
>
> 내담자: 맞아요. 지금까지 내 방법은 별로 좋지 않았던 것 같아요.
>
> 조력자: 에블린. 다음에 베니가 전화했을 때 뭐라고 얘기하면 좋을지 역할극을 해 보면 어떨까요?
>
> 내담자: 좋아요. 어떻게 하는 것인가요?
>
> 조력자: 음, 제가 베니라고 생각하세요. 제가 주말에 당신에게 전화해서 놀러오라고 얘기하는 거예요. 당신은 솔직히 뭐라고 이야기하고 싶어요?

이 사례에서 조력자는 내담자에게 자신을 표현할 수 있는 길을 알려 주었다. 잘 형성된 조력 관계란 내담자가 조력자의 제안을 따르지 않아도 조력자로부터 거절받지 않을 것이라는 것을 아는 관계이다. 그렇지만 이 사례에서 내담자는 앞으로 무엇을 하게 될지 조력자가 잘 알고 있다고 생각했고, 그녀는 기꺼이 새로운 시도를 함께 해 보려 했다.

전략 국면의 다른 예는 다음에 제시된 로렌의 사례에서 살펴볼 수 있다.

조력자: 로렌, 조력 중에 당신과 당신의 삶에서 일어난 일들에 대해 얘기를 하고 있었잖아요. 일상 중에서 일어난 긍정적인 일들을 기록해 보는 것이 어떨까 해요. 매일 밤 하루에 일어난 일 중에서 당신을 기분 좋게 만든 일을 적어 본다면, 아마 당신에게 도움이 될 거예요.

로렌: 그런 일이 있을지 모르겠지만, 일단 해 볼게요.

조력자: 다음 번에 올 때 함께 작성한 기록을 살펴보죠. 그것을 확인하면, 무엇이 당신을 기쁘고 행복하게 하는지 이해할 수 있게 될 거예요. 일단 시작은 이렇게 해 볼까요? 당신 스스로에 대해서 자신이 좋아하고 만족스럽게 여기는 것들을 적어 보세요. 다른 사람들에게 보여 줄 필요는 없어요. 그저 다음 주에 작성된 내용을 가지고 오세요.

로렌: 알겠습니다.

과제 주기의 목적은 로렌으로 하여금 자신의 강점에 초점을 맞추도록 하기 위함이다. 그리고 회기 간 연속성을 부여하기 위해서이기도 하다.

> **연습문제 8-2**
>
> 앞서 제시된 두 개의 사례에서 당신이라면 내담자를 위해 어떠한 전략을 계획해서 활용할 것인가? 내담자를 직접 조력한다고 생각하며, 당신이 조력자 역할을 해 보라. 당신이 사용한 전략을 택한 이유에 관해 소집단으로 토론해 보아라. 내담자의 어려움을 해결하는 데에는 한 가지 방법만 있는 것이 아니다. 때로는 조력자와 내담자가 어떠한 전략을 활용하기로 합의해서 진행하지만 효과가 없을 수도 있다. 그러나 조력 관계가 잘 형성되어 있다면, 이는 실패라고 볼 수 없다. 사실, 어떤 점 때문에 잘 되지 않는지에 대해 이야기하는 것으로도 충분히 도움이 될 수 있다. 그리고 나서 새로운 전략을 계획하는 단계를 다시 반복하면 되는 것이다. 만약 로렌이 과제를 제대로 하지 않는다면, 당신은 어떻게 반응하고, 어떤 생각을 하며, 어떤 감정을 느낄 것인가? 다시 한 번 말하지만 당신은 내담자와의 상호작용에서 많은 것을 이해할 수 있음을 기억하라.

3단계: 전략의 활용

단기적 목표 혹은 장기적 목표를 이루기 위해서는 특정한 하나의 전략을 활용할 수도 있고, 여러 가지 전략을 통합하여 활용할 수도 있다. 조력자는 내담자가 조력이 어떻게 진행되고 있을지 인식하고 있다면, 합의하에 전략을 바꾸는 것은 문제가 없다. 종종, 이 단계에서 조력자의 직감이 전략을 사용하는 과정에 영향을 미치기도 한다. 예를 들어, 몇 년 전 나(BFO)는 풍선을 두려워하는 물리교육학과 대학생에게 체계적 둔감화를 실시한 적이 있다. 이 학생은 학교 수업과 관련해서 풍선이 놓여 있는 방에서 견딜 수 있게 되기를 바랐다. 그녀는 체계적 둔감화를 쉽게 받아들였고, 적절하게 반응했다. 성공적으로 한 회기를 진행한 후에, 그녀는 상당히 이완된 상태였고, 나는 풍선과 게슈탈트 기법의 대화를 하도록 제안하였다. 그녀는 이 전략에도 불편함 없이 반응하였고, 조력자와 내담자는 풍선에 대한 혐오감에 대해 중요한 정보를 얻을 수 있었다. 또한 나는 이완이 게슈탈트 대화법을 촉진한다는 사실도 알게 되었다.

당신이 조력자로서 경험이 많아질수록, 당신이 전략을 활용할 때의 자신감이 증가할 것이며, 새로운 기법을 시도할 때 훨씬 편안해질 것이다. 그러나 당신이 이전에는 한 번도 사용해 보지 않은 전략을 사용한다고 해서 반드시 그것을 내담자에게 알려야 한다는 생각은 하지 않아도 된다. 당신은 이렇게만 말해도 된다. "우리가 같이 해 볼 수 있는 방법에 대한 새로운 생각이 났어요. 하지만 이 방법이 잘 될지는 저도 아직 확신이 없네요. 한번 해 보고, 효과가 있는지 알아보죠." 특정 전략에 대해 경험이 많은 사람에게 자문을 받거나 수퍼비전을 받는 것 역시 중요하다. 전문가가 아니면서 전문가인 척하는 것은 역효과가 생길 수 있고, 그렇지 않다고 할지라도 비윤리적인 행위일 수 있다. 그렇지만 항상 친숙하고 잘 아는 기법만 사용할 필요는 없다. 그렇게 되면 당신은 기법을 활용할 수 있는 역량을 제대로 키우지 못할 것이다. 당신과 내담자 모두를 위해서, 새로운 전략을 활용하는 것은 특정 영역에서 충분히 숙련된 전문가의 지도 감독하에 이뤄져야 한다. 만약 내담자가 나와의 조력이 아닌 곳에서 당신이 잘 모르는 전략을 사용한 상담에 참여한 경우(예: 집단상담 같은 곳), 그리고 그곳에서 내담자가 효과적으로 변화를 경험했을 때, 당신은 내담자를 그쪽으로 의뢰하는 것이 적절하다.

전체 조력 관계에서 전략을 얼마나 활용해야 하는지를 명확히 얘기하기는 어렵다. 아주 조금 활용할 수도 있고, 반대로 많이 활용할 수도 있다. 전략을 얼마나 활용할 수 있는가는 각 회기에서 사용할 수 있는 시간과 조력 관계의 질에 따라 달라진다. 문제의 특성과 조력을 하고 있는 곳이 어떠한 곳인가도 중요하다. 일부 전략은 다른 것들에 비해 비교적 짧은 시간을 필요로 한다. 행동적 전략은 상대적으로 단시간을 필요로 하고, 정신역동적이거나 내담자 중심적인 전략은 얼마나 장기간 지속될지 확언하기가 힘들다. 행동적 영역과 관련된 전략일수록 좀 더 구체적으로 평가가 가능하고 시간 계획을 하는 것이 가능한 반면에, 정서적인 영역과 관련된 전략은 좀 더 시간이 많이 걸린다. 전략은 학습을 촉진한다. 잘 형성된 조력 관계는 내담자의 정서적·인지적·행동적 성장을 촉진한다.

이 활동의 목적은 전략을 계획하고 활용하는 경험을 해 볼 수 있는 기회를 주는 것이다. 3인이 한 조가 되어, 조력자, 내담자, 관찰자의 역할을 돌아가면서 해 보라. 어떤 상황을 다룰 것인지를 선택할 수 있지만, 조력자와 내담자는 조력 관계가 잘 형성되었다는 가정하에 아래 제시된 목표 중 하나를 합의하에 선택해야 한다. 목적을 고른 다음에 역할극을 시작해 보라. 조력 관계가 이미 잘 형성되어 있는 상황에서 당신은 어떠한 전략을 사용할 것인가? 그리고 어떠한 방식으로 활용할 것인가? 당신이 선택한 내용과 전략을 사용한 부분에 대해 소집단으로 토론해 보라. 다음에 제시된 내용이 목표 목록이다.

1. 이성의 친구를 사귈 수 있는 방법 배우기
2. 직장에 제시간에 출근하기
3. 제시간에 과제 마무리하기
4. 상사와 잘 지낼 수 있는 방법 배우기
5. 다른 인종의 사람과 연인 관계라는 사실을 부모님께 말씀드릴지 말지 결정하기
6. 임신 여부를 결정하기
7. 뜻대로 일이 되지 않을 때 분노를 다스리기
8. 나 자신에 대해 더 나은 기분 경험하기

4단계: 전략의 평가

전략의 평가(효과성을 평가하는 것)는 전략을 사용하는 시점부터 계속되는 것이다. 조력자나 내담자가 전략이 효과가 없다고 느껴진다면, 상황을 다시 돌아보고 전략의 효과성을 재평가해 볼 필요가 있다. 그러나 조력에서 변화가 일어나는 데 다소 시간이 걸리기도 하며, 민감한 조력자는 평가의 기준을 언제 적용해서 평가할지 알고 있다.

조력의 효과성을 평가하는 것은 늘 쉽지 않다. 왜냐하면 조력 전략(행동적 전략을 제외한)이 항상 눈에 보이는 변화를 일으키는 것은 아니기 때문이다. 실제 행동 변화는 전략의 효과성을 평가하는 아주 좋은 기준이다. 행동적 변화는 정서적·인지적 변화를 반영하는 것일 수 있다. 내담자의 자기보고가 거짓일 때도 있다. 우리는 가끔 내담자가 조력자를 기쁘게 하기 위해 마치 지금 기분이 괜찮을 것처럼 말해서 그에 속을 때도 있다. 나아가 조력에서의 제3자가 조력 효과를 문서로 증명하길 요구할 때도 있다. 이와

같을 경우에는 행동적 변화를 측정하여 기록함으로써 요구를 충족시킬 수 있다. 우리는 종종 행동을 관찰함으로써 변화가 일어났는지 여부를 알 수 있기도 하다.

행동적 변화는 조력 관계 내에서만 일어나는 것으로 제한하지 않는다. 행동적 변화는 내담자 삶의 전반에서 일어날 수 있다. 내담자는 조력실 밖에서 변화했음을 보고할 수도 있고, 혹은 중요한 타인, 예를 들어 관리자, 부모, 배우자, 교사 등으로부터 내담자가 변화했다는 얘기를 들을 수도 있다. 조력자와 내담자는 변화를 평가하기 위한 객관적인 기준을 찾아볼 수 있다. 그리고 당연한 듯이 그것을 활용하기보다는, 그 전에 이러한 기준에 대해 먼저 점검해 볼 수 있다. 평가의 시점도 중요한데, 현실에서는 긍정적 변화와 부정적 변화가 반복해서 나타나게 되며, 새로운 행동과 태도, 생각이 안정적으로 나타나는 데에는 시간이 걸리기 때문이다.

평가의 결과는 조력자로 하여금 다른 전략을 활용하거나, 다른 목표를 작업하거나, 조력 관계를 종결시키는 결정을 하는 데 도움이 된다. 내담자는 이러한 결과 중 하나를 선택하는 데 참여할 수 있다.

다음에 제시된 사례는 전략 평가 단계를 나타낸다.

요바노비치 씨는 52세의 치과의사로, 22세 된 아들이 예전에는 무리 없이 하던 모든 일을 그만두고 종교에 너무 몰두하는 것에 관해 도움을 청하러 조력실을 내방했다. 요바노비치 씨는 젊은 시절 유고슬라비아에서 이민 와서 미국인과 결혼했으며, 두 자녀를 두고 있다. 조력실에 내방한 당시, 요바노비치 씨는 매우 좌절한 상태로, 도대체 무엇이 잘못되었고, 어떻게 이런 일이 그의 가정에서 생길 수 있는지를 받아들이지 못하고 있었다. 조력자는 합리-정서적 기법을 활용하였고, 요바노비치 씨에게 그의 비합리적 신념을 논박하는 과제를 내주었다. 다음에 제시된 축어록은 9회기 내용 중 일부이다.

조력자: 어떻게 현재 그러한 변화가 일어나고 있는지 궁금하네요.

내담자: 그들이 변하기 시작했어요. 그리고 내가 나의 아내나 아들은 절대 그렇게 해서는 안 된다거나 혹은 반드시 그래야 한다는 생각을 하기 시작할 때면, 나는 그 순간을 알아차리고 또 내가 반드시 해야만 한다고 생각했다는 사실에 몸서리치죠.

조력자: 그리고 어떻게 하시나요?

내담자: 더 이상 화가 나지 않아요. 저 스스로에게 모든 사람이 늘 완벽할 필요가 없고, 그건 나도 마찬가지라고 이야기해요. 또한 늘 내가 생각하는 방식으로 일이 되지 않을 수 있다고도 말해요. 나는 이제 그러한 생각을 믿기 시작했어요.

조력자: (웃음) 변하고 계시는군요.

내담자: 네, 저희 아내가 훨씬 편안해졌다고도 이야기하고, 우리는 더 이상 저녁 시간에 많이 싸우지 않아요.

이 사례에서 조력자는 전략의 효과성을 평가하고, 효과적인 전략을 습득하게 했으며, 나아가 미래의 행동에 대한 통찰을 얻게끔 도와주었다.

연습문제 8-4

이 활동의 목적은 당신으로 하여금 평가 기준에 익숙해지게 하는 것이다. 다음에 제시된 목표와 관련해서, 객관적인 평가 준거로서 적절한 것을 선택해 보라. 하나 이상의 정답이 있을 수 있다. 이 장의 마지막 부분에 정답이 제시되어 있다. 당신이 선택한 내용과 그렇게 결정한 이유를 소집단으로 토론해 보라.

1. 목표: 동료와 좋은 관계 유지하는 방법 배우기
   평가 준거: a. 관리자에게 불만을 거의 듣지 않게 된다.
   　　　　　　b. 내담자로부터 긍정적인 변화를 보고받는다.
   　　　　　　c. 부서 안에서 더 친밀한 관계를 맺는 것을 관찰한다.
   　　　　　　d. 내담자가 카페에서 동료와 더 친밀하게 지내는 것을 관찰한다.

2. 목표: 우울한 기분이 나아진다.
   평가 준거: a. 내담자의 외모가 더 보기 좋아진다.
   　　　　　　b. 내담자가 더 나아진 기분을 보고한다.
   　　　　　　c. 내담자가 더 활동적으로 변화했음을 보고한다.
   　　　　　　d. 내담자가 예전만큼 울지 않는다는 사실을 보고한다.

3. 목표: 자기이해가 향상된다.
   평가 준거: a. 내담자가 기분이 더 나아졌음을 보고한다.
   　　　　　　b. 내담자가 조력을 계속하기를 원한다.
   　　　　　　c. 내담자가 더 확신과 자신감을 가지고 조력 장면에서 이야기를 한다.
   　　　　　　d. 내담자가 대인 관계에서 좋게 변화하고 있음을 보고한다.

4. 목표: 이성의 친구를 사귀는 방법을 배운다.
   평가 준거: a. 내담자가 싱글들이 가는 바에 가기 시작했다고 이야기한다.

b. 내담자가 오늘 밤 데이트를 하게 되었다고 이야기한다.

c. 내담자가 조력자에게 조력실 접수 직원은 이성 친구가 있냐고 물어본다.

d. 내담자가 교실에서 만난 여학생과 대화를 시작한다.

5. 목표: 결혼 생활이 나아진다.

   평가 준거: a. 내담자가 이제는 배우자가 예전만큼 잔소리하지 않는다고 말한다.

   b. 내담자가 그들이 예전보다 함께 시간을 많이 보내게 되었다고 말한다.

   c. 내담자가 조력실 밖에서도 그들이 더 편안하게 대화할 수 있게 되었다고 말한다.

   d. 내담자는 조력자가 준 과제를 하려고 노력했지만, 결코 제대로 완수할 수 없었다고 말한다.

5단계: 종결

종결은 조력 관계에서 매우 중요한 부분이다. 조력 과정 내내, 심지어 1회기부터 종결을 준비해야 한다고 말하는 이들도 있다. 종결이 적절히 진행되지 않으면, 내담자는 조력을 시작했을 때보다 오히려 더 감정이 불편해지거나, 미해결된 이슈를 안고 조력실을 떠나게 될 수 있다.

회기의 종결

조력자가 조력을 종결하는 방식은 매 회기를 어떻게 끝내는지를 보고 짐작할 수 있다. 회기가 끝나기 몇 분 전, 조력자는 언어적·비언어적 메시지를 통해서 내담자에게 조력 시간이 거의 끝나간다는 것을 알리는 것이 중요하다. 한 회기 동안 어떠한 것들을 다루었는지 요약해 보거나, 다음에 만나기 전까지 해야 할 과제를 줄 수 있으며, 이는 차후 회기를 계획하는 데 도움이 된다. 특히 '무거웠거나' 정서적이었던 회기인 경우에는 조력자와 내담자 모두에게 평정을 되찾을 시간이 필요하다.

조력자는 끝나는 시간을 명확히 지킬 수 있어야 하며, 이를 통해 내담자가 회기가 공식적으로 끝났음에도 불구하고 계속 이야기하지 않도록 안내할 수 있다. 조력자는 조력이 끝나기도 전에 미리 이야기를 끝내는 내담자 혹은 매 회기 조력이 끝날 시간이 되면 다루기 어려운 주제를 꺼내는 내담자의 패턴을 다룰 필요가 있다.

조력 관계의 종결

치료 효과나 전략을 효과적으로 활용하고 있는지를 평가하는 것은 조력 관계를 종결하는 데 도움이 된다. 종결은 다음에 제시된 네 가지 방식 중 하나의 방식으로 이루어질 수 있다.

- 조력자와 내담자 모두 조력 관계의 모든 목표가 달성되었다고 느낀다. 비록 조력 관계 종결로 인해 슬픔을 느낄지언정, 상호 합의하에 종결을 하게 된다. 이 같은 경우가 가장 긍정적인 상황이다. 슬픈 감정은 조력자와 내담자 모두 경험할 수 있다. 그리고 둘 다 중요한 타인을 잃게 될 것이며 앞날을 알 수 없다는 불안을 느낄 수 있다. 이러한 감정은 조력실에서 다루어져야 한다. 이를 통해 조력자와 내담자는 그들이 목표한 바를 이루었다는 만족감을 가지고 조력을 종결할 수 있게 된다. 마지막 회기에서 이러한 감정을 다루게 될 것이라고 아는 것은 조력자와 내담자 모두에게 중요하다.
- 조력 목표가 달성되기 전에 종결을 하게 되는 경우도 있다. 학교에서 학기가 끝날 때나, 인턴십이 종결되거나, 조력실 직원이 인사이동을 한 경우에 발생한다. 이러한 경우에는 조력자는 내담자에게 앞으로 곧 있을 종결에 대해서 이야기하고, 종결에서 비롯된 감정을 충분히 다룰 수 있어야 한다. 내담자는 종종 화를 내거나 거절당했다는 느낌을 갖기도 한다. 그리고 조력자는 죄책감과 불편감을 경험한다. 이럴 때에는 내담자로 하여금 조력 관계에서 어떠한 것을 얻었으며 앞으로 만나게 될 새로운 조력 관계에서 기대하는 것은 무엇인지를 탐색하는 것이 도움이 된다. 만약 조력자와 내담자가 효과적인 조력 관계를 가지고 있었다면, 내담자가 다른 조력자를 만나 작업하도록 안내하는 것이 더 수월해진다.
- 종결이 조력 관계에 개입하는 제3자의 결정이나 필요에 의해 이루어질 수도 있다. 예를 들어, 의료보험제도에서는 조력을 시작할 때 1~2회기를 거쳐 내담자를 평가하도록 한다. 조력자와 내담자는 조력 관계에서의 목표, 목적, 다룰 문제 등에 합의하게 되고, 이를 확인한 의료보험제도 담당자가 조력자와 내담자에게 몇 회기 조력을 진행할 수 있는지를 알려 준다. 이러한 경우에는 전략 국면으로 들어가기 전에 이미 몇 회기 조력을 진행할 수 있을지 결정이 되기 때문에, 전략 국면에 이르러 전략을 선택하고 활용할 때에는 이를 고려해서 조정해야 한다. 이러한 방식이 의료보험제도에서는 가장 효과적이라고 판단할 수는 있지만, 반드시 내담자에

게 가장 도움이 되거나 전문가의 판단을 그대로 따른 것이라고 보기는 어렵다. 이와 유사한 종결의 다른 예로는, 내담자가 보험사를 변경하는 경우이다. 이러한 경우에 조력자는 더 이상 조력을 진행하기 어려워질 수 있다. 만약 보험 회사에서 그대로 조력자에게 조력을 진행할 수 있도록 하더라도 제한된 회기만 가능하도록 안내할 수 있으며, 이러한 경우에도 종결을 준비해야 한다. 조력실에서 소득이 적은 내담자들에게는 적은 비용으로 조력을 받게끔 정책적으로 안내하고 있더라도, 대부분의 내담자는 자비로 조력료를 지출하기 어려워하며, 결국 보험 혜택을 받을 수 있는 새로운 조력자를 찾아 조력을 종결하게 된다. 이러한 상황에서는 조력자와 내담자가 좌절감과 분노를 경험할 수 있지만, 이러한 감정이 조력 진행이나 조력 목표 달성을 방해하지 않도록 하는 것이 중요하다.

- 내담자가 조력을 조기 종결할 수도 있다. 이러한 사례에서는 내담자가 위협적인 상황에서 벗어나려 한다거나, 부적절감과 좌절감을 경험하게 하는 조력자를 피하려고 하는 경우일 수 있다. 만약 조기 종결될 것 같다면, 조력자는 어떠한 문제 때문에 조기 종결이 되려고 하는지를 판단해야 한다. 조기 종결은 내담자가 더 이상 조력을 통해 변화하고 직면하기를 회피해서 일어날 수도 있다. 반대로, 조력자의 문제 때문에 조기 종결될 수도 있는데, 효과적인 조력 관계를 발전시키지 못했거나 비효과적인 전략을 택했기 때문일 수도 있다.

이러한 방식의 종결들에서 조력자는 내담자에게 긍정적인 지지를 제공하고, 미래에 도움이 필요하다면 언제든지 다시 와서 조력해도 좋다는 뜻을 전달할 수 있다. 종결을 하는 방식은 종결을 왜 하는지보다도 더 중요하다(Vasquez, Bingham, & Bernal, 2008).

앞서 제시된 네 가지 종결 유형 중 앞의 두 가지 종결 유형과 관련하여, 워드(Ward, 1984)는 조력 관계의 효과를 높이는 4단계를 개념화했다.

1. 목표 달성도의 평가: 조력자와 내담자가 현재의 문제나 증상이 감소되었거나 사라졌다는 사실을 구체적으로 함께 확인하는 과정이다. 내담자는 조력 과정에서 경험한 구체적인 행동 변화를 목록화하고, 이러한 변화에 대한 생각과 감정을 조력자와 나눈다. 내담자는 이전에 했던 과제를 참고하거나(예를 들어, 일기를 쓰거나 녹화·녹음한 것을 다시 확인하기) 혹은 중요한 타인으로부터 변화 여부를 확인해 볼 수 있다. 이러한 행동적 변화에 대한 평가가 이루어지면, 다음으로는 행동의 변화가 내담자의 자존감을 증가시켰거나, 다른 사람과의 관계를 변화시켰거나, 학

교에서의 기능, 삶에서의 다음 단계를 계획하는 능력이 나아지는 데까지 영향을 미쳤는지 확인한다. 이 단계는 여러 회기를 필요로 할 수 있다. 특히 성장과 개별화/분리/, 의존/독립의 이슈를 가진 내담자의 경우에도 더욱 그러하다.

2. 관계 종결에 관련된 이슈: 조력 관계에 대한 내담자의 감정에 대해 이야기하는 것이다. 이러한 감정은 아마도 내담자 삶의 경험에서의 다른 관계나 분리, 상실과도 관련이 있을 수 있으며, 강력한 감정을 불러일으킬 수 있다. 내담자는 종결에 대한 자신의 감정을 드러낼 수 있다. 이 단계에서 조력자와 내담자가 충분히 소통하는 것은 내담자가 중요한 타자와 의미 있고 적절한 작별을 하는 능력을 향상시키는 데 도움을 준다.

3. 혼자 살아가기를 준비시키고, 조력에서 배운 바를 삶에 적용시키기: 미래에 대해 구체적으로 계획을 세우는 단계이다. 내담자는 조력실 밖의 세상에서 그의 새로운 알아차림을 어떻게 활용할 것인가? 내담자의 삶에는 어떠한 지지적인 관계가 있으며, 이를 어떻게 유지하고 발전시킬 수 있는가? 많은 내담자가 문제에 직면할 때마다 속으로 조력자와 대화하듯이 혼잣말을 한다고 이야기한다. 다른 내담자는 자신 스스로와 약속을 하기도 한다. 우리는 종종 내담자에게 미래의 문제를 상상해 보고, 조력 회기 중에 상상으로 그 문제를 해결해 보도록 안내한다. 우리는 미래의 어떤 시점에 그들이 조력실을 다시 찾기로 결정할 수도 있으며, 이것은 '실패'가 아니라는 사실도 알려 줄 필요가 있다.

4. 최종 회기: 종결을 준비하는 과정이 마무리되고 완성되는 단계이다. 이때 더 가볍고 편안한 대화를 하게 된다. 우리는 전화나 면대면 만남으로 추수상담을 할 수 있을지 확인하고, 가능하다면 구체적으로 추후 평가를 계획하게 된다.

일부 조력자는 몇 주간 종결을 준비하기도 한다. 예를 들어, 그들은 매주 만나던 조력일 간의 간격을 늘려서 2주에 한 번 만나거나 한 달에 한 번 만나면서, 최종적으로는 세 달 후에 만나는 방식으로 진행하기도 한다. 종결 준비가 길어지는 것은 불안을 감소시키고, 추후 평가를 가능하게끔 하는 효과가 있다. 그러나 조력자는 내담자의 의존성이 조력 관계를 길어지게 만들 수도 있다는 사실을 알고 있어야 한다. 조력자는 내담자의 의존 욕구를 강화시키지 않기 위해 적절한 한계를 설정할 필요가 있다.

조력 관계의 첫 만남의 성공을 위해 필요했던 것과 같은 조건(격려, 따뜻함, 내담자의 요구에 초점을 맞추기)이 마지막 조력의 종결에서도 마찬가지로 필요하다. 내담자와 진실한 감정을 나누고, 당신이 그들을 그리워할 것을 알려 주는 것도 좋은 방법이다.

다음은 로렌과의 조력 중 마지막 회기에서 발췌한 축어록이다.

> **조력자**: 당신은 올 여름 내내 많은 노력을 기울여 왔어요.
>
> **로렌**: 저는 제 스스로에 대해서 훨씬 나아진 기분을 느껴요. 그리고 대학에 가는 것이 기대돼요. 제가 제 룸메이트의 이름을 알게 되었다는 사실을 말씀드렸던가요?
>
> **조력자**: 아니요. 그렇지만 당신이 새로운 친구와 새로운 삶을 기대하고 있다는 사실을 알겠어요.
>
> **로렌**: 제 생각에 모든 일이 잘 될 것 같아요. 만약 제가 원한다면 선생님을 다시 만나러 와도 괜찮을까요?
>
> **조력자**: 네, 괜찮아요. 저도 아마 로렌이 그리울 거예요.
>
> **로렌**: 저도요.

조력자는 로렌이 언제라도 다시 조력실에 올 수 있다는 사실을 알려 주었고, 조력의 종결에서 느끼는 슬픔을 편안하게 표현하였다.

만약 내담자가 조력 약속에 나타나지 않고 조력을 갑작스럽게 종결하려고 한다면, 조력자는 전화와 편지로 내담자에게 연락해 조력자가 자신을 걱정하는지 여부를 시험하려고 한다거나 혹은 다른 이유로 확신을 얻으려고 그러는 것은 아닌지를 확인해야 한다. 미해결된 이슈를 다루고, 의뢰를 하거나 종결의 이유에 대한 최소한의 이유라도 이해하기 위해 최소한 한 회기 이상을 더 하게끔 예약을 권유할 수도 있다.

연습문제 8-5

특별히 가깝게 느껴지거나 당신에 대해서 많이 아는 사람을 파트너로 선택하라. 역할극의 조력자와 내담자 역할로 적당한 장소에서 각자의 역할을 연기해 보라. 마지막 조력회기인 것으로 가정하고, 당신의 감정과 관심을 어떻게 효과적으로 전달할 수 있을지 연습해 보라. 이러한 연습이 당신 삶의 다른 경험을 생각나게 하는가? 당신은 보통 분리 불안과 상실에 어떻게 대처하는가? 당신의 반응에 대해 집단의 다른 사람과도 대화를 나누어 보라.

연습문제 8-6

이것은 분리 불안에 대한 감정을 접촉하고 알아차리도록 하기 위한 게슈탈트 활동이다. 지갑이나 가방에서 당신에게 매우 중요한 물건을 꺼내어 보라(지갑, 차 열쇠, 집 열쇠 등). 물품을 당신의 의자 아래에 놓고, 뒤로 몸을 기대고, 눈을 감으라. 당신이 그 물건을 영원히 다시 찾을 수 없는데 그것이 필요한 상황을 상상해 보라. 이 때 떠오르는 두려운 감정을 마주해 보아라. 그리고 몇 분간 이 감정을 느껴 보라. 그러고 나서 다른 사람들과 이야기를 나누어 보라.

연습문제 8-7

파트너와 함께, 지난 1주일 동안 당신이 다른 사람과 만나서 했던 상호작용 중 5~10개 정도를 추려 보라. 그리고 그것이 어떻게 끝이 났는지 이야기해 보라. 누가 그리고 어떻게 상호작용이 종결되었고, 당신은 어떠한 감정을 느꼈는가? 이러한 상호작용은 전화나 면대면, 혹은 편지를 통해서 이루어졌을 수도 있다. 앞으로 닥친 한 주 동안에는 전화나 개인적 만남을 어떻게 끝내는지에 대해 좀 더 잘 자각하려고 노력해 보라. 문자나 이메일도 마찬가지이다. 당신은 반응을 할지 말지를 어떻게 결정하는가?

연습문제 8-8

당신은 다른 사람과의 작별을 어떻게 해 왔는가? 멀리 떠난 친구나 다른 학교에 진학한 친구를 떠올려 보아라. 상실감 때문에 다퉈 본 적이 있는가? 다른 누군가가 떠난다는 사실을 부정해 본 적 있는가? 아마도 바빠서 그 사람에게 직접 작별을 하지 못한다는 방식이었을 수도 있다. 다시는 못 만날지 모르는 사람을 직접 만나 작별에 대해 이야기할 때 그 사람에게 어떠한 말을 하는가? 떠나는 사람에게 문자나 전화, SNS를 통해 연락하겠다는 약속을 하고 나서 그들이 당신에게 온 연락에 답하지 않은 적이 있는가? 파트너와 함께 당신이 종결을 다루는 방식에 대해 공유해 보라.

6단계: 추수 상담

추수 상담은 내담자의 문제가 무엇이었든, 조력이 끝난 이후 얼마나 지났는지와 상관없이 내담자가 상담 종결 이후에 어떻게 지내는지를 확인하는 과정이다. 조력자 중

상당수가 이 단계를 간과한다. 그렇지만 일부 세팅에서는 전화나 메일을 통한 추수 상담이 반드시 이루어지도록 되어 있는 곳도 있다. 추수 상담이 필수적이지 않아도, 많은 조력자가 비공식적으로 이전 내담자들로 하여금 상담 종결 이후에 전화로 인사를 하거나 최근에 어떻게 지내고 있는지 들러서 얘기해 주길 요구하기도 하고, 간단한 메모나 전화를 요청하기도 한다.

조력자는 내담자/조력자의 의존성 때문에 조력이 연장되는 것을 추수상담과 구별해야만 한다. 추수 상담의 목적은 조력 전략과 조력자의 효과성이 종결 후에도 지속적으로 드러나는지를 확인하기 위함이다. 때때로 추수 상담은 그 자체가 추가적인 치료 효과를 유발하기도 한다. 그러나 대부분의 경우에서는 내담자와 조력자 양 측면에서 모두 조력의 효과를 평가하는 기능을 한다. 솔직한 관심과 흥미를 소통한다는 점에서 조력자와 내담자가 서로를 인정하고 고마워하는 자리이기도 하다.

우리는 조력 종결 후 6개월에서 1년 사이에 내담자와 연락을 하고, 우리가 그들을 걱정하고 있으며 어떻게 지내는지 궁금해한다는 점을 알게 한다. 우리는 내담자에게 지금까지 삶에서 있었던 일들을 이야기해 주도록 요청하며, 그들이 조력 관계에서 배웠던 것들을 삶에서 실제 활용하고 있는지를 체크한다.

우리는 앞서서 조력 관계의 전략 적용하기 국면의 6단계에 대해서 논의해 보았고, 이제 각각의 6단계에 관한 연습을 해 보려 한다.

연습문제 8-9

이 활동의 목적은 당신으로 하여금 각각의 전략 단계를 구별할 수 있게끔 돕기 위함이다. 다음에 제시된 예시가 각각 어떠한 단계에 해당하는지 생각해 보라. 정답은 이 장의 마지막에 제시되어 있다.

1. **조력자**: 안녕하세요, 윗킨스 씨. 저는 ○○입니다. 요즘 어떻게 지내세요?

   내담자: 아! 전 잘 지내요. 선생님은 어떠신가요?

   조력자: 제 전화를 받고 놀라셨죠? 저는 그저 당신이 어떻게 지내는지 궁금해서 전화했어요.

   내담자: 네, 모든 것이 정말 다 좋아요. 3월 이후로 회계 사무실에서 일을 하고 있고요, 전 그 일이 정말 좋아요. 지난 직장보다 연봉이나 근무 시간의 측면에서도 지금이 훨씬 나아요. 그리고 아이들과 저녁을 먹고 나서 집안일도 돕고 있어요.

   조력자: 배우자분과 시간을 좀 더 함께 많이 보내시나요?

   내담자: 네, 우리는 매주 한 번은 아이들을 두고 같이 외출해요. 이제야 진정한 삶의 동반자가 된

것 같아요. 새로운 직장을 얻고부터는 정말 모든 것이 훨씬 좋아졌어요. 그리고 힘든 시간을 함께해 준 선생님께도 감사하고요.

조력자: 네, 저도 기쁘네요. 계속 모든 일이 잘 되길 바랄게요. 아내분께도 안부 전해 주세요.

내담자: 전화해 주셔서 감사합니다.

2. 내담자: 정말 곤란한 상황이에요. 나이 든 사람이 갈 곳은 아무데도 없어요. 우리는 생계를 부양하기가 너무 힘이 들고, 짐의 동생은 외국에 나가 있어요. 정말 모든 게 꽉 막힌 것 같은 상황이에요.

조력자: 이 상황을 당신과 당신 가족이 좀 더 견딜 수 있게 바꾸기 위해서 우리가 할 수 있는 일들에 집중해 보죠. 당신이 말한 대로, 당신의 시아버지가 함께 거주하기 시작한 이후로……

내담자: 네, 저는 그가 말을 하거나 무엇을 할 때마다 굳이 사사건건 반응하지 않아야 한다는 것은 알아요. 나의 그런 행동이 짐이나 아이들에게 좋지 않다는 것도 알지만, 매번 참을 수가 없어요.

조력자: 네, 그럼 우리는 직장을 구하는 얘기를 하기 전에, 집안 상황에 대해서 먼저 나누도록 하죠.

3. 조력자: 수학 과제는 어떻게 되었나요?

내담자: 무사히 마쳤어요.

조력자: 당신이 계약한 조건을 충분히 잘 지켰다는 느낌이 드나요?

내담자: 제가 일을 하지 않은 날이 딱 하루 있었어요. TV를 보지 않고 집을 나섰죠. 그러지 말걸 그랬어요. 왜냐하면 그다음 날 제 친구 제프가 제가 그날 진짜 중요한 경기를 놓쳤다고 하더라고요.

조력자: 그럼 이제 어떻게 하고 싶은가요?

내담자: 이제 절대로 그러지 않을 거예요.

4. 조력자: 제가 듣기에는 누군가 당신이 어릴 적에 울면 안 된다고 말한 것 같네요.

내담자: 저는 절대 울지 않았어요. 네, 제 기억에 제가 정말 어릴 때, 아마 네 살 혹은 세 살쯤이었는데 무슨 일이 있긴 했어요.

조력자: 우리 그러면 함께 역할 연기를 해 보고, 당시에 무슨 일이 있었는지, 당시 어떤 결정을 내렸는지 회상해 보도록 하죠. 괜찮은가요?

내담자: 네.

조력자: 지금부터 당신은 아주 어린 여자아이입니다. 저에게 어떤 일이 있었는지 이야기해 주세요.

내담자: 차도에 실수로 인형 바구니를 놓고 왔어요. 그리고 아버지가 밤에 집에 오시다가 그것을 차로 치었어요.

조력자: 계속해 보세요.

내담자: 저는 울었어요. 그러고 나서 아버지가 저에게 다가오시더니, 저를 때렸어요. 아버지는 인형 바구니를 차도에 두고 우는 아이에게 무슨 일이 있는지를 지금부터 보여 주겠다고 했어요. 그는 이미 누더기처럼 망가진 인형을 갈기갈기 찢고 던져 버렸어요.

조력자: 그리고 당신은 다시는 울지 않기로 결심했군요.

내담자: (울음) 가엾은 어린아이.

조력자: (큰 쿠션을 내담자에게 주며). 쿠션을 아버지라고 생각해 보세요. 어린 여자아이가 되어, 당신이 그때 아버지에게 하고 싶었던 말을 해 보세요.

5. **조력자:** 우리는 이제 종결까지 2회기 정도만 남았네요. 당신이 지금 종결에 대해 어떤 느낌인지 궁금합니다.

내담자: 음, 한편으로는 좋고, 한편으로는 불안해요. 저는 제가 훨씬 나아졌다고 생각해요. 저는 더 이상 약에 취해 있지 않거든요. 하지만 지금도 그렇고 그때도 그렇지만 무섭고 외로워요. 저는 당신의 제안을 받아들여서 집단 상담에 참여해 보려고 해요.

조력자: 그러면 남은 2회기 동안 그 얘기를 좀 더 해 보는 게 어떨까요?

6. **조력자:** 당신과 같은 경우에 우리가 활용하는 기법으로 체계적 둔감화라는 것이 있어요. 혹시 들어 보셨나요?

내담자: 아니요.

조력자: 이건 현재 상태를 변화시키는 방법이에요. 저는 당신에게 근육을 이완시키는 방법을 알려 드릴 거예요. 그리고 당신이 이완법을 충분히 익히고 나서는 당신이 이완된 상태로 비행과 관련된 여러 가지 상상을 하기 시작할 거예요. 불안과 이완이 동시에 이루어질 수는 없어요. 이것은 당신이 불안할 때마다 활용할 수 있는 방법이에요. 당신이 참고로 읽을 수 있는 자료를 드릴게요.

내담자: 시간이 얼마나 걸리나요?

조력자: 이완법을 익히는 데 보통 3회기 정도 걸리고, 체계적 둔감화를 하는 데는 10회기 내지 15회기 정도 필요해요. 나는 종종 체계적 둔감화와 함께 다른 방법도 활용하는데, 어떻게 그것을 진행할지는 상황을 봐서 결정할 수 있어요.

내담자: 해 보고 싶네요.

이미 어느 정도 신뢰를 형성한 사람을 파트너로 택하라. 한 명이 조력자, 다른 한 명은 내담자 역할을 맡고, 추수 상담 단계를 진행해 보고, 역할을 바꿔서 다시 해 보라.

이 활동은 당신의 자기알아차림을 증진시키기 위한 훈련이다. 목적은 상담 관계에서의 두 명이 경험하는 욕구와 요구를 알아보기 위함이다. 이러한 욕구와 요구는 의식적 혹은 무의식적으로 전략을 선택할 때 영향을 미치게 된다. 예를 들어, 조력자는 내담자가 자신을 좋아하길 원할 수도 있고, 게슈탈트 기법이 지금 내담자의 문제를 다루는 데 효과적이라는 사실을 알고 있어도 감정을 표현하는 것을 좋아하지 않아 하지 않으려고 할 수도 있다. 자신의 가치나 요구를 더 잘 알아차릴수록 특정한 상담 전략을 택한 이유를 더 명확히 알 수 있다.

1. 내담자가 상담에서 다룰 문제를 제안하라.

2. 적극적 경청을 통해 조력자는 내담자의 문제를 탐색하고 구체화하라.

3. 내담자가 말한 문제를 좀 더 명료하고, 목적 지향적이며, 내담자가 받아들일 수 있는 말의 형태로 조력자가 재진술해 보라.

4. 조력자와 내담자는 호소문제를 작게 나누어 구체적인 목표를 정해 보라.

5. 다음으로, 조력자는 내담자와 함께 두 사람이 경험하는 심리적 요구나 욕구에 대해 확인해 보라. (예: 상대방이 자신에게 호감을 느꼈으면 좋겠다든가, 성공적으로 상담이 진행되었으면 좋겠다든가, 통제 욕구, 정서를 피하고 싶은 욕구 등).

6. 조력자는 내담자의 욕구나 요구로 확인된 내용을 충족시키는 데 도움이 되는 상담 전략 세 가지를 제안해 보라.

7. 다음으로, 조력자는 자신의 욕구나 요구로 확인된 내용을 충족시키는 데 도움이 되는 상담 전략 세 가지를 제안해 보라.

8. 조력자는 내담자와 함께 어떠한 전략이 조력자와 내담자의 요구를 모두 잘 만족시키는지를 결정해 보아라. 만약 가능하다면, 조력자는 두 명의 요구를 모두 만족시키는 최선의 전략을 택해 보아라.

9. 전략을 택한 후에는 누가, 무엇을, 언제, 어떠한 방식으로 전략을 시작하고 활용할지 결정해 보라. 상담 관계의 조건과 개입이 어떻게 진행될지를 결정하고, 문제가 해결되었을 때 이를 어떻게 알아차릴 수 있을지도 결정하라.

사례 연구

조력 관계 형성 및 전략 적용하기 국면과 관련하여, 5개의 간략한 사례를 다음에 제시하였다. 이 다섯 개의 사례는 조력 관계 형성과 전략을 적용하는 단계를 보여 주기 위해 제시된 것이다. 당신은 한 단계에서 다음 단계로 자연스럽게 넘어갈 수도 있고, 한두 단계를 거꾸로 되돌아올 수도 있다. 사례 연구에서 나오는 내담자의 이름이나 개인적 정보는 내담자의 개인 정보 보호를 위해 모두 수정되거나 가명으로 처리되었다.

수자의 사례

수자는 65세로, 종합병원의 정신건강 클리닉에서 조력을 해 주던 조력자가 해당 기관에서의 근무를 종료하게 되면서 조력을 의뢰하였다. 수자는 20년 동안 치료를 받아 왔으며, 입원한 경험은 없다. 그녀는 공포증을 동반한 우울증으로 진단되었다. 그녀는 20여 년이 넘는 세월 동안 남편 없이 혼자서 집을 나서기를 거부해 왔다. 그녀의 남편은 대형 제빵 회사의 트럭 운전사로 근무 중이다. 장을 보고, 쇼핑을 하고, 갖가지 집안일을 하는 것은 모두 그녀의 남편과 함께 했는데, 이는 그녀의 남편이 아침 일찍 출근해 4시에 근무를 종료하기 때문에 가능했다. 수자는 사회경제적 지위가 중하 수준의 이웃들이 사는 동네에서 거주하고 있으며, 86세인 어머니, 66세인 남편, 32세인 아들(발달장애를 갖고 있음)과 함께 한 집에서 살고 있다. 최근 수자의 남편이 근무 중 운전하는 경로가 바뀌면서, 더 긴 시간을 근무하게 되었고, 이 때문에 수자와 함께 장을 보러 가는 일이 불가능해지면서 수자의 불안 수준이 높아졌다.

1회기

수자의 남편은 수자를 차에 태우고 상담에 왔다. 몇 분 늦었고, 남편은 상담 내내 차에서 기다렸다. 수자는 늦은 것에 대해 사과하였고, 처음이라 다소 긴장한 기색을 보였으며, 손을 무릎 위에 단정히 놓고 앉아 있었다. 나(BFO)는 이미 그녀에 대한 배경 정보를 알고 있기 때문에 그녀에게 오늘 하루 어떻게 지냈냐는 질문을 먼저 했다. (초기 단계) 매우 느린 어조로 그녀는 나에게 그녀가 바느질을 하고, 청소를 하며, 아들과 엄마를 돌보며 시간을 보냈다고 말을 했다. 그녀의 삶에서 가장 큰 즐거움이자 자랑은 요리로, 그녀는 음식에 대해 까다로운 편이었다. 그녀는 대형 슈퍼마켓에서 쇼핑하지 않고, 수년간

신선하고 질 좋은 음식과 치즈, 고기를 판매하는 곳에서만 장을 보았다. 일요일이 그녀의 삶에서 가장 기쁜 순간인데, 그녀의 딸과 아들이 집에 와서 함께 저녁을 먹는다.

> **<조력자 메모>**
>
> 수자는 깔끔하고 깨끗하게 단장하고 있으며, 함께 이야기하기 편안한 상대였다. 그녀는 생기가 많이 없어 보이고, 매우 느리고 조심스럽게 말을 하는 편이었다. 앞서 작성된 내용을 듣는 데 한 시간 정도 걸렸다.

2회기

수자는 그녀의 가족과 요리에 대해 계속 이야기했다. 그녀는 지난 일요일을 어떻게 보냈는지—음식과 손자들이 해 준 얘기들—를 자세하게 묘사했다. (현재 문제를 명료화하기) 회기 중에 우리는 집을 떠나는 데 대한 불안함에 대해 이야기를 나눴다. 그녀는 두려움이 언제부터 시작되었는지 기억하지 못했다. 그리고 그녀는 무엇이 두려운지도 정확히 말을 하지 못했다. 그저 점점 더 두려움이 심해진 것으로 보였다. 그녀의 남편이 수일 내에 새로운 업무를 맡게 되어 더 장시간 근무하게 된 일에 대해 얘기를 꺼내니, 그녀는 초조해하기 시작했다(손가락을 계속 움직이고, 입술에 침을 묻혔다). 그녀는 자신이 자주 가는 마켓으로부터 다섯 구역 떨어진 거리에 살며, 그 거리는 채 반 마일이 되지 않는다고 말하였다. 만약 그녀의 남편이 직장 일을 마치고 집으로 바로 오며 교통 체증이 심하지 않는다면, 여전히 퇴근 후에 함께 마켓으로 갈 수 있을지도 모른다고 말을 했다. 나는 그녀에게 마켓으로 걸어가는 것은 신체적으로는 어려움이 없냐고 물었고, 그녀는 봄이나 가을 주말에는 남편이나 아들과 함께 가끔 걸어서 마켓을 가기도 한다고 말을 했다.

3회기

(조력 관계의 구조화 및 계약 수립하기) 수자가 집안일을 한 얘기를 잠시 나눈 후, 나는 그녀에게 혼자서 마켓까지 걸어가는 방법을 배우는 데 흥미가 있냐고 물어보았다. (문제의 탐색) 그녀는 그것을 할 자신이 없다고 말을 했다. 우리는 전체 회기 내내 혼자서 마켓에 걸어가는 것의 장점과 단점에 대해서 이야기를 나누었다. (설정 가능한 목표) 나는 10회기 내로 그녀가 두려움을 극복할 수 있게 돕는 시도를 해 볼 수 있다고 제안하였다. 우리는 남편이 새로운 업무를 맡아 마켓에 혼자서 갈 수 없을 때의 결과에 대해 다시 이야기해 보고 또 이야기했다. 회기의 마지막에 우리는 불안을 덜 촉발시키는 사

건으로 돌아가 다시 이야기를 나누었다. 그녀는 나에게 그녀의 손녀를 위해 뭔가 의미 있는 것을 만들어 내고 싶다고 말을 하였다.

4회기

이 회기는 서로의 생각과 감정을 솔직히 소통하고 조력의 목표를 정했다. 그리고 그녀는 이러한 방식에 만족했다. (목표를 상호 합의하기) 우리는 집을 혼자 나서서, 마켓과 가게에 혼자서 다녀오는 것이 가능하도록 행동을 수정하는 쪽으로 합의하였다. (전략 계획하기) 그녀는 내 방식대로 따르기로 결정했고, 나는 단계별로 행동을 바꾸는 절차를 알려 주었다. 이를 위해 나는 그녀의 집에 12일간 들르기로 했다. 만일 그녀가 매일매일 지시를 잘 따른다면, 나는 그녀를 마켓에 데리고 가거나, 혹은 그녀의 딸의 집으로 데리고 가기로 약속했다. 그녀가 동의하자, 우리는 수자의 남편을 사무실로 들어오게끔 하였다. 그에게 앞으로 진행된 치료 절차를 안내하고, 어떠한 상황에도 수자를 마켓에 데리고 가지 말기를 요청했다. 그는 동의했고, 수자도 동의했다.

개입 시기

다음 12일간 다음에 제시된 절차에 따라 점진적으로 진행되었다. 날마다 진행된 일들의 요약은 다음과 같다.

- 1일째: (전략을 실행하기) 수자는 모자를 쓰고 코트를 입고, 앞문까지 나와 계단을 걸어왔다. 나는 그녀에게 더 이상 갈 필요가 없다고 이야기했다. 그리고 그녀에게 만약 원한다면 나와 함께 마켓에 가도 좋다고 말을 했다. 그녀는 너무 긴장된 상태라 거절했다. 그렇지만 그녀는 내가 그녀를 위해 빵집에 가서 그녀가 좋아하는 빵을 사다 주자 기뻐했다(수자의 남편이 수자가 좋아하는 빵을 미리 알려 주었다).
- 2일째: 수자는 나와 함께 현관문을 나서 차도의 경계까지 내려왔다. 잠깐 걷는 동안 나는 그녀에게 차분히 말을 건네며, 깊고 길게 숨을 내쉬도록 안내하였다. 우리가 차도 경계까지 왔을 때, 우리는 다시 집으로 돌아갔다. 그리고 나는 그녀를 위해 정육점에 들러, 그녀가 필요로 하는 물건을 사다 주었다.
- 3일째: 목표는 나의 차가 주차되어 있는 곳까지 블록을 걸어 내려가는 것이었다. 우리가 옆집에 다다랐을 때, 수자는 현기증을 호소하며 집으로 돌아가길 원했다. 우리는 그렇게 했다. 그러나 강화는 없었다. 나는 그녀를 돌보아 준다는 이유로 강화를 제공하지 않기 위해 즉각 수자의 집을 떠났다.

- 4일째: 수자는 어제 나를 실망시킨 것에 대하여 걱정하고 있었다. 나는 그녀를 안심시켰고, 다시 집을 나섰다. 그녀가 알아채기도 전 우리는 이미 블록을 반 정도 지났다. 마침에 내 차에 다다랐을 때 그녀는 매우 놀라며 기뻐했다. 그녀는 차를 타고 마켓에 가는 것에 동의했다. 그녀는 3일째에 성공하지 못했기 때문에, 이번에는 해낼 수 있을지에 대해 걱정하고 있었다.

- 5~8일째: 매일 수자는 모자를 쓰고 코트를 입은 상태로 나를 기다렸고, 우리는 8일째 되는 날까지 걸어가는 거리를 조금씩 늘려 갔다. 그러다 8일째 되던 날 마켓에 걸어서 다다랐다. 식료품을 잔뜩 사고 함께 걸어서 집으로 돌아왔다. 우리는 이날을 축하하기 위해 수자의 딸에게 연락을 했다. 수자의 딸은 수자가 너무도 사랑하는 손자손녀들을 데리고 집으로 왔다. 수자는 거리를 건널 때까지도 불안해하지 않았다는 사실을 말하느라 신이 났다.

- 9일째: 나는 수자를 마켓으로 가는 길의 중간쯤에서 기다렸다. 그녀는 약속된 시간에 도착했고, 우리는 함께 마켓으로 갔다. 그녀는 이날 좀 더 장볼 것들이 많았다. 왜냐하면 사위의 생일이었기 때문이다.

- 10일째: 수자를 마켓에서 만나기로 약속했고, 수자는 마켓에 혼자 왔다. 우리는 집에 함께 돌아갔다. 그녀의 딸은 점심을 먹으러 집에 들렀다. 우리는 2일만 더 노력해 보기로 약속했다.

- 11일째: 주말을 지나, 나는 수자에게 전화를 해서 그녀가 마켓에 다녀올 때까지 집에서 기다리겠다고 말을 했다. 그녀는 나보다 10분가량 늦었는데, 식료품 트럭에서 물건을 내리는 데 시간이 걸려, 이를 기다리느라 늦었다고 말을 했다. 그녀는 숨을 헐떡였으나, 기분은 좋았고, 부엌에서 신나게 음식을 만들었다.

- 12일째 : 11일과 같은 식으로 반복했다.

5, 6회기

(평가) 수자의 집에서 짧게 진행되었다(그녀의 남편이 그녀를 나의 사무실에 데려다 줄 수가 없었기 때문이다). 우리는 그녀의 기분이 어떠한지 확인하였다. 그녀는 썩 괜찮아 보였고, 그녀의 가족과 요리에 대해서 많은 것을 이야기하였다.

7, 8회기

(평가/종결) 이 회기들은 2주의 간격을 두고 진행되었으며, 다가오는 종결에 대해 대비하고 여러 가지를 확인하는 방식으로 진행되었다. 수자는 혼자 마켓에 가는 행동을

지속하였다. 그러나 마켓에 가는 일 외에 다른 이유로는 남편과 함께가 아닌 혼자서는 집을 나서지 않았다.

9회기

(종결) 8회기를 진행하고 3주 후에 진행되었다. 우리는 지금까지 이룬 변화에 대해 이야기하였으며, 수자에게 마켓에 가는 일 외에 다른 일로도 혼자 집 밖을 나서고 싶지는 않은지 물어보았다. 그녀는 이 부분에 대해 말하길 꺼렸다. 우리가 처음 합의한 목표는 달성되었으므로, 그녀에게 더 물어보지는 않았다.

10회기

(추수 상담) 9회기가 진행된 이후 6주 후에 진행되었다. 수자는 여전히 가족을 돌보는 일, 집안일, 요리에 모든 시간을 쏟고 있었다. 그녀는 남편의 업무가 바뀐 것을 받아들였으며, 혼자서 마켓에 가고 있다. 하지만 그녀는 문 밖으로 혼자 나설 수 있는 일의 종류를 늘리려고는 하지 않았다.

마켓을 혼자 갈 수 있게 되는 목표는 이미 달성되었다. 추수 상담 때 다른 상황으로 행동 변화가 전이되지는 않은 것을 확인하였다. 그렇지만 수자는 마켓이 아닌 다른 장소를 군이 혼자 갈 수 있게 되는 것을 원치 않았다. 왜냐하면 그녀의 가족은 늘 그녀의 집을 방문하고, 이웃과 친구들도 마찬가지였다. 그녀는 지역 문화 센터를 다니기 위해 집 밖을 나가는 것에도 흥미가 없었기 때문이다. 나아가 공포 행동 기저에 있는 심리적 요인과 우울증을 해결하기 위한 노력은 이루어지지 않았다.

로리의 사례

로리는 17세로, 고교 마지막 학년에 약물 문제로 퇴학당한 이후, 학교의 약물 문제 상담 선생님이 지역 센터 조력자에게 의뢰하였다. 로리는 고교 시절 이전에는 문제가 크게 없었다. 그가 어른들에게 매력적이고 호감이 가는 청소년이었기 때문에, 어른들은 그의 잘못된 행동을 쉽게 용서해 주곤 하였다. 약물 사용 이전의 그의 행동 문제는 수동적으로 나타나는 편이었다. 그는 숙제를 제출하지 않거나, 그에게 무엇인가를 요구하는 어른에게 반응하지 않았다. 혹은 친구들과 장난을 치며 반 분위기를 정신없게 만들기도 하였다. 그러나 그는 다른 학생에게 약물을 가지고 있는 것이 발각되었고, 이 때문에 퇴학당했다. 그리고 보호관찰 처분이 내려졌는데, 무작위로 약물 검사를 했을 때 다시 약물을 소지한 것이 확인되어 치료를 받으라는 법원의 명령을 받았다.

로리의 학교 기록에 따르면, 그는 평균적인 수준의 지능을 가지고 있으며 특정한 학습장애는 보이지 않았다. 그의 외모는 매우 매력적이고 호감을 주는 편이었다. 그는 미소를 지으면 귀여운 인상으로 보였으며, 눈이 예쁘고, 대화를 나눌 때 상대방이 편하게 느끼게끔 하였다. 로리는 아일랜드계 미국인 가정에서 8명의 형제 중 막내로 태어났으며, 바로 위의 형제보다 다섯 살이 더 어렸다. 그의 부모는 은퇴한 상태이며, 이미 나이가 60대였다. 로리의 아버지인 오말리는 집배원으로 일했었으며, 로리의 엄마는 양로원에서 일을 하였다. 로리의 형제 중 두 명은 대학에 다니고, 4명은 이미 결혼했다. 그리고 형제들 모두 스스로 벌어서 살고 있다. 형제들 중 몇 명은 고교 시절 알코올 문제가 있었다. 부모들은 자녀들에 대해 '키우기 힘들었던 아이들'이라고 말을 했다.

1회기

로리와 그의 부모는 1회기에 함께 참여하였다. 로리는 학교가 얼마나 지겨웠으며, 그의 부모가 자신에게 형제들을 닮으라며 얼마나 짜증나게 잔소리를 하는지 이야기하였다. 그리고 유일하게 재밌는 것은 친구를 만나는 것뿐이라고도 말을 했다. 오말리는 아들이 자신의 말을 전혀 듣지 않는다며 좌절감을 드러냈다. 아들이 좀 더 어리고 자신이 지금보다 신체적으로 더 건강했을 때는 아들로 하여금 제대로 행동하도록 만들 수 있었다고 한다. 그는 로리가 말대꾸하는 것을 참아 주지 않았으며, 이 때문에 로리의 엄마는 다소 힘들어했다고도 했다. 로리는 결코 집안일을 돕지 않았으며, 친척들이나 가족들과도 말을 잘 섞지 않았다. 그는 늘 기분이 가라앉아 있었다. 로리의 엄마는 가족이 평화롭게 지내지 못하는 데에 실망해 왔으며(로리와 그의 아빠는 늘 싸웠다), 당시 몸이 아파 죽어 가던 로리의 외할머니를 걱정하고 있었다. 부모 모두 자신의 몸에서 어디가 아픈지를 장황하게 이야기했으며, 그들은 자신들의 걱정을 매우 심하게 하고 있었고 부모로서의 책임감에 지쳐 있었다. 조력자는 부모가 말을 할 때 로리가 외면한다는 사실을 발견했다. 그는 무표정한 얼굴로 천장만 바라보고 있었다. 로리가 상담을 받으러 왔다 갈 때 그는 다른 가족들이 그에 대한 분노를 느끼기보다는 크게 걱정하고 있었다. (초기 단계/상담 관계 형성하기) 아마도 주변 사람들의 좌절과 우울은 지나치게 걱정하는 데서 비롯된 것 같았다. 이 회기의 마지막에 오말리가 로리를 매 회기에 데리고 오기로 약속했다(로리에게 아버지의 운전면허증을 훔쳐 쓰는 것을 중단하도록 하는 계획의 일부분). 그동안에 조력자는 약물 재활 및 학교 수업과 관련하여 지역에서 활용할 수 있는 프로그램을 찾아보기로 했다. 그리고 부모님과 로리는 학교를 대신해서 참여할 수 있는 대안 프로그램을 찾아보기로 했다.

2회기

조력자는 로리를 따로 만나 상담 관계를 형성하고, 즉각적인 재활치료와 교육 계획을 시작하였다. 2회기 동안, 로리는 형제들과 나이 차이가 많이 난다는 것, 또한 자신의 친구의 부모님들은 모두 나이가 젊은데 자신은 그렇지 않은 것이 얼마나 힘든지에 대해 말을 하였다. 그리고 형들마저도 자신들의 친구들로부터 동생이 얼마나 나쁜 짓을 하고 다니는지에 대해 얘기를 들었기 때문에 형들도 부모님 편에 서 있었다. 따라서 자신을 이해해 주는 이들은 친구밖에 없었다고 말을 하였다. 그는 자신이 마라화나를 매일 피며, 학교 가기 전, 학교에서도, 방과 후에도 계속 핀다고 보고하였다. 그는 마리화나를 피다가 잡혀서 학교 밖으로 쫓겨나게 된 것은 아무렇지 않아 하는 것처럼 보였다. 그러나 그는 도움을 받는 것 자체에는 관심을 가졌으나, 스스로에 대해 무엇인가 책임감을 가져야 한다는 사실에는 당황하는 것처럼 보였다. 그의 행동은 매사에 심드렁하고 우울해 보였다. 조력자는 로리가 위기를 직면할 때마다 어떻게 생각하고, 문제를 해결해 왔는지의 과거 패턴을 알아보고자 하였다. (문제를 명료화하기) 그리고 가족에 대한 감정, 지지받고 싶은 마음에 대해 이야기 나누었다. 이 단계에서 로리는 자신의 문제에 대해 책임감을 받아들이지 않는 것처럼 보였고, 약물이나 다른 것들을 사용하여 기분을 좋게 하는 것에만 관심이 있었다.

3~5회기

(상담 관계를 형성하고, 문제를 깊이 탐색하며, 가능한 상담 목표를 수립하기) 3~5회기의 초점은 로리로 하여금 상담 관계에 적극적으로 참여하도록 함으로써, 자신의 삶에서의 결정을 보다 능동적으로 하게끔 하는 것이었다. 이 동안에 그와 그의 부모님은 로리가 참여할 만한 프로그램을 운영하는 곳들을 방문해 보았으며, 학교에 가지 않는 낮 시간동안 그가 시간을 어떻게 보내고, 어떻게 외출을 하는지에 대해 가족 간 약속을 정하였다.

로리는 약물 재활 집단에 참여하는 것에 동의하는 한편(징계 내용에 포함되는 것이었음), 자신을 도와줄 수 있는 사람들과의 만남을 유지하기로 했다. 그는 집에서 가족들과 덜 다투게 되었다고 보고하였으며, 5회기 끝날 때쯤 (조력 관계의 구조화 및 계약 수립하기) 조력자와 몇 가지 목표를 가지고 노력하게 되었다. 그것은 ① 보호관찰 모임에 정기적으로 참여하기, ② 약물 재활 집단에 정기적으로 참여하기, ③ 대안 학교 프로그램에 참여하기, ④ 조력자를 주기적으로 만나기였다. 조력자는 부모님 동석 없이 가까이 살고 있는 형제들과 상담실에 같이 오라고 제안하였는데, 이에 로리는 관심을 보였으며, 그가 나서서 약속을 잡기도 했다. (전략을 계획하기) 이때가 로리가 처음으로 상담 과정에 진정으로 참여한 때였다. 행동 계약이나 게슈탈트식의 대화법, 인지적 재구성, 현실치료 질문방법 등의 전략도 함께 활용되었다. 예를 들어, 로리는 담배를 피우고 싶을 때 잠시 그 행동을 멈추고, 스스로에게 두 가지 질문을 던지도록 하였다. ① 내가 지금 무엇을 하고 있는지 스스로 인식하고 있는가? ② 이 행동이 나에게 과연 최선인가?

6회기

이 회기에서는 조력자와 로리가 함께하는 전략을 계획하는 회기의 일환으로 로리가 대안 학교 프로그램을 신청할 때 제출할 서류들을 준비하고 면접을 대비하는 연습을 함께 하였다. 6회기의 말미에는 오말리가 상담실에 들어와, 최근 집에서 어떠한 변화가 나타나고 있는지에 대해 말해 주었다. 그동안 늘 오말리는 로리의 상담 시간 동안 차에 앉아 기다리고 있었다. 오말리는 집에서 다툼이 적어졌다고 얘기했고, 로리가 지나치게 오랜 시간 이어폰을 꽂은 채 침대에 누워 음악을 듣고 친구에게 문자를 보내는 것이 여전히 걱정스럽지만, 로리에게 이를 덜 표현하게 되었다고 말하였다. 그러나 로리의 엄마는 여전히 걱정을 많이 하고 있다고 덧붙였다. 로리는 오말리에게 형들과 함께 상담을 받을 것이라고 얘기했다. 이에 대해 오말리는 좋은 생각이라고 여겼으며, 자신과 아내가 함께하지 못하는 것에 크게 개의치 않아 보였다.

7회기

(전략을 실시하기) 로리의 형제들이 상담에 함께 참여한 매우 중요한 회기였다. 상담을 시작할 즈음에 로리는 매우 긴장되어 보였고 앞으로 벌어질 일들을 경계하는 듯 보였다. 조력자가 각각의 형제들에게 본인이 가족들 안에서 성장해 가는 것이 어떤 것이었는지, 또 문제가 생겼을 때 이를 해결해 나갔던 것들에 대해 생각나는 바를 로리와 나누어 보라고 제안하자, 로리는 좀 더 긴장하는 듯 보이면서도 대화에 흥미를 가지고 참여하려고 했다. 1시간 30분의 시간이 지나는 동안, 형제들은 서로의 걱정을 솔직하게 표현하고, 로리를 위해서 할 수 있는 것들을 나누었으며, 마지막으로 함께 껴안은 것으로 감동적인 회기를 마무리하였다. 로리는 미소를 지으며 상담실을 떠났으며, 그 어느 때보다 행복해 보였다. 이 회기의 목적은 두 가지였다. ① 로리의 어려움을 더 큰 가족

체계의 맥락 속에서 이해하도록 하는 것과 ② 로리에게 지지와 모델링을 제공하는 것이었다.

8~30회기

(전략을 실시하기) 로리는 대안 학교 프로그램에 참여하게 되었고, 프로그램에 참여하며 약속한 것들(매일 출석하며, 약물을 하지 않으며, 숙제를 다 해 오는 것)을 지켜 나갈 수 있었다. 로리가 참여하는 프로그램은 소규모의 구조화되고 개별적으로 계획되어 제공되는 프로그램으로 로리가 다닌 고등학교에서 몇 마일 떨어진 지역 대학 캠퍼스에서 운영되는 것이었다. 처음에 로리는 고등학교 친구들과 다시 어울리고 싶어서 고등학교로 돌아가려고도 했는데, 학교 징계 관리자가 로리에게 학교에 나오지 못하도록 하였다. 점점 그는 자신에게 그다지 좋은 영향을 주지 못하던 친구들과 멀어지게 되었다. 그는 갑작스럽게 이루어지는 약물 검사를 걱정하였고, 약물을 계속할 경우 정말로 감옥에 갈 수 있다는 점을 심각하게 두려워해 약물을 하지 않으려 노력하였다. 이 회기동안, 로리는 조력자와 좋은 상담 관계를 형성해 나갔다. 그는 조력자에게 보여 주기 위해 학교에서 하고 있는 것들을 상담실에 가져오기도 하고, 그의 가족과 친구들에 대해서도 더 자세히 대화를 나누었다. 인간중심 치료와 인지행동 치료 전략이 주로 활용되었으나, 때때로 로리의 자기이해를 촉진하기 위해 게슈탈트 대화법도 활용되었다. 그는 대안 학교 프로그램에서 새로운 여자 친구를 사귀게 되었으며, 각자가 프로그램 규정을 더 잘 지킬 수 있도록 독려하는 역할을 하였다. 그는 형들과 더 자주 만났고, 부모님의 건강과 가족 문제에 대해 더 관심을 기울이게 되었다. 이 회기들의 많은 시간은 고교를 졸업한 이후의 삶을 계획하는 데 활용되었다. 그의 여자 친구가 임신을 하고 아이를 출산하기로 결정하자, 그는 책임감 있게 반응하였으며, 조력자에게 자신이 도움받을 수 있는 자원과 정보에 대해 물어보는 데 많은 시간을 할애하였다. 그는 임신에 대한 책을 읽었으며, 여자 친구와 함께 산부인과에 다녔고, 돈을 모으기 위해 방과 후 일할 수 있는 직장을 찾고는 창고형 매장에서 일을 하게 되었다. 로리의 부모님은 가족 상담 회기에서 임신에 대해 때때로 당황스러움을 표현하기도 했지만, 로리의 책임감 있는 행동과 로리의 여자 친구를 가족의 일원으로 받아들이는 데에는 지지적이었다. 로리의 형들이 로리를 도와주기로 한 이후로, 로리는 형들을 더 이상 기다리지 않고, 먼저 형들을 찾아가 만나기 시작했다.

의사결정과 정보 수집, 실천 계획 수립을 위해 다양한 상담 전략이 활용되었다. 로리는 졸업을 앞둔 4월에 해병대에 입대하기로 결정하였다. 그는 약물 관련 기록 때문에 해병대 입대가 불가능한 상황이었으나, 운이 좋게 입대하였다. 매우 지지적이고 따뜻한 모병 담당자를 만난 덕에 입대가 가능했다.

31~40회기

(상담 효과 평가하기/종결하기) 이 회기는 로리의 고등학교 졸업식과 해병대 입대 사이의 기간에 이루어졌다. 로리는 돈을 모으고 있었으며, 아이의 출산에 맞춰 해병대 기초훈련을 끝내고 집에 돌아올 수 있게 되기를 바라고 있었다. 그리고 자신이 군대 생활과 직업을 갖게 된다는 사실을 기대하고 있었다. 그는 그의 불안에 대해서도 얘기하고, 처음으로 집에서 멀리 떨어지는 것에 대해 어떤 느낌이 드는지도 함께 나누었다. 군대 입대 전 자신의 몸을 더 건강하게 만들기 위해서도 노력하였다. 그가 자신을 바라보는 자기상이 변화하였으며, 조력자 그리고 가족들과 작별하는 것을 역할극을 통해 미리 다루었다. 로리는 현재의 자신과 자신의 변화에 대해 매우 긍정적으로 느꼈으며, 이제는 더 이상 자신이 다른 사람에게 쉽게 영향을 받지 않을 것임을 알고 있었다. 그는 예전보다 부모님을 긍정적으로 이해했으며, 부모님이 자신의 여자 친구와 아이를 잘 돌보아 줄 것이라고 믿었다. 실제 종결되는 회기는 매우 슬펐고, 조력자와 로리 사이에 많은 감정이 오고 갔다. 또한 로리에게 도움이 되었던 의사결정과정 및 문제해결 단계의 구체적인 방법들을 다시 되돌아보는 시간도 가졌다.

3개월 후 추수 상담 회기

3개월 후 추수 상담은 로리가 아이의 출산에 맞춰 집으로 돌아왔을 때에 이루어졌으며, 전화로 진행되었다. 그는 군대에서 잘 적응하고 있다고 보고하였으며, 여전히 약물은 하지 않고, 좋은 친구들도 사귀었다고 말하였다. 현재 가장 집중하고 있는 것은 여자친구와 아이이기 때문에 군대에서 시간이 날 때마다 집으로 이메일을 보낸다고도 말하였다. 그는 군대에서 집이 그립긴 했으나, 생각보다 많이 바빴고, 또 미리 두려워했던 것보다 힘들지는 않았다고 말했다. 그는 1년 안에 결혼식을 할 수 있을 만큼의 돈을 모을 수 있게 되길 바란다고도 하였다.

2년 후 추수 상담 회기

아프가니스탄으로 떠나기 전 로리는 집으로 돌아왔으며, 조력자와 만나기를 요청하였다. 그는 조력자에게 오랜 시간 옆에서 함께 있어 준 것에 대해 고마움을 표현하였고, 혹시 자신이 해외에 있는 동안 자신의 아내가 조력자를 만나러 왔으면 한다고 부탁하였다. 로리는 군대에 남아 있기를 원하며, 군대의 체계나 군대에서 제공하는 기회가 자신에게 잘 맞다고 얘기하였다. 그리고 그는 군대 생활을 하면서 자신이 매우 잘하고 있고 에너지도 넘치는 것 같다고 말하였다. 그는 이제 의미 있게 시간을 보내고 있다.

이 사례에는 개인 상담과 가족 상담 회기가 모두 포함되어 있었다. 체계적 관점에서 조력자는 로리가 가지고 있던 가족, 학교로부터의 지지 및 체계에 대한 요구를 이해하였으며, 로리가 가족들과 관계 맺는 방식을 변화시키도록 도왔다. 지속적인 지지와 실제적인 기술 습득을 통해 로리에게 중요한 목표였던 ① 고등학교를 졸업하고, ② 약물 의존에서 벗어나는 것이 성공적으로 이루어졌다. 여자 친구와 아이의 생계를 책임져야 하는 것이 위기였을 수도 있지만, 그가 자신의 힘을 알아차리고 기술을 발전시키는 과정이 그로 하여금 미래를 대비할 수 있도록 하였다.

전반적인 상담 경험이 로리에게는 긍정적으로 작용하였는데, 이는 그가 충분한 지지를 제공할 수 있는 가족과 여러 가지 도움을 받을 수 있는 지역사회에 거주하고 있었으며, 조력자와의 관계가 좋았기 때문이었다. 조력자에게도 역시나 좋은 경험이었는데, 로리와 그의 가족들은 자신의 어려움에 대해 적극적으로 다루는 데 주저하지 않았기 때문이다.

마사의 사례

마사는 38세로, 그녀가 아이를 가지고 싶은지 확신을 갖고자 상담실을 내방했다. 그녀는 8년 전에 결혼을 했으며, 비교적 만족스러운 결혼 생활을 하고 있다고 보고했다. 그녀는 초등학교 교사로 근무하고 있으며, 직장 생활에서도 즐거움을 경험하고 있었다. 또한 그녀의 남편인 빌은 산업체 연구실에서 근무하는 중견 과학자였다. 그들은 지금껏 아이를 가지려 시도하거나 노력한 적은 없었다. 그러나 현재 이 시점에서 상담실을 방문하게 된 것은, 마사가 정기 검진을 받을 때 그녀의 담당 의사가 만약 아이를 가질 생각이 있다면 이제는 진지하게 생각해 봐야 할 것이라고 이야기했기 때문이었다.

1회기

마사는 약속 시간보다 일찍 도착하였고, 그녀에 대해서 무척이나 이야기하고 싶어 했다. (초기 단계) 전통적인 유대인 중산층 집안에서 두 딸 중 막내로 태어났다. 그녀는 어린 시절에 언니랑 많이 다투기는 했지만, 비교적 별 탈 없이 행복했다고 말했다. 그녀가 의미 있게 얘기하는 것들은 모두 가정의 여성 중심의, 어머니에 관한 것들이었다.

그녀의 아버지는 거의 존재감이 없었으며, 마사는 그의 아버지에 대해 모호하게만 언급하였다. 마사는 그녀의 언니만큼 학업이 우수하지는 않았지만, 평균 이상의 성취를 보이는 학생이었다. 그녀는 특별한 문제가 없었으며, 쾌활한 성격이었고, 다른 사람의 말을 잘 따르는 편이었다.

그녀의 언니는 일류 대학에 진학하였으나 마사는 주립대학을 다녔고, 평균 B- 학점을 받으며 적당히 데이트도 하며 대학을 다녔다. 그녀는 졸업하는 학년에 빌을 만났으며, 졸업하자마자 그들은 결혼식을 올렸다. 그녀는 졸업 이후 4학년을 가르쳤으며, 자신이 교실을 잘 조직하고 문제없이 운영되도록 학생들을 가르치는 과정을 즐겼다고 말했다. 그녀는 자신의 부모님에 대한 거부감을 표현하였으며, 아이들을 '통제하고 훈련시킬 줄 모르는' 교사들을 무시하였다. 마사는 빌이 석사 과정을 하는 것을 뒷바라지 하였다. 그들은 현재 교외의 침실 두 개짜리 아파트에 산다. 그들이 결혼했을 때는 아이를 갖는 것에 대해 의논하지 않았는데, 이는 그들이 아이를 갖는 것에 대해서는 나중에 생각해 보기로 했기 때문이다.

마사는 빌에 대해 조용하고, 내향적이며, 외로운 사람이라고 표현하였다. 그들은 주중에는 함께하는 시간이 많지 않았는데, 이는 마사가 따로 여자들만의 모임에 참여하거나, 미술 수업이나 카드 모임에 참여하는 일이 많기 때문이었다. 그러나 토요일 밤에는 늘 함께 시간을 보내고 외출을 하기도 하였다. 일요일에는 근처에 사는 가족을 방문하였다.

마사는 아이를 갖는 것에 대해 생각해 보라는 의사의 말에 충격을 받았다. 그녀는 아이에 대해 고민을 해야 한다는 생각 자체가 전혀 없었다. 그녀의 친구가 상담을 받길 권유하였고, 그녀는 그 제안을 받아들였다.

<조력자 메모>

마사는 매력적이고 똑똑하며 매우 솔직하게 말을 하는 편이다. 그녀는 빠르고 자기중심적으로 말을 하는 편이고, 거의 모든 문장이 '나는'으로 시작한다. 회기가 끝날 시간이 되었을 때 빌에 대해 물었는데, 그녀는 진심으로 놀란 듯 보였다. 그녀는 빌이 아이를 갖는 것에 대해 어떻게 느끼는지를 모르고 있었고, 남편과 대화를 나누기 전에 자신이 원하는 바가 먼저 확실해져야 한다고 생각하고 있었다. 그녀는 남편이 상담에 함께 하는 것을 원하지 않았고 그녀 혼자 상담에 참여하고 싶어 했다.

2회기

마사는 이번에도 일찍 도착했으나, 다소 기분이 가라앉아 보였고, 말하는 속도도 느려져 있었다. 그리고 좀 더 자기성찰적이었다. (문제를 명료화하기) 그녀는 자신의 8년간의 결혼생활에 대해 얘기했는데, 마치 여성 잡지의 기사 내용을 말하듯이 감정이 거의 섞이지 않은 톤으로 이야기하였다. 그녀는 남편과 자신의 관심사가 다른 것에 대해서도 말하였다. 그녀는 바쁘게 생활하길 좋아하고, 항상 완벽하게 일을 해내며, 사람들과 함께 시간을 보내는 것을 좋아한다고 말하였다. 빌은 추리소설을 읽거나 텔레비전을 보고 게임을 하며 시간을 보내는 것을 좋아한다고 하였다. 둘 다 집에 있는 저녁 시간에는 남편은 주로 게임을 하거나 인터넷을 뒤지고, 그녀는 학생들이 쓴 글을 읽거나 바로잡는 일을 한다고 하였다. 그녀는 자신의 학생들에 대한 기대가 매우 높은 편이며, 학생들이 쓴 글에 대해 긴 코멘트를 달아 주는 편이라고 하였다.

조력자와 그녀는 아이를 갖는 것에 대한 느낌을 나누었다. 그녀가 아는 사람들 중 아이를 가진 사람들은 모두 행복하지 않다고 보고했다. 그들은 일을 많이 해야만 했다. 그녀는 아이를 가지는 것이 곧 덫에 걸리고 뭔가에 사로잡힌 느낌이었다. 그녀는 가르치는 일을 포기하기 싫어했다. 하지만 그녀는 자녀가 어릴 때 일을 하는 것을 바라지는 않았다. 그것은 마치 짐처럼 느껴졌다. 아이를 갖는 것에 대해 유일하게 긍정적으로 여겨지는 것은 '그것이 해야 할 일'이라는 것과 '부모님을 기쁘게 할 일'이라는 점뿐이었다. 그녀는 빌에 대해서는 크게 개의치 않았다. "그는 제가 행복하길 원할 거예요."라고 말하였다.

이 회기는 마사가 1주일간 아이를 갖는 것에 대해 드는 생각, 감정 그리고 관찰한 바를 기록해서 다음 상담 시간에 가져오는 것으로 합의하는 것으로 마무리되었다.

<조력자 메모>
그녀가 상담에 온다는 사실이 아이를 갖는 것에 대해 느끼는 감정에 긍정적인 감정이 존재한다는 유일한 행동적 증거이다. 밝아 보이는 겉모습 이면에는 분노와 두려움이 존재하는 것으로 보인다.

3회기

마사는 자신의 양가감정이 드러난 일주일간의 기록을 보여 주었다. (문제를 명료화하기) 그녀는 만약 아이를 갖지 않기로 했을 때 나중에 후회하지 않을까 걱정했으며, 다른 한편으로는 그녀에게는 많은 '해야만 하는 일'이 있었고, 그녀는 이런 해야만 하는 일들에 대해 두려워했다. 예를 들어, '주변에서 아이를 낳는 것을 기대하기 때문에 나는 아이를 가져야 해.' '만약 내가 아이를 가지면, 그들은 완벽해야만 해.' '만약 내가 아이를 갖는다면, 나는 가르치는 일을 그만두고 집에 있으면서 완벽한 엄마가 되어야만 해.' 같은 것들이다. 조력자와 마사는 그녀가 가진 이러한 신념에 대해 많은 시간 대화를 나누었다. 그리고 이러한 신념이 마사에게 무엇을 의미하며, 그 아래 어떠한 감정이 있는지에 대해 얘기했다. 그녀는 자신의 감정을 경험하는 것을 어려워했다. 그녀는 감정에 대해 얘기할 수는 있었지만 경험하는 것은 어려워했다.

(조력 관계의 구조화 및 계약 수립하기) 조력자와 마사는 매주 한 번씩, 추가로 7회기를 더 진행하며, 어느 정도까지 진행되는지를 보기로 결정했다. 마사는 일기를 계속 쓰는 것에 동의하였으며, 조력자가 추천하는 책들을 읽기로 했다.

<조력자 메모>

천천히 그러나 확실히 그녀는 좀 덜 경계하고 점점 더 편안해지고 있다. 그녀는 나에게 강한 인상을 주려고 예전만큼 노력하지 않으며, 자신의 성취나 활동에 대해서도 덜 이야기하게 되었다. 그리고 오늘 그녀는 한 학생에 대한 진짜 그녀의 감정(연민)을 표현하였다.

4회기

(문제를 심층적으로 탐색하기) 그들은 마사가 가진 신념이 어디에서 비롯되었는지, 그리고 아동기의 경험 중 어떤 것들이 그러한 신념을 강화시켰는지에 대해 이야기하였다. 그녀는 어머니가 자신에게 언니만큼 잘 해내길 기대하며 더 열심히 하라고 했을 때를 언급하며, 분노를 느끼기 시작했다. (전략을 실시하기) 조력자는 게슈탈트 기법을 활용하여 그녀의 분노를 충분히 경험하도록 하였으며, 그녀는 한 번의 시도 만에 아주 잘 해 냈다. 마사는 조력자가 추천한 책을 읽기 시작했다고도 얘기하였다.

5~6회기

(조력 목표에 대해 나누기) 조력자와 마사는 아이를 가지는 문제보다는 마사가 자신에 대해 느끼는 감정과 스스로를 어떻게 이해하고 있는지에 초점을 맞추기로 결정하였다. (상호 합의하여 조력 목표 결정하기) 아이를 가질지 말지를 결정하기 전에 마사 자신에 관해 다루어야 할 것이 훨씬 많다는 것이 점점 더 분명해졌다. 마사는 자신이 스스로를 좋아하지 않으며, 많은 성과나 빠른 말 뒤에 진짜 자신을 숨기고 있다는 사실을 인정했다.

<**조력자 메모**>

그녀는 다소 불안해 보이기는 했지만, 더 이상 완벽해질 필요가 없다는 사실과 자신이 여기서 느끼는 것을 자유롭게 표현하고 말해도 된다는 점에서 이완되어 보였다.

7~10회기

(전략을 계획하기) 이 회기들에서 조력자는 마사가 자신의 감정과 신념에 접촉하고 이해하는 것을 돕기 위해 합리적 정서치료 기법과 게슈탈트 기법을 어떻게 활용할 수 있을지에 대해 안내하였다. 그녀는 이 같은 기법의 활용에 동의하였고, 어렵지 않게 게슈탈트 대화법, 심상법 등을 해냈다.

마사는 9회기에 가족들에 대해 자신이 느끼는 분노를 표현하였다. 그녀는 이제야 자신이 가족들에 대해 생각하거나 말할 때마다 분노를 느낀다는 사실을 알아차렸다. (전략 실시하기) 조력자는 분노를 느껴도 괜찮으며 분노를 솔직하게 느낌으로써 그것을 극복할 수 있게 된다고 알려 주었다. 상상의 엄마를 대상으로 대화를 이어 나가는 과정에서 마사의 분노가 그녀의 아버지와 빌에게까지 표출되었다. 그녀는 그들을 '수동적인 사람'으로 보았고, '존재감이 거의 없는 사람'으로 느꼈다. 조력자와 마사는 남은 9회기의 시간과 10회기 동안 마사가 가진 남자에 대한 분노 감정을 다루었다. (재계약하기) 10회기의 마지막에, 그들은 추가로 5회기 상담을 더 진행하기로 결정하였다.

11~14회기

그들은 마사로 하여금 열심히 노력해야만 한다고 믿게 만든 초기 각본 결정과 분노를 집중적으로 다루었다.

(전략을 실시하기) 각각의 회기는 다음 회기까지 해야 할 행동적 약속을 하는 방식으로 끝맺음했다. 예를 들어, 빌에게 구체적인 감정을 표현하기 혹은 재미있고 즐거운 일을 하기 등이다. 13회기 이후의 과제는 마사와 빌이 매주 일요일마다 가족들을 더 이상 방문하지 않고 자신들만의 시간을 보내겠다고 말하는 것이었다. 14회기에 마사는 무척이나 즐거워했다. 그녀는 빌과 정말 즐거운 하루를 보냈으며, 처음으로 진짜 대화다운 대화를 했다고 보고하였다. (조력 결과 평가하기) 그녀는 빌이 자신을 걱정하고 배려하며, 그녀에게 달리기를 그만두고 자신에게 좀 더 관심을 기울여 줄 것을 바라는 말을 하고 행동을 한다고 말하였다. 예전에는 이런 것에 귀를 기울이지 않았겠지만, 지금은 그렇지 않다고 했다.

상담을 하기로 한 마지막 회기가 다가왔다. (종결하기) 마사는 자기 자신으로 존재할 수 있게 되었다고 말을 하며, 다음 몇 달간 그녀는 남편과 함께 아이를 가질지 여부를 결정할 수 있을 것 같다고 말했다. 그녀는 어떤 결정을 내려도 둘 모두에게 큰일이 생기지 않을 것이라는 사실을 알게 되었다고 말했다. 그리고 그녀는 아이를 키우며 행복해하는 사람들을 볼 수 있게끔, 관점을 좀 더 균형 있게 만들 수 있을 것 같다고도 말했다.

3개월 후 추수 상담 회기

마사는 전화를 통해 아직 아이를 가질지 여부에 대해서 최종적인 결정을 내리지 못했지만, 결정을 내려가고 있는 과정이라고 말하였다. 그녀는 자신이 가지고 있던 어리석은 믿음을 반박할 수 있게 되었고, 좀 더 편안하게 빌과 함께 시간을 보낼 수 있게 되었다고도 말하였다. 그녀는 조력자에게 자신의 학생들이 최근 교실 활동에서 얼마나 재밌는 모습을 보였는지를 말하며 크게 웃었다. 그녀는 언젠가 상담실에 남편과 함께 와서 상담을 받고 싶다고도 얘기했고, 아직 다룰 만한 주제가 좀 더 있다고 하였다.

당신은 읽기치료(읽기 자료를 숙제로 내주는 것)와 매주 숙제를 내주는 것에 대해 알고 있을 것이다. 이러한 행동적 전략은 회기 내에서 사용된 다양한 전략과 함께 효과적으로 활용될 수 있다. 이 사례에서는 내담자가 의사결정을 하도록 밀어붙이기보다는, 현재 문제의 아래에 있는 진짜 문제를 탐색해 볼 수 있도록 하였다.

지훈의 사례

대학에서 화학을 전공한 지훈은 23세 때 미국으로 건너온 한국 출신 남성으로 34세의 학자이다. 미국 남서 시골 지역에서 대학을 다닐 때 그의 학교 학생의 대부분은 백인이었고, 그는 다른 학생들로부터 유리되고 소외된 경험을 했다. 기숙사, 강의실, 실험실 어디에서나 그는 인종적으로도, 종교적으로도 '다른 사람과 다른' 유일한 사람이었다. 자연스럽게 그는 자신과 비슷한 배경을 가진 한 명과 시간을 함께 보내게 되었으며(열 살 연상의 여자, 이름은 민서이며 한국의 다른 지역 출신이었다. 그녀는 영양 관련 학과의 실험실 매니저 역할을 하고 있었다), 그는 빠르게 그녀와의 관계에 몰두하게 되었다. 그들은 가족들의 축복하에 결혼식을 올리게 되었으나, 1년간의 결혼 생활 이후 각각 10년을 다문화적이며 학생 수가 많은 다른 중서부 지역 대학에서 학생들을 가르치며 살게 되었다. 지훈은 결혼 생활에서의 불만족감에 대해 동료와 얘기하다가, 동료가 학교 상담 센터에서의 상담을 제안하며 상담을 받게 되었다. 그는 특별히 여성 조력자를 요청하였다. 상담을 받는다는 것은 그의 가족이나 문화적 배경에서는 다소 받아들이기 어려운 일이었기에, 그에게는 용기를 낸 일이었다.

1회기

(초기 단계, 상담 관계 형성하기) 지훈은 상담 시간보다 일찍 왔으나 말수가 적었다(머뭇거리면서 말을 하거나 말 사이에 침묵하곤 함). 그러나 그는 자신의 근심을 명확하게 표현할 수 있었다. 그의 외모는 매력적이었으며, 자신의 직업적 삶에 대해 자신감과 만족감을 드러냈다. 상담에 온 이유는 40대 중반이 된 민서가 여전히 일에만 몰두하고 있다는 사실에 회의감이 들었기 때문이다. 그들이 결혼을 했을 때 아이를 갖는 것에 대해 얘기한 적 있고, 그들은 동등한 파트너라는 사실도 확인하였다. 그러나 그는 수년간 부부관계가 전혀 없었으며, 민서가 재정 계획을 세우거나 재무 관리를 함께 하는 것을 거부하고 있으며, 그녀가 자신의 삶을 그가 책임져 주길 원하며, 그녀를 위해 필요한 모든 것을 그가 해내길 바란다고 말했다. 그는 그녀의 아내로부터 어떤 것도 돌려받지 못하고 있는 것같이 느꼈다. 물론 자신이 미국에 적응하는 초기 몇 년간 그녀가 자신에게 많은 위로가 되었음을 고려함에도 그러했다. 조력자는 공감적으로 그의 이야기를 경청하며, 그가 이야기를 이어 나갈 수 있도록 때때로 고개를 끄덕였다. 회기가 끝나기 전, 그녀는 교직원들은 상담 센터에서 무제한으로 회기를 이어 나갈 수 있다는 사실을 안내하였으며, 6주간 1주일에 1번씩 만나고, 6주 후에 상담의 성과를 평가해 보는 것이 어떻겠냐고 제안하였다. 그녀는 지훈에게 한 장의 종이를 주었는데, 종이를 접어서 왼쪽에는 결혼 생활의 장점을, 오른쪽에는 결혼 생활의 단점을 적어 보도록 하였다. 그리고 종이를 뒤집어서 다시 왼쪽에는 이혼을 했을 때의 장점과 오른쪽에는 이혼을 했을 때의 단점을 적도록 하였다. 지훈은 이에 동의하였고, 다음 회기를 진행할 시간을 정했다.

2~5회기

(상담 관계를 발전시키고, 현재 문제를 탐색하며, 상담 목표를 명료화하기) 지훈은 상담실에서 좀 더 편안하게 말을 하게 되었다. 그는 결혼에 대한 한국의 전통적 관점과 서구의 관점의 차이를 설명하기 시작했다. 그는 자신 주변의 미국인 동료들의 평등한 결혼 생활을 부러워했다. 그는 지난주에 내준 과제를 가져왔고, 자신의 생각을 적는 것이 상황을 좀 더 명료하게 보는 데 도움이 되었다고 말했다. 그의 부모는 지훈의 결혼 생활

에 대해 어떻게 생각하는지 묻자, 지훈은 그의 부모가 미국에 한 번도 온 적이 없으며, 그가 한국 여자와 결혼했다는 사실을 반겼으나 아직 아이를 갖지 않고 있다는 사실에 실망하고 있다고 말했다. 결혼 초기에는 그는 부모님에게 아이를 가지는 것에 대해 생각하고 있다고 말하곤 했지만, 아내의 나이가 너무 많아진 지금에는 어머니가 임신에 대해 이야기를 꺼내면 그 화제를 피하곤 한다고 했다. 그러면서 그는 자신이 얼마나 어머니와 아내에게 늘 좋은 사람이었는지에 대해 말하였다. 그는 군대에 일찍 입대한 형보다 자신이 어머니와 훨씬 가까웠다고도 말했다. 이 시점에서 조력자는 지훈에게 여자를 기쁘게 하는 것이 삶에서 중요한 가치를 가진 일인지를 물어보았다. 잠시 침묵한 그는 아마도 그럴 수 있다고 답하였다. 조력자는 지훈에게 어떤 이유로 여성 조력자를 특별히 요청했는지 물어보았다. 지훈은 남자들은 감정에 대해 잘 이야기하지 않고, 남자 조력자에게는 판단받거나 평가받는다는 느낌이 들 것 같았다고 말했다. 그는 자신의 형과 아빠, 그리고 한국의 다른 남자들과 스스로가 다르다고 느꼈다고 말했다. 그들은 자신이 하는 일에 크게 고민을 하지 않는다. 형이나 주변 또래들이 스포츠나 다른 활동에 몰두할 때, 지훈은 어린 시절 어머니를 기쁘게 하기 위해 공부를 열심히 했다. 하지만 지금의 그는 자신이 태어난 나라의 문화에서 느끼는 불편감뿐만 아니라 그로부터 벗어나는 것이 일으키는 감정을 제대로 다룰 만한 준비가 되어 있지 않다는 사실을 알아차렸다. 그들은 아버지와 지훈의 소원한 관계에 대해서도 이야기를 나눴다. 지훈의 아버지는 집에 계시는 시간이 거의 없었고, 어머니가 아닌 다른 여자와 함께하곤 했다. 그의 부모님은 늘 다퉜으며, 지훈은 어머니의 고통을 더해 주지 않기 위해서는 좋은 아이가 되어야만 한다고 생각했다. 3회기가 끝날 무렵 지훈과 조력자는 상담의 목표로 지훈의 문화적 갈등 경험을 탐색하고 이해하는 것으로 잡았다. 이를 통해 그는 삶에서 좀 더 그에게 도움이 되는 결정을 내릴 수 있게 되리라 보았다. 조력자가 활용한 전략은 주로 인간 중심적 반응적 경청과 구성주의적 질문을 통해 지훈이 자신의 생각과 감정을 좀 더 잘 알아차리도록 돕는 것이었다. 그리고 그러한 생각과 감정이 자신의 정체성에 어떠한 영향을 주었는지 통찰하도록 하였다.

6회기

(상담에 활용할 전략을 계획하고, 전략의 실행을 위한 합의하기) 조력자는 6회기가 끝나기 전 상담을 지속할지 여부를 결정하기 위해 6회기까지의 상담을 평가하기로 결정했다는 사실을 지훈에게 다시 안내하였다. 하지만 그녀는 먼저 지훈이 경험하는 문화적 그리고 헌신과 관련된 갈등—정체성 혼란과 죄책감—을 좀 더 잘 자각하는 데 상담의 초

점을 두길 제안했다. 조력자는 지훈의 감정과 생각을 인정하고 타당화한 것뿐만 아니라, 가족과 지역사회의 요구가 더 중요한 고맥락의 문화와 개인의 자율성을 더 중요하게 여기는 서구의 저맥락의 문화 간의 차이가 혼란과 충격을 줄 수 있다는 사실을 지적하였다.

조력자는 지훈과 함께 인지적-정서적 탐색 기법, 과제, 협력적 문제해결 접근법을 활용하여 지훈의 가치와 선택 그리고 자신이 원하는 일은 무엇인지를 확인하도록 하였다. 또한 그녀는 부부 상담으로 의뢰할 수 있다는 사실을 안내하며, 부부 상담이 부부 간의 사이를 더 좋게 만들거나 혹은 좀 더 긍정적인 방식으로 이별하는 데 도움이 될 것이라고 얘기하였다. 그러나 지훈은 당장은 혼자서 상담을 받고 싶으며, 이 상담을 통해 많은 것을 얻고 있다고 말하였다. 특히 상담을 통해 그 전에는 자각하지 못했던 생각과 감정을 인지하게 된다고 말했다. 그들은 봄학기에도 상담을 지속하기로 결정하였다.

7~11회기

(전략을 실시하기) 지훈은 상담에 적극적으로 임했으며, 놀라울 정도로 새로운 통찰을 계속 얻어 나가고 생각의 방식을 바꾸어 나갔다. 그는 자신이 현재 가지고 있는 가치관은 한국의 전통적 가치관보다는 미국 문화의 것과 더 가깝다는 사실을 알아차렸다. 그는 주변 친구나 동료와 마찬가지로 동등한 파트너로서의 부부 관계를 원했으며, 아내와 함께 사회 활동을 하고, 함께 고민도 나누며, 즐거운 경험을 하길 바랐다. 그는 자신의 아내나 다른 사람의 반대로부터 자유로워지길 원했다. 특히 여기에는 그의 부모님이 포함되었다. 그리고 자신의 생각과 감정을 정확하게 표현하였다. 그는 조력자와 함께 역할 연습을 통해 자신이 스스로의 바람과 기대를 정확히 표현하기 어려운 지점이 어디인지를 확인하였다. 지훈은 조력자의 격려에 힘입어 민서와 함께 앉아 대화를 시작했다. 결혼 생활에 대한 자신의 고민을 나누며, 결혼 생활에 대해 무엇을 원하는지를 얘기했다. 민서는 지훈에게 그가 남동생처럼 느껴진다고 말하며, 이제 부부가 각자의 길을 가야 할 때가 아닌가 싶다고 이야기했다. 그녀는 지훈과 그의 친구들과 어울리기보다는 지훈과 헤어져서 혼자가 되어 자유롭게 연구실에서 일하길 원한다고 말했다. 물론 그녀의 부모님은 받아들이기 어려워하겠지만, 민서는 지훈과 헤어지는 일에 대해 확신을 가지고 있었고, 부부 상담을 받고 싶어 하지 않았다. 지훈은 죄책감을 표현했으며, 그의 아내가 혼자서 잘 살아갈 수 있을지 걱정된다고도 말했다. 11회기에서는 다른 사람의 기대를 채우고 만족하게 하려는 지훈의 특성에 초점을 맞추었다. 조력자는 이별이 지훈의 아내에게는 자신의 요구를 더 성공적으로 만족시키고 남편에게 의존

하지 않고 삶의 목표를 이뤄 나갈 좋은 기회가 될 수 있음을 알려 줌으로써 인지적 재구조화를 시도하였다.

12회기

(조력의 효과 평가하기) 봄 학기도 수 주가 지났기에, 조력자는 지훈에게 상담 과정에 대해 어떻게 느끼는지, 그리고 다음 단계는 어떠했으면 좋겠는지에 대해 물어보았다. 지훈은 아내와 헤어졌으며, 그는 편안함과 안도감을 느끼고, 죄책감이 좀 더 참을 만해졌다고 말했다. 그는 문화적 차이를 조정하고 균형을 맞추는 방법을 알게 되었다고도 보고하였다. 놀랍게도, 그의 부모는 이혼을 하겠다는 자신의 결심을 지지하였다. 지훈은 여름방학 동안 한 달간 한국의 가족 집을 방문하기로 했다. 또한 자신에 대해 좀 더 잘 이해하고, 결혼 생활을 지속할지 여부에 대한 결정을 내리자는 상담 초기에 정한 목표를 정한 것 같다고도 말했다. 그들은 2회기를 추가로 더 진행하며 상담 종결 준비 및 종결을 진행하기로 하였다.

13~14회기

(종결하기) 회기를 진행하면서 지훈과 조력자는 상담 과정을 돌아보며 그들이 달성한 결과를 구체적으로 확인하였다. 조력자는 지훈이 좀 더 자신감이 있어졌고, 더 개방적으로 변했으며, 자신의 감정과 생각에 접촉하는 것을 확인하였다. 그는 다른 사람을 기쁘게 하려는 자신의 특성을 알아차렸으며, 결정을 내리기 전에 결정으로 얻어질 장점과 단점을 확인하는 의사결정의 기술을 활용할 수 있게 되었다. 그리고 현실치료를 통해 습득한 두 가지 주요 질문을 활용할 수 있게 되었다. – '나는 지금 내가 무엇을 하고 있는지 알고 있는가?' 그리고 '나와 여기에 관련된 다른 사람을 위해 무엇이 최선인가?' 이 두 가지 질문은 삶 속에서 경험하는 사건들에 좀 더 효율적으로 반응하는 데 도움이 되었다.

15회기

(추수 상담하기) 지훈은 가을 학기가 시작한 달에 추수 상담을 하기로 미리 예약을 잡았으며, 약속대로 상담을 진행하였다. 그는 한국에 있는 동안 처음으로 아버지와 미국에서의 생활과 가족과의 관계에서 느끼는 생각이나 감정을 솔직하게 나누었다고 얘기하였다. 그의 어머니도 처음으로 지훈에게 사랑 없는 결혼 생활로 겪었던 힘듦을 토로하였고, 자신이 어떻게 하는 것이 좋을지 지훈에게 물어보았다. 그는 자신이 상담을 받

왔던 경험을 얘기하며, 어머니도 상담을 받아 보시도록 제안하였다. 법적인 이혼 절차는 지훈이 미국으로 돌아온 이후인 8월부터 시작되었다. 재산, 거주지 등에 대해서는 갈등 없이 모든 것을 반반 나누기로 합의하였다. 그는 자신이 이혼을 했다는 사실에 적응하는 데 시간이 다소 걸렸으며, 미래에는 좀 더 자신과 삶을 평등하게 함께 나눌 수 있는 배우자를 만나길 기대했다. 조력자는 그가 추가적인 상담을 원할 경우에도 언제든 가능하다는 사실을 안내하였다.

엘렌의 사례

엘렌은 32세로 9세, 12세인 두 아이와 함께 군사 기지에 거주하고 있다. 그녀의 남편 리드는 군인으로, 18개월째 이라크에서 근무 중이다. 그가 이라크에 배치되기 전, 부부는 크게 다투고 이혼을 고려했다. 리드는 부부 상담을 거부하였고, 부부 상담과 같은 것은 신뢰하지 않는다고 말했었다. 리드의 불같은 성질과 가끔 폭력을 쓰는 것, 엘렌이 군 기지 밖의 가족이나 친척을 만나는 것 못하게 막는 것 때문에 주로 갈등이 일어났다. 그는 엘렌이 항상 집을 깨끗하게 청소하지도 않고 집 밖에서 너무 많은 시간을 보낸다고 생각하였다. 리드가 떠나고 나서, 엘렌은 더 이상 화를 내거나 싸우지 않고 살아도 된다는 사실에 편안함을 느꼈다. 그녀는 가족과 친구들을 방문하였고, 고교 시절 사귀었던 남자친구와 다시 가까운 사이가 되었다. 그녀의 동생이 엘렌에게 군 기지 안의 상담 센터를 방문하는 것을 제안하였다.

1회기

(초기 단계, 상담 관계 형성하기) 엘렌은 약속된 시간에 딱 맞춰 도착하였다. 캐주얼한 차림을 하고 약간 긴장했다. 조력자는 그녀에게 8회기의 상담 진행이 가능하다는 사실과 비밀유지의 원칙에 대해 안내하였다. 엘렌은 자신이 리드와 헤어지고 싶은 마음은 굴뚝같지만, 남편이 양육권을 완전히 가져가고 자신은 무일푼으로 쫓겨날까 봐 걱정을 하였다(이 부분은 남편이 이라크로 떠나기 전 위협하듯이 얘기하고 갔다). 그녀는 리드가 똑똑하고 강하다고 믿었고, 남편을 두려워했으며, 스스로에 대한 자신감이 낮았다. 1회기 동안 조력자는 그녀의 성장 과정과 결혼 생활에 대한 얘기를 끌어냈다. 조력자는 엘렌의 이야기를 주의 깊게 들으면서, 그녀가 알코올 중독 가정에서 성장했으며, 그녀의 아버지가 아이들을 언어적으로 학대하고, 아내는 신체적으로 학대했음을 확인했다. 엘렌은 고교를 졸업하고서도 여전히 집에서 생활하며 조그마한 상점에 취직해서 일했다.

엘렌은 그녀가 19세이던 때에 마을에서 춤을 추다가 리드를 만났고, 그의 똑똑함과 독립적인 성격, 그리고 '힘'에 매료되었다. 그들은 만난 지 두 달 만에 결혼식을 올렸으며, 엘렌은 곧 임신했다. 그녀는 첫째를 임신했을 때 리드가 자신을 심하게 쳐서 바닥에 쓰러졌던 일이 한 번 있었다고 얘기하였다. 그녀는 얼굴을 테이블 모서리에 부딪혀 눈 주변을 꿰매야 했다. 이후 수년 동안 그는 엘렌의 얼굴은 때리지 않았지만, 상처가 눈에 띄지 않게 몸은 여러 번 때렸다. 그리고 종종 때리겠다고 위협하기도 했다. 회기가 끝날 무렵, 조력자는 남은 7번의 상담에서 초점을 맞출 상담 목표를 다음 회기에 정하는 것이 어떻겠냐고 안내하였다. 그리고 숙제로 군 기지 내의 법률 상담사를 방문하여 남편과 이혼할 때 알아 두어야 할 그녀의 권리를 확인하도록 하였다.

2회기

(상담 관계를 발전시키고, 상담 목표를 명료화하기) 엘렌은 상담 시간보다 조금 일찍 도착하였고, 조력자를 보고 미소 지었다. 그녀는 법에서는 한 명의 부모에게 부적합한 사유가 특별히 있지 않으면 양육권을 공동으로 가지도록 하는 경우가 많다는 사실을 알게 되었다고 말했다. 그녀는 또한 재산을 나누는 방식이 정해져 있다고 말했다. 엘렌은 정보를 얻게끔 안내한 조력자에게 고마움을 표현하였고, 조력자를 1회기보다 훨씬 편안하게 대했다. 조력자는 현재 엘렌의 가족과 엘렌이 자란 원가족 간의 비슷한 점이 혹시 있는지 물어보았다. 엘렌은 자신이 아버지를 두려워했던 것과 마찬가지로 남편을 두려워한다고 답했다. 그녀는 두 남자 옆에서 자신이 가치 없는 사람이 된 것 같은 심정을 똑같이 느낀다고도 했고, 늘 갈등을 피하려고만 한다고도 얘기했다. 그들은 그녀가 느끼는 분노 감정에 대해 나누고, 상담의 목표로 그녀가 좀 더 자기주장적으로 변해 자신의 목소리를 낼 수 있는 것을 포함시키기로 하였다. 그리고 그녀의 결혼 생활에 대해 이해하고, 이전 남자친구에 대해 가지고 있는 환상적인 생각에 대해서도 다루며, 이를 통해 그녀가 결혼에 대한 최선의 선택을 할 수 있도록 돕는 것 역시 상담 목표에 포함시켰다. (상담 목표 설정하기) 조력자는 인지-행동 전략을 활용한 숙제를 엘렌에게 내주었다. 그는 엘렌으로 하여금 여성의 발달에 관한 읽을거리를 제공하였고, 알코올 중독자 치료 모임에 참여하도록 하였다. 이를 통해 그녀가 위협과 회피의 역동에 대해 이해하는 데 도움을 얻도록 하였다. (과제 부여하기) 또한 조력자는 그녀에게 매일 잘한 일 세 가지를 기록하도록 하였으며, 자기주장적으로 거절하는 말을 연습하도록 하였다. 그리고 "나는 당신이 ~한 행동을 할 때 기분이 나빠요. 왜냐하면……."이라는 말을 하는 것에 대해 생각해 보도록 하였다.

3회기

(추가적으로 평가하고 전략을 활용하기) 엘렌은 긴장해 있었다. 그녀는 리드로부터 두 달 후에 집으로 돌아가며, 집에 가면 한 달간 지내다 이라크로 돌아갈 것이라고 연락받았다고 말했다. 그녀는 불안해하고 분노하는 한편, 남편을 배신하고 제대로 내조하지 못한 것에 대한 죄책감을 느꼈다. 조력자는 그녀의 감정을 표현하도록 독려했으며, 그녀에게 공감하였다. 그는 긴장으로부터 벗어나 이완하는 방법을 알려 주어(행동적 전략 활용하기) 긴장과 불안을 낮출 수 있도록 도왔다. 그는 엘렌이 숙제를 한 것을 검토하고, 그녀의 긍정적인 성취에 대해 확인할 때마다 그녀의 언어적·비언어적 메시지에 점점 더 자신감이 차오르는 것을 확인하였다. 조력자는 고교 시절 남자친구와의 '우정'에 대해 물어보았다. 그러자 금세 그와의 관계가 실제보다는 엘렌의 환상에 가깝다는 사실을 확인할 수 있었다. 그는 그녀를 지지하고, 이혼의 현실과 관련된 심리 교육을 제공하였으며, 결혼 생활을 유지할 때의 장단점과 이혼할 때의 장단점을 적어 보도록 숙제로 내주었다.

4회기

(인지-행동적, 페미니스트, 구성주의적 전략의 활용) 결혼 생활을 유지하는 것과 이혼하는 것의 장점과 단점에 대해 논의하는 과정에서 엘렌은 자신과 아이들에게는 리드와 헤어져 사는 편이 더 나을 것이라는 의견을 표현하기 시작했다. 그녀는 결혼 생활과 남편에 대해 느끼는 감정을 군 기지 밖 가족과 몇몇 친구에게 이야기했으며, 그들은 리드가 엘렌을 지금까지 공공장소에서나 혹은 가족들 사이에서 함부로 대하고 있다고 말했다고 조력자에게 언급했다. 이러한 주변의 피드백을 받는 것은 그녀에게 놀라운 경험이었는데, 그녀는 절대로 다른 사람에게 자신의 고통에 대해 얘기하지 않았고, 주변에서는 자신이 잘 살고 있다고 생각하리라 여겼기 때문이었다. 그녀는 조력자에게 상담을 받는 것 자체가 자신의 진짜 감정이나 생각을 다른 사람과 나누는 데 도움이 된다고 말하였다. 그녀는 또한 리드는 알코올 중독은 아니지만, 알코올 중독자 치료 모임에 참여하는 동안 자신의 양육 과정에 대해 다시 생각해 보게 됐고, 다른 가정도 자신과 마찬가지의 문제들을 가지고 있음을 알게 됐다고 말했다. 그녀의 이번 숙제는 리드에게 편지를 써서 자신의 감정과 생각을 전달하는 것이었다. 이 편지를 상담 시간에만 활용하는 것으로 합의하고, 만약 나중에 그녀가 리드에게 편지를 주고 싶어질 때 편지를 전달하기로 결정했다.

엘렌은 지난번에 내준 편지 쓰기 숙제 때문에 힘이 들었는데 결국 완성했다고 말했다. 조력자는 '빈 의자'에 남편이 와 있다고 생각하고, 편지를 읽어 주도록 안내하였고, 편지를 읽은 다음에는 자리를 바꿔 다시 엘렌이 리드인 것마냥 대답하도록 하였다. (게슈탈트 기법) 몇 번 자리를 바꾼 다음에야 그녀는 자신의 편지를 보다 명확하게 생각과 느낌이 전달되도록, 그렇지만 좀 더 부드럽게 표현되게 고칠 수 있었다. 그녀와 조력자는 남은 시간을 엘렌의 의사결정 과정에 대해 얘기 나누며, 이후에 어떠한 계획을 세우는 게 필요할지를 상의하였다. 그녀의 이번 주 숙제는 결혼 생활을 유지하는 미래와 관련된 계획과 이혼하는 것과 관련된 계획을 세우는 것이었다.

엘렌은 이혼하는 것과 관련하여 자세한 계획을 세워 왔다. 그녀는 결혼 생활을 유지하는 것과 관련된 계획은 도저히 세울 수 없었다고 말했다. 그녀는 리드가 이라크에 가있는 동안 아이들이 훨씬 행복해하고 편안해했음을 말하며, 결혼 생활을 더 이상 유지할 수 없다고 얘기했다. 그녀의 계획은 남편이 집으로 돌아오기 전 편지를 쓰는 것이었다. 그가 집에 도착하기 전 그녀는 이혼전문 변호사를 만날 것이며, 이혼 후에 어떻게 생계를 유지할지 방법을 찾고, 군 기지로부터 30km 남짓 떨어진 고향 근처에서 일자리를 구할 계획을 세웠다. 그녀는 이혼이 아이들에게 미칠 영향에 대해 걱정하며, 그녀가 활용할 수 있는 자원이 있을지 조력자에게 물어보았다. 조력자와 엘렌은 다음 회기, 즉 마지막 회기에 그녀의 계획을 좀 더 정교화하고, 지금까지 그녀가 해 온 성과를 확인하기로 합의하였다. 자기주장적 태도와 자존감과 관련하여 그녀가 얻은 것을 평가하기 위해, 조력자는 활동지에 해당 내용들을 작성하도록 안내하였다.

엘렌은 매우 흥분해 있는 상태였는데, 근처의 백화점 매니저로부터 훈련 프로그램에 참여하는 것이 어떻겠냐는 제안을 받았기 때문이었다. 그녀는 자신의 이전 판매 경력이 도움이 되리라고는 전혀 생각지 못했다. 그녀는 리드에게 이미 한 번 편지를 썼지만, 그로부터 연락을 따로 받지는 못했다. 그녀와 조력자는 계획을 차근차근 확인하느라, 그녀가 숙제로 작성해 온 활동지를 확인할 시간은 갖지 못했다. 그들은 다음 회기를 마지막으로 종결하기로 결정하였다.

(조력의 효과 평가하기) 엘렌과 조력자는 지난 상담 과정을 돌아보고, 상담을 통해 무엇을 얻었는지 확인하였다. 그들은 엘렌이 이전에 작성해 온 활동지를 확인할 수 있었다. 엘렌은 상담을 종결하는 것이 불안하다고도 말했다. 조력자는 상황적 특수성을 고려하여 센터의 관리자가 리드가 돌아온 후 추가 상담을 3회기 더 진행할 수 있게끔 허가해 주었다는 사실을 안내하였다. 이때에는 엘렌 혼자 와도 되고, 리드와 같이 와도 된다고 말하였다. 그리고 조력자와 엘렌은 역할 연습을 통해 리드를 자극하지 않고 반응하는 방법을 연습하였다. 그리고 그가 다투려고 할 때 벗어나는 방법을 익혔다. 또한 폭력의 위험에서 엘렌을 지킬 수 있는 방법을 고안하였다. 엘렌은 신체적 폭력의 위협이 있을 때 연락할 만한 친구 둘을 마련하였다. 그리고 리드가 돌아온 다음 날 아이들이 사촌과 함께 기지 밖으로 나가도록 일정을 짜 두었다. 그녀는 군 기지 내의 24시간 비상 전화번호와 그녀의 남편을 잘 아는 군 목사님의 번호를 알아 두었다. 상담 시간은 리드가 집에 돌아온 첫 번째 주에 진행하도록 예약해 두었다.

추수 상담

엘렌은 상담에 홀로 왔다. 리드는 그녀가 결정에 대해 아무렇지 않아 하고, 심지어 아이들에 대해서도 신경 쓰지 않는다는 사실에 놀랐다. 그는 대부분의 시간을 친구들과 야구를 하며 보냈다. 그는 이라크로 빨리 돌아가고 싶어 했다. 그리고 그녀에게 군대에서 자신을 너무 필요로 하며, 이 때문에 빨리 군대로 돌아가기로 결정했다고 말했다. 그의 분노는 군대에서 이라크의 반란군을 향해 있었으며, 이는 곧 그가 가족이 아닌 자신만의 다른 삶을 살아가고 있으며, 거기에 만족하고 있다는 사실을 의미하는 것이었다.

3개월 후 추수 상담

조력자는 엘렌의 새 전화번호로 그녀에게 전화하였다. 그녀는 이혼과 관련된 법적인 절차가 문제없이 진행되고 있다고 말했다. 이는 리드가 이혼 절차에 반대하지 않기 때문이고, 또 아이들은 새로운 집과 학교에 만족해하고 있다고도 이야기했다. 엘렌은 두 달간의 훈련 프로그램을 거쳐, 현재는 백화점에서 주방용품 판매를 담당하는 보조 매니저로 근무하고 있었다. 그녀는 다음 학기에는 지역 대학의 야간 강의를 듣고 싶어 했다. 그녀는 그 어느 때보다 훨씬 편안하고 행복해했다. 새로운 친구들도 사귀고 있지만, 아직 데이트를 할 상대는 만나지 못했다. 고교 시절 사귀었던 남자친구는 더 이상 만나고 있지 않았다. 자신이 원하는 것과 아이들이 원하는 것에 대해 좀 더 생각해 보게 되었고, 목표를 이룰 수 있다는 자신감이 생겼다고 말했다.

요약

이 장에서 우리는 전략 국면의 6단계—조력 관계에서의 목표를 정하고 서로 합의하기, 전략을 계획하기, 전략을 활용하기, 전략을 평가하기, 종결하기, 추수 상담하기—에 대해 살펴보았다. 우리는 내담자의 문제를 정의할 때 이론적 틀의 중요성을 강조한다. 조력 과정에서의 목표와 목적은 문제를 정의하는 데서부터 시작되며, 조력자의 이론적 틀은 전략을 선택하고 활용하는 데 도움이 된다.

예시와 연습문제는 독자가 각각의 단계를 손쉽게 이해하도록 만들어졌다. 우리는 특히 종결 단계와 추수 상담 단계를 강조한다. 왜냐하면 두 단계는 상담 관계를 형성하는 단계에 비해 간과되거나 무시되는 경우가 많기 때문이다. 또한 5개의 사례를 통해 인간관계 상담 모델에서의 단계를 예시를 들어 설명하였다. 각각의 단계들이 반드시 구분되는 것은 아니라는 사실을 기억하라. 사례별로 다양하고 유연하게 수정되는 것이 바람직하다. 나아가 전략 국면의 효과성은 관계 국면의 질에 따라 달라진다. 이는 앞서 제시된 사례를 통해서도 드러나고 있다. 따라서 전략을 적용하는 단계는 공감적 조력 관계의 맥락 속에서 이해하는 것이 필요하다.

 연습문제 정답

연습문제 8-4
1. c, d   2. a, c, d   3. c   4. b, d   5. a, b
정답은 주관적 정서의 변화보다는 행동적 변화와 관련된 내용을 포함하고 있다.

연습문제 8-9
1. 추수 상담   2. 상호 합의하에 목적을 정하기   3. 평가   4. 전략의 활용   5. 종결   6. 전략 계획하기

참고문헌과 💬더 읽을거리

Breunlin, D. (1980). Multimodal behavioral treatment of a child's eliminative disturbance. *Psychotherapy: Theory, Research and Practice, 17*, 17-23.

Corey, G. (2008). *Case approach to counseling and psychotherapy* (7th ed.). Belmont, CA: Brooks/Cole.

Corsini, R. J. (2001). *Handbook of innovative therapy* (2nd ed.). New York: Wiley.

Mirkin, M. P., Suyemoto, K. L., & Okun, B. F. (Eds.). (2005). *Psychotherapy with women: Exploring diverse contexts and identities.* New York: Guilford Press.

Okun, B. F. (1990). *Seeking connections in psychotherapy.* San Francisco, CA: Jossey-Bass.

Okun, B. F., & Suyemoto, K. L. (2013). *Conceptualization and treatment planning for effective helping.* Belmont, CA: Brooks/Cole, Cengage Learning.

Vasquez, M. J., Bingham, R. P., & Barnett, J. E. (2008). Psychotherapy termination: Clinical and ethical responsibility. *Journal of Clinical Psychology, 64*(5), 635-665.

Ward, D. W. (1984). Termination of individual counseling: Concepts and strategies. *Journal of Counseling and Development, 63*, 21-26.

Wedding, D., & Corsini, R. J. (Eds.). (2010). *Case studies in psychotherapy* (6th ed.). Belmont, CA: Brooks/Cole.

* www.CengageBrain.com을 방문하시면 학습 내용에 관한 퀴즈(tutorial quizzes)를 풀어 볼 수 있습니다.

상 담 기 본 기 술
A ___ to ___ Z

9장

위기상담 이론 및 개입

더욱 빈번하게, 상담자들은 몇 가지 유형의 어려움에 처해 있는 사람들과 작업하게 된다. 다시 말해서 위기에 있는 사람들에게 개입하거나 위기를 경험한 이후에 조력하게 된다. 위기 개입은 이 책의 이전 장에서 살펴보았던 상담 모델과는 거리가 있는 것으로, 상담 관계에서 단기적 접근 방식이다. 그러나 관계를 형성하고 위기 상황을 명확하게 하며 이해하기 위해서는 다른 상담 모델에서와 같은 소통 기술을 필요로 하며, 인간관계 상담 모델의 해결—중심 전략에서 많은 부분을 사용할 수 있다.

위기 개입은 적극적이고 직접적이고 간결하며, 위기가 분명하게 나타난 직후 또는 짧은 시간 안에 이루어진다. 위기 개입은 구체적인 기술과 전략을 단기간에 사용하는 것을 포함하고 즉각적인 접촉과 지지에 대한 내용에서부터 보다 강도 높은 치료를 위한 상담 연계의 범위에 이른다. 이는 사람들이 특정한 위기로부터 발생한 혼란스러움에 대처하는 것을 돕기 위한 목적을 지닌다. 몇 년 동안 위기상담 이론은 재난(disaster)과 트라우마 이론을 포함하기 위해 영역을 확장해 왔다. 재난 또는 트라우마 개입은 고통을 받고 있는 많은 사람에게 넓은 범위의 서비스를 제공하기 위해 잘 훈련된 팀 기반 전문가 집단을 필요로 한다. 그리고 조력에 대한 다중 양식의 사용을 필요로 한다. 실제로, 무엇을 위기 또는 재난의 상황으로 볼 것인지, 그리고 어떤 유형의 서비스가 제공되어야 하는지에 대한 관점에서 위기이론과 재난이론은 의견을 공유한다.

현재의 트라우마와 회복탄력성에 대한 문헌 이해, 증거 기반 조기 개입에 대한 연구들, 세계적인 수준의 재난 개입으로부터 배운 교훈들은 위기와 재난 심리상담자들에게 필수적인 내용이다. 또한 조력자들은 위기/재난의 생존자와 조력자들이 **공감 피로**(compassion fatigue) 또는 **이차 외상**(secondary traumatization)에 취약하다는 것을 깨닫는 것이 중요하다(Watson & Shalev, 2005).

이 장의 목적은 독자들이 기본적인 위기 및 재난이론에 익숙해지고 기본적인 개입의 상황에서 조력 전략을 적용하는 것에 익숙해지기 위함이다. 이 장은 단지 개관일 뿐이다. 조력자들이 위기와 재난에 대해 다양한 역할을 수행하기 위해서는 보다 많은 훈련 과정이 필요하다.

위기란 무엇인가

위기는 인간이 예측할 수 없는 그리고 잠재적인 위험성을 가진 일 또는 어려운 발달의 전환단계로 인해 정서적인 균형감이 완전히 깨진 상태에 있는 경우를 일컫는다. 위기는 일반적으로 예측 가능하거나 기대되지 않는다. 그리고 이러한 예기치 못한 상황은 위기에 대한 반응(reaction)을 강화시킨다. 우리가 위기에 대해 이야기할 때, 우리는 그 상황에 대한 사람들의 정서적 반응에 관심을 두고 그 상황 자체에 관심을 두지 않는다. 따라서 위기 개입을 하는 조력자들은 사건 자체가 아니라 위기에 대한 개인의 인식과 판단에 대해 다루어야 한다.

우리가 위기에 있을 때, 무력감을 느끼고 압도당하며 종종 자신 및 자신의 인생 경로에 대해 통제력을 상실한다. 개인이 경험하는 위기를 설명하는 일반적인 용어는 균형감 상실(disequilibrium), 지남력 상실(disorientation) 그리고 붕괴(disruption)이다. 위기 상황에 대해 일반적으로 경험하는 감정은 냉담, 정서의 마비, 우울, 죄책감, 자존감 상실이다. 위기에 있는 사람들은 과거에 문제를 해결했거나 어려움에 대처했던 방법들을 찾으나 이러한 방식들이 더 이상 작동하지 않을 때 더욱더 흥분하거나 공포를 느낄 수 있다.

만약 사고로 인해 위기에 처한 사람이 당신에게 찾아온다면 당신은 그 사건을 독립적으로 다루지 않고 사건에 대한 그 사람의 감정과 사고를 다룬다. 그 사람이 위기에 대해 어떻게 대응하고 반응하는지는 위기 상황의 지속 기간과 강도뿐만 아니라 개인이 이전의 위기를 어떻게 다루었는지, 개인의 생활 방식과 사회적 지지, 개인의 철학 등을 포함한 개인의 과거 학습과 경험에 따라 달라진다. 사회문화적 변수들은 위기에 대해 개인이 의미를 만들어 내는 것과 반응하는 것에 영향을 미친다. 재난에 대한 연구들은 미국에 살고 있는 여러 소수 인종의 사람이 유럽계 미국인에 비해서 위기에 대한 정신 건강 상태가 더 취약하다고 밝혔다(Norris & Alergria, 2005). 소수 집단은 주류 집단에 비해 조력 서비스에 대한 접근성이 떨어졌고, 언어 사용의 측면에서 어려움을 경험하였으며, 문화적인 기대가 달랐다. 그러나 동일 집단 내에서도 위기 상황에 대한 반응은 다양했다. 예를 들어, 성폭력 상담 자원봉사자는 같은 날 밤에 위기 상담을 요청한 두 명의 40대 기혼 여성에 대해 이야기했는데, 그들은 비슷한 수준의 교육적·사회문화적·사회경제적 배경을 가진 사람들이었다. 그 상황이 상당히 비슷해서 경찰은 두 여성이 같은 사람에게 폭행을 당한 것으로 의심했다. 한 명의 피해자는 히스테리적 반응을 보일

만큼 공포에 압도당했고 집중적인 치료와 상담을 필요로 했으며 2주 동안 자신의 일을 하지 못할 정도였다. 다른 피해자는 20마일 정도 떨어진 집으로 운전해서 돌아가기 전에 경찰과 법원의 절차에 대해 사실적 정보를 요청했고, 남편과 음료를 한잔 마시며 그녀가 폭행당한 세부적인 사실을 이야기한 후 잠자리에 들었다. 그리고 다음 날 아침 일을 하러 갔다고 이야기했다. 두 가지 중 어떤 한 가지 반응이 다른 사례에 비해 '더 괜찮다'거나 '보다 정상적'이라고 이야기하기는 어렵다. 이 두 여성은 서로 다른 과거 경험(이야기/생의 경험), 철학, 대처와 방어기제를 가지고 있었다. 그들의 위기와 감정을 다루는 데에는 서로 다른 정도의 시간과 서로 다른 종류의 조력 방식이 필요했다.

연습문제 9-1

눈을 감고 자신이 경험했던 지난 어려움을 생각해 보라. 예를 들어, 직장을 잃은 것, 사랑하는 사람이나 반려동물 또는 지갑을 잃어버린 것일 수 있다. 잃어버린 대상 자체가 아니라 무엇인가를 잃은 결과로 당신이 경험했던 감정에 집중해 보자. 당신이 어디에 있었고, 누구와 함께 있었고, 보이는 것이 무엇이며, 어떤 소리가 들리고 어떤 느낌이었는지 기억해 보라. 당신의 고통은 그것을 어떻게 나타내는가? 당신이 경험한 모든 감정, 신체적 표현(예: 과도한 긴장으로 속이 울렁거리고, 주먹을 움켜쥐고, 떨림을 경험), 그 사건에 대한 생각과 느낌과 행동적 반응들을 기억할 수 있는지 보라. 이러한 느낌들은 당신에게 익숙한가? 현재의 상실이 이전의 상실에 대한 기억을 불러일으키는가? 상실로 인해 나타난 급격한 통증을 얼마나 오래 느끼는가? 이러한 상황을 경험하면서 사용했던 대처 전략 중에 기억나는 것은 무엇인가? 어떤 행동들을 했는가? 이와 같은 세부 사항에 대해 기억한 후 실습의 상대에게 당신이 발견한 것에 대해 이야기 나누어 보라. 상실을 다루는 자신만의 방법에 대해서 무엇을 알게 되었는지 그리고 다른 사람들의 방식과 어떻게 다른지 보라. 상실을 경험하는 유형과 관련하여 어떠한 유사점과 차이점이 있는가?

위기의 종류

다음은 일반적으로 이야기되는 정서적 위기의 여섯 가지 분류이다.

- 소인적 위기(Dispositional crises): 이러한 정서적 위기는 어떤 직업을 가져야 할지에 대한 정보, 특정한 증상에 대해 찾아갈 수 있는 의학적 도움의 종류에 대한 정보, 삶의 정돈을 위해 선택할 수 있는 것에 대한 정보, 자신이 필요한 것을 누구에

게 알아볼 수 있는지에 대한 정보 등의 정보 부족으로 인한 것이다.

- 생애 전환기 위기(Anticipated life transitions): 이러한 보편적이고 발달적인 위기는 우리 사회에서 꽤 일상적인 것이다. 이들은 중년의 진로 전환, 결혼을 하거나 부모가 되거나, 이혼, 만성적 또는 말기에 이른 질병 또는 학교를 바꾸는 것 등의 결과로 나타날 수 있다.

- 발달적 위기(Maturational/developmental crises): 이러한 위기는 의존성, 가치의 충돌, 성 정체성 또는 정서적 친밀감에 대한 개인적 수용성, 권력에 대한 반응 또는 자기훈련의 정도와 같이 보다 깊고 개인적인 어려움을 반영한 것일 수 있다. 보통 이러한 위기들은 관계의 패턴이나 발달 과정 중에서 중요한 전환의 순간을 드러낸다. 이와 관련된 사례들은 직장 상사와 잘 지내지 못하여 반복적인 실직을 경험하는 것, 처음으로 집을 떠난 대학생이 강한 향수병 또는 우울증을 경험하는 것 그리고 중년의 위기 등이다.

- 외상적 위기(Traumatic stress): 이것은 예상하지 못하고 통제할 수 없고 정서적으로 압도당하는 스트레스 상황이 외부적으로 주어졌을 때 나타나는 결과이다. 그 예로 9·11테러, 보스턴 마라톤 폭발 사건, 강간, 폭행, 사랑하는 사람의 갑작스러운 죽음, 갑작스러운 실직, 갑작스러운 발병, 심각한 오토바이 사고, 전쟁, 허리케인 또는 지진과 같은 것이다.

- 정신병리적 위기(Psychopathological crises): 이것은 기존의 정신병리학적 문제에 의해 정서적 위기가 촉발된 것이다. 다시 말하면, 개인의 정신병리적 특성은 상황에 대처하는 능력을 손상시키거나 복잡하게 만들고 위기를 악화시킨다. 예를 들어, 양극성장애로 진단받은 10대 소녀는 월경을 할 때마다 너무 감정적이고 화를 내서 물건을 던지고 학교에 가기 어려웠다.

- 정신병적 위급 상황(Psychiatric emergencies): 이러한 위기는 개인의 일반적인 기능이 심각하게 손상되고 개인이 무능력한 상태가 되거나 자신의 책임을 유지할 수 없게 된 위기 상태들이다. 다시 말하면, 한 개인이 자신 및 타인 그리고 모두에게 위험한 상태이다.

살펴본 바와 같이 위기는 두 가지의 주요한 범주 중 하나로 포함될 수 있다. 이들은 성장과 관련이 있고 다양한 생활 단계를 거쳐야 한다는 점에서 발달적이거나 혹은 내부적·외부적 스트레스 또는 모두에 의해 촉발된다는 면에서 상황적이다. 이러한 분류는 위기의 성격을 이해하는 데 도움을 줄 뿐만 아니라 우리가 최선의 즉각적 개입 방법을 결정하는 데 도움이 된다.

연습문제 9-2

다음의 위기 상황들을 앞서 제시된 분류 체계에 따라, 어느 분류에 해당되는지 찾아보라. 모두 마치고 나면, 동료와 비교해 보고 응답 내용에 대해 이야기해 보라.

- 약물로 인한 환각 체험
- 알코올 중독
- 자살 시도
- 자신과 이웃 집이 불타 버린 큰 화재 사건
- 부모의 상실로 인한 급격한 비통감
- 실직
- 원하지 않았던 임신 사실을 발견
- 배우자의 혼외 관계 발견
- 심각한 부부 싸움
- 배우자에 의해 버림받음
- 차량을 도난당함
- 자동차 사고로 함께 차에 타고 있던 사람이 사망함
- 학기 중 새로운 고등학교로의 전학
- 외국에서의 응급 맹장수술
- 반려동물의 뺑소니 사고를 목격함
- 원했던 대학 입시에 실패함
- 배우자에게 구타당함
- 자녀의 발달적 지체를 발견함
- 집이 파손되고 절도당한 것을 발견함

재난이란 무엇인가

재난은 여러 사람과 조직이 연관된 트라우마적 스트레스이다. 재난은 자연적 또는 인간에 의해 만들어진 것으로 분류되고 그 크기와 지속 기간에 따라 다양하다. 일반적으로 재난은 재정적인 피해의 수준과 필요한 지원의 범위에 따라 정의된다(Hamilton, 2005). 보스턴 마라톤 폭발사건, 9·11테러, 비행기 폭파, 2012년 코네티컷주 뉴튼 학교의 학교 총기사건, 전쟁 그리고 '인종 청소(ethnic cleansing)'[1], 거대한 허리케인(2012년 시드니에서 발생한 것과 같은), 2004년 12월의 쓰나미는 모두 재난의 사례들이다. 뉴스 보도와 빠른 소통의 결과로 재난의 결과들은 세계 곳곳으로 전달될 수 있다. 따라서 그 영향력은 제한되지 않는다.

재난의 중요한 특징 중 하나는 집단의 활동, 역할 및 관계에 대해서 공유된 의미와 영향력을 함께 경험한다는 것이다. 즉각적인 사회적 지지는 재난의 생존자들이 사회적 관계를 회복하고 자신의 인식과 경험을 타당화하도록 돕기 위해 동원된다(IASC, 2008; Jones, Asare, Elmasri, & Mohanraj, 2007). 재난은 혼란, 고립, 소외와 다르다. 혼란, 고립, 소외의 경우 각각의 위기에서 발생한 많은 희생자가 학대가 실제로 발생했는지 그리고 희생에 대한 감정과 요구를 가질 권리를 가지고 있는지와 같은 면에서 고군분투하고 있는데 재난은 그렇지 않다는 면에서 차이가 있다. 연구자들은(Norris & Alegria, 2005) 소속감과 돌봄을 받는 느낌은 재난의 회복과 회복탄력성에 결정적이라고 주장한다. 자연재해와 인간에 의한 재난에 대한 초기의 예방적 개입과 중재는 지역적, 국가적 그리고 전 세계적인 초점이 되고 있다(Boscarino, Adams, & Figley, 2004; Fraser, B., 2007; Herman, 2005; IASC, 2008; Watson & Shalev, 2005).

급성 스트레스 장애 그리고 외상후 스트레스 장애와 같은 트라우마와 스트레스 관련 장애들(트라우마와 관련하여 반복적인 침투적 사고로부터 기인하는 강한 죄책감, 불안 그리고/또는 우울과 같은 증상들을 포함)은 정신질환의 진단 및 통계 편람(Diagnostic and Statistical Manual of Mental Disorders: DSM)에 개인적 위기 또는 재난 트라우마에 대한 즉각적인 또는 지연된 반응으로 인정되었다(APA, 2013). 이러한 장애들은 트라우마에 직접적 또는 간접적으로 노출되거나 외상을 목격했던 결과로 발달할 수 있다. 우리는 이러한 장애들이 트라우마에 초기 대응하는 사람들이나 치료자와 같은 모든 범주의 조력자들에게 발생할 수 있다는 사실에 특별히 주의를 기울여야 한다. 이러한 증상들은 심지어 세계 여러 곳에서 텔레비전이 제공하는 재난의 상황을 잘 확인하고 있는 시청자들에게도 발생할 수 있다. 우리는 왜 어떤 사람들은 심각한 사건에서 잘 회복하고 다른 사람에게는 스트레스 증상이 나중에 나타나거나 반복적으로 경험되거나 지속적이고 만성적인 증상으로 경험되는지 알기 위해 이러한 장애들에 대해 더 배워 나가려고 노력하고 있다. 유전, 기질, 문화, 성, 생물학적이고 신체적인 반응, 스트레스에 대한 개인의 주관적인 반응, 스트레스 이전의 초기 경험의 영향, 트라우마에 대한 심각성과 근접성과 같은 트라

---

1) 역자 주: 특히 뉴스 보도에서 쓰는 말로, 어떤 지역·국가에서 특정 인종을 몰아내는 정책.

우마 관련 요인들이 연구되고 있다.

외상 사건 이후의 상황에 대해 역학 조사를 실시한 결과, 대부분의 트라우마 생존자들은 회복탄력성이 있으며 트라우마 피해자의 9%만이 만성적인 외상후 스트레스 장애를 겪게 되고(Gray & Litz, 2005), 따라서 재난 위기를 겪은 모든 사람이 평생 동안 영향을 받을 것이라는 미신에 도전하게 되었다.

위기와 재난을 누가 다룰 수 있을 것인가

위기와 재난의 유형에 따라 다른 수준의 조력을 필요로 할 수 있다. 전문적이고 의학적인 조력은 정신병적 위급 상황에서 필수적이고, 전문적이고 심리학적 조력은 정신병리적 위기에서 필수적이다. 그러나 조력자 중 누군가는 소인적 위기를 경험하는 사람들을 돕게 될 수 있으며, 생애 전환기 위기, 발달적 위기, 외상적 위기에 있는 많은 사람을 돕게 될 수 있다.

경찰, 친구, 목사, 가족 또는 의사와 같은 사람들은 대체로 위기 상황에 대해 가장 먼저 연락을 받게 된다. 그들은 차례로 상담자나 사회복지사들에게 직접적인 문제 해결에 대해 도움을 구하고, 위기와 관련된 감정들에 대해 다루어 달라고 도움을 청한다. 재난에 관해서는 일반 휴먼 서비스 조력자와 전문 조력자 및 전문 조력 기관들이 넓은 범위에서 연관될 수 있다. 예를 들어, 국제적십자협회는 세계 여러 나라의 재난 구조 조력자들을 훈련하고 감독한다. 미국심리학회 재난대응 네트워크(American Psychological Association Disaster Response Network: DRN)는 지역, 국가, 세계 적십자 분과와 협력한다.

연습문제 9-3

짝을 이루어 상담자, 내담자 역할을 나누라. 내담자는 연습문제 9-2에 제시되었던 위기 상황 중 하나를 선정하고 그에 대해 역할을 해 보라. 상담자는 위기에 대한 내담자의 감정과 생각을 이끌어 내라. 만약 가능하다면, 위기 상황을 어떻게 다루거나 해결할 것인지에 대해 결정할 수 있는지 함께 확인해 보라. 활동을 마친 후에는 당신이 생각하고 느꼈던 것을 되돌아보라. 어떤 고정관념과 가치들이 충돌하는 것을 경험했는가? 위기 상황에 대해 이야기하는 것에 대해 얼마나 편안하다고 생각했는가? 이와 유사한 상황에서 당신은 다른 사람의 강렬한 감정에 대해 얼마나 잘 다룰 수 있을 것이라고 생각했는가? 다음에는 어떻게 다르게 하고 싶은가?

위기 이론

위기 이론은 1943년 보스턴의 코코넛 그로브(Coconut Grove) 나이트클럽에서 희생된 희생자 가족들의 애도 반응을 연구하던 에릭 린데만(Eric Lindemann)의 선구적인 작업에 기초를 두고 있다. 린데만(Lindemann, 1944)은 위기는 보통 애도 기간을 필요로 하는 몇 가지 상실의 유형을 포함한다고 밝혔다. 애도의 부분은 정서의 표현과 강한 고통을 포함한다. 이러한 고통은 인후의 압박감, 질식, 호흡이 짧아지거나, 힘이 없어지거나, 소화장애 및 불면증에 시달리거나, 감각이 바뀌거나, 죄책감에 시달리거나, 대인관계가 방해받는 등의 다양한 형태가 될 수 있다. 만약 조력 과정에서 슬픔을 다루는 작업을 잘 이루어 간다면, 슬픔의 표현은 급진적이고, 구분 가능한 시작점을 가지고 있으며, 상대적으로 짧은 시간(대략 6주) 동안 지속된다.

린데만은 제럴드 캐플런(Gerald Caplan)과 함께 그의 연구 결과에 기초를 둔 지역사회 정신건강 프로그램을 시작하였다. 린데만과 캐플런은 위기에 있는 사람들은 문제에 대해 적응적 또는 부적응적인 대처 양식을 선택하며, 그들의 자연스러운 문제 해결 방식은 이후 적응과 대처 능력에 영향을 미칠 것이라고 믿었다. 그들은 사람들이 슬픔에 빠지고 위기에 처한 것과 관련된 심리적 과제들을 파악하고, 이해하며, 해결해 나가는 것을 도울 수 있다고 믿었다.

이러한 위기 이론의 발전에서 캐플런은 위기 반응에 대한 네 가지 단계를 설명하였다.

- 1단계: 시작 단계에서 개인은 긴장이 시작되는 것을 경험하고 자신의 정서적 불균형을 회복하기 위해 습관적인 문제 해결 방식을 사용하려는 시도를 한다.
- 2단계: 이 단계는 일상적인 문제 해결 전략이 실패할 때, 긴장의 증가로 인해 화가 표출되고 효과적이지 않은 방식으로 기능하는 것으로 특징지어진다. 이 단계에서 개인은 문제를 해결하기 위해 시행착오 전략을 시도한다.
- 3단계: 이 단계는 긴장이 증가되는 것으로 특징지어지는데, 응급 상황 그리고 새로운 문제 해결 전략과 같은 부가적인 조력 자원들을 요구한다. 만약 한 개인이 이 단계에서 성공적이면, 개인은 문제를 재정의하고 문제에서 벗어나거나 문제를 해결한다.
- 4단계: 이 단계는 이전 단계에서 문제가 해결되지 않았을 때 발생하며 주요 성격 장애와 정서적인 붕괴를 초래할 수 있다.

린데만과 캐플런의 위기 개입 작업에 따르면, 위기에 있는 사람들은 짧은 시간 내에 주요 변화를 받아들일 수 있고 그 기간에 다른 사람에게 영향받거나 도움을 받을 수 있다. 중요한 타인(조력자, 가족, 친구)과의 관계는 위기 개입의 중요한 부분이다. 위기에 있는 사람은 누구든 도움을 줄 수 있는 사람으로부터 가능한 한 많은 지지와 도움을 필요로 한다. 린데만과 캐플런은 적응적인 위기 해결은 긍정적인 변화를 가져올 수 있다고 밝혔다.

최근의 위기 이론들은 위기 또는 트라우마와 관련성이 있거나 없을 수 있는, 지속적인 약물 남용, 아동기의 스트레스, (사람, 관계, 안전성, 수용 가능성, 꿈 등의)초기 상실로 인해 발생한 미해결된 애도는 이후의 일상적인 기능과 뒤따르는 위기에 대한 반응에뿐만 아니라 신경학적 발달과 기능에도 영향을 미칠 수 있다고 제안한다(van der Kolk, 2003). 따라서 조력자들은 희생자의 과거 약물 남용과 상실의 경험을 파악하여 조력 전략을 계획하고 개인의 대처 양식을 고양시킬 수 있도록 하는 것이 중요하다.

비록 위기 이론이 조력에 대한 이론들과 거리가 있지만, 이 책에서 논의된 조력의 모델들과 일치하는 것이고 조력 이론들의 영향을 받은 것이라 할 수 있다. 예를 들어, 위기 이론에서 정신역동 모델의 영향력은 자살에 대한 광범위한 연구에서 나타나고, 이 모델에서는 현재의 위기와 출생 시의 트라우마, 출생 순서, 가족과 다른 대인 관계의 연관성뿐만 아니라 초기 경험들 사이의 연관성에 대해 이야기한다. 현상학적 이론의 영향력은 위기 개입 중 실존적인 접근에서 나타나며 지금-여기 그리고 위기에 대한 긍정적인 성장 잠재력을 강조한다. 위기에 효과적으로 대처하는 것을 배우는 것은 미래의 어려움에 대한 문제 해결을 촉진한다. 위기 개입에서 중요한 타인, 공감적인 조력자와의 지지적 관계를 사용하고 내담자의 강한 감정을 표현하도록 허용하는 것 또한 현상학에 기반을 둔 조력 이론의 영향력을 나타낸 것이다.

위기 개입 이론에 반영된 인지적인 조력 모델의 특징은 조력자들이 위기에 대한 인지적 평가를 발달시키고 자신의 약점 또는 비합리적인 사고를 교정해 나가는 데 초점을 둔다는 것이다. 인지-행동적 접근은 강화 이론과 해결중심 이론을 이해하는 데 도움이 되었다. 생태체계적 이론들은 위기 사건을 한 개인에게 영향을 미치고 있는 자원들과 사용 가능한 도움 요인들 모두에 초점을 두고 중요한 관계와 시스템의 맥락에서 이해할 수 있도록 한다. 다문화적 이론들은 인종, 문화, 계급, 종교, 연령, 성적 지향(sexual orientation)과 같은 변수들의 영향력을 이해하는 것이 위기에 있는 사람들에게 문화적으로 적절한 지원을 하는 데 필요한 정확한 평가를 촉진할 수 있다는 것을 일깨워 준다.

조력 전략과 위기 개입 전략 사이에 주요한 차이점은 위기 개입 전략이 특정한 스트레스 자원에 대해 즉각적이고 시간 제한적인 대응에 초점을 둔다는 것이다. 다음 절에서 우리는 조력 전략들이 어떻게 위기와 재난 개입의 핵심 요소인지에 대해 더 자세히 살펴볼 것이다.

위기, 재난 개입

위기와 재난에 대해 단기간에 이루어지는 개입의 주요한 목표는 개인, 가족, 지역사회 희생자 집단이 가능한 한 빠른 시간 내에 심리학적 균형감을 회복하도록 돕기 위해 가능한 한 많은 지원과 도움을 제공하는 것이다. 앞서 논의해 왔던 위기와 재난 이론에서 위기 개입의 여섯 가지 주요 구성 요소를 도출할 수 있다.

- 위기, 재난 개입의 초점은 구체적이고 시간 제한적인 치료 목표를 세우는 것이다. 주요 관심은 기본적인 욕구의 충족, 긴장의 감소, 적응적인 문제 해결을 향한다. 시간을 제한하는 것은 구체적인 목표 달성을 위해 내담자의 동기를 높이고 유지할 수 있게 한다.
- 개입은 스트레스의 근본 원인을 파악하고, 내담자에게 스트레스가 어떤 의미가 있는지, 어느 정도의 어려움을 느끼는지를 파악하는 것을 포함한다. 그리고 활동적이고 직접적인 인지 재구성을 포함할 수 있다.
- 내담자가 적응적인 문제 해결 메커니즘을 개발하여 위기 이전의 기능 수준으로 돌아갈 수 있게 한다.
- 개입은 현실 지향적이고 인지적 지각을 명확히 하고, 부정과 왜곡에 직면하고 거짓된 확신보다는 정서적이고 사회적인 지지를 제공하는 데 초점을 두고 있다.
- 가능할 때마다 위기와 재난 개입은 지지와 조력 결정, 효과적인 대처 전략의 수행을 지원하기 위해 내담자의 실제 관계와 지역사회 그리고 생존자들의 네트워크를 이용한다.
- 위기 개입은 더 나은 치료를 위한 시작점이 될 수 있다. 강렬한 감정이 줄어들지 않아서 일상적인 기능에 지속적으로 어려움을 겪고 있는 사람들과 위기/재난으로 인해 자신이 갖고 있던 핵심 주제가 악화되어 심각한 정신적 어려움을 갖고 있는 사람들에게는 전문적인 조력이 필수적이다. 다른 경우에서는 감정의 강도가 약해

지고, 억압하지 않고 감정을 견딜 수 있을 때 전문적인 도움을 선택할 수 있다. 전문가에게 자신의 이야기를 하는 것은 감정적 반응에 대해 다루거나 이해하고 자신의 의견에 귀를 기울일 수 있게 한다.

라자루스(Lazarus)의 BASIC ID 모델(6장 참조)은 위기 개입을 하는 조력자들이 포괄적인 측정의 도구로 활용할 수 있을 것이다. 이를 통해 일곱 가지 양식(행동, 정서, 감각, 심상, 인지, 대인 간 관계, 식습관/약물) 내에서 주의가 필요한 양식을 결정하고 특정한 상황에 가장 적합한 전략을 결정하기 위해 필요한, 위기 사건의 영향력에 대한 정보를 빠르게 이끌어 낼 수 있다.

연습문제 9-4

사회적 네트워크는 여러 조력 상황에서 도움이 될 수 있다. 이 활동은 자신의 지원 체계를 분명하게 이야기하는 데 도움을 주기 위한 것이다. 당신의 현재 지원 체계를 이해하기 위해서 주변체계에 대한 도표 또는 사회적 네트워크 목록을 그려 보라. 줄이 쳐진 종이에 원가족, 확장된 의미의 대가족, 이웃, 친밀한 친구들, 사랑하는 사람, 편한 친구, 직장 관계자, 학교와 관련된 사람들, 즐거움을 위해 만나는 친구, (의사, 교사, 성직자들과 같은) 공식적인 조력자들, 다른 지역사회 구성원들의 목록을 작성해 보라. 목록을 작성한 후에 각각의 이름 옆에 다음 리스트에 따라 적절한 숫자를 써 보라. 당신의 사회적 지지 체계에 대해 어떤 결론을 내릴 수 있는가? 이를 어떻게 바꾸기를 원하는가? 이 활동에서 고려할 수 있는 연락 방식에는 대면, 전화, 이메일, 문서 또는 다른 형태의 소셜미디어를 활용한 방식들이 포함된다.

1. 최소한 한 주에 한 번 이상 친밀하게 연락함
2. 지난 한 해 동안 연락하지 않음
3. 일 년에 단지 몇 번 정도—편하고 드물게 연락함
4. 과거에 이 사람으로부터 실제적인 지지를 받은 경험이 있음
5. 자신이 항상 이 사람에게 도움을 요청할 수 있다는 것을 알고 있음
6. 이 사람에게 의지할 수 있을지에 대해 확신할 수 없음
7. 이 사람에게 의지할 수 없다는 것을 알고 있음
8. 이 사람에게 지원을 받는 것이 불편하다고 느낌

개입의 국면과 단계

서로 다른 여러 가지 개입 방식이 있지만, 인간관계 상담 모델은 일반적으로 수용 가능한 위기 개입의 국면과 단계를 기술하기 위해 수정, 사용될 수 있다.

1국면: 관계

- 1단계: 시작/도입
  - 위기/재난 사건에 대한 인지적 · 정서적 · 행동적 반응을 평가하고 그 의미가 희생자/생존자로서 내담자의 정체성에 어떠한 영향을 미쳤는지 평가하라.
  - 내담자의 안전을 확보하라.
  - 중요한 관계와 지원 체계를 탐색하라(가족, 직장, 동료, 이웃).
  - 내담자에게 강렬한 감정을 표현하고 환기시킬 수 있는 지속적인 기회를 만들어 주어라(예: 화, 두려움, 불안, 슬픔).

- 2단계: 문제에 대한 명확화/위기와 재난에 대한 평가
  - 주요한 환경적 변수들을 평가하라(개인이 사회적 · 신체적 · 경제적 · 정서적 지지를 어디서 어떻게 받을 수 있는지와 같은).
  - 개인적인 강점과 약점에 대한 내담자의 인식을 파악하라.
  - 심리학적 위기의 결과로 나타난(특별히 지난 24시간 동안의) 침전(precipitating) 사건을 파악하라. 다시 말하면, 그것은 중요한 변화나 상실의 내용이다.
  - '왜'라는 질문을 사용하기보다 '무엇을'과 '어떻게'라는 질문을 통해 내담자가 이 시점에 도움을 요청한 이유를 파악하라.
  - 위기/재난을 다루는 과정에서 내담자가 시도했던 문제 해결 방식과 대처 전략의 종류를 파악하라(접근, 회피, 아무것도 하지 않음).
  - 위기/재난의 국면과 종류를 평가하라. 내담자는 자신과 다른 사람에게 위험한 상태인가?

- 3단계: 구조(structure)/조력 관계를 위한 계약
  - 당신이 제한된 시간 내에 내담자의 자원을 찾고 자존감, 자신감, 효능감을 회복하도록 돕기 위해 어떤 부분을 할 수 있고 할 수 없는지에 대한 정보를 제공하라.

- 4단계: 위기/재난 상황과 반응에 대한 집중적 탐색

- 5단계: 개입을 위한 시간이 제한되어 있다는 것과 함께, 실현 가능한 목적, 목표에 대해 논의
  - 문제의 초점을 반복해서 다룬다.
  - 제한된 시간을 재확인한다.
  - 다른 사람과 자원을 어떻게 사용할 수 있는지 결정한다.
  - 누가 어떤 책임이 있는지 분명하게 한다(예: 약물 사용이나 의뢰의 문제).

2국면: 전략

- 1단계: 조력 관계에서의 목표를 정의하고 서로 합의하기

- 2단계: 전략의 계획
  - 지지 집단과 다른 지역사회 자원의 활용 가능성을 고려하라.

- 3단계: 전략의 활용
  - 의뢰(referral)
  - 인지적 재구조화
  - 지지적이고 공감적이며 반응적인 경청
  - 자기주장 훈련
  - 감정의 환기
  - 의사결정
  - 이완 기술(체계적 둔감화)
  - 게슈탈트 실험
  - 돌봄 기술
  - 사회적·정치적 옹호

- 4단계: 전략의 평가

- 5단계: 위기가 해결되거나 의뢰가 이루어지는 때에 종결하기
  - 가까운 미래에 대한 현실적인 계획을 세우라. 이 계획에는 장기간의 치료도 포

함될 수 있다.

－내담자가 강한 정서적 반응에서 벗어났는지 확인하라.

－내담자가 위기 사건에 대한 정확한 인지적 평가를 내리고 정서를 적절하게 관리하고 있음을 확인하라.

－내담자가 적절한 때에 기꺼이 다른 사람의 도움을 받고 수용할 수 있는지 확인하라.

• 6단계: 추수 상담

－개입의 맥락에 따라, 해결책이 유지될 수 있는지 결정하라.

2국면의 3단계에 제시된 전략들은 7장과 8장에서 발췌된 내용으로 위기/재난 개입에서 사용될 수 있는 일부 전략만을 제안한 것이다. 중요한 것은, 특별한 내담자를 위해 신속하고 효과적으로 사용하는 전략은 그 전략이 무엇이건 모두 타당성이 있다는 것이다.

단기치료

단기치료는 10회기 이내 또는 몇 회기로 제한된 해결중심 치료의 형식이다. 단기치료에 대한 많은 접근법과 기술, 철학이 있지만, 와츨라윅, 위클랜드와 피쉬(Watzlawick, Weakland & Fisch, 1974)에 의해 개발된 4단계의 조력 모델이 위기 개입의 몇 가지 유형 중에서 유용하다.

1. 구체적인 행동적 용어로 문제(또는 위기)를 설명하라. 빈도, 지속 기간, 결과, 상황적 변수; 문제의 기능을 이해하고 결과와 목적이 무엇인지 이해하려고 노력하라.
2. 문제 해결에서 이전에 시도했던 것들을 조사하라. "과거에 이와 관련하여 무엇을 하였는가?" "어떻게 하였는가?" "무엇인가를 시도했을 때 무슨 일이 일어났는가?"
3. 달성하고 싶은 변화를 명확히 정의 내리라. 내담자가 좀 더 나아지기 위해 필요로 하는 것은 무엇인가? 만족스러운 상태가 되기 위해 내담자는 얼마나 많은 변화를 기꺼이 받아들이려 하는가?
4. 변화를 일으킬 계획을 수립하고 실행하라. 실제로 변화가 일어난다면 어떤 일이 발생하겠는가? 내담자들은 변화의 결과를 어떻게 다루겠는가? 변화를 방해하기 위해 어떤 일이 발생하겠는가?

다음의 사례를 살펴보아라.

> 35세 여성인 M씨는 상담자에게 전화를 걸어 흐느껴 울면서 남편이 최근에 술 취한 채로 집에
> 와서 열한 살짜리 외동딸 티나를 때렸다고 이야기했다. 상담자는 그날 마음이 심란한 상태에 있는
> 티나의 어머니를 만날 일정을 잡았다. 문제 상황에 대해 설명하는 내용에서 M씨는 3~4주 마다
> 한 번씩, 보통은 급여를 받은 날에 술에 취해서 집에 들어온다고 하였다. 이번 사건에서 남편은 아
> 이가 코트를 벗어 던지거나 부엌 식탁에 책을 두고 간다는 것과 같이 그가 할 수 있는 모든 변명거
> 리를 사용하면서 티나를 괴롭혔다. 남편은 이전보다 더 크게 소리쳤다. 하지만 이번에는 거의 통제
> 불능 상태가 되었고 공격이 지속되었다. 언쟁을 마친 후, 티나는 침실에 들어가서 울었고 M씨는
> 소파에서 잠이 들었다. M씨 부인은 티나를 위로하기 위해 티나의 침실로 들어가곤 했다. 지금까지
> M씨 부인은 '다음날 아침이면 모든 상황이 평온해질 것이고 우리 모두가 아무렇지 않은 것처럼 행
> 동할 거야.'라고 티나에게 이야기하고 아빠를 이해해 달라고 설득하며 지내 왔다. M씨 부인은 남편
> 을 두려워했고 남편에게 티나를 치료하는 것이나 남편의 음주문제에 대해 절대 이야기하지 않았
> 다. 이번 사건에서 두드러진 특징은 신체적 학대의 심각성이었고, 티나가 자신에게 상처와 아픔을
> 주었던 아버지에게 이야기하기를 거절했다는 것이다.

대부분의 지역사회 및 대부분의 관련 기관에서, 조력자는 국가에 아동 학대를 신고
할 의무가 있다. 실제로 대부분의 조력자는 내담자와의 초기 상담 회기에서 비밀 유지
의 한계를 검토한다. 이 사건의 경우에도, 조력자는 수퍼바이저 또는 감독 기관의 지도
범위 내에서, 학대에 대한 내용을 파악하자마자 M씨 부인에게 관련 법률 내용을 고지할
필요가 있다. 이러한 문제는 조력자에게 영향을 미치고 심지어 조력 관계를 해칠 수 있
기 때문에 어려운 과제이다. 그러나 이러한 공개에 대한 내용 없이는 조력자가 관련된
아동을 보호해야 한다는 윤리적 의무를 준수하지 못할 것이다. 많은 경우에 M 씨 부인
과 같은 내담자는 비록 처음에는 분노하더라도 정보 공개를 통해 안심하게 되며 상담자
와 좋은 관계를 맺게 된다. 대부분의 센터와 기관에는 지켜야 할 명확한 지침과 정책이
있고, 다행스럽게도 조력자에게는 동료들과 수퍼바이저의 지지와 안내가 제공된다.

M씨 부인이 그녀가 원하는 변화—남편이 술에 취해 집에 들어왔을 때 티나를 괴롭
히는 것을 중지하는 것, 티나가 아버지와 친밀한 관계를 다시 시작하는 것—를 말로 표
현하기까지 2회기가 소요되었다. 많은 논의 후에 M씨 부인은 만약 티나가 더 이상 술
취한 아버지의 표적이 되지 않는다면 M씨 부인이 표적이 될 수 있으며, 그녀가 티나를
보호하고 남편에게 맞서기 위해 주도적 행동을 배워야 할 것이라는 것을 알 수 있었다.

인지적 재구조화와 자기주장 훈련 기술이 사용되었다. 또한 조력자와 M씨 부인은 안전 확보 계획을 만들었고 만약 그녀가 위험하다고 느낀다면 도움을 청하기 위해 어디로 가야 할지, 그리고 필요한 서류가 무엇인지 알게 되었다. 6번째 회기에 이르러서 M씨 부인은 상황이 변화한 것을 느꼈다. 그녀는 다음 번에 남편이 술을 마시고 왔을 때, 현관문에서 남편을 직접 마주했다고 보고했다. 그리고 그녀는 상황이 이전보다 통제 가능하다고 느꼈다. M씨는 상담에 오는 것을 거절했다. M 씨 부인은 알코올 중독에 대한 모임에 참여할 것을 받아들였고 알코올 중독에 대해 더 많이 배울 수 있었다.

위기 개입의 형식

위기 개입에는 두 가지 형식이 있다. ① 핫라인(hot lines), 쉼터(drop-in centers), 희생자가 직접 대면 상담을 받거나 전화로 상담 받을 수 있는 24시간 위기 클리닉, ② 조력자들이 위기에 대해 인식한 이후, 현지로 찾아가서 즉각적인 지지와 편안함을 제공하는 아웃리치 상담(outreach counseling). 위기 개입 서비스는 종종 집중적이고 단기적인 직업 훈련을 경험한 자원봉사자 또는 학사 학위 수준의 직원들에 의해 제공된다. 이들은 전문적인 조력자에 의해 관리 감독되거나 그렇지 않을 수 있다. 위기 개입 센터의 발달과 더불어 많은 학교와 지역사회가 위기 예방 프로그램을 운영하고 있다.

핫라인, 쉼터 및 위기 클리닉

핫라인, 쉼터 및 위기 클리닉에서 일하는 조력자들은 몇 가지의 예로, 자살, 마약, 가출, 강간, 알코올 중독 및 낙태 위기를 다룬다. 조력자들은 핫라인 업무와 관련된 특별 훈련을 받고 서로 다른 종류의 위기와 연관된 이슈들에 대해 전문화된 지식을 배운다. 예를 들면, 약물 중독 전문 상담자는 자살 위협을 인식하는 방법을 알고 자살에 대한 사실과 통계(미신이 아닌) 내용들을 연구한다. 그리고 위기에 있는 희생자를 위한 지지적 네트워크를 제공하고 희생자와 그 가족의 위기 대응 행동을 변화시키는 것을 조력하며, 희생자의 자살 시도가 예견되는 상황과 위기 상황에 대해 다른 관점을 갖도록 돕는 등의 다양한 종류의 중재에 대해 파악한다.

이러한 세팅에서 조력자들은 즉각적으로 적절한 개입을 하는 데 초점을 맞추어야 한다. 때로는 희생자들과 함께 작업할 때 단지 한두 번의 기회만을 얻는다. 따라서 조력자들은 짧은 시간 내에 공감적 관계를 형성하고, 정확한 정보를 제공하며, 희생자들에게 대안적 선택지를 제공하는 데 능숙해야 한다. 전화나 대면의 방식으로 이루어지는 개인적인 접촉은 중요하다. 이 접촉은 조력자들이 시간외 근무를 하고, 전화로 계속 대화하는 것 또는 즉각적이고 적절한 의뢰 방안을 찾고 조직화하는 것을 포함할 수 있다. 핫라인은 종종 대면 상담보다 접근하기 쉽고 발신자에게 익명성을 제공한다. 그러나 핫라인 만남의 일시적인 특성으로 인해 연속성이 부족하며 조력자에게 피드백이 거의 제공되기 어렵고 추수 상담이 이루어지기 어렵다. 또한 일부 조력자는 시각적 단서가 부족하다는 것이 불안을 조성한다는 것을 알게 된다.

다음은 대학에서 운영하는 위기 상담 센터에 걸려 온 심야 핫라인 전화의 사례이다.

> **발신자**: 안녕하세요? 거기 누가 있나요?
>
> **조력자**: 네, 안녕하세요. 저는 ○○입니다. …… 무엇을 도와드릴까요?
>
> **발신자**: 이야기할 사람이 필요해요. 제 친구가 걱정되거든요. 제 생각에 그 애가 약을 먹은 것 같아요.
>
> **조력자**: 누군가가 약을 너무 많이 먹어서 무슨 일이 일어날지 걱정하고 있군요. 약의 종류는 무엇인가요?
>
> **발신자**: 글쎄요. 잘은 모르겠는데 아마 타이레놀 같아요. 그 아이가 먹었다고 이야기했어요.
>
> **조력자**: 누구든 혼자 있을 때 우울하고 무섭죠. 그리고 걱정이 되지요. 많은 약을 먹으면 그런 어려움에서 빠져나올 방법이 있는 것처럼 보일 수 있어요.
>
> **발신자**: 네, 저라면 그렇게 하지 않을 테지만, 그 아이라면 그럴 수 있어요.
>
> **조력자**: 당신의 친구가 자신의 감정이 얼마나 안 좋은지에 대해 이야기할 사람이 필요하다는 말처럼 들리네요.
>
> **발신자**: 글쎄요. 그 아이는 몇 명의 친구에게 전화했지만, 그들이 집에 없었고 (목소리에 많은 분노가 담김) 도움을 주지 않았어요.
>
> **조력자**: 그래서 그 아이가 항상 외롭고 거절당한다고 느끼는군요.
>
> **발신자**: 네. 제 생각에는 그래요. …… 사실, 이 일은 제 친구의 일이 아니고 바로 저의 일이에요. 가끔 저는 제 이야기를 충분히 들어줄 사람이 아무도 없다고 느껴요.

이 사례에서 조력자는 전화로 약 35분의 상담을 진행했고 내담자를 대학 상담 센터로 의뢰했다. 이 인터뷰에서 조력자는 상세한 자살 평가(suicide assessment)를 수행했다. 여기에는 발신자가 자신을 해칠 수 있는 수단에 접근 가능한지 여부, 자신을 상처 입히는 방법과 시기에 대한 구체적인 계획이 있는지 여부, 이전에 자신을 상처 입히거나 자살하려고 시도했는지, 자신이 좋아하는 물건을 버리는 것과 같은 자살 암시 행동을 했는지 여부 등이 포함된다. 다음 날 확인해 보니 내담자는 상담 센터에 등록을 하였다.

이러한 유형의 조력에 필요한 전화 기술은 경청을 사용하여 신속하게 라포를 형성할 수 있는 능력과 문제의 본질과 심각성을 평가하기 위해 내담자의 메시지를 비지시적으로 따라가는 안내를 포함한다. 앞의 사례에서 조력자가 내담자에게 그 문제가 친구의 것이기보다 자신의 것임을 인정하도록 강요했다면, 내담자는 도움을 받기 전에 전화를 끊었을지 모른다. 인내심, 차분함 그리고 꿋꿋하게 버텨 줄 수 있는 용기는 핫라인에서 일하는 조력자에게 필수적인 요소이다. 핫라인에서 일하는 사람들은 사람들이 외롭거나 관심을 받고 싶은 상황, 현실적인 위기가 발생하지 않을 때에 전화를 거는 '일상적인 발신자(regulars)'를 만나게 될 수 있다. 조력자들은 위기의 전화 사례뿐만 아니라 이러한 전화 상황에서 경험할 수 있는 다양한 범위의 감정을 다루는 방법에 대해 배우기 위해서 수퍼비전을 활용하는 것이 중요하다.

아웃리치 상담

조력자가 피해자를 기다리지 않고 위기 상황에 있는 피해자를 직접 찾아가야 하는 경우가 있다. 이는 휴먼 서비스에서 비교적 새로운 개념으로, 내담자의 고유한 환경 내에서 주요한 돌봄이 이루어지는 '방문 간호' 개념을 기반으로 한다. 이러한 형식의 강점은 피해자를 그들이 속한 맥락 안에서 볼 수 있고, 가족, 이웃과 같이 즉각적이고 활용 가능한 자원을 그려 볼 수 있다는 것이다. 게다가 조력자는 즉각적인 문제 해결에 직접적인 도움을 줄 수 있다(예: 부모님의 교통사고가 일어난 경우에 아이들을 위한 보모를 찾고, 친숙한 환경 내에서 환각 체험을 경험한 약물 희생자와 이야기하거나 즉각적인 의료 서비스를 준비한다). 아웃리치 상담은 일반적으로 다른 유형의 상담보다 시간과 비용이 많이 소요되므로 비교적 드물다. 아웃리치 조력자가 내담자에게 오고 가며 소요되는 시간은 조력에 사용되는 시간으로 포함될 수 없고, 이에 대해 일반적으로 보상이 제공되기 어렵다.

아웃리치 조력자는 다양한 환경에서 편안함을 느끼며 시간이나 장소에 의해 제한되지 않는다. 어떤 사람들은 24시간 운영되는 전화에 응대하거나 복지기관 또는 고용센터에 동행하거나 법률, 교육 및 건강 관리를 받는 데 도움을 주는 것을 별일 아니라고 생각한다. 그들은 내담자들과 레크리에이션 및 여가 활동에 참여하고, 어떻게 싸움을 중단시키고 격렬한 폭력을 다루는지, 대부분의 사람이 불신하는 상황에서 어떻게 신뢰 깊은 관계를 형성하는지에 대해 배운다. 관련 연구가 부족하지만 최고의 아웃리치 상담원은 그들이 일하게 될 지역사회에서 모집되고 훈련된 사람들이다. 그들은 다른 지역의 사람들보다 이웃 사람들의 관습과 생활 방식을 알고 있으며, 불신을 극복하고 보다 더 쉽게 관계를 수립한다.

재난 구호

비록 위기 개입의 두 가지 양식이 재난의 생존자들에게 적용될 수 있지만, 재난 구호에서 주요한 방식은 현장에서 직접 일하며, 희생자, 생존자 그리고 재난과 관련된 다른 사람들과 공동으로 작업하는 팀 접근 방식이다. 팀은 소방관, 경찰관, 응급 의료 요원, 정신 건강 요원 및 군인과 같은 최초 대응자들로 구성될 수 있다. 이러한 사람들은 전문가, 일반 휴먼 서비스 조력자 또는 자원봉사자일 수 있다. 종종 이러한 팀은 국제적이다.

재난 구호는 비행기 충돌, 지진, 테러 공격 또는 전쟁과 같은 재난에 대한 중대한 대응이다. 효과적인 재난 대응을 위해서는 조직적인 팀워크가 필요하다. 희생자, 유족(희생자의 가족, 친구), 서비스 및 지원 제공자(경찰, 소방관 또는 기술자와 같이 희생자와 접촉하는 다른 사람들) 및 직접적인 환경에 있는 사람들에게 즉각적인 지원이 제공된다. 미디어를 통해 시청자들에게도 재난이 직접적으로 전달되기 때문에 실제 사건의 주변 상황에서 도움을 필요로 하는 경우도 종종 발생한다. 예를 들어, 9·11 사건 동안 일부 텔레비전 시청자는 심각한 고통을 겪었다. 대부분의 지역에는 의료적 재난 대응계획(medical disaster plans)이 있지만, 단지 최근에 이르러서야 심리적 건강을 위한 재난 대응계획이 발달되었다. 잘 조직된 정신건강 재난대책은 서비스를 빠르게 전달하고, 보다 나은 협력 방법을 제공하며, 조력의 질을 향상시킨다. 따라서 재난 뒤에 자연스럽게 뒤따르는 혼란을 줄여 준다.

응급 상황에 필요한 정신건강 및 심리적 지원의 유형에 대한 지침과 개입에 대한 안내서가 2007년에 발표되었다. 다양한 형식으로 전 세계에 보급된 이 안내서는 우수 사례를 반영하고 있고, 대규모 재난 현장에서 원활한 의사소통 및 조정을 용이하게 하기 위해 제공된다(IASC, 2007, 2008, 2010). 또한 재난 대응 활동에서 인권 기준의 사용과 문화적으로 적절한 지역사회 기반의 개입을 보장한다.

이 안내서는 2004년 인도양 해일 이후 발생한 문제 상황에 대해 연구한 후에 개발되었다. 중요한 것은 조력자가 지역 주민의 존엄성을 보호하고 사회적 지지를 강화하며 기존 지역 사회 지원을 동원하는 것이다. 다시 말하자면, 다른 사람들에게 자신의 문화적 가치와 신념을 주입하지 않는 것이다.

재난 개입의 첫 번째 단계에서는 지원의 필요성과 재난의 심각성 및 범위를 빠르게 평가하여 분류(triage)한다. 재난이 발생하면 중재 팀은 정보 수집 및 평가 목적으로 소그룹으로 나뉠 수 있다. 조력자들의 관찰, 현장의 다른 사람들로부터의 피드백 및 직접 상호작용을 통해 어떤 유형의 도움이 필요한지 결정할 수 있다. 일부 재난에서는 식량, 물 및 신체 안전에 대한 긴급한 요구가 있으며, 어떤 종류의 즉각적인 서비스가 필요한지, 누가 기다릴 수 있는지, 누가 도움의 손길이 될 수 있는지를 결정해야 한다. 다음 며칠 동안 팀 구성원들은 가족들과 지역사회의 구성원에게 영향받은 다른 사람들을 만난다. 가족 및 지역사회 구성원을 만나는 목표는 재난에 대한 공통적인 반응에 대한 객관적 정보를 나누어 주고, 감정을 표현할 기회를 제공하며, 가족과 지역사회 구성원들이 지지를 주고받음으로써 숙달된 느낌을 얻도록 하는 것이다. 많은 지역사회 및 전문 단체는 정신건강 요원을 포함하는 재난 구호팀을 운영한다. 그들은 지역사회에서 학교 총기 난사, 폭탄 위협 및 기타 사건에 신속하게 대응한다. 이러한 팀은 이동성을 갖추고 현지의 자원 및 사후 돌봄 서비스의 조직화를 위해 교육받는다. 팀이 조직되고 지도자와 감독자가 배치되며 역할이 배분된다. 미국심리학회(APA)와 미국 적십자사는 어려운 생활 조건과 종일 걸어다니며 일하는 것, 재난 현장에서 자원 봉사자들이 받게 될 보장이 전혀 없을 수 있다는 것에 대해 강조함으로써 재난 구호 작업에 대한 환상을 깨기 위한 훈련을 제공한다. 자원봉사자는 그들을 필요로 하는 곳에 배정될 수 있다. 훈련을 받는 수련생들은 작업의 우선순위를 정하고 한계를 설정하여 몸과 마음의 건강을 증진하도록 권장된다. 국제적으로 일하는 경우, 미국의 모델을 다른 나라에서 사용할 것인지 또는 지역 문화와 일치하는 새로운 모델을 개발하는 것이 더 효과적인지를 균형감 있게 고려하는 것이 중요하다.

예방

사람들이 특정 종류의 위기를 피하고 자신이 어쩔 수 없는 발달상의 위기에 대처하도록 돕기 위해 대학과 지역사회에 여러 교육 프로그램이 발달해 왔다. 예를 들어, 대학교 1학년 신입생들을 대상으로 성폭력 예방, 성교육, 약물 예방 교육 등의 내용을 실시하는 것은 일반적이다. 사실, 이러한 교육 내용 중 일부는 이제 초등 및 중등 학교 정규 교과 과정의 일부이다. 위기 개입 조력자들은 종종 이러한 교육 프로그램에 직접 또는 간접적으로 기여한다. 말할 필요도 없이 그들의 경험은 귀중한 지식과 정보를 제공한다. 지역사회 기관은 종종 위기를 피하는 방법에 대한 팸플릿을 만들거나 이웃들에게 제공되는 프로그램 제작 그리고 심리적 응급처치를 포함한 응급 처치 절차와 같은 문서와 영상을 제작하고 보급하는 데 중요한 역할을 한다. 지역 차원(local, regional), 주 차원(state), 연방 차원(federal), 국제적인 차원(international)의 기관들은 자연 재해에 대한 대피 계획, 테러 위험에 대한 경계, 조류 독감과 같은 대규모의 의료 재난에 대한 백신 접종과 같은 예방 및 중재 계획을 발달시키고 있다.

연습문제 9-5

짝을 이루어 위기 접수 면접 상황에 있는 내담자와 상담자의 역할을 해 보라. 약 30분 후에 각 상담자는 ① 치료 목표, ② 자신이 선호하는 위기/재난 개입 전략을 기록해야 한다. 역할을 바꾸어서 실습해 보라. 그 다음, 집단 내의 모든 사람이 자신이 평가한 내용을 비교하고 논의해야 한다. 역할놀이를 위한 위기 사항으로는 약물로 인한 환각 체험, 데이트 강간, 원치 않는 임신 발견, 마지막 학업 기간에 필요한 재정적 지원이 없어진 것 또는 집을 파괴한 허리케인에서 살아남은 것 등이다. 내담자의 경우에는 위기 상황에 대해 강렬한 울음, 충격과 마비, 분노 또는 자살 충동과 같은 다양한 형태의 반응을 시도해 보라.

연습문제 9-6

짝을 이루어 등을 대고 앉아서 응급 전화 상황에 대한 역할극을 실시해 보라. 내담자는 어떤 종류의 상황이든 선택할 수 있다. 조력자에게 내담자와 이야기할 기회가 단 한 번만 있다는 것을 기억하라. 대화를 자연스럽게 이어 갈 수 있을 때까지 지속하라. 역할극을 마치고 나면 경험한 것에 대해 이야기를 나누고 다른 동료들과 함께 당신이 보인 반응들에 대해 공유하라. 시각적인 자극을 받지 않는 것이 어떠한 느낌이었는가? 어떤 종류의 압박감을 경험했는가?

개입을 위한 기술

위기와 재난의 상황에서는 조력자가 응급 상황에 대해 평정을 유지하고 평상시와 같이 행동하며, 자신감을 나타내는 것이 중요하다. 조력자들은 위기의 성격, 스트레스가 미치는 영향력의 특성을 파악하고, 편안하고 지지적이며 내담자를 존중하는 소통을 하는 두 가지 모두를 위해 반응적 경청 기술을 사용한다. 반응적 경청 외에도, 손을 잡고 내담자의 어깨에 팔을 올리는 것과 같은 신체적 동작을 통해 돌봄과 관심을 전달할 수 있다. 다른 상황에서는 어떤 신체적인 접촉이 침해적이고 문화적으로 부적절하다고 간주될 수 있다. 응급 처치 상황에서 조력자가 개입을 수행할 때 오히려 압도되거나 영향 받을 수 있기 때문에(이차 외상) 조력자가 높은 수준의 자기 인식을 유지하고 자기-돌봄을 훈련하는 것이 중요하다.

일반적으로 공감과 동정을 구별하는 것이 중요하다. 동정은 내담자가 계속 의존하도록 만들어 냄으로써 위기로부터의 회복을 방해할 수 있다. 내담자가 의존하지 않도록 하는 한 가지 방법은 실제적인 위기와 재난 상황에 대해서 여러 번 자세하게 반복하는 것보다 개인적인 위기에 대해 실제로 할 수 있는 것에 초점을 맞추는 것이다. 다시 말하면, 초기에 자신의 정서를 충분히 표현하는 환기(ventilation) 기간이 지난 후에, 희생자들이 실제 사건에 대해 최대한 자세한 내용을 진술하는 과정에서, 무슨 일이 일어났는가에 대한 내용보다 앞으로 무엇을 할 것인가에 초점을 맞추는 것이 회복에 더 도움이 된다. 내담자의 과거, 현재의 강점과 긍정적인 경험에 초점을 두는 것은 부정적인 측면보다는 긍정적인 면을 강조하고 내담자의 회복할 수 있는 역량에 대한 믿음을 형성하는 것이다.

개입의 시작 단계에서 조력자는 어떤 개입 전략을 따를지를 결정하기 위해 내담자에게 몇 가지 질문을 분별력 있게 제시할 수 있다. 실제 사건에 대해 질문을 하는 것에 더하여, 조력자는 다음과 같은 질문을 할 수 있다.

- 최근에, 특히 지난 며칠 동안 당신의 삶에서 어떤 변화가 일어났습니까?
- 당신에게 중요한 가족 구성원, 상사, 소중한 친구들과 같은 사람들과 특별한 어려움을 겪었습니까?
- 이러한 어려움에 대해 이미 시도해 본 것들은 무엇입니까?
- 이러한 감정들을 이전에 경험했던 적이 있습니까? 만약 그렇다면, 언제 경험했고 그것에 대해 무엇을 했습니까?
- 이것을 극복하기 위해 당신이 해야 할 일이 무엇이라고 생각합니까?
- 당신의 인생에서 누가 당신에게 가장 도움이 될 것이라고 생각합니까?

이러한 질문의 목적은 신속하게 정보를 이끌어 내는 것 이외에도 내담자의 정서적·인지적·행동적 반응을 이해하고 적응 전략을 개발하는 과정에 내담자가 참여하도록 하는 것이다.

조력자는 생존자들에게 사려 깊은 편안함과 지지를 제공함과 동시에, 몇 가지의 직접적인 행동을 취할 필요성이 있을 수 있다. 조력자들은 누군가가 자해를 하거나 타인을 해치는 것으로부터 신체적인 보호를 해야 할 수 있다. 의료적인 도움을 찾는 것, 위기가 지나갈 때까지 내담자와 함께 있을 수 있는 가족, 친구, 이웃과 같은 네트워크를 찾는 것, 즉각적으로 환경을 바꾸어 주는 것(예: 병원 또는 쉼터), 피해자에게 스트레스의 원인으로 작용하는 것에 대해서 다른 사람에게 이해해 달라고 이야기하는 것, 장례 의식과 보험의 보상에 대한 것일 수 있다. 위기 또는 재난 희생자들은 자기 스스로 이러한 행동을 할 수 없으며 잠시 동안 다른 사람들에게 의지할 수도 있다는 것을 느낄 필요성이 있다.

조력자는 위기/재난 생존자가 다른 곳으로 의뢰될 준비가 되거나 스스로 극복할 수 있는 때에 이르기까지 생존자의 의존성을 받아들여 준다. 상담자는 준비 단계에 이르고 다른 사람들이 생존자를 지원할 수 있도록 하기 위해 연락을 취하고 다른 사람들과 정보를 공유할 필요가 있을 것이다.

이혼과 죽음 같은, 상실을 포함한 위기 및 재난에 대한 반응은 퀴블러-로스(Kübler-Ross, 1969)가 이야기한 것과 같이 독립적인 단계를 가질 수 있다. 초기 반응은 충격(shock), 부인(denial) 중 하나이다. 주요 정서는 "이 일이 다른 사람에게 일어날 수 있지만, 나에게는 아닐 것이다."이다. 조력자는 이 단계에서 공감적 지지를 제공한다. 부인이 줄어 가면서 분노(anger)가 나타나며, 조력자, 내담자와 가까운 사람들이 종종 이 분노를 정면으로 마주하게 된다. 수용(acceptance)과 그에 대한 대처(coping)는 내담자가 대처 전략, 자원을 재조정하고 회복으로 가는 계획과 실천 행동을 시작할 때 발생한다.

특정 상황에서 위기 조력자들이 사용하는 기술은 즉각적인 행동을 자극하기 위해서 조력자가 내담자의 불일치를 보여 주거나 위기 상황의 영향력을 보여 주는 것과 같은 직면이다. 예를 들어, 조력자는 술을 마신 상태에서 아내를 때린 후 양심의 가책을 느끼는 알코올 중독자에게 "술을 마실 때 화를 조절하는 것이 어려우시군요. 아내가 병원에 있으면서 고소를 하려고 생각 중입니다. 어쨌든 당신의 아내는 아이들을 데리고 이번에 떠나겠다고 했습니다. 당신은 자신의 음주에 대해서 어떻게 하고 싶은지 결정해야 할 것입니다. 당신이 만약 가족을 지키고 싶다면 이 문제를 해결해야 할 것입니다. 당신이 가진 선택지를 살펴봅시다."라고 이야기하는 것이다. 어떤 의미에서 이 조력자는 내담자에게 "제대로 하거나 아니면 그만두세요."라고 말하는 것이다. 종종 이러한 종류의 '충격치료' 직면은 어떤 사람을 핵심적인 문제에 마주하게 하거나 다른 방향으로 움직이게 하는 데 필요하다.

위기 상황과 재난 상황에서 시간은 매우 중요한 변수가 된다. 조력자는 문제 해결을 시도하기 전에 오랜 시간을 들여 조력 관계를 형성하는 사치를 부리지 않는다. 따라서 다른 조력의 형태에서보다 위기/재난의 개입에서 직면이 보다 빨리 이루어진다. 그러나 공감적이면서 동시에 직면적인 것이 가능하다. 조력자의 목소리 톤, 몸의 자세, 얼굴 표정은 적대적 직면 또는 건설적 직면의 차이를 만들 수 있다. 건설적인 직면은 부정적이지 않다. 건설적인 직면은 내담자가 어떻게 행동할지 구체적인 단계를 선택하기 위해 내담자의 강점과 능력을 파악하는 것을 포함한다. 직면을 사용할 때, 분노를 표출하거나 당신의 우월성을 입증하기 위한 것이거나 당신의 의지를 강요하기 위한 것이 아니라 내담자의 유익을 위해 사용하는 것이 중요하다. 다시 말해서, 직면은 공격적이라기보다는 확신에 찬 것이어야 하며 조력의 목적에 부합하는 것이어야 한다.

특정한 유형의 재난, 위기에 대해서 필요한 지식(예: 마약, 음주, 아동 학대, 자살) 이외에도, 휴먼 서비스 종사자들은 그들이 함께하는 공동체의 사회학적·경제적·문화적 특성과 공동체 내에서 이용할 수 있는 자원에 대해 익숙해야 한다. 이와 같은 지식은 특별히 '시간'이라는 요소가 가장 중요하게 평가되는 경우에 최선의 의뢰를 하기 위해 필요하다.

또한 조력자들이 위기가 진행되는 동안 또는 위기 이후에 스트레스(대리 또는 이차 외상)의 영향력을 스스로 인식하는 것이 중요하다. 앞서 언급했듯이 자기돌봄은 효과적인 조력에서 중요한 부분이다.

다음은 네 가지의 위기 개입 사례이다.

19세의 대학생 세실리아가 예기치 않게 나를 찾아왔다. 나는 그 학생이 룸메이트와 함께 내 사무실에 왔을 때 한 번 만났으나 직접적인 교류는 없었다. 그 학생은 분명히 고통스러운 상황에 있었고, 자신이 몇 개의 알약을 먹었으며 '더 이상 살고 싶지 않아.'라고 심각하게 생각했기 때문에 약을 먹은 것이라고 불쑥 말을 내뱉었다. 나는 즉시 모든 전화와 일정을 중단시키라고 비서에게 요청하였고, 이후의 몇 시간을 그 학생과 이야기하는 데 보냈다. 그 학생은 나에게 그녀의 약혼자와 오빠가 6주 전에 교통사고로 사망했다고 말했고, 그녀는 그걸 극복할 수 없다고 했다. 그녀는 살아야 할 아무런 이유가 없다고 느낀다고 했다. 그녀는 울었다. …… 나는 그녀를 붙들고 있었다. …… 우리는 혼자 남겨진 것에 대한 상실과 분노에 대해 다루고 또 다루었다. 마침내 그녀가 완전히 탈진했을 때, 나는 그녀에게 자신의 삶에서 어떤 의미를 찾기 위해 우리가 함께할 수 있을지에 대해 물었다. 그녀가 눈물을 흘리며 동의했을 때 나는 몇 가지 약속을 지킬 것을 요청했다. 다음 날 3시 30분에 만날 때까지 나에게 약을 맡기고 자신에게 아무것도 하지 않겠다고 약속할 수 있는가? 나는 그녀가 나를 바라보고 그렇게 약속할 것을 부탁했다. 그녀가 그렇게 약속하기까지 많은 시간이 필요했다. 그리고 나는 몇몇의 친구와 함께 있는 것이 도움이 될 것이라고 제안했다. 그녀는 룸메이트를 포함하여 여기에 친구들이 있지만 자신을 슬픔에 남겨 두려고 노력해 왔다고 했다. 나는 룸메이트에게 전화를 거는 것에 대해 허가를 구하고 우리의 다음 약속 때까지 지속적으로 관계를 가져 줄 것을 요구했다. 이러한 약속은 세실리아, 나 그리고 동료 등 모든 사람의 동의하에 이루어졌다. 다음날, 세실리아는 즉각적인 위기가 끝났다고 느꼈고 따라서 우리는 자살의 위험 없이 문제를 해결하기 위해 규칙적으로 만나기 시작할 수 있었다. 세실리아의 위협이 정당한 것이었는지 아닌지는 중요하지 않다. 그러한 위협을 무시하거나 평가절하해서는 안 되며, 나는 내담자들이 자신에게 해를 가하지 않을 것이라는 확신이 들 때까지 내담자들을 떠나지 않는다.

미용실에서 일하는 24세 아리는 고용주에게 전화를 걸어 자신이 '아파서' 일하러 갈 수 없다고 이야기했다. 그의 목소리는 매우 불안하고 화가 나 보였다. 그의 상사이면서 여가 시간에 핫라인에서 자원봉사를 하는 로버트는 무엇인가 잘못되었다고 느꼈다. 로버트는 아리의 집으로 갔다. 아리는 흐트러져 보이고, 고뇌에 찬 눈빛으로 방향 감각을 상실한 것처럼 보였다. 아리는 죽음에 대해서 이야기했고 말의 앞뒤가 안 맞는 것 같았다. 아리의 부모님이 중동 지역에 살고 있고 전쟁이 발발했다는 것을 알고서, 로버트는 이러한 분노의 원인이 그것이라 생각했다. 로버트는 차분하게 이야기함으로써 아리를 평온하게 만들기 위해 노력했다. 아리의 침체 위기는 하루 전날 아리가 다른 동료들의 이야기를 넘겨듣게 되었고, 몇몇의 고객이 그에게 인종차별적인 발언을 한 것에서 발생했다는 것이 밝혀졌다. 아리는 이 가게에서 10년 동안 일해 왔고 이곳이 안전하고 보안이 잘 이루어졌다고 인식했던 것이 한순간에 무너지게 되었다. 이것은 전쟁에 대한 생각과 감정을 피하기 위해 바쁘게 지내면서 방어했던 것을 통감하게 하였다. 로버트는 공감적으로 소통하며 평온하고 지지적인 행동을 보였다. 그는 아리에게 그와 함께 가게로 돌아가자고 격려했고, 적절한 태도와 행동으로 직원들 사이의 긴장을 감소시켜 줄 수 있었다. 그날 일을 마친 후, 로버트는 아리처럼 중동 지역에 있는 가족과 친구들의 소식을 기다리고 있으며, 아리에게 집단 지지를 제공할 수 있는 아랍계 미국인들이 있는 지역 센터로 아리를 데리고 갔다. 이 사례에서 로버트의 지지, 의사소통 기술뿐만 아니라 집단의 지지를 제공하기 위한 자원을 찾아가는 적극적인 전략을 통해 아리가 자신의 공포에서 벗어나 자신의 상황에 보다 효과적으로 대처할 수 있었다.

주 방위군 간호사인 빈센 대위는 밤중에 발생한 경련 증상과 숨가쁨으로 인해 도움을 요청했다. 그녀는 세계무역센터 공격이 일어난 후, 뉴욕에서 재난 구조 팀의 일원으로 10일 정도 일했고 모범적인 서비스를 지원한 것으로 평가받았다. 학교의 간호사로서 일상적인 삶을 살던 그녀는 뉴욕에서 돌아온 후 지난 몇 달 동안 별다른 증상을 경험하지 않았다. 초기 개입 단계 동안에 조력자는 그녀에게 가까운 사람의 죽음을 경험한 적이 있는지 물었다. 그녀는 스쿨버스 충돌 사고로 6세 여동생이 죽었다는 사실을 이야기했다. (당시 그녀는 8세였다.) 그녀는 자신이 '거의 잊고 있었다.'고 말하면서 스스로 놀랐다. 뉴욕에서 끔찍한 사망자를 목격하고 살아남은 가족들을 돌보는 것은 빈센에게 강렬한 분노와 무력감, 슬픔을 재촉했다. 가족 내에서 정서적 표현을 허용하지 않는 문화에서 자라 온 그녀는 항상 '슬픔'이나 '약점'을 느끼지 않는 자신을 자랑스러워했다. 빈센은 두 번의 위기 개입 회기에서 동생의 죽음과 자신, 그리고 가족에 대한 영향에 대해 기억하고 이야기하도록 격려받았다. 그녀는 상당히 빠른 속도로 뉴욕에서 경험한 것과 동생의 죽음이 어떻게 관련이 있는지 파악하기 시작했다. 그녀의 고통에 대해 인정하고 이야기하는 것뿐만 아니라, 울음은 그녀가 필요로 하는 치료적인 안도감과 해방감을 제공했다. 그녀는 자신을 다룰 수 있을 것 같은 느낌과 자기 존중감을 다시 얻을 수 있었다.

정신건강 전문의인 수잔은 허리케인 카트리나 이후, 재난 대응팀의 일원으로서 루이지애나로 파견되었다. 비록 그녀가 혼란한 상태에 있는 피난민들을 평가하고 그들이 정서적으로 어떻게 느끼는지를 묻고 상담을 제공할 준비가 되었음에도 불구하고, 처음 며칠 동안 그녀의 가장 중요한 임무는 부엌에서 요리사를 도우며 옷가지와 필요한 물품들을 배분하는 것임을 알게 되었다. 그녀는 이러한 일을 수행해 가며, 직원과 피난민을 따뜻하게 환영하고 맞이하는 일을 해 나갔다. 며칠 만에 그녀는 사람들이 자신의 정서적인 어려움에 대해 이야기 나누기 위해 다가오기 시작하는 커뮤니티 구성원으로 수용되었다. 허리케인 카트리나 대피소에서 자원봉사를 한 나의 동료 중 한 명은 정신건강 종사자들이 쉼터에서 피해자들과 모든 것을 함께했기 때문에, 그들의 이야기를 함께 나누기 원하는 구성원으로 받아들여진 것이라고 이야기했다.

연습문제 9-7

다음 상황을 이용하여 연습문제 9-6에서 실시한 핫라인 역할극을 재연해 보라.
한 여자가 핫라인으로 전화를 걸어서 매우 흥분한 목소리로 이야기한다.
"여보세요? 스물두 살짜리 아들이 나를 죽이려 했어요. 그는 실제로 칼을 가지고 나한테 왔어요. 나는 믿을 수가 없어요. 그 아이는 미친 듯이 행동하고 있어요. 어떻게 해야 할지 모르겠어요. 저는 길모퉁이 구석에 있는 전화기로 전화를 하고 있어요. 집에 가는 것이 무섭지만 경찰에 연락할 수는 없어요. 그 아이는 내 아들이거든요. 나는 내 아이를 사랑해요. 저를 도와주세요. 제가 어떻게 해야 할까요?"
이 상황에 대한 당신의 반응을 동료들의 반응과 비교해 보고 당신이 알아야 할 중요한 정보와 사용할 위기 개입 전략에 대해 토론해 보라.

다음의 내용 중 사실이라고 생각하는 것은 무엇이며, 사실이 아니라고 생각하는 내용은 무엇인가? 당신의 응답 내용을 다른 학생들의 응답과 비교하고 다른 응답 내용과 같은 응답 내용에 대해서 이야기해 보라.

1. 제대로 된 여자애들은 강간당하지 않는다.
2. 저항하는 것보다 원하는 것을 강도에게 주는 것이 낫다 .
3. 이혼은 언제나 아이들에게 해롭다.
4. 네가 저항하지 않는다면 그건 실제로 강간이 아니다.
5. 직업을 잃은 사람들은 분명히 부분적으로 책임이 있다.
6. 강한 사람들은 위기에 빠지지 않는다.
7. 알코올 중독자들이 술에 빠져드는 이유는 사람들이 그를 그렇게 몰아넣었기 때문이다.
8. 남자는 매혹적으로 옷을 입거나 차에 타는 것을 수용하는 여성들을 강탈할 권리가 있다.
9. 갑작스러운 재정상의 어려움을 가진 사람들은 계획을 잘 세우지 못해서 그런 일들이 생긴 것이다.
10. 자살하겠다고 위협하는 사람들은 실제로 자살하지 않을 것이다.
11. 자연재해를 경험한 사람들은 인간에 의한 외상(학대, 폭행, 고문 등)을 경험한 사람들보다 더 고통스럽다.
12. 응급 처치 요원(경찰과 소방 요원, 구급대)은 재난 관련 훈련을 받았으므로 스트레스의 증상을 거의 겪지 않는다.
13. 트라우마와 재난의 생존자가 사건 발생 후 최대한 빨리 정서적으로 환기하도록 격려하는 것이 중요하다.

가족과의 어려운 관계로, 지난 몇 달 동안 어려움을 겪고 있는 학생인 페그와 함께 일해 왔다고 상상해 보라. 페그는 그녀의 오빠가 이라크에서 자살 폭탄 테러로 사망했다는 것을 이제 막 알게 되었다. 그녀는 혼란스럽고, 즉시 학교를 그만둘 계획이라고 이야기한다. 치료사와 내담자의 역할을 나누어 역할극을 해 보라.

당신은 허리케인 카트리나에 의한 피해로 미시시피에서 매사추세츠로 이주해 온 피난민 가족과 함께하기 위해 매사추세츠의 오티스 공군 기지로 가라는 임무를 맡았다. 그들은 자녀들을 공립학교에 입학시켰고 아버지는 식당에서 일을 하고 있었다. 가족 중 어머니는 집이나 직장이 없더라도 미시시피로 돌아가기를 원한다. 그러나 아버지는 최소한 이번 학년이 끝날 때까지 매사추세츠에 머물기를 원한다. 어머니, 아버지, 조력자의 역할을 나누어 역할극을 해 보라.

요약

이 장에서는 위기 및 재난 이론을 개관하고 조력 이론과의 연관성을 제시하였으며, 위기 및 재난 개입에 대한 구체적 실습 내용을 제시하였다. 그리고 위기 개입 이론이 재난 및 트라우마로 확장되어 논의되었다. 우리는 발달적 전환의 문제와 상황적 트라우마를 구별하기 위해 정서적 위기의 여섯 가지 위계를 만들었다. 우리는 위기와 재난 이론의 개입 단계를 강조했다. 많은 사람(비전문 조력자, 일반 휴먼 서비스 종사자, 전문 조력자)은 면담, 전화 또는 다양한 아웃리치 프로그램과 위기 대응 네트워크를 활용하여 위기와 재난을 다룬다.

위기 및 재난 이론에 대한 개관 내용을 살펴보면 위기 및 재난에서 단기적 개입이 효과적일 수 있으며, 지원 가능한 네트워크를 확인하고 사용하는 것이 개입의 중요한 요소임을 알 수 있다. 위기에 처한 사람들이 변화에 매우 개방적일 수 있다는 점은 흥미롭다. 따라서 정신건강 개입은 상담을 더 하게 되는 것, 개인적인 강점을 인식하는 것 그리고 미래의 문제에 더 잘 대처하는 능력과 같은 긍정적인 결과들을 이끌 수 있다.

비록 위기/재난 개입이 때로는 이 책에서 개발된 상담 모델과 다른 도움을 필요로 하지만 여전히 좋은 의사소통 기술과 효과적인 관계 형성 기술의 개발이 필요하다. 7장과 8장에서 논의된 도움 전략은 위기/재난 개입에 맞춰 수정되고 적용될 수 있다. 또한 이 장에서는 위기/재난 개입의 국면과 단계에 대한 리뷰를 포함하였으며, 연습을 위해 필요한 기법들을 함께 제시하였다.

참고문헌과 더 읽을거리

Aguilera, D. C. (1998). *Crisis intervention: Theory and methodology* (8th ed.). St. Louis, MO: Mosby.

American Psychiatric Association. (2013). *Diagnostic and statistical manual of mental disorders* (5th ed.). Washington, DC: Author.

Ashinger, P. (1985). Using social networks in counseling. *Journal of Counseling and Development, 63,* 519-521.

Barry, K. L. (1999). *Brief intervention and brief therapies for substance abuse.* Rockville, MD: U.S. Department of Health and Human Services.

Bell, J. L. (1995). Traumatic event debriefing: Service delivery designs and the role of social work. *Social Work, 40*(1), 36-43.

Benveniste, D. Crisis Intervention After Major Disasters. Retrieved June 15, 2013, from http://www.thecjc.org/pdf/benveniste_crisis.pdf

Boscarino, J. A., Adams, R. E., & Figley, C. R. (2004). Mental health service use 1 year after the World Trade Center disaster: Implications for mental health. *General Hospital Psychiatry, 26,* 346-358.

Bowman, S. L., & Roysircar, G. (2011). Training and practice in trauma, catastrophes, and disaster counseling. *The Counseling Psychologist, 39*(8), 1160-1181.

Budman, S. H., & Gurman, A. S. (1988). *Theory and practice of brief therapy.* New York: Guilford Press.

Caplan, G. (1961). *An approach to community mental health.* New York: Grune & Stratton.

Caplan, G. (1964). *Principles of preventive psychiatry.* New York: Basic Books.

Farber, M. (1968). *A theory of suicide.* New York: Funk & Wagnalls.

Farberow, N. L., & Schneidman, E. S. (Eds.). (1965). *The cry for help.* New York: McGraw-Hill.

Fiefel, H. (1959). *The meaning of death.* New York: McGraw-Hill.

Figley, C. R. (Ed.). (1985). *Trauma and its wake.* New York: Brunner/Mazel.

Fisch, R., Weakland, J., & Segal, L. (1982). *The tactics of change: Doing therapy briefly.* San Francisco, CA: Jossey-Bass.

Fraser, B. (2007). Earthquake highlights mental-health issues in Peru. *Lancet, 370*(9590), 815-816.

Gerber, S. K. (1999). *Enhancing counselor intervention strategies: An integrational viewpoint.* Philadelphia: Accelerated Development.

Gist, R., & Lubin, B. (Eds.). (1989). *Psychosocial aspects of disaster.* New York: Wiley.

Gray, H. J., & Litz, B. (2005). Behavioral intervention for recent trauma: Empirically informed practice guidelines. *Behavior Modification, 29*, 189-210.

Hamilton, S. (2005). Disaster/psychology. *Register Report, 31*, 28-32.

Heath, M. A., Nickerson, A. B., Annandale, N., Kemple, A., & Dean, B. (2009). Strengthening cultural sensitivity in children's disaster mental health services. *School Psychology International, 30*(4), 347-373.

Henley, R., Marshall, R., & Vetter, S. (2011). Integrating mental health services into humanitarian relief responses to social emergencies, disasters, and conflicts: A case study. *The Journal of Behavioral Health Services & Research, 38*(1), 132-141.

Herman, J. L. (2005). Early intervention for trauma and traumatic loss. *American Journal of Psychiatry, 162*(5), 1036-1037.

Horowitz, M. J. (2011). *Stress response syndromes* (5th ed.). Northvale, NJ: Jason Aronson.

IASC. (2007). IASC Guidelines on Mental Health and Psychosocial Support in Emergency Settings.

IASC. Retrieved from http://www.who.int/mental_health/emergencies/9781424334445/en/

IASC. (2008). IASC Guidelines on Mental Health and Psychosocial Support in Emergency Settings: Checklist for Field Use. Geneva: IASC. Retrieved from http://www.humanitarianinfo.org/iasc/pageloader.aspx?page=content-products-products&productcatid=22

IASC Reference Group for Mental Health and Psychosocial Support in Emergency Settings. (2010). Mental Health and Psychosocial Support in Humanitarian Emergencies: What Should Humanitarian Health Actors Know? Geneva: IASC. Retrieved from http://www.who.int /mental_health/publications/what_should_humanitarian_health_actors_know/en/index.html

Jones, L., Asare, J., Elmasri, M., & Mohanraj, A. (2007). Mental health in disaster settings. *BMJ, 335*(7622), 679-680. doi: 10.1136/bmj.39329.580891.BE

Kanel, K. (2011). *A guide to crisis intervention* (4th ed.). Pacific Grove, CA: Brooks/Cole.

Kübler-Ross, E. (1969). *On death and dying.* New York: Macmillan.

Lindemann, E. (1944). Symptomatology and management of acute grief. *American Journal of Psychiatry, 10*, 141-148.

Lystad, M. L. (Ed.). (1988). *Health response to mass emergencies.* New York: Brunner/Mazel.

Menninger, W. C. (1978). *Psychiatry in a troubled world.* New York: Macmillan.

Myer, R. A., Williams, R. C., Ottens, A. J., & Schmidt, A. E. (1992). Crisis assessment: A three-dimensional model for triage. *Journal of Mental Health Counseling, 14*(2), 137-148.

Norris, F. H., & Alegria, M. (2005). Mental health care for ethnic minority individuals and communities in the aftermath of disasters and mass violence. *CNS Spectrum, 10*(2), 132-140.

Osterweis, M., Solomon, F., & Green, M. (Eds.). (1984). *Bereavement.* Washington, DC: National Academy Press.

Parad, H. J., & Parad, L. G. (Eds.). (1999). *Crisis intervention: Book 2. The practitioner's sourcebook for brief therapy.* Hertsfordshire, UK: Manticore.

Parham, W. D. (2011). A call to action: Responding to large-scale disasters, catastrophes, and traumas. *The Counseling Psychologist, 39*(8), 1193-1202.

Richman, J. (1986). Family therapy for suicidal people. New York: Springer.

Roberts, A. (Ed.). (2005). *Crisis intervention handbook: Assessment, treatment, and research* (3rd ed.). New York: Oxford.

Satcher, D. (1999). *The surgeon general's call to action to prevent suicide.* Washington, DC: U.S. Public Health Services.

Sederer, L., & Rothschild, A. (Eds.). (1997). *Acute care psychiatry: Diagnosis and treatment.* Baltimore: Williams & Wilkins.

Slaikeu, K. A. (1990). *Crisis intervention: A handbook for practice and research* (2nd ed.). Boston, MA: Allyn & Bacon.

Van der Kolk, B. A. (2003). The neurobiology of childhood trauma and abuse. *Child and Adolescent Clinics in North America, 12*, 293-317. Retrieved from http://www.traumacenter.org/products/pdf_files/neurobiology_childhood_trauma_abuse.pdf

VandenBos, G. R., & Bryant, B. K. (Eds.). (1986). *Cataclysms, crises, and catastrophes: Psychology in action.* Washington, DC: American Psychological Association.

Watson, P. J., & Shalev, A. Y. (2005). Assessment and treatment of adult acute responses to traumatic stress following mass traumatic events. *CNS Spectrum, 10*(2), 123-131.

Watzlawick, P., Weakland, J., & Fisch, R. (1974). *Change: Principles, problem formation, and problem resolution.* New York: Norton.

Wright, K. M., Ursano, R. J., Bartone, P. T., & Ingraham, L. H. (1990). The shared experience of catastrophe: An expanded classification of the disaster community. *American Journal of Orthopsychiatry, 60*, 35-43.

* www.CengageBrain.com을 방문하시면 학습 내용에 관한 퀴즈(tutorial quizzes)를 풀어 볼 수 있습니다.

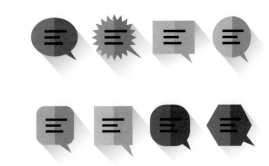

상 담 기 본 기 술
A ___ to ___ Z

10장

효과적인 조력에
영향을 미치는 이슈

인간관계 상담 모델의 두 가지 차원인 상담의 단계와 기술을 배우는 것만으로는 조력 관계를 완벽하게 이해할 수 없다. 우리는 계속적으로 이 모델의 세 번째 영역, 즉 다른 이슈들과 관련된 우리의 태도와 믿음을 재평가하고, 적용하고, 수정하는 것이 필요하다. 왜냐하면 검토되지 않은 가치와 믿음은 조력자로서 우리의 유용성을 심각하게 방해하기 때문이다. 우리는 개별성(individulaity)을 존중하는 것을 배워야 하고 우리의 일상이 제도와 문화적 체계에 의해 형성된다는 인식을 발전시켜 나가야 한다. 또한 성, 계급, 인종, 나이, 성적 지향, 민족성이 지속적으로 변화·발전해 나가는 자기 정체성뿐만 아니라 타인과 세상에 대한 자신의 관점에 영향을 끼친다는 것을 이해해야 한다.

대부분의 사람은 자신이 쉽게 관계를 형성할 수 있고 비슷한 가치 체계를 나누며 자신이 느끼는 진정한 감정과 생각을 쉽게 드러낼 수 있는 사람들과 친구가 된다. 이러한 측면은 우리의 사회 네트워크 외부에 있는 사람들이 가진 삶의 다양성 이해를 제한 할 수 있다. 조력자로서 우리는 도움을 청하고 함께 작업하는 내담자를 언제나 선택할 수 있는 것은 아니다. 대부분의 조력자는 다양한 내담자와 작업하고자 하고 지속적으로 자기인식을 확장시켜서 자신들이 가진 가치, 믿음, 관념들이 조력 관계에 해로운 영향을 끼치지 않기를 원한다. 자신들과 비슷한 사람과만 일하기를 원하는 조력자들은 세계관을 공유하지 않는 내담자와는 효과적인 조력 관계를 발전시키기 어려울 것이기 때문에 이러한 사실을 일하는 기관의 장이나 고용주에게 밝혀야 한다.

많은 개인적·사회적·전문적·윤리적 이슈들이 조력 관계에 영향을 미친다. 우리는 이미 앞의 장들에서 조력 기술을 살펴보고 사례와 연습 활동을 다루어 봄으로써 자신의 가치와 윤리적 관심사에 대한 인식을 발전시켜 왔다. 이 마지막 장의 목적은 당신이 인간관계 상담 모델을 효과적으로 사용하고 적용하는 데 있어 방해가 될 수 있는 이슈의 유형에 대해서 더 잘 인식하도록 돕는 데 있다. 당신은 이 장의 마지막에 제시되고 있는 인식 향상 훈련과 읽기 자료를 통해 현재와 미래에 조력 지식과 기술을 발전시킬 수 있을 것이다.

개인적 가치

당신의 개인적 가치들은 무엇이 당신에게 의미가 있고, 어떻게 당신이 살고 싶고 세상과 상호작용하고 싶은지에 대한 생각과 원칙에 대한 관점들로 구성된다. 이 책을 통하여 언급된 많은 제도와 체계들은 우리 개인의 가치를 형성하는 데 영향을 미친다. 당신은 자신의 가치에 대해 잘 알고 있을 수도 그렇지 않을 수도 있지만 이는 당신의 언어와 비언어적인 행동을 통하여 나타나게 된다.

전통적인 조력 모델에서는 만일 조력 관계가 객관적이고, 거리를 두고, 중립적이라면 조력자의 가치와 믿음이 관계를 오염시키지 않을 것이라고 주장한다. 하지만 최근 몇 년 동안 우리는 조력 관계를 포함한 모든 대인관계에서는 가치가 직접적 또는 간접적으로 전달된다는 점을 인식하게 되었다. 조력자가 자신이 지닌 가치가 무엇인지 잘 인식할 수 있다면 자신의 가치를 강요해서 조력 관계를 방해할 가능성을 줄일 수 있을 것이다.

우리가 가진 개인적 믿음과 가치가 보편적이라고 가정할 수는 없다. 개인적 가치와 믿음은 사회문화적인 요소들에 의해 형성되는데, 우리는 다문화 사회에 살고 있기 때문에 다양한 관점이 불가피하게 존재한다. 우리는 차이를 존중하는 것을 가르침으로써 내담자들이 서로 다른 관점들에 더 편안해지도록 도울 수 있다.

가치에 대해 논의하는 것은 양측의 사람들이 진실하고 공감적이라면 조력 관계를 향상시키는 데 도움이 된다. 예를 들어, 상담자의 레즈비언 내담자 상담 첫 회기를 회상해 보면, 상담자가 내담자에게 게이와 레즈비언 이슈에 대해서 책에서 배운 것 밖에 알지 못하지만 더 알아 가고 싶다고 말했을 때 내담자는 자기 또한 배우고 있는 중이며 함께 배울 수 있다고 답변했다. 비슷한 상황에서 내담자는 도움을 청하러 온 것이지 가르치기 위해서 온 것이 아니라며 게이와 레즈비언 이슈에 대해서 임상경험이 있는 '이성애자(straight)' 상담자를 원한다고 응답하였다(이 내담자가 이성애자 조력자를 선호하는 이유는 자신의 레즈비언 정체성에 대해 괴로워하고 있으며 레즈비언 조력자로부터 설득될 위험에 대해 걱정하고 있기 때문이다). 다른 사람의 가치 체계를 변화시키고자 하는 것은 위험하고 많은 경우에 있어서 비윤리적인 것으로 여겨질 수 있다. 유능한 조력자들은 내담자의 자기이해를 돕고 좋은 선택을 할 수 있는 능력을 향상시키기 위해서 스스로의 가치를 잘 알도록 도울 것이다.

가치의 명료화

가치에 대한 논의는 정보를 제공하고 대안적인 관점을 가르치는 것이다. 이것은 반드시 '올바른' 가치가 있다고 강요하는 것과는 다르다.

사이먼, 하우와 커쌘바움(Simon, Howe & Kirschenbaum, 1972)에 의해 개발된 7단계의 체계적 가치 명료화 접근 방법은 구조화된 연습을 통하여 스스로의 가치를 다루도록 돕는다. 1970년대에 이 활동들은 학교 커리큘럼과 기관의 프로그램에 통합되었다. 글레이저와 커쌘바움(Glaser & Kirschenbaum, 1980)은 조력 관계에서 사용할 수 있는 7단계의 가치 명료화 과정의 질문의 예시를 제시하였다.

1. 자신의 신념과 행동을 존중하고 소중히 여기기
   - "그것이 당신에게 중요한 것입니까?"
   - "당신이 그것을 다룬 방식이 자랑스럽습니까?"

2. 적합한 때에 자신의 신념과 행동을 공개적으로 확인하기
   - "그것이 당신이 다른 사람과 나누고 싶은 것입니까?"
   - "그 말을 하고 싶은 사람이 누구입니까?"

3. 대안들 중에서 신념과 행동을 선택하기
   - "그것에 대한 모든 대안을 고려하였습니까?"
   - "당신이 결정하기 전에 얼마나 오래 생각해 보았습니까?"

4. 결과를 고려한 후에 대안들 중에서 신념과 행동을 선택하기
   - "그 생각에 대해 당신이 가장 마음에 드는 점은 무엇입니까?"
   - "만일 모든 사람이 당신과 같이 생각한다면 어떻게 될까요?"

5. 자신의 신념과 행동을 자유롭게 선택하기
   - "그것은 정말로 당신의 선택입니까?"
   - "어디에서 처음 그 아이디어를 얻었습니까?"

6. 자신의 신념을 행동화하기

– "그것이 당신이 시도하고자 하는 것인가요?"
– "만일 그 길을 가기로 선택한다면 다음 단계는 무엇이 될까요?"

7. 패턴, 지속성을 가지고 반복적으로 신념을 행동화하기
   – "당신에게 일상적인 것인가요?"
   – "당신은 다시 할 것인가요?"

효과적인 조력자는 언제 질문을 하고, 언제 들을지, 언제 감정을 끌어내고, 언제 내담자가 표현하는 감정에 대해 피드백할지에 대해 잘 알고 있다.

논의한 바와 같이 개인의 가치는 개인적인 선호도나 생활양식뿐 아니라 성, 가족, 돈, 정치, 종교, 직업, 인종, 권위, 문화에 대한 개인의 신념과도 얽혀 있다. 가치의 혼동은 자주 대인관계 어려움을 가져오고 많은 사람이 기관이나 단체로부터 도움을 구하는 중요한 이유이다. 만일 조력자가 앞에서 언급된 영역 중에서 자신이 가진 가치에서 편하게 대할 수 없는 부분이 있다면 조력 관계에서 이 영역에 대해 고의적으로 그리고 미묘하게 피할지도 모른다. 예를 들어, 당신이 성적 관계에 연루된 내담자와 성적인 문제에 대해서 이야기하지 않고 있음을 인식한다면, 아마 당신은 스스로에게 무슨 일이 일어나고 있는지, 왜 그런지 물어볼 수 있을 것이다. 당신은 아마 성적인 문제에 대해 이야기하는 것을 불편해하는 사람이 내담자가 아니라 당신 자신임을 알게 될 수도 있다. 또한 가치는 탐색 영역 선택에도 영향을 미칠 것이다. 몇 가지 활동을 통해 탐색하면서 만일 당신이 분노와 같은 강렬한 감정을 피한다면 당신은 그 메시지를 가족으로부터 '적합한' 정서의 표현으로 배웠기 때문인 것으로 간주할 수 있을 것이다.

다른 가치에 대한 존중

효과적인 조력 관계를 위해 필수적인 공감적 환경을 만들기 위해 조력자들은 서로 다른 가치 체계를 가진 사람을 이해하고 수용할 수 있어야만 한다. 이러한 필요성은 조력자로서 당신에게 딜레마 상황을 만들어 낸다. 어떻게 당신이 좋아하지 않는 가치를 가진 사람에게 진실되고 비판단적이 될 수 있는가? 어떻게 당신에게 수용되기 어려운 행동, 태도, 사상을 가진 사람을 존엄하고 가치롭게 인식할 수 있을 것인가? 전문적인 훈련 프로그램들은 바로 이러한 딜레마로 괴로워하는 학생들을 다루고 있다. 『뉴욕 타임즈』(2012년 2월 3일자)는 훈련 프로그램에 참가한 상담 수련생들의 두 가지 사

례를 보고한다. 한 사례에서 수련생은 게이, 레즈비언, 트랜스젠더 내담자를 상담하는 것이 자신의 종교적인 믿음에 위배된다고 생각하였고 다른 사례에서 수련생은 '동성애는 잘못된 것이다.'라고 동성애 내담자들에게 이야기하기를 원했다. 첫 번째 사례는 결국 학생이 훈련 프로그램에서 쫓겨나고 7만 5,000불을 지불하는 것으로 끝이 났다 (Clay, 2013). 미국의 어떤 주에서는 수련생들이 자신들의 행위가 내담자에게 해가 되지 않도록 적절한 사람과 상의를 한다면 자신의 종교적인 신념과 반대되는 목적을 가진 내담자와의 상담을 거부하는 것으로 징계를 받을 수 없다는 법규가 통과 또는 제안되었다. 전문가 집단 중 하나인 미국심리학회는 이 법에 대처하고 심리학자들이 더욱더 다양한 내담자와 작업할 수 있도록 적절한 훈련을 받을 수 있는 위원회를 설립하였다(Clay, 2013).

우리는 누군가를 수용한다는 것은 그들을 품위 있고 가치 있는 개인으로서 존중한다는 것을 의미함을 알고 있다. 이것은 그들이 다른 사람들처럼 진실성을 가지고 있고 살아갈 권리가 있다고 인식한다는 것을 의미한다. 이는 당신이 그들의 행위를 승인해야만 한다든가 그들의 가치에 동의해야 한다는 것을 의미하는 것이 아니다. 또한 당신이 분노를 느낄 수 없다거나 반드시 동의해야 된다거나 적당한 때에 표현할 수도 없다는 것을 의미하지도 않는다. 누군가를 수용한다는 것은 당신이 차이, 모호함, 불확실성을 용인할 수 있다는 것을 의미하며 어떤 사람에게는 좋은 선택이나 좋은 것이 다른 사람에게는 받아들일 수 있는 선택이나 좋은 것이 아닐 수 있다는 것을 받아들인다는 것을 의미한다. 또한 당신이 다양한 사람이 만들어 내는 다문화적인 관점과 가치들에 민감하다는 것을 의미한다.

반응적으로 듣고 '나(I)' 메시지로 표현하는 것(예: "당신이 ~할 때 심술궂다."보다 "나는 당신이 ~할 때 화가 난다."로 표현하기)은 당신이 내담자에게 개인적 가치와 견해를 강요하지 않고도 가치 있는 인간으로 내담자를 대하고 진실한 감정과 반응을 표현할 수 있도록 돕는다. 이러한 방법을 통해 조력자들은 내담자가 자신의 가치를 인식하고 평가하도록 도울 수 있다. 내담자의 욕구와 조력 관계를 바탕으로 해서 주의 깊게 선택된 순간에 우리의 가치를 공유함으로써 내담자에게 다른 선택지를 추가하고 대안적인 가치를 고려하게 할 수 있을 것이다. 마찬가지로 우리는 자신의 가치 체계에 통찰력을 얻을 수 있을 것이다. 엔스와 윌리엄스(Enns & Williams, 2012)의 연구에서는 조력자의 가치를 외현화하여 이야기하는 것은 유용한 정보를 제공하고 내담자와 상담자가 상호 역할을 정의하는 것을 돕고 평등, 존경, 신뢰의 분위기를 증진시킨다고 보고한다.

다음은 우리(BFO) 사무실에서 있었던 결혼 커플 상담에서 가치 공유의 예시이다.

상담자: 저에게 이 결혼의 문제를 무엇으로 보는지 이야기해 줄 수 있을까요?

남편: 네. 아내는 좋은 아내가 아니에요. 아내는 저와 섹스를 하지 않고 일이 끝나면 항상 친구들과 함께 외출해요. 아내는 좋은 엄마도 아니고 아이들은 아내 말을 듣지도 않죠. 저는 아내보다 4배나 많은 돈을 벌어요. 저는 아내에게 좋은 집을 제공하고 모든 것을 주지만 손끝 하나 못 건드리게 해요.

아내: 당신은 항상 그렇게 나를 비난하죠. 내가 무엇을 해야 하는지 말하면서…… 내가 아이들에게 안 된다고 하면 당신은 된다고 하죠. 이제 지긋지긋해요. 나는 당신의 노예가 아니고 당신의 명령에 따르지 않을 거예요. 이제 당신에게 질렸어요.

상담자: (남편에게) 당신은 부인이 당신이 원하는 방식으로 행동하는 것이 중요하시군요. 그렇게 해야지 부인이 당신을 사랑한다고 느끼시는 것 같아요.

남편: 맞아요. 그게 아내의 일이죠. 나 없이는 아내는 아무것도 아니에요. 아내는 쥐꼬리만큼 벌죠. 저는 자수성가했어요. 열심히 일했고, 아내에게 모든 것을 주었어요.

상담자: (남편에게) 당신은 아내가 당신을 위해서 해야 할 일을 하지 않는다고 느끼기 때문에 화가 나고 실망하고 있군요.

아내: (중간에 끼어들면서) 이 사람은 항상 더 많이 원하지요. 내가 친구를 사귀는 것, 내 인생을 가지는 것에 대해 화를 냅니다. 저는 많은 돈을 벌지도 않고 벌고 싶지도 않아요. 저는 내가 하는 일을 좋아하고 아이들이 고등학교를 가서 조금 자유로운 지금이 좋아요.

상담자: (남편에게) 저는 아내의 의무에 대한 당신의 인식을 수용하기 어렵습니다. 하지만 당신의 관점에서 보았을 때는 아내가 문제를 일으키고 있고 그것을 당신에게 충실하지 못하고 무심하다는 신호 이외로는 이해하거나 보기 어려운 것 같습니다.

이 발췌문에서 나(BFO)는 남편을 조롱하거나 비난하지 않고 나의 관점을 표현했다. 이것은 남편과 아내 둘 모두에게 성역할과 결혼에 대한 서로 다른 가치와 믿음을 인식하고 평가하는 것을 도운 것으로 보인다.

다음에 제시되는 것은 또 다른 가치 공유의 예시로 퇴학에 대해서 이야기하는 19세 대학생의 사례이다.

내담자: 아버지는 이 모든 돈을 잃는다는 것에 대해서 아주 화를 낼 거예요. 저는 등록금을 돌려받을 수 있는지 알아보려고 해요.

상담자: 네가 퇴학당하는 것에 대한 아버지의 반응이 아주 두려운가 보구나.

내담자: 저는 아프다고 말할 거예요. 제가 수술을 받았고 그게 출석할 수 없었던 이유라고 말

거예요. 저에게 돈을 다시 돌려줄 것 같지 않나요? 제 친구는 돈을 다시 돌려받았어요. 작년 여름에 맹장을 뗄 때 냈거든요.

상담자: 너는 적어도 돈을 돌려받을 수만 있다면 아버지의 분노를 덜어 줄 수 있다고 생각하는 것 같구나. 돈이면 괜찮아질 거라고…….

내담자: 네. 그게 제가 할 일이예요. 선생님은 그들이 제 돈을 돌려줄 것 같나요? 아주 큰돈인데…… 2만 달러예요.

상담자: 나는 아파서 수업을 못 갔다고 한다는 것에 대해 좀 불편하구나.

내담자: 네? 왜요?

상담자: 나는 그건 거짓말이라고 생각해. 너는 내가 고지식하다고 생각할지 모르지만 내가 느끼는 것을 알기를 바라.

내담자: 음…… 전에는 항상 이렇게 했어요.

상담자: 그건 너를 정당화하는 것일 뿐이야.

내담자: 음…… 저는 한 번도 그렇게 생각해 본 적이 없는 것 같아요.

이 회기는 아버지의 반응으로부터 내담자 자신을 지키기 위해 필요한 것에 초점을 맞추었다. 내담자는 과거의 좋지 못한 대처 방법들을 잘 인식하게 되었다. 상담자의 가치 진술은 조력 관계를 해치지 않았다. 2주 후에 내담자는 자신이 75% 할인을 받았고 거짓말을 할 필요가 없었다고 보고했다. 강한 신념 체계를 가진 조력자들은 종종 내담자에게 자신의 가치관을 강요하지 말아야 한다는 철학에 당혹스러워한다. 하지만 가치와 신념을 강요하는 것은 성장과 독립을 가져오지 못하고, 그보다는 상담자로부터 철회하거나 순종하는 결과를 가져온다. 조력자들은 자신의 생각을 나눌 수 있고 선택지로서 고려할 수 있도록 제시할 수 있다. 하지만 중요한 것은 모든 선택과 결정은 내담자에게 있지 조력자에게 있지 않다는 것이다.

다음은 내담자의 상담 철회의 예시로 상담자가 커플과 작업하는 상담 회기에 일어났다. 아내는 자신의 일을 포기하고 싶지 않기 때문에 아이를 갖는 것에 대해 우려하고 있었다. 남편은 아이가 생후 5년간은 엄마의 보살핌을 받는 것이 중요하다고 생각했고 아내의 직업보다 자신의 일이 더 중요하다고 느꼈기 때문에 아내가 전업 주부가 되어야 하는 상황이다. 이 커플은 30대 후반이었고 많은 의사가 중년이 될수록 아이를 갖는 위험성이 더 커진다고 이야기하기 때문에 빨리 이 문제를 해결하는 것이 중요하였다. 그들은 지역의 상담 센터를 방문하였다. 아내와 아주 비슷한 여성 상담자에게 배정되었고 상담자는 즉시 남편을 이기적인 남성 우월주의자로 꾸짖기 시작했다. 그렇게 강하게 상담자의 가치 체계를 집어넣음으로써 이 상담자는 첫 번째 회기가 끝날 때 남편과 아내를 완전히 소외시켰고 이 부부는 다시 오지 않았다. 아내가 나중에 자신이 남편에 대해 화가 나고 상담자의 가치에 동의함에도 불구하고 남편에 대한 상담자의 공격에 너무 분개하여 그를 보호하게 되었다고 말했다. 만일 이 상담자가 부부의 갈등에 반응하기보다 반응적 듣기를 하고, 관계를 발전시키고, 그들의 가치를 이끌어 내는 데 많은 시간을 보냈다면 상담자는 자신의 가치를 반영하는 몇 가지 대안을 고려 사항으로 제시할 수 있었을 것이다. 그렇게 함으로써 상담자는 서로 다른 가치를 노출시킬 수 있는 기회를 가졌을 것이고 그들을 도울 수 있었을 것이다.

로저스(Rogers, 1967)는 만일 당신이 내담자에 대한 부정적인 감정이 계속된다면 이 감정이 어디에서부터 오는 것인지 이 감정들이 당신의 문제와 관련된 것인지 파악하기 위해 우선 그 정서에 대한 '숙제'를 해 봐야 한다고 제안하였다. 다음으로 부정적 감정을 일으키는 영역에 초점을 맞추어서 내담자와 함께 감정을 체크해 볼 수 있다. 또한 이러한 감정이 지속된다면 '나' 메시지를 사용하여 내담자와 정면으로 부딪혀 볼 수 있다. 이러한 종류의 직면의 예시로 "나는 당신이 '남자들은 모두 어린 아기이며 조도 예외는 아니다.'라는 식으로 남편에 대해서 비하하듯이 이야기할 때마다 화가 났어요. 나의 화나는 이 감정은 방해가 되기 때문에 당신과 이것에 대해서 이야기해 보고 싶습니다." 또는 "나는 제이미가 치과에 가 봐야 한다는 것을 알고 있음에도 불구하고 당신이 새로운 TV를 사는 데 돈을 쓰겠다고 말하는 것을 듣고 있기가 어렵습니다. 내게 있어서 아이의 건강을 돌보는 것은 TV를 사는 것보다 더 중요합니다. 나는 이런 나의 가치관이 상담에 방해되지 않게 하고 싶어요. 당신을 이해하기 위해 노력하고 싶어요. 이것에 대해서 우리 좀 더 이야기할 수 있을까요?"

진실되고 동시에 비판단적이 되기가 어려운 상황들이 있을 것이다. 모든 사람을 좋아하고 함께 잘 작업할 수 있을 것이라고 믿는 것은 비합리적이다. 만일 당신이 이것에 대해 내담자와 이야기를 하기를 시도한 이후에도 여전히 한 인간으로서 내담자를 진실되고 긍정적으로 바라볼 수 없다면, 당신은 ① 다른 조력자에게 의뢰하기, ② 컨설팅 구하기(수퍼바이저나 동료), ③ 당신과의 관계를 특정적이고 즉각적이고 구체적인 목표 성취를 위한 것으로 한정하기를 고려해 보아야 한다. 예를 들어, 식료품 쿠폰을 받고, 서류 작업을 진행하고, 실제적인 정보를 제공하는 것이 될 수 있다.

다음의 활동은 당신이 불편한 상황에서 어떻게 반응하는지 인식하는 것을 도울 것이다.

다음의 상황에서 소집단으로 역할극을 해 보자. 그리고 다른 사람이 비슷하게 또는 다른 방식으로 행동한다면 감정이나 반응이 어떨지 논의하라. 이 활동의 목적은 당신 가치가 조력에 미치는 영향을 더 잘 인식하도록 돕는 것이다. 당신의 가치관과 다른 사람의 가치관을 살펴볼 수 있는 몇 가지 논쟁적인 주제가 다음에 제시되어 있다.

1. 12세 소녀가 찾아왔는데, 임신을 하였고, 아이를 지키고자 한다.
2. 간호사가 찾아왔는데, 그녀는 큰 고통 속에 있는 임종에 가까운 37세 여성과 안락사의 이슈로 갈등을 빚고 있으며 환자는 계속해서 치사량의 약물을 요청하고 있다.
3. 16세의 소년이 17세 사촌과 동성애 관계를 하고 있다고 이야기한다.
4. 인종이 서로 다른 커플이 결혼을 고려하고 있다.
5. 17세 소녀가 아버지가 비서와 불륜 관계임을 어머니에게 말해야 할지 묻는다.
6. 48세의 여성이 남편에게 신체적으로 학대를 받고 있지만 관계를 끝내고 싶지는 않다고 이야기한다.

이들 인구 통계학적 정보 중 일부를 변경하는 것은 응답에 어떻게 영향을 미치는가? 임신한 여성을 19세의 대학생으로 바꾸면 어떻게 되는가? 만일 그녀가 43세이고 아이가 5명 있는 한부모 가정이고 의료보험 혜택을 수집하고 있는 중이라면? 만일 두 번째 사례의 내담자가 85세이고 아내가 얼마 전에 사망한 것이라면? 이러한 상황을 사용하여 복잡한 이슈들에 대한 당신의 견해에 대한 이해를 확장시키라.

조력과 관련하여 당신의 가치를 명확하게 하는 다음의 연습 활동을 해 보자.

다음의 상황에 대한 당신의 즉각적인 반응을 적어 보라. 자신의 가치관과 신념을 확인하라. 어떠한 사회문화적 가치와 신념, 즉 성, 인종, 계급, 민족, 공동체, 지역사회, 성적 지향이 당신의 감정에 영향을 주고 있는지 살펴보라. 이러한 환경에서 어떻게 내담자와 작업하기를 희망하는가? 소집단으로 당신의 반응에 대해 논의해 보라.

1. 인종이 서로 다른 커플이 찾아왔는데 남편은 소수 인종에 속하고 아내는 주류 문화에 속한다. 남편의 부모들이 아이들의 엄마 없이 손자들과 보내는 시간을 늘리기를 요구하고 있는데, 이 문제 때문에 다투고 있다고 한다.

2. 부모가 와서 40세가 된 아들이 게이라고 추측이 되며 아들에게 알고 있다고 해야 할지 모르겠다고 이야기한다. 그들은 아들을 사랑하고 성적 지향성과 관계없이 기꺼이 그를 받아들이고자 한다. 또한 이 예시를 변화시켜서 부모가 아들을 사랑하지만 그가 게이라면 받아들이기 어렵다고 말한다고 가정해 보자.

3. 18세의 대학 신입생이 자신의 난자를 5만 달러에 불임 클리닉에 팔기를 원하는데 그녀의 부모님은 이러한 결정으로 인한 결과를 딸이 생각해 보도록 하기 위해 상담자와 이야기하기를 원한다.

4. 나이 든 커플이 45세의 아들을 어떻게 다루어야 할지에 대해 조언을 구한다. 아들은 구직을 거부하고 집을 나갔다. 아들은 부모가 그에게 빚이 있다고 이야기하는데 부모는 혼란스럽고 화가 난다.

5. 50세의 홀아비가 자신의 13세와 15세 딸을 돌보기를 거부하는 '자유로운 영혼'의 19세와 결혼하고 싶어 한다. 그는 딸들이 기숙학교에 들어가서 협조해 주기를 바라지만 그러지 않아 화가 나 있다.

6. 부모의 약물 복용으로 14세의 소년은 화가 나 있다. 하지만 위탁가정으로 보내지는 것이 두렵기 때문에 보고하는 것을 원하지 않는다.

7. 16세 소녀가 물건을 훔치다가 잡혔다. 그녀는 자신이 잘못이 있다고 생각하지 않으며 오히려 잡혔다는 사실에 화가 나 있다. 그녀의 부모는 딸이 당신을 만나야 한다고 주장한다.

8. 성인기 대부분을 마리화나를 피워 온 48세의 남성은 자신의 약혼녀가 마리화나를 피울 때 그리고 피운 후에 그와 함께 있지 않겠다고 해서 화가 났다. 그는 그녀가 자신을 통제하고 있으며 파혼으로 위협하고 있다고 주장한다. 그는 당신이 그녀에게 '모든 사람들이 마리화나를 피우며 나쁜 점은 하나도 없다.'고 설명해 주길 바란다. 이제 '마리화나'를 '담배'로 바꿔서 이 예시를 반복하라. 다른 예시는 술로 대체할 수도 있다.

9. 라틴계 문화에 속하는 싱글 어머니가 11세 아들의 교사에 의해 당신에게 보내졌다. 소년과 어머니는 단칸방 아파트에 살고 있으며 항상 같은 침대를 사용한다.

10. 같은 성의 커플이 아이를 입양하는 것을 고려하고 있다. 두 파트너가 모두 남성이라면 어떤가? 두 사람이 모두 여성이라면?

11. 21세의 남성 대학 4학년생이 성전환 수술과 관련하여 당신과 이야기하기 원한다. 그는 자신이 항상 여성임을 느끼며 만일 여성이 되는 수술을 할 수 있다면 더 행복해질 것이라고 이야기한다.

성차별주의와 이성애주의

지난 35년간 여성의 경제 · 사회 · 법적 지위의 변화들은 남성과 여성 모두에게 있어서 전통적인 가치관들, 기대들, 삶의 목표에 있어 급격한 변화를 가져왔다. 이러한 변화들은 오늘날 가족 구조 유형뿐만 아니라 교육과 자녀 양육에 있어서도 반영되고 있다. 광범위한 영역에서 획기적인 진보가 성차별주의(sexism)와 이성애주의(heterosexism, 모든 사람은 이성애적이라는 가정)에서 일어나고 있지만 차별과 억압의 사례는 계속해서 많아지고 있다. 성차별주의와 이성애주의는 지난 몇 년 전과 같이 명백하지는 않지만 여전히 존재하고 있다. 이러한 차별은 군대와 같이 여성이 차별받고 학대받는 기관에서, 여전히 남녀 간 임금의 차이가 나는 직장에서, 심지어는 이혼, 입양, 양육권 계약들이 판결될 때의 법적 체계 안에서도 찾아볼 수 있다.

사회문화적/경제적 맥락들도 변화하고 있다. 오늘날 청소년과 초기 성인기 세대들은 부모나 조부모 세대와는 매우 다르게 진로, 가족, 생활양식의 선택을 하고 있다. 예를 들어, 더 많은 여성이 이전의 남성의 영역이었던 직업(예: 법, 컴퓨터, 회계, 정부 고위직, 항공, 의료, 관리, 최첨단 기술, 군대) 또는 전문직에 진입할 뿐 아니라 그 직업세계를 주도하고 있다. 점점 더 많은 수의 맞벌이 커플(어떤 사람들은 주말부부를 하기도 한다), 가족의 주요 생계를 책임지는 사람이 아내가 되고 남편은 집에 머물러 있는 경우, 입양이나 대리모를 통해 아이를 가지기로 선택하는 싱글 남성이나 싱글 여성, 이혼이나 사별로 한부모 가족이 되는 경우, 동성 커플, 자신의 선택으로 싱글로 남아 있는 남녀, 성전환 개인과 가족들이 늘어나고 있으며 이들 모두는 빠르게 변화해 가는 세상에서 개인적 · 직업적 · 가족적 필요와 요구의 균형을 맞추기 위하여 고군분투하고 있다.

최첨단 기술 발전의 결과로 우리는 남녀 뇌의 차이점과 공통점에 대해 더 많이 알게 되었고 성 지향성이 연속선상에 있음을 알 수 있게 되었다. 고무적인 측면은 오늘날 많은 이성애자, 양성애자, 성전환 남녀가 이전에 제한되었던 성역할과 가족 관계를 재구성하고 있다는 것이다. 계층, 민족, 인종, 직업 및 교육 지위, 지리, 세대의 영향뿐만 아니라 미디어와 사회적 네트워킹은 이러한 재구성에 영향을 미치는 요소이다.

지난 수십 년간 많은 진보가 있었으나 고정관념은 전체적으로 사라지지 않았다. 최근의 경기 침체와 '가족' '가족의 가치'에 대한 긴장 상황이 성차별주의(인종주의, 자기민족중심주의, 이성애주의와 함께하는)를 촉발시킨다. 지역적, 세대별, 인종적 변인들은 개인 및 직장에서의 있어 성차별의 정도와 만연함에 영향을 미친다. 연구에서는 여전히 성차별주의 상담이 널리 퍼져 있음이 나타난다(Klonoff, Landrine, & Campbell, 2000). 사실 많은 상담자가 실제 조력에 있어 전형적인 신념과 가치관을 드러내면서도 자신들이 개방적이고 성차별주의자가 아니라고 믿고 있다는 점에서 잠재적으로 이전보다 더 위험하다. 성역할에 대한 연구로 유명한 임상심리학자 브로버먼(Broverman)과 그의 동료들(1970)의 고전적인 연구에서는 정신건강 종사자의 남녀에 대한 정신건강의 기준이 다르다는 것을 보여 주고 있다. 연구에 따르면 이 시대에 많은 정신건강 종사자가 남성을 여성보다 일반적으로 더 건강한 것으로 여겼고 '건강한' 여성은 '건강한' 남성에 비해 복종적이고, 덜 독립적이고, 덜 모험적이며, 덜 경쟁적이고, 쉽게 영향을 받으며, 덜 공격적이고, 사소한 것에 더 흥분하며, 더 정서적인 것으로 생각하고 있었다. 오말리와 리처드슨(O'Malley & Richardson, 1985)의 연구는 브로버먼의 연구를 발전시켰는데, 상담자들의 기준은 전체 사회의 성 고정관념을 반영하며, 상담자들은 전형적인 여성성과 전형적인 남성성을 보통의 성인에게 적합한 것으로 본다. 현재 연구(Barnett & Rivers, 2004; Enns, 2004; Green, 2003; Hyde, 2005; Mirkin, Suyemoto, & Okun, 2005)는 성별 유사점과 차이점이 임상에 미치는 의미에 초점을 두고 있다.

성차별주의는 드러나지는 않지만 여전히 명백하게 존재하고 있고, 조력 관계에 영향을 미치는 주요한 편견으로 다른 사회문화적 형태의 차별과 분리할 수 없다는 것이 인식되고 있다. 이러한 편견은 미묘해서 쉽게 식별되지 않을지 모른다. 예를 들어, 상담자는 높은 성취도를 보이는 학생에게 특권층 학생들이 있는 학교에 가면 위화감을 느끼고 불편할 것이라며 일류 대학에 지원하지 못하게 하고 '지방의 주립대에 있어야 한다.'고 말할 수 있다. 게이인 고등학교 학생이 초등교육을 전공하려고 할 때 '게이 남성은 어린아이들과 일할 수 없다'고 못하게 할 수 있다. 두 가지 사례 모두에서 상담자들은 자신들이 현실적이고 합리적이라고 생각하고 자신들의 견해의 한계와 차별적 시각은 보려 하지 않는다.

성차별주의와 이성애주의 상담은 고정적인 성역할과 행동을 장려할 때 발생한다. 가령, 소년들은 초등학교나 유치원 교사가 되거나 간호사가 될 수 없고, 정서나 감정을 표현하는 것을 못하게 하며, 운동을 하지 않는 것에 대해 꾸중을 듣는다. 좀 더 드러나지 않는 예로는 집에 있으면서 가족과 함께하고 가정생활을 하는 것을 좋아하는 여성은 진정한 페미니스트가 아니며, 자신을 채울 수 있는 경력을 쌓아야 한다고 촉구하는 식으로 조력자가 제시하는 것이다. 아이를 입양하고자 하는 싱글 남성이나 게이 커플에 대해 입양 종사자들이 여성과 비교해서 양육 능력을 미심쩍어 하는 것이다.

다음은 다른 성차별주의와 이성애주의 상담의 실제로서 전문가협회 특별 전담반에서 보고된 내용이다. 예시로써, 의존관계가 연장되도록 조성하고, 내담자와 성적인 관계를 하며, 여성에게 결혼, 성적, 직업적, 고용 상황에서 억압적이고 고정화된 성역할 행동에 복종하도록 장려하고, 폭력이나 성차별적 관행의 희생자인 여성을 비난하고, 성차별적인 이론적 개념을 바탕으로 여성의 문제를 해석하고, 부인과 관련된 정보를 허락받지 않고 남편에게 제공하고, 적절한 지역 추천 자원을 활용하지 못하고, 게이와 레즈비언을 위해 이성애자로의 '회복' 상담을 제안하는 등이 있었다.

성차별주의와 이성애주의는 많은 기관에 존재하지만 미묘해서 식별하기가 어렵다. 오쿤과 지아디(Okun & Ziady, 2005)는 협력적으로 조직된 기업 문화에 비해 계층적으로 조직된 기업 문화에서의 상대적으로 높은 수준의 성차별주의가 존재하는 것에 대해 논하였다. 동일한 일을 하지만 임금을 차이 나게 지불하고 승진에 있어 차별을 두는 것과 같은 명백한 성차별적 관행을 제외하고도 다수의 소위 진보적인 조직에서조차 '여성이 이러한 종류의 일에 더 낫기' 때문에 인간관계와 관련된 리더십 업무에 여성을 배정한다. 또한 여성들이 남성들을 지휘하는 일, 직원 미팅과 회의에서 단호하게 행동하는 일들을 미묘하게 못하게 한다. 많은 조직에서 직원들이 자신의 성적 지향성을 밝힌다면 그들은 퇴사 할 때까지 드러나게 또는 드러나지 않게 괴롭힘을 당한다. 비록 점점 더 많은 조직이 인사제도 방침을 변화시켜 나가고 있지만 많은 동성애 커플은 이성 커플과 같은 육아휴직과 의료제도 혜택을 받지 못한다.

또한 남성에게도 성차별주의의 영향이 있다. 남성들 또한 전통적인 여성적 직업에 진입하는 것이 장려되지 않는다. 일보다 가족에게 가치를 두는 것, 육아를 전담하거나 공동 육아에 참여하는 남성은 학교와 다른 공동체 조직뿐 아니라 여성 양육자로부터 차별을 경험한다. 남성과 여성의 진로 방향성은 자신의 진로에 대해 가족의 삶을 동등하게 두는가 또는 우선순위를 두는가에 따라 영향을 받을 수 있다. 조력자는 내담자와 주위 사람들의 편견을 다루고 선택지를 제한하기보다는 확장하기 위해서 편견을 드러내게 하고 정보를 제공하는 것이 중요하다.

페미니스트 이론가들은 개인적 변화의 주요한 요소로 사회적 변화의 중요성을 강조한다. 사회적 변화가 힘의 격차에 의해 발생한 문제를 해결하기 위해서뿐 아니라 평등을 가져오기 위한 체계의 변화를 위해서 시도된다. 만약 당신이 성차별주의에 대항해 싸우려고 한다면 개별 내담자와의 작업을 넘어서야 한다. 직장 여성을 위한 탁아 시설 수립 촉진을 홍보하거나 조직에서 이를 위해 활동할 수 있다. 가족이 있는 여성들을 위해서 유연 근무제를 촉구할 수도 있다. 당신의 직장과 공동체에 남성과 여성 모두를 위한 일자리, 과정, 프로그램, 활동들을 개설할 수 있기 위해 적극적으로 활동한다. 훈련과 배치에서뿐만 아니라 선발과 고용에 있어서도 성차별을 줄이도록 돕는다. 즉, 당신이 바람직하다고 생각하는 것을 실천할 수 있다. 또한 가능할 때마다 현재 성역할 신념 체계와 개인적·가족적·직업적 생활양식으로의 확장 가능성에 대하여 당신의 조직과 공동체 안의 남녀와 집단 토론을 시작할 수 있다. 만일 자녀가 있다면 전통적인 성역할에 빠지지 않게 함으로써 그들의 잠재력을 최대한 발휘하도록 도울 수 있다. 이러한 활동들은 실제 조력 관계에 파급효과를 미친다. 더 많이 인식할수록 더 개방적이고 더 공정한 조력 관계를 가져온다.

다음의 활동은 당신이 훈련 집단 안의 성역할 신념 체계에 대해 토론하는 것을 도울 것이다.

연습문제 10-3

집단 구성원을 여성과 남성으로 나누라. 우선 다음의 목록에서 각각 일반적인 남성 및 여성의 특성에 대해 1에서 5까지 순위를 매기라. 이 목록을 게이 남성과 레즈비언 여성에 대해서도 다시 하라. 각각 평가를 완료한 후에 남성과 여성으로 평가를 묶으라. 그리고 두 개의 커다란 종이에 게시를 하는데 하나는 이성애자 남녀, 다른 하나는 동성애자 남녀의 평가를 보여 준다.

남성				여성	
남성	여성			남성	여성
		진지한 지적 추구			
		공격적임			
		정서적임			
		신체적 강인성			
		양육적임			
		유머			

대집단으로 결과를 비교하고 논의하라. 각 집단 내에 남녀의 평가 차이보다 전체적으로 평가를 묶었을 때 남녀 사이의 평가 차이가 더 큰가? 이 차이들을 어떻게 설명하겠는가? 각 집단에서 합의에 이르는 데 도움이 되었거나 방해가 된 것은 무엇인가? 그 합의는 당신의 개인 점수와 가깝게 일치하는가? 당신의 견해를 당신 집단의 다른 사람들과 나누는 것은 어떠했는가? 당신의 가치관에 대해서 '정치적으로 올바르게' 되기 위해서 내부적 또는 외부적으로 얼마나 많은 압력을 느꼈는가?

각 진술문에 대해서 어떻게 생각하고 느끼는지 결정하라. 그러고 나서 소집단으로 섞어서 가능한 한 자유롭게 토론하라. 경청해야 하는 것을 명심하고 다른 사람의 견해에 귀를 기울이고 나의 가치관을 다른 사람에게 강요함 없이 표현하도록 하여라. 1점에서 5점 사이의 연속선상에서 이 질문에 대한 답을 생각하는 것이 도움이 될 것이다. 1은 아니요(진술문에 전혀 동의하지 않음), 5는 예(진술문에 매우 동의함)를 의미한다.

1. 대부분의 여성은 직장인과 주부로서 두 가지 역할을 잘 수행할 수 있다.
2. 여성은 경찰관이나 소방관이 될 수 없다.
3. 여성은 남편보다 더 많은 돈을 벌어서는 안 된다.
4. 5세 이하의 아이들을 가진 여성은 일해서는 안 된다.
5. 여성이 35세까지 결혼하지 않으면 무엇인가 문제가 있다.
6. 남성이 35세까지 결혼하지 않으면 무엇인가 문제가 있다.
7. 남성은 여자 상사를 위해 일하고 싶어 하지 않는다.
8. 여성은 남자 상사를 위해 일하고 싶어 하지 않는다.
9. 여성은 남성보다 양육에 있어서 적합하다.
10. 남성은 여성보다 리더십의 역량이 더 뛰어나다.
11. 남성과 여성은 만일 주요한 이성애적 관계가 있다면 반대 성의 사람과 가까운 친구 관계를 가져서는 안 된다.
12. 남성과 여성은 만일 주요한 이성애적 관계가 있다면 같은 성의 사람과 가까운 친구 관계를 가져서는 안 된다.
13. 동성애 부모들은 자녀들을 동성애자가 되게 만든다.
14. 자신의 진로에 있어 확고하고 성공한 여성은 여성성과 여성으로서의 이성적 매력을 잃는다.
15. 게이 남성은 본질적으로 난잡하다.

인종차별주의, 계급차별주의, 자민족중심주의

성차별주의와 이성애주의처럼 인종차별주의, 계급차별주의, 자민족중심주의가 우리 사회에 존재한다. 조력자가 빈곤과 문화적 억압의 역사와 같은 요소를 무시하고 자신의 선입견으로 다양한 인종적 · 사회적 계층, 외국인 집단과의 조력 관계를 훼손하도록 두었을 때 상담은 편향되어 진행된다.

편향된 상담의 가장 흔한 형태는 고정관념적인 추측의 결과로서 비주류의 내담자들(피부색, 종교, 사회계급, 민족성과 관련하여)에 대해서 낮은 기대를 가진다는 것이다. 이러한 가정들은 가난하거나 피부 색깔이 유색인 사람은 경쟁력이 떨어지고, 교육할 만하지 않으며, 중상위 계급에 속하기 어렵다는 믿음을 가지고 있다. 학교에서는 노골적으로 편향된 상담이 진행될 수 있는데, 가령 비주류의 아이들이 대학 준비 프로그램을 신청하는 것, 화이트 칼라들이 주로 가지는 진로를 탐색하는 것, 중등 과정 후의 교육을 받는 것, 학교 클럽에 참여하는 것들이 장려되지 않는다. 직장에서도 같은 차별과 편견이 발생하는데 비주류 또는 소수 집단의 특정 직업에 대한 접근이 거부되고 토크니즘[1]이 나타난다.

또한 제도적으로 인종주의와 계급주의에 영향을 받은 상담이 가족 서비스 기관에서 표면적으로 나타날 수 있는데, 백인 중류 계층의 조력자가 자신이 가진 소수 집단의 가족 역할에 대한 잘못된 가설에 따라 행동하고, 유색 내담자는 유색 상담자에게만 배정되고, 유색인 가족의 높은 노쇼(no-show) 비율의 이유를 내담자의 요구를 충족시키지 못한 것에 대한 표식으로 보기보다는 변화에 대한 저항이나 무시에 대한 증거로 간주하는 것이다. 계급주의와 같은 편견은 내담자가 받는 진단과 치료에도 영향을 미친다(Smith, 2008). 페미니스트 치료자는 사회적 불평등에 초점을 맞추고 사회적 정의의 옹호를 위한 권한 부여를 적극적으로 촉구한다.

자민족중심주의는 자신의 문화적 가치관이 보편적이거나 보편적으로 적용될 수 있는 것이라고 가정하는 것이다. 예를 들어, 우리와 다른 문화의 내담자가 자신의 감정을 나누지 않기 때문에 '저항적'이라고 가정한다면 이것을 자문화 중심적이라 할 수 있는데 내담자의 행동에 대한 우리의 생각이 내담자의 문화적 가치나 신념과는 다를 수 있기 때문이다. 미국 내 인구 통계는 계속해서 변화하고 있으므로 우리는 다른 사람의 세계관에 가치를 부여하는 것을 배울 필요가 있다. 앳킨슨(Atkinson, 2004)과 코리(Corey, 2013)는 상호 간 관점 공유 역량을 강화하기 위해 조망 수용 기술과 행동 유연성과 같은 의사소통 전략을 배울 것을 제안하고 있다.

인종주의와 자문화중심주의는 지속적인 인식의 고양, 연구, 다양한 문화 가치 체계에 대한 노출, 지속적인 전문성 개발 훈련, 더 많은 소수자 조력가의 훈련을 통하여 사라질 수 있을 것이다(Okun, Fried, & Okun, 1999). 조력자들은 모든 인종, 민족, 국가의

---

1) 역자 주: 토크니즘(tokenism)이란 형식주의, 실제로는 실질적 힘을 주지 않으면서 사회적 소수자를 포용하는 행위 자체가 힘의 불평등 문제를 해결한다고 이해하는 것 혹은 그러한 관점에서 비롯된 관행을 뜻한다. 출처: 두산백과.

사람들을 공평하게 지원하는 것이 중요하며 이질적인 조력자 집단이 서로에게서 자신과 타인의 편견과 고정관념을 다룰 수 있는 것을 배울 수 있도록 조력자 집단을 훈련시키기 위한 공동의 노력이 필요하다. 이러한 방법으로 조력자들은 상담 관계에서 여러 '~주의' 가운데 인종주의와 자문화중심주의를 제거할 수 있게 된다.

최근 몇 년 동안 어떻게 효과적으로 백인 조력자들이 소수 집단에 속한(이하, 마이너리티) 내담자와 작업할 수 있을 것인가 또한 어떻게 마이너리티 조력자가 주류의 백인 내담자와 효과적으로 작업할 수 있을까에 대한 이슈가 더욱 부상하고 있다. 우리는 백인 내담자를 효과적으로 돕는 마이너리티 상담자의 많은 예시를 보았고 반대의 경우도 마찬가지이다. 자신의 편견과 가치관을 인식하는 숙련되고 경쟁력 있는 조력가는 효과적으로 다양한 범위의 내담자와 일할 수 있다. 하지만 결정적인 연구결과가 없다. 우리의 이러한 관점은 환경과 사회적인 기회의 명백한 차이에도 불구하고 모든 사람은 같은 종류의 심리적인 욕구와 문제들 그리고 신체적인 감각을 가지고 있다는 신념과 다양한 배경의 조력가들과의 협력적인 경험을 바탕으로 하고 있다. 조력가들의 기술과 전문화된 지식은 인종, 민족, 종교, 성과 같은 요소보다 더 중요하다.

상담에서 차별을 보여 주는 공포스러운 이야기가 있다. 멕시코계 미국인 학생이 최근에 경악스러운 감정을 보고했는데, 자신의 고등학교 상담자가 자신의 아버지를 탐탁지 않게 여겼고 '그것이 전통을 고수하는 것이기 때문에' 대학에 진학하지 않아야 한다고 이야기했다는 것이다. 아주 재능 있는 아프리카계 미국인 대학원생은 아주 '친절하게' 대학의 상담자가 자신의 전공을 바꾸기를 권했다고 보고했다. 많은 백인 조력자가 마이너리티 내담자와 함께 일할 때 불편함을 느끼며 내담자에게 도전적인 무엇인가를 시도했을 때 인종주의자로 여겨질지도 모른다는 공포를 느낀다고 보고했다. 마이너리티 내담자와 작업하는 아프리카계 미국인과 백인 조력자는 조력의 초기 단계에 인종이나 민족의 문제에 대한 이슈를 가져올 것을 권한다. 예를 들면, "당신은 어떻게 백인 상담자인 내가 아프리카계 미국인인 당신과 당신의 경험을 이해할 수 있는지 궁금할 것입니다."와 같다. 내담자가 조력자의 인종이나 민족에 대해 걱정하고 있는지 초기에 논의하고 탐색할 수 있다. 만일 내담자가 이 주제를 가져오는 것에 놀라워하고 이것이 주제가 아니라고 한다면 조력자는 내담자가 제시하는 문제를 따라서 계속 진행할 수 있다.

좀 더 은밀한 형태의 선입견들은 내담자 문제의 본질보다는 인종이나 민족에 대한 근거 없는 태도와 가정을 바탕으로 해서 조력 과정을 변형할 때 나타난다. 일부 조력가는 반응적 듣기가 아프리카계 미국인 내담자에게는 효과적이지 않고 직접적인 행동적 기술들이 더 효과가 있다고 들어 왔다. 하지만 반응적 듣기는 정상적인 언어적 기술을 소유한 내담자와의 조력 관계를 발전시키는 데 있어 효과적인 것으로 알려져 있다. 난민과 이민자와 같이 국경을 가로질러 온 개인과 가족들이 증가하고 있어, 우리는 전보다 더 많은 다양한 문화의 사람들과 상호작용하게 될 것이다. 조력자로서 우리는 자신의 가치관을 잘 인식하고 있는 것이 필요하고 우리가 어떠한 문화 집단과 일하든 그들의 역사, 경험, 현재 생활 상태와 같은 요소들에 대한 지식을 습득하여야 한다. 우리가 조력하는 집단의 구성원들에게 적용 가능한 조력 전략과 접근들이 무엇이든 배워야만 하고, 동시에 집단 내에서도 아주 다른 차이가 존재한다는 것을 기억해야 한다. 우리는 두 문화 속에 있거나 다문화 안에 있는 개인과 가족들이 문화 동화나 적응과 관련한 자신의 가치와 목표를 정할 수 있도록 조력하는 것이 필요하다. 많은 사람이 주류 문화 안에 안착하면서 자신의 문화를 유지하는 두 문화 속에 있기를 희망한다. 일부는 자신의 원래 문화와 결별하고 미국인화되기를 희망하기도 한다. 우리는 이민자들에게 서로 다른 스토리가 있을 수 있음을 이해해야 한다. 예를 들면, 어떤 사람들은 난민들이고, 어떤 사람들은 국제결혼을 통해 왔으며, 어떤 사람들은 공부나 일을 위해, 또 어떤 사람들은 여기에 머물기를 선택해서 이주한다(American Psychological Association, Presidential Task Force on Immigration, 2012).

페더슨(Pedersen, 2013)은 조력자들이 다양한 문화 집단에 적합한 서비스를 전달하기 위하여 절충적이 될 필요가 있음을 제안하였다. 또한 조력자들의 기본 가치관이 문화와 관계 없이 모든 사람에 의해 공유될 수 있는지, 그리고 연속선상에 있어 어떤 문화에서는 얼마나 다른지에 대한 인식을 촉구한다. 가령, 대인 간 의사소통 방식은 직접적인 것에서 간접적인 것, 권위적인 상에 대한 기대는 강한 것에서부터 약한 것, 개인의 통제와 책임감에 대한 정도는 높은 것에서부터 낮은 것 사이에 걸쳐 있다. 다스(Das, 1995)는 사회 및 정치적 맥락에서 상담의 초점을 맞추고 사회 계층화, 인종 및 민족 집단 간의 불평등한 권력 관계, 소수 민족 집단이 경험하는 경제적 불평등, 인구통계학적 변화, 사회 변화, 문화 적응과 같은 현상을 강조한다. 수와 수(Sue & Sue, 2008)는 조력자가 내담자의 관점에서 문제를 평가하기 위하여 사회적 환경에 대한 내담자의 견해를 이해하는 것이 매우 중요함을 강조하였다. 이는 조력자가 내담자와의 조력 관계와 조력 과정에서의 문화적인 태도를 이해할 수 있도록 도울 것이다.

분명히 더 많은 연구가 필요하고, 이를 통해 상담자들이 다양한 내담자를 잘 돕기 위해 자신의 이해를 계속 확장해 나갈 수 있을 것이다. 기억해야 할 중요한 점은 당신은 당신 자신의 문화적 가치와 관점을 조력 관계에 가져온다는 것이고, 집단 간에서 그리고 집단 안의 개인 간에서도 가치관, 태도, 신념이 매우 다르다는 것이다. 우리는 자신의 문화유산의 일부를 희생하여 주류 문화로 동화되기보다는 다양한 문화를 자신의 정체성으로 통합하고자 하는 내담자의 투쟁에 더욱 관심을 기울일 필요가 있다. 성, 세대, 계층 그리고 다양한 문화로의 동화 경험과 기회 같은 서로 다른 영향 요소를 고려하는 것이 중요하다.

우리의 이론들과 기술들뿐만 아니라 직업 자체도 우리 문화의 역사, 신념, 가치를 반영하는 문화 현상이다. 우리의 기준은 다른 문화에서 반드시 적용될 수 있는 것이 아니며 우리는 지속적으로 스스로 가진 가정을 재평가할 필요가 있다.

연습문제 10-5

이 활동은 차별을 인식시키기 위하여 많은 다양한 버전으로 활용된다. 두 집단으로 나누는데 같은 크기일 수도 있고 아닐 수도 있다. 집단의 리더는 임의적으로 한 집단은 '특권이 있는' 것으로, 다른 한 집단은 '특권이 없는' 것으로 할당한다. 특권이 없는 집단은 완장을 사용하거나 또는 다른 수단을 사용하여 특권이 있는 집단과 구분하도록 한다. 30분 동안 특권이 있는 집단의 사람들은 특권이 없는 사람들을 방의 한쪽 구성에 위치시키거나, 그들을 참여시키지 않고 앞에서 즐겁게 놀거나, 그들을 조롱하거나, 속삭이는 등의 그들이 생각할 수 있는 모든 형태의 차별을 실행한다. 30분이 지나면 곧바로 30분 동안 집단 역할을 바꾸어서 전환한다. 이후에 당신의 경험을 살펴보자. 특권 있는 사람으로서 그리고 특권이 없는 사람으로서 당신은 어떻게 느꼈는가? 무엇이 쉽고 어려웠는가? 각 집단에서 어떤 종류의 리더십이 나타났는가? 당신은 누구와 동맹을 맺었는가? 당신은 어떤 사람들에게서 떨어져 있었나? 무엇을 했고, 무엇을 하지 않았나?

연습문제 10-6

소집단으로 종교, 인종, 계층, 문화적 차이와 관계없이 모든 사람에게 적용될 수 있는 최소한 다섯 가지의 기본 가치를 만들라. 대집단으로 논의하고 당신의 발견한 바를 나누라. 집단 토론 후에 각 가치관에 대해서 SD(아주 동의하지 않음), D(동의하지 않음), A(동의함), SA(아주 동의함)으로 순위를 매기라. 가치관 목록 중에 고치고 싶은 것이 있는가?

연습문제 10-6에서의 활동을 완료하고, 다음의 상담 쌍에서 나타날 수 있는 태도가 어떤 것일지 토론하라.

① 백인 내담자/인종적으로 마이너러티인 상담자
② 라틴계 상담자/원주민 미국인 내담자
③ 게이 상담자/이성애자 여성 내담자

이러한 태도의 차이를 어떻게 극복할 것인가? 당신이 연습문제 10-6에서 도달하였던 다섯 가지 기본적 가치관에 그것들은 어떻게 상호작용하는가?

노인차별주의

노인차별주의—아마도 '~주의'라고 하기는 모호한—는 연령에 따라 무엇을 할 수 있고 무엇을 해야 한다고 하는 우리 자신의 신념과 가치관을 다른 사람에게 강요하는 것으로 정의된다. 노인차별주의는 노동 시장에 존재하고 있으며 어떤 사람이 특정한 일에 너무 나이가 많거나 너무 어리다고 간주한다. 최근에는 45세 이상의 실직한 노동자들이 새로운 직업을 구할 때 그들의 숙련도, 기술, 지식과는 관계없이 나이 때문에 이력서조차 받아들여지지 않는다. 그들은 최신의 기술을 훈련받은 신입 노동자에 비해 더 많은 비용이 든다. 반면, 6개월 이상 근무하지 않은 노동자들은 채용 담당자들이 쳐다보지도 않을지 모른다.

지난 수 세기 동안 수많은 70세 이상의 건강한 사람이 꾸준히 증가하고 있고 이러한 경향은 계속 될 것이다. 오늘날 노인들은 거주형태에 있어 더 많은 선택지를 가지는데, 예를 들어 혼자 살거나, 가족과 함께 살거나, 장기 보살핌 공동체에서 살거나, 은퇴자 공동체에서 살거나, 생활보조 시설에서 살거나, 합동 주거에 거주하거나 할 수 있다. 건강한 노년에 대한 미디어의 공식적 연구 결과 보고와 노인들의 욕구와 서비스에 대한 지역 공동체의 관심 덕분에 노인들은 더 적극적으로 운동을 하며 지적 및 사회적 자극, 충분한 영양, 건강한 삶의 양식을 습득하고 있다. 하지만 많은 노인들이 가난하며 제한된 사회적 지원과 자원으로 건강, 주거, 경제적 어려움에 직면해 있다.

많은 프로그램이 조력자에게 다양한 노년의 경로를 이해하도록 훈련하고 조력 서비스를 노인 보건에 통합하고 있다(Hepple, 2004; Segal & Honn-Qualis, 2011; Tobin, 1999; Werth, 2013). 최근의 연구(Hepple, 2004; Horstman, 2012; Kharrazian, 2013; Trotman & Brody, 2002; Weiss & Bass, 2002)에서는 노화된 뇌의 가소성에 초점을 맞추고 있다. 이러한 연구는 조력자가 후기 성인기의 인지적 과정을 이해할 수 있도록 하고 '성공적인 노화'에 기여하는 다양한 변인을 알 수 있도록 도와준다. 또한 조력자들은 감각, 지각, 운동성, 정서적 영역에서 일어나는 노화와 관련된 변화와 노인들에게 미치는 환경적·사회적·건강적 요소들의 영향을 공부하는 것이 필요하다. 예를 들어, 노인들은 자주 경제적으로 스스로 더 이상 지탱하지 못하기 때문에 부적절감을 느낀다. 조력자는 그들의 가난은 자신이 만든 것이 아니고 그들의 문제가 종종 부적절한 사회적 기회의 결과에서 비롯된다는 것을 알리고 이해시킬 필요가 있다. 변화하는 환경과 다양한 손실은 의존/독립의 이슈를 악화시킨다.

더 많은 사람이 이전보다 더 많이 주요 만성적 병을 가지고 살아가고 있기 때문에 다른 말년의 이슈들뿐만 아니라 조력자는 이러한 스트레스와 관련하여 개인과 가족을 상담하는 것이 더욱 요구된다. 수요가 증가할 것으로 예측되는 진로는 노인들과 가족들을 위한 직간접적 서비스의 영역이다. 이 영역의 조력자들은 서비스를 조직하고, 가정 방문을 계획하고, 병원을 가기 위한 교통수단을 찾아내고, 멀리 사는 가족을 정기적으로 컨설팅한다. 또한 양로원이 적합한지 또는 보호주거 시설이 적합한지 결정하는 것을 돕는다. 분명히 계층, 인종, 지리, 개인과 가족의 가치는 서비스에 대한 접근, 생활, 치료 선택의 범위에 영향을 미칠 것이다.

조력자로서 이 연령 집단에 대한 우리의 태도와 신념을 잘 알고 고정관념을 살펴보는 것이 필요하다. 많은 사람이 후기 성인기에 대한 자신의 부정적이고 제한적인 기대와 태도에 대해서 고쳐 나가고 있다. (노인에 대한 부정적인 태도는 보편적인 것은 아니라는 점을 주목해야 한다. 어떤 문화에서는 노인은 오랫동안 존중받고 존경받아 왔다.) 노인차별주의 조력의 예로서 69세의 여성이 40세 정도의 치료자에게 M.S.W. 학위를 취득하기 위해 학교에 가고 싶다고 할 때 발생하였다. 치료자는 내담자에게 '인생의 단계는 다 지나 왔으며' 봉사활동에 초점을 맞추어야 한다고 말했다. 만일 상담자가 반응적 듣기를 사용하여 어떻게 나아가고 싶은지에 대해 스스로 결론에 이르도록 이끌었다면 그것은 '노인차별주의 상담'이 아니게 되었을 것이다. 노인과의 효과적인 조력 관계는 공감적인 의사사통 기술, 시간, 인내를 필요로 한다. 또한 회고(reminiscing)는 많은 노년기 성인과의 작업에 있어서 중요한 전략이다. 그들의 삶에서 이루었던 모든 일을 살펴보고 긍정적인 것에 초점을 맞추는 것은 (위기 개입 전략으로서) 유용할 수 있다.

옹호(advocacy)는 노인과 작업하는 데 있어서 최고의 전략 중의 하나로 보인다. 조력자들은 자신의 공동체 안의 노인들을 위한 서비스와 자원에 대해서 배우고, 조력 기관 안의 중요 의사결정자를 식별하고, 행정적인 절차(예: 의료보험과 사회보장 실제)에 익숙해지는 것이 필요하다. 또한 가족과 노인 법 변호사, 노인 전문의, 가정 건강보호 기관, 노인 보살핌 컨설턴트와 연계하는 네트워크를 개발할 필요가 있다. 노인 학대의 표식을 민감하게 인식할 필요가 있고 가족 체계의 역동과 인생 후반기의 이슈에 대해 이해할 필요가 있다.

조력자들은 노년기의 실제와 노년과 관련된 것들을 다루기 위해 선택해야 할 것들에 대해 가족과 공동체 구성원들을 교육시킬 수 있다. 이러한 교육을 통해 노인들을 위한 시설에서뿐만 아니라 학교나 노동 환경에서도 나이로 인한 분리와 차별을 줄일 수 있고 사회의 주류로서 노인 통합이 증가하기를 희망한다. 가령, 노령자들은 점차적으로 지역사회의 활동에 많이 참여하고 있는데, 아이들의 책을 읽어 준다든가 유치원, 공립학교, 양로원, 재활 시설에서 자원봉사를 하고 있다. 노인 대상의 점점 더 많은 지역사회 프로그램들이 신체 단련과 사회적 참여, 인지적인 자극에 초점을 맞추고 있다.

연습문제 10-8

당신의 가족, 친구, 이웃들 중에서 당신이 알고 있는 모든 노인에 대해 떠올려 보라. 이들의 특징을 표현할 수 있는 떠오르는 열 가지 단어는 무엇이고 그것에 대한 당신의 태도는 어떠한가? 노인 차별의 세 가지 예시를 들어 보라. 당신의 부모님이 65세와 85세 사이에 무엇을 경험하기를 원하는가? 85세 이상일 때는? 당신 자신은 어떤 경험을 했으면 좋겠는가? 당신은 어떠한 종류의 의존을 예상하는가? 어떠한 종류의 사회적 정책이 필요할 것이라고 생각하는가?

상담 과정에 영향을 미칠 수 있는 다른 가치관으로 옷차림, 몸무게, 외모, 신체적 능력, 언어, 종교, 건강 상태 등이 있다. 이러한 요소들은 주류 문화의 규범과 얼마나 동떨어져 있는가를 나타내는데, 때로는 정신질환의 표식으로 오인된다. 지난 수십 년 동안에 정신건강 전문가들은 비주류 집단의 심리적인 기능에 미치는 사회적인 낙인과 차이에 대한 억압(동성애, 양성애, 사회경제적 지위, 장애, 민족, 인종, 성에 대한 것)의 영향에 더 많이 주목해 왔다. 조력자들은 우리가 앞서 논의했던 대로 비판적인 방법으로 자신들의 가치를 명료화하여 표현할 수 있고, 그 주제에 대한 유효하고 새로운 정보를 수집함으로써 이러한 이슈들을 내담자가 제기할 수 있도록 도와야 한다.

최근 우리는 급격한 경제 부침(浮沈)을 겪어 오고 있어서 사회적 이슈의 우선순위를 정하는 것은 더 복잡한 일이 되고 있다. 미국에서는 삶에 대한 권리, 죽을 권리, 동성애자가 결혼할 권리, 의료 보장에 대한 권리, 죄수자, 동성애자, 에이즈 환자의 시민으로서의 권리, 생명 기술, 이중언어 교육, 장기 이식, 이민, 전쟁과 같은 가치관에 있어서 불일치가 분명히 존재하고 있다. 특히 2000년대의 정치와 문화 전쟁은 어렵게 승리한 시민 권리 제정과 1990년대 후반에 성취한 사회보장 프로그램에 대해서 도전하고 있다. 이러한 환경에서 조력자들은 한정된 자원을 자신과 내담자들에게 최대한 유용한 것으로 만들기 위해 이전보다 더 사회적으로 잘 인식하고 유연해야 할 필요가 있다.

윤리적 고려 사항

조력 전문가의 중요한 업무는 훈련생들을 도덕적으로 사고할 수 있고, 적합한 역할 모델로, 안전한 개입자들로 발달시키는 것이다. 윤리 강령은 이러한 훈련생을 지도하는 주요한 도구이다. 대부분의 윤리강령은 자율성, 무해성, 이타성, 공정성, 신뢰성의 다섯 가지 기본적인 윤리적 원칙을 바탕으로 한다(Kitchener, 1988; Kitchner & Anderson, 2010). 미국상담협회(미국정신건강상담협회와 미국재활상담협회를 포함), 미국심리학회, 전미사회복지사협회와 같은 전문 기관들은 조력자들을 대중으로부터 그리고 대중으로부터 조력자들을 보호하기 위하여 기관의 윤리강령을 계속해서 최신화하고 있다.

현대의 윤리강령은 징계 조치의 기초가 되는 의무사항에 대한 기준을 제공하는 것에서 더 나아가 덕 윤리와 관련하여 보다 사회 건설적인 모델에 대한 논의를 촉진한다. 덕 윤리(virtue ethics)는 조력 전문가가 추구하는 일련의 이상적인 것(각 문화에 대한 세계관과 독특한 관점을 공유하는 것)을 말한다. 각 이상의 예시로는 진실성(integrity), 공손함(respectfulness), 공정성(fairness), 신뢰성(trustworthiness), 자비심(benevolence)을 포함한다(Shanahan & Hyman, 2003). 이 모델들은 중첩되고, 민족성과 문화가 윤리적 행동에 미치는 영향을 인식한다(Cottone, 2001). 우리 자신과 다른 사람의 가치를 이해하고 용인하는 것은 윤리적인 조력 행동의 기준과 덕목의 기초가 된다.

윤리적인 딜레마는 점점 더 일상적이 되고 복잡하고 복합적이며 이러한 상황을 다루기 위해 학생들을 완벽하게 준비시키기 위한 간단한 안내는 불가능하다. 조력자들이 관련 윤리 강령을 읽고 중요한 주제에 대한 수업을 듣고 전문적인 발달 워크숍에 참여할 것을 제안한다. 더욱이 행동이 조력의 정의와 일치하는 조력자, 행동의 동기를 적극적으로 살펴보는 조력자, 다른 사람에게 조언을 구하는 조력자는 이러한 것들에 닫혀 있는 조력자보다 윤리적으로 기능할 가능성이 높다. 윤리적인 조력자들은 제도적인 편견에 동참하지 않고 타당화되지 않는 검사는 시행하지 않으며, 필요할 때 통역 서비스를 활용하고 인간과 시민의 권리를 보호한다.

특히 오늘날 제기되는 윤리적인 이슈로 ① 경계 위반 및 이탈, ② 특히 관리 의료 및 첨단 기술 시대의 면책특권과 비밀정보의 공유, ③ 이해의 상충, ④ 녹음과 첨단 기술의 사용, ⑤ 검사와 전산화된 프로그램의 활용, ⑥ 부실고지가 있다. 이러한 이슈들을 성공적으로 다루기 위해서는 적합한 경계에 대한 인식과 다문화적 민감성이 요구된다. 관리 의료의 움직임은 이러한 윤리적 이슈를 더 복잡하게 만들고 있고, 기관들, 조력자들 및 내담자들에게 도전을 야기한다. 윤리적 딜레마가 어떻게 해결될 것인가뿐만 아니라 누가 서비스를 제공하고 받는지에 대한 것도 결정되어야 할 것이다.

경계 위반과 이탈

정신건강 윤리와 관련된 많은 선행 연구가 조력 관계의 경계를 만들고 경계 위반(violation)과 경계 이탈(crossing) 사이를 식별하는 것의 중요성에 관심을 기울이고 있다. 경계 위반은 해롭고 비윤리적인 것으로 여겨지며 성희롱과 성학대, 경제 및 사업 파트너 관계로 이용하거나 치료자의 개인적인 이익을 위한 내부 정보로 사용하는 것들을 포함한다. 윤리적 경계 이탈은 도움이 되고 중립적이고 불가피한 것으로 여겨진다. 경계 이탈은 누군가 아플 때 가정 방문을 하고, 비행기 타기를 두려워하는 환자와 함께 동행하고, 우울한 환자와 함께 산책을 하고, 병원 약속에 환자와 함께 동행하는 것, 비싸지 않은 적당한 선물을 교환하는 것, 책을 빌려 주는 것, 내담자의 결혼식이나 성인식에 참여하는 것 등을 포함한다.

조력자의 성 관련 경계 위반은 정신건강 전문가의 중요한 관심사이다. 최근에 수많은 이의가 제기되고 있음에도 불구하고 문제는 크게 보고되지 않는 것으로 보인다(Herlihy & Corey, 2006; Peterson, 1992; Pope, Sonne, & Holroyd, 1993; Pope & Vetter, 1992; Pope & Vasquez, 2011). 정신건강전문가에 의한 성적 학대가 비윤리적이고 해롭다는 것은 분명하고 의문의 여지가 없다. 이 이슈는 윤리강령에서도 직접적으로 표명된다. 일부 주에서는 이러한 행동에 대해 민사 및 형사법 위반으로 법적 제재를 명시하고 있으나 내담자가 윤리강령을 위반한 조력자의 혐의를 제기하지 않는 한 공식적으로는 거의 시행되기가 어렵다. 우리 중 한 명(REK)은 이전 상담자와 성적인 문제가 있었던 여성 내담자를 치료한 경험이 있다. 내담자는 윤리 위반에 대해서 이전 치료자를 고소하거나 전문가 협회에 보고하는 것을 꺼렸다. 비밀보장의 원칙 때문에 나는 내담자가 원하는 것을 존중해야만 했다. 나는 직접적으로 보고할 수 없었을 뿐만 아니라 가끔 만나게 되는 문제가 된 그 치료자에게 맞설 수도 없었다. 많은 문제 제기를 통해서 전문가 협회와 주 의회가 관심을 기울이고 있고 발생률에 영향을 주기를 희망하고 있다. 다양한 종류의 성폭력과 권력 남용에 대한 언론 보도 및 법적 구제 수단을 통하여 희생자가 힘을 얻고 가해자를 제재할 수 있다.

또 다른 윤리 위원회의 관심은 전문적인 조력자와 학생들, 수퍼바이지들, 내담자들, 고용인들, 또는 연구자들 사이의 이중 또는 다중 관계의 잠재적인 악영향에 관한 것이다. 역할에 따라 행동, 권력, 의무에 대한 기대도 달라진다. 만일 조력자가 전문적인 조력 외에 다른 역할을 하고 있다면 이 역할에 대한 기대는 충돌을 가져올 수 있다(Lazarus & Zur, 2002; Zur, 2011). 하지만 윤리학자들은 치료가 사무실에서만 일어날 수 있다는 전통적인 신념에 대해 도전하고 있다. 오리어리, 추이와 러치(O'Leary, Tsui & Ruch, 2013)는 다문화 내담자의 넓은 범위에 걸쳐 있는 지리적·사회정치적·문화적 차이를 설명하면서 사회복지 직업에 있어 긍정적인 경계 이탈을 재정의하고자 도전하였다. 고맥락 문화[2]에서 온 내담자는 더 많은 연결과 상호작용을 기대한다. 많은 내담자가 조력자를 사무실 밖에서 마주쳤을 때 조력자와 관계하기를 원하고, 당신에게 선물을 가져오거나 당신이 방문해서 음식을 제공할 때 만일 자신들이 제공하는 것을 받지 않으면 모욕당했다고 느낄지도 모른다. 지역 공동체, 군대, 학교, 대학과 같은 곳에서 내담자를 도울 수는 없지만 마주칠 수는 있다. 당신이 내담자에 대한 단서를 가지고 있다면 사무실 밖에서, 회의에서, 파티에서 내담자를 마주쳤을 때 대화나 소개를 위해 기다려 볼 수 있다. 예상치 못하게 내담자와 같은 행사에서 참여하게 되어 만나게 되면 어떨지 이야기하고 이에 대한 내담자의 반응을 살펴보는 것이 중요하다. 경계와 그 의미는 치료 세팅의 맥락과 조력 관계 안에서 평가되어야만 하고 이러한 맥락적인 환경에 따라서 적용을 해야 한다.

---

2) 역자 주: 고맥락 문화(high context culture)란 1976년 인류학자인 홀(Hall, E.)에 의해서 소개되었고, 의사소통에 있어서 고맥락의 메시지가 저맥락의 메시지보다 많이 사용되고 전달되는 경향을 일컫는 개념이다. 많은 말을 하지 않아도 몇 단어로도 그 문화에서 의미하는 바가 무엇인지 전달될 수 있기 때문에 단어가 내포하는 문화적 맥락이 높은 것을 말한다. 출처: HRD 용어사전

조력자와 내담자 사이의 명확한 경계와 조력 관계의 본질과 과정의 명확화는 권력남용의 가능성을 약화시킬 것이다. 예를 들어, 전문 조력자들이 학생들이나 수퍼바이지를 상담하거나 치료한다면 비밀보장이 절충되거나 학생과 수퍼바이지의 자율성이 손상받을지 모른다. 더 나아가 조력 관계는 비평가적인데 교사와 수퍼바이저들은 항상 학생들과 수퍼바이지들을 평가하기를 요구받기 때문에 객관성이 손상될 수밖에 없을 것이다. 이중의 또는 다중 관계는 환경과는 관계없이 조력자보다 덜 권력을 가지는 내담자를 부당하게 이용할 가능성이 높다. 만일 이러한 권력의 차이가 인식되지 않고 양측이 왜 그리고 어떻게 상대방이 그런 행동을 하는지 완전히 이해하지 않고 다른 종류의 관계에 동의를 한다면 그 피해는 더 해로울 수 있다. 윤리 강령은 피해를 방지하고 경계를 평가하기 위해 설계되었으며 우리는 건강하지 않은 의존을 피하고 내담자를 격려하는 데 초점을 맞추는 것이 필요하다.

면책특권[3]과 비밀보장

대부분의 조력자는 면책특권을 가지고 있지 않은데, 이것은 법원에서 내담자와의 논의 내용에 대해 증언을 요구받을 수 있으며 내담자에 대한 기록이 소환될 수 있다는 것을 의미한다. 몇몇 주에서 자격을 갖춘 상담자와 심리학자는 면책특권을 가지는데, 이러한 이슈와 관련하여 법이 균일하게 적용되지 않는다.

비밀보장에는 두 가지 종류가 있는데 법적 그리고 개인적 측면에서이다. 법적 측면에서는 각 주의 법에 의해 좌우된다. 개인적 측면에서는 일하고 있는 곳의 방침과는 관계없이 스스로 만드는 것이다. 즉, 만일 당신이 일하는 환경(학교나 교정기관과 같은 곳) 때문에 당신이 조력 과정에서 얻어진 정보에 대해 비밀 유지를 할 수 없다면 본격적으로 상담을 시작하기 전에 미리 이 사실을 명확하게 해야 한다. 그렇게 해야 내담자는 논쟁이 될 수 있는 것들을 당신에게 말할지 말지 선택할 수 있다. 만일 당신이 개인적으로 비밀보장을 약속할 수 있다면 반드시 그것을 지켜야만 한다. 어떠한 환경에서도 당신은 내담자가 위험하거나 다른 사람이 위험하지 않은 이상 당신이 들은 것에 대해서 누구에게도 이야기해서는 안 된다. 당신이 아동 청소년과 일할 때 부모와 교사에게 정보를 공유할 수도 있고 그렇지 않을 수도 있다는 것을 아동·청소년에게 반드시 말

---

3) 역자 주: 면책특권이란 법정에서 증언을 강요당하지 않는 변호사와 의뢰인, 의사와 환자, 남편과 아내 사이 등의 정보를 뜻한다.

해야 한다.

내담자에게 구두로 또는 가능하다면 문서로 해당 사항에 대해 허가를 받지 않고 가족 구성원이나 조직의 다른 직원들과 내담자에 대해서 논의해서는 안 된다. 이러한 예방법은 내담자의 신뢰를 보장하고 내담자의 복지에 대한 조력자의 관심을 전하기 위해서 필수적이다.

최근의 법정 사례는 전문 조력자들이 내담자가 누군가를 해하려고 한다는 것을 직간접적으로 알면서도 폭력의 잠재적 희생자에게 경고하지 않으면 책임을 질 수 있음을 지적하였다. 각 주마다 다른 법을 가지고 있기 때문에 정신건강 전문가는 내담자가 다른 사람에게 심리적 또는 신체적인 해를 끼칠 가능성이 있는지 여부를 판단하는데 있어서 윤리적 딜레마뿐만 아니라 법적인 문제도 감안하여야 한다. 일반 휴먼 서비스 종사자와 비전문 조력자들 또한 이러한 딜레마에 영향을 받는다. 그들은 내담자의 복지에 대한 합법적인 우려를 가족 구성원, 조력 전문가, 공무원 같은 다른 사람에게 보고해야 할까? 예를 들어, 만일 어떤 사람이 자살을 할 것이라고 안다면 그것을 이야기해야 할까? 누구에게? 어떤 상황에서? 내담자가 노인 학대, 신체적·정서적·성적 학대의 가해자 또는 희생자라는 것을 알았을 때 조력자의 보고 의무는 어떠한가? 다시 말하지만 각 주마다 자체 관행과 법률이 있고 만일 이러한 상황에 처하면 내담자와 당신이 취할 조치에 대하여 명확하게 서면 노트로 보관하는 것이 중요하다.

연습문제 10-9

당신은 고등학교의 보조 상담자로 일하고 있다. 내담자는 부모에 의해 의뢰되었고, 마리화나를 흡연하지 않으면 수업에 들어갈 수 없다고 한다. 성적은 급격하게 떨어졌고 교사와 부모는 이를 걱정하고 있다. 내담자는 자기 행동을 변화시키고 싶지 않다고 하고 만일 당신이 자신이 말한 것을 다른 사람에게 이야기한다면 앞으로 절대 상담을 하지 않겠다고 말한다. 윤리적 이슈에 대해서 논의하고 당신이 어떻게 이 상황을 다루고 싶은지 브레인스토밍하여라.

비밀보장과 관련된 최근의 이슈는 컴퓨터에 저장된 정보를 제3자와 공유하는 것이다. 대부분의 내담자는 의료보험을 위해서 사인을 할 때 상담자나 치료자에 대해 가지는 절대적인 비밀보장의 권리에서 멀어지고 있다는 것을 알지 못한다. 조력자는 추가 서비스에 대한 승인을 정당화하기 위해 제3자에게 각 회기의 세부사항을 공개하는 의무를 질 수 있다. 상담자와 내담자가 보호받을 수 있는 가장 좋은 방법은 고객이 정보가 포함된 동의서(부록 B 참조)를 작성하는 것인데 상담자와 내담자가 어떻게 진단이 사용될 것이고, 어떤 정보가, 어떻게, 누구와 공유될 것인지에 대해 공개적으로 논의하는 것을 포함한다. 병원 및 진료소의 보안 침해가 밝혀짐에 따라 연방 정부는 기록의 비밀보장성에 대한 규정(HIPAA)을 부과했으며 조직은 이 정보에 따라 접근 관행을 변경해야 한다. 조력자는 소속된 조직의 전문적 그리고 개인적 윤리강령과 일치되게 윤리적으로 행동해야 한다.

이해 상충

때때로 당신은 속한 조직에 대한 의무와 내담자에 대한 의무 사이에서 이해 상충을 경험할 수 있다. 이러한 사례에 대한 일반적인 해결책은 없다. 각자가 답을 찾아야 한다. 예를 들어, 정신건강 상담자는 고용주로부터 일정 수의 환자를 집단 상담으로 의뢰하도록 요청받았다. 많은 경우에서 이는 내담자에게 도움이 된다. 하지만 집단 상담에 적합하지 않은 내담자가 있고, 상담자는 경우에 따라 의뢰 여부를 결정할 수 있는 자유를 원했다. 상담자는 고용주와의 이러한 딜레마를 해결할 수 없을 때 떠나는 것을 선택할 수 있다. 상담자는 한부모 가정이어서 이러한 결정이 생계에 영향을 준다고 할지라도 낮은 임금을 받는 자리를 선택하게 될 수도 있다.

조력자들은 조력 과정 동안의 주요한 의무는 내담자에 대한 것이지 다른 사람이나 집단을 위한 것이 아님을 기억하는 것이 중요하다. 그래서 이해 상충 이슈가 부상할 때 조력자들은 자신의 무지, 불안 또는 무능함 때문에 또는 어떤 조직이나 집단의 이익을 위해 내담자의 비밀 유지를 위반해서는 안 된다. 비밀 유지의 위반은 내담자의 복지를 위해서 또는 다른 사람이 위험에 처했을 때만 정당화될 수 있다.

이해상충은 양적 수치가 중요한 환경에서 일하는 사람들에게 윤리적 딜레마를 제기할 수 있다. 정신병원의 한 정신건강 종사자는 병원의 책임자가 '보험이 만료될 때까지 여기에 데리고 있는 것이 중요하기 때문에 모든 환자를 마치 집에 있는 것처럼 대접하라.'고 직원들에게 제안했을 때 불편했다고 보고하였다. 다른 정신건강 종사자들은 HMO 고용주를 떠나기로 결심했는데 상담이 5회기 미만으로 이루어졌을 때만 보너스가 주어졌기 때문이다. 이러한 종류의 사례들은 오늘날 비용에 민감한 분위기에서 비롯되었으며, 모든 전문 협회의 관심사이다.

기록 보관

각 주마다 기록의 원자료, 기록의 처분 및 기록을 보관해야 하는 기간에 관한 요구사항이 다르다. 기록 보관의 목적은 내담자의 성장과 치료의 지속성을 문서화하는 것이다. 기록이 얼마나 구체적이고 완벽해야 하는지에 대해 법률 및 위기관리 조언자에 따라 의견이 다르다. 아마도 객관적인 행동 정보만을 적어 두고 가치, 태도, 무엇보다 해석과 같은 주관적인 내용을 제외시키는 것이 좋을 수 있다. 또한 기록한 정보가 잠재적으로 해로운 영향을 미칠 수 있음에 대해 민감해야 한다. 어떤 조력자들은 특정 개인 정보를 기록할 때 암호화하여 기록한다. 만일 녹음을 한다면 반드시 내담자에게 그 의도와 목적을 완전히 설명해야 하고 조력자는 사용 목적이 끝난 후에 반드시 파기해야만 한다. 만일 제3자(예: 보험회사)가 관련된다면 당신은 그 제3자에게 어떤 특정 정보가 제공되는지 논의하여야 한다. 최우선의 목표는 내담자의 복지임을 명심해라. 또한 많은 전자 기록 보관 시스템은 여전히 버그가 있기 때문에 내담자의 비밀이 보장되는지 확인할 필요가 있다.

최근에 자신의 의료보험을 담당하고 있는 병원에서 일하고 있는 내담자(그의 수퍼바이저는 의료보험 관련 정신건강 검토자임)가 나(BFO)에게 심각한 개인적 문제를 상담하였다. 나는 그의 진단명과 나와의 상담이 고용에 부정적인 영향을 미치는 것이 두려웠고 건강보험의 혜택을 유지시켜 주고 싶었다. 이에 대해서 내담자에게 나의 딜레마에 대해서 상세히 이야기하였다. 정신약리학자와 나는 내담자의 진단서가 고용주에게 드러나는 것을 피하기 위해서 가장 낮은 비용을 지불하도록 책정하였고, 내담자와의 상담을 계속 이어 갔다. 그것은 나와 내담자, 컨설팅하는 정신약리학자에게 아주 스트레스 받는 일이었다. 다른 사례에서 내담자는 주요 의료센터의 전문가를 만나러 갔는데 내담자가 우울증으로 고통받고 있고 이혼의 어려움을 겪고 있음을 이해한다고 말했다. 내담자가 어떻게 이러한 사실을 아느냐고 물었을 때, 치료자는 치료 기록이 온라인에 있다고 대답하였다. 내담자는 다시는 치료자에게 돌아가지 않았다. 미래에 전자기록은 정신건강 종사자를 포함한 모든 건강 전문가에게 위임이 될 것이다. 자신의 의료 기록이 건강관리 시스템에서 다른 사람에게 제공될 것이라는 것을 내담자가 알게 되면 어떻게 반응할지 예측하기 어렵다.

검사

일부 휴먼 서비스 종사자들은 내담자 검사를 관련된 일을 한다. 그들은 선별, 배치, 여러 종류의 분류에 사용될 수 있는 흥미, 적성, 성취 검사를 실행할 수 있다. 조력자가 사용하는 검사에 대한 충분한 훈련과 수퍼비전이 있을 때만 내담자에게 시행하는 것이 윤리적이다. 또한 조력자들은 검사 과정의 이유와 목적을 윤리적으로 결정하고 분명하게 설명해야 한다. 일반적인 한계점뿐 아니라 검사 도구의 문화적 공평성에 대해서도 논의해야 한다.

검사 데이터의 사용과 관련된 이슈는 누가 이 데이터를 사용하고 무슨 쓸모가 있을지에 관한 것이다. 내담자는 자기이해를 향상시키기 위해 피드백을 받는가? 조력자는 내담자에게 검사의 의미와 타당성과 함께 검사 결과를 정확하게 해석하고 설명할 수 있는가? 이러한 경우에 조력자는 자신의 윤리적인 책임의 범위를 결정해야 한다.

부실고지

부실고지(misrepresentation)는 조력자가 특정 유형의 내담자 또는 특정 유형의 문제에 대한 지식, 훈련, 경험, 전문성을 직접적으로 피력하거나 간접적으로 암시할 때 일어날 수 있다. 이러한 문제는 비전문가, 일반 휴먼 서비스 조력자 또는 조력에 있어 자신의 개인적 한계를 인식하지 못하거나 인식하는 것이 불편한 전문가에게는 이슈가 될 수 있다. 내담자들은 종종 조력자의 자격과 경험을 확인하는 데 있어 너무 혼란스러워하고 도움을 필요로 하는데, 조력자가 실제로 가진 경험과 전문성의 수준보다 더 높게 가정할 수 있다.

전문적 윤리 코드에서는 특히 조력자가 자신의 한계를 인식하고 수퍼비전이나 컨설테이션을 받도록 요구한다. 예를 들어, 한 대학생이 다중 인격이 명백해 보이는 내담자에 대한 딜레마를 의논하기 위해 나(BFO)를 찾아왔다. 내 동료는 이러한 사례를 경험해 본 적이 없다. 그녀는 자신의 한계를 내담자와 논의했고, 세 가지의 선택지를 제공했다. ① 현재의 효과적인 협력 관계를 바탕으로 외부 전문가의 수퍼비전과 컨설팅을 받으며 작업을 계속한다. ② 내담자를 직접적으로 치료할 수 있는 전문가에게 의뢰한다. ③ 전문가와 함께 공동 치료를 한다.

다른 종류의 사정이나 치료를 고려하지 않는 것, 즉 신체검사, 정신약리학, 검사 등으로 의뢰하지 않는 것은 또 다른 윤리적 이슈이다. 예를 들어, 많은 내담자가 심리적인 어려움이 근본적인 건강 상태와 관련이 있는 것으로 나타나는 것을 경험한다. 심리적·사회문화적 변인들도 증상에 영향을 미치며, 스트레스 증상에 대한 원인이 한 가지뿐일 것으로만 예측해서는 안 된다. 다원적인 접근은 사정과 치료의 다각적인 관점을 보장한다.

21세기에 또 다른 중요한 이슈는 인터넷을 통해 제공되는 서비스와 정보의 질에 관련된 것이다. 미국심리학회 회장인 루스 뉴먼(Russ Newman)이 언급한 대로 "기술문명의 기하급수적인 발전으로 인해 윤리적인 기준, 법, 규제에 대한 요구는 심각하게 복잡해지고 있다"(Rabasca, 2000에서 재인용). 자기조력과 일련의 온라인 조력 서비스의 효과에 대해서는 알려진 바가 거의 없다(Foxhall, 2000; Rabasca, 2000). 치료 성과의 질에 대한 자료에 대한 부족과 비밀보장, 정확한 사정과 진단, 컴퓨터를 통한 약물치료의 실제에 대해서 생각해 보아야 한다. 그럼에도 불구하고 건강관리는 점점 더 인터넷을 통하여 직접적으로 전달될 것인데, 이는 관리의료 회사들이 온라인을 활용했을 때 더 큰 이익을 가져오기 때문이다.

윤리 코드로 모든 상황을 커버할 수 없을 것이다. 자료 보관뿐만 아니라 사정에 컴퓨터를 사용하는 것과 관련된 이슈가 최근에 전문가 협회들에서 제기된다. 컴퓨터로 정보가 유출되는 것을 어떻게 보호할 수 있나? 조력 과정에서 첨단 기술과 정신약물학에 대한 의존도가 높아지는데 어떻게 인간적이고 사회적으로 의식 있는 관점을 유지할 수 있을 것인가? 어떻게 소송에 대한 두려움을 다룰 것인가? 부록 B에는 내담자에게 활용할 수 있는 규칙에 대한 예시가 제시되고 있다. 당신은 스스로 적합한 일련의 행동에 대해서 결정해야만 할 것이다.

상담 과정에 영향을 미치는 기타 이슈

우리는 조력 관계에서 빈번하게 제기되는 다른 이슈들을 간단히 다루어 볼 것이다. 이 장의 마지막에 관련 영역에 대해 좀 더 심층적으로 살펴볼 수 있는 읽을거리가 소개될 것이다.

비자발적 내담자

기관에서 근무하는 조력자들은 강제로 의뢰되는 비자발적인 내담자들을 자주 만나게 된다. 이러한 상황은 내담자의 자기결정성을 신뢰하는 조력자에게는 윤리적인 딜레마를 가져올지도 모른다. 만약 사람들이 조력을 원하는지, '더 좋아지기를' 원하는지 스스로 결정할 권리가 있다고 한다면 어떻게 우리의 서비스를 강제할 수 있을 것인가? 만일 이런 식으로 느낀다면 당신의 생각을 이야기하면서 내담자 입장에 대해 공감과 우려를 나눌 수 있을 것이다. 저항은 회피하는 내담자보다 비자발적인 내담자일 때 더 많이 맞닥뜨리게 된다. 때때로 비자발적인 내담자는 당신이 어떻게 하는지 지켜보면서 시험하고 있으며 기다리고 있을지 모른다.

자기개방

자기개방은 내담자에게 조력자 자신에 대해 이야기하는 고급 기법이지만 논란이 될 수 있다. 과거에는 재앙적이고 비윤리적인 것으로 여겨졌지만 현재는 많은 조력자가 신중한 자기개방은 조력 관계를 강화하고 관계 내 힘의 균형을 이루는 데 도움이 되며 문제 해결을 도울 수 있다고 믿는다. 분명한 원칙은 조력자의 자기개방은 반드시 내담자의 이익을 위한 것이어야 한다는 것이다. 즉, 조력자는 내담자에게 조력자의 문제로 부담을 주지 않아야 하며 내담자 자신의 문제에 더 집중하도록 자기개방의 질과 타이밍을 조절해야 한다는 것이다.

조력자의 자기개방이 내담자의 탐색과 자기이해를 돕기 위해 사용되면 조력자의 인간성을 드러내고 어떤 문제든 효과적으로 다룰 수 있다는 가능성을 보여 주기 때문에 긍정적인 역할 모델이 될 수 있다. 이것은 조력자의 결점을 보여 줌으로써 내담자의 관심사를 혼란스럽게 하거나 관계에 부정적인 영향을 미치는 것이 아니다. 오히려 내담자로 하여금 중요한 문제에 초점을 맞추는 것을 돕고 모든 인간들이 문제를 가지고 실수를 저지르지만 이러한 실수를 통해서 배우고 문제를 해결해 나갈 수 있다는 것을 가르친다.

부적절한 자기개방의 예시를 소개하자면, 내담자가 절주를 유지하는 데 어려움을 겪으며 울고 있을 때 발생한 사례이다. 조력자는 내담자의 감정을 무시하고 이어진 20분 동안 절주에 성공한 자기의 경험을 이야기하면서 현재 자신의 삶이 얼마나 많이 나아졌는지에 대해서 이야기했다. 내담자는 마치 자신이 경험하고 있는 감정이 조력자에게는 중요하지 않는 것처럼 느꼈다. 유용한 자기개방의 예시를 소개하자면, 임신 자문서비스 중에 일어난 사례이다. 자원봉사 조력자가 19세 미혼 여성과 낙태 가능성에 대해 논의하고 있었다. 내담자는 낙태에 대해 주저했지만 아이를 낳는 것에 대해 갇히는 것처럼 느꼈고 확신하지 못했다. 조력자는 자신이 겪은 비슷한 경험에서 죄책감의 감정을 떠올렸다. 그래서 내담자에게도 다양한 대안을 고려하기 시작했을 때 죄책감과 불편함이 발생할 것이라고 설명했다. 내담자는 이러한 감정을 경험하고 다루어 본 사람과 이야기하는 것에 대해 안도하는 것 같았다.

조력자가 다른 사람들과 친밀함을 나눌 수 있는 능력을 갖는 것도 중요하지만 반드시 자기개방의 대상과 적절한 타이밍을 선택하는 데 주의를 기울여야 한다. 우리는 내담자가 스스로 이야기를 나누어 줄 것을 기대하는데 우리도 이러한 나눔과 관계 과정을 경험하고 이해하는 것이 필요하다. 여기에서의 기본 원칙은 우리가 할 수 없거나 할 수 없을 거라고 생각하는 것을 다른 사람에게 요구하지 않는다는 것이다.

변화의 옹호자 및 촉진자

조력자가 차별과 불평등에 맞서 정치적 또는 제도적 변화를 가져오는 데 적극적으로 참여할 때 변화의 촉진자 또는 지지자의 역할을 수행하게 된다(이 장에서는 성차별과 인종차별 관련 변화의 촉진자/옹호자 역할의 예시를 소개할 것이다). 조력 분야에서 점점 더 많은 사람이 모든 종류의 '~주의(isms)', 가령 가난, 여러 형태의 불평등, 노조 조직자들과 '내부 고발자' 같은 정치적 행동을 하는 사람들을 차별하는 것에 적극적인 입장을 취하고 있다. 실천하는 것과 구두로 말하는 것의 일관성은 체계 안에서의 변화와 효과적인 조력 관계 발전에 필수적이다.

조력자로서 우리는 체제와 기관들에 의해서 내담자에게 발생하는 문제들이 나중에는 내담자의 문제로 낙인화되는 모습을 많이 목격하게 된다. 조력자는 기관에 대항해 싸우다가 한계에 직면하면서 점점 더 정치화되고 급진적이 될 수 있다. 이것은 조력자들이 반란을 일으키거나 기관의 파괴를 추구하는 것이 아니다. 오히려 그들은 기관 안에서의 체계적이고 혁신적인 변화를 촉구하고자 한다.

대리인 변화 전략은 프로그램 통제 및 예산 또는 직원 배치, 조직의 의사결정, 공공정책과 같은 정치적 과정을 통해 수행될 수 있다. 전략으로서 서면 자료를 보급하여 대중적 지지를 얻는 것, 지지 집단 조직, 직원 훈련, 대중 교육 제공, 지역, 주, 연방 선거 대책 세력 동원, 선출직 공무원을 압박하는 것, 국회의원에게 편지 쓰기, 거부 운동, 시위, 파업에 참여하는 것 등이 있다.

효과적인 변화 담당자는 전략을 계획하고, 목표를 설정하고, 이러한 목표를 반영하는 구조를 설계하고, 잠정적인 실행과 평가 계획을 수립한다. 변화 담당자나 혁신가가 초기에는 변화를 이끌지만, 주로 제도적인 변화에 있어서 우선순위는 기관의 모든 구성원이 폭넓게 권한을 공유하는 것이다. '권위주의적 전문가'보다는 촉진하는 조력자의 수가 인력 충원 및 인사 부서의 훈련을 통해 늘어난다면 내담자의 요구는 조력자 또는 조직의 요구보다 더 높은 우선순위를 가질 것이다.

예시로 몇 년 전 큰 혼란을 경험했던 연방정부가 지원하는 정신건강 기관에 대해 이야기해 보자. 이 혼란은 높은 직원 이직률, 서면 또는 구두로 보고된 많은 고객 불만 사항 및 약속 파기, 다른 커뮤니티 집단의 저항으로 나타났다. 직원들은 기관의 서비스가 지역사회의 요구를 충족시키지 않고 있다고 생각했다. 이때 만연한 관료적 형식주의에 좌절감을 느낀 두 명의 조력자가 변화에 대한 필요성을 제기하였는데, 이 생각은 직원과 자원봉사자뿐만 아니라 지역사회 구성원으로부터도 지지를 얻었다. 그들은 특별 전담팀으로서 지역사회와 기관의 문제뿐만 아니라 논쟁의 여지가 있는 지침 및 정책에 대한 서면 보고서를 준비하고 기관장 및 임원에게 제출하였다. 이 보고서에는 직원의 업무에 변화와 정규 기관 회의에 지역사회 구성원과 내담자 대표를 참여시키는 파일럿 프로젝트를 위한 제안서를 포함하고 있었다. 제안서가 완벽하게 문서화되고 구체적이었기 때문에 기관장은 두 달 동안의 시범 운영에 동의하였다. 시범 운영이 끝날 때쯤 수정사항이 제안되었고, 일부 임원들이 예전의 운영방식으로 되돌릴 수 없다고 깨달았을 때 리더십에 변화가 일어났다. 새로운 리더들은 지역사회 구성원들에게 기관 정책 수립과 의사결정에 참여하도록 촉구하였고, 원본 제안서에서 제안되었던 많은 변화를 가져오는 데 성공하였다.

헌신적인 조력자들은 지역사회가 기관 발전에 관여해야만 하고 기관들은 내담자의 요구에 좀 더 반응적이 되어야 한다는 것을 점점 더 많이 인식하게 되었다. 이는 학술 보고서의 연구 자료나 휴먼 서비스 종사자와 다른 지역사회 전문가 훈련 서비스를 제공하는 것뿐만 아니라 특정 지역사회의 독특한 요구를 충족시키기 위한 서비스가 제공되어야 한다는 것을 의미한다. 당신이 무엇을 당신의 역할로 여기는지, 자신의 개인 및 전문영역의 윤리가 무엇인지, 어떻게 전체 조직의 변화에 관여할지는 스스로 결정해야 한다.

다음의 활동은 방금 논의된 이슈에 좀 더 익숙해지는 것을 돕도록 계획되었다.

이 활동은 비자발적인 내담자와 조력자의 양쪽 감정을 경험하도록 돕는다. 짝을 지어 내담자와 조력자의 역할을 할당한다. 내담자는 도움을 원하지 않고 조력자는 도움의 손길을 뻗으려고 하는 역할 활동에 참여하라(비자발적인 내담자 역할을 잘 하기 위해서 내담자가 어떤 상황에서도 자기 이야기를 나누고 싶지 않아 한다는 것을 명심하라). 각자가 두 역할을 모두 경험한 후에 자신의 경험, 감정, 반응들을 다루라. 이 활동에서 대부분의 학생은 자신을 드러내지 않기로 결심한 것을 드러내게 할 방법은 없다는 것을 배우게 된다.

다음의 사례에서 이슈는 무엇인가? 각 사례에서 조력자로서 당신은 무엇을 할 것인가? 이러한 상황에서 역할 활동을 하고 소집단으로 논의하라.

1. 당신은 거리 청소년 대상으로 일하고 있고, 갱단 소년들이 어제 저지른 강도에 대해 이야기하는 것을 듣는다. 나중에 소년들 중의 한 명이 이 갱단이 어제 훔친 물건을 은닉하는 데 어려움을 겪고 있는데, 이에 대해 당신의 도움을 요청한다. 그 소년은 당신에게 컬러 TV를 공짜로 주겠다고 제안한다. 당신은 이 소년의 신뢰를 얻는 데 오랜 시간이 걸렸다.

2. 당신은 고령자를 위한 공예프로그램의 자원봉사자로 일하고 있다. 당신과 조력 관계를 구축한 85세의 남성은 같은 프로그램에 있는 78세 여성과 결혼하고 싶다고 이야기한다. 남성의 자녀들은 '어리석은 유혹'으로부터 아버지를 떼어 놓기 위해 프로그램을 그만두게 하고 싶어 한다. 그 남성은 당신의 도움을 원한다.

3. 당신은 지역 학교의 백인 휴먼 서비스 직원으로 직업 상담 보조원으로 일하고 있다. 아프리카계 미국인 커플이 11학년 자녀와 함께 찾아왔는데, 그들은 자신의 아들이 IQ 검사 결과를 토대로 나머지 학년 동안 무역학교에 보내질 것이라는 학교 측 통보를 받고 화가 난 상태이다. 그들은 아들의 대학 진학을 원하고 있다.

4. 인사팀 직원인 당신에게 광고 부서의 아주 유능한 행정 보조원인 존스 씨가 와서 학력과 경험이 그녀보다 부족한 남성 행정 보조원이 그녀를 제치고 승진했다는 불만을 제기한다.

5. 당신은 십 대 대상의 드롭인 센터의 조력자이다. 14세 소녀가 자신이 임신한 것 같고 고용주에게 유혹당했다고 한다. 그녀는 부모가 알면 아마 자신을 죽일 것이라고 이야기한다.

6. 당신은 14명의 지게차 운전자가 일하고 있는 공장의 남성 수퍼바이저이다. 공장의 차별 철폐 조치로 한 명의 여성을 고용하게 되었다. 기존에 일하던 사람들이 당신에게 우리의 영역을 어떻게 지킬 수 있을지 이야기해 보자고 찾아왔다.

7. 당신은 청소년 활동 프로그램의 아프리카계 미국인 조력자이다. 교외에 있는 학교라 버스로 통학하는 15세 아프리카계 미국인 청소년이 백인 소녀에게 학교 댄스 파티에 함께 가자고 하고 싶은데 다소 떨린다고 당신에게 말한다.

8. 당신은 중상류층이 다니는 학교의 상담자이다. 학생 중 한 명의 부모가 당신에게 매우 화가 나서 왔는데 자녀가 판매직에 관심을 갖도록 당신이 촉구했다는 것이다. 그들은 아들을 의대에 보내기로 항상 계획해 왔다. 이 소년은 C학점의 학생이고 판매직에 매우 재능이 있다.

9. 당신은 지역 센터의 조력자이다. 약물이 센터 내에서는 허가되지 않는데 함께 일하는 후배가 마리화나를 피고 있다는 것을 알게 되었다.

10. 당신은 교도소의 아프리카계 미국인 상담사이다. 당신은 아프리카계 미국인 죄수만이 행동 수정 프로그램에 배치되었다는 점을 주목하는데, 이러한 배정은 교도소 행정관에 의해 임의로 이루어지고, 죄수는 선택의 여지가 없으며, 협조하지 않으면 처벌을 받는다.

11. 당신은 대학 상담센터의 조력자이다. 19세 소녀가 왔는데 그녀는 자신이 룸메이트에게 성적으로 매력을 느낀다는 것에 겁에 질려 있다.

12. 당신은 공립학교의 비아시아계 상담사이다. 학교의 유일한 아시안계 미국인인 수(Sue)가 첫 학기의 C 평점 때문에 교사에 의해 의뢰되었다. 교사는 아시아계 학생들은 항상 수학을 잘하는데 수는 어떤 문제가 있는 것이 틀림없다고 이야기했다.

조력자가 자주 직면하는 문제

당신은 많은 훈련과 경험에도 불구하고 조력자로서의 자신이 적합한가에 대해 여전히 불안하고 의심이 들 때가 많을 것이다. 이러한 종류의 자신에 대한 의심은 효과적인 조력자로서의 필수적인 자질이다. 이는 우리를 방심하지 않게 하고 건방지고 과신하는 것을 방지하고 우리 자신의 약점을 끊임없이 상기시켜 준다. 사람들을 조력하는 일을 하는 것은 훌륭한 일이지만 인간 삶에 있어서 그 중요성과 상처 입기 쉬운 측면을 생각하면 때로는 두렵기도 하다. 하지만 자기 의심은 우리가 훈련 내용이나 능력 범위를 넘어서 사람들의 문제를 다루려고 하는 것을 방지할 수 있다.

초보 조력자가 종종 경험하는 또 다른 문제는 내담자로 하여금 스스로 무엇을 할지 가르치기보다는 정서적으로 너무 많이 내담자와 관여하고, 대신 책임을 지고 무엇인가를 해 주려고 한다는 점이다. 이러한 문제 때문에 조력 관계를 배우면서 자기 인식을 발전시키고, 조력자가 되려는 명확하고 근본적인 동기를 탐색하는 데 많은 시간을 보낸다. 우리 자신과 조력 과정에 대해 배움으로써 우리는 자신을 돌볼 수 있고 다른 사람들이 스스로 돌볼 수 있도록 도울 수 있다.

조력자의 소진(burnout)은 압력이 많은 휴먼 서비스 분야에서 증가하고 있는 문제이다. 다음의 경우 당신은 소진되고 있는 것이라 할 수 있다. 지쳐서 누군가의 이야기에 집중할 수 없을 때, 과거보다 성급하고 참을성 없이 반응할 때, 수면과 식사 습관이 달라질 때, 새로운 신체적 증상을 경험할 때, 평일의 시작을 두려워하고 열정, 동기, 흥미가 사라진다고 느낄 때, 당신은 소진되고 있는 것이다.

당신은 아마 에너지와 흥미를 회복하기 위해서 일상 업무에서 작은 변화를 만들 수 있을 것이다. 예를 들어, 교사들은 가르치는 과목이나 학년을 변화시킬 수 있고, 학교 상담사는 학년에 변화를 줄 수 있다. 우리 동료 중 한 명은 전담 임상 업무를 줄이고자 주요 행정 및 위원회 업무를 자원했다. 그녀는 나중에는 임상 업무로 돌아가고자 생각했지만 당분간은 다른 사람의 정서적 문제로부터 거리를 두고 쉬는 것이 낫겠다고 인식했다. 일부 조력자는 개인 상담이나 정기적인 동료 상담으로 소진을 다룬다. 또 다른 조력자들은 에어로빅, 요가, 새로운 취미나 활동과 같은 스트레스 경감 활동을 한다. 집단 작업은 효과적인 것으로 나타났는데, 이는 조력자들이 서로 자신의 걱정거리를 나누고 다른 분야의 새로운 사람들과 교류할 수 있게 한다.

중요한 것은 초기 증상을 알아차리고 소진의 영향력이 커지지 않도록 조치를 취하는 것이다. 우리는 자신의 한계를 인식하고 다른 사람들에게 '아니다'라고 이야기하며 그것에 대해 괜찮을 수 있는 것이 필요하다. 또한 변화하는 우리 분야의 현실을 대비하여 우리의 기대를 재평가하는 것이 필요하다.

다시 말하면, 우리는 내담자처럼 삶의 에너지와 열정을 재충전하기 위하여 우리도 자신을 돌보고 내적 자기를 위한 시간을 가지는 것이 필요하다. 당신이 직면할지 모르는 다른 문제는 조직이나 지역사회 기관의 누군가가 무엇인가 강요할 때, 잘 대처할 수 없음으로 인한 한계의 깨달음과 이어지는 총체적인 좌절이다. 당신의 선택사항이 무엇인지 알고 당신이 무엇을 원하는지, 발생할지 모르는 위험이 무엇인지, 당신이 동원할 수 있는 자원이 무엇인지 살펴보는 것은 어렵고 고통스러울지 모르며, 외롭고 고립되어 있다는 느낌을 줄 수 있다. 휴먼 서비스 직업의 구성원들도 비슷한 분노와 좌절감을 느낄 수 있다. 당신은 제공되는 서비스의 질과 방법에 대해서 질문할 것이다. 이러한 종류의 회의주의는 인간 존재와 복지 관련 노력 분야에서 일어날 수 있다. 이를 제거하기 위하여 의사소통 기술과 다른 휴먼 서비스 분야의 종사자와 효과적으로 소통할 수 있는 지식을 활용하여 변화를 가져올 수 있는지 살펴보아야 한다. 문제 해결 모델은 여기서 특히 유용할 수 있는데, 이는 다른 사람과 함께 팀을 이루어 문제를 어떻게 식별하고 대안적 해결방법을 어떻게 브레인 스토밍하는지 보여 준다.

우리가 언급하고 싶은 마지막 문제는 서비스를 전달하는 방법의 변화와 새로운 방식에 대한 우리 자신의 저항이다. 때때로 사람들은 특별한 인식 없이 특정 방식으로 무엇을 하는 데 너무나 익숙해져서 그것이 자신만의 방식으로 고착되게 된다. 당신 주위에 동료들과의 열린 대화의 창을 유지하고, 회의나 콘퍼런스에 참가하는 것, 새로운 자료를 읽는 것, 가능할 때마다 연수 교육에 참가하는 것은 그 분야의 최신 경향을 잘 인식하도록 도울 것이다.

연습문제 10-12

몇 분 동안 다음 주 계획을 세우고 개인적으로 계약서를 써 보자. 스스로를 조력하기 위해 당신을 위해 할 수 있는 것은 무엇인가? 하루에 적어도 한 가지 이상의 방법으로 스트레스를 줄이는 방법 또는 내적 자기를 위한 시간을 가지는 방법을 적어 보자.

최근의 경향

우리가 논의한 조력 기술과 전략들이 모든 수준의 조력자, 즉 비숙련자, 일반 휴먼서비스 종사자, 전문가들에게 효과적으로 작동한다는 증거가 있다. 많은 경우 인간 접촉을 신뢰하고 이해하는 것만으로도 조력 과정을 시작하는 데 충분하다.

가령, 전화 위기 상담 서비스에서 보고하기를 우리가 논의했던 의사소통 기술을 사용한 짧은 전화 통화만으로도 자살이나 범죄와 같은 임박한 위기를 피하는 데 도움이 되었다고 보고한다. 최근 실시된 전화 직업교육 상담 프로젝트에서는 비숙련자의 전화 상담에서도 직업 상담이 효과적일 수 있다는 것을 보여 주었다. 학교와 정신건강 분야의 많은 초기 개입에서 비숙련 조력자, 일반 휴먼 서비스 종사자, 전문가를 포함하는 팀 기반 접근은 휴먼 서비스를 제공하는 효과적인 방법임이 증명되고 있다. 이러한 팀 기반 정신건강 접근 방법은 재난 이후에 요구되는 서비스의 조직과 전달에도 도움이 되었다.

프라임케어 하버드 의학센터(Harvard Medical School Center for Prime Care)는 행동 건강을 프라임 케어 외래환자 치료에 통합하는 프로그램을 시범적으로 운영하고 있다

(Tian, 2013). 프라임 케어 방문객의 70%가 심리사회적인 문제와 관련성이 있기 때문에 이러한 통합은 환자의 건강을 향상시키고, 의사의 소진을 줄이고 비용 대비 효과적일 것이다.

비록 사업 규모가 축소될 때 인사팀 직원들이 가장 먼저 정리해고되기는 하지만 점차적으로 기업체에서 직원들에 대한 조력 서비스 제공이 증가하고 있다. 인사팀 직원들은 상담 이론과 실제뿐 아니라 조직 행동에 대한 지식을 가진 전문 상담자나 사회복지사로 종종 구성된다. 일부 회사에서는 직원 조력 서비스를 위해 외부 조력자와 계약한다. 건강 상담, 재취업 및 퇴직 상담, 진로상담, 알코올 중독 및 마약 남용 상담과 같은 다양한 서비스를 제공하는 조직은 일반적으로 이직률이 낮고 생산성 비율이 높다.

또 다른 경향성은 조력자를 식이 관련, 스트레스 경감, 마음챙김 프로그램, 다른 건강 예방 서비스와 같은 전통적인 건강 서비스 제공 환경에서 활용하는 것이다. 예방 의학과 행동의학에 주목하고 정신 및 신체의 연관성을 탐색하는 통합적 건강 프로그램을 구축하는 것은 학제 간 팀워크를 활용하는 또 다른 접근 방식이다.

하지만 상담 서비스의 전달과 접근 방법은 변화하지만 조력 과정은 분명히 설명해 주어야 한다. 전문 조력자는 어떻게 효과적인 수퍼바이저와 컨설턴트가 되는지 배워서 필요하다면 더 집중적인 돌봄을 제공할 뿐만 아니라 수퍼바이저 서비스도 제공할 수 있어야 한다. 지역사회 기반의 내부 훈련 기회는 확대되어야 한다. 휴먼 서비스 종사자들과 지역사회 사업가들이 증가하게 되면 필요로 하는 모두에게 지역의 서비스를 제공할 수 있게 된다. 모든 지역사회는 활용할 수 있는 토착 자원을 보유하고 있다.

오랫동안 고립되어 온 사람들이 이웃에 수용되도록 돕기 위해 자원봉사 조력자를 지역사회 내에서 선발하는 것이 필요하다. 지역사회 내에서 이미 거주하고 있는 사람들을 선발하여 병들고, 가난하고, 집이 없고, 약물 남용을 하고, 그 밖에 장애를 가진 사람들을 돕도록 훈련시킬 필요가 있다.

돌아온 참전 용사들과 그들의 가족들뿐만 아니라 전 세계에서 이주해 온 이웃의 피난민들과 이민자들에게 적합한 수준의 서비스가 제공되어야 한다. 사회인으로서 건강하게 성장하는 것을 돕기 위해 효과적인 조력자의 필요성이 이보다 중요했던 적이 없었다.

우리가 비용 절감 및 새로운 전달 모델에 대해 고심하고 있는 가운데 조력 서비스의 본질과 전달 방식이 격변하고 있다. 패러다임의 전환은 조력자가 다음과 같은 사항에 주목하기를 요구한다. ① 사례 개념화하기(이는 조력 목표에 대한 명확한 초점화와 구체화를 가져온다), ② 내담자의 배경(가족, 직장/학교에서의 네트워크, 관계)과 다른 조력자들

(교사, 의사, 성직자)과 가능한 한 많이 연계하기, ③ 형식의 유연성 갖기(개인, 집단, 가족, 조직 컨설팅, 지역사회 교육), ④ 반대하거나 저항하기보다는 함께 일하기, ⑤ 치료 목표 세우기(이는 과정을 이어가게 하고 필요하다면 전략을 바꿀 수 있게 한다), ⑥ 직접적인 치료 제공자, 기술보다는 더 전문적인 컨설턴트 역할을 개발하기이다. 새로운 패러다임에서는 간단하고 집중된 조력보다는 간헐적으로 컨설테이션을 하고 긴 시간에 걸쳐 조력하는 것으로 나타난다. 새로운 학교 상담 모델에서는 상담자의 역할을 소집단과 대집단을 이끄는 것, 교실에서 가르치는 것, 부모, 교사, 관리자들을 컨설팅하는 것으로 확장한다. 모든 조력 상황에서 적합한 단 하나의 방법은 없다.

요약과 결론

이 장에서 우리는 조력 관계에 영향을 미치는 주요 개인적 가치와 전문적인 이슈들을 논의하였다. 조력자로서 우리는 자신의 가치에 대해서 잘 인식해야 하고 내담자에게 자신의 가치를 강제하지 않도록 주의해야 한다. 우리는 내담자와 내담자의 가치를 존중하는 반응적 듣기와 나-메시지 대화를 활용할 수 있다. 이 장에서 일정 부분 성차별주의와 이성애주의, 인종차별주의/민족중심주의/계급주의, 노인차별주의에 대해서 논의하였다. 이러한 이슈들에서 제기되는 효과적인 조력 관계 발전을 위한 단 하나의 정답은 없다. 하지만 이 이슈들에 대해 계속 정보를 얻고, 논의함으로써 높은 민감성을 유지할 수 있을 것이다. 이러한 과정은 의사소통 기술을 배우고 조력 관계의 단계를 이해하는 것만큼 중요하다.

이 장에서는 상담에서의 개인적 · 전문적 · 윤리적 고려사항과 최근 경향성에 대해 논의하였다. 경계 위반과 이탈, 면책특권과 비밀유지, 이해 상충, 기록 보관, 검사, 부실고지의 문제를 해결하는 방법을 통해 조력자로서 우리의 효과성이 드러날 것이다. 유능하고 윤리적인 조력을 제공하는 능력의 또 다른 중요한 요소는 자신 스스로를 어떻게 돌보는 것인가 하는 것이다.

이 책에서 소개한 쓰기 및 읽기 연습문제를 활용하여 의사소통 기술에 적용하고, 조력 관계 단계에 대한 이해를 넓히고, 전략들을 적용할 기회를 가질 수 있을 것이다. 연습문제들을 통해서 개인적으로 경험할 기회와 실제 내용을 연습할 기회를 갖는다. 이러한 활동들은 당신의 행동, 생각, 감정에 대한 인식을 증가시킬 뿐 아니라 개념적 수준의 자료들을 경험과 통합할 기회를 제공하도록 짜여 있다.

사례 자료가 당신의 조력 세팅과 수준에 적합하든 아니든 이는 조력 단계와 관련하여 논의된 많은 이슈를 제시한다. 대부분의 예시와 사례 연구들은 우리와 훈련생 및 동료들의 임상 실제에서 가져왔다. 이 자료는 어떤 특별한 접근이나 전략을 선호하지는 않는다.

이제 기초는 다졌으므로 당신의 기술, 조력 과정에 대한 이해 및 전략을 발전시켜 나갈지 결정할 수 있다. 만일 당신이 더 효과적인 조력자가 되기를 원한다면 조력과 사회과학 분야의 학위 과정을 밟거나 수퍼비전이 제공되는 현장 경험을 하는 것이 필수적이다. 지속적인 임상 경험만이 당신의 의사소통 기술을 향상시킬 수 있다.

전략의 적용은 교과 과정, 현장 학습 및 전문 교육기관 및 워크숍에서 배울 수 있다. 전문성 개발의 증거로 전문 자격증을 요구하기 때문에 지속적인 교육을 위한 많은 기회가 제공된다. 질적인 측면에서 다양한 수준이 있겠지만 주의 깊게 선택된 프로그램은 아주 훌륭한 훈련 기회를 제공할 수 있다. 이러한 워크숍들은 종종 전문적인 협회에 의해 후원되고 지역 및 전국 학술대회에서 개최된다. 일부는 우리 지역의 인적자원이나 전문적인 기관들에 의해 후원된다. 지역 알림이나 휴먼 서비스 게시판에서 정보를 확인할 수 있다.

특정 접근 방식을 구현하는 것은 다른 사람들보다 더 높은 단계의 훈련과 경험을 필요로 한다. 하지만 이러한 요구사항이 당신이 주요 이론들에 대한 기본적 이해에 소홀해도 된다는 것을 의미하는 것은 아니다. 당신이 특정 영역에서 느끼는 흥미는 현재 및 미래에 더 많은 교육을 수행해 나가는 데 자극으로 작용할지 모른다. 평범한 조력자들이 일반 휴먼 서비스 종사자가 되고 일반 휴먼 서비스 종사자가 전문가가 될 기회가 열려 있다. 다양한 수준의 훈련 프로그램에 등록하는 학생들을 살펴보면 모든 연령층에서 다양한 경험과 배경을 가진 사람들이 휴먼 서비스 분야로 진입하고 있음을 알 수 있다. 유능한 조력자에 대한 필요성은 크며 이들의 현장 투입을 환영한다.

참고문헌과 🔵더 읽을거리

Alinsky, S. (1972). *Rules for radicals*. New York: Vintage Books.

American Association for Marriage and Family Therapy. (2012). *AAMFT code of ethics*. Washington, DC: Author.

American Counseling Association. (2005). *Code of ethics and standards of practice*.

Alexandria, VA: Author.

American Psychological Association. (2010). *Ethical principles of psychologists and code of conduct with 2010 amendments.* Washington, DC: Author.

American Psychological Association, Presidential Task Force on Immigration. (2012). Crossroads: The psychology of immigration in the new century. Retrieved from http://www.apa.org/topics/immigration/report.aspx

Atkinson, D. R. (2004). *Counseling American minorities* (6th ed.). New York: McGraw-Hill.

Atkinson, E. R., Morten, G., & Sue, D. W. (Eds.). (2003). *Counseling American minorities: A cross-cultural perspective* (6th ed.). New York: McGraw-Hill.

Ballou, M., & Brown, L. S. (Eds.). (2002). *Rethinking mental health and disorder: Feminist perspectives.* New York: Guilford Press.

Ballou, M., & Gabalac, N. W. (1985). *A feminist position on mental health.* Springfield, IL: Charles C. Thomas.

Barnett, R., & Rivers, C. (2004). *How gender myths are hurting our relationships, our children and our jobs.* New York: Basic Books.

Broverman, I., Broverman, D., Clarkson, F., Rosenkrantz, P., & Vogel, S. (1970). Sex-role stereotypes and clinical judgments of mental health. *Journal of Consulting and Clinical Psychology, 34,* 1-7.

Burnett, J. E., & Johnson, W. B. (2010). *Ethical desk reference for counselors.* Alexandria, VA: American Counseling Association.

Clay, R. (2013, July/August). Free speech v. patient care. *Monitor on Psychology,* 40-43.

Corey, G. (2013). *Theory and practice of counseling and psychotherapy* (9th ed.). Belmont, CA: Brooks/Cole, Cengage Learning.

Corey, G., Corey, M. S., & Callanan, P. (2010). *Issues and ethics in the helping professions.* Belmont, CA: Brooks/Cole.

Cottone, R. (2001). A social constructivism model of ethical decision making in counseling. *Journal of Counseling and Development, 79*(1), 39-45.

Das, A. K. (1995). Rethinking multicultural counseling; Implications for counselor education. *Journal of Counseling and Development, 74,* 45-52.

Enns, C. Z. (2004). *Feminist theories and feminist psychotherapies: Origins, themes and variations* (2nd ed.). Binghamton, NY: Haworth.

Enns, C. Z., & Williams, E. N. (2012). *The Oxford handbook of feminist multicultural counseling psychology.* New York: Oxford University Press.

Foxhall, K. (2000). How will the rules of telehealth be written? *Monitor on Psychology, 31*(4), 38–41.

Gilligan, C. (1982). *In a different voice.* Cambridge, MA: Harvard University Press.

Glaser, B., & Kirschenbaum, H. (1980). Using values clarification in counseling settings. *Personnel and Guidance Journal, 58*, 569–576.

Green, S. (2003). *The psychological development of girls and women: Rethinking change in time.* New York: Routledge.

Hepple, J. (2004). Ageism in psychotherapy and beyond. In J. Hepple & L. Sutton (Eds.), *Cognitive analytic therapy in late life: A new perspective in old age.* Hove, UK: Brunner-Routledge.

Herlihy, B., & Corey, G. (2006). *Boundary issues in counseling: Multiple roles and responsibilities.* Alexandria, VA: American Counseling Association.

Horstman, J. (2012). *The scientific American healthy brain.* San Francisco, CA: Jossey–Bass.

Hyde, J. S. (2005). The gender similarities hypothesis. *American Psychologist, 60*(6), 581–593.

Kenyon, P. (1999). *What would you do? An ethical case workbook for human service professionals.* Pacific Grove, CA: Brooks/Cole.

Kharrazian, D. (2013). *Why isn't my brain working?* Carlsbad, CA: Elephant Press.

Kilburg, R. R., Nathan, P. E., & Thoreson, R. W. (Eds.). (1986). *Professionals in distress: Issues, syndromes, and solutions in psychology.* Washington, DC: American Psychological Association.

Kitchener, K. S. (1988). Dual role relationships: What makes them so problematic? *Journal of Counseling and Development, 67*, 217–221.

Kitchener, K. S., & Anderson, S. K. (2010). *Foundations of ethical practice, research and teaching in psychology.* New York: Erlbaum.

Klonoff, E., Landrine, H., & Campbell, R. (2000). Sexist discrimination may account for well-known gender differences in psychiatric symptoms. *Psychology of Women Quarterly, 24*, 93–99.

Lazarus, A. A., & Zur, O. (2002). *Dual relationships and psychotherapy.* New York: Springer.

Lomranz, J. (Ed.). (1998). *Handbook of aging and mental health: An integrative approach.* New York: Plenum Press.

Miller, J. B. (1986). *Toward a new psychology of women* (2nd ed.). Boston: Beacon Press.

Mirkin, M. P., Suyemoto, K. L., & Okun, B. F. (2005). *Psychotherapy with women: Exploring diverse contexts and identities.* New York: Guilford Press.

National Association of Social Workers. (2008). *Code of ethics.* Washington, DC: Author.

National Board for Certified Counselors. (2005). *Code of ethics.* Alexandria, VA: Author.

National Organization for Human Service Education. (1995). *Ethical standards for the National Organization of Human Service Education.* Philadelphia: Author.

Okapaku, S. (Ed.). (1998). *Clinical methods in transcultural psychiatry.* Washington, DC: American Psychiatric Association Press.

Okun, B. F., Fried, J., & Okun, M. L. (1999). *Understanding diversity: A learning-as-practice primer.* Pacific Grove, CA: Brooks/Cole.

Okun, B. F., & Suyemoto, K. L. (2013). *Conceptualization and treatment planning for effective helping.* Belmont, CA: Brooks/Cole.

Okun, B. F., & Ziady, L. G. (2005). Redefining the career ladder: New visions of women at work. In M. P. Mirkin, K. L. Suyemoto, & B. F. Okun (Eds.), *Psychotherapy with women: Exploring diverse contexts and identities* (pp. 215-236). New York: Guilford Press.

O'Leary, P., Tsui, M., & Ruch, G. (2013). The boundaries of the social work relationship revisited: Towards a connected inclusive and dynamic conceptualization. *British Journal of Social Work, 43,* 135-153.

O'Malley, K. M., & Richardson, S. (1985). Sex bias in counseling: Have things changed? *Journal of Counseling and Development, 63*(5), 294-299.

Pedersen, P. (2000). *A handbook for developing multicultural awareness* (3rd ed.). Alexandria, VA: American Counseling Association.

Pedersen, P. (2003). Increasing the cultural awareness, knowledge and skills of culturecentered counselors. In F. D.Harper & J. McFadden (Eds.), *Culture and counseling: New approaches* (pp. 31-46). Needham Heights, MA: Allyn & Bacon.

Peterson, M. R. (1992). *At personal risk: Boundary violations in professional-client relationship.* New York: W. W. Norton.

Pope, K. S., Sonne, J. L., & Holroyd, J. (1993). *Sexual feelings in psychotherapy: Explorations for therapists and therapists-in-training.* Washington, DC: American Psychological Association.

Pope, K. S., & Vasquez, M. J. T. (2011). *Ethics in psychotherapy and counseling* (4th ed.). New York: Wiley.

Pope, K. S., & Vetter, V. A. (1992). Ethical dilemmas encountered by members of the American Psychological Association. *American Psychologist, 47,* 397-411.

Rabasca, L. (2000). Self-help sites: A blessing or a bane? *Monitor on Psychology, 31*(4), 28–30.

Remer, F. G. (2012). *The expanding use of computer-based services in clinical social work in Social Work Today*. Spring City, PA: Great Valley Publishing Co.

Rogers, C. (1967). The necessary and sufficient conditions of therapeutic personality change. *Journal of Consulting Psychology, 21*, 95–103.

Rubin, L. B. (1985). *Just friends: The role of friendship in our lives*. New York: Harper.

Segal, D., & Honn-Qualis, S. (2011). *Aging and mental health* (2nd ed.). West Sussex, UK: Wiley-Blackwell.

Shanahan, K. J., & Hyman, M. R. (2003). The development of a virtue ethics scale. *Journal of Business Ethics, 42*(2), 197–228.

Sheridan, K. (1982). Sex bias in therapy: Are counselors immune? *Personnel and Guidance Journal, 61*, 81–83.

Simon, S., Howe, L., & Kirschenbaum, H. (1972). *Values clarification*. New York: Hart.

Sinacore-Guinn, A. L. (1995). The diagnostic window: Culture- and gender-sensitive diagnosis and training. *Counselor Education and Supervision, 35*, 18–31.

Smith, L. (2008). Positioning classism within psychology's social justice agenda. *The Counseling Psychologist, 36*, 895–924.

Smith, M. L. (1980). Sex bias in counseling and psychotherapy. *Psychological Bulletin, 87*, 392–407.

Sue, D. W. (2010). *Microaggressions in everyday life: Race, gender and sexual orientation*. New York: Wiley.

Sue, D. W., & Sue, D. (2008). *Counseling the culturally different: Theory and practice* (5th ed.). New York: Wiley.

Tian, C. (August 21, 2013). Helping primary care treat minds as well as bodies. http://commonhealth.wbur.org/2013/08/primary-careinitiative.

Tobin, S. (1999). *Preservation of the self in the oldest years with implications for practice*. New York: Springer.

Trotman, F. K., & Brody, C. M. (Eds.). (2002). *Psychotherapy and counseling with older women: Cross-cultural, family, and end-of-life issues*. New York: Springer.

Weiss, R. S., & Bass, S. A. (Eds.). (2002). *Challenges of the third age: Meaning and purpose in later life*. London: Oxford University Press.

Welfel, E. R. (1998). *Ethics in counseling and psychotherapy: Standards, research, and emerging issues*. Pacific Grove, CA: Brooks/Cole.

Werth, J. L. (Ed.). (2013). *Counseling clients near the end of life.* New York: Springer.

Zur, O. (2011). Dual relationships, multiple relationships and boundaries in psychotherapy, counseling and mental health. Retrieved June 14, 2013 from http://www.zurinstitute.com/dualrelationships.html

* www.CengageBrain.com을 방문하시면 학습 내용에 관한 퀴즈(tutorial quizzes)를 풀어 볼 수 있습니다.

부록

관찰자용 의사소통 기술 평가 가이드

본 부록에서 다루는 관찰자용 가이드는 3장과 4장 의사소통 기술 연습과 함께 활용할 수 있다. 다음의 척도로 조력자를 평가할 경우에 좀 더 발전시켜야 할 필요성이 있는 언어적 행동과 비언어적 행동이 무엇인지 확인할 수 있다. 또한 조력자가 이미 효과적으로 활용하고 있는 행동들은 무엇인지도 알 수 있다. 나아가 이 관찰자용 가이드를 통해 관찰자와 조력자 모두 효과적인 상담 관계 형성에 필요한 의사소통 기술에 대해 이해하고 인식할 수 있다.

다음에 제시된 척도는 0점부터 3점까지 점수를 매기도록 만들어졌다. (0=전혀 그렇지 않음. 1=상담 중 나타나긴 하지만 좀 더 발전이 필요함. 2=적절한 수준으로 나타남. 3=조력자가 특별히 강점을 보이는 행동임.)

비언어적 행동

1. 조력자가 내담자와 적절히 눈을 마주친다.

    0   1   2   3

2. 조력자는 상담 과정에서 다양한 표정을 짓는다.

    0   1   2   3

3. 조력자는 적절한 표정을 지으며 내담자에게 민감하게 반응한다.

    0   1   2   3

4. 조력자는 자신의 머리를 때때로 끄덕인다.

    0   1   2   3

5. 조력자는 편안한 몸의 자세를 취한다.

    0   1   2   3

6. 조력자는 내담자의 말을 촉진하기 위해 내담자 쪽으로 몸을 기울인다.

    0   1   2   3

7. 조력자는 말할 때 말의 높낮이가 다양하다.

    0   1   2   3

8. 조력자의 목소리는 내담자가 알아듣기가 쉽다.

    0   1   2   3

9. 때때로 내담자의 말을 촉진하기 위해 '음' '아하'와 같이 호응하는 짧은 말을 사용한다.

    0   1   2   3

10. 조력자는 미소와 다양한 몸짓을 통해 내담자에게 따뜻함, 관심, 공감을 전달한다.

    0   1   2   3

11. 조력자는 침묵을 수용한다.

    0   1   2   3

언어적 행동

12. 조력자는 내담자의 말 중에서 가장 핵심적인 주제에 반응한다.

    0   1   2   3

13. 조력자는 내담자의 감정을 알아차리고 반응한다.

    0   1   2   3

14. 조력자는 내담자의 행동을 이해하고 반응한다.

    0   1   2   3

15. 조력자는 내담자의 생각에 대해 이해하고 반응한다.

    0   1   2   3

16. 조력자는 적어도 하나 이상의 내담자의 비언어적인 단서에 언어적으로 반응한다.

    0   1   2   3

17. 조력자는 내담자로 하여금 자신의 감정에 대해 말하도록 촉진한다.

    0   1   2   3

18. 조력자는 개방형 질문, 즉 그렇다, 아니다로만 답하지 않는 질문의 형태로 내담자에게 물어본다.

    0   1   2   3

19. 조력자는 질문을 최소한으로 하고, 효과적으로 언어 반응을 한다.

    0   1   2   3

20. 조력자는 내담자의 행동과 말 사이의 차이와 모순에 대해 직면한다.

    0   1   2   3

21. 조력자는 내담자와 자신의 감정을 나눈다.

    0   1   2   3

22. 조력자는 내담자에 대한 이해에 관해 소통한다.

    0   1   2   3

23. 조력자는 내담자에게 공감과 애정을 표현하는 방식으로 반응한다.

    0   1   2   3

24. 조력자는 내담자의 이슈를 명료화하기 위해 상담 주제와 문장을 요약해 제시한다.

    0   1   2   3

25. 조력자는 내담자의 자기이해 부족을 직면시키기 위해 '나-메시지'를 활용한다.

    0   1   2   3

26. 조력자는 내담자와의 관계를 발전시킨다.

    0   1   2   3

조력자에게 하고 싶은 당신의 제안을 요약하여 서술하시오.

상담 구조화의 예시[1]

다음에 제시된 내용을 주의 깊게 읽어 보십시오. 이 서류에는 앞으로 제가 당신에게 제공하는 심리치료와 관련된 방침, 정책 그리고 심리치료의 일부로 활용되는 여러 가지 실제에 관한 내용이 담겨 있습니다. 읽어 보시고 궁금한 점이 있으시면 언제든 질문하십시오. 우리가 다음번에 만날 때 저는 당신이 서명한 서류의 복사본을 돌려드리겠습니다.

상담 약속 및 취소

모든 상담은 상호 간에 합의하여 약속한 시간에 이루어질 것입니다. 만약 당신이 상담 약속을 취소해야만 하는 상황이 생긴다면, 적어도 약속된 시간보다 24시간 전에 알려 주십시오. 24시간 전에 상담 약속 취소를 알리지 못한 경우에는 약속된 상담 비용을 지불하셔야 합니다(보험회사에서는 약속이 취소되거나 진행되지 못한 회기에 대한 비용을 보상하지는 않습니다). 약속 시간을 기억하시지 못하는 경우가 아니라면 따로 약속 시간을 확인하시지 않아도 됩니다.

상담료 지불과 보험

당신의 보험에서 상담 비용과 관련하여 지불되는 범위를 확인하십시오. 특히 연간 지불 한도, 당신이 스스로 지불했을 때 세금 공제가 되는 범위, 보험회사에서 지불해 주는 비율, 새로 가입한 보험이라면 보험금 지불과 관련하여 기다려야 하는 시간, 보험회사에서 지정한 회기를 초과하여 추가로 상담을 진행할 때 이를 승인받는 데 필요한 것들을 확인하십시오. 당신의 보험회사에서 요청하는 서류 양식은 제가 작성해 드립니

---

1) 이 서류의 내용은 웰즐리 대학교 출신 박사 Judith Birnbaum에 의해 제안된 것이다.

다. 그러나 보험회사로부터 지불을 받거나, 보험회사의 정책과 관련한 궁금점이 있을 때 이를 확인하는 것은 당신의 책임입니다. 또한 보험회사로부터의 지불은 한 달 내에 반드시 이루어져야 합니다.

당신은 보험회사로부터의 지불이 완료되려면, 보험회사에서 당신의 진단과 관련된 정보 그리고 그 외의 기타 정보를 요청한다는 사실을 알고 계셔야 합니다. 이러한 정보는 당신의 동의 없이 보험회사에서 얻을 수 없도록 법에 정해져 있습니다. 이 동의서에 서명함으로써 당신은 보험회사에서 요청하는 정보를 보험회사에 제공하겠다는 사실에 동의하는 것이 됩니다.

비밀 유지

저와 내담자 사이의 대화 내용은 모두 비밀이 유지됩니다. 이는 전문가로서의 윤리일 뿐만 아니라, 법에서 제시하는 바를 따르는 것이기도 합니다. 그러나 매사추세츠의 법에서는 비밀 유지와 관련하여 몇 가지 제한 사항을 두고 있습니다. 이러한 제한 규정이 당신의 상황과는 무관할 수 있지만, 저는 법적으로 당신에게 이러한 정보를 안내해야만 합니다. 다음에 제시된 상황이 당신의 동의 없이도 상담 내용이 공개될 수 있는 경우입니다.

1. 당신과 다른 사람을 보호하기 위해 만약
   a. 당신이 위험한 상황에 처해 있고, 적절한 치료를 받기를 거절하는 경우
   b. 당신이 다른 사람을 해치는 것에 관해 이야기하는 경우
   c. 당신이 과거에 폭력적인 행동을 한 경험이 있고, 당신이 다른 사람에게 신체적 폭력을 가할 위험이 있다는 사실을 의심하게 할 만한 근거가 있을 경우

2. 아동과 노약자, 장애인이 학대를 당하고 있는 경우, 이는 반드시 해당 주 기관에 공지되어야 합니다.

3. 내담자가 미지급한 상담료를 회수하거나 혹은 법정에서 상담자를 보호하는 것이 필요한 경우

4. 법적 소송 과정에서 법원에서 정보를 요청하는 경우

5. (당신의 개인 신상정보는 밝히지 않은 채로) 당신과의 상담이 더 나은 방향으로 나아가게 하기 위해 동료에게 조력에 관한 정보를 일부 공개할 수 있습니다. 어떤 경우에도 최소한의 필요한 정보만 공개될 예정입니다.

당신이 요청할 때마다 문서로 당신의 기록을 다른 사람에게 공개할 수 있습니다. 당신과 당신의 가족들(혹은 배우자)과 함께 상담을 할 경우에는 회기 중 이야기된 것은 절대 회기 밖에서 상대방에게 해를 끼치거나 상대방에 반하기 위한 목적으로 사용될 수 없습니다. 이와 비슷하게, 저 역시 상담 중에 다른 가족 구성원들에 대해 이야기하지 않을 것입니다. 그러나 이것은 이상에서 제시된 몇 가지 조건에 해당할 경우 지켜지지 않을 수 있습니다.

(서명) _____

(서명) _____

(날짜) _____

접수 면접지

이름 _____ 날짜 _____

주소 _____

전화번호 _____

집 _____ 연락을 드려도 괜찮습니까? 네 ___ 아니요 ___

직장 _____ 연락을 드려도 괜찮습니까? 네 ___ 아니요 ___

휴대전화 _____ 연락을 드려도 괜찮습니까? 네 ___ 아니요 ___

이메일 _____ 연락을 드려도 괜찮습니까? 네 ___ 아니요 ___

내담자의 생년월일 _____ 결혼 여부 _____ 성별 _____

직업 _____

학력 _____

비상 혹은 응급 상황 발생 시 연락할 수 있는 사람의 연락처

이름 _____ 관계 _____

전화번호 _____

이전 상담 경험 여부   있음 ___ 없음 ___

이전 상담 경험이 있다면, 어디에서 상담을 받으셨나요? _____

_____

이전 상담 경험이 있다면, 어떠한 이유로 상담을 받으셨나요? _____

_____

건강보험 관련 정보

건강보험의 종류 및 가입처 _____

가입된 보험의 계약자 번호 _____

보험 가입자 이름 _____

보험 가입자의 생년월일 _____

보험 수혜자 _____

기관 대표명 _____

보험료 분담 가능한 곳이나 사람 _____

응급 상황에 연락할 병원이나 주치의 연락처

이름 _____ 전화번호 _____

주소 _____

당신은 최근에 병원에서 치료를 받은 경험이 있나요? 그렇다면 무엇 때문이었는지
밝혀 주십시오. 당신은 약물을 처방받아 복용하고 있나요? 무엇 때문에 약을 먹는 것
인지에 대해서도 작성해 주십시오.

_____

가족 관계

• 부모 1

이름 _____ 생존 여부 _____ 나이 _____

결혼 여부 _____ 학력 _____

직업 _____

과거와 현재의 건강 상태 _____

• 부모 2

이름 _____ 생존 여부 _____ 나이 _____

결혼 여부 _____ 학력 _____

직업 _____

과거와 현재의 건강 상태 _____

형제자매나 기타 가족 구성원

이름	나이	결혼 여부	건강 상태(과거/현재)	직업

현재 가족

배우자의 이름 _____ 나이 _____

결혼/동거를 한 기간 _____ 자녀의 수 _____

배우자의 직업 _____

학력 _____ 과거와 현재의 건강 상태 _____

과거 결혼 혹은 이혼 경험(자세히 서술해 주십시오.)

자녀의 이름과 나이, 각 자녀들의 거주 장소

한 집에 다른 가족도 함께 사나요? 이름, 나이, 관계에 대해 서술해 주십시오.

당신의 가족 구성원(친척 포함) 중 정신과 치료를 받은 경험이 있거나, 알코올 중독, 약물 남용을 경험한 이가 있나요? 자세히 서술해 주십시오.

과거와 현재 경험한 법적인 문제에 관해 서술하십시오.

상담에 오게 된 계기가 무엇입니까?

무엇이 현재의 문제를 촉발한다고 생각하시나요?

특별히 왜 지금 상담을 받으러 오게 되었나요?

현재 당신이 기대하는 삶의 모습이나 목표는 무엇인가요?

당신은 당신의 목표가 성취되었다는 것을 어떻게 알게 될까요?

−서류를 작성하시느라 수고하셨습니다. 기록한 모든 정보에 대한 비밀은 유지됩니다.−

HIPAA란 무엇인가[2]

    미국 보건후생부(DHHS)의 개인 정보 보호법, 개인의 의료 정보 보호법에서는 간편 및 책임 건강보험 법령(Health Insurance Portability and Accountability Act: HIPAA)을 1996년부터 실시하고 있다. 이는 건강 정보 보호와 관련된 국가적 기준을 확립한 것이다. HIPAA에서는 개인의 건강 정보, 즉 개인 정보 보호법을 따라야 하는 기관이 개인의 건강 정보(PHI)를 연구 혹은 기타 목적으로 활용하거나 공개하는 것과 관련된 사안을 다루고 있다. 또한 개인이 자신의 건강 정보가 어떻게 활용될지 알고, 이에 관해 전달받고 또한 결정할 수 있는 권한을 인정한다.

    개인 정보 보호법은 의료정보센터(health care clearinghouse) 그리고 온라인으로 건강 정보에 접속하여 관련 정보를 주고받을 수 있는 기관 및 미국 보건 후생부가 HIPPA의 규정에 따라 마련한 기준에 해당되는 기관 모두에 적용된다.

    이 책을 읽는 독자들은 미국 보건 후생부 웹사이트에 접속해 HIPPA의 개인정보보호와 관련된 내용을 살펴볼 수 있다(http://www.hhs.gov/ocr/privacy/). 웹사이트에 접속해 보면, HIPPA에서 제시하는 내용의 요약 자료를 확인할 수 있으며, 이는 전자기기상으로 건강 정보가 관리되거나 소통될 때 지켜야 하는 기준에 관한 것이다. HIPAA Final Rule(2013년 1월에 미국 보건후생부에 의해 발표되었고, 2013년 9월까지 반드시 준수해야 했다)에 따라 건강 정보에 대한 보안이 훨씬 강화되었으며, 이와 관련하여 추가적으로 지켜야 하는 사항들이 명확히 제시되어 있다.

HIPAA 비식별화 처리 기준

    HIPAA 비식별자에 관한 정보는 오로지 정보 제공만을 목적으로 한다. 이 정보는 완

---

2) http://www.hhs.gov/ocr/privacy/hipaa/understanding/coveredentities/De-identification/guidance.html

벽한 것이 아니며, 최초의 정보 사용 전 반드시 법적인 자문과 확인을 거쳐야만 한다.

정보를 비식별화 처리하기 위해서는 식별자 변수를 전자 기록에서 제거하거나 변환하는 과정이 필요하다. 특히 다음에 제시된 식별자와 관련하여 개인 혹은 개인의 가족, 고용주, 가구원에 관한 식별자 변수들은 제거되거나 변환되어야만 한다.

(A) 이름
(B) 모든 지리적 구분은 주 단위보다는 단위가 작아야 하며, 여기에는 도로명 주소, 도시, 선거구명, 우편번호와 같은 지역 코드가 포함되어야 한다. 그리고 최초 3자리 우편번호는 제외되어야 한다.
　① 최초 3자리 숫자가 동일한 우편번호를 가진 사람은 2만 명이 넘는다.
　② 우편번호의 최초 3자리 숫자는 ○○○으로 변환된다.
(C) 개인과 연관된 날짜들(생일, 합격일, 해고일, 사망일 등 포함)
(D) 전화번호
(E) 팩스 번호
(F) 이메일 주소
(G) 주민등록번호
(H) 의료 기록번호
(I) 건강보험 수혜자번호
(J) 계좌번호
(K) 운전면허번호
(L) 차량 번호 및 자동차 등록번호
(M) 장치 식별기와 일련번호
(N) URL
(O) IP 주소
(P) 생체 식별자(지문 포함)
(Q) 얼굴 전면 사진
(R) 기타 개인의 독특한 식별 번호, 특징, 코드 등

이 정보를 활용하는 기관에서는 비식별화 처리되기 전 정보를 가지고 있지는 않다. 해당 정보는 다른 정보와 함께 활용되거나 혹은 단독으로 사용될 수 있는데, 이는 정보의 주체인 개인의 정체를 확인하기 위함이다.

용어 사전

- **가능성(Potency)**: 게슈탈트 이론에서 사용된 용어로서 조력자 또는 내담자가 어떤 일을 할 수 있는 힘, 전달할 수 있는 전문성 및 신뢰성을 지닌 것을 의미함
- **강화(Empowerment)**: 긍정적인 사고와 행동을 독려하여 자기 효능감을 높이는 조력 전략
- **강화(Reinforcement)**: 행동주의 이론의 용어로 특정한 행동의 결과로 따라오는 환경적 사건으로서 그 행동이 다시 발생하는 원인이 되는 것을 설명하는 용어. 긍정적이거나 부정적일 수 있음. 강화물은 행동에 의한 환경적 결과를 일컬음
- **강화계획(Schedules of reinforcement)**: 행동주의 상담이론의 용어로 유관 계약에서 사용되는 강화계획을 의미함
  - 지속적 강화/완전 강화: 행동이 발생할 때마다 매번 강화가 제공됨
  - 간격 강화: 매 시간마다와 같이 일정한 특정 시간 이후에 강화가 제공됨
  - 비율 강화: 매 세 번째 반응마다 강화를 제공하는 것과 같이 특정한 반응의 숫자가 발생한 이후에 강화가 제공됨
- **게슈탈트(Gestalt)**: '형태'를 의미하는 독일어로 통합된 전체의 형태, 패턴, 구조 또는 구성을 의미. 게슈탈트 심리학은 인간의 정신적 과정과 행동은 통합되어 있으므로 별개의 기본 단위로 분석할 수 없다고 주장함. 게슈탈트 심리학은 지각심리학에 포함됨

- **결정주의(Determinism)**: 정신분석에서 모든 심리적 사건이나 태도는 어린 시절의 경험과 유전적 요인에 의해 결정된다고 가정하는 입장임
- **계급차별주의(Classism)**: 사회 경제적 계급, 즉 노동자 계층, 중산층, 부유한 계층 등으로 구분하여 이에 근거한 편견에 의해 차별적으로 대우하는 것. 이때 계급차별주의는 실제 계급 차이에 의한 것일 수도 있고 지각되는 계급 차이에 의한 것일 수도 있음
- **고립(Isolation)**: 정신분석 심리학의 방어기제 중 하나로, 사람들이 감정적이고 정서적인 내용으로부터 자신을 분리시키고자 할 때 사용됨. 예를 들어, 고립은 매우 불쾌하거나 개인적으로 중요한 경험과 그에 대한 개인의 반응 사이에 존재하는 공백 혹은 멈춤으로 지칭될 수 있음
- **공감(Empathy)**: 내담자가 세상을 보는 방식으로 바라보는 것, 내담자의 참조 틀(frame of reference)을 가지고 감정까지 경험하는 것
- **공감 피로(Compassion fatigue)**: 다른 사람의 트라우마를 다루는 데 지나치게 애를 쓸 때 경험하는 스트레스를 의미함. 신체적·정서적·정신적 탈진이나 소진의 증상으로 나타날 수 있음
- **공생(Symbiotic)**: 서로 상호작용하는 구성요소의 세트. 시스템을 구성하는 각각의 요소는 다른 구성요소에 어떤 일이 일어나는가에 영향을 받음. 이 시스템은 개별적인 구성요소의 합보다 더 큼
- **과정(Process)**: 일련의 연속적이고 상호 의존적인 변화 또는 사건들. 내용, 실제 사실 및 사건과는 대조적으로, '어떻게' 어떤 일이 발생했는가, 그리고 그로 인한 영향 및 양상(form)이 무엇인가를 나타냄
- **구강기(Oral stage)**: 정신분석적 용어로 심리성적 발달의 유아기적 단계를 의미함. 쾌락은 빨기와 무언가를 먹는 것을 둘러싼 입 주위에 집중됨
- **구성주의(Constructivism)**: 개인이 자신의 개인적·사회적 현실의 의미를 적극적으로 만들어 낸다는 것에 초점을 맞추는 인지−행동적 접근임
- **구체적 강화(Concrete reinforcement)**: 목표 행동을 학습하는 데 대한 보상으로 구체적 강화물, 예를 들면 개인이 먹고 싶어 하는 음식이나 텔레비전을 보는 것과 같은 구체적 사건 등을 활용하는 것임
- **국제질병분류 10판(ICD-10)[1]**: 질병 및 관련 건강 문제의 국제통계분류 ICD 10차 개정판으로 1992년 세계 보건기구에서 질병과 증상 등을 분류해 놓은 것. 질병과 증상,

---

1) 최근(2019. 5. 25.)에 11차 개정안이 세계보건기구(WHO) 총회 위원회 통과, 2022년 1월 발효 확정−역자 주

사회적 환경, 부상이나 질병의 외부 원인에 대한 코드를 제공하며, 많은 정부 및 보험 기관에서 활용함

- **급성 스트레스 장애(Acute stress disorder)**: 트라우마 사건이 발생하고 한 달 이내에 경험하는 장애로 정서적 반응이 결여되거나 무감각해지는 증상. 트라우마의 재경험, 외상 사건과 관련된 자극의 회피, 불안과 각성 수준의 증가 등이 증상으로 포함됨
- **남근 선망(Penis envy)**: 정신분석의 개념에서 어린 여자아이가 남자아이들의 남근을 부러워하거나 갖고 싶어 하는 욕구를 일컫는 말
- **남근기(Phallic stage)**: 정신분석이론에서 나온 용어로 아동의 흥미가 항문에서 성기의 영역으로 변환되는 발달적 시기를 일컫는 말. 프로이트에 따르면, 이 단계 동안에 아이들은 남성과 여성이 모두 남근을 갖고 있다고 믿음
- **내담자 중심(Client-centered)**: 로저스 이론의 용어로 상담의 방향(목표, 과정, 방법)은 전적으로 상담자가 아닌 내담자에 의해 결정되어야 함을 의미하는 것임
- **내용(Content)**: 경험의 과정과는 구분되는 경험의 구성요소로 '어떻게'가 아닌 '무엇을'을 의미하는 것임
- **내적인 열등감(Inherent inferiority)**: 아들러 심리학의 용어로 모든 사람은 내재된 열등감(무력감, 작음, 의존에 기초하는)을 가지고 태어난다는 신념을 의미함. 이 열등감은 인간이 열등함을 극복하고 우월함을 확보하기 위해 노력하는 데 궁극적인 원동력을 제공함
- **내파치료(Implosive therapy)**: 행동치료의 한 형태로 자극에 대한 불안을 없애기 위해 내담자가 혐오적인 자극에 대한 집중적인 노출을 생생히 상상하게 하는 기법. 반복된 상상 노출 후 내담자는 현실에서 혐오감을 줄여 가며 자극을 처리할 수 있음
- **내향성(Introversion)**: 융(Jung)의 개념으로 내부적이고 주관적인 세계를 지향하는 상태. 내향적인 사람은 주로 자신의 생각과 느낌에 관심이 있음
- **대상(Object)**: 정신분석적 대상관계에서 대상은 자신의 유지, 보호 및 만족의 원천인 중요한 타자의 정신적 표상을 의미함
- **대상관계(Object relation)**: 정신분석 이론에서는 자신과 타자 사이의 외부적 관계와 내면화된 관계 모두를 가리킴
- **리비도(Libido)**: 정신분석의 개념으로 성적이고 생존의 본능을 포함하는 정신적 에너지를 가리킴. 리비도는 성적인 것과 자아의 욕구를 모두 포함하는 역동적인 힘이며, 시스템의 파괴적인 충동을 중화시키는 생명력임
- **마음챙김(Mindfulness)**: 현재의 신체와 정서적 경험을 비판단적으로 수용하고 주의를

기울이며 알아차리는 것

- **명료화(Clarifying)**: 내담자로 하여금 자신이 말하고 느낀 것을 통해 스스로의 욕구와 중요한 이슈에 대해 더 잘 이해하도록 돕는 언어적 반응 기법을 의미함
- **모델링(Modeling)**: 학습이론의 원리로 다른 사람의 실제 혹은 시뮬레이션된 행동이나 그것의 결과를 관찰함으로써 새로운 행동 양식이 학습되거나 오래된 행동이 바뀌는 것. 모델링은 모방에 기반을 둠
- **무의식적(Unconscious)**: 개인의 인식을 벗어난 사고와 감정을 일컬음. 정신분석 상담이론의 핵심 구성요소임
- **미해결 과제(Unfinished business)**: 현재의 기능에 영향을 미치는 기억이나 환상과 관련된, 표현되지 않은 감정들을 설명하는 게슈탈트 상담이론의 용어
- **바이오피드백(Biofeedback)**: 복잡한 전기 도구를 통해 개인의 생리적 기능 변화를 체크하는 방법으로, 이를 통해 내담자로 하여금 스스로에 자신의 생리적 변수에 대해 좀 더 잘 자각하고 통제하는 법을 익히도록 함
- **반동형성(Reaction formation)**: 무의식적 소망에 직접적으로 반대되는 행동을 일컫는 정신분석 용어. 이 행동은 자아가 스스로 수용할 수 없는 성격 특성을 점검할 수 있게 하는 방어기제를 나타냄. 반동형성 행동은 때때로 과도하거나 폭력적일 수 있음
- **반영(Reflection)**: 진지한 고민과 숙고의 과정 이후에 전달된 내용에 대해 반응을 하는 것
- **반응적 경청(Responsive listening)**: 수용과 관심을 나타내는 공감적인 언어 반응
- **방어기제(Defence mechanism)**: 정신분석학의 개념으로, 개인이 자신에게 도저히 받아들이기 힘든 고통스럽고 부정적 정서를 다루기 위해 무의식적·비자발적으로 활용하게 되는 전략. 이러한 상황은 신체적 혹은 정신적으로 나타날 수 있으며, 빈번하게 일어날 수도 있고 가끔 발생할 수도 있음
- **변별(Discrimination)**: 학습 이론의 개념으로 유사하지만 약간 다른 자극의 차이를 알아차리게 되는 것을 의미. 강화물은 다른 자극에 비해 일부 자극에 대해 더 강하게 영향을 미칠 수 있음
- **변증법적 행동 치료(Dialectical behavioral therapy)**: 마샤 리네한(Marcia Linehan)에 의해 발전된 이론의 형태로, 불교 철학의 영향을 받아 정신역동 이론과 인지행동치료 이론을 혼합한 것임. 특히 경계선 성격장애나 기분장애, 물질이나 성중독, 식이장애를 치료하는 데 유용하게 활용되고 있음
- **변화 에이젠트리(Change agentry)**: 기구나 체계의 측면에서 변화를 촉진하거나 영향

을 미치기 위해 만들어지는 행동 전략임

• **보상(Compensation):** 정신분석학에서의 방어기제 중 하나로 자신의 욕구 좌절로 인한 긴장감을 줄이기 위해 다른 활동을 대체하여 만족을 추구하는 과정임. 자신의 약점을 덮기 위해 자신에게 좀 더 나아보이는 특성을 과장하여 드러내는 것과도 관련이 있음

• **부인(Denial):** 정신분석에서의 방어기제 중 하나로 개인이 인지할 경우 경험하게 될 불안과 스트레스를 줄이기 위해 경험의 인식 자체를 거부하는 것. 이것은 실제 일어난 것이 일어나지 않았다고 강하게 믿는 증상으로 나타나기도 함

• **부조화(Dissonance):** 경험의 여러 측면이 서로 섞이지 못하고 이로 인해 불편감이나 불일치를 초래할 때 발생함. 부조화는 두 개의 행동이나 행동과 정서 사이, 내적 경험과 외적 경험 사이에서 발생할 수 있음

• **분류(Triage):** 심각도와 도움이 필요한 범위를 빠르게 평가하는 것

• **분열(Splitting):** 자아의 남은 부분과 반대되는 것으로 자기(self) 또는 자아(ego)의 참을 수 없는 부분 또는 자기/자아의 의식하지 못하는 부분을 분리해 내는 것을 설명하는 정신분석적 대상관계 이론의 용어. 양립할 수 없는 감정, 인식 또는 경험을 분리하기 위한 무의식적인 방어기제임

• **불안(Anxiety):** 곧 닥칠 위험을 경고하는 긴장감을 경험하는 상태. 불안은 실제적인 것 혹은 외부 세계의 위험과 관련된 두려움을 포함할 수도 있고, 신경증적인 것이나 개인의 본능이 통제를 벗어나려고 할 때 이를 처벌하려고 하는 것과 관련될 수도 있으며, 도덕적인 것, 양심과 관련된 불안일 수도 있음. 프로이트 이론에 따르면 불안은 자아, 초자아, 원초아 간의 갈등을 억압하는 데서 비롯된다고 함

• **불일치성(Incongruence):** 인간중심이론의 용어로 실제 경험과 그 경험에 대한 설명 견해 사이의 불일치를 의미함. 만일 누군가의 행동이 부적절하다면 그것은 그 사람이 말하는 것과 일치하지 않을 것임

• **브레인스토밍(Brainstorming):** 집단 문제 해결 기법. 모든 사람으로 하여금 스크리닝하지 않은 채로 자신의 생각을 떠오르는 대로 말하거나 적도록 함. 이는 문제 해결에서 중요한 과정으로 판단하기 전에 가능한 한 모든 아이디어를 꺼내 놓도록 하는 것임

• **빈 의자(Empty seat):** 게슈탈트 기법의 하나로 역할 연기나 상상의 대화 상대를 나타내는 빈 의자를 사용하는 기법. 내담자는 의자가 나타내는 사람이 되어 이야기할 때 빈 의자에 앉음

• **사회적 강화(Social reinforcement):** 행동주의 상담이론의 용어로 특별한 행동을 따르

고 그 행동이 다시 일어날 가능성을 높여 주는 중요한 타인들의 의미 있는 관심을 받는 것. 예를 들어, 웃음, 끄덕임, 신체적 접촉, 칭찬과 같음

- **생태학적(Ecological):** 사회문화적 이데올로기와 시스템이 개인의 발달과 시스템의 기능에 미치는 강력한 상호 영향을 인정하는 관점. 생태학적 기반 치료법은 내부적인 개인적 문제보다는 개인/환경 적합성에 초점을 맞춤
- **생활양식(Lifestyle):** 아들러 심리학에서 말하는 한 개인의 독특하고 지향적인 행동의 패턴이며, 이는 자아와 세계의 지위를 판단하는 과정에 근거를 둔 것임
- **성기기(Genital stage):** 정신분석에서 성인의 심리성적 단계에서 아동은 사춘기에 접어들고 관심이 점점 자기에서 이성으로 옮겨 가게 됨. 이 단계에서 초기의 심리성적 단계가 융합되고, 생식기의 에로티시즘이 우세하게 됨
- **소거(Extinguish):** 특정 행동에 대한 보상이 중단되어 행동이 감소하고, 결국 특정 행동이 중지되는 기법. 소거 기술은 적절하지 못한 것으로 간주되는 특정 행동을 잊어 버리지 않기 위해 사용됨
- **소진(Burnout):** 신체적·정신적 자원을 대폭 감소시켜 내담자와의 조력 관계에서의 동기, 흥미, 능력을 상실시키는 상태임
- **순환적 인과성(Circular causality):** 원인과 결과 사이에 재순환되는 연결이 있음을 의미하는 개념. 이 개념은 체계이론에 근거하고 있음
- **승화(Sublimation):** 정신분석 심리학에 따르면 차단된 에너지를 대체할 수 있는, 사회적으로 수용될 수 있는 출구를 의미하는 방어기제. 예를 들어, 성적인 만족을 추구하는 대신에 사람들을 돕거나 예술적인 노력에 관심을 두는 것
- **신경증(Neuroses):** 정신분석학적인 의미에서 신경계의 기능 장애는 유기체적인 것이 아닌 심리적인 것임. 이러한 장애는 신체적·행동적 증상을 유발할 수 있으며, 주관적인 욕구의 충분한 만족은 자아의 기능이기 때문에 신경증은 자아 기능의 교란으로 이해될 수 있음
- **실존주의적인(Existential):** 지금-여기, 시간의 존재, 사람들이 스스로 선택할 수 있는 자유, 삶의 목적, 잠재력, 인간성에 초점을 맞춘 철학적인 관점. 실존 심리학은 자기 성찰적으로 관찰될 수 있는 경험, 감각적이고 상상적인 과정의 측면들을 감정과 함께 다룸
- **심리교육(Psychoeducation):** 사람들에게 정서적이고 관계적인 기능 영역에 대해 가르치는 조력 전략으로, 예를 들어 사람들이 어떻게 학습하거나 발달하는가에 대한 내용을 다룸

- **심상기법(Imagery techniques):** 사람이나 장면, 사건을 상상하게 하거나 풍경, 냄새, 느낌, 생각을 가능한 한 생생하게 회상하는 것을 돕는 기법
- **아니마(Anima):** 융에 따르면 남성과 여성에게 있는 여성적인 측면임
- **아니무스(Animus):** 융에 따르면 여성과 남성에게 있는 남성적인 측면임
- **안구운동 민감소실 및 재처리요법(Eye movement desensitization and reprocessing: EMDR):** 율동적인 안구운동 및 외상성 스트레스와 기억을 치료하기 위한 다른 형태의 양자 자극의 사용과 함께 다양한 절차 요소를 통합하는 기법
- **억압(Repression):** 정신분석 상담이론의 용어로 한 사람이 고통스러운 인식 내용, 생각, 느낌들을 무의식으로 누르는 방어기제를 의미함. 행동에 대한 강요된 기준과 충돌하는 충동과 욕구들은 여전히 활성화되어 있을 수 있는 무의식에 몰입하여, 꿈이나 신경증상을 통해 행동과 경험을 간접적으로 결정함. 프로이트에 따르면 억압은 종종 신경증적 장애의 원인이 됨
- **엘렉트라 콤플렉스(Electra complex):** 심리성적 발달 이론에 따르면 남근기(3~5세) 동안 여자아이가 이성 부모에 대한 성적 감정과 경쟁자인 엄마에 대한 적대감을 경험하는 것
- **역전이(Countertransference):** 정신분석에서 분석가의 개인적 갈등에 의해 내담자를 이해하고 해석할 때 긍정적 혹은 부정적 왜곡이 일어나는 경우를 의미함
- **연속적 접근(Successive approximation):** 학습이론의 개념으로 목표로 하는 행동을 작은 부분으로 나누고, 그 부분들 중 하나와 유사한 행동에 대해 강화하는 것. 예를 들어, 글씨를 쓰는 손으로 연필을 잡고 있는 행동은 글쓰기를 학습하는 데 가장 기초가 되는 행동적 요소임. 이러한 행동 또는 다른 유사한 행동들은 목표로 하는 행동을 만들어 가기 위해 강화될 수 있음
- **오이디푸스 콤플렉스(Oedipal complex):** 정신분석이론에 따르면, 심리성적 단계에서 남근기(3~5세) 동안 경험하는 감정. 유아는 이성 부모에 대한 무의식적인 성적 욕망과 경쟁자인 동일한 성의 부모에 대한 적대감을 경험함. 전통적으로 남자아이의 경험으로 묘사되지만, 현재 이 개념은 남아와 여아 모두에게 사용됨
- **옹호(Advocacy):** 내담자의 이익을 보장하기 위해 직접적으로 접촉하거나, 문서를 작성하여 보내거나, 진정서를 제출하는 등의 적극적 행동
- **외상 후 스트레스 장애(Posttraumatic stress disorder):** 극단적인 트라우마적 경험 이후에 발달하여 한 달 이상 지속되는 장애. 주요 증상으로는 감각이 둔해지거나 정서적인 반응 감소, 트라우마가 다시 일어날 것 같은 생각, 경험했던 사건과 연관되는

자극을 회피, 각성이나 불안의 증가 등이 포함됨

- **외향성(Extroversion):** 융 심리학의 용어로 외부 세계와 객관적인 세계를 지향하는 상태를 나타냄. 외향적인 사람은 주로 자신의 외부에 있는 것에 관심이 많음
- **원초아(Id):** 정신분석의 개념으로 정신적 에너지의 원초적이고 무의식적인 자원을 의미하며, 긴장을 줄이고 쾌락을 증가시키기 위해 즉각적인 만족을 추구하는 성격의 일부. 의식적 생활의 내적인 결정 요소
- **유관 계약(Contingency contracting):** 조력자와 내담자 사이의 행동 계약으로, 특히 목표하는 행동적 결과 및 각각의 목표 행동을 이루었을 때 제공받을 일련의 강화물은 무엇인지를 적어 놓은 것. '만약 당신이 A를 한다면, B를 얻을 것이다.'와 같은 명료한 형태로 작성됨. 그리고 이러한 계약은 관련된 모든 사람의 동의를 받아야 함
- **유기체(Organismic):** 개인이 하나의 전체로서 존재하는 것. 상호 관련되고 상호 의존적인 부분의 조직화된 시스템에 중점을 둠
- **의뢰(Referral):** 초기의 조력 상황이 효과적이지 않거나 효과적일 수 없다고 생각되는 경우에 내담자를 위해 다른 전문가에게 보내는 일
- **이성애주의(Heterosexism):** 이성애적인 행동은 성숙한 성인을 위한 표준이며, 동성애적인 행동은 억제되어야 한다는 가정
- **이차 외상(Secondary traumatization):** 대리 외상이라고 알려져 있음. 트라우마의 생존자들과 직간접적으로 함께 작업하는 사람과 강렬한 감정을 극복하는 데 어려움을 겪고 있는 사람에게 영향을 주는 스트레스 반응. 9·11테러를 텔레비전으로 시청한 것과 같이 외상을 목격한 사람들 또한 이러한 반응을 경험할 수 있음
- **인지(Cognitive):** 생각 및 지식과 관련된 것. 인지적이라는 것은 모든 종류의 앎, 인지, 기억, 상상, 인식, 판단, 추론 등을 포함하는 개념임. 또한 인지는 의식적 과정을 의미함
- **인지적 재구조화(Cognitive restructuring):** 합리정서치료의 기법으로 비합리적 생각을 지시적 방법을 통해 합리적 생각으로 바꾸는 것. 내담자는 자신의 잘못된 믿음을 교정하도록 배우게 되는데, 이는 합리적인 생각을 배우고 기존의 비합리적 생각을 잊음으로써 이루어짐
- **인지-행동적(Cognitive-behavioral):** 문제 해결과 행동 변화를 위해 인지와 행동적 기술 모두에 초점을 맞추는 것
- **일반화(Generalization):** 학습 이론의 용어로 하나의 상황에서 학습한 것을 비슷하지만 다른 자극이 주어지는 상황에서도 사용하는 것. 또한 여러 구성요소 아이디어를

토대로 형성된 일반적인 개념을 나타냄

- **일치성(Congruence)**: 내담자 중심 치료의 개념으로 개인의 경험과 지각, 자기이해가 일치되는 상황을 의미함. 다른 말로는 개인의 행동이 자신의 가치나 신념과 일치하는 것. 즉, "남에게 설교하는 대로 직접 실천하라."는 말과도 같음

- **자기개념(Self-concept)**: 인간 중심 상담 이론에 따르면, 우리들 자신에 대해 갖고 있는 지각은 중요한 타인들로부터 얻은 정보와 우리의 경험에 기초함. 즉, 우리가 누구인가, 무엇인가 그리고 우리가 하는 모든 것에 대한 이미지

- **자기주장훈련(Assertiveness training)**: 내담자로 하여금 점차 자기주장적 행동을 배우도록 하는 행동주의적 기법임. 이를 위해 모델링, 역할극, 지시적 교수 등을 활용할 수 있음. 자기주장적 행동에는 다른 사람의 권리를 위협하지 않고 자신의 권리를 주장하는 것을 의미함. 또한 죄책감을 느끼지 않고 거절하기와 다른 사람에게 자신이 원하는 것을 직접적으로 말하기가 포함됨

- **자민족중심주의(Ethnocentrism)**: 특정 문화에 속한 사람들이 그들이 가진 사물과 우주에 대한 생각이 다른 사람들의 방식에 비해 옳고 우월하다는 믿음

- **자아(Ego)**: 외부 세계와 접촉하는 성격의 일부로 전의식과 의식에 걸쳐 있음. 감각에 의한 현실에 대한 의식적 인식과 전의식적인 기억, 수용되거나 통제되고 있는 충동과 영향력이 포함됨

- **자유연상(Free association)**: 정신분석 기법으로 내담자가 단어나 개념 자극에 대한 반응으로 자신의 마음에서 떠오르는 모든 것을 분석가에게 이야기하는 것

- **잠복기(Latency stage)**: 정신분석이론의 심리성적 발달단계의 개념으로 4세에서 5세 사이에 나타나며, 생식기의 성적 욕구로부터 분리됨. 이 시기에는 의식적인 성적 흥미나 관심이 나타나지 않음

- **재구조화(Reframing)**: 보다 긍정적인 관점에서 행동에 대해 재명명하는 기술. 예를 들어, "당신이 싸울 때, 당신은 상대를 보살피고 있다는 것을 표현하고 있네요."와 같은 재구조화는 사람들의 관점을 변화시키고 새로운 반응을 허용함

- **저항(Resistance)**: 내담자가 조력 관계와 조력의 과정에 효과적으로 참여하는 것을 방해하는 방어 행동

- **전이(Transference)**: 내담자가 무의식적으로 분석가를 자신의 삶에 관련 있는 그리고/또는 중요한 다른 장소를 대신하여 분석가에게 중요한 사람들의 태도, 행동, 속성을 부여하는 상황을 설명하는 정신분석 상담이론의 용어

- **절충적인(Eclectic)**: 서로 다른 접근 방식과 관점의 요소를 융합 또는 통합하는 것. 다

양한 접근 방법의 원칙과 방법에 대한 지식이 필요함

• **점진적 원리(Principle of gradation):** 학습이론에서 사용된 용어로, 점차적으로 보다 복잡한 행동으로 이끌어 가기 위해서 일련의 중간 단계나 세부목표를 사용하는 것

• **접근 반응(Approach reaction):** 긍정적인 정서를 느끼는지 부정적인 정서를 느끼는지 와 상관없이 자극이나 상황으로 다가가는 행동을 의미. 이러한 경향성은 자신의 주 변에 있는 문제를 해결하고 극복하려는 긍정적인 능력이 있음을 암시함

• **정서(Affective):** 느낌과 감정과 관련된 것임. 정서적 영역에는 느낌, 경험의 감정적 부분이 포함됨. 이러한 것은 의식적일 수도 무의식적일 수도 있음

• **정신내적(Intrapsychic):** 무의식, 성격의 발달과 행동에 영향을 미치는 원초아와 자아, 초자아 간의 내적인 갈등을 지칭하는 프로이트의 개념

• **정신역동(Psychodynamic):** 행동을 야기하는 무의식적인 요인에 초점을 두는 것

• **정신증(Psychoses):** 환상(거짓된 믿음), 환각(잘못된 감각 지각), 혼란스러운 말이나 행 동 등의 증상을 특징으로 하는 심한 정신질환으로 개인이 외부 현실과 '접촉되지 않 는/닿지 않는' 결과를 초래함

• **정신질환의 진단 및 통계 편람 5판(DSM-5):** 2013년 미국정신의학회(American Psychiatric Association)가 발간한 『정신질환의 진단 및 통계 편람(Diagnostic and Statistical Manual of Mental Disorders)』의 다섯 번째 편집판으로 정신질환 진단에 사용되는 분류 체계임

• **정적 강화(Positive reinforcement):** 좋은 의미를 지닌 보상물(예: 돈, 좋은 상품). 정적 강화는 사회적인 것 또는 구체적인 것이 될 수 있음

• **정화(Abreaction):** 프로이트 이론의 용어로 내담자로 하여금 치료 중 고통스러운 정 서적 경험을 생생하게 재경험하도록 하여 이전의 억압된 것들이 다시 의식 위에 떠 오르게 되는 상황임

• **제3자 지불(Third-party payer):** 서비스 비용을 지불하는 공급자 또는 소비자 이외에 비용을 지불해 주는 보험 또는 그에 상응하는 것

• **조건화(Conditioning):** 자극이나 물건, 상황 등을 통해 행동을 이끌어 내는 과정임. 자 연적으로 타고나는 반사적 반응은 포함되지 않음

• **조성(Shaping):** 목표로 하는 행동에 대해 더 가까운 세련된 반응을 강화함으로써 행 동을 수정해 가는 것을 설명하는 학습이론의 용어. 개인은 행동을 가장 작은 부분으 로 나누고 한 번에 한 가지를 강화하는 작업을 이어 감으로써 행동을 만들 수 있음

• **조작적 조건형성(Operant conditioning):** 행동주의 학습 이론의 원리로 행동의 본래 원 인자극보다는 행동의 실제적인 결과를 중요하게 여김. 행동의 결과는 행동과 환경에

작용하여 그 행동을 반복하게 만듦

- **주지화(Intellectualization)**: 정신분석 심리학의 방어기제 중 하나로 정서적인 내용을 경험하고 다루는 것을 피하기 위해 지성을 강조하고 감정과 의지를 무시하는 것

- **중요한 타인(Significant other)**: 부모, 친척, 교사 또는 한 개인에게 특별히 의미 있고 중요한 개인. 중요한 타인은 우리의 감정과 행동에 영향을 미침

- **지시적 치료법(Directive therapy)**: 치료자가 치료의 과정, 목표, 방법 등을 주도적으로 이끌어 가는 방식. 치료자는 지시자이자 교사이며, 치료적 관계에 대한 통제권을 전적으로 가지고 있음

- **직면(Confrontation)**: 조력자가 내담자로 하여금 그들의 말과 행동 사이의 모순을 지적하여 내담자로 하여금 이를 알아차리게 하는 언어적 기법임. 직면은 회피 행동이 아닌 접근 행동을 촉진하기 위해 종종 활용됨

- **체계(System)**: 다른 것과 상호작용하는 구성요소의 집합. 체계의 각 구성요소는 다른 구성요소에 어떤 일이 발생하는지에 영향을 미침. 체계는 각각의 구성요소의 합보다 큼

- **체계적 둔감화(Systematic desensitization)**: 부정적 자극을 긍정적 경험과 연결시킴으로써 불안을 줄이는 역조건 기법으로 행동주의 상담이론의 기법임. 이를 통해 해당 자극은 더 이상 불안을 야기하지 않게 됨. 둔감화는 내담자가 완전한 근육 이완(이는 불안과 상반되는 것)을 학습하고 불안 위계를 작성하는 것으로 시작됨. 불안을 야기하는 자극은 긍정적인 심리적 이미지, 이완의 과정과 짝지어짐. 이러한 연합은 불안이 없는 상태에서 전체의 불안 위계 목록을 상상할 수 있을 때까지 지속됨

- **초자아(Superego)**: 부모와 사회적 가치를 중재하는 성격의 일부를 설명하는 정신분석 상담이론의 용어. 초자아는 부모와 중요한 타인들과의 초기 경험에 의해 형성되는 무의식 내의 구조임. 자아가 원초적인 충동을 만족시킬 때 그 결과로 죄책감이나 불안과 같은 감정이 야기됨

- **촉진적 반응(Additive responses)**: 내담자의 말과 행동을 명료화하고 기저에 깔린 의미에 관한 관점을 제공함으로써 내담자의 자기이해를 촉진하기 위해 활용하는 감정 이입의 언어적 반응임

- **최면(Hypnosis)**: 조력자에 의해 심리적으로 유도되는 편안하고 잠이 든 것 같은, 꿈결 같은 상태로 내담자는 의식을 잃지만 제한적으로 최면술사의 제안에 반응함

- **출생순위(Birth order)**: 아들러 이론의 개념. 개인이 가족 구조 내에서 차지하는 위치. 첫째인지 둘째인지 등이 성격에 결정적 영향을 미친다고 봄

- **치환(Displacement):** 정신분석에서의 방어기제 중 하나로 특정 대상이나 상황으로 인해 유발된 정신적 에너지가 종종 분노나 기타 정서 등으로 나타나 다른 유사한 상대나 대상에게 향하는 것을 의미함. 치환은 종종 꿈 속에서 나타나기도 함
- **토큰 경제(Token economy):** 목표로 하는 행동들이 보상으로 바뀔 수 있는 토큰에 의해 강화되는 행동주의 강화 프로그램. 토큰은 행동이 수행된 직후에 보상이 될 수 있고 토큰의 교환은 추후에 발생할 수도 있음
- **통합 심리치료 접근(Integrated psychotherapy approaches):** 심리치료의 다중양식모델에 초점을 두고 두 개 이상의 모델의 이론 및 적용을 결합하는 것
- **퇴행(Regression):** 정신분석 상담의 용어로 한 사람이 보다 적절하다고 느꼈던 이전의 발달단계로 후퇴하는 것을 묘사하는 용어. 한 개인은 이전 단계의 흥미와 행동 특성을 나타냄. 퇴행은 긴장과 불안을 줄이기 위해 사용하는 방어기제임
- **투사(Projection):** 정신분석 상담이론과 대상관계 이론에서, 한 사람이 자신의 자아(ego)에서 수용하기 어려운 감정(예: 죄책감이나 열등감), 사고 또는 행동을 무의식적으로 다른 사람의 것이라고 귀인하는 방어기제를 나타냄
- **페르조나(Persona):** 융의 이론에서 제시된 용어로 한 사람이 공식적인 자리에서 보여주는 변장된 모습 또는 마스크를 일컫는 말로서 개인이 원래 갖고 있는 태도나 외모와 다르게 나타나는 경우가 빈번함
- **합리화(Rationalization):** 정신분석 상담이론에서 한 사람이 자신의 행동에 대해 사회적으로 수용 가능한 동기로 설명하는 방어기제를 나타냄. 행동에 대해 합리적으로 정당화하는 과정은 개인이 자책하거나 죄책감을 느끼는 것에 반하여 자신을 지키는 데 도움이 됨
- **항문기(Anal stage):** 정신분석학에서 발달단계 중 2세에서 3세 사이에 경험하는 단계로, 아동이 자신의 항문과 관련된 자극과 쾌감에 집중하는 시기임. 이 시기는 성적 발달과 관련하여 전성기기라고 일컬을 수 있으며, 주로 배변훈련이 중요하게 다루어짐
- **해석(Interpretation):** 정신분석 기법의 하나로 내담자의 진술 또는 행동의 명백한 언어적 내용 기반에 있는 의미와 관계를 밝히는 것. 이 기법은 경험의 서로 다른 측면을 연결하거나 관계 및 원인 요인을 설명하는 것을 포함할 수 있음
- **해체(Deconstruction):** 개인의 신념 체계의 구성요소를 비판적으로 재평가하는 것임
- **행동적(Behavioral):** 관찰 가능한 물리적 행동 및 수행과 관련된 것으로 자극에 대한 구체적인 반응을 의미함. 행동은 운동적 · 지각적 · 육체적인 것 모두를 포함함
- **현상학적(Phenomenological):** 다른 사람의 눈을 통해 다른 사람의 세상을 인식하는

것. 실제의 경험과 마찬가지로 의식적인 경험을 강조함

- **환언(Paraphrase)**: 말이나 글로 표현된 생각이나 의미를 표현을 달리 바꾸어 말하는 것
- **회피 반응(Avoidance reaction)**: 정서적으로 부정적이거나 위협적인 자극이나 상황으로부터 철수하거나 피하는 것을 의미함. 이러한 반응은 문제나 이슈를 극복하거나 다루기를 거부하는 것과 관련이 있음

찾아보기

내용

저자 소개

바바라 F. 오쿤(Barbara F. Okun) 박사는 노스이스턴 대학교(Northeastern University) 상담심리학과 교수이고, 하버드 의과대학의 임상강사로 일하고 있다. 노스이스턴 대학교에서는 박사과정의 상담/학교 프로그램 수련 책임자 및 수퍼바이저로 활동하고 있다.

리키 E. 칸트로위츠(Ricki E. Kantrowitz) 박사는 웨스트필드 주립 대학교(Westfield State College) 심리학과 교수로 대학상담센터와 학부 및 석사 프로그램에서 학생들을 가르치고 있으며, 미국 내 또는 국제적으로 전문가 및 비전문가를 훈련시키는 일을 하고 있다. 유엔의 세계정신건강연맹(World Federation for Mental Health)에서 비정부기구 대표로도 활동하고 있다.

역자 소개

이윤희(Lee, Yunhee)
Indiana Ball State University, Counseling Psychology 전공 석사
서울대학교 교육학과 교육상담 박사
현 선문대학교 상담심리사회복지학과 조교수

김지연(Kim, Jiyeon)
서울교육대학교 교육대학원 초등상담교육전공 석사
서울대학교 교육학과 교육상담 박사
현 계명대학교 교육대학원 진로진학상담전공 조교수

전호정(Jeon, Hojeong)
서울대학교 교육학과 교육상담 석 · 박사
현 가천대학교 사회정책대학원 초빙교수
　　서울대학교 경력개발센터 상담원

박민지(Park, Minji)
서울대학교 교육학과 교육상담 석 · 박사
현 경인교육대학교 강사
　　서울대학교 경력개발센터 상담원

상담기본기술 A to Z(8판)
-일반인·준전문가·전문가를 위한 조력의 이해와 실제-
Effective Helping (8th ed.)
-Interviewing and Counseling Techniques-

2019년 9월 20일 1판 1쇄 인쇄
2019년 9월 30일 1판 1쇄 발행

지은이 • Barbara F. Okun · Ricki E. Kantrowitz
옮긴이 • 이윤희 · 김지연 · 전호정 · 박민지
펴낸이 • 김진환
펴낸곳 • ㈜ **학지사**

04031 서울특별시 마포구 양화로 15길 20 마인드월드빌딩
대표전화 • 02-330-5114   팩스 • 02-324-2345
등록번호 • 제313-2006-000265호

홈페이지 • http://www.hakjisa.co.kr
페이스북 • https://www.facebook.com/hakjisa

ISBN 978-89-997-1900-4 93180

정가 23,000원

이 도서의 국립중앙도서관 출판시도서목록(CIP)은 서지정보유통지
원시스템 홈페이지(http://seoji.nl.go.kr)와 국가자료공동목록시스템
(http://www.nl.go.kr/kolisnet)에서 이용하실 수 있습니다.
(CIP 제어번호: CIP2019032494)

출판 · 교육 · 미디어기업 **학지사**
간호보건의학출판 **학지사메디컬** www.hakjisamd.co.kr
심리검사연구소 **인싸이트** www.inpsyt.co.kr
학술논문서비스 **뉴논문** www.newnonmun.com
원격교육연수원 **카운피아** www.counpia.com